KB175847

World Book 248

Jacob u. Wilhelm Grimm

KINDER−UND HAUSMÄRCHEN
그림동화전집 I

그림 형제/금은숲 옮김

동서문화사

디자인 : 동서랑 미술팀

메르헨의 즐거움을 찾아서
고산고정일

인류에게 풍요로운 마음을

동화, 그것은 참으로 맑고 깊고 아름다운 거울이다! 이 거울 속에는 수천 년에 걸친 인생들의 온갖 경험이 숨겨져 있다. 그 깊이를 찬찬히 더듬어 가다보면 인류의 초기 시대까지, 이탈리아 철학자 비코(Vico)가 이야기하는 전설의 시대까지 거슬러 올라간다. 그 시대에 인간은 스스로의 힘으로 유일한 표현 형식이었던 우화와 상징을 창조해 냈다. 오랜 세월에 걸쳐 형성되어 온 아이들을 위한 이야기의 기원을 찾아서 시간이란 강을 거슬러 올라 가보면, 자못 새로워 보이는 이야기일지라도 실은 아주 오랜 옛날부터 전해져 내려오던 것이라는 사실을 발견하게 된다. 모든 이들에게 사랑을 받는 그림동화들은, 이 세상 온갖 사물과 현상을 이런저런 이야기들로 이루어 사람들 마음에 기쁨 감동과 깨달음을 주는, 영원한 이야기 샘에서 넘쳐 나온 삶의 진리이다. 그것이 작은 나무 이파리에 괸 한 방울의 아침 이슬에 지나지 않더라도 하루의 시작을 알리는 붉은 새벽놀이 타오르면 언제나 반짝반짝 빛나리라.

어른과 아이들은 노릇노릇 잘 구워진 빵처럼 입맛 당기는 맛, 감칠스러운 맛을 그림 동화집에서 맛볼 수 있었다. 그림 동화집은 독일의 두 작가가 인류에게 준 멋진 선물이었다. 본디 사람들이란 선물을 받으면 반드시 보답을 하는 법이다. 아이들은 남에게 친절을 요구하여 뜻한 대로 이루어지면, 그에 대한 보답으로써 자기도 남에게 친절을 베푼다. 인간은 이 진실이 살아 있는 초상화를 인류라는 액자에 넣어 언제까지나 소중히 보존하는 일을 떠맡았다. 자신 뿐만 아니라 다른 사람들까지도 사랑하게 하는 일을 맡았다. 그리고 아이들은 바란다. 중심인물은 반드시 나무꾼이나 농부, 전쟁이 끝나 마을로 돌아온 군인, 농부의 딸, 실잣는 여인, 여러 직업의 장인—그것도 토끼를 쫓아가면서 털을 깎을 수 있다든가 달리는 말에 징을 박을 수 있을 만큼 솜씨 좋은 장인이기를 바란다. 중심인물은 두려움을 모르는 호걸, 산 사람이든 죽은 사람이든 어느 누구와 마주쳐도 겁에 질려 본 적이 없는 호걸, 평소에는 점잖고 선량하지만 여차하면 주먹 한 방으로 바위를 가르는 일쯤은 식은 죽 먹기로 해치우는 사나이 중의 사나이, 그런 사람이기를 바란다. 헨젤과 그레텔, 이 가련한 소년과 소녀도 왕자, 공주와 마찬가지로 어른과 아이들의 흥미를 자아낸다. 또 이야기 속 임금님은 올바르고 선량하며 평화를 사랑하는 사람이어야 한다. 백성들이 사랑하는 임금님이 되고 싶다면 반드시 약속을 지켜야 한다. 임금님도 때로는 고통과 죽음 앞에선 모든 인간이 평등하다는 사실을 절실히 깨달아야 한다.

브레멘 악사들 이야기를 들으면 틀림없이 폭소를 터뜨릴 것이다. 아이들은 해고당한 당나귀와 주인 손에 죽을 뻔한 사냥개, 털 빠진 고양이, 꽁지 빠진 닭이 서로의 불행한 처지를 동정하고 친구가 되어, 좋은 가수를 구하는 마을로 떠난다. 길을 가다 보니 도둑들이 잔치 준비를 열심히 하고 있는 곳에 다다른다. 네 친구들은 꾀를 내어, 당나귀 위에 개가 올라타고 개 위에 고양이가 올라타고 그 위에 닭이 올라탄 뒤, 갑자기 도둑들이 있는 방 창문에 모습을 드러내고 다함께 고래고래 고함을 지른다. 도둑들은 기겁을 하여 쏜살같이 달아나 버린다. 네 친구들이 잘 차린 진수성찬을 차지한 것은 두말할 필요도 없다. 인간은 누구나 먹어야만 살 수 있다. 맛있는 음식을 배불리 먹고 싶어 하며 향기로운 술을 마시고 싶어 한다. 그래서 처음에는 맥주를 조금만 마시게 해 달라고 신에게 빌다가, 잠시 뒤에는 기분 좋게 취할 만큼만 맥주를 마시고 싶다 조르고, 결국 맥주 한 통을 더 달라고 간청하는 바이에른의 농부 이야기를 읽고도 그 농부를 탓할 마음은 생기지 않는다. 수탉, 집오리, 숫염소를 비롯한 헛간 동물들에게도 따뜻한 동정을 기울인다. 그들에게도 동정 받을 권리가 있기 때문이다. 거만하고 무례한 자는 콧대를 꺾어버리고, 온화한 사람은 소중히 다루므로 세상은 좀 더 살기 좋아지리라.

《그림 동화》는 《안데르센 동화》《이솝 이야기》와 함께 동화 문학 3대 성전이라 불리며 성경 다음으로 세계에서 가장 많이 읽히는 책으로 꼽힌다. 1812년 초판이 나온 뒤 200년의 세월이 지난 오늘에도 《그림 동화》는 세계 곳곳에서 200개가 넘는 언어로 읽히고 있다. 이처럼 《그림 동화》가 그들이 살았던 시대에는 물론 오늘도 수많은 나라의 어른이나 아이 모두에게 깊은 관심과 사랑을 받는 까닭은 그 이야기 속에 온갖 인간의 모습과 진실이 드러나며 그 생활 모두가 펼쳐지고 있기 때문이다. 《그림 동화》의 본디 제목은 《Kinder-und

▲옛 시청사 앞 마르크
트 광장의 그림 형제
동상
서 있는 상이 형 야코
프, 무릎 위에 책을
펼친 상이 동생 빌헬
름. 에베를레 작(1896).

▶그림 형제 동상 바로
앞 바닥에 박혀 있는
금속판
형제의 이름과 함께
이곳에서 브레멘까지
의 메르헨 거리 입구
라고 새겨져 있다.

NATIONALDENKMAL
DER SPRACHFORSCHER UND
MÄRCHENSAMMLER
JACOB GRIMM
*HANAU 4.1.1785 †BERLIN 20.9.1863
UND
WILHELM GRIMM
*HANAU 24.2.1786 †BERLIN 16.12.1859
AUSGANGSPUNKT DER
DEUTSCHEN MÄRCHENSTRASSE
HANAU-BREMEN

Hausmärchen》으로 《아이들과 가정을 위한 이야기》라고 불린다. 이는 야코프 그림(Jacob Grimm, 1785~1863)과 빌헬름 그림(Wilhelm Grimm, 1786~1859) 형제가 독일에서 오랫동안 전해 내려온 민담, 민요, 전설 등 전승문학을 모아서 펴낸 이야기집으로 제1권 제1판이 1812년에, 제2권 제1판이 1815년에 간행되었다.

오늘날 《그림 동화》라는 이름으로 온 세계 사람들에게 친숙한 이 이야기들은 특히 동생인 빌헬름에 의해 수정되고 덧붙여져 제7판(1857년)까지 나왔다. 오늘날 세계 여러 나라 말로 가장 많이 옮겨지는 판본 또한 최종판인 7판이다. 초판은 두 권으로 156편의 이야기가 실려 있었으나, 제7판에는 동화 200편(실은 151번이 2개 있어서 201편)과 '아이들을 위한 성자(聖者) 이야기' 10편이 담겨져 모두 211편으로 늘어났다. 그림 형제는 거의 반세기나 되는 세월에 걸쳐 동화를 고쳐 쓰고 덧붙여서 세계 유례없는 '동화의 보고(寶庫)'를 만들어 냈는데, 이는 뒷날을 멀리 내다본 학자적 애정과 양심이 깃든 일이었다. 비록 짧은 동화일지라도 쉽게 이루어진 게 아니라 나무의 나이테가 하루하루 오랜 시간에 걸쳐 이루어지듯 그들의 꼼꼼한 정성이 깃든 것이다.

온 가족을 위한 이야기들

그림 형제는 문학가이기에 앞서 언어학자 문헌학자로서 민족의 입에서 입으로 전해 내려온 동화를 문학화하려고 애를 썼다. 1819년 《아이들과 가정을 위한 이야기》 재판 제1권 맨 끝에는 빌헬름이 쓴 글 '동화의 본질에 대해서'가 실려 있다. 그에 따르면 《그림 동화》는 본디 아이들을 위한 책이 아니었음을 알 수 있다. 빌헬름은 "아이들이 읽는 메르헨은 맑고 온화한 빛으로 마음속 생각의 힘을 눈뜨게 하여 바르게 성장할 수 있도록 이야기되는데, 그 시적 정취는 우리를 기쁘게 하고 그 진실은 모든 사람을 가르칠 수 있기 때문에, 그것은 가정에 머물면서 뒷날에도 이어져 나아가기 때문에 가정의 메르헨이라고도 불린다" 썼다. 메르헨이 갖는 참신하고 즐거우며 오랜 세월 읽히는 그 소중한 가치를 밝힌 셈이다. 가정에서 읽을거리로도 끊임없이 읽힌다는 게 메르헨의 성격이라고 볼 수 있으며, 《그림 동화》가 가정의 메르헨임은 깊은 의의를 지닌다.

초판에는 민속학적 주석이 있어서 동화를 찾아낸 장소, 계보, 비슷한 이야기들이 설명되고 있다. 재판에는 메르헨에 대한 논문이 실려 있는데, 이는 민화 연구자들을 위한 것으로 민화 연구의 기원이 되었으나 일반 독자들을 위한 글

하나우 마르크트 광장 옛 시청 앞에 있는 그림 형제 동상

은 아니었다. 하물며 아이들에게는 더더욱 그러했다. 그런 딱딱한 점이 있었기에 초판은 그다지 많이 팔리지 않았다. 1822년에는 주석이나 논문을 따로 정리해 제3권으로 펴냈으며 작품은 오늘날에도 민화 연구의 바탕이 되고 있다.

본디 그림 형제는 마르부르크 대학에서 법학을 전공했으나 문학 연구에 마음이 끌려 독일 민족의 오래된 문화유산 발굴에 흥미를 갖게 되었다. 그들은 니벨룽겐과 같은 서사문학이나 민간에 전해오는 민요와 옛이야기에 주목했다.

1806년부터 6년에 걸쳐 좋은 자료들을 많이 모은 형제는 매우 기뻐했다. 이제까지의 메르헨 모음은 충실하지 않고 왜곡되거나 군살이 붙어 있었다. 이와 달리 그림 형제의 메르헨 모음은 사람들로부터 직접 생생하게 들은 것이며 글쓴이 멋대로 꾸며낸 것이 아니었기에 그림 형제의 이야기 수집은 역사상 유례없는 일이라 말할 수 있다. 그 무렵 독일은 나폴레옹군에 짓밟혀 존망의 위기에 빠져 있었다. 이러한 때야말로 풀밭에 흩어진 보석과 같은 독일의 문화유산인 민화나 민요를 모아놓아야만 한다는 게 그림 형제의 생각이었다. 메르헨 수집은 형제가 역사적 사명으로 삼았던 민족의 문학적 보물 발굴, 고증, 편집, 간행이라는 전체적인 작업들 가운데 하나로 볼 수 있다.

　빌헬름의 아들로 베를린 대학 교수가 된 헤르만 그림(Herman Grimm, 1828~1901)은 1897년 이 동화집 제29판에 〈그림 형제의 추억〉이라는 아름다운 글을 썼는데, 이렇게 말했다. "아이와 가정만을 위한 게 아니었다. 먼저 형제에게는 민족의 창작에서 꽃피어난, 그때까지 주목받지 못했던 이 꽃을 모든 나라 사람들의 보물로서 세상에 내놓은 것이 가장 중요한 일이었다." 메르헨 속에 살아 있는 독일 민족의 마음속 두근거림을 불러일으킴으로써 나폴레옹 전쟁으로 절망의 늪에서 허덕이던 독일인들에게 민족적 깨달음과 자부심을 되찾아 주고 싶다는 소망이 형제에게 있었음을 알 수 있다. 야코프 그림은 1849년 11월 베를린의 학사원에서 "우리의 학문, 언어와 문학에 대한 뿌리 깊은 감정이야말로 독일이 비극과 무력 상태에서 허덕이던 때에 국민에게 힘을 주고 내부로부터 떨쳐 일어나게 해 멸망으로부터 독일을 지켜낸 겁니다" 이렇게 강연한 바 있다. 이처럼 그림 형제는 조국에 대한 절실한 사랑으로 메르헨과 전승적인 문학 연구에 열정적으로 몸담았다. 《그림 동화》가 오늘에도 온 세계에서 읽히며 독일을 뛰어넘어 '세계의 메르헨'이 된 까닭은 그러한 치우침이 없기 때문이며 전승문학의 핵심을, 동생 빌헬름의 말을 빌리자면 '달걀 노른자'를 순수하게 전하고 있기 때문이다. 《그림 동화》는 민족을 사랑하는 그 순수하고 깊은 마음에서 탄생했기 때문에 모든 이의 마음을 사로잡을 수 있었다.

　《아이들과 가정을 위한 이야기》는 처음부터 주로 동생 빌헬름이 정리하여 원고를 마무리했다. 그리고 1815년부터는 재판에서 결정판에 걸쳐 거의 모두를 동생이 맡아서 했다. 동화집에 덧붙인 머리말이나 논문은 모두 빌헬름의 저작집에 실려 있다. 형은 정력적이며 엄격한 언어 역사학자였고, 동생은 유연하면서도 온화한 시인 유형의 문헌학자였다. 때문에 공상적인 동화는 동생에게 알맞았고 역사적 사실에 입각한 동화는 형인 야코프에게 알맞았다. 야코프는 "동화는 꽃과 비슷하고 전설은 들풀과 비슷하다" 말한 바 있다. 동화는 꽃처럼 아름답고 사랑스럽지만 전설에는 들풀의 순수한 향기와 숨결이 있다.

　이야기를 모을 때에도 형은 전설에 충실해야 한다는 점을 강조했지만 동생은 같은 태도를 취하면서도 친근감을 살리는 문학적인 표현을 더했다. 빌헬름은 초판 제2권을 괴테(Johann W. von Goethe, 1748~1832)에게 보냈을 때에 이런 뜻을 밝히기도 했다(1816년 8월 1일). "이 가정의 동화는 다른 첨가물 없이 민중 고유의 문학적인 견해와 지조(志操)를 나타내고 있습니다. ……우리는 동화를 될 수 있는 대로 순수하게 이해했습니다. 그것을 완성하거나 장식하기 위해 다른 무엇 하나도 덧붙이지 않았습니다. 물론 이 책을 펴냄과 동시에 문학적인 책으로서 즐겁고 감동적인 것으로 만드는 일은 우리의 바람이었고 목표이기도 했습니다." 여기에서 우리는 빌헬름의 마음을 엿볼 수가 있다. 구전에 충실하게, 그

암츠하우스(메르헨 하우스, 슈타이나우) 그림 형제 가족이 1791~1796년까지 살았던 집. 이곳에는 형제의 유품과 육필 서류 등 많은 자료가 전시되어 있다.

러나 독자들을 즐겁게 하고 모두의 마음을 움직이는 문학적인 책으로 공을 들였다. 하지만 야코프는 끊임없이 너무 문학적으로만 덧붙이지 말라고 동생을 타일렀다. 오늘날에도 민화학자는 빌헬름이 문학적 꾸밈을 덧붙인 사실을 비난하기도 한다. 확실히 《그림 동화》는 전승 그대로의 것이라고는 말할 수 없다. '그림 형제에 의해 모아졌다'고 조심스러운 표제가 달리기는 했으나, 그들이 모았을 뿐만 아니라 표현을 부여한 것 또한 틀림없는 사실이다.

그러나 제아무리 전승을 존중한다고 해도 구전 그대로 옮겨 적는다고 해서 꼭 좋은 동화가 된다고 할 수는 없다. 좋은 동화란 이야기꾼의 손에 달려 있기 때문이다. 이야기꾼의 이야기가 왜곡되거나 다른 내용이 보태지는 일은 얼마든지 가능한 일이고, 그것을 있는 그대로 옮기기만 한다면 좋은 이야기는 될 수

없다. 그대로 전해도 좋은 이상적인 이야기는 그리 흔하지 않기 때문이다. 빌헬름 그림이라는 시인 기질의 학자가 꽤 좋은 이야기꾼 역할을 한 셈이다. 〈개구리 왕자〉(KHM 001) 같은 이야기들은 문학적으로 너무 지나치다는 말을 듣기도 한다. 하지만 전체적으로 보면 빌헬름의 문장은 전승을 충실하게, 그러면서도 적절한 문학적 표현을 덧붙여 즐거운 읽을거리로 만듦과 동시에 민화로서도 믿을 수 있는 것으로 만들었다. 그래서 그림 형제 메르헨을 괴테는 여인들에게 "오랜 세월에 걸쳐 어린 손자를 행복하게 만드는 수집이다" 말하며 권하기도 했다. 형 야코프의 주장대로 전설로서 그 이야기를 발표했다면 귀중한 자료로서의 가치는 지녔겠지만, 널리 읽히지 못하고 파묻혀 버리는 보물 같은 존재가 되었을 것이다. 형이 주로 손을 댄《독일 전설집》은 일반 사람들에게는 널리 읽히지 않았으며 재판까지 거의 50년이나 걸렸다. 그 대신 그 책 속에 나오는 이야기들은 문학가들에게 곧잘 창작의 재료가 되었다. 하지만 분명 형의 의견도 중요했다. 야코프가 아버지처럼 날카롭게 눈을 부릅뜨고, 빌헬름이 어머니처럼 부드럽게 이야기를 다룸으로써 참으로 뛰어난 동화집이 탄생한 것이다.《그림 동화》가 주로 동생에 의해 씌었다고 해도 형의 역할을 가볍게 볼 수는 없다. 이 인류의 보물은 '그림 형제에 의해 모아졌다'는 사실을 잊어서는 안 된다.

그림 형제를 도운 여인들

1815년 뒤 야코프는 동화 일을 아우에게 맡겼다. 그는《독일어 문법》이라는 야심찬 책을 쓰고 있었기 때문이다. 그러나 처음에는 동화 모으는 일은 형이 주도적이었다. 강건한 야코프는 언제나 개척자적이고 진취적이었다. 몸이 약한 동생은 소극적이었다. 물론 1815년 뒤로는 오직 동생 손으로 메르헨이 만들어졌음을 형도 인정했다. 빌헬름의 '은빛 같은 눈동자'와 '차분한 천재'에 의해 아름다운 동화집이 탄생되었다는 사실도 인정했다. 형제의 이름으로 출간된 합작은 몇 가지가 있는데 그 가운데서도 동화집은 빌헬름이 가장 심혈을 기울여 평생 동안 그 개정과 증보를 게을리하지 않았으며, 부드러운 필치로 논문 〈동화의 본질〉 등을 썼다는 사실을 야코프는 인정한다. 형은 자신보다 먼저 죽은 동생을 위해 학사원에서 추도 강연을 할 때 "동화책을 손에 들 때마다 나는 깊은 감동을 느낍니다. 어느 페이지를 보나 동생의 흔적이 있기 때문입니다" 말했다.

그림 형제는 동화를 수집할 때 직접 듣고 받아 적거나, 책에 쓰인 것을 모았다. 여러 문헌을 통해 옛이야기를 모으는 편이 더 쉬웠겠지만 그들은 자연 속 들꽃처럼 입에서 입으로 전해 내려오는 이야기를 모으려고 했다. 물론 민화에는 일정한 틀이 있어서 크게 다르지 않은 이야기를 정리하면 그 수는 줄어들게 된다. 그래서 다채로운 이야기를 많이 싣기 위해서는 문헌에 의한 이야기를 넣어야 했다. 다른 한편으로는 〈장화를 신은 고양이〉(초판 제1권 KHM 033)는 틀림없이 페로의 동화집을 읽고 말한 것이기 때문에 흥미로운 이야기였으나 재판에서는 빠졌다. 그럼에도 초판 제1권 86편 가운데 문헌에 실렸던 이야기가 12편 있다. 또한 제3판(1837) 뒤에 덧붙여진 이야기에는 문헌에서 끌어온 것들이 많아진다. 하지만 그것들에 대해서도 끝

동화제공자 가운데 한 사람, 마리 하센부르크   퀸스토라 그림(1808)

동화제공자의 한 사람, 도로테아 피만   루트비히 그림 작

메르헨의 즐거움을 찾아서 11

임없이 검토가 이루어져 본디 민족동화가 아닌 것은 예외 없이 빼냈다. 흥미로운 점은 안데르센 동화 〈완두콩 공주〉가 《그림 동화》 제5판(1843)에 〈완두콩 시험〉(KHM 182)으로서 한 번 실렸다는 사실이다. 그러나 안데르센의 이야기라는 게 밝혀지면서 제5판에서는 빠졌다. 그림 형제는 흥미로운 이야기 수가 많으면 많을수록 좋다는 안일한 태도는 절대 보이지 않았다.

그림 형제는 문헌보다도 순박한 서민이나 시골 사람들로부터 직접 이야기를 들으려고 애썼다. 《그림 동화》는 그런 점에서 '교화되지 않은 사람들의 자연문학이다.' 여기서 교화되지 않은 사람이란 동심을 잃지 않고 교양에 의해 비뚤어지지 않은 순수한 사람들을 뜻한다. 그런데 무엇보다 눈길을 끄는 점은 이야기를 제공해 준 사람들이 거의 여성이었고 남성은 아주 드물었다는 사실이다. 남자로서는 '지베르토'라는 목사 후보가 〈백설 공주〉나 〈홀레 할머니〉 등을 들려주었는데 그것만으로는 이야기가 완결되지 않아 여성들의 이야기로 이를 보완하여 이 두 동화는 역사상 길이 남을 명작이 되었다. 〈늙은 개 술탄〉(KHM 048)은 '크라우제'라는 늙은 기병으로부터 들은 이야기이다. 이 노병은 그림 형제로부터 헌옷을 받은 답례로 몇 가지 이야기를 해주었다. 〈황금 산의 임금님〉(KHM 092)은 '어느 병사의 이야기'라는 메모가 있다. 그 또한 이 노병의 이야기라고 여겨진다. 형제는 초판 사용본(私用本)에 언제 누구로부터 이야기를 들었다는 사실을 꼼꼼하게 기록해 놓았다.

그림 형제가 처음 동화를 듣고 받아 적은 것은 1807년의 일로 여동생 샤를로테의 친구 빌트 집안의 그레트헨에게서 들은 이야기였다(〈성모 마리아의 아이〉(KHM 003)). 그레트헨은 이듬해에도 〈함께 살게 된 고양이와 쥐〉(KHM 002), 〈훔친 동전〉(KHM 154) 같은 이야기들을 들려주었다. 그레트헨이 시집을 가고 동화에 열의를 보이지 않게 되자 그보다 한결 나이어린 동생 도르트헨 (1793~1867)이 훌륭한 이야기꾼으로 등장한다. 그녀는 얼마 뒤 빌헬름 그림과 결혼했다. 메르헨으로 맺어진 메르헨 부부인 셈이다. 도르트헨은 1825년 서른두 살에 빌헬름 그림의 아내가 되어 병치레가 잦았던 남편을 돌보았을 뿐만 아니라, 일찍 세상을 떠난 언니 그레트헨의 아이들을 맡아 기르면서 평생 동안 남편을 도와 동화를 수집했다. 그녀는 그림 형제를 가정에서 돌보아주고 뒷받침한 동화의 기둥이라 할 수 있다.

그녀의 맏언니 리제테도는 〈코르베스 씨〉(KHM 041)나 〈뱀 이야기 두꺼비

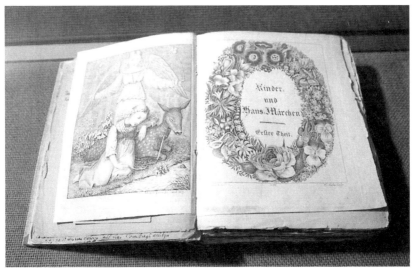

《아이들과 가정을 위
한 이야기》제2판 첫
그림(《오빠와 여동생》)
과 속표지

루트비히 그림이 그린
〈백설공주〉(KHM 53)
의 삽화

《아이들과 가정을 위한 이야기》제2판 제2권 첫 그림(도로테아 피만 초상화)과 속표지

이야기〉(KHM 105)를 들려주었다. 또 그녀들의 어머니, 곧 약방의 빌트 부인도 〈지푸라기와 숯과 완두콩〉(KHM 018)과 〈이와 벼룩〉(KHM 030)을 들려주었다.

그림 형제의 누이동생 로테는 빌트 집안 아가씨들과 마찬가지로, 카셀의 하센부르크 집안 딸들과도 친하게 지내고 있었다. 마리를 비롯해 그녀들 또한 동화 제공자가 되었다. 이 집안은 그림 집안과 마찬가지로 하나우 출신으로 카셀

조지 크룩섕크가 그린 〈룸펠슈틸츠헨〉 삽화 런던, 1823.

로 옮겨왔으며, 1822년에는 로테 그림이 L. 하센부르크와 결혼하여 맺은 깊은 유대가 있는 사이였다. '하센부르크 사람들에 의해서'라고 메모된 이야기는 주로 마리와 누이동생 자네트가 이야기한 것들이었다. 그 이야기들은 제1권의 뼈대를 이룬다. 〈백설 공주〉도 그녀들의 이야기와 지베르토의 이야기를 합친 것이다. 그녀들의 누이동생 아멜리에는 재색을 두루 갖추었으며 뒷날 그림 형제의 《독일어 사전》협력자로서 그 머리말에

실릴 만큼 훌륭했으나 이야기꾼으로서는 언니들이 더 뛰어났다.

마지막으로 제2권을 쓰는 데 커다란 도움을 준 한 여성 도로테아 피만(Dorothea Viemann, 1755~1815), 피만은 카셀 근처 농촌에서 태어나 그 고장 양복 만드는 사람에게 시집가서 아이 여섯을 낳았으나 나폴레옹 전쟁 때문에 모든 재산을 잃고 가난한 처지에 놓여 있었다. 하지만 그녀는 기억력이 좋고 이야기 솜씨가 뛰어났다. 빌헬름은 1813년 4월부터 그녀의 이야기를 듣기 시작하여 〈거위 돌보는 아가씨〉(KHM 089), 〈지혜로운 농부의 딸〉(KHM 094), 〈척척박사〉(KHM 098), 〈굴뚝새와 곰〉(KHM 102)을 얻었다. 그 결과 제2권 70편 가운데 피만의 이야기는 무려 21편을 차지한다. 또한 다른 이야기를 보충할 수 있는 재료를 얻은 것도 10편이 넘는다. 그리고 재판 제1권에 들어간 이야기, 〈충성스런 요하네스〉(KHM 006), 〈열두 형제〉(KHM 009), 〈황금 머리카락 세 가닥을 가진 악마〉(KHM 029) 등도 그녀로부터 나온 것이다. 그림 형제는 그녀를 여러 번 초대해 이야기를 들었으며, 그때마다 커피나 와인을 대접

〈성모 마리아의 아이〉 루트비히 그림 작, 1825.

〈백설 공주〉 루트비히 그림 작, 1825.

하고 돈을 준 것 말고도 가난한 그녀에게 여러 도움의 손길을 주었다. 그녀는 동화집 제2권이 나온 뒤 반년쯤 지나서 세상을 떠났다. 자기 이야기가 이토록 많이 실린 책을 볼 수 있었던 것은 더할 나위 없는 기쁨이었으리라. 그림 형제는 동화집 재판 제2권 첫머리에 막내아우 루트비히가 그린 그녀의 초상을 실었다. 이름도 없는 가난한 여성에게 이와 같은 기념비를 바친 것은 그림 형제의 따스한 인정미를 나타낸다. 이 초상은 오늘날에도 곧잘 세계 여러 나라의 책에 실려 그녀를 온 세계 '동화 아주머니'로 만들고 있다. 이렇듯 여성들에 의해 동화가 명맥을 유지하고 그림 형제에 의해 꽃이 활짝 핀 것은 그야말로 메르헨적이라 하지 않을 수 없다.

끝없는 상상력의 깊은 샘 메르헨

메르헨만큼 인간의 상상력을 길러주는 소재도 없다. 아름다운 여주인공은 그저 '아주 예쁘다'고 소개될 뿐이다. 아센푸텔(재투성이 아가씨)이 무도회에 등장했을 때는 '모두들 그녀의 아름다움에 깜짝 놀랐다'고 하지만 어떻게 아름다웠는지는 알 수 없다. 백설 공주도 마찬가지이다. 마법의 거울은 왕비에게 말한다. "물론 왕비님도 예쁘시지만 백설 공주님은 왕비님보다 천 배는 더 예쁘답니다." 이 이야기를 듣고 읽은 사람은, 온 나라에서 가장 아름다운 미인보다 천 배나 아름답다면 도대체 얼마나 아름다운 걸까 상상의 나래를 펼친다.

철학자 칸트는 인간에게 네 가지 심적 능력, 즉 감성, 지성, 이성, 상상력이 있다고 했다. 초등학생 때부터 저녁 늦게까지 학원에 다녀야 하는 지금 우리나라 실정에서는 아이들이 상상력을 키워 나갈 여지가 없다. 불과 20여 년 전만 해도 동화책 읽는 아이들을 흔히 볼 수 있었는데 지금은 그렇지 못하다. 유감스럽게도 오늘날의 아이들과 젊은이들은 전보다 상상력이 매우 부족하다.

이 상상력은 어린 시절에 함양되는 것이다. 그 중요한 어린 시절에 지금의 아이들은 메르헨보다 스마트폰이나 게임기를 더 가까이 하고 있다. 그런 디지털 기기로도 상상력을 조금은 기를 수 있을지 모른다. 하지만 메르헨에 어찌 비할 수 있겠는가. 메르헨은 간결한 문장으로 표현되어 있다. 주인공은 '아름다운 사람'이나 '마음씨 착한 사람'이라고밖에 묘사되지 않는다. 이는 소설에서 있을 수 없는 일인데, 소설가는 주인공이 어떻게 아름답고 어떻게 마음씨가 착한지 표현하기 위해, 경우에 따라서는 한 페이지가 넘도록 미사여구를 나열한다. 그

〈개구리 왕자〉 오토 슈펙터의 뮌헨 한 장 그림, 193호, 1856.

래서 소설을 즐겨 읽는 사람들 가운데에는 메르헨을 유치한 어린이 문학이라
고 여기는 사람도 있다. 그것은 잘못된 생각이다. 소설에서 주인공 외모가 자
세히 묘사되어 있으면, 독자의 상상력은 한정되고 만다. 스탕달의 《적과 흑》을
읽으면 주인공 줄리앙 소렐의 복잡한 심경을 짐작할 수 있지만, 알면 알수록

100년이 흘러 한 왕자가 오자 가시덤불은 스스로 열렸습니다. 왕자가 가장 안쪽 방에서 잠든 공주를 발견하고 입맞춤하자 공주는 깨어났습니다. 그리고 성의 모든 사람이 눈을 떴고 공주와 왕자님의 결혼식이 성대하게 열렸답니다.
〈찔레 공주〉 러 그림, 1869.

줄리앙 소렐이 자신과 다르다는 것을 의식하지 않을 수 없다. 이에 비해 메르헨에서는 자신을 주인공에 대입하여 상상의 나래를 마음껏 펼칠 수가 있다.

메르헨을 통해 상상력의 실을 하나하나 짜 올린 결과, 때로는 원작을 멋대로 개작해버리는 경우도 있다. 예를 들면 월트디즈니 컴퍼니의 애니메이션 〈백설 공주〉(1937년), 〈신데렐라〉(1950년, 이것은 그림판보다는 페로판을 토대로 한 것), 〈잠자는 숲 속의 공주〉(1959년), 그리고 〈라푼젤〉(2010년)을 들 수 있다. 메르헨에서는 혹부리영감이나 백설 공주 같은 애칭은 사용해도 고유명사가 붙어 있지는 않다. 그런데 디즈니판 〈백설 공주〉에서는 일곱 난쟁이 모두 이름을 가지고 있다. 〈신데렐라〉에서도 계모와 의붓 자매, 신데렐라를 돕는 동물들, 심지어 신데렐라와 결혼하는 왕자에게도 이름이 있다. 〈잠자는 숲 속의 공주〉에서도 공주는 '오로라', 왕자는 '필립', 마녀는 '말레피센트'로 불린다. 축하잔치에 초대받은 요정들은 열둘이 아니라 셋으로 되어 있고 그들에게도 이름이 있다. 〈라푼젤〉에서는 왕자를 '플린 라이더'라는 이름난 도둑으로 바꾸었다. 줄거리도 크게 바뀌어 있다. 디즈니판 백설 공주는 찔레 공주처럼 왕자의 키스를 받고 되살아나며, 메르헨과는 결말까지의 진행이 많이 다르다.

메르헨에서는 여주인공 중심인 이야기가 디즈니판에서는 남성 중심으로 바뀌어 있다. 그림 동화 〈찔레 공주〉에서는 왕자가 마지막에 잠시 나타날 뿐인데, 디즈니 〈잠자는 숲 속의 공주〉에서는 왕자에게 필립이라는 이름이 주어지고, 오로라 공주가 태어났을 때부터 약혼자로 정해져 있다. 두 사람은 성인이 된 뒤, 서로 약혼자라는 사실을 모른 채 사랑에 빠진다. '백 년의 잠'이라는, 이 메르헨의 핵심을 이루는 부분도 그냥 '잠'으로 바뀌고 만다. 영화 속 필립 왕자는 마치 영웅 같은 대활약을 펼친다. 가시덤불을 쓱싹쓱싹 베어버리고, 무서운 용으로 변신한 마녀 말레피센트와 격렬하게 싸워 마침내 쓰러뜨린다. 한편 오로라 공주는 영웅이 나타나 구해주기를 기다리기만 하는 가냘픈 존재로 그려져 있다. 이는 공주가 노래하는 '언젠가 꿈에서' 가사에 분명하게 나타나 있다.

꿈속에서 언제나 만나는 당신
불타는 눈동자가 그리워
꿈은 환영이라고들 말하지만
언제나 같은 꿈을 꾸면 현실이 되네

〈용감한 꼬마 재봉사〉 디즈 그림, 1858.

〈재투성이 아가씨〉 루트비히 그림 작

〈빨간 모자〉 마이엘하임 그림

〈백설 공주〉의 경우에도, 그림판에서는 왕자가 마지막에 등장하는데 디즈니 판에서는 처음부터 등장한다. 그리고 백설 공주는 그가 찾아와 주기를 기다리면서 '언젠가 왕자님이'라는 노래를 부른다.

언젠가 나의 왕자님이 맞이하러 올 거야
언젠가 우리는 다시 만날 거야
그리고 둘이서 그의 성으로 가서
그곳에서 영원히 행복해질 거야

'산타클로스 축제'가 본디 어떤 의미를 가지고 있었는지에 대해서 살펴보자. 부활제는 본디 자연의 부활, 여름의 부활을 나타내는 것이었다. 옛날 게르만 지방에서는 한 해에 여름과 겨울 두 계절밖에 없었고, 부활제는 여름의 부활을 나타내는 중요한 제사였다. 그러나 그리스도교는 예수 그리스도가 십자가에 못 박힌 날도 부활한 날도 모르기 때문에, 이를 예수 그리스도의 부활을 축하하는 행사로 바꿔버렸던 것이다. 그러나 유럽 변경이나 벽지에는 겉으론 그리스도교 축제이지만 실제로는 이교적 습속이 짙게 남아 있는 게 있어서, 그것을 조사함으로써 그리스도교가 전래되기 전, 또는 그리스도교가 전래된 뒤에도 비밀리에 계속되어 온 서민들 신앙을 엿볼 수 있다. 축제가 이교적인 성격을 지니는 것에 그리스도교는 촉각을 곤두세우고 있었지만, 메르헨이 지닌 비그리스도교적 성격에는 그다지 주의를 기울이지 않았다. 그러나 몇몇 그림 동화에서는 민중의 비그리스도교적 신앙이 뚜렷하게 나타나 있다. 〈찔레 공주〉와 〈홀레 할머니〉에서는 대지모신 신앙이, 〈재투성이 아가씨〉에서는 겨울을 쫓고 여름을 부르는 농경의례가, 〈빨간 모자〉에서는 5월제 풍습이, 〈온갖 털북숭이〉와 〈개구리 왕자〉에서는 동물숭배를 엿볼 수 있다. 〈별 은화〉는 얼핏 보면 그리스도교적인 옷을 입고 있지만, 〈헨젤과 그레텔〉처럼 거기에는 기근과 전염병, 전쟁 같은 민중의 집단기억이 새겨져 있다. 메르헨은 아주 먼 옛날 일반민중의 생활을 아는 데 귀중한 자료이기도 하다.

인간의 삶을 즐겁게 아름답게

오늘날 온 세계인에게 사랑받는 《그림 동화》이지만 여러 비판에서 자유로울

〈백설 공주〉 오블라토(oblato, 녹말지) 기법으로 그린 그림.

〈푸른 등불〉 리히터 그림

〈순무〉 리히터 그림

수는 없다. 초판이 나왔을 무렵에는 '허섭스레기 창고' 또는 '폐물'이라는 말까지 들었다. 그러한 편견을 극복하고 세계에 널리 보급되어 '고양된 민족 동화'로 자리잡은 뒤에도 《그림 동화》에 잔혹한 이야기가 많아서 아이들에게 안 좋다는 비난이 자주 들려왔다. 《그림 동화》에는 잔혹한 이야기가 많이 있다. 그러나 동화는 공상 세계 이야기이므로 현실적인 감각이나 현실적 도덕을 적용해서 이러저러한 말을 하는 것은 지나친 일이다. 동물이 대화를 나누기도 하며, 목이 잘리고 몸이 산산조각이 난 인간이 곧바로 다시 살아나기도 하므로 상식을 뛰어넘은 세계가 곧 동화의 세계이다. 고유한 메르헨은 마법의 메르헨으로, 그러한 초자연적인 일이 일어나는 세계라는 것은 마땅한 전제라고 할 수 있다.

이에 대해서 그림 형제는 낙관적인 생각을 갖고 있었다. 형 야코프는 아르님에게 "순수한 것에 대해서는 모두가 순수한 열매를 가져옵니다" 쓰고 책 중의 책이라고 일컬어지는 성서에도 마음이 쓰이는 대목이 많이 있다고 말한 바 있다. 그렇다고 해서 성서는 그런 대목을 지우고 출판하지는 않았다. 아이의 순수한 마음으로 읽으면 걱정 없다고 생각한 것이다. 빌헬름 또한 자기들 동화는 "건강한 사람을 위한 것이며 독일 국민은 이런 동화를 필요로 하고 있다" 말했다. 형제는 이런 점에서 자유방임주의자여서 있는 그대로 읽게 해두면 아이들이 알맞게 받아들이리라고 생각했다. 한편 도덕적이지 않은 이야기가 실렸다는 비난도 있다. 교활한 사람이 맛있는 국물을 마신다거나 나쁜 사람이 이득을 보는 일도 있다. 하지만 이러한 일들은 현실 세계에 흔한 일이 아닌가. 동화 속에 마음씨 좋은 사람만 나온다면 그야말로 거짓말일 것이다. 그런 점에서 아이들은 올바른 판단을 내리리라. 학자들 사이에서 《그림 동화》에 대해 "어디까지가 민화이며 어디까지가 창작동화인가" 하는 문제가 불거졌을 때 야코프는 이렇게 답변한 바 있다.

"지금 논의되고 있는 것은 충실성이다. 하지만 수학적인 충실성은 결코 있을 수 없다. 삶은 달걀을 까면 아무래도 껍데기에 흰자위가 붙을 수밖에 없는 것처럼 어떠한 이야기도 완전히 정확하게 옮길 수는 없다. 정말로 충실하려면 달걀노른자를 망가뜨리지 않는 게 가장 중요하다." 민중이 말하는 구비문학에는 단순히 언어의 난맥이 여기저기에서 발견될 뿐만 아니라 이야기가 뒤엉켜서 본 줄거리를 잘 알 수 없는 경우도 있다. 그러한 말들을 바로잡고 얽힌 이야기를 풀어내 민화를 '메르헨다운 메르헨'으로 되돌렸다고 해서 달걀노른자가 망

〈불쌍한 방앗간 젊은이와 고양이〉 막스 아다모 그림

옛날 한 소녀가 살았습니다. 부모도 없이 가난해서 입은 옷과 손에 든 빵 말고는 가진 게 없었습니다. 소녀가 하느님을 믿으며 들판으로 나아갔을 때 가난한 남자가 "먹을 것 좀 주십시오" 말했습니다. 소녀는 굶주린 남자에게 빵을 주었습니다.

소녀에게 아이들이 차례차례 다가와 모자와 조끼, 치마를 달라 했습니다. 이윽고 소녀는 숲에 이르렀습니다. 또 한 아이가 다가와 셔츠를 달라 했습니다. 소녀는 '밤이 깊었으니 벌거벗어도 보는 사람 없을 거야' 셔츠마저 아이에게 주었습니다.

〈별 은화〉 페르디난트 로트바르트 그림

〈별은화〉 빅토르 파울 몬 그림

〈찔레 공주〉 하인리히 레플러와 요셉 우르번 그림

가지지는 않는다. 오히려 그렇게 함으로써 그 달걀노른자는 뚜렷하게 떠오르며, 《그림 동화》는 어디까지나 민화의 '충실한' 재현이 된다. 어떤 비판을 받았든 간에 그림 형제는 이렇게 생각했다. '먼 옛날 민중이 이야기한 민중 생활을 생생하게 되살리기 위해서는 모든 자료를 보다 더 메르헨다운 메르헨으로 만들지 않으면 안 된다. 그러기 위해서는 민화의 잡다한 대목과 불순한 곳을 없애고 읽기 쉬운 모양으로 다듬어야 한다'고 말이다. 《그림 동화》의 세계는 욕심이 적고 인정 많은 사람이 행복하게 된다는 일관된 이웃 사랑이 그 본바탕에 깔려 있다. 순수한 인간 마음의 찬가(讚歌)이다. 밝은 이웃 사랑이 동화의 태양이다. 그러나 낮과 밤이 있듯이 분명 어두운 면도 있다. 아이는 그러한 어둠을 뚫고 밝은 빛을 찾아서 세상으로 나아간다.

빌헬름 그림은 이 책 처음 펴낼 때 머리글에서 "이 이야기들은 인간의 삶을 아름답게 만들어 주는 영원한 샘에서 나왔다" 말하고 있다. 이 책을 읽는 세상 사람들이 깊이 퍼내고 담아낼수록 《그림 동화》 우리의 메르헨은 인간의 삶에 영원한 지혜의 샘이 되리라.

그림동화전집 I II
차례

그림동화전집 I

그림동화전집 II

동화로 읽는 성자 이야기

마지막 판의 미수록작품들

개구리 왕자

Der Froschkönig oder der eiserne Heinrich

간절한 마음을 담아 소원을 빌면 무엇이든 바라는대로 이루어지던 시절, 어느 아름다운 왕국에 찬란한 봄날 햇살처럼 따스한 마음씨를 지닌 왕이 살았습니다. 왕에게는 눈에 넣어도 아프지 않을 것만 같은 소중한 공주님들이 있었는데, 모두들 하나같이 아름다웠지요. 그 가운데서도 막내 공주님이 가장 예뻤답니다. 그 공주님이 얼마나 어여쁜지, 온 세상 온갖 아름다운 것들을 수없이 보아 온 해님까지도 막내 공주님 얼굴을 비출 때면 그 아름다움에 탄성을 자아내지 않을 수 없었지요.

왕성 가까이에는 울창한 숲이 드넓게 펼쳐져 있었습니다. 이 숲의 오래된 보리수 한 그루 아래에는 깊은 샘이 있었지요. 햇살이 몹시도 뜨거워 땀이 비오듯 쏟아지는 날이면 막내 공주님은 숲에서 한가로이 산책을 하다가 이 보리수나무 아래 샘물가에 앉아 산들산들 시원한 바람을 맞으며 더위를 피하곤 했습니다. 그러다 심심할 때면 늘 품속에 소중히 가지고 다니는 황금빛 공을 꺼내하늘 저 높이 던졌다가는 다시 받는 놀이를 즐기곤 했습니다. 그 황금빛 공은 햇살을 받으면 마치 무지개처럼 알록달록 화려한 일곱 빛깔로 예쁘게 반짝여서 막내 공주님이 세상에서 가장 좋아하고 아끼는 보물이었답니다.

언제나처럼 막내 공주님은 머리 위로 높이 던진 황금빛 공을 받으려고 두 손을 쭉 뻗었습니다. 그런데 황금빛 공은 공주님 손이 아니라 땅으로 쿵! 떨어지더니 떼굴떼굴 굴러 차갑고 깊은 샘물 속으로 퐁당 빠져 버리고 마는 게 아니겠습니까. 공주님은 공을 잃어버리지 않으려 어디까지 굴러가나 열심히 눈으로 쫓았습니다. 하지만 황금빛 공은 마치 깊고 둥그런 호랑이 굴처럼 캄캄한 샘물 깊은 곳으로 쑤욱 빨려들어가 그 화려한 무지갯빛마저 사라져 버렸습니다. 막내 공주님은 샘물가에 털썩 주저앉아 어쩔 줄 몰라 하며 수정처럼 맑은 눈물만 뚝뚝 흘리고 있었지요.

좀처럼 마음을 가라앉히지 못하고 점점 더 큰 소리로 슬피 우는데, 갑자기 누군가 공주님을 부르는 소리가 들려왔습니다.

"공주님! 어여쁜 막내 공주님! 무슨 일인가요? 그토록 슬피 우시니 이 샘물가 바위들마저 공주님이 가엾어 어쩔줄 모르잖아요."

대체 누가 말하는 걸까? 공주님이 깜짝 놀라 두리번두리번 주위를 둘러보니 울퉁불퉁 못생긴 머리를 샘물 밖으로 쏙 내민 개구리가 징그럽게 불뚝 튀어나온 두 눈을 꿈뻑꿈뻑이며 공주를 가만히 쳐다보고 있었습니다. 공주가 말했습니다.

"아! 늙은 개구리였구나. 내 소중한 황금빛 공이 샘물 속으로 굴러가 버렸지 뭐니. 그래서 울고 있었어."

그러자 개구리가 물었습니다.

"공주님, 부디 마음을 가라앉히고 눈물을 뚝 그치세요. 제가 공주님을 도와 드릴 수 있어요. 하지만 제가 그 보물을 찾아드리면 공주님은 제게 무얼 주실 수 있나요?"

공주님은 소중한 황금빛 공을 찾아주겠다는 말에 손등으로 눈물을 훔치며 언제 울었냐는 듯 해맑은 얼굴로 말했습니다.

"네가 원하는 건 뭐든 다 줄게, 사랑스런 개구리야. 내 예쁜 드레스와 진주, 반짝이는 보석, 아니면 내가 쓰고 있는 이 황금 왕관이라도 줄게, 자, 무엇이든 말만 하렴."

개구리가 말했습니다.

"저는 공주님 옷가지나 금은보화 따위는 필요치 않아요. 공주님의 하나뿐인 왕관도 전혀 갖고 싶지 않답니다. 오로지 공주님이 저를 좋아해 주시고 소중한 친구로 삼아 주셨으면 좋겠어요. 공주님 식탁에 나란히 앉아 공주님의 반짝이는 황금 접시에 담긴 음식을 나눠 먹고, 공주님의 예쁜 컵으로 시원한 물을 마시며 공주님의 푹신한 침대에서 함께 잠들게 해 준다고 약속만 해주시면 얼른 저 깊은 샘물 속으로 들어가 황금빛 공을 가져다 드릴게요."

"응 그럼, 약속할게. 황금빛 공을 가져다준다면 네가 바라는 건 모두 다 해줄게."

어서 빨리 너무너무 아끼는 황금빛 공을 찾고 싶은 마음에 공주님은 곧바로 개구리와 약속을 했지만 속으로는 이렇게 생각했답니다.

'저 징그러운 멍텅구리가 꿈도 참 크구나! 같은 개구리들끼리 물가에 모여 앉아 개굴개굴 노래나 부를 일이지, 어찌 한낱 개구리 따위가 사람과 친구가 되려 한담!'

공주님에게서 약속을 받은 개구리는 그 말을 굳게 믿고 어여쁜 공주님과 친구가 된다는 기쁨에 가득 차 싱글벙글 웃었습니다. 그러고는 뱅글 뒤로 돌더니 차디찬 샘물에 머리부터 천천히 들어가 아래로 아래로 깊이 헤엄쳐 내려갔습니다. 이윽고 샘물 위로 머리를 내민 개구리는 입에 물고 온 황금빛 공을 풀밭으로 툭 던져 주었습니다. 무지개 일곱 빛깔로 반짝이는 예쁜 황금공을 되찾게 된 공주님은 뛸 듯이 기뻐하면서 공을 주워 들고는 잽싸게 달아나 버렸습니다. 개구리가 놀라서 소리쳤습니다.

"기다려요, 공주님! 기다려요! 저도 함께 가요. 전 공주님처럼 빨리 뛸 수 없어요."

하지만 공주는 뒤 한 번 돌아보지 않고 발걸음을 더욱 빨리 할 뿐이었습니다. 개구리가 뒤에서 개굴개굴 온힘을 다해 큰 소리로 공주를 불러댔지만 공주님은 재빨리 성 안으로 쏙 들어가 버렸습니다. 그러고는 이내 가엾은 개구리를 잊어 버렸답니다. 개구리는 하는 수 없이 터덜터덜 자기가 있던 샘물로 돌아갔지요.

다음 날. 공주님은 왕과 신하들이 모두 함께 둘러앉은 식탁에서 공주님의 작은 황금 접시에 담긴 먹음직스러워 보이는 음식을 먹고 있었습니다. 그때 갑자기 철벅, 첨벙, 왠지 기분 나쁜 소리가 대리석 계단 쪽에서 들려오는 게 아니 겠어요. 소리는 점점 가까이 다가오더니 문 앞에서 뚝 멈춰섰습니다. 그러더니 곧이어 문을 쿵쿵 두드리며 막내 공주님을 부르는 소리가 들려왔습니다.

"공주님, 막내 공주님, 어서 문 좀 열어 주세요."

공주는 밖에 누가 왔는지 궁금해서 서둘러 문 앞으로 달려갔답니다. 그런데 문을 열어 보니 그 징그러운 개구리가 눈앞에 떡하니 서 있지 뭐예요. 공주는 재빨리 문을 쾅 닫아 버리고는 아무 일 없다는 듯 식탁에 다시 앉았지만 속으로는 무척 불안했습니다.

공주가 불안해하는 것을 알아차린 왕이 물었습니다.

"애야, 뭘 그렇게 두려워하느냐? 문 밖에 널 잡아가려고 무시무시한 거인이라 도 왔느냐?"

공주가 절레절레 고개를 흔들며 대답했습니다.

"아, 아니에요. 무서운 거인이 아니라 더럽 고 못생긴 개구리예요."

"개구리가 무슨 볼 일로 우리 공 주를 찾아왔을까?"

"아버지, 그게 말이죠. 제가 어 제 숲 속 샘물가에 앉아 놀고 있었는데 황금빛 공을 그만 물 속으로 떨어뜨렸지 뭐예요. 그 래서 어쩔 줄 몰라 울고 있는 데 물속에서 개구리가 나타나 자기와 친구가 되겠다는 약속 을 하면 제 황금빛 공을 꺼내 주겠다는 거예요. 전 개구리가 성에까지 오리라고는 상상도 못했기에 그만 약속해 버리고 말았어요. 그런데 물속으로 들 어간 개구리가 정말로 황금빛 공 을 건져왔지 뭐예요. 그 개구리가 지금 문 밖에서 저를 찾고 있는 거예요."

그때 또다시 문 두드리는 소리와 함께 개구리의 노랫소리가 들려왔습니다.

"공주님, 막내 공주님,
어서 이 문을 열어 주세요.
어제 차디찬 샘물가에서
저와 한 약속을 잊으신 건 아니겠지요?
공주님, 막내 공주님,
어서 문을 열어 주세요."

그러자 왕이 엄한 표정과 목소리로 말했습니다.

"공주야, 한 번 한 약속은 꼭 지켜야 한다. 어서 가서 문을 열어 주거라!"

공주님은 금방이라도 울 듯한 얼굴로 하는 수 없이 문을 열어 주었습니다. 그러자 개구리는 마치 기다렸다는 듯, 폴짝 안으로 뛰어들더니 공주님 뒤를 따라 의자 아래까지 졸졸 쫓아와서는 이렇게 외치는 것이었습니다.

"공주님! 저를 공주님 옆자리에 앉혀 주세요!"

공주님이 어쩔 줄 몰라 하며 주춤거리자, 그 모습을 본 왕이 개구리 바람대로 해 주라며 공주를 타일렀습니다. 개구리를 의자 위에 앉혀 주자, 이번에는 식탁 위로 올라가고 싶다며 공주님께 졸라댔습니다. 그리고 식탁 위에 앉더니 이렇게 말했습니다.

"공주님과 함께 밥을 먹을 수 있도록 공주님의 작고 귀여운 황금 접시를 제가까이 놓아 주세요."

공주는 개구리 말대로 순순히 그렇게 해주었지만, 누가 보더라도 싫어하는 얼굴빛이 또렷했지요. 개구리는 쩝쩝 소리를 내며 아주 맛있게 밥을 먹었으나, 공주는 한 입 한 입 넘기기조차 힘들었답니다. 배불리 밥을 먹은 개구리가 말했습니다.

"이제 배가 부르니 슬슬 졸음이 와요. 공주님 방으로 데려다 주세요. 공주님의 폭신폭신한 비단 침대에서 함께 자고 싶어요."

공주님은 징그러운 개구리와 함께 자야 한다고 생각하니 너무도 무서워 그만 그 자리에서 엉엉 울음을 터뜨리고 말았습니다.

'만지기도 싫은 못생긴 개구리와 폭신하고 깨끗한 내 침대에서 함께 자야 한다니…….'

그런 공주님을 지켜보던 왕이 버럭 화를 내며 말했습니다.

"네가 어려움에 빠졌을 때 도와준 이와 한 약속을 어겨서야 되겠느냐!"

공주님은 울먹이며 하는 수 없이 두 손가락으로 겨우 개구리를 집어 든 채 침실로 데려왔습니다. 하지만 곧바로 방 구석에 그냥 툭 내려놓았지요. 공주가 비단 침대에 눕자 개구리가 마치 기다렸다는 듯 철떡철떡 기어 오더니 말했습니다.

"피곤해요, 공주님. 저도 공주님과 함께 폭신폭신한 곳에서 편안히 자고 싶어요. 저를 침대에 올려 주지 않으면 곧장 임금님께 말씀드리겠어요."

공주님은 이 말에 치밀어 오르는 화를 도저히 참을 수가 없었습니다. 그래서 개구리를 벽에다 내동댕이쳐 버렸지요.

"이 더러운 개구리, 매운맛을 보았으니 이젠 얌전히 좀 있으라구."

그런데 놀랍게도 바닥에 쓰러져 있는 것은 징그러운 개구리가 아니라 아름답고 다정한 눈을 가진 왕자님이 아니겠습니까. 왕자님은 나쁜 마녀의 마법에 걸려 그토록 징그럽고 못생긴 개구리로 변해 있었던 것입니다. 왕자님이 걸린 저주를 풀어 줄 수 있는 사람은 이 어여쁜 막내 공주님밖에 없었다고 하네요. 왕자님은 막내 공주님에게 제 신부가 되어 달라 청혼하면서 자기 나라로 함께 가

자고 말했습니다. 왕은 왕자님의
이야기를 듣고는 막내 공주님과
왕자님의 결혼을 허락하셨지요.
그날 밤 두 사람은 다정히 손을
꼭 잡고 함께 잠이 들었습니다.

　다음 날 아침, 해님의 따스한
빛에 눈을 떠보니 새하얀 타조
깃털을 머리에 꽂고 황금 고삐
를 단 백마 여덟 마리가 끄는 마
차가 성문 앞에서 기다리고 있었
습니다. 왕자의 시종이 마차 뒤에
서 있었습니다. 그 시종은 주인
이 개구리로 변해 버리자 너무도
슬퍼 제 심장이 고통과 괴로움으
로 터져 버리지 않도록 강철 끈
세 줄로 꽁꽁 감았던 그 충성스
런 하인리히였습니다. 마침내 그
는 왕자를 제 나라로 모셔 가려
마차를 몰고 온 것입니다. 충성스
런 하인리히는 왕자님과 공주님
을 마차 안으로 모신 뒤 자기는
다시 마차 뒤에 자리를 잡았습니
다. 하인리히의 가슴은 왕자를 구
해 낸 기쁨으로 가득했답니다. 그
렇게 얼마쯤 달려갔을까요? 왕
자님은 뒤에서 뭔가 부서지는 듯
우지끈거리는 소리를 들었습니다.
깜짝 놀란 왕자가 뒤돌아보며 외
쳤습니다.

　"하인리히, 무슨 일이냐, 마차

가 부서지는 것만 같구나."

"아닙니다, 주인님. 마차가 아니라 제 심장을 묶었던 강철 끈 하나가 끊어져버린 겁니다. 주인님이 개구리로 변해버리셔서 샘물 속에서 살아야만 하셨을 때, 너무도 마음이 아파 터지지 않도록 강철 끈으로 제 심장을 꽁꽁 묶어 두었거든요."

왕자님 나라가 점점 가까워지자 한 번, 그리고 또 한 번 '우지끈' 무언가 부서지는 듯한 소리가 들렸습니다. 그때마다 왕자님은 마차가 부서지는 게 아니냐며 걱정했지만, 그 소리는 주인이 못된 마법에서 풀려나 행복해졌기에 충성스런 하인리히의 심장을 묶었던 나머지 두 줄의 강철 끈들도 차례차례로 끊어지는 소리였답니다.

KHM 002
함께 살게 된 고양이와 쥐
Katze und Maus in Gesellschaft

친구 하나 없이 홀로 외롭게 지내던 고양이가 귀여운 쥐 한 마리를 만나게 되었습니다. 고양이는 쥐를 너무나 사랑한 나머지 함께 살자고 끈질기게 부탁했지요. 쥐는 처음에는 싫다고 했지만 고양이의 사랑과 우정에 감동 받아 마침내 한집에서 살며 함께 살림을 꾸려 나가기로 했습니다.

"겨울나기 준비를 해야겠어. 안 그랬다가는 우린 겨우내 쫄쫄 굶어야 할 거야. 그리고 겁 없이 아무 데나 돌아다니면 안 돼. 쥐덫이 이곳저곳에 아주 많으니까 말이야."

쥐는 고양이의 충고를 잘 따랐습니다. 겨울을 나기 위해 맛좋은 쇠기름도 한 단지 사놓았지요. 그런데 이 기름단지를 어디에 두면 좋을지 한참 곰곰이 생각하던 고양이에게 딱 좋은 곳이 떠올랐습니다.

"옳지, 기름단지는 교회에 두는 게 좋겠어. 교회 물건을 훔쳐 갈 사람은 아무도 없을 테니, 이 단지를 교회 제단 아래 잘 감춰 두고 꼭 필요할 때만 꺼내 먹도록 하자."

이렇게 해서 둘은 단지를 가장 안전한 교회 제단 아래 감춰 두었습니다. 그런데 얼마 뒤 고양이는 쇠기름이 몹시 먹고 싶어져 쥐에게 말했습니다.

"쥐야, 할 말이 있어. 사촌 누이가 나더러 조카들 이름을 지어주는 대부가 되어달라고 부탁하지 뭐야. 남자 아이래. 하얀 털에 갈색 점이 얼룩덜룩 박힌 녀석인데 그 아이를 데리고 세례식에 참석해야만 하거든. 오늘 갔다 와도 될까? 넌 우리 집을 좀 지켜줘."

"그럼, 다녀와. 어쩔 수 없지. 하지만 맛있는 걸 먹을 때면 나를 떠올려 줘. 세례식에 나오는 달콤하고 붉은 포도주를 나도 한 방울쯤 먹어보고 싶네."

쥐가 말했습니다.

하지만 고양이의 말은 모두 거짓이었습니다. 고양이에게는 사촌 누이가 없거든요. 그러니 대부가 되어 달라는 부탁을 받을 일도 없지요. 고양이는 곧바로 교회로 가서 살금살금 단지가 있는 제단 아래로 기어들어가 쇠기름을 맛있게 핥아먹기 시작했습니다. 날름날름 겉에 낀 기름 막을 다 핥아먹은 고양이는 이 집 저 집 지붕 위를 폴짝폴짝 뛰어 집으로 돌아가는 길에 다음번에는 어떻게 몰래 먹을 기회를 만들까 곰곰이 궁리했습니다. 배가 불러 기분이 몹시 좋아진 고양이는 따사로운 햇볕 아래 온 몸을 쭉 뻗고 엎드려 수염에 묻은 쇠기름을 싹싹 깨끗이 닦아냈습니다. 고양이는 한동안 그렇게 뒹굴거리다가 저녁때가 다 되어서야 집으로 돌아갔습니다. 고양이를 기다리던 쥐가 말했습니다.

"많이 늦었네. 세례식은 재미있었어?"

"응 즐거웠어."

고양이가 대답했습니다.

"아이 이름은 뭐라고 지었어?"

"겉만 냘름."

고양이가 무뚝뚝하게 말했습니다.

"뭐? '겉만 냘름'이라고? 참으로 이상하고 희한한 이름이구나. 너희 집안에서는 그런 이름이 흔하니?"

"그게 어때서? 네 삼촌 이름인 '빵부스러기 도둑놈'보다는 훨씬 낫잖아."

그 뒤로 며칠이 지났습니다. 또다시 쇠기름이 먹고 싶어진 고양이는 쥐에게 이렇게 말했습니다.

"쥐야, 난 또 나가 봐야겠어. 한 번 더 집에 홀로 있어 줄래? 대부가 되어 달라는 부탁을 또 받았거든. 이번에는 목덜미에 하얀 띠처럼 털이 난 아이인데, 도저히 거절할 수가 없더라고."

마음씨 착한 쥐는 그러겠다고 했습니다. 고양이는 곧바로 도시를 둘러싼 성벽 위로 폴짝 뛰어 올라가 쇠기름이 감춰져 있는 교회로 살금살금 기어 들어갔습니다. 그리고 이번에는 단지에 든 쇠기름을 반이나 먹어 버렸지요.

"혼자 몰래 먹는 게 세상에서 가장 맛있지."

고양이는 그날 하루를 매우 만족스럽게 보냈습니다. 고양이가 집에 돌아오자 쥐가 물었습니다.

"이번에 태어난 아이 이름은 뭐야?"

"반을 꿀꺽."

고양이가 말했습니다.

"'반을 꿀꺽'이라고? 그런 이름은 한 번도 들어보지 못했어. 세상 이름이란 이름은 모두 들어 있는 연감에도 그런 이상한 이름은 없을 거야. 고양이들은 참으로 희한한 이름을 짓는구나."

얼마 뒤 고양이는 맛있는 쇠기름이 또 먹고 싶어졌습니다. 입에서는 침이 질질 흘렀지요.

더는 참지 못한 고양이가 쥐에게 또다시 거짓을 말했습니다.

"좋은 일은 세 번 일어난다더니, 또 아이가 태어나 대부가 되어 달라는군. 이번엔 몽땅 까만 털에 발만 하얀 아이래. 다른 곳에는 하얀 털이 한 오라기도 없다는군. 이런 신기한 아이는 몇 년에 한 번 태어날까 말까 하다구. 다녀와도 될까?"

쥐가 말했습니다.

"겉만 낼름! 반을 꿀꺽! 이름들이 너무 이상해서 신경 쓰이잖아."

그러자 고양이가 말했습니다.

"그런 진회색 털옷을 입고 긴 머리를 질끈 묶은 채 집에만 들어앉아 있으니 쓸데없는 신경만 쓰는 거야. 때로는 밖으로 나가 햇볕을 좀 쬐라고."

고양이가 나가자 쥐는 집 안을 깨끗이 청소하였습니다.

"진작 다 먹어 치워버릴 걸. 이렇게 마음이 편안할 수가!"

그동안 고양이는 단지 속 기름을 몽땅 배불리 먹어 치우고는 혼잣말을 중얼거렸습니다. 밤이 깊어서야 고양이가 집으로 돌아오자 쥐는 이번에도 세 번째 아이에게 어떤 이름을 지어 주었는지 물었습니다.

"네겐 그 이름도 이상할걸. '몽땅먹었다'라고 붙였거든."

"뭐라고? '몽땅먹었다?' 참으로 괴상망측한 이름이군. 난 그런 이름 듣도 보도 못했어. '몽땅먹었다' 도대체 무슨 뜻이지?"

쥐는 이해할 수 없다는 듯 고개를 절레절레 흔든 뒤, 몸을 동그랗게 말고는 곧 잠이 들었습니다. 그 뒤로는 고양이에게 대부가 되어 달라 부탁하는 이가 있다는 말을 한 번도 듣지 못했답니다.

이윽고 겨울이 되어 먹을 것을 찾을 수 없게 되자, 미리 감춰두었던 쇠기름 단지를 떠올린 쥐가 고양이에게 말했습니다.

"고양이야, 우리 감춰 놓았던 쇠기름을 먹으러 가자. 무척 맛있을 거야."

"물론이지. 창 밖으로 혓바닥을 내밀었을 때랑 똑같은 맛이 날 거야."

집을 나선 고양이와 쥐가 교회에 이르러 보니, 쇠기름이 들어 있던 단지는 그대로 있었지만 마땅히 속은 텅 비어 있었습니다.

쥐가 무언가 깨달았다는 듯 외쳤습니다.

"아하! 이제야 그게 무슨 소리였는지 알겠다. 넌 참으로 좋은 친구야! 대부 노릇을 하러 간다고 했을 때마다 이 쇠기름을 먹어 치운거지? '겉만 낼름', '반을 꿀꺽', 그리고······."

고양이가 외쳤습니다.

"그 입 못 다물어? 한 번 더 입을 놀리면 널 잡아먹어 버리겠어."

"몽땅 먹었다!"

하지만 가엾게도 이미 그 말은 쥐 입 밖으로 내뱉어졌고, 동시에 고양이는 덥석 쥐를 한 입에 꿀꺽 삼켜 버리고 말았습니다. 다들 아시다시피, 세상일이란 본디 그런 거랍니다.

KHM 003
성모 마리아의 아이
Marienkind

드넓은 숲 앞에 나무꾼 부부가 살고 있었습니다. 그들에게 자식이라곤 어여

뿐 세 살배기 딸 하나밖에 없었습니다. 먹을 것이 다 떨어지자 아이에게 먹일 것이 아무것도 없어 걱정이 이만저만 아니었지요.

어느 날 아침 나무꾼은 근심으로 가득 찬 무거운 마음을 안고 숲으로 나무를 베러 들어갔습니다. 나무꾼이 언제나처럼 열심히 도끼질을 하고 있는데 갑자기 키가 훤칠하고 아름다운 여인이 그의 눈앞에 나타나는 게 아니겠습니까. 그 여인은 머리에 반짝이는 별들로 엮은 아름다운 관을 쓰고 있었습니다. 여인이 나무꾼에게 말했습니다.

"나는 아기 예수의 어머니인 성모 마리아다. 그대는 너무나 가난하고 힘들게 사는 듯하구나. 네 아이를 내게 맡겨주면 그 아이의 어머니가 되어 잘 보살펴 주겠다."

그 말을 듣자마자 나무꾼은 집으로 돌아가 아이를 성모 마리아에게 데려다 주었습니다. 그러자 마리아는 아이와 함께 하늘로 올라갔습니다.

아이는 하늘나라에서 무척 잘 지냈습니다. 빵과 우유를 실컷 먹고 마시며 황금실로 수놓은 옷을 입고 천사들과 함께 놀았지요. 아이는 무럭무럭 자라나서 어느덧 열네 살이 되었답니다. 어느 날 성모 마리아가 아이를 부르더니 말했습니다.

"사랑스런 나의 아이야, 난 한동안 여행을 떠나려 한단다. 하늘나라에는 방이 열세 개 있는데, 그 방문들을 여는 열쇠 열세 개를 네가 보관하고 있으렴. 그 가운데 열두 문은 열어 보아도 좋지만 열세 번째 문만은 절대 열어서는 안 된다. 이 작은 열쇠가 그 문의 열쇠니 호기심에 열어 보지 않도록 언제나 조심하여라. 이를 어기면 아주 불행한 일이 일어날 것이다."

소녀는 그리 하겠다고 약속했습니다. 성모 마리아가 여행을 떠나자 소녀는 하늘나라 방들을 하나하나 열어 들어가보았지요. 날마다 하나씩 방을 열어 보다가 마침내 열두 방을 모두 둘러보았습니다. 방마다 커다란 빛으로 둘러싸인 열두 사도들이 한 분씩 앉아 있었습니다. 이 찬란하고 거룩한 모습을 본 소녀는 몹시 기뻐했고, 소녀를 따르는 아기 천사들도 함께 기뻐했습니다. 이제 남은 방은 절대로 열어보지 말라던 문 하나밖에 없었지요. 소녀는 그 문 뒤에 무엇이 숨겨져 있는지 몹시 궁금했습니다. 소녀는 아기 천사들에게 말했습니다.

"활짝 다 열지 않고 안으로 들어가지도 않을게요. 아주 조금만 열어서 틈새로 살짝 들여다보기만 할게요."

천사들이 깜짝 놀라며 그녀를 말렸습니다.

"오, 안 돼, 안 돼요. 성모 마리아께서 단단히 이르셨잖아요? 분명 씻을 수 없는 큰 죄가 될 거예요. 불행한 일이 생길지도 몰라요."

이 말을 듣고 소녀는 그 자리에 서서 잠자코 있었지만 마음속에 둥지를 튼 '보고 싶어, 보고 싶어!' 외치는 벌레는 좀처럼 조용히 있으려 하지 않았습니다. 마음을 귀찮게 조르고 콕콕 꼬집으며 소녀를 가만히 놓아두질 않았지요. 어느 날 아기 천사들이 모두 밖으로 나가고 아무도 없을 때 소녀는 이런 생각을 했습니다.

'지금은 나 혼자뿐이니까 살짝만 들여다 봐도 괜찮겠지? 본다고 해서 누가 알 수 있는 것도 아니잖아.'

소녀는 열세 번째 방 열쇠를 찾아 손에 들고는 자물쇠에 꽂았습니다. 그냥 꽂기만 한 게 아니라 살짝 돌려보기도 했지요. 그러자 갑자기 문이 쿵! 소리와 함께 활짝 열리며, 활활 타오르는 불길과 그 찬란한 빛 속에 꼼짝도 않고 앉아 있는 삼위일체가 보였습니다. 소녀는 너무도 깜짝 놀라 한동안 넋을 잃고 서서 그 모습을 바라만 보다가 손가락을 찬란한 빛에 살짝 갖다 대어보았습니다. 그런데 손가락이 그만 순식간에 황금으로 변해 버리는 게 아니겠습니까. 그 순간 너무도 두려워진 소녀는 문을 쾅 닫아버리고는 그곳에서 도망쳐버렸습니다. 하지만 아무리 문과 멀리 떨어져 있으려 해봐도 마음을 거세게 죄어오기 시작한 두려움은 도무지 멈출 줄을 몰랐지요. 소녀가 무슨 일을 해도, 아무리 다른 생각을 하려 해봐도, 심장은 계속 쿵쾅거렸으며 도무지 가라앉지를 않았습니다. 게다가 황금으로 변해버린 손가락도 그대로였지요. 아무리 씻고 문질러도 본디 손가락으로 돌아오지 않았습니다.

며칠 뒤 성모 마리아가 여행에서 돌아왔습니다. 마리아는 소녀를 불러 하늘나라 열쇠를 돌려 달라 말했지요. 소녀가 열쇠 꾸러미를 건네자 성모 마리아는 소녀의 눈을 가만가만 들여다보며 말했습니다.

"나와 약속했던 대로 열세 번째 문은 절대 열어보지 않았겠지?"

"네."

소녀가 대답하자 마리아는 소녀의 가슴에 살짝 손을 갖다 대보았습니다. 소녀의 가슴은 여전히 마구 두근거리고 있었지요. 소녀가 약속을 어기고 열세 번째 문을 열어 보았다는 사실을 알아차린 마리아가 다시 한 번 물었습니다.

"정말 열어 보지 않았느냐?"

"네."

소녀가 두 번째로 대답했습니다.

그때 마리아는 하늘의 불길에 닿아 황금으로 변해 버린 소녀의 손가락을 보았습니다. 소녀가 자신과의 약속을 어긴 걸 알게 된 마리아가 다시 한 번 물었습니다.

"문을 열지 않았다?"

"네."

소녀가 세 번째로 거짓말을 했습니다. 그러자 성모 마리아가 말했습니다.

"넌 나와의 약속을 어겼다. 게다가 거짓말까지 하는구나. 너는 이제 하늘나라에서 살 자격이 없다."

그 순간 소녀는 갑자기 깊은 잠에 빠져버렸습니다. 얼마나 시간이 흘렀을까요. 눈을 떠보니 아름다운 하늘나라가 아닌 거친 땅 위에 누워 있는 게 아니겠습니까. 소녀는 깜짝 놀라 소리를 지르려 했지만 입에서는 아무런 소리도 나오지 않았습니다. 소녀는 벌떡 일어나 그곳을 벗어나려고 했지만, 어느 쪽으로 가도 빽빽한 가시덩굴이 길을 막고 있어서 도저히 지나갈 수가 없었습니다.

소녀가 갇혀버린 거친 들판에는 속이 빈 고목이 한 그루 서 있었습니다. 소녀는 하는 수 없이 그 나무를 집으로 삼고는 칠흑같은 밤이 오면 나무 속으로 기어들어가 잠을 잤습니다. 폭풍이 몰아치고 비가 내릴 때도 고목 안으로 피해 들어갔지요. 참으로 비참하고 힘든 생활이었습니다.

'하늘나라는 참으로 아름다웠어! 귀여운 아기 천사들도 늘 나와 함께 놀아 주었는데……'

행복했던 기억을 떠올릴 때면 쓰디쓴 눈물이 얼굴을 타고 주르륵 흘러 내렸습니다. 거친 들판에 먹을 것이라고는 겨우 풀뿌리와 야생 딸기뿐이었고, 이마저도 구하기 위해서는 먼 곳까지 이리저리 돌아다녀야만 했습니다.

가을이 되자 소녀는 땅에 떨어진 개암나무 열매와 나뭇잎들을 주워 모아 고목나무 구멍 속으로 날랐습니다. 개암나무 열매는 겨울을 나기 위한 양식이었지요. 눈이 오고 얼음이 꽁꽁 얼 때면 가엾은 짐승처럼 몸이 얼지 않도록 나뭇잎 속으로 더욱 파고들어야 했습니다. 얼마 지나지 않아 깨끗했던 옷은 너덜너덜 더러워졌고 한 조각 한 조각씩 몸에서 떨어져 나갔습니다.

햇볕이 따스한 날이면 소녀는 밖으로 나와 나무 앞에 앉았습니다. 이리저리 헝클어진 긴 머리가 마치 망토처럼 소녀의 몸을 둥그렇게 뒤덮었지요. 이렇게 한 해 한 해 겨우겨우 살아가면서 소녀는 땅 위 세상의 슬픔과 비참함을 뼈저리게 느꼈습니다.

나무들이 다시 산뜻한 초록으로 뒤덮인 어느 날, 그 거친 들판이 있는 나라의 왕이 숲으로 사냥을 왔습니다. 쫓던 사슴이 숲 속 빈터를 둘러싼 덤불 속으로 달아나자 왕은 말에서 내려 칼로 덤불을 이리저리 내리치며 길을 만들었습니다. 마침내 덤불을 헤치고 들어온 왕은 나무 아래에 놀랄 만큼 아름다운 아가씨가 앉아 있는 것을 보았습니다. 긴 황금빛 머리카락이 그녀의 발끝까지 뒤덮고 있었지요. 왕은 가만히 서서 넋을 놓고 바라보다가 아가씨에게 말을 걸었습니다.

"그대는 누구신가요? 왜 이토록 외진 곳에 홀로 앉아 있는 거요?"

처녀는 혀가 굳어 소리가 나오지 않기에 아무런 말도 할 수 없었습니다.

왕은 이에 아랑곳하지 않고 계속 물었습니다.

"나와 함께 성으로 가겠소?"

처녀는 말없이 고개만 끄덕였습니다. 왕은 처녀를 두 팔로 안아 제 말에 태우고는 함께 성으로 돌아갔습니다. 궁전으로 돌아온 왕은 처녀에게 아름다운 옷을 입히고 온갖 보물을 넘칠 만큼 잔뜩 주었습니다. 처녀는 비록 말은 못했지만 무척 아름답고 상냥했으므로 왕은 그녀를 진심으로 사랑하게 되었으며, 곧 그녀와 결혼했습니다.

일 년쯤 지나 왕비는 아들을 낳았습니다. 바로 그날 밤. 왕비 홀로 침대에 누워 있는데 성모 마리아가 나타나 말했습니다.

"네가 금지된 문을 열었는지 사실대로 숨김없이 말한다면 네 입을 열어 다시 말을 할 수 있도록 해 주겠다. 하지만 그토록 커다란 죄를 짓고도 계속 거짓말을 한다면 오늘 태어난 네 아이를 하늘나라로 데려가겠다."

왕비는 용서받을 기회가 주어졌는데도 여전히 고집을 부렸습니다.

"아닙니다. 전 금지된 문을 열지 않았습니다."

그러자 성모 마리아는 왕비의 품에서 아이를 빼앗아 사라져 버렸습니다. 다음 날 아침 아이가 보이지 않자 성 안 사람들은 왕비가 사람을 잡아먹는 귀신이라 제 아이를 죽였을지도 모른다고 수군거렸습니다. 왕비는 이 떠도는 이야기를 모두 듣게 되었지만 차마 사실을 말할 수는 없었지요. 무시무시한 소문은 왕의 귀에도 끊임없이 들려왔지만 그는 왕비를 무척 사랑했기 때문에 그 말을 절대 믿으려 하지 않았습니다.

이듬해 왕비는 또 아들을 낳았습니다. 그날 밤 또다시 성모 마리아가 찾아와 말했습니다.

"금지된 문을 열었다고 솔직하게 말하면 하늘로 데려갔던 네 아이를 돌려주고 말도 할 수 있게 해 주겠다. 하지만 죄를 짓고도 계속 아니라 거짓말을 한다면 이번에 태어난 아이도 데려가 버리겠다."

왕비가 말했습니다.

"아닙니다. 전 금지된 문을 열지 않았습니다."

그러자 성모 마리아는 왕비의 품에서 또다시 아이를 빼앗아 하늘로 데려가 버렸습니다. 다음 날 아침 아이가 사라진 것을 알게 된 사람들은 왕비가 또 아이를 잡아먹어 버렸을 거라고 외쳤습니다. 신하들은 왕비를 죽여야 한다고 주장했지요. 그러나 왕은 왕비를 너무도 사랑했기에 그들의 말을 믿으려 하지 않았고, 신하들에게 계속 이러쿵저러쿵 떠들어대면 사형에 처하겠노라고 말했습니다.

다음 해 왕비는 어여쁜 딸을 낳았습니다. 그날 밤 성모 마리아가 세 번째로 나타나 말했습니다.

"자, 나를 따라오너라."

성모 마리아는 왕비의 손을 잡고 하늘로 데려가 사랑스런 두 아들을 보여 주었습니다. 아이들은 지구본을 장난감삼아 놀고 있었지요. 왕비가 그 모습을 보고 매우 기뻐하자 성모 마리아가 말했습니다.

"아직도 네 거짓된 마음은 변치 않았느냐? 이제라도 네가 금지된 문을 열었다고 솔직히 말한다면 네 두 아들을 돌려주마."

왕비가 세 번째로 대답했습니다.

"아닙니다. 저는 금지된 문을 열지 않았습니다."

그러자 마리아는 왕비를 다시 땅으로 내려 보내고는 세 번째 아이마저 데려가 버렸습니다.

다음 날 아침 또 아이가 없어졌다는 이야기가 온나라에 널리 퍼지자 사람들은 모두 큰 소리로 외쳤습니다.

"왕비는 사람 잡아먹는 귀신이다. 죽여버려야 한다!"

왕은 수많은 신하들의 주장을 더는 물리칠 수 없었습니다. 왕비에 대한 재판이 열렸지만 말을 할 수 없는 왕비는 대답을 할 수도, 그 어떤 변명도 할 수도 없었지요. 마침내 그녀를 불태워 죽이자는 결정이 내려졌습니다. 사람들이 장작을 날라 왔습니다. 기둥에 묶이고 불이 주위에서 타오르기 시작했을 때야 비로소, 왕비의 얼음처럼 딱딱했던 오만하고 거짓된 마음이 사르르 녹으면서 커다란 후회가 밀려왔습니다.

'죽기 전에 내가 금지된 문을 열었다고 사실을 말할 수만 있다면!'

왕비가 이렇게 생각하는 순간 갑자기 그녀의 입에서 소리가 터져 나왔습니다. 왕비는 큰 소리로 외쳤습니다.

"네, 마리아님, 전 금지된 문을 열어 보았습니다!"

그 말을 내뱉자마자 하늘에서 세찬 비가 쏟아져 내리며 활활 타오르던 불이 꺼졌습니다. 그리고 왕비의 머리 위에 갑자기 환한 빛이 어리더니, 성모 마리아가 두 아들과 함께 팔에는 새로 태어난 딸을 안고 내려오는 게 아니겠습니까. 마리아는 다정스레 왕비에게 말했습니다.

"자기 죄를 뉘우치며 진실을 고백한 사람은 마침내는 용서를 받는 법이란다."

그러고는 왕비에게 세 아이를 되돌려주고 왕비의 혀를 풀어 목소리가 나올 수 있게 한 뒤 그녀가 평생 행복하게 살도록 해 주었답니다.

KHM 004
무서움을 배우려 길 떠난 젊은이 이야기
Märchen von einem, der auszog, das Fürchten zu lernen

두 아들을 둔 아버지가 있었습니다. 큰아들은 영리하고 무슨 일에서든 분별을 잘했으며 아무리 어려워보이는 일을 시켜도 척척 해냈지만, 작은아들은 어떤 쉬운 말을 해도 잘 알아듣지 못했으며 아무리 친절히 가르쳐줘도 뒤돌아서면 모두 다 잊어버리곤 했습니다. 사람들은 작은아들을 보며 이렇게 말했습니다.

"저런 녀석은 평생 아버지의 짐이 될 뿐이야!"

그러니 무슨 일이든 언제나 큰아들이 도맡아 해야만 했습니다. 때때로 아버지가 저녁 늦게나 캄캄한 밤에 심부름을 시키거나, 가는 길에 교회 묘지처럼 으스스한 곳을 지나가야 할 때면 큰아들은 이렇게 말했습니다.

"아, 안 돼요, 아버지. 거긴 안 갈래요. 생각만 해도 등골이 오싹해져요!"

왜 그렇게 말했냐고요? 그야 무서우니까요.

밖이 캄캄해진 저녁에 난롯가에 앉아 이야기를 듣다가 온몸에 소름이 돋을 만큼 무서워질 때면 사람들은 "아, 등골이 오싹해!" 말하곤 했는데, 한쪽 구석에 앉아 함께 이야기를 듣던 작은아들은 그 말이 무슨 뜻인지 도무지 이해할 수가 없었습니다.

"사람들은 늘 '등골이 오싹해! 등골이 오싹해!' 말하는데, 난 한 번도 그런 걸 느껴본 적이 없어. 등골이 오싹해지는 건 아마도 내가 모르는 무척 어려운 기술인가 봐."

그러던 어느 날 아버지가 작은아들에게 말했습니다.

"거기 구석에 앉아 있는 아들아, 너도 곧 있으면 키도 크고 힘 센 어른이 될 텐데 제 밥벌이를 하려면 뭔가를 배워야지. 봐라, 네 형은 열심히 일하지 않느냐, 그런데 넌 할 줄 아는 게 없으니 아무 짝에도 쓸모가 없구나."

작은아들이 말했습니다.

"아이 참, 아버지, 저도 배우고 싶은 게 있어요. 할 수만 있다면 등골이 오싹해지는 법을 배우고 싶어요. 저는 그게 뭔지 통 모르겠거든요."

큰아들은 그 말을 듣고 웃음을 터뜨렸습니다. 그러고는 속으로 이렇게 생각했지요.

'맙소사, 내 동생은 도저히 어찌할 수 없는 바보로구나. 될성부른 나무는 떡잎부터 알아본다더니.'

아버지는 깊은 한숨을 쉬며 이야기해 주었습니다.

"등골이 오싹해지는 걸 배우는 것도 좋지만, 그런 걸로는 밥벌이를 못할 게다."

그러던 어느 날 성당지기가 집으로 찾아왔습니다. 아버지는 성당지기에게 둘째아들 녀석은 어찌나 머리가 나쁜지 아무것도 할 줄 모르고 아무것도 배우려 들지 않는다며 하소연을 했습니다.

"한 번 생각해 보십시오. 제가 작은아들에게 어떤 일로 밥벌이를 하겠냐고 물으니까, 글쎄, 등골이 오싹해지는 법을 배우고 싶다지 뭡니까."

성당지기가 말했습니다.

"그런 건 제가 가르칠 수 있습니다. 아드님을 불러주십시오. 제가 데리고 가겠습니다."

아버지는 '이 녀석, 조금은 똑똑해지겠지?' 생각하며 좋아했습니다.

그리하여 작은아들을 데리고 간 성당지기는 그에게 종 치는 일을 시켰습니다. 며칠 뒤 성당지기는 어둠이 깊어진 한밤에 작은아들을 깨워 교회 종탑에 올라가 종을 치라고 말했습니다.

'등골이 오싹한 게 무엇인지 알게 해주지.'

이렇게 생각하면서 성당지기는 몰래 작은아들보다 먼저 종탑에 올라가 있었습니다. 이윽고 종탑에 올라간 작은아들이 종에 매달린 줄을 잡으려 몸을 휙 돌리자, 맞은편 계단 위에 어떤 하얀 물체가 서 있는 게 보였습니다.

"거기, 누구냐?"

작은아들이 큰 소리로 외쳐보아도 그 물체는 아무런 대꾸도 없이 그 자리에 꼼짝도 않고 서 있을 뿐이었습니다.

"대답해라! 아무 말 안할 거면 꺼져 버려! 이 밤에 여기서 무슨 볼일이 있는 거냐."

그러나 유령으로 변장한 성당지기는 여전히 꼼짝도 하지 않았습니다. 작은아들이 유령이라 믿게 하려고 말이죠. 작은아들이 다시 소리쳤습니다.

"뭘 원하는 거냐? 나를 해치려는 나쁜 놈이 아니거든 어서 말을 해라. 그러지 않으면 계단 아래로 내던져 버리겠다."

'설마 그렇게 심한 짓까지 하겠어?' 이렇게 생각한 성당지기는 계속 입을 꾹 다문 채 마치 돌조각상처럼 가만히 서 있기만 했습니다. 작은아들은 또다시 말을 걸어도 아무런 대꾸가 없자 와락 달려들어 유령을 계단 아래로 확 밀어 버리고 말았지요. 유령은 계단을 열 개나 데굴데굴 굴러 내려가더니 한쪽 구석에 나자빠져버렸습니다. 그러자 작은아들은 마치 아무 일도 없었다는 듯 언제나처럼 종을 댕댕 치고는 방으로 돌아가 말 한마디 없이 침대에 누워 쿨쿨 잠을 잤습니다.

성당지기 아내는 이제나 저제나 남편이 오기만을 기다리고 있었지요. 그런

데 남편이 도무지 돌아오지 않는 것입니다. 마침내 불안해진 성당지기 아내는 작은아들을 깨우며 물었습니다.

"내 남편이 어디 있는지 모르니? 너보다 먼저 탑으로 올라갔는데……."

작은아들이 대답했습니다.

"모르겠는데요. 하지만 종탑 맞은편 계단 위에 하얀 녀석 하나가 서 있긴 했어요. 그런데 누구냐고 물어도 아무런 대답이 없고 자리를 뜨려 하지도 않기에 나쁜 녀석이라 생각하고는 아래로 밀쳐 버렸습니다. 그곳에 가 보세요. 그럼 누구였는지 알 수 있을 겁니다. 그가 만일 남편이었다면 참으로 안타까운 일이군요."

성당지기 아내는 화들짝 놀라 서둘러 뛰쳐나갔습니다. 남편을 곧바로 찾긴 했지만 그는 계단 구석에 누운 채 다리가 부러져 신음하고 있었습니다. 남편을 계단 아래로 옮겨 놓은 성당지기 아내는 바쁜 걸음으로 작은아들의 아버지를 찾아가 고래고래 소리를 질렀습니다.

"당신 아들이 끔찍한 일을 저질렀어요. 내 남편을 계단 아래로 떠밀어버리는 바람에 남편 다리가 부러져버렸다고요. 그 아무 짝에도 쓸모없는 녀석을 당장 데려가세요."

깜짝 놀라 달려온 아버지는 작은아들을 몹시 꾸짖었습니다.

"그 무슨 못된 장난이냐. 악마가 시킨 짓이 틀림없구나."

작은아들이 말했습니다.

"아버지, 제 말 좀 들어 보세요. 저는 잘못한 게 없어요. 그분이 한밤에 무슨 나쁜 마음을 품은 사람처럼 종탑 구석에 가만히 서 있었다고요. 저는 그가 하얀 천을 뒤집어 쓰고 있어서 누군지 전혀 몰랐어요. 게다가 누구냐 소리치고, 사라지라고 세 번이나 경고했는걸요."

아버지가 말했습니다.

"너 때문에 참으로 안 좋은 일만 겪는구나. 내 눈앞에서 썩 사라져라, 다시는 널 보고 싶지 않다."

"좋아요, 아버지. 기꺼이 사라져드리지요. 하지만 날이 밝을 때까지만 기다려 주세요. 집을 떠나 등골이 오싹해지는 법을 꼭 배우고야 말겠어요. 그러면 밥벌이를 할 수 있는 기술도 익히게 되겠지요."

아버지가 말했습니다.

"네가 뭘 배우든 이제 나하고는 아무 상관없는 일이다. 50탈러를 줄 테니 이걸 갖고 넓은 세상으로 나아가거라. 하지만 그 누구에게도 네가 어디서 왔으며 누구 아들인지 절대로 말하면 안 된다. 너 때문에 더는 부끄럽고 싶지가 않구나."

"네, 아버지. 아버지 뜻대로 하겠어요. 그쯤 일이라면 저도 지킬 수 있고말고요."

동쪽 산 위로 해가 빼꼼히 고개를 내밀자 작은아들은 50탈러를 주머니 속 깊이 넣고는 큰길로 나갔습니다. 그러고는 혼자 중얼거렸습니다.

"등골이 한번 오싹해 봤으면! 등골이 한번 오싹해 봤으면!"

그때 옆에서 걸어가던 한 남자가 젊은이의 중얼거리는 소리를 듣게 되었습니다. 두 사람은 나란히 길을 걸었습니다. 그렇게 조금 더 걷다가 교수대가 보이자 그 남자가 말했습니다.

"저기 저 나무가 보이는가? 나쁜 일을 한 벌로 교수형당한 일곱 사람이 나무에 대롱대롱 매달려 하늘을 나는 법을 배우고 있군. 저 아래에 앉아 어두컴컴한 밤까지 기다려 보게. 그러면 등골이 오싹해지는 걸 느낄 수 있을 거야."

작은아들이 말했습니다.

"그야 식은 죽 먹기지요. 그토록 빨리 등골이 오싹해지는 법을 배우게 된다면, 제가 가진 이 50탈러를 모두 드리겠습니다. 내일 해가 뜨자마자 저 나무 아래로 오세요."

작은아들은 교수대 아래에 털썩 주저앉아 저녁이 올 때까지 가만히 기다렸지요. 몹시도 추워 몸이 꽁꽁 얼어붙을 것 같아 그는 불을 지폈습니다. 하지만 밤이 점점 깊어갈수록 바람이 쌩쌩 너무 매섭게 불어와 불을 피워 놓아도 전혀 따뜻해지지 않았습니다. 게다가 교수대에 매달린 사람들은 바람 때문에 서로 몸을 부딪치며 이리저리 흔들렸습니다.

'불을 쬐어도 이렇게 몸이 얼어붙을 것만 같은데, 저 위에 있으면 정말 몸이 꽁꽁 얼어 버릴 거야. 그러니 저렇게 마구 버둥거릴 수밖에.'

젊은이는 교수대에 매달린 이들이 몹시도 안쓰러워, 사다리를 타고 올라가 하나씩 줄을 풀어 일곱 사람을 모두 아래로 내려 놓았습니다. 그러고는 입김을 혹혹 불어 겨우 불길을 살려 놓고, 그들의 몸이 따뜻해지도록 불 주위에 빙 둘러앉혀 놓았지요. 하지만 그들은 옷에 불이 옮겨 붙어도 꼼짝도 않은 채 가만히 앉아 있을 뿐이었습니다. 그 모습을 본 작은아들이 말했습니다.

"이봐, 조심들 해! 안 그러면 다시 교수대에 매달아 놓을 거야."

그렇지만 이미 죽어 있는 사람들이 그의 말을 들을 리도, 대꾸할 리도 없었지요. 입고 있는 누더기옷이 계속 불에 타 들어가도 그저 가만히 있을 뿐이었습니다. 마침내 작은아들이 화를 내며 말했습니다.

"너희들이 조심하지 않으니 나도 더는 도와줄 수 없어. 나는 너희들과 함께 타 죽고 싶지 않단 말이야."

그래서 작은아들은 다시 그들을 차례차례 교수대 위에다 매달아 놓고 불 옆에 앉아 스르르 잠이 들었습니다.

다음 날 아침 50탈러를 받으러 온 남자가 물었습니다.

"어때, 등골이 오싹한 게 뭔지 알았지?"

아무렇지도 않은 얼굴로 작은아들이 대답했습니다.

"아니오, 전혀 느끼지 못했습니다. 정말 어떻게 하면 알 수 있습니까? 저 위에 매달린 사람들은 입도 뻥끗하지 않는 데다가 어찌나 멍청한지 몸에 걸친 누더기가 불에 점점 타들어가도 가만히 있던데요."

50탈러를 받긴 틀렸다고 생각한 남자가 그곳을 떠나며 말했습니다.

"세상에 저런 이상한 녀석이 또 있을까?"

작은아들 또한 길을 떠나며 홀로 중얼거렸습니다.

"아, 한 번만이라도 등골이 오싹해 봤으면! 아, 등골이 한번 오싹해 봤으면!"

그때 뒤에서 짐마차를 끌고 터벅터벅 길을 가던 마차꾼이 그 소리를 듣고 물었습니다.

"자넨 누군가?"

작은아들이 말했습니다.

"저도 모릅니다."

"자네 아버지는?"

"그건 밝힐 수 없어요."

"그럼 뭘 그리 중얼거리나?"

"아! 저는 딱 한 번이라도 좋으니 등골이 오싹해져 보고 싶어요. 하지만 제게 그것을 가르쳐 줄 수 있는 사람은 세상 어디에도 없나 봅니다."

마차꾼이 말했습니다.

"그런 바보 같은 소리 말게. 나와 함께 가세나. 어디 괜찮은 곳에 묵을 수 있도록 잘 보살펴줄 테니."

　작은아들은 마차꾼과 함께 길을 걸어 나아갔습니다. 날이 어두워지자 어느 여관에 다다른 그들은 그곳에 묵기로 했습니다. 작은아들은 여관에 들어서며 또다시 큰 소리로 중얼거렸습니다.

　"등골이 한 번 오싹해 봤으면! 등골이 한 번 오싹해 봤으면!"

　그 말을 들은 여관 주인이 갑자기 웃음을 터뜨리며 말했습니다.

　"그런 경험을 하고 싶다면 여기가 딱이지요."

　여관 주인 아내가 깜짝 놀라서 말했습니다.

　"아! 그 이야긴 꺼내지도 마세요. 그렇게 주제넘게 굴다가 얼마나 많은 사람이 목숨을 잃었는지 아시잖아요. 저 초롱초롱한 눈망울이 다시는 햇빛을 보지 못하게 된다면 그 얼마나 가엾고 안타까운 일인가요."

　그러자 작은아들이 말했습니다.

　"아무리 어렵고 힘든 일이라도 꼭 배우고 싶습니다. 그래서 이렇게 집을 떠나온걸요."

　작은아들은 여관 주인이 그 성에 대해서 자세한 이야기를 해줄 때까지 조르고 또 졸랐습니다. 어쩔 수 없이 여관 주인은 여기서 멀지 않은 곳에 저주에 걸린 무시무시한 성이 있으며 그 안에서 사흘 밤 잠들지 않고 버틸 수만 있다면 무서움이 무엇인지 뼈저리게 배울 수 있을 거라고 했습니다.

"임금님은 그 일을 해낸 사람을 공주와 결혼시켜 주겠다고 약속했지. 공주는 이 태양 아래 있는 수많은 사람 가운데 가장 아름다운 분이라네. 그리고 그 성에는 엄청난 보물이 있는데, 무시무시한 악마들이 잔뜩 모여 지키고 있지. 그 보물을 가져온다면 아무리 가난한 사람이라도 큰 부자가 될 수 있대. 이미 많은 사람들이 성안으로 들어갔다네. 하지만 그 누구도 다시는 돌아오지 못했지."

이튿날 아침 작은아들은 왕을 찾아가 말했습니다.

"허락만 해 주신다면 제가 그 마법 걸린 성에 들어가 사흘 밤을 꼬박 세우며 지내보겠습니다."

그를 가만히 살펴본 왕은 용감한 작은아들이 마음에 들어 이렇게 말했습니다.

"그렇다면 무엇이든 원하는 물건을 세 개 줄 테니 성으로 가져가도록 하라. 하지만 살아 있는 것은 줄 수 없다."

그러자 작은아들이 말했습니다.

"그렇다면 불과 쇠를 갈 때 쓰는 선반, 칼이 달린 목공용 작업대를 가져가겠습니다."

왕은 이 물건들을 밤이 되기 전에 성으로 보내놓았습니다. 해가 져서 어두워지자 작은아들은 성으로 올라가 방에 불을 환하게 피운 다음 칼 달린 작업대를 옆에 놓고 선반 위에 걸터앉았습니다. 그러고는 이렇게 중얼거렸지요.

"아, 등골이 한 번 오싹해 봤으면! 하지만 여기서도 배울 순 없을 거 같아."

자정 무렵 그는 사그라드는 불꽃을 살리려고 후욱 입김을 불었습니다. 그때 갑자기 구석에서 비명 같은 게 들려오지 않겠습니까.

"야-옹, 너무 추위! 얼어 죽겠다!"

고양이 울음소리였습니다.

"바보 같으니. 겨우 그런 일로 소리를 질러? 추우면 얼른 이리 와. 따뜻한 모닥불을 쬐며 언 몸을 녹이도록 해."

작은아들의 말이 떨어지기가 무섭게 커다란 검은 고양이 두 마리가 사뿐히 뛰어나와서는 그의 옆에 앉아 이글거리는 눈으로 그를 사납게 노려보았습니다. 잠시 따스하게 몸을 녹인 고양이들이 말했습니다.

"어이 친구, 카드놀이 한판 할까?"

"좋아. 하지만 먼저 앞발 좀 보자."

고양이들이 앞발을 뻗어 보여 주자 그가 말했습니다.

"어휴! 웬 발톱이 이렇게 길어! 기다려. 발톱부터 깎아야겠다!"

그는 고양이들의 목덜미를 잡고 들어 올려 작업대 위에 놓은 다음, 앞발을 단단히 묶으며 말했습니다.

"너희들 발톱을 보니 카드놀이할 마음이 사라졌어."

그는 고양이들을 모두 죽여서는 성 밖 물속에 던져 버렸습니다. 이렇게 두 녀석을 물리치고 다시 불 옆에 앉으려는데, 이번에는 여기저기에서 벌겋게 달궈진 사슬을 목에 매단 검은 고양이들과 새카만 개들이 우르르 쏟아져 나오는 게 아니겠습니까. 자꾸만 그 숫자가 불어나 이제는 몸을 피할 곳도 없어져 버렸습니다. 고양이와 개들은 무시무시한 소리로 으르렁거리며 불 옆으로 달려들더니 장작을 마구 짓밟아 꺼 버리려 했습니다. 작은아들은 잠시 그 모습을 가만히 바라보다가, 이윽고 그 소란스러움을 더는 참지 못하고 목공용 작업대의 칼을 움켜쥔 채 큰소리로 외쳤습니다.

"이 못된 놈들, 썩 꺼져!"

그는 칼을 마구 휘둘렀습니다. 펄쩍 뛰어 달아나 버린 녀석들도 있었지만, 아주 많은 짐승들을 죽여서 성 밖 연못에다 던져 버렸습니다. 그리고 다시 돌아와 꺼져가는 불씨를 되살리고는 몸을 녹였습니다. 그렇게 가만히 앉아 있으려니 꾸벅꾸벅 잠이 와 도저히 더는 견딜 수가 없었습니다. 그래서 주위를 둘러보니 구석에 무척 편안해 보이는 커다란 침대가 있는 게 아니겠습니까.

"오, 내게 딱 맞는 침대인데."

그는 얼른 침대 위로 올라가 편안히 누웠습니다. 그런데 눈을 감으니 갑자기 침대가 저절로 이리저리 움직이면서 온 성 안을 돌아다니는 것이었습니다.

작은아들이 말했습니다.

"와! 참으로 재미있다. 더 빨리 달려봐."

침대는 계속 달렸습니다. 마치 말 여섯 마리가 힘차게 끄는 것만 같았지요. 문턱을 뛰어넘고 계단을 오르락내리락 난리를 치더니, 갑자기 우지끈! 우당탕 뒤집어지고 말았습니다. 마치 커다란 산이 위에서 내리누르는 것만 같았죠. 그는 겨우 침대에서 빠져나오며 말했습니다.

"달리고 싶으면 혼자 마음대로 달려."

그러고는 불 옆으로 돌아와 날이 밝아올 때까지 쿨쿨 잠을 잤습니다.

아침이 되자, 왕이 마법의 성으로 찾아왔습니다. 작은아들이 불 옆에 누워 있는 것을 본 왕은 생각했습니다.

'귀신들이 이 젊은이도 죽여 버렸구나.'

왕이 그를 가엾게 여기며 슬픈 목소리로 말했습니다.

"훌륭한 젊은이였는데, 참으로 안타까운 일이야."

그 말에 작은아들이 벌떡 일어나 말했습니다.

"아직 괜찮습니다!"

왕은 놀라면서도 무척 기뻐하며 어젯밤을 어떻게 버텼느냐고 물었습니다.

작은아들이 대답했습니다.

"그럭저럭 지내기 괜찮았습니다. 하룻밤 무사히 지냈으니 이틀 밤도 잘 지낼 수 있겠지요."

그가 무사히 여관으로 돌아온 것을 본 여관 주인이 깜짝 놀라 눈이 휘둥그레져서는 물었습니다.

"살아 있는 자네를 볼 수 있으리라고는 꿈에도 생각지 못했네. 마침내 등골이 오싹한 게 무언지 배웠는가?"

"아뇨. 허탕만 쳤습니다. 그게 대체 뭔지 알려 줄 수 있는 이가 하나라도 있으면 좋을텐데 말이죠."

두 번째 밤이 깊어 다시 낡은 성으로 들어온 작은아들은 불 옆에 가만히 앉아 언제나처럼 '등골이 한 번 오싹해 봤으면!' 중얼거렸습니다. 또다시 자정이 가까워지자 시끌벅적한 소리가 여기저기서 들려왔습니다. 처음에는 작고 가늘던 소리가 점점 커졌다가 이어서 좀 잠잠해지는가 싶더니, 마침내 엄청난 외침과 함께 몸이 반 토막 난 사람이 굴뚝을 타고 내려와 그의 앞에 우뚝 섰습니다. 작은아들이 외쳤지요.

"이봐! 남은 반쪽도 불러와, 그건 너무 작잖아."

다시 우당탕! 울부짖는 소리가 요란스레 울리더니 굴뚝에서 다른 반쪽이 마저 뚝 떨어졌습니다. 그것을 본 작은아들이 말했습니다.

"잠깐 기다려, 불을 좀 더 지펴야겠어."

그가 후후 불어서 불길을 활활 일으킨 뒤 주위를 돌아보니 어느새 두 몸뚱이가 하나로 합쳐져 있었습니다. 그런데 그 몹시 흉악하게 생긴 사람이 작은아

들 자리에 떡하니 앉아 있는 게 아니겠습니까.

작은아들이 말했습니다.

"이건 아니잖아. 그 의자는 내 것이야!"

흉악한 남자는 작은아들을 쫓아내려 했지만, 작은아들은 오히려 더욱 힘껏 그를 밀쳐 버리고는 다시 그 자리에 앉았습니다. 그때 더 많은 사람들이 차례차례 굴뚝에서 마구 떨어져 내렸습니다. 그들은 바닥에 뼈다귀 아홉 개를 나란히 세워 놓더니 해골 두 개로 볼링과 같은 놀이를 했습니다. 작은아들도 그 놀이를 함께 하고 싶어 물었습니다.

"이봐, 나도 함께 할 수 있을까?"

"그야 물론이지, 돈만 있다면."

"돈이야 많이 있지. 하지만 너희들 공은 둥글지가 않잖아."

흉악한 작은아들은 해골을 잡고 선반에 끼워 둥글게 갈았습니다.

"자, 이러면 굴리기 편하잖아."

그가 말했습니다.

"으와, 재미있는걸!"

작은아들은 그들과 함께 해골을 굴리며 신나게 놀이를 했습니다. 돈을 좀 잃긴 했지만 무척 즐거웠지요. 자정을 알리는 종이 울리자 그들은 모두 눈앞에서 사라져 버렸고, 작은아들은 자리에 누워 편안히 잠들었습니다.

다음 날 아침에도 왕이 찾아와 지난 밤 무슨 일이 있었는지 물었습니다.

"이번엔 어떠했느냐?"

작은아들이 말했습니다.

"해골로 공놀이 내기를 했는데, 조금 잃었습니다."

"등골이 오싹하지는 않던가?"

"어휴, 전혀요. 재미는 있었지만 등골이 오싹한 게 뭔지는 아직도 모르겠습니다!"

세 번째 날이 되자, 그는 다시 성에 있는 의자에 앉아 아주 짜증스럽다는 듯이 얼굴을 찌푸린 채 중얼거렸습니다.

"아아, 한 번이라도 좋으니 등골이 오싹해 봤으면!"

한밤이 되자, 덩치가 산 만한 여섯 남자가 관을 하나 짊어지고 방 안으로 들어왔습니다. 작은아들이 말했습니다.

"옳거니, 며칠 전에 죽어버린 내 사촌 형이로구나."

그는 이리로 오라는 듯 손짓을 하며 외쳤습니다.

"어이 형들, 이리 와!"

그들이 관을 땅바닥에 쿵! 내려놓자 작은아들이 다가가 뚜껑을 열어보았습니다. 관 속에는 죽은 남자가 누워 있었습니다. 손을 얼굴에 대 보니 마치 얼음장처럼 차가웠지요.

"잠깐만 기다려. 따뜻하게 해줄 테니."

그는 자기 손을 불가로 가져가 따뜻하게 데운 뒤 죽은 사람 얼굴에 살며시 갖다 댔습니다. 하지만 죽은 사람은 여전히 너무도 싸늘하기만 했지요. 작은아들은 시체를 꺼내 와서 불 옆에 앉아 제 무릎 위에 눕혀 놓고는 팔을 정성껏 주물러 주었습니다. 피가 다시 돌게 해 주려는 것이었지만 아직까지도 아무런 소용이 없었습니다. 그러다 문득 두 사람이 함께 침대에 누워 있으면 서로의 몸에서 열이 나와 따뜻해진다는 말이 떠올랐습니다. 그는 시체를 침대로 옮겨 담요를 덮어 주고는 자기도 그 곁에 나란히 누웠습니다. 그런데 조금 누워 있다 보니 어느덧 시체가 따뜻해지면서 조금씩 몸을 움직이는 것이었습니다. 작은아들이 말했습니다.

"그것 봐, 사촌 형, 내가 몸을 덥혀 주지 않았더라면 어쩔 뻔했어!"

그러자 죽어 있던 사람이 갑자기 벌떡 일어나며 무시무시한 목소리로 외쳤습니다.

"이제 네 목을 졸라 죽여 주마!"

그가 말했습니다.

"뭐라고? 고맙다는 인사 대신 그런 말을 하는 거야? 다시 관 속에 넣어버려야겠군."

작은아들은 사촌 형의 멱살을 잡아 관 속에 다시 집어넣고는 뚜껑을 쾅! 닫아 버렸습니다. 그러자 갑자기 여섯 사내가 들어와 다시 관을 들고 나갔지요. 그가 말했습니다.

"아무래도 등골이 오싹해지지가 않아. 죽을 때까지 여기 있어도 배울 수 있을 것 같진 않군."

그때 누구보다 덩치가 크고 무시무시하게 생긴 남자가 들어왔습니다. 하지만 자세히 보니 허옇고 기다란 수염이 달린 늙은이일 뿐이었지요. 늙은이가 큰소리로 외쳤습니다.

"요 난쟁이 같은 녀석. 곧 죽게 될 테니 등골이 오싹한 게 뭔지 확실히 알게 될 거다."

"그렇게 쉽게는 안 죽을걸. 네 마음대로 안 될 거야."

작은아들이 하나도 무섭지 않다는 듯 대꾸했습니다.

"널 붙잡고야 말테다."

늙은이가 말했습니다.

"이봐, 진정해. 그렇게 우쭐대지 말라고. 난 너 못지않게 힘이 세니까 말이야. 어쩌면 내가 더 셀지도 모르지."

"그야 두고 보면 알겠지. 네가 나보다 더 힘이 세다면 널 놓아주겠다. 자, 어디 한번 겨뤄 보자고."

늙은이는 작은아들과 함께 캄캄한 복도를 지나 대장간으로 갔습니다. 늙은 이가 도끼를 들고 모루를 쾅! 내리치자 순식간에 모루가 땅속 깊이 박혀 버렸 지요.

"뭐야, 겨우 그뿐이야?"

작은아들은 그렇게 비웃으면서 다른 모루 앞으로 걸어갔습니다. 그의 행동을 지켜보려 옆으로 가까이 다가온 늙은이의 허연 수염이 바닥까지 주욱 늘어 져 있었습니다. 작은아들은 도끼를 잡고 내리쳐 한 번에 모루를 딱 둘로 쪼개 놓고는, 그 틈새에다 재빨리 늙은이의 수염을 함께 밀어 넣어버렸습니다. 작은 아들이 말했지요.

"꼼짝할 수 없을걸? 이제 네가 죽을 차례다."

그는 쇠몽둥이로 늙은이를 마구 때렸습니다. 마침내 늙은이는 아픔을 참지 못하고 끙끙 신음을 내뱉다 엄청난 보물을 주겠으니 제발 그만 좀 하라며 간 절히 빌었습니다. 그 말을 들은 작은아들은 도끼를 빼서 그를 풀어 주었습니 다. 작은아들을 성 지하실로 데려간 늙은이는 황금이 가득 든 궤짝 세 개를 보 여주며 말했습니다.

"이 가운데 하나는 가난한 사람들에게, 또 하나는 왕에게 주고, 세 번째 궤 짝은 네가 가져라."

시계가 자정을 알리자 늙은이는 곧 흔적도 없이 사라져 버렸습니다. 이제 작 은아들은 캄캄한 어둠 속에 홀로 남게 되었습니다.

"혼자서도 잘 찾아갈 수 있어."

그는 이리저리 벽을 더듬으며 무사히 방으로 돌아갔고, 이날도 불가에 누워

잠이 들었습니다.

다음 날 아침에도 왕이 와서 물었습니다.

"등골이 오싹한 게 뭔지 알았는가?"

그가 대답했습니다.

"어젯밤에도 배우질 못했습니다. 그게 뭔지 전혀 모르겠어요. 죽은 사촌 형이 왔었고, 수염을 길게 기른 커다란 노인도 왔었지요. 늙은이는 저 아래로 내려가 많은 황금을 보여 주었습니다. 하지만 아무도 등골이 오싹한 게 뭔지 알려 주지 않았어요."

왕이 말했습니다.

"용감하게 성을 구해낸 보상으로 내 딸과의 결혼을 허락하노라."

그가 말했습니다.

"기꺼이 따르겠습니다. 하지만 전 아직도 등골이 오싹한 게 뭔지 모릅니다."

곧이어 황금이 든 궤짝들이 옮겨지고 성대한 결혼식이 열렸습니다.

젊은 왕은 아름다운 신부를 몹시 사랑했고 또 무척 행복했습니다. 그러나 그는 "한 번이라도 등골이 오싹해 봤으면! 한 번이라도 등골이 오싹해 봤으면!" 이 말을 날마다 입에 달고 다녔습니다. 그러다 마침내 왕비도 짜증이 났지요.

그것을 본 왕비의 시녀가 말했습니다.

"임금님께서 등골이 오싹한 게 뭔지 배울 수 있도록 제가 도와드리겠습니다."

시녀는 정원에 흐르는 개울로 나가 양동이에다 작은 물고기와 함께 물을 가득 담아 가지고 왔습니다. 밤이 되어 젊은 왕이 깊게 잠들었을 때, 왕비는 그의 이불을 걷어버리더니 통에 가득한 차가운 개울물과 물고기들을 확 쏟아 부어 버렸습니다. 작은 물고기들이 그의 몸 위에서 팔딱팔딱 뛰었지요. 젊은 왕은 화들짝 놀라 잠이 깨어 소리쳤습니다.

"아, 으스스 등골이 오싹해, 등골이 오싹해! 등골이 오싹한 게 무엇인지 이제야 알 것 같소."

KHM 005
늑대와 일곱 마리 새끼 염소
Der Wolf und die sieben jungen Geißlein

멀고 먼 옛날 오두막집에 어미 염소가 일곱 마리 새끼 염소들과 함께 살고 있었습니다. 어미 염소는 사람의 엄마가 아이들을 사랑하듯 새끼 염소들을 몹시도 사랑했습니다. 그렇게 행복한 나날을 보내던 어느 날 어미 염소는 먹이를 구하러 숲에 다녀오기 전에, 일곱 마리 새끼 염소들을 모두 불러 놓고는 말했습니다.

"얘들아, 엄마는 숲에 먹이를 구하러 갔다와야 하니까, 늑대들을 꼭 조심해야 한단다. 늑대가 집에 들어오면 너희들을 모두 꿀꺽 삼켜 버릴 거야. 그 나쁜 늑대는 변장을 아주 잘 한단다. 하지만 목소리가 쉬었고 발도 새까마니까 변장이라는 걸 잘 알아볼 수 있을 거야."

새끼 염소들이 말했습니다.

"엄마, 조심할게요. 걱정 말고 다녀오세요."

어미 염소는 매애애 웃으며 마음놓고 숲으로 길을 떠났습니다. 그런데 조금 있으니 누군가 문을 두드리며 이렇게 외치는 게 아니겠습니까.

"문을 열어다오. 귀여운 내 아이들아, 엄마가 왔다. 너희들에게 줄 선물을 가져 왔단다."

그러나 새끼 염소들은 쉰 목소리를 듣자마자 늑대인 걸 알아차리고는 소리 쳤습니다.

"안 열어 줄 거야. 너는 우리 엄마가 아니야. 엄마 목소리는 무척 곱고 예쁘단 말이야. 하지만 네 목소리는 쉬었어. 넌 늑대가 틀림없어."

하는 수 없이 늑대는 그곳을 떠나 방물장수에게 가서 커다란 하얀 분필을 샀습니다. 그것을 꿀꺽 삼키니 곧 목소리가 고와졌지요. 그런 뒤 다시 염소들 집으로 돌아와 문을 두드리며 새끼 염소들을 불렀습니다.

"문을 열어다오. 귀여운 내 아이들아, 엄마가 왔다. 너희들에게 줄 선물을 가져 왔단다."

그런데 늑대가 검은 앞발을 창턱에 올려놓고 있었기에 새끼 염소들은 그 앞발을 보고 큰 목소리로 말했습니다.

"절대 안 열어 줄 테야. 우리 엄마는 너처럼 발이 검지 않아. 넌 늑대가 틀림없어."

그래서 늑대는 얼른 빵가게에 달려가 말했습니다.

"넘어져서 다리를 다쳤어요. 빵 반죽을 좀 발라주세요."

빵가게 주인이 앞발에 빵 반죽을 발라주자 늑대는 방앗간으로 갔습니다.

"앞발에 하얀 가루를 좀 뿌려주세요."

'늑대녀석이 누군가를 속이려나 보다' 생각한 방앗간 주인이 곧바로 거절하자 늑대가 날카로운 이빨을 드러내며 말했습니다.

"내 말대로 하지 않으면 널 잡아먹어 버리겠다."

방앗간 주인은 너무너무 무서워서 늑대 앞발에 밀가루를 발라 하얗게 만들어 줄 수밖에 없었습니다. 사람이란 무서움을 느끼면 모두들 그렇답니다.

변장을 모두 끝마친 나쁜 늑대는 세 번째로 염소집 문을 두드리며 말했습니다.

"애들아, 문 열어라, 상냥한 엄마가 왔단다. 숲에서 맛있는 먹을거리를 구해 가지고 왔단다."

새끼 염소들이 외쳤습니다.

"우리 엄마인지 알아볼 수 있도록 먼저 앞발을 보여주세요."

늑대는 새하얗게 변장한 앞발을 창턱에 올려놓았습니다. 하얀 발을 본 새끼 염소들은 엄마가 돌아온 줄로만 알고 문을 활짝 열어주었지요. 하지만 문으로 들어온 건 다름 아닌 늑대였습니다.

깜짝 놀란 새끼 염소들은 허둥지둥 어디든 숨으려 했습니다. 첫째는 식탁 아래로 기어 들어가고, 둘째는 침대 속으로, 셋째는 난로 속, 넷째는 부엌, 다섯째는 장롱 안, 여섯째는 사기로 만든 세숫대야 밑으로, 일곱째는 벽시계 통 속으로 숨어들었습니다. 하지만 늑대는 새끼 염소들을 하나하나 찾아내어 모두를 통째로 꿀꺽꿀꺽 삼켜 버렸답니다. 하지만 다행스럽게도 시계 안에 숨은 막내만은 찾지 못했지요. 배가 잔뜩 부른 늑대는 여유롭게 그곳을 떠나 초록 잔디밭 위에 벌러덩 드러누워 잠들어 버렸습니다.

얼마 지나지 않아 어미 염소가 집으로 돌아왔습니다. 그런데 웬일인지 문은 활짝 열려 있고, 식탁이며 의자들은 내동댕이쳐져 있는 게 아니겠습니까. 세숫대야는 산산조각이 나 있고, 이불이며 베개들은 침대 밑에 마구 내팽개쳐져 있었지요. 놀란 어미 염소는 집 안 곳곳을 뒤지며 새끼들을 찾아보았지만 집 안 그 어디에서도 아이들의 모습은 보이지 않았습니다. 이름을 하나씩 불러도 아무런 대답이 없었지요. 이윽고 막내가 숨어 있는 벽시계 옆을 지나가는데 가냘프게 외치는 소리가 들려오지 않겠습니까.

"엄마, 저 벽시계 속에 있어요."

어미 염소는 서둘러 시계를 열고 막내를 꺼내주었습니다. 막내는 늑대가 와서 형제들을 몽땅 잡아먹었다고 이야기했습니다.

어미 염소가 가엾은 새끼 염소들을 생각하며 어찌나 슬피 울었을지, 여러분도 짐작할 수 있겠지요.

마침내 어미 염소는 하염없이 눈물을 흘리며 밖으로 나왔습니다. 막내 염소도 엄매엄매 울면서 종종걸음으로 그 뒤를 따라왔지요. 어미 염소가 풀밭으로 나와 보니 나무 그늘 아래서 늑대가 나뭇가지들이 부르르 떨릴 만큼 드르렁 드르렁 코를 골며 자고 있었습니다. 어미 염소가 조용히 다가가 찬찬히 늑대를 살펴보니 불룩한 배가 꿈틀꿈틀 움직이는 게 보였습니다.

"오, 하느님. 저 나쁜 늑대의 저녁 한 끼로 희생된 가엾은 제 아이들이 아직 살아 있단 말인가요?"

어미 염소는 막내에게 집에 있는 가위와 바늘, 그리고 실을 가져오게 했습니다. 그런 뒤 어미 염소는 가위를 들어 괴물 같은 늑대의 배를 쓰윽 갈랐습니다. 가위질 한 번에 새끼 염소 한 마리가 배 밖으로 쑥 고개를 내밀었지요. 어미 염소가 멈추지 않고 가위질을 하니 그때마다 새끼 염소가 한 마리씩 튀어나왔습니다. 어찌나 다행스러운지 조금도 다친 데 없이 모두 살아 있었지요. 나쁜 늑대가 욕심을 부리느라 염소들을 통째로 삼켜 버렸거든요. 어미 염소는 얼마나 기뻤을까요! 새끼 염소들은 사랑하는 어미 염소를 껴안고, 마치 성대한 결혼식을 올리는 재봉사처럼 무척 기뻐하며 깡충깡충 뛰었답니다. 어미 염소가 말했습니다.

"어서 가서 돌멩이들을 찾아오너라. 저 못된 녀석이 잠을 자는 동안 배에다 가득 채워 넣자꾸나."

새끼 염소 일곱 마리는 서둘러 돌멩이들을 잔뜩 모아 왔습니다. 어미 염소는 가져온 돌멩이들을 모두 늑대 뱃속에다 꽉꽉 채운 다음 재빨리 다시 배를 꿰맸지요. 솜씨가 어찌나 잽쌌는지 늑대는 전혀 눈치도 못 챈 채 꼼짝 않고 누워 있었답니다.

마침내 늑대는 한숨 푹 자고 일어나 아주 개운하다는 듯 기지개를 쭉 켰습니다. 뱃속에 돌멩이가 가득 들어 있으니 무척 목이 말랐지요. 일어나 샘물가로 걸음을 옮기는데 몸이 너무도 무거워 이리 휘청 저리 휘청 거리는 게 아니겠어요. 게다가 뱃속에서 돌멩이들이 서로 부딪히며 달그락달그락거렸지요. 늑대가 외쳤습니다.

"내 배가 뭐 이리도
덜거덕덜거덕 묵직할까?
겨우 새끼 염소 여섯 마리가 들어있을 뿐인데
이건 뭐 돌덩이나 다름없구나."

늑대가 샘가로 가서 물을 마시려 몸을 푹 숙이자 무거운 돌멩이들이 뱃속에서 한쪽으로만 쏠리면서 그를 아래로 세게 잡아당겼습니다. 늑대는 가엾게도 그만 물속으로 풍덩 빠지고 말았지요. 일곱 마리 새끼 염소들이 그 모습을 보고 달려와 큰 소리로 외쳤습니다.

"늑대가 죽었다! 늑대가 죽었어!"

귀여운 새끼 염소들은 어머니와 함께 샘 주위를 빙글빙글 돌며 기쁘게 춤을 추었답니다.

KHM 006

충성스런 요하네스
Der treue Johannes

사람을 소중히 여기는 한 늙은 왕이 살았습니다. 병이 들어버린 그는 '난 이 자리에서 끝내 못 일어나고 죽을 거야'라는 생각이 들자 이렇게 외쳤습니다.

"충성스런 요하네스를 들라 하라."

요하네스는 왕이 가장 사랑하는 충성스런 시종이었습니다. 평생토록 온 정성을 다해 왕을 곁에서 모셨기 때문에 언제나 이런 이름으로 불렸답니다. 그가 침대 가까이 다가오자 왕이 말했습니다.

"나의 가장 충성스런 요하네스여, 짐은 죽음이 곁에 왔음을 느끼노라. 내 하나뿐인 걱정은 오로지 내 아들뿐이구나. 아직 나이도 많이 어리고, 앞으로 나라를 어찌 다스릴지도 잘 알지 못하니 그대가 모든 일에서 그 아이가 꼭 알아야 할 것들을 잘 가르쳐 주겠다고 약속해준다면, 다시 말해서 양아버지가 되어 준다면 난 편히 눈을 감을 수 있겠노라."

그러자 충성스런 요하네스가 말했습니다.

"한순간도 왕자님 곁을 떠나지 않겠습니다. 목숨을 내놓는 일이 생긴다고 해도 왕자님을 끝까지 충성스레 모시겠습니다."

이 말을 들은 늙은 왕은 그제야 마음을 놓으며 말했습니다.

"그렇다면 난 이제 편안히 죽음을 맞이할 수 있겠구나."

그러면서 덧붙여 말했습니다.

"내가 죽고 나면 어린 왕자에게 성안 이곳저곳을 모두 보여 주거라. 방과 홀, 지하실이며 그 속에 들어 있는 보물까지 하나도 빼놓지 말고. 하지만 긴 복도 가장 끝에 있는 마지막 방만은 절대 보여 주어서는 안 되느니라. 그 방에는 황금 궁전 공주의 초상화가 숨겨져 있는데, 만일 왕자가 그 그림을 보게 되면 뜨거운 사랑을 느끼고 정신을 잃어버릴 터이니 그 공주 때문에 큰 곤경에 빠지게 될 것이다. 그대는 왕자가 그렇게 되지 않도록 곁에서 지켜주어야 하느니라."

충성스런 요하네스가 다시 한 번 믿음직스레 약속하자 왕은 힘없이 베개 위로 고개를 떨어뜨리고는 숨을 거두었습니다.

늙은 왕을 무덤으로 옮기고 나서 충성스런 요하네스는 젊은 왕에게 아버지가 마지막으로 남긴 말들을 전해주며 이렇게 말했습니다.

"아버님과 한 약속은 반드시 지키겠습니다. 그리고 아버님께 충성을 바쳤듯이 당신을 모시겠습니다. 제 목숨이 위험해지더라도 말입니다."

모든 장례 행사가 끝나자 충성스런 요하네스는 젊은 왕에게 말했습니다.

"자 이제 당신이 물려받은 유산을 보실 때가 되었습니다. 아버님 성으로 함께 가시지요."

요하네스는 성에서 계단을 오르락내리락 하고 구석구석을 안내하며 보물과 화려한 방을 모두 보여주었습니다. 하지만 왕자가 보면 안 되는 그림이 걸린 방만은 끝까지 열지 않았습니다. 그 그림은 문을 열면 바로 보이도록 걸려 있었지요. 그림은 정말로 살아 있으며 이보다 더 사랑스럽고 아름다운 것은 세상 어디에도 없을 만큼 훌륭한 그림입니다.

그러나 젊은 왕은 충성스런 요하네스가 문 하나만을 계속 그냥 지나치는 것을 이상하게 여기며 이렇게 물었습니다.

"왜 저 문은 한 번도 열지 않는 거지?"

"이 안에는 무서운 것이 있습니다."

요하네스가 대답했지만 그래도 왕은 방 안에 무엇이 있는지 무척 궁금했습니다.

"나는 성 안에 있는 것을 모두 봐야 하니 저 방 안에 무엇이 있는지도 알아야겠다."

그러면서 힘으로 문을 열려 했습니다. 그러자 충성스런 요하

네스는 왕을 말리며 말했습니다.

"아버님께서 돌아가시기 전에 이 방에 있는 것은 당신에게 보여주지 말라고 분부하셨습니다. 보시게 되면 폐하는 물론이고 저도 큰 불행을 맞게 됩니다."

"아니야 이 방에 들어가 보지 않으면 오히려 내가 불행해질 거야. 내 두 눈으로 직접 보지 않으면 궁금해서 낮이고 밤이고 마음이 편치 않을 테니까. 자 이 문을 열어주지 않으면 난 여기서 한 발짝도 움직이지 않겠네."

일이 이렇게 되자 요하네스도 이제 다른 수가 없음을 깨닫고 무거운 마음으로 끊임없이 한숨을 내쉬며 커다란 열쇠꾸러미에서 그 문을 열 열쇠를 찾아냈습니다. 문을 연 요하네스는 먼저 재빨리 들어가 그림 앞에 서서 왕이 그림을 볼 수 없게 하려 생각했습니다. 하지만 그런다고 못 볼 수 있을까요? 왕은 까치발로 서서 요하네스 어깨너머로 그림을 보고 말았습니다. 그 그림은 참으로 훌륭했으며 황금과 보석으로 반짝이는 소녀의 모습을 본 왕은 정신이 아득해져서 바닥에 쓰러졌습니다. 충성스런 요하네스가 왕을 일으켜 안아 침대에 눕혔지만 마음속은 걱정으로 가득했습니다,

'끝내 불행한 일이 벌어지고 말았어. 아아! 앞으로 어찌 될까.'

포도주를 입에 흘려 넣어 기운을 북돋워 주자 왕은 곧 정신을 차렸습니다.

"아! 그 그림 속 아름다운 소녀는 누구지?"

왕은 정신을 차리자마자 이렇게 물었습니다.

"황금 나라에 사시는 공주님입니다."

충성스런 요하네스가 대답하자 왕이 말을 이었습니다.

"난 그 여인을 무척 사랑하게 되었다. 나무 이파리들이 모두 혓바닥이 되어 말을 하더라도 이 내 마음을 말로 다 표현할 수 없으리라. 나는 목숨을 걸어서라도 그 사람은 아내로 맞이하고 싶다. 요하네스 너는 나의 가장 충성스런 신하이니 나를 도와다오."

충성스런 신하는 대체 무엇부터 해야 할지 몰라 오랫동안 곰곰이 생각해 보았습니다. 공주 앞에 나서는 것만 해도 결코 쉬운 일이 아니었으니까 말이죠. 마침내 좋은 수를 떠올린 그는 왕에게 말했습니다.

"그 공주 곁에 있는 것은 모두 금으로 이루어져 있습니다. 식탁도 의자도 그릇도 잔도 대접도 가구도 모두 황금이지요. 폐하의 보물 창고에는 황금이 5톤쯤 있습니다. 그 가운데 1톤으로 왕국 금 세공사들에게 온갖 그릇과 살림살이

를 만들라 하시고, 모든 새와 야수와 신기한 짐승들을 만들게 하십시오. 공주님의 마음에 쏙 들만큼 아주 훌륭하게 말입니다. 그 물건들을 가지고 공주에게로 가서 폐하와 저의 운을 시험해 보기로 하지요."

왕은 신하들을 시켜 나라 안 모든 금 세공사들을 불러 모았습니다. 세공사들은 밤낮 없이 일해야만 했지요. 마침내 세상에서 가장 멋진 황금 물건들이 만들어졌습니다. 이 모든 것을 배에 싣고, 충성스런 요하네스는 상인 옷으로 갈아입었습니다. 왕도 사람들이 알아보지 못하도록 똑같은 모습으로 꾸며야 했지요. 그런 다음 그들은 아주 오랫동안 배를 타고 바다를 건너 마침내 황금 궁전의 공주가 사는 도시에 다다랐습니다.

충성스런 요하네스는 왕에게 배에 남아 기다리라 부탁했습니다.

"어쩌면 제가 공주님을 모시고 올지도 모르니, 모든 게 잘 꾸며져 있어야 합니다. 금 그릇들을 모두 내다 놓고 배를 잘 꾸며 놓으십시오."

그는 보자기에 온갖 금붙이들을 싸들고 뭍으로 내려가 곧바로 공주가 사는 성으로 갔습니다. 그가 궁궐 마당에 이르렀을 때, 샘가에서 어여쁜 소녀가 황금 물통 두 개를 손에 든 채 물을 긷고 있었습니다. 소녀는 반짝반짝 빛나는 물을 가져 가려다가, 갑자기 나타난 낯선 사람을 보고는 누구냐고 물었습니다.

"나는 장사꾼이올시다."

요하네스가 그렇게 말하고는 보자기를 펴서 수많은 금붙이들을 소녀에게 보여 주자 소녀는 감탄했습니다.

"어머나, 예쁘기도 해라!"

소녀는 물통을 내려놓고 아름다운 금붙이들을 하나하나 찬찬히 살펴보며 말했습니다.

"우리 공주님께 보여드려야겠어요. 공주님은 금으로 만든 것을 무척 좋아하시거든요. 아마 당신 물건을 몽땅 사주실 거예요."

소녀는 요하네스의 손을 이끌어 성으로 데려가 주었습니다. 소녀는 황금나라 공주님의 시녀였지요. 공주는 물건들을 보자 너무나 마음에 들었습니다.

"참으로 훌륭한 솜씨군요. 제가 모두 사겠어요."

공주님이 이렇게 말하자 요하네스가 대답했습니다.

"저는 어느 부유한 상인의 하인에 지나지 않습니다. 여기 가지고 온 것은 제 주인님의 배에 모아둔 것에 비하면 아무것도 아니지요. 그곳에 있는 물건들은 금으로 만든 것들 가운데서도 가장 정교하고 값비싼 것들이랍니다."

공주는 그것들을 모두 가져오라고 했습니다. 그러자 그가 말했습니다.

"그러자면 여러 날이 걸릴 것입니다. 그만큼 무척 양이 많거든요. 또 그것을 늘어놓자면 큰 방이 여러 개 있어야 할 터인데, 공주님 성은 그만큼 넓어 보이지가 않는군요."

공주의 호기심은 더욱 커져만 갔습니다. 그래서 마침내 말했습니다.

"나를 배에 데려다 주게. 직접 그곳에 가서 자네 주인의 황금들을 보아야겠네."

충성스런 요하네스는 크게 기뻐하며 공주를 배로 이끌었습니다. 왕이 공주를 바라보자 그림보다 한결 더 아름다운 게 아니겠습니까. 가슴이 터져 버릴 것만 같이 쿵쾅거렸지요. 공주가 배에 오르자 왕은 공주를 배 안으로 안내했습니다. 그러자 충성스런 요하네스는 키잡이들에게 가서 곧바로 떠나라고 지시했지요.

"모든 돛을 올리고 하늘 위 새가 날아가듯이 빠르게 달려 나아가도록 하여라."

한편 왕은 공주에게 황금 그릇들을 하나하나 보여 주고 있었습니다. 그릇과 잔, 대접뿐 아니라 새와 야수, 온갖 신기한 짐승들도 모두 보여 주었지요. 공주가 그것들을 하나하나 감탄하며 보는 동안 많은 시간이 흘렀습니다. 공주는 너무도 즐거운 나머지 배가 떠났다는 사실조차 알아차리지 못했답니다. 마지막 물건까지 모두 본 공주는 상인에게 감사 인사를 하고는 집으로 돌아가려 했지만, 뱃머리로 나와 보니 배가 뭍에서 아주 멀리 떨어져 돛을 있는 대로 높이 올리고 바다 위를 쌩쌩 달리고 있는 게 아니겠어요.

공주는 놀라서 소리를 질렀습니다.

"아아! 난 속았어. 상인한테 붙잡히다니. 차라리 내 손으로 죽어버리고 말 테야."

왕은 다급히 공주의 손을 붙잡고는 말했습니다.

"난 상인이 아니라 왕입니다. 당신보다 보잘것없는 태생은 아니지요. 꾀를 써서 당신을 납치한 까닭은 나의 사랑이 너무나 컸기 때문입니다. 처음으로 당신 초상화를 보았을 때 나는 그 아름다움에 취해 그만 정신을 잃고 바닥에 쓰러져버렸답니다."

황금 궁전 공주는 그 말을 듣고 차츰 마음이 누그러졌습니다. 그리고 조금씩 마음이 왕에게로 기울더니, 기꺼이 왕의 아내가 되겠다고 허락했습니다.

그들이 바다 위를 달리는 동안 뱃머리에 앉아 아름다운 음악을 연주하고 있던 충성스런 요하네스는 하늘에서 까마귀 세 마리가 날아오는 것을 보았습니다. 그는 연주를 멈추고 그들이 무슨 말을 하는지 가만가만 귀를 기울였습니다. 그는 까마귀 말을 알아들을 수 있는 신기한 재주가 있었거든요. 까마귀 한 마리가 외쳤습니다.

"아, 마침내 왕이 황금 궁전 공주를 집으로 데려가는구나."

두 번째 까마귀가 말했습니다.

"그래. 하지만 아직 일이 끝난 건 아냐."

세 번째 까마귀가 말했습니다.

"아냐 공주를 이미 손에 넣었어. 봐, 배에서 왕 옆에 앉아 있잖아."

그러자 첫 번째 까마귀가 다시 말했습니다.

"그게 다 무슨 소용이야! 육지에 이르면 여우처럼 붉은 말이 왕을 마중 나올 거야. 그럼 왕은 분명 그 말을 타겠지. 말은 왕을 태우고 쏜살같이 달려서 하늘 높이 뛰어올라 두 번 다시 공주를 볼 수 없는 머나먼 곳으로 데려가버릴 거야."

이 말을 듣고 두 번째 까마귀가 물었습니다.

"도망칠 방법이 없을까?"

"물론 방법은 있지. 누군가 다른 사람이 재빨리 말을 타고 안장 옆에 달려 있는 총을 뽑아서 말을 쏘아 죽이면 젊은 왕은 무사할 거야. 하지만 누가 그런 사실을 알겠어? 설령 안다 해도 왕에게 이 사실을 말하면 발가락부터 무릎까지 돌이 되어버리고 말거야."

그러자 두 번째 까마귀가 말했습니다.

"난 더 많은걸 알고 있어. 말을 죽여도 젊은 왕은 공주님을 신부로 삼을 수 없을 거야. 둘이 함께 성으로 들어가면 큰 쟁반에 막 만든 혼례 옷이 놓여 있어. 마치 금실과 은실로 짠 것처럼 보이지만 사실은 유황과 기름으로 만들었지. 왕이 그 옷을 입으면 거센 불길에 휩싸여 뼈까지 몽땅 녹아버리고 말걸?"

"그러면 살 수 있는 방법이 아예 없는 거야?"

세 번째 까마귀가 물었습니다.

"물론 있고말고. 누군가가 장갑을 끼고 그 옷을 잡아 불 속으로 던져버리면 홀라당 타버려서 왕은 목숨을 건질 수 있어. 하지만 그게 무슨 소용이야! 그걸 알고 있어도 왕에게 이 사실을 말하면 무릎에서 심장까지 온몸의 반이 돌이 되어 버릴 텐데."

그러자 세 번째 까마귀가 말했습니다.

"난 더 많은 걸 알아. 혼례 옷이 불타 없어진다 해도 젊은 왕은 신부를 곁에 둘 수 없을 거야. 결혼식이 끝난뒤 무도회가 열리면 젊은 왕비님도 춤을 추겠지. 그럼 왕비는 갑자기 창백해지더니 죽은 사람처럼 쓰러질 거야. 그때 누군가가 왕비를 일으켜 오른쪽 가슴에서 피를 세 방울 빨아내서 뱉지 않으면 왕비는 죽어버리고 말지. 하지만 이 사실을 말하는 사람은 머리끝에서 발끝까지 온몸이 돌이 되어버리고 말걸?"

까마귀들은 이야기를 마치고는 멀리멀리 날아가 버렸습니다. 충성스런 요하네스는 모든 말을 다 알아들었지만, 그때부터 아무런 말도 없이 그저 슬픔에 잠겼지요. 그가 들은 말을 왕에게 솔직히 털어놓지 않는다면 주인이 불행해지고, 털어놓으면 제 하나뿐인 생명을 바쳐야 하니까요. 마침내 그는 굳은 결심을 했습니다.

"내가 폐하를 구해야겠다. 그 일 때문에 내가 죽어버린다 해도."

그들이 뭍에 오르자 까마귀들은 이야기했던 일이 그대로 일어났습니다. 어디선가 눈부신 적갈색 말이 달려오는 게 아니겠습니까. 왕이 말했습니다.

"그래, 저 녀석을 타고 성으로 가야겠다."

왕이 말에 타려하자 충성스런 요하네스가 먼저 재빨리 올라타더니 안장 옆에서 권총을 뽑아서 말을 쏘아 죽였습니다. 그러자 전부터 충성스런 요하네스를 시샘하던 다른 신하들이 입을 모아 외쳤습니다.

"임금님께서 성까지 타고 갈 훌륭한 말을 죽이다니, 이게 대체 무슨 짓이냐!"

그러나 왕은 말했습니다.

"모두들 조용히 그를 가만두어라. 그는 나의 가장 충성스런 요하네스가 아니냐. 그 누가 알겠느냐, 그의 행동이 내게 어떤 도움이 될지!"

그들은 곧 성에 이르렀습니다. 홀에 들어가 보니 커다란 쟁반이 있었고, 그위에 신랑의 예복이 놓여 있었습니다. 마치 금과 은실로 만든 옷처럼 보였지요. 젊은 왕이 그곳으로 다가가 막 손으로 집으려 하자, 충성스런 요하네스가 갑자기 끼어들어 왕을 밀쳐 내고는 장갑 낀 손으로 옷을 꽉 움켜쥐더니 재빨리 불속에 던져 태워 버렸습니다. 다른 신하들이 또다시 투덜거렸습니다.

"저것 봐, 이제 임금님 결혼식 예복까지 태워 버리는군."

그러나 젊은 왕은 말했습니다.

"내게 어떤 도움이 되는 일인지 누가 알겠느냐, 그를 가만두어라. 그는 나의 가장 충성스런 요하네스니라."

이제 결혼식이 끝나고 무도회가 열렸습니다. 아름다운 신부가 무도회장에 들어가자, 충성스런 요하네스는 오로지 신부의 얼굴만을 지켜보았습니다. 그때 갑자기 신부가 핼쑥해지더니 죽은 듯 땅에 쓰러지는 것이었습니다. 요하네스는 기다렸다는 듯 재빨리 신부에게 달려가 그녀를 안고 방으로 옮겼지요. 그리고 신부를 눕히고는 무릎을 꿇어 그녀의 오른쪽 가슴에서 피를 빨아 내어 다시 내뱉었습니다. 곧 신부의 숨소리가 돌아왔고 정신을 차렸답니다. 그러나 그 모습을 모두 지켜보던 젊은 왕은 충성스런 요하네스가 왜 그런 짓을 하는지 몰랐기에 몹시 화를 내며 외쳤습니다.

"저 녀석을 감옥에 가두어라!"

다음 날 아침 충성스런 요하네스는 사형선고를 받고 교수대로 끌려갔습니다. 막 형을 집행하려 할 때 요하네스가 굳게 닫혀 있던 입을 열었습니다.

"사형을 선고 받은 사람은 누구든 죽기 전에 마지막으로 한마디 할 수 있습니다. 그러니 저에게도 권리를 주시겠습니까?"

"좋아, 허락하마."

왕이 말했습니다.

그러자 충성스런 요하네스는 바다 위에서 들었던 까마귀들의 대화를 모두 털어놓았습니다. 폐하를 구하기 위해 이 모든 일을 하지 않을 수 없었다고 말했지요. 그러자 왕이 부르짖었습니다.

"오, 나의 가장 충성스런 요하네스, 용서하노라! 용서하노라! 어서 그를 내려오게 하라."

하지만 충성스런 요하네스는 말을 마치자마자 숨을 멈추고 쾅! 데구르르 굴러떨어졌습니다. 온몸이 돌로 변해 버리고 만 것이지요.

왕과 왕비는 참을 수 없는 슬픔으로 몹시 괴로워했습니다. 왕이 말했습니다.

"아아, 이럴 수가. 은혜를 원수로 갚다니!"

왕은 돌로 변해버린 요하네스를 들어 침실에 들여놓은 뒤 침대 옆에 잘 세워 놓았습니다. 왕은 돌상을 바라볼 때마다 슬픈 눈물을 흘리며 말했습니다.

"아아! 너를 되살릴 수만 있다면 좋을 텐데. 충성스런 요하네스."

그렇게 얼마의 세월이 흘렀을까요. 왕비는 쌍둥이 아들을 낳았습니다. 어느 날 왕비는 교회에 가고 두 아이들은 아버지 옆에 앉아서 놀던 때였습니다. 왕은 언제나처럼 돌상을 바라보고 깊은 한숨을 쉬며 슬픔에 가득 찬 말투로 외쳤습니다.

"아아! 너를 되살릴 수만 있다면. 이 세상에 둘도 없이 충성스러운 요하네스여."

그러자 갑자기 돌상이 말을 하는 게 아니겠습니까.

"네, 폐하께서는 저를 다시 살리실 수 있습니다. 폐하의 가장 소중한 것을 바칠 수만 있다면 말입니다."

그러자 왕이 외쳤습니다.

"그대를 살릴 수만 있다면 내가 가진 모든 것을 바치겠소."

돌상은 말을 이었습니다.

"폐하께서 직접 두 왕자의 머리를 베어 그 피를 저에게 발라주시면 저는 다시 살아날 것입니다."

왕은 세상 누구보다도 귀여워하는 아이들을 제 손으로 죽여야만 한다는 이야기를 듣자 온몸에서 소름이 끼쳤습니다. 하지만 요하네스의 커다란 충성심과 자신을 살리기 위해 죽은 일을 떠올리고는 검을 뽑아 직접 아이들의 목을 베었습니다. 그리고 이아들의 피를 석상에 바르자 요하네스가 되살아났지요. 충성스러운 요하네스는 다시 건강하게 살아나 왕 앞에 당당히 서서 말했습니다.

"폐하께서 제게 주신 믿음과 의리는 반드시 그 보답을 받을 것입니다."

그러고는 두 아이의 머리를 다시 몸 위에 얹고 상처에 그들의 피를 발랐습니다. 그러자 놀랍게도 아이들이 눈 깜짝할 사이에 다시 말짱하게 살아나 이리저리 뛰어다니며 마치 아무 일도 없었다는 듯이 즐겁게 놀이를 계속하는 게 아니겠습니까. 왕의 마음은 밀려오는 기쁨으로 가득 찼습니다.

그는 왕비가 돌아오는 것을 보고 충성스런 요하네스와 두 아이들을 커다란 벽장 속에 숨겨 놓았습니다. 왕비가 방으로 들어오자 왕이 물었지요.

"교회에서 기도를 올리고 오는 길이오?"

"예. 저희들을 구하려고 저렇게 불행해진 충성스러운 요하네스를 저는 절대 잊지 않고 늘 생각해요."

왕비가 대답하자 왕이 말했습니다.

"사랑하는 내 아내여. 요하네스를 되살릴 방법이 아주 없는 건 아니오. 하지만 그러기 위해선 우리 아이들의 목숨을 바쳐야 하오. 두 아이를 희생시켜야만 해."

왕비의 얼굴이 새하얗게 질렸습니다. 마음속 깊이 깜짝 놀랐지만 그녀는 이렇게 말했습니다.

"그의 크나큰 충성심은 우리가 꼭 갚아야 할 빚이에요."

왕은 왕비 또한 자기와 똑같은 생각을 갖고 있자 무척 기뻤습니다. 그래서 벽장을 열고 아이들과 충성스런 요하네스를 나오게 했지요.

"고맙소. 요하네스는 살아났고 두 아이들도 무사하네."

그리고 지금까지의 일을 남김없이 왕비에게 들려주었습니다.

이렇게 해서 모두 함께 서로를 아끼며 행복하게 살았답니다.

KHM 007
좋은 거래
Der gute Handel

　어느 농부가 소를 시장으로 몰고 가 금화 일곱 개를 받고 팔았습니다. 집으로 돌아가려면 연못을 하나를 지나야 했는데, 멀리서부터 개구리들이 '개굴개굴' 우는 소리가 들려왔습니다. 그 소리가 마치 '여덟여덟'*1 하는 듯 들려 그는 혼잣말을 했지요.

　"이런! 아무것도 모르는 놈들, 내가 받은 건 금화 일곱이지 여덟이 아니야."

　그는 연못으로 가까이 다가가면서 개구리들에게 외쳤습니다.

　"야, 이 멍청한 녀석들아! 제대로 알지도 못하면서! 이건 금화 일곱 개지 여덟이 아니라고."

　그랬는데도 개구리들은 자꾸만 '개굴개굴' 우는 것이었습니다.

　"내 말이 믿기지 않아? 좋아, 그렇다면 너희들이 보는 앞에서 찬찬히 세어 보겠어."

　그는 돈주머니에서 돈을 꺼내 개구리들 눈앞에서 하나 둘 세어서 보여주었습니다. 물론 은화 스물네 개를 금화 한 개로 쳤지요. 그래도 개구리들은 농부 말에는 아랑곳하지 않고 여전히 '개굴개굴' 울 뿐이었습니다.

　농부가 잔뜩 화가 나서 소리쳤습니다.

　"허, 참, 나보다 셈을 더 잘 하나본데 그렇다면 너희들 손으로 직접 세어 보렴."

　그러고는 돈을 하나씩 퐁당퐁당 물속으로 던져 넣어주었습니다.

　농부는 개구리들이 셈을 끝내고 돈을 돌려줄 때까지 그 자리에 가만히 서서 기다렸지만, 개구리들은 얄밉게도 '개굴개굴' 울기만 했습니다. 물론 돈을 돌려주지도 않았죠. 그는 끈질기게 기다리고 또 기다렸습니다. 마침내 날이 저

---

*1 독일어로 여덟을 아흐트라 하는데 개구리 울음소리 비슷하다.

물어 집으로 가야 할 때가 되자 농부는 개구리들에게 머리끝까지 화가 나서 소리쳤습니다.

"이런 바보, 멍청이, 식충이들! 커다란 입으로 귀가 아프게 마구 떠들기나 하지, 돈도 제대로 셀 줄 모르는구나. 나더러 너희들 셈이 끝날 때까지 이렇게 가만히 서 있으란 말이냐?"

농부가 자리를 뜨는데도 개구리들은 뒤에서 '개굴개굴' 울어댈 뿐이었기에 그는 마구 화를 내며 집으로 돌아가버렸습니다.

얼마 뒤 농부는 소를 한 마리 샀습니다. 이 소를 잡아서 고기로 만들어 팔면 얼마쯤 받을 수 있을까? 어림셈을 해보니, 거의 소 두 마리 값은 받을 수 있을 것 같았습니다. 거기다 튼튼한 소가죽도 얻을 수 있겠지요.

농부가 소고기를 팔러 마을로 들어서려는데 마을 어귀에서 개들이 무리를 지어 달려오는 게 아니겠습니까. 앞장서서 달려온 커다란 사냥개는 고기를 든 농부 주위를 뱅글뱅글 돌더니 킁킁 냄새를 맡으며 '멍멍멍멍*2 짖었습니다. 개가 자꾸만 짖자 농부가 말했습니다.

"그래 그래, 네 말은 잘 알겠다. 고기가 먹고 싶으니 좀 나눠달라는 거구나. 하지만 너에게 고기를 주면 내가 무척 곤란해진단다."

그렇지만 사냥개는 계속해서 '멍멍' 짖을 뿐이었습니다.

"그럼 조금만 먹어야 해. 다른 네 친구들이 먹지 못하게 막을 수 있겠니?"

"멍멍멍멍."

"끈질긴 녀석이로군. 하는 수 없지. 자, 네게 고기를 주마. 난 너를 잘 알고 있

---

*2 독일어에서는 개짖는 소리를 와스라 표현하는데 조금만이라는 뜻의 단어와 비슷하다.

으니까 말이야. 네 주인이 누구인지도 알지. 하지만 사흘 뒤에는 돈으로 돌려주어야 한단다. 안 그러면 넌 아주 따끔한 맛을 보게 될 거야. 얼마든지 먹고 싶은 만큼 가져가거라."

농부는 고기덩이를 바닥에 내려놓고 돌아섰습니다. 그러자 개들은 고깃덩이에 와락 달려들어 큰 소리로 '멍멍' 짖었습니다. 멀리서 그 소리를 들은 농부가 혼잣말을 했습니다.

"저 소리들 좀 들어 봐, 모두들 '조금만, 조금만' 달라고 하잖아. 그래도 그 덩치 큰 녀석이 잘 책임지겠지."

사흘이 지나자 농부는 '오늘 저녁엔 지갑에 돈이 두둑하겠는데' 이렇게 생각하며 무척 기분이 좋았습니다. 하지만 돈을 갖고 찾아오는 이는 마땅히 아무도 없었지요.

"이젠 어느 누구도 믿지 않을 거야!"

한참을 기다리다 마침내 더는 참을 수 없게 된 농부는 마을 푸줏간으로 달려가 얼른 고깃값을 달라고 했습니다. 그러나 푸줏간 주인은 농부가 농담을 한다고만 생각했지요.

"농담이라니! 어서 내 돈을 내놓으란 말이오. 저 커다란 개가 사흘 전에 내가 잡은 소를 통째로 집에 가져왔잖소!"

이 말을 들은 푸줏간 주인은 버럭 화를 내더니 빗자루를 휘두르며 농부를 쫓아내 버렸습니다.

"어디 두고 보시오. 이 세상에는 아직 정의가 살아 있으니까!"

농부는 왕궁으로 달려가서 억울한 일이 있으니 제발 임금님을 뵙게 해달라고 부탁했습니다. 문지기는 농부를 임금님 방으로 데려갔지요. 공주님과 함께 있던 왕은 무슨 억울한 일을 당했기에 나를 찾아왔느냐 물었습니다.

"아아, 개구리와 개들이 제 돈과 고기를 모두 가져갔습니다. 게다가 푸줏간 주인은 고깃값을 주기는커녕 빗자루로 저를 마구 때리는 게 아니겠습니까."

농부는 며칠 동안에 있었던 일들을 이러쿵저러쿵 늘어놓았습니다. 그 이야기를 들은 공주님은 이야기가 너무도 웃기다는 듯 깔깔깔 웃었지요. 그러자 왕이 농부에게 말했습니다.

"자네가 옳은지 판결을 내릴 수는 없네만, 그 대신 내 딸과 결혼을 시켜주겠네. 이 아이는 태어나서 이제까지 한 번도 웃지를 않았는데 자네 이야기를 들고 마침내 웃음을 터뜨렸어. 나는 딸을 웃게 할 수 있는 사람이면 그 누구라도 사위로 삼겠다고 약속했지. 이 행운을 하느님께 감사드리게나.”

그런데 농부가 이렇게 말하는 것이었습니다.

“오! 저는 공주님과 결혼하고 싶지 않습니다. 집에 이미 아내가 하나 있는데, 한 사람만으로도 저에게는 벅차거든요. 집에만 들어가면 구석구석마다 아내가 지키고 서 있는 것만 같거든요.”

그러자 왕은 크게 화를 냈습니다.

“이런 무례한 녀석.”

“아아, 임금님. 소를 잡으면 소고기가 나와야지요.”

농부는 이렇게 말한 뒤 그냥 돌아가려 했습니다. 그러자 왕이 서둘러 말했습니다.

“이보게, 잠깐만 기다리게. 내, 다른 사례를 하도록 하지. 사흘 뒤에 다시 오면 정확히 오백을 주겠네.”

농부는 방에서 물러 나왔습니다. 성문 앞에 이르자 문지기가 말을 걸었습니다.

“자네, 공주님께서 웃으셨으니 사례는 두둑하게 받았겠지?”

농부가 말했습니다.

“물론이지. 오백이나 준다고 하시더군.”

문지기는 눈이 휘둥그레져서 말했습니다.

“이봐, 나에게도 좀 떼어 주게! 그 많은 돈을 혼자 가져서 어디에 쓸 텐가!”

그러자 농부가 말했습니다.

“내 특별히 자네니까 이백을 주겠네. 사흘 뒤에 임금님께 가서 이백을 달라고 하게나.”

그때, 가까이에 있던 유대인 하나가 그들의 대화를 듣고는 농부를 쫓아와 옷자락을 꽉 붙들고 말했습니다.

“위대한 신의 기적입니다. 당신에게는 정말 행운이 가득하군요! 그 많은 돈을 잔돈으로 바꾸시는 게 어떻습니까? 제가 쓰기 편하게 은화로 바꿔드리지요. 금화로 받으면 너무 부담스럽지 않겠습니까?”

농부가 말했습니다.

“유대인 양반. 그럼 삼백만 바꿔주시오. 은화는 지금 주시고 당신은 사흘 뒤 임금님에게 말하고 받아 가면 되겠군.”

유대인은 자기가 챙겨갈 수 있는 돈을 생각하고는 무척 기뻐했습니다. 상태가 나쁜 은화는 세 개를 합해야 겨우 질 좋은 은화 두 개 값이 되는데, 유대인은 금화 삼백을 모두 질 나쁜 은화로만 바꿔 주었습니다.

사흘이 지나 농부는 임금님과의 약속대로 성을 찾아왔습니다. 임금님께서 말씀하셨지요.

“저 농부의 옷을 벗겨라. 오백을 제대로 주도록 하지.”

“아아, 이제 그 오백은 제 것이 아닙니다. 이백은 성을 지키는 문지기에게 선물로 주었고, 삼백은 유대인이 은화로 바꿔 주었습니다. 그들과의 약속을 지켜야 하니, 이제 한 푼도 제 게 아닙니다.”

농부가 말했습니다. 그러자 밖에서 기다리던 문지기와 유대인이 한꺼번에 들어와 저마다 농부와 약속한 제 몫을 요구했습니다. 그들 모두 돈을 받는 대신 받기로 한 숫자만큼 채찍으로 맞았지요. 병사는 꾹 참고 아픔을 견뎌냈지만, 매운맛이 어떤 것인지 잘 알게 되었습니다. 그러나 유대인은 애처롭게 비명을 질러댔지요.

“아이고 아파라! 이게 번쩍이는 금화란 말이오?”

임금님은 농부를 보고 웃지 않을 수 없었습니다. 그리고 어느새 화가 모두 풀려 이렇게 말했습니다.

“내게서 사례를 받기도 전에 네 몫을 잃어버렸으니, 보상을 해 주고 싶구나. 성 안 보물 창고로 가서 원하는 만큼 마음껏 돈을 가져가도록 해라.”

농부는 임금님이 곧 말을 바꿔버릴까봐 서둘러 달려가서는 커다란 주머니에 다 넣을 수 있는 만큼 돈을 그득 그득 채워 넣었습니다.

농부는 두둑해진 주머니를 가지고 여관으로 가 돈을 세어보았습니다. 그런데 몰래 농부의 뒤를 따라온 유대인이 그가 홀로 중얼거리는 소리를 엿들었습니다.

“그 임금은 사기꾼이었어! 감히 나를 속이다니! 이렇게 마음껏 가져가라고 하면 어쩌라는 거야. 얼마를 받았는지 도무지 알 수가 없잖아. 마구 주머니에 쑤셔 넣느라 돈을 그만큼 제대로 받았는지도 모르게 되어 버렸어.”

유대인은 이렇게 중얼거렸습니다.

“저런, 맙소사. 저 녀석이 우리 임금님을 모욕했어! 얼른 달려가 일러바치면 틀림없이 큰 상을 받을 수 있겠지? 그리고 저 녀석은 벌을 받을 테고.”

임금님은 유대인 말을 듣고 무섭게 화가 나 어서 가서 죄인을 잡아 오라 명령했습니다. 유대인은 농부를 잡으러 달려갔습니다.

“임금님께서 당신을 잡아오라십니다. 지금 입고 있는 옷 그대로 말이죠.”

농부가 말했습니다.

“무얼 입고 갈지는 내 마음대로 할 거야. 그 전에 먼저 새 옷을 맞춰야겠네. 주머니에 이토록 많은 돈이 있는데 낡은 누더기 옷을 입어서야 되겠소?”

유대인은 다른 옷을 입히지 않으면 그를 데려갈 수 없다는 것을 깨달았습니다. 게다가 더 늦으면 왕의 노여움이 사라져 버려 상도 못 받는 것은 물론 농부에게 벌도 내려지지 않을 것만 같았습니다.

“내가 당신과의 우정을 생각해서 잠시 이 멋진 옷을 빌려 드리리다.”

농부는 그 호의를 거절하지 못하고 유대인 옷을 입고는 그와 함께 성으로 갔습니다.

임금님은 유대인에게서 들은 이야기로 농부를 꾸짖었습니다. 그러자 농부가 말했습니다.

“아아, 저 사람은 언제나 거짓말만 합니다. 오늘까지 진실된 말은 한 마디도 못 들었지요. 아마도 제가 자기 옷을 입었다고 주장할 겁니다.”

농부의 말을 듣고 유대인이 소리쳤습니다.

“뭐라고? 그 옷이 내 게 아니라고? 내가 자네와의 우정을 생각해 임금님 앞에 당당히 나설 수 있도록 빌려준 옷이 아닌가?”

그 말을 들은 임금님이 말했습니다.

“저 유대인은 날 속였거나 농부를 속인 거로군.”

그러고는 유대인에게 지난번보다 좀 더 매운 사례를 주라는 명령을 내렸습니다.

농부는 좋은 옷을 입고 주머니에는 돈을 가득 챙겨 집으로 가며 말했습니다.

“이번에는 제법 수지가 맞았네!”

이상한 바이올리니스트

Der wunderliche Spielmann

크나큰 숲 속을 이상한 바이올린 연주가가 홀로 걷고 있었습니다. 이런저런 생각을 하면서 걷던 그는 마침내 더는 생각할 것도 없게 되자 이렇게 중얼거렸답니다.

"이 숲은 너무 따분해. 어디 한번 친구를 불러 볼까."

그는 등에 메고 있던 바이올린을 내려서 음악을 한 곡 멋지게 연주했습니다. 바이올린 소리가 나무들 사이사이로 아름답게 울려 퍼졌습니다. 그러자 잠시 뒤 부스럭 부스럭 덤불을 헤치며 늑대 한 마리가 다가오는 게 아니겠습니까.

"아! 늑대가 나타나다니! 저 녀석을 부른 게 아닌데."

바이올린 연주가가 말했습니다. 그러나 늑대는 아랑곳 않고 그에게 점점 더 가까이 다가오더니 이렇게 말했습니다.

"아이고, 친애하는 음악가 양반, 바이올린 연주 솜씨가 아주 훌륭하십니다 그려! 제게 바이올린 켜는 법을 가르쳐 주시지 않겠습니까?"

"그래, 가르쳐 줄게. 그리 어렵지 않아. 그 대신 내가 시키는 대로 해야 해."

바이올린 연주가 말에 늑대가 시원스레 대답했습니다.

"물론이죠. 학생이 선생님 말씀을 잘 들듯이 저도 연주가님을 두 말 않고 따르겠습니다."

바이올린 연주가는 늑대에게 함께 길을 걷자고 말했습니다. 얼마나 걸어갔을까요? 눈앞에 오래된 떡갈나무 한 그루가 보입니다. 그 나무는 안이 텅 비었고 한가운데가 갈라져 있었습니다.

"늑대야 이리로 오렴. 바이올린을 배우고 싶다면 두 앞발을 이 떡갈나무 틈새에 넣어 봐."

늑대는 순순히 두 앞발을 나무 틈새에 넣었습니다. 그러자 바이올린 연주가는 재빨리 돌을 주워 들어 늑대의 두 앞발을 쾅 내리쳐 쐐기처럼 나무에 단단히 박아버렸습니다. 늑대는 마치 적군에게 붙잡힌 포로처럼 그 자리에서 꼼짝달싹할 수 없었지요.

"내가 돌아올 때까지 꼼짝하지 말고 기다려."

바이올린 연주가는 이런 말을 남기고는 그대로 길을 떠나버렸습니다.

터벅터벅 숲 속을 걸어가던 바이올린 연주가는 또 이렇게 혼잣말을 했답니다.

"조용히 걷기만 하니깐 너무 지루해. 이번엔 다른 친구를 한번 불러볼까?"

그는 다시 아름다운 바이올린 소리를 숲 속 이곳저곳으로 띄워 보냈습니다. 그러자 이번에는 바스락바스락 나무 뒤에서 여우가 나타나 살며시 다가왔습니다.

"이번에는 여우가 나타났네! 난 저 녀석을 부른 게 아닌데."

여우가 싱글싱글 웃으며 다가와 말했습니다.

"아이고, 친애하는 음악가님, 어쩜 그리도 바이올린 솜씨가 뛰어나신지요! 저도 한 수 배울 수 있을까요?"

"그래, 가르쳐 줄게. 그다지 어렵지 않아. 하지만 내가 시키는 대로 해야만 해."

바이올린 연주가 말에 여우는 곧바로 고개를 끄덕이며 대답했습니다.

"오, 연주가님. 학생이 선생님 말을 잘 듣듯이 뭐든 시키는 대로 하겠습니다."

"그래, 나를 따라오렴."

바이올린 연주가는 여우와 함께 길을 걸었습니다. 빽빽하게 들어선 울창한 나무들 사이로 조그만 오솔길이 쭉 뻗어 있었지요. 그는 걸음을 멈추더니 작은 개암나뭇가지를 주욱 잡아당겨 아래로 구부렸습니다. 그리고는 발로 그 나뭇가지를 꽉 밟아 움직이지 못하게 했지요. 바이올린 연주가는 다른 쪽에 있는 또 다른 개암나뭇가지도 당겨서 구부린 다음, 여우에게 말했습니다.

"자, 여우야, 바이올린 켜는 법을 배우고 싶다면 네 왼쪽 앞발을 이리 내밀어 보렴."

여우가 앞발을 쑥 내밀었습니다. 그러자 바이올린 연주가는 밟고 있던 나뭇가지에 여우의 앞발을 꽁꽁 묶어버렸습니다.

"여우야, 이제 오른쪽 앞발도 이리줘 봐."

그는 이번에는 여우의 다른 앞발을 오른쪽 나뭇가지에 묶어버렸습니다. 그러더니 밧줄이 단단히 묶였는지 잘 살펴본 뒤 가지를 밟고 있던 발을 탁! 떼어버렸습니다. 활처럼 구부러졌던 나뭇가지가 획! 날카로운 소리를 내며 하늘 높이 뻗어 올라갔지요. 그러자 거기에 묶여 있던 여우도 덩달아서 튕겨 올라가 공중에 대롱대롱 매달려 버렸습니다.

"내가 돌아올 때까지 얌전히 기다리고 있어."

바이올린 연주가는 그렇게 말하고는 여우를 내버려둔 채 홀로 길을 떠났습니다. 얼마쯤 갔을까. 그는 또다시 혼잣말을 했습니다.

"이 숲에서 보내는 시간은 무척 따분하구나. 친구가 될 만한 녀석을 불러야겠다."

그러고는 마찬가지로 바이올린 연주를 시작했습니다. 그 음악소리는 고요한 숲 속을 가득 채우며 울려 퍼졌지요. 그러자 작은 토끼 한 마리가 깡충깡충 뛰어왔습니다.

"이번에는 토끼가 오는구나! 내가 부른 건 저 녀석도 아닌데."

"아이고, 친애하는 음악가님, 어쩜 그리도 바이올린 솜씨가 훌륭하십니까? 저도 바이올린 켜는 법을 배울 수 있을까요?"

토끼의 말에 바이올린 연주가가 대답했습니다.

"물론이지. 가르쳐 줄게. 하지만 내가 시키는 대로 뭐든지 해야 한단다."

토끼가 기뻐하며 말했습니다.

"오, 연주가님. 학생이 선생님 말을 잘 듣듯이, 저도 바이올린 연주가님을 따르겠습니다."

그들은 함께 숲 속을 걸어갔습니다. 환한 빛이 비추는 넓은 잔디밭 가운데 백양나무가 외로이 서 있었습니다. 바이올린 연주가는 그 나무를 보더니 가지고 있던 기다란 끈을 꺼내 한쪽 끝을 토끼 목에 묶은 다음 다른 끝을 나무에 묶었습니다.

"토끼야, 나무 주위를 빙글빙글 스무 번만 돌아보렴."

바이올린 연주가 말에 토끼는 껑충껑충 나무 주위를 돌았습니다. 스무 바퀴나 돌았더니 끈이 나무줄기에 스무 번 꽁꽁 감겨 버렸지요. 토끼는 짧아진 줄에 묶여 꼼짝달싹할 수 없었습니다. 줄을 이리 당기고 저리 끌어 보았지만 그럴수록 끈은 보드라운 토끼의 목덜미를 꽉 조일 뿐이었습니다.

"내가 돌아올 때까지 얌전히 기다려."

그는 또다시 이런 말을 남기고 다시 길을 걸어갔습니다.

한편 나무 틈에 발이 끼어 있던 늑대는 바이올린 연주가가 사라진 뒤 마구 발버둥을 쳤습니다. 발이 빠지지 않도록 눌려 있는 돌을 이빨로 깨물어 보기도 했지요. 이렇게 애를 쓰던 늑대는 마침내 나무 틈바구니에서 가까스로 앞발을 빼낼 수 있었습니다. 화가 머리끝까지 치밀어 오른 늑대는 바이올린 연주가를 잡아 혼내주려고 서둘러 그의 뒤를 쫓았습니다.

늑대가 달려가는 걸 본 여우가 온 힘을 다해 애처로운 목소리로 외쳤습니다.

"늑대 형님, 저 좀 도와주세요. 음악가 녀석이 저를 속였어요."

늑대는 나뭇가지를 아래로 끌어당겨 줄을 물어뜯었습니다. 대롱대롱 매달려 있던 여우는 그제야 자유롭게 풀려났답니다. 화가 난 여우도 바이올린 연주가에게 앙갚음을 하려 늑대와 함께 달려갔습니다. 가던 길에 묶여 있는 토끼를 발견하고는 묶인 끈을 풀어 구해 주었습니다. 그리고 셋이서 함께 바이올린 연주가를 찾아 나섰지요.

길을 가던 바이올린 연주가는 또다시 지루해져서 바이올린을 켰습니다. 이번 음악소리는 어느 가난한 나무꾼 귀에 들어갔습니다. 나무꾼은 그 소리를 듣자마자 하던 일을 멈추고 도끼를 겨드랑이에 낀 채, 아름다운 음악 소리를 따라 어슬렁어슬렁 다가왔습니다.

"마침내 바라던 친구가 오는군. 내가 부르고 싶었던 친구는 사람이지 짐승이 아니라고."

그는 신이 나서 더욱 열심히 바이올린을 켰습니다. 그 소리가 무척 아름다우니 기분이 좋아져서, 가난한 나무꾼은 마치 요술에라도 걸린 듯 그저 멍하니 서 있었답니다. 나무꾼의 가슴은 기쁨으로 부풀어 올랐지요. 그런데 저쪽에서 늑대와 여우, 그리고 토끼가 달려오는 게 아니겠습니까. 나무꾼은 그 짐승들이 무슨 나쁜 짓을 하려 다가온다는 사실을 곧바로 알아차릴 수 있었습니다. 그래서 겨드랑이에 끼고 있던 번뜩이는 도끼를 높이 쳐들고는 바이올린 연주가 앞을 막아섰습니다.

'이 사람을 해치려는 녀석은 각오해야 할 거다. 내가 상대해 주마.'

마치 이렇게 말하는 것만 같았지요. 짐승들은 날카로운 도끼를 보자 겁을 집어 먹고 그대로 숲 속으로 달아나버렸습니다. 바이올린 연주가는 고맙다는 인사로 나무꾼에게 바이올린 연주를 한 곡 더 들려주고는 다시 길을 떠났습니다.

KHM 009
열두 형제
Die zwölf Brüder

아름다운 나라에 행복한 왕과 왕비가 살았습니다. 이 부부에게는 아이가 열둘이나 있었는데, 모두 사내아이들이었습니다.

어느 날 왕이 왕비에게 말했습니다.

"앞으로 태어날 열세 번째 아이가 만일 딸이라면, 열두 왕자를 모두 죽여 공주에게만 재산을 물려주고 온 왕국을 공주 혼자서만 갖도록 하겠소."

왕은 이미 관 열두 개를 만들어 거기에다 대팻밥을 가득 채워 놓았답니다. 관마다 죽은 사람이 편안히 베고 누워 쉴 수 있는 베개도 들어 있었지요. 그리고 성 안에 있는 커다란 방에 이 관들을 모두 놓아두고는 문에 자물쇠를 채운 뒤 왕비에게 열쇠를 주면서 누구에게도 이야기하지 말라 엄하게 말해두었습니다.

왕비는 하루하루를 슬픔 속에서 보내게 되었습니다. 늘 어머니 곁을 떠나지 않던 막내왕자 벤야민이 하염없이 눈물만 흘리는 어머니를 보며 물었습니다. 참, 벤야민이라는 이름은 성경에서 따온 이름이랍니다.

"어머니, 왜 그토록 슬퍼하시나요?"

"얘야, 왜 슬픈지 말을 해서는 안 된단다."

어머니는 울먹이며 말했습니다.

하지만 벤야민이 자꾸만 묻는 바람에 왕비는 끝내 그 커다란 방으로 가서 문을 열고 대팻밥이 가득 채워진 관 열두 개를 보여 주었습니다.

"사랑하는 내 아들 벤야민아, 이 관들은 네 아버지가 너와 네 형들을 넣으려고 만들어 놓은 것이란다. 내가 여자아이를 낳으면 너희들을 모두 죽여서 관 속에 넣겠다고 하시는구나."

어머니가 눈물을 흘리며 말했습니다. 벤야민은 어머니가 너무도 안쓰러워 이렇게 말했습니다.

"울지 마세요, 어머니. 저희는 스스로 살길을 찾아 어떻게든 이곳을 떠나겠습니다."

그러자 어머니가 말했습니다.

"형들과 함께 숲 속에 가 있으렴. 그리고 가장 높은 나무를 하나 찾아서 늘 한 사람이 그 위에 올라 망을 보도록 해라. 이 성 꼭대기 성탑을 지켜보는 거야. 내가 사내아이를 낳으면 하얀 깃발을 달아 둘 테니, 그러면 너희들은 돌아와도 된단다. 하지만 여자아이를 낳으면 붉은 깃발을 달아 놓을 테니 그 길로 곧장 멀리멀리 달아나렴. 붉은 깃발이 보이면 서둘러 떠나야만 해. 자비로운 하느님께서 너희들을 지켜 주시기를! 너희들이 겨울에는 불 옆에서 따뜻하게 지내도록, 여름에는 더위에 몸이 여위지 않도록 밤마다 기도하마."

어머니의 걱정스런 축복을 받으며 열두 아들들은 숲 속으로 들어갔습니다. 가장 높은 떡갈나무를 찾아 그 위에서 한 사람씩 번갈아 망을 보며 탑을 지켜보았지요. 그런데 벤야민이 망을 볼 차례인 열두 번째 날, 성탑에 깃발이 꽂혀 있는 게 아니겠습니까. 그 깃발은 성으로 돌아오라는 하얀 깃발이 아니라 그들이 모두 죽게 되리라는 것을 알리는 붉은 깃발이었습니다. 벤야민에게 이 소식을 들은 형제들은 모두 잔뜩 화가 나서 말했습니다.

"겨우 여자아이 하나 때문에 우리 모두가 죽어야 하다니! 반드시 앙갚음하고야 말거야. 어디서든 여동생을 만나면 가만두지 않겠어."

형제들은 그날 숲 속 더 깊이 들어갔습니다. 그렇게 한참을 가니 숲 한가운데 가장 어두운 곳에 마치 마법이라도 걸린 듯한 신비해 보이는 작은 집이 한 채 있었습니다. 그 집에는 아무도 살지 않았죠. 형제들 가운데 누군가가 말했습니다.

"우리 여기서 사는 게 어떨까? 벤야민, 너는 가장 어리고 연약하니까 집을 지키면서 집안일을 하도록 해. 우리들은 밖으로 나가 먹을 것들을 구해올 테니."

형들은 숲으로 가서 토끼와 어린사슴, 새와 비둘기 등 먹을 수 있는 온갖 동물들을 잡아왔습니다. 벤야민은 형들이 가져온 재료로 요리를 해서 배고픈 형들을 위해 맛있는 식사를 차렸답니다. 형제들은 이 작은 집에서 십 년 동안이나 살았지만 오순도순 즐겁게 지내서 그 시간이 그렇게 길게 느껴지지 않았습니다.

한편 왕비가 낳은 딸은 어여쁜 공주님으로 자라났습니다. 공주는 마음씨가 곱고 무척 예뻤으며, 이마에는 반짝이는 황금별이 박혀 있었습니다.

성에서 대청소를 하는 날이 되었습니다. 옷이란 옷은 몽땅 모아 빨래를 하기로 했지요. 공주님은 산더미처럼 쌓여 있는 빨랫감 속에서 남자 속옷 열두 벌을 발견하고는 어머니에게 물었습니다.

"어머니, 이 많은 속옷은 대체 누구 건가요? 아버지께서 입으시기에는 너무 작아 보이는데요."

그러자 어머니는 마치 쇳덩어리가 가슴을 짓누르는 듯한 무거운 마음으로 대답했습니다.

"애야, 그 옷은 네 열두 오빠들 것이란다."

"제 열두 오빠들이라니요? 오빠들 이야기는 이제까지 한 번도 들어본 적이 없는 걸요."

"그 가엾은 아이들이 어디 있는지는 하느님만이 아실 게다. 모두들 이 넓은 세상 어딘가에 살아 있을 거야."

어머니는 이렇게 말한 뒤 커다란 방으로 공주를 데려가 잠긴 방문을 열었습니다. 그리고 대팻밥과 베개가 들어 있는 관 열두 개를 보여주었지요.

"이건 네 오빠들을 죽여서 넣기 위해 만들어 놓았던 것들이란다. 다행스럽게도 네가 태어나기 전에 몰래 달아나버렸지."

어머니는 아들들 걱정에 슬퍼하며 어쩌다 그런 일이 일어나게 되었는지 공주에게 모두 이야기해 주었습니다.

"어머니, 울지 마세요. 제가 세상으로 나가서 오빠들을 찾아오겠어요."

속옷 열두 벌을 가지고 길을 떠난 공주는 그 커다란 숲 속으로 들어갔습니다. 온종일 숲 이곳저곳을 헤매다 해가 뉘엿뉘엿 저물어갈 즈음 겨우 마법에 걸린 작은 집에 이르렀습니다.

"거기 누구 없어요?"

똑똑 문을 두드리니 한 소년이 나와서 물었습니다.

"넌 어디서 온 아이니? 이 숲 속에서 어디로 가려는 거지?"

소년은 아름다운 옷을 입고 이마에는 반짝이는 별이 박혀 있으며 눈부시도록 예쁜 소녀를 보고는 깜짝 놀랐습니다.

"저는 성에 사는 공주랍니다. 제 열두 오빠들을 찾아 이곳까지 왔지요. 하늘이 푸르게 펼쳐져 있기만 하다면 오빠들을 찾아낼 때까지 어디든 가려 합니다."

공주는 소년에게 속옷 열두 벌을 보여 주었습니다. 벤야민은 자신의 속옷을 보고 눈이 휘둥그레졌습니다. 이 아름다운 소녀가 누이동생임을 알게 된 것이죠. 벤야민이 말했습니다.

"나는 네 막내 오빠 벤야민이라고 한단다."

그 말을 듣자 공주는 너무나 기뻐서 울음을 터뜨렸습니다. 벤야민도 마찬가지로 기쁨의 눈물을 흘렸습니다. 남매는 서로 만난 것을 반가워하며 얼싸안았습니다. 벤야민이 두근거리는 마음을 가라앉히며 입을 열었습니다.

"사랑하는 동생아, 아직 기뻐하긴 이르단다. 우리 형제들은 누구든 여동생을 만나면 죽여 버리기로 약속했단다. 여자아이가 태어났기 때문에 왕궁을 떠나야만 했거든."

공주는 방긋 웃으며 말했습니다.

"저는 죽게 되어도 괜찮아요. 열두 오빠들을 구해낼 수만 있다면 말이죠."

"안 돼, 넌 절대 죽어선 안 돼. 형들이 올 때까지 이 통 안에 들어가 숨어 있으렴. 내가 어떻게든 형들에게 동생을 용서해 달라고 부탁해 볼게."

벤야민은 공주에게 이렇게 말했고 공주는 통 속으로 쏙 들어가 가만히 앉아 있었죠. 밤이 되어 형들이 사냥을 마치고 돌아왔습니다. 벤야민은 형들이 돌아오기 전에 미리 식사 준비를 해 두었습니다. 곧바로 먹을 수 있게 말이죠. 형들은 식탁에 둘러앉아 맛있는 음식을 먹으며 물었습니다.

"벤야민, 그동안 무슨 일은 없었니?"

"형들은 아무것도 모르겠어요?"

벤야민이 되물었습니다.

"몰라."

형들이 대답했습니다. 그러자 벤야민은 말을 이었습니다.

"그러네요, 형님들은 사냥을 갔고 난 집을 지켰으니 내가 더 잘 알겠네요."

"뜸들이지 말고 무슨 일인지 이야기를 해 봐."

형들이 더는 참지 못하고 물었습니다.

"그럼 우리가 처음으로 만나는 소녀는 죽이지 않겠다고 약속해 줄 수 있어요?"

"좋아. 그 아이만은 살려주마. 무슨 이야기인지 어서 말을 해 봐."

그러자 벤야민이 말했습니다.

"우리 누이동생이 와 있어요."

그가 통을 들어 올리자, 아름다운 왕족 옷을 입고 이마 위에 황금별이 반짝이는 어여쁜 공주가 나타났습니다. 무척 예쁘고 기품이 넘치는 고운 소녀였지요. 형제들은 모두 기뻐하며 소녀를 부둥켜안고 입을 맞추었습니다. 오빠들은 어느새 마음속 깊이 누이동생을 사랑하게 되었답니다.

공주는 다음 날부터 벤야민과 함께 집을 지키며 살림을 도왔습니다. 다른 오빠들이 먹을거리를 마련하려 숲 속으로 들어가 어린사슴, 새, 비둘기 같은 짐승들을 잡아오면 누이동생과 벤야민은 그것들을 맛있게 먹을 수 있도록 요리했습니다. 공주는 음식을 익힐 때 쓸 땔감을 찾아오고, 먹을 수 있는 풀들을 뜯어 왔으며, 보글보글 맛있는 냄새를 풍기며 끓는 냄비 옆에서 언제나 오빠들이 돌아오기만을 기다렸답니다. 사냥을 다녀오느라 배고플 오빠들이 돌아오면 언제라도 식사를 할 수 있게 말이죠. 게다가 공주는 날마다 집을 청소하며 작은 침대들을 하얗고 깨끗한 천으로 깔끔하게 덮어 두었습니다. 오빠들은 이런 동생이 대견했으며 서로 서로 사이좋고 즐겁게 살았습니다.

집에 남은 둘이서 멋진 요리를 준비하면 오빠들이 돌아와 모두 함께 식탁에 둘러앉아 배불리 먹고 마시며 아주 즐겁게 지내던 어느 날이었습니다. 이 마법에 걸린 집에는 작은 정원이 딸려 있었는데, 그곳에 열두 송이 백합이 활짝 피어 있었습니다. 공주는 오빠들 식탁에 한 송이씩 놓아두려고 이 열두 송이 꽃을 모두 꺾어버렸습니다. 그런데 공주가 꽃을 꺾은 바로 그 순간, 열두 오빠들이 열두 마리 까마귀로 변해 아득한 하늘 저 높이 날아가 버리는 게 아니겠습니까. 그러더니 작은 집도 정원도 모조리 사라져 버렸습니다. 가엾게도 공주는 거친 숲 속에 홀로 남겨졌지요. 공주가 주위를 둘러보고 있는데, 한

할머니가 갑자기 옆에 나타나서 말했습니다.

"애야, 무슨 짓을 한 게냐? 어째서 그 하얀 꽃 열두 송이를 꺾어버린 게야. 네 오빠들은 이제 영원히 까마귀로 살게 되었구나."

공주는 그 말을 듣고 울먹이면서 말했습니다.

"오빠들을 구할 방법은 없나요?"

"딱 하나, 방법이 있긴 하지만 너무도 어려운 일이라 네가 해낼 수 없을 거 같구나. 오빠들을 구해내지 못할 거야. 일곱 해 동안이나 벙어리로 있어야 하니까 말이다. 말을 해서도 웃어서도 안 돼. 네가 한마디라도 말을 하거나, 일곱 해에서 단 한 시간이라도 부족하다면, 모든 일은 소용없어지고 네 오빠들은 그 말 한마디 때문에 모두 죽어버릴 게다."

공주는 가엾은 오빠들을 생각하며 마음속으로 굳게굳게 다짐을 했습니다.

'오빠들을 구해낼 방법을 알았으니 꼭 해내고 말 테야.'

그러고는 높은 나무 위로 올라가 앉아 정성껏 실을 잣기 시작했습니다. 입을 꾹 다물고는 절대 말을 하지도 웃지도 않았지요.

그러던 어느 날, 다른 나라 왕이 커다란 사냥개를 이끌고 숲으로 사냥을 왔습니다. 개는 소녀가 앉아 있는 나무 밑으로 곧장 달려오더니 나무 주위를 이리 뛰고 저리 뛰면서 소녀를 올려다보면서 큰 소리로 컹컹! 짖어댔지요. 그 나무 아래로 다가온 왕은 이마에 반짝이는 황금별이 박힌 아름다운 공주를 보게 되었습니다. 그녀의 아름다움에 첫눈에 반해 버린 왕은 소녀에게 자기 아내가 되어 주겠느냐고 물었습니다. 소녀는 말을 할 수 없었기에 대답은 하지 않고 고개만 살짝 끄덕일 뿐이었습니다. 왕은 기쁜 마음에 나무 위로 올라가 공주를 데리고 내려오더니 말에 태워 궁전으로 달려갔지요. 얼마 지나지 않아 호화롭고도 행복한 결혼식이 열렸습니다. 그러나 하얀 드레스를 입은 신부는 아무 말도 않고 미소조차 짓지 않았습니다.

둘은 행복하게 살았지요. 그런데 몇 해가 지나자 왕의 어머니는 젊은 왕비를 헐뜯기 시작했습니다. 왕의 어머니는 무척 나쁜 사람이었거든요. 어머니가 화가 난 목소리로 왕에게 말했습니다.

"네가 데려온 그 아이는 신분이 낮은 거지임이 분명하다. 그 아이가 몰래 무슨 망측스런 짓을 할지 누가 알겠니. 벙어리라 말을 할 수는 없더라도 웃을 수야 있지 않겠느냐. 조금도 웃지 않는 사람은 마음이 악한 법이란다."

왕은 처음에는 어머니 말을 믿지 않으려 했습니다. 하지만 나이 든 어머니가 너무도 끈질기게 몰아세우며 이런저런 나쁜 짓을 했다면서 왕비에게 죄를 뒤집어씌우자, 끝내 그 거짓말에 넘어가버려 왕비를 사형에 처하라 명령하게 되고 말았습니다.

성 광장에는 왕비를 삼켜버릴 커다란 장작불이 한데 모여 활활 타올랐습니다. 그래도 여전히 왕비를 사랑하는 왕은 창가에 서서 자신도 모르게 눈물이 그렁그렁한 눈으로 사형장을 내려다보았지요. 왕비는 벌써 기둥에 단단히 묶여 있었고, 뜨거운 불길이 왕비의 옷자락 위로 올라와 붉은 혀를 날름거리고 있었습니다. 그런데 바로 그 순간 일곱 해의 마지막 시간이 지났습니다. 하늘에서 갑자기 푸드덕 푸드덕 새들의 날갯짓 소리가 들려오더니 열두 마리 까마귀들이 날아오는 게 아니겠습니까. 까마귀들은 땅 위에 차례차례 내려앉더니 모두 사람으로 변했습니다. 공주의 열두 오빠들이었지요. 마침내 누이가 오빠들을 구해낸 겁니다. 오빠들은 활활 타오르는 장작을 마구 흐트러뜨려 불을 끄고는 서둘러 누이동생을 풀어 주었습니다.

이제 입을 열어 말을 할 수 있게 된 누이동생은 자기가 왜 벙어리처럼 지냈고 웃지도 않았는지 왕에게 잘 이야기해 주었지요. 왕은 왕비에게 아무런 죄가 없다는 걸 알게 되자 매우 기뻐했습니다. 그들은 모두 함께 행복하게 살았답니다. 하지만 나쁜 시어머니는 펄펄 끓는 기름과 독사들이 우글거리는 통속에 던져져 끔찍한 죽음을 맞고 말았지요.

KHM 010
불량패
Das Lumpengesindel

수탉이 암탉에게 말했습니다.

"지금쯤 도토리가 통통하니 잘 익었을 거야. 우리 함께 산으로 가서 배부르게 먹어 보자. 다람쥐들이 몽땅 가져가 버리면 큰일이니까."

암탉이 기분좋게 답했습니다.

"좋아요. 우리 기분 한번 내 봅시다."

그리하여 그들은 함께 산을 타기 시작했습니다. 날씨가 참 맑아서 둘은 저녁 무렵까지 산에 있었지요. 배가 몹시 불러서 그랬는지, 아니면 기분이 무척 좋아서 그랬는지 둘은 걸어서 집으로 가기가 싫어졌습니다. 그래서 수탉은 도토리 껍질로 작은 마차를 만들었지요. 멋진 마차가 만들어지고 암탉이 그 위로 올라타서는 수탉에게 말했습니다.

"당신이 말 대신 마차를 끌고 가는 게 좋겠어요."

수탉이 말했습니다.

"저런 저밖에 모르는 말을 하다니. 말 대신 내가 마차를 끌어야 한다면 차라리 걸어서 집에 갈 거야. 도저히 그럴 순 없다고. 마부가 되어 마부자리에 앉아 간다면 괜찮지만 내가 마차를 끌기는 싫어."

이렇게 둘이 옥신각신 다투고 있는데 산 속 어딘가에서 오리 한 마리가 다가와 꽥꽥 울었습니다.

"이런 못된 도둑놈들, 내 도토리 산에 들어와도 된다고 누가 허락하든? 기다려, 매운 맛을 보여 주지!"

그렇게 말한 오리는 둥글넓적한 주둥이를 쫙 벌리며 수탉에게 덤벼들었습니다. 하지만 수탉 또한 무척 재빨라서 오리에게 지지 않고 힘차게 몸을 부딪쳤지요. 마침내 며느리발톱으로 거세게 할퀴어 버리자 오리는 제발 목숨만은

살려달라며 싹싹 빌었습니다. 그 벌로 기꺼이 마차를 끌겠다고 했지요. 그래서 수탉은 마부자리에 앉아 마부가 되었습니다. 마차는 곧장 달려 나아갔습니다.

"이랴, 오리야, 힘껏 달려라!"

그렇게 얼마쯤 달렸을까, 나란히 길을 걸어가는 시침핀과 바늘을 만났습니다.

"멈춰요! 멈춰!"

핀과 바늘이 그들을 불러 세웠습니다.

그러고는 곧 날이 어두워지면 한 걸음도 앞으로 나아갈 수가 없을뿐더러 길도 무척 험하니 자기들도 마차에 태워 줄 수 없겠느냐고 물었습니다. 둘은 성문 앞 재봉사 집에 갔었는데 맛있는 맥주를 계속 마시다가 그만 이렇게 시간이 늦어버렸다고 했습니다.

핀과 바늘은 무척 날씬해서 자리를 많이 차지하지 않았기에 수탉은 자기와 암탉의 발을 밟지 않겠다는 약속을 받고 나서야 둘을 태워 주었습니다. 어두운 밤이 되었을 즈음 그들은 어느 여관에 이르렀습니다. 어둠속을 걷고 싶지 않았으며 오리도 다리가 아파서 이리 비틀 저리 비틀했기 때문에 그들은 여관에서 하룻밤을 지내기로 했습니다. 하지만 여관 주인은 묵을 방이 없다며 이런저런 핑계로 거절했습니다. 고상한 나리들이 아니라서 여관에 들이고 싶지 않은 듯했지요. 하지만 오는 길에 암탉이 낳은 달걀들과 함께 날마다 알을 한 개씩 낳는 오리까지 덤으로 주겠다는 달콤한 말에 그만 여관 주인은 묵어도 좋다 허락했습니다. 그들은 따끈따끈한 요리를 주문해 먹고 마시며 신나

게 노래를 불러 시끌벅적한 밤을 보냈습니다.

다음 날 이른 새벽, 아직 어슴푸레한 하늘 아래 모두가 깊이 자고 있는데 수탉이 암탉을 살짝 깨웠습니다. 그러고는 여관 주인에게 줬던 달걀을 가져와 콕콕 쪼아 둘이 함께 먹어 치우고는 껍질은 아궁이에다 던져 버렸습니다. 수

닭은 쿨쿨 잠든 바늘 머리를 꽉 움켜쥐더니 여관 주인이 자주 앉아 쉬는 안
락의자 쿠션 속에 꽂아 놓았습니다. 시침핀은 수건에다 꽂아두었지요. 그리고
는 암탉과 함께 뒤도 돌아보지 않고 재빨리 들판을 지나 달아나버렸습니다.

　탁 트인 맑은 하늘 아래서 한가로이 자는 걸 좋아하는 오리는 마당에서 자

고 있다가, 닭들이 푸드덕 푸드덕 서둘러 달아나는 소리를 듣고는 잠에서 깨어 개울을 찾아 둥실둥실 헤엄쳐 내려갔습니다. 마차를 끌 때보다 훨씬 빨리 나아갈 수 있었지요.

그 뒤 몇 시간이 지나서야 여관 주인은 푹신한 이불 속에서 빠져나와 세수를 하고 수건으로 얼굴을 닦았습니다. 그러자 시침핀이 얼굴을 스윽 스치며 한쪽 귀에서 다른 쪽 귀까지 빨간 줄이 주욱 그어졌습니다. 그는 곧 부엌으로 들어가 파이프에 불을 붙이려 아궁이에 다가갔는데 갑자기 달걀 껍데기가 튀어올라 눈을 푹 찔러버렸습니다.

"오늘 아침엔 이상하게도 얼굴에 뭔가가 자꾸만 부딪히는군."

여관 주인이 말했습니다. 그러고는 몹시 언짢은 기분으로 안락의자에 앉았습니다.

"아야! 아파!"

여관 주인은 갑자기 비명을 지르며 몹시도 아파했습니다. 그도 그럴 것이 이번에는 바늘이 더욱 깊숙이 여관 주인의 엉덩이를 폭 찔렀기 때문이지요. 이렇게 되자 그는 화가 머리끝까지 치밀어 올라, 어젯밤 늦게 도착했던 손님들을 의심했습니다. 그들을 찾으러 여관 구석구석을 몽땅 둘러보았지만 이미 도망쳤기에 누구도 보이지 않았지요. 그래서 여관 주인은 앞으로 불량패는 여관에 절대 들이지 않기로 맹세했습니다. 불량패는 배부르게 먹어 치우고 값도 치르지 않을뿐더러, 감사의 표시로 못된 장난질까지 치니까 말이죠.

KHM 011
오빠와 여동생
Brüderchen und Schwesterchen

어린 오빠가 여동생 손을 잡고 말했습니다.

"어머니가 돌아가신 뒤로 우리에게 행복한 시간은 조금도 없구나. 새어머니는 날마다 우리를 때리고, 곁으로 가기만 해도 마구 발길질을 하지. 우리가 먹을 수 있는 거라곤 먹다 남은 말라빠진, 딱딱한 빵 부스러기가 고작이야. 식탁 아래 앉아 있는 개가 차라리 우리보다 낫구나. 새어머니가 때때로 맛있는 음식을 개에게 던져 주니까 말이야. 참으로 끔찍한 신세로구나! 돌아가신 어머니께서 이 일을 아신다면! 자, 우리 함께 집을 떠나 저 넓은 세상으로 나아가자."

둘은 초원과 밭 그리고 바위를 넘어 온 하루를 마냥 걸어갔습니다. 비가 내리자 동생이 말했습니다.

"하느님이 우리의 슬픈 마음처럼 눈물을 흘리시네!"

날이 점차 어두워지자 둘은 커다란 숲으로 들어갔습니다. 슬픔과 배고픔, 그리고 긴 여행길에 지쳐버려 몹시도 피곤했기에, 속이 텅텅 빈 나무 안에 들

어가 웅크린 채로 잠이 들었습니다.

　다음 날 아침 깨어나 보니 해님이 하늘 높이 떠올라 나무 안을 뜨겁게 비추고 있었습니다. 오빠가 말했습니다.

　"아, 목 말라! 샘이 어디 있는지 안다면 얼른 가서 물을 마실 텐데. 어라? 어디선가 물 흐르는 소리가 들려오는 거 같잖아."

　어린 오빠는 벌떡 일어나더니 어린 동생 손을 잡고 샘물을 찾아보려 했습니다. 그런데 심술궂은 새어머니는 사실 마녀라서 두 아이가 달아나는 모습을 훤히 보고 있었지요. 그리고 마녀들이 소리없이 살금살금 걸어다니는 방법대로 남매 뒤를 몰래 따라가 숲 속 샘물마다 저주를 걸어 놓았습니다.

　한편 오누이는 바위 사이로 반짝반짝 빛나며 솟아나는 샘물을 발견했습니다. 오빠가 그 물을 마시려 할 때, 여동생은 샘물이 졸졸졸 흐르며 말하는 소리를 들었습니다.

　"나를 마시면 호랑이가 돼. 나를 마시면 호랑이가 돼."

누이동생이 깜짝 놀라 외쳤습니다.

"오빠! 그 물을 마시면 큰일 나. 사나운 호랑이가 되어 나를 갈기갈기 찢어 버리고 말 거야."

오빠는 목이 몹시 말랐지만 마시지 않고 누이동생에게 말했습니다.

"그럼, 다음 샘이 나올 때까지 꾹 참고 기다릴게."

두 번째 작은 샘물에 이르렀습니다. 그러자 누이는 또 샘물이 말하는 소리를 들었습니다.

"나를 마시면 늑대가 돼. 나를 마시면 늑대가 돼."

누이동생이 간절하게 소리쳤습니다.

"오빠, 부탁이야. 제발 마시지 마. 그 물을 마시면 늑대가 되어 나를 잡아먹고 말거야."

어린 오빠는 이번에도 마시지 않고 말했습니다.

"다음 샘까지 참을게. 그렇지만 그때는 네가 무어라고 해도 마실 거야. 너무 목이 말라 더는 못 참겠어."

세 번째 작은 샘물에 이르자 누이동생은 졸졸 흐르는 물이 말하는 소리를 들었습니다.

"나를 마시면 사슴이 돼. 나를 마시면 사슴이 돼."

"아아, 오빠, 제발 한 번만 더 참아줘. 그 물을 마시면 사슴이 되어 어딘가로 달아나 버릴 거야."

여동생이 간절히 애원했지만 오빠는 샘에 이르자마자 무릎을 꿇고 고개를 숙여 물을 마셔버리고 말았습니다. 첫 한 모금이 오빠 입술에 닿자마자 그는 아기사슴으로 모습이 바뀌어 앉아 있었지요.

누이동생은 마법에 걸린 가엾은 오빠를 바라보며 큰 소리로 엉엉 울었습니다. 아기사슴도 슬피 울면서 동생 옆에 가만히 앉아 있었습니다. 마침내 소녀가 말했습니다.

"울지 마. 귀여운 아기 사슴아, 네 곁을 절대로 떠나지 않을게."

소녀는 금빛 실로 만든 양말 끈을 풀어 아기사슴 목에 감아 주었습니다. 또 갈대풀을 꺾어 부드러운 밧줄을 엮었지요. 그 밧줄에 아기사슴을 묶은 뒤 소녀는 앞장서서 더욱 깊은 숲 속으로 이끌고 들어갔습니다.

오래오래 걷다 보니 마침내 작은 집에 이르렀습니다. 안을 들여다보니 아무

것도 없었으므로 소녀는 이만한 곳이라면 언제까지고 살 수 있겠다 생각했습니다. 그곳에서 소녀는 나뭇잎과 이끼를 가져다 아기사슴이 잘 수 있을 부드러운 잠자리를 마련해 주었습니다.

날마다 소녀는 아침이면 밖으로 나가 나무뿌리며 딸기, 개암 열매를 찾아서 가져왔습니다. 사슴이 먹을 만한 부드러운 풀도 뽑아왔지요. 어린사슴은 이 풀을 먹으면 곧 기분이 좋아져 소녀 앞에서 즐겁게 뛰어놀았습니다. 밤이 되면 소녀는 피곤한 몸으로도 하느님께 기도를 올리곤 어린사슴의 등을 베개 삼아 그 위에 머리를 얹은 채 포근히 잠이 들었습니다. 오빠가 사슴으로 변해 버리지 않았더라면 훨씬 멋진 나날이었을 테지요.

그렇게 얼마쯤 세월이 흘렀습니다. 이 외깊은 숲 속에는 그들밖에 없었지요. 그런데 어느 날, 이 나라 왕이 숲에서 큰 사냥을 벌였습니다. 뿔로 만든 나팔을 부는 소리, 개 짖는 소리, 사냥하는 사냥꾼들의 즐거운 목소리도 나무들

사이사이로 울려 퍼졌습니다. 그 소리를 들은 사슴은 호기심에 너무도 가보고 싶어서 누이동생에게 말했습니다.

"제발 사냥하는 데 가보게 해 줘. 더는 참을 수가 없어."

사슴은 소녀가 허락할 때까지 자꾸만 조르고 또 졸랐습니다. 끝내 소녀는 이렇게 말했지요.

"하지만 어두워지면 꼭 돌아와야 해. 무서운 사냥꾼들이 들어오지 못하도록 문을 잘 잠가둘 테니까, 내가 오빠인지 알 수 있도록 문을 두드리며 '누이야, 나를 들여보내 줘' 말해야 해. 그렇게 말하지 않으면 절대로 문을 열지 않을 테야."

허락을 받은 사슴은 재빨리 뛰어나가 자유로운 바깥 공기를 쐬었으며 몹시 기분이 상쾌하고 즐거웠습니다. 마침 왕과 사냥꾼들은 이 아름다운 어린사슴을 발견하고 재빨리 쫓아갔지만 도저히 따라잡을 수가 없었습니다. 그들이

잡을 수 있으리라 생각했을 때 아기사슴은 덤불을 폴짝 뛰어넘어 모습을 꼭 꼭 감추어 버렸습니다. 날이 어두워지자 사슴은 집으로 달려가 문을 쾅쾅 두 드리며 말했습니다.

"누이야, 나를 들여보내 줘."

그러자 곧 작은 문이 끼익 소리를 내며 열렸고, 사슴은 껑충껑충 안으로 뛰 어 들어가 밤새 부드러운 잠자리 위에서 푹 쉬었습니다. 다음 날 아침, 사냥이 또다시 시작되었습니다. 나팔 소리와 사냥꾼들의 "이랴, 이랴" 소리를 듣자 아 기사슴은 얼른 나가고 싶어 가만히 있지 못하고 말했습니다.

"누이야, 제발 문 좀 열어줘. 나가고 싶어."

누이가 문을 열어 주며 말했습니다.

"이번에도 저녁때가 되면 꼭 돌아와서 날 불러야만 해."

왕과 사냥꾼들은 목에 황금 끈을 맨 사슴을 또 볼 수 있었습니다. 모두들

그 뒤를 쫓았지만, 아기사슴은 너무나 재빨랐지요. 온종일 쫓아다닌 끝에 마침내 사냥꾼들은 저녁 무렵 사슴을 둥글게 에워쌀 수 있었습니다. 한 사냥꾼이 아기사슴 다리에 상처를 입히자 아기사슴은 절뚝거리며 느릿느릿 움직일 수밖에 없었습니다. 그런데 한 사냥꾼이 오누이가 사는 작은 집까지 살금살금 쫓아온 게 아니겠습니까. 사냥꾼은 아기사슴이 "누이야, 나를 들여보내 줘" 말하고는 작은 집 문이 열리자 안으로 들어가는 모습을 똑똑히 보았습니다. 사냥꾼은 이 모든 광경을 빠짐없이 잘 기억해두었다가 왕에게 가서 보고 들은 걸 몽땅 이야기했지요. 그러자 왕이 말했습니다.

"내일 한 번 더 사냥을 하도록 하지."

누이동생은 아기사슴이 다친 걸 보고 몹시 놀랐습니다. 그녀는 상처에서 흘러나오는 피를 정성스레 닦아 주고는 약초를 붙여 주며 말했습니다.

"아기사슴아, 잠자리로 가서 푹 자렴. 상처가 아물 수 있게 말이야."

　상처는 다행히 아주 가벼웠기에 다음 날 아침이 되자 사슴은 본디 건강한 모습으로 돌아올 수 있었습니다. 또다시 시끌벅적한 사냥 소리가 밖에서 들려오자 아기사슴이 안절부절못하며 말했습니다.

　"더는 못 참겠어. 어서 가봐야 해. 이번엔 그렇게 쉽게 잡히진 않을 거야."

　그러자 누이동생은 울면서 말했습니다.

　"이번에는 정말 죽을지도 몰라. 그러면 나는 이 숲에서 외톨이가 되버릴 거고 세상 그 누구도 날 봐주지 않을 거야. 그러니 절대 내보내 줄 수 없어."

　"그럼 난 너무 너무 슬퍼서 죽어 버릴지도 몰라. 뿔 나팔 소리를 들으면 안절부절못하겠단 말이야!"

　누이동생은 어쩔 수 없이 무거운 마음으로 문을 열어 주었습니다. 아기사슴은 폴짝폴짝 들뜬 마음으로 숲 속으로 뛰어갔지요. 기다리던 왕은 또다시 사슴을 발견하고는 사냥꾼들에게 말했습니다.

"저 사슴을 어두워질 때까지 온종일 쫓아라. 하지만 그 누구도 사슴을 다치게 해서는 안 된다."

해가 저물자 왕이 사냥꾼에게 말했습니다.

"자, 이리 와서 숲 속 작은집으로 나를 안내해라."

왕은 문 앞에 이르자 똑똑 두드리며 말했습니다.

"누이야, 나를 들여보내 줘."

그러자 문이 활짝 열렸습니다. 왕이 집 안으로 들어갔지요. 거기에는 이제 껏 한 번도 본 적 없는 아름다운 소녀가 서 있었습니다. 소녀는 아기사슴이 아닌 머리에 금빛 왕관을 쓴 사람이 서 있는 것을 보고 너무나 깜짝 놀랐습니다. 왕은 부드러운 눈빛으로 소녀를 바라보며 손을 내밀었습니다.

"나와 함께 성으로 가서 나의 아내가 되어 주겠소?"

"예, 그렇게 하겠습니다. 하지만 사슴과 함께 가야 합니다. 아기사슴을 홀로 내버려둘 수는 없어요."

소녀가 대답하자 왕이 말했습니다.

"그대가 살아 있는 동안 아기사슴은 늘 그대 곁에 두시오. 어느 하나 부족한 것 없이 지내게 해주겠소."

왕과 소녀가 이야기를 나누는 사이 아기사슴이 집으로 뛰어들어왔습니다. 누이동생은 아기사슴을 갈대 끈으로 묶은 다음 끈을 손으로 꼭 잡고 왕과 함께 숲 속 작은집을 떠났습니다.

왕은 아름다운 소녀를 제 말에 태우고는 성으로 데려왔습니다. 얼마 지나지 않아 성에서 크고 화려한 결혼식을 올렸지요. 이렇게 해서 소녀는 왕비가 되었고 오래도록 행복하게 살았답니다. 아기사슴은 온 정성을 다한 보살핌과 사랑을 받으며 성 안을 이리저리 뛰어다녔습니다.

나쁜 마녀 새어머니 때문에 두 아이는 거친 세상 속으로 나아가야만 했었지요. 마녀는 누이동생이 숲에서 사나운 짐승들에게 잡아먹히고, 오빠는 아기사슴이 되어 숲 속을 뛰어다니다 사냥꾼들 총에 맞아 죽었으리라 생각했

습니다. 그런데 그들이 무척 행복하고 건강하게 잘 지낸다는 소식이 들려오자 어떻게 하면 두 아이를 불행하게 만들 수 있을까만 생각했습니다. 마녀에게는 친딸이 하나 있었는데, 새까만 밤처럼 너무도 못생겼고 눈도 하나밖에 없었습니다. 그 딸이 어머니를 원망하며 말했습니다.

"왕비가 되는 복은 내가 받았어야 하는 건데."

"자아, 진정하렴. 때를 기다리는 거란다. 내가 하는 일에 실수란 없어."

마녀가 자신 있게 말했습니다.

드디어 마녀가 기다리던 그때가 되었습니다. 왕비가 된 누이동생은 예쁜 사내아이를 낳았습니다. 왕은 마침 사냥을 떠나 있었지요. 늙은 마녀는 시녀로 변장하고는, 왕비가 누워 있는 방으로 들어가 아기를 낳은 지 얼마 안 된 왕비에게 말했습니다.

"자, 왕비님, 이리 오세요. 목욕물 준비가 다 되었습니다. 따뜻한 물로 목욕

을 하면 몸에도 좋고 기분도 훨씬 상쾌해질 거예요. 어서요, 물이 식어버리면
안 돼요."

마녀의 딸도 옆에서 거들었습니다. 그들은 아직 몸이 다 회복되지 않은 왕
비를 욕실로 데려가 욕조에 눕히고는 문을 닫고 달아나버렸습니다. 목욕물은
지옥 유황불로 펄펄 끓도록 불지펴 놓았기 때문에, 아름다운 젊은 왕비는 곧
바로 숨이 막혀 목숨을 거두고 말았지요.

여기까지 생각해두었던 대로 일을 마친 마녀는 딸에게 잠잘 때 쓰는 모자
를 씌우고는 왕비 대신 침대에 눕혔습니다. 얼굴과 옷차림도 왕비와 똑같이
바꾸어 주었지요. 하지만 하나뿐인 눈만은 어찌할 수 없었습니다. 그래서 왕
이 알아차리지 못하도록 딸은 눈이 없는 쪽을 아래로 한 채 누워야만 했습
니다.

저녁이 되어 성으로 돌아온 왕은 왕비가 아들을 낳았다는 소식을 듣고 온

마음을 담아 기뻐하며, 사랑하는 아내의 건강이 걱정스러워 침대로 다가가 어떤지 보려 했습니다. 그러자 시녀로 변장한 마녀가 재빨리 소리쳤습니다.

"절대로 침대 커튼을 여시면 안 돼요! 왕비님은 아직 빛을 보시면 안 됩니다. 푹 쉬셔야만 해요."

왕은 왕비가 아닌 다른 누군가가 침대에 누워 있는지는 꿈에도 모르고 돌아갔습니다.

모두들 잠이 든 깊은 밤이었습니다. 유모만이 아기 방 요람 곁에 홀로 잠들지 않고 가만히 앉아 있었습니다. 그런데 갑자기 문이 스윽 열리더니 죽었던 왕비가 들어오는 게 아니겠습니까. 왕비는 아이를 요람에서 꺼내어 품에 안아 젖을 먹였습니다. 그리고는 베개를 다독다독 두드려 둥글게 만든 뒤 아이를 눕히고 작은 이불을 살며시 덮어 주었습니다. 물론 아기사슴도 잊지 않았지요. 사슴이 누워 있는 구석으로 가더니 등을 다정스레 쓰다듬어 주었습니

다. 그러고 나서 아무 말 없이 문밖으로 나가버렸습니다. 다음 날 아침이 밝아오자 유모는 보초들에게 밤에 성으로 들어온 사람이 있었느냐고 물었지요.

"아니요, 아무도 보지 못했습니다."

그들이 말했습니다.

왕비는 그렇게 여러 날 동안 밤만 되면 아이와 사슴을 보러 찾아 왔지만 언제나 말은 한마디도 하지 않았습니다. 유모는 그때마다 그녀를 보았지만, 누군가에게 그 일을 말할 용기는 나지 않았습니다.

그렇게 얼마의 시간이 흘렀을까, 여지없이 깊은 밤에 나타난 왕비가 마침내 입을 열었습니다.

"내 아이는 뭘 하고 있어? 내 사슴은 뭘 하고 있니? 이제 난 이틀 밤만 지나면 더는 오지 못 해."

유모는 그 말에 아무런 대답도 하지 않았지만 왕비가 사라지자 곧바로 왕에게 가서 며칠 동안 일어났던 일을 모두 이야기했습니다. 그러자 왕이 말했습니다.

"맙소사, 대체 이게 무슨 일인고! 오늘 밤은 내가 아이 곁을 지키고 있겠소."

저녁 무렵 왕은 아이의 방으로 갔습니다. 한밤이 되자 기다리던 왕비가 나타났습니다.

"내 아이는 뭘 하고 있어? 내 사슴은 뭘 하고 있지? 이제 난 한 번밖에 더 오지 못해. 그 뒤로는 결코 못 와."

그리고 왕비는 언제나처럼 아기에게 젖을 주고는 곧 사라져버렸습니다. 왕은 그녀에게 말을 붙여 볼 용기가 나지 않았지만 이튿날 밤에도 아이의 방을 지켰습니다. 왕비가 또다시 나타나 말했습니다.

"내 아이는 뭘 하고 있어? 내 사슴은 뭘 하고 있지? 난 이제 다시는 오지 못해."

그 말을 듣자 왕은 더는 참지 못하고 왕비 곁으로 다가가 말했습니다.

"그대는 내 사랑하는 아내가 틀림없소."

왕비가 대답했습니다.

"네, 맞아요. 나는 당신의 아내예요."

그 순간 놀랍게도 왕비는 자비로운 하느님의 은혜로 다시 생명을 되찾을 수 있었지요. 죽기 전처럼 싱그럽고 발그레한 얼굴빛의 건강하면서도 아름다운 모습으로 말이예요. 왕비는 왕에게 나쁜 마녀와 딸이 자기에게 무슨 짓을 했는지 모두 이야기했습니다.

왕은 두 사람을 끌고 오게 해 큰 벌을 내렸습니다.

마녀의 딸은 숲으로 끌려가 무서운 짐승들에게 잡아 먹혔고, 마녀는 활활 타오르는 불 속에서 비참하게 타 죽었습니다. 늙은 마녀가 불에 타서 재가 되어버리자 아기사슴은 본디 사람의 모습을 되찾았습니다. 그리하여 여동생과 오빠는 하늘나라로 가게 될 때까지 오래오래 행복하게 살았답니다.

KHM 012
라푼젤
Rapunzel

옛날 옛날 한 부부가 살았습니다. 둘은 아주 오랫동안 아이가 태어나기를 바랐지만 좀처럼 그 소원이 이루어지지 않았습니다. 그러던 어느 날 열심히 기도한 보람이 있었는지 마침내 아내가 아이를 가졌습니다. 부부가 사는 집 뒤쪽에는 작은 창이 있었는데, 창밖으로 아름다운 꽃과 채소가 잔뜩 심어진 훌륭한 정원이 펼쳐져 보였답니다. 높은 담장으로 둘러싸인 그 정원은 온 세상 사람들이 무서워하는 힘센 마녀의 정원이었습니다. 그래서 감히 어느 누구도 그 안에 들어갈 생각을 하지 못했지요.

어느 날 아내가 창가에 서서 그 정원을 내려다보는데, 먹음직스러워 보이는 상추가 가득 심어져 있는 것을 보게 되었습니다. 어쩜 그렇게 파릇파릇 싱싱해 보이는지 이루 말할 수 없을 만큼 너무도 먹고 싶어 침이 꼴깍 넘어갈 정도였지요. 하루하루 지날수록 먹고 싶은 그 마음은 점점 더 커져갔지만 그 마녀네 상추를 먹을 수 없다는 사실을 잘 알고 있었기 때문에 아내는 나날이 몸이 여위어만 갔습니다. 그러자 남편이 깜짝 놀라 물었습니다.

"여보, 얼굴색이 많이 안 좋소. 어디 아프오?"

"아아, 우리 집 뒤쪽 정원에 심어있는 그 싱싱한 상추를 먹지 못한다면 확 죽어버릴지도 몰라요."

아내가 말했습니다.

'아내가 죽어 가도록 내버려두느니 어떤 무시무시한 일을 당하게 되더라도 저 상추를 따와야겠어.'

아내를 사랑하는 남편은 이렇게 마음을 먹었습니다.

저녁 무렵이 되어 어두워지자 남편은 담장을 넘어 마녀네 정원으로 내려가 재빨리 상추 한 줌을 따서 아내에게 가져다주었습니다. 아내는 곧 상추로 샐러드를 만들어 맛있게 먹었습니다. 그런데 상추가 너무도 맛있었던 나머지 다음 날이 되자 이제까지보다 세 배는 더 먹고 싶어졌습니다. 아내를 달래기 위해 남편은 다시 한 번 정원으로 내려가야만 했습니다. 저녁 땅거미가 내려앉았을 즈음 다시 마녀네 정원으로 내려갔지요. 그런데 담을 넘어 정원으로 내려간 남편은 그만 깜짝 놀라고 말았습니다. 눈앞에 무시무시한 마녀가 우뚝 서 있는 게 아니겠습니까.

마녀는 몹시도 화가 난 눈빛으로 그를 무섭게 노려보며 말했습니다.

"감히 내 정원에 들어와서 귀한 상추를 훔쳐가다니. 반드시 그 대가를 치러야 할 것이다."

"오, 부디 자비를 베풀어 주십시오. 어쩔 수 없이 이렇게 해야만 했습니다. 제 아내가 창문으로 이 정원 상추를 보고는 너무너무 먹고 싶어 해서, 이걸 먹지 못하면 죽을 것만 같다 하기에 그만."

남편이 간절하게 용서를 빌자 마녀는 화를 누그러뜨리면서 말했습니다.

"그런 이유라면 원하는 대로 상추를 가져가도록 허락해 주지. 그러나 한 가지 약속을 해다오. 네 아내가 아이를 낳으면 반드시 내게 주어야 한다. 아이는 행복하게 잘 지낼 것이다. 내가 어머니처럼 정성을 다해 보살펴 줄 테니까."

그 말을 들은 남편은 마녀가 너무 너무 무서운 나머지 그렇게 하겠다 약속해버리고 말았습니다. 이윽고 아내가 아기를 낳자 곧 마녀가 집으로 찾아와 아

이에게 '라푼젤(상추)'이라는 이름을 붙여 주고는 데려가 버렸습니다.

라푼젤은 이 세상에 둘도 없이 아름다운 소녀로 자라났습니다. 열두 살이 되자 마녀는 라푼젤을 숲 속 높은 탑에 가두어버렸지요. 그 탑에는 계단은 물론 문도 없었고, 저 높은 꼭대기에는 작은 창문 딱 하나가 있을 뿐이었습니다. 마녀는 탑에 올라가고 싶을 때면, 그 아래에 서서 이렇게 외쳤습니다.

"라푼젤, 라푼젤, 너의 머리카락을 내려주렴."

라푼젤의 머리카락은 무척 길었으며 반짝반짝 빛이 나는 것만 같았습니다. 마치 너무도 고운 금실 같았죠. 라푼젤은 마녀의 목소리를 들으면 땋아 올린 머리를 풀어서 창문 고리에 단단히 감았습니다. 그러고 나서 머리카락을 십 미터도 넘는 탑 아래로 내려 보냈지요. 그러면 마녀는 그것을 붙잡고 탑 위로 올라왔습니다.

그렇게 몇 년이 흘렀습니다. 어느 날 말을 타고 숲 속을 지나던 왕자가 탑 옆을 지나게 되었습니다. 그때 어디선가 무척 아름다운 노랫소리가 들려오는 게 아니겠습니까. 왕자는 말을 멈춰 세우고는 가만가만 귀를 기울였습니다. 그것은 라푼젤이 홀로 지내는 외로움을 떨쳐버리기 위해 부르는 노랫소리였습니다. 왕자는 그 아름다운 노래를 부르는 사람이 있는 곳으로 가려고 탑 주위를 빙글빙글 돌면서 들어가는 문을 찾아보았지만 그 어디에서도 문을 찾을 수 없었지요. 왕자는 하는 수 없이 말을 타고 궁궐로 돌아갔지만 그 아름다운 노랫소리에 마음이 움직일 만큼 너무도 감동했기에 날마다 숲으로 들어가 가만히 귀를 기울였습니다. 어느 날 왕자가 나무 뒤에 숨어서 노래를 듣는데 한 마녀가 탑으로 다가와서는 언제나처럼 이렇게 외쳤지요.

"라푼젤, 라푼젤, 너의 머리카락을 내려주렴."

그러자 탑 창문에서 길게 땋은 머리카락이 내려왔고 마녀는 그것을 붙잡아 탑 위로 올라갔습니다.

"머릿카락을 사다리 삼아 올라가는구나. 좋았어, 그럼 나도 한번 해 봐야지."

왕자는 이렇게 생각했습니다. 이튿날, 어둑어둑 땅거미가 일자 왕자는 탑으로 가서 큰 소리로 외쳤습니다.

"라푼젤, 라푼젤, 너의 머리카락을 내려주렴."

곧 길게 땋은 머리카락이 내려왔지요. 왕자는 그것을 잡고 탑 위로 올라왔습니다.

처음에 라푼젤은 몹시도 놀랐습니다. 태어나서 한 번도 본 적 없는 남자가 들어왔기 때문이었지요. 그렇지만 왕자는 다정한 목소리로 이야기했습니다.

"저는 당신의 아름다운 노랫소리에 감동한 나머지 도무지 마음을 가라앉힐 수가 없었습니다. 이 두 눈으로 꼭 당신을 보고 싶었습니다."

라푼젤은 그가 더는 무섭지 않았습니다.

"저의 아내가 되어 주시겠습니까?"

왕자가 이렇게 묻자 라푼젤은 다시 한 번 젊고 잘생긴 왕자를 바라봤습니다.

'이분은 나이 든 대모님보다 나를 더 사랑해주시겠지.'

이렇게 생각한 라푼젤은 그러겠다고 대답하며 왕자의 손을 꼭 잡았습니다.

"좋아요, 당신과 함께 가겠어요. 그렇지만 어떻게 이 높은 탑에서 내려가야 할지 모르겠어요. 당신이 이곳으로 올 때마다 비단실을 한 타래씩 가져다주세요. 제가 그것으로 사다리를 엮어 볼게요. 사다리가 모두 만들어지면 아래로 내려갈 테니 저를 당신 말에 태워 주세요."

왕자는 사다리가 다 만들어질 때까지 밤마다 찾아오기로 약속했습니다. 낮에는 마녀가 오니까요.

마녀는 아무것도 눈치채지 못했는데, 어느 날 라푼젤이 그만 이렇게 말해 버리고 말았습니다.

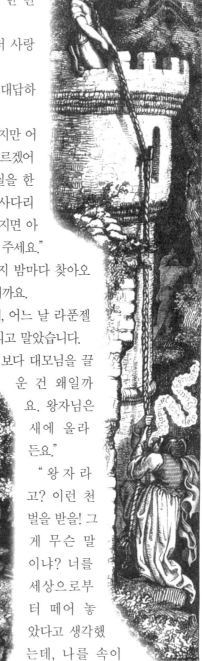

"대모님, 젊은 왕자보다 대모님을 끌어올릴 때 훨씬 무거운 건 왜일까요? 가르쳐주세요. 왕자님은 눈 깜짝할 새에 올라오시거든요."

"왕자라고? 이런 천벌을 받을! 그게 무슨 말이냐? 너를 세상으로부터 떼어 놓았다고 생각했는데, 나를 속이

다니!"

마녀가 큰 소리로 외쳤습니다.

마녀는 너무도 화가 난 나머지 라푼젤의 아름다운 머리채를 덥석 잡아 두세 번 제 왼손에 휘감았습니다. 그러더니 오른손으로 가위를 집어 들고서는 싹둑 싹둑 머리카락을 잘라 버렸습니다. 그 아름답고 반짝반짝 빛나는 머리카락은 순식간에 우수수 바닥으로 떨어져버리고 말았지요.

마녀는 마음씨가 아주 고약했기 때문에 가엾은 라푼젤을 거칠고 쓸쓸한 들판으로 데려다놓았습니다. 라푼젤은 그곳에서 몹시도 힘들고 괴로운 나날을 보내야만 했지요.

한편 마녀는 라푼젤을 쫓아낸 바로 그날 잘라 놓은 그녀의 머리카락을 창문 고리에 단단히 매어 놓았습니다.

밤이 되자 왕자가 와서 소리쳤습니다.

"라푼젤, 라푼젤, 너의 머리카락을 내려주렴."

그러자 마녀는 잘라서 매어 두었던 긴 머리채를 내려뜨렸습니다. 왕자가 재빠르게 올라와 보니 그의 눈앞에는 사랑스러운 라푼젤이 아니라 아주 매서운 눈초리로 자신을 무시무시하게 노려보는 마녀가 서 있었습니다.

마녀가 비웃으며 큰 소리로 말했습니다.

"사랑하는 아내를 데리러 오셨나? 안타깝게도 그 아름다운 작은 새는 이제 둥지에 없어. 노래 소리도 들을 수 없지. 고양이가 잡아갔거든. 그 고양이가 네 눈을 마구 할퀴어 버릴지도 몰라. 그러니 너는 라푼젤을 다시는 볼 수 없을 거야."

희망을 잃어버린 왕자는 슬픔과 괴로움을 참지 못하고 그만 탑에서 뛰어내려 버렸습니다. 다행히 목숨은 건졌지만, 가시덤불숲에 떨어지면서 눈을 마구 찔리는 바람에 두 눈이 멀고 말았지요. 그는 숲 속을 이리저리 헤매며 풀뿌리와 산딸기밖에 먹지 못했습니다. 그리고 사랑하는 아내를 잃어버린 슬픔으로 그저 하염없이 눈물만 흘렸습니다.

그렇게 몇 년을 괴로움만이 가득한 삶 속에서 비참하게 세상을 이리저리 돌아다니던 왕자는 마침내 라푼젤이 사는 황무지에 이르렀습니다. 그곳에서 라푼젤은 왕자님과의 사이에서 생긴 쌍둥이 남매와 함께 살고 있었습니다. 왕자는 어디선가 들어본 그리운 목소리를 따라 계속 앞으로 나아갔습니다. 그러자 라푼젤이 그를 알아보고 달려와 와락 껴안으며 기쁨의 눈물을 흘렸습니다. 그런데 놀랍게도 그녀의 따스한 눈물 두 방울이 왕자의 눈을 적시자 멀었던 두 눈이 다시 보이는 게 아니겠습니까. 왕자는 라푼젤을 제 성으로 데려갔습니다. 성 안 사람들 모두 둘을 아주 반갑게 맞아들였지요. 그리하여 라푼젤과 왕자는 오래도록 행복하고 즐겁게 살았답니다.

KHM 013

숲 속 세 난쟁이

Die drei Männlein im Walde

아내를 먼저 하늘로 보낸 홀아비와, 남편이 먼저 세상을 떠난 과부가 살았습니다. 홀아비와 과부에게는 저마다 딸이 하나씩 있었습니다. 그 딸들은 어릴 때부터 사이가 매우 좋았기에 함께 산책을 하다가 과부의 집으로 놀러 가곤 했습니다. 과부가 홀아비의 딸에게 말했습니다.

"애야. 내가 네 아버님의 아내가 되고 싶어 한다고 아버님께 좀 말해 주겠니? 그렇게만 되면 내 딸은 물로 세수하고 맹물을 마시겠지만, 너는 매일 아침마다 우유로 세수하고 포도주를 마음껏 마시도록 해 줄게."

소녀는 집으로 가서 과부가 했던 말을 그대로 아버지에게 전해주었습니다. 그 말을 듣고 홀아비가 말했습니다.

"글쎄, 어떻게 해야 좋을지 모르겠구나. 결혼이란 기쁨과 함께 고통도 따라오거든."

아무래도 결정을 내리지 못하자 아버지는 딸에게 장화를 벗어 주며 말했습니다.

"자, 이 장화를 받으렴. 밑창에 구멍이 뚫려 있는데, 다락방으로 가져가서 커다란 못에 걸어 놓아라. 이 장화 속에 물을 붓는 거야. 물이 한 방울도 새어나오지 않으면 결혼을 하마. 하지만 물이 조금이라도 샌다면 아내를 맞지 않을 것이다."

소녀는 아버지의 말대로 했습니다. 물을 붓자 놀랍게도 장화에 난 구멍이 오히려 오므라들어 신발 목까지 물이 가득 차올랐습니다. 소녀는 재빨리 아버지에게 달려가 장화에 물을 가득 채웠다고 이야기했습니다. 다락방으로 올라가 소녀의 말이 참으로 맞는지 눈으로 확인한 아버지는 과부의 집으로 가서 청혼을 했답니다. 얼마 지나지 않아 성대한 결혼식을 올렸지요.

다음 날 아침, 두 소녀가 일어나보니 남편의 딸에게는 세숫물로 우유가, 그리고 마실 것으로는 포도주가 준비되어 있었습니다. 그렇지만 아내의 딸에게는 세숫물이나 마실 것으로 오로지 맹물만 나왔지요. 그런데 두 번째 날 아침이 되자 남편의 딸에게나 아내의 딸에게나 모두 세숫물과 마실 것으로 맹물이 나오는 것이었습니다. 세 번째 날 아침이 되니까, 남편의 딸에게는 세숫물과 마실 것으로 모두 맹물이 나왔지만, 아내의 딸에게는 세숫물로는 우유가, 마실 것으로는 포도주가 준비되었습니다. 그렇게 그 다음 날부터는 계속 바뀌지 않았습니다.

아내는 하루하루 지날수록 의붓딸을 더 더욱 싫어했고, 어떻게 괴롭혀줄까만 생각했습니다. 게다가 의붓딸은 어여쁘고 사랑스러웠지만 친딸은 못생겨서 밉상이었기 때문에 여간 샘이 나는 게 아니었습니다.

얼음이 꽁꽁 얼고 산과 골짜기도 새하얗게 눈으로 가득 덮인 어느 겨울날, 아내는 얇은 종이로 옷을 만들더니 의붓딸을 불렀습니다.

"자 이 옷을 입고 숲으로 가서 잘 익은 딸기를 한 바구니 가득 따오너라. 딸기가 먹고 싶구나."

그러자 소녀가 말했습니다.

"어머니, 겨울에는 딸기가 열리지 않아요. 땅은 꽁꽁 얼어붙었고 눈이 온 세상을 덮었는 걸요. 게다가 바깥은 너무 추워서 허연 숨결마저 얼어붙을 것만 같은데 어찌 이렇게 얇은 종이옷을 입고 나가라 하세요? 이 옷은 바람을 막아 주지도 못하고 어쩌다 가시에 걸리기라도 하면 금세 찢어져 버릴 거예요."

"또 말대꾸를 하는구나. 냉큼 나가거라. 딸기를 한 바구니 가득 가져오기 전까지는 집에 들어올 수 없어!"

이렇게 말한 새어머니는 딱딱한 빵 한 조각을 주며 이어서 말했습니다.

"이 빵이면 오늘 하루 먹을 음식으로 충분할 게다."

그러면서 속으로 '이제 저 꼴보기 싫은 계집애는 꽁꽁 얼어서 굶어 죽겠지. 두 번 다시 볼 일은 없을 거야' 생각했습니다.

소녀는 어쩔 수 없이 새어머니 말을 따랐습니다. 얇디얇은 종이옷을 입고 바구니를 든 채 밖으로 나가니 이곳저곳 어디를 둘러보아도 온통 새하얀 눈밖에 없었지요. 초록색 풀이라고는 한 포기도 찾아낼 수 없었습니다. 숲 속으로 들어가자 조그만 집이 있었는데, 난쟁이 셋이 창문으로 밖을 내다보고 있었습니다. 소녀가 예의 바르게 인사하며 똑똑 문을 두드리자, 안에서 난쟁이들이 들어오라고 외쳤습니다. 소녀는 집으로 들어가 난롯가 옆 의자에 앉았습니다. 거기서 몸을 녹이며 하나뿐인 딱딱한 빵으로 아침 식사를 하려 했지요. 그러자 난쟁이들이 다가와서 말했습니다.

"우리에게도 좀 나누어줘."

"네, 기꺼이 그러지요."

마음씨 착한 소녀는 빵을 둘로 나누어 한쪽을 난쟁이들에게 주었습니다. 그들이 물었습니다.

"추운 겨울에 그렇게 얇은 옷을 입고 숲 속에 뭘 하러 왔지?"

소녀가 말했습니다.

"이 바구니를 가득 채울 만큼 많은 딸기를 따가야만 해요. 그것을 가져가기 전에는 집으로 돌아갈 수 없거든요."

소녀가 빵을 다 먹자 난쟁이들이 빗자루를 주며 말했습니다.

"자, 이걸로 뒷문 옆에 쌓인 눈을 쓸어 보렴."

소녀가 밖으로 나가자 세 난쟁이들은 이야기를 나누었습니다.

"참 상냥하고 착한 아이네. 우리에게 빵까지 나누어 주고 말이야. 그 착한 마음씨에 대한 보답으로 무엇을 주면 좋을까?"

그러자 첫째 난쟁이가 말했습니다.

"나는 저 아이가 나날이 예뻐지게 해 줄 거야."

둘째 난쟁이가 말했습니다.

"나는 저 아이가 말을 할 때마다 입에서 금화가 나오게 해 줄 거야."

셋째 난쟁이가 말했습니다.

"나는 저 아이를 왕의 아내가 되게 해 줄 거야."

소녀는 난쟁이들이 말해준 대로 빗자루를 들고 집 뒤쪽 눈을 쓸어보았습니다. 자, 무엇이 나왔을까요? 눈 속에는 빨강 빛을 뿜내는 무척 잘 익은 딸기들이 가득했습니다. 소녀는 딸기를 보자마자 너무도 기뻐하며 바구니 한 가득 담았습니다. 그러고는 난쟁이들에게 고맙다는 인사를 하며 하나하나 악수를 한 뒤 새어머니에게 딸기를 가져다주기 위해 서둘러 집으로 달려갔습니다. 그런데 소녀가 집으로 들어가 "다녀왔습니다!" 말하자 입에서 금화가 하나 뚝 떨어지는 게 아니겠습니까. 소녀는 새어머니께 숲에서 있었던 일을 모두 이야기했는데, 말을 할 때마다 입에서 금화가 쏟아졌기에 곧 온 거실이 번쩍이는 금화로 가득 차고 말았습니다.

"이런 건방진 애 같으니라고! 금화를 함부로 내던지다니!"

새어머니의 친딸이 외쳤습니다. 하지만 속으로는 몹시도 질투가 나서 숲으로 나가 딸기를 찾아보겠다고 했습니다. 그러자 어머니가 말했습니다.

"안 된다, 안 돼. 너무 추워서 집으로 돌아오기도 전에 얼어 죽을지도 모른단다."

하지만 딸은 자꾸만 졸라댔습니다. 어머니는 그런 딸의 고집을 끝내 꺾지 못하고 딸에게 두툼한 털옷을 지어 입히면서 맛있는 버터 빵과 과자도 들려 보냈지요.

숲으로 간 소녀는 재빨리 걸어 곧장 난쟁이들이 사는 작은 집으로 갔습니다. 난쟁이 셋이 나란히 창밖을 내다보고 있었지만, 소녀는 아무런 인사도 없이 성큼성큼 마음대로 거실에 들어가 난롯가에 앉아서는 버터 빵과 과자를 먹기 시작했습니다.

"우리에게도 좀 나누어줘."

난쟁이들이 말했습니다. 그러자 소녀가 대꾸했습니다.

"나 혼자 먹기에도 이렇게나 부족한데 어떻게 낯선 사람에게 줄 수 있담?"

소녀가 식사를 끝내자 난쟁이들은 말했습니다.

"이 빗자루를 가지고 나가서 뒷문 옆에 쌓인 눈을 쓸어 봐."

"어휴 참, 왜 그런 귀찮은 일을 시키는 거야. 네가 직접 쓸도록 해. 난 너희 집 하녀가 아니야."

소녀는 난쟁이들이 아무것도 주지 않자 집 밖으로 휭 하니 나가 버렸습니다. 그러자 난쟁이들은 서로 이야기를 주고받았습니다.

"저렇게 버르장머리 없고 심술궂은 데다가, 자기만 위하고 나누어 가질 줄 모르는 아이에겐 무엇을 주면 좋을까?"

첫째 난쟁이가 말했습니다.

"나는 저 아이가 나날이 못생겨지게 해 줄 거야."

둘째 난쟁이가 말했습니다.

"나는 저 아이가 말을 할 때마다 입에서 징그러운 두꺼비가 튀어나오게 해 줄 거야."

셋째 난쟁이가 말했습니다.

"나는 저 아이가 아주 비참한 죽음을 맞게 해 줄 거야."

소녀는 밖으로 나가 눈 속에서 딸기를 찾아보려 했지만, 그 어디에서도 찾지 못했지요. 화가 머리끝까지 난 소녀는 씩씩거리며 집으로 돌아갔습니다. 소녀가 숲에서 있었던 일을 어머니에게 이야기하는데, 말을 할 때마다 입에서 크고 징그러운 두꺼비가 튀어나와 모두가 소녀를 싫어하게 되었습니다.

이렇게 되자 새어머니는 전보다 훨씬 더 의붓딸을 싫어할 수밖에 없었습니다. 어떻게 하면 하루하루 예뻐지는 의붓딸을 괴롭힐 수 있을까만 생각했지요. 그러던 어느 날 새어머니가 아궁이에 솥을 걸고 실타래를 넣어 팔팔 끓였습니다. 그리고 그 실타래를 가엾은 소녀의 어깨 위에 걸쳐 주더니 손에 도끼를 쥐어주고는 꽁꽁 언 강에 가서 구멍을 뚫고 차가운 강물에 실타래를 깨끗이 헹구어 오라고 시켰습니다. 소녀는 새어머니 말을 따르려 밖으로 나가 얼음에 구멍을 뚫고 있었습니다. 그런데 마침 호화로운 마차 한 대가 달려왔습니다. 왕이 탄 마차였지요.

"그대는 대체 누구이며, 거기 강가에서 무엇을 하고 있는 건가?"

왕이 물었습니다.

"저는 가난한 소녀입니다. 얼음물에 실타래를 헹구고 있지요."

그 말을 듣자 왕은 소녀가 너무도 안쓰러웠습니다. 그런데 자세히 보니 매우 어여쁜 아이였지요.

"나와 함께 마차를 타고 내 성으로 가지 않겠느냐?"

"네. 기꺼이 가겠습니다."

소녀가 얼른 대답했습니다. 새어머니와 그 딸에게서 멀리 떨어진 곳으로 갈 수 있다니 무척 기뻤지요.

그리하여 소녀는 마차에 올라타고 왕과 함께 궁궐로 갔습니다. 곧 왕과 소녀의 성대한 결혼식이 열렸습니다. 난쟁이들이 소녀에게 준 선물이었죠.

한 해가 지나자 젊은 왕비는 아들을 낳았습니다. 소녀가 이토록 행복하게 산다는 소식을 듣게 된 새어머니는 친딸을 데리고 성으로 찾아갔습니다. 그들은 그냥 한번 찾아 온 척했지만, 왕이 밖으로 나간 뒤 성 안에 아무도 없게 되자 이 나쁜 새어머니는 곧바로 왕비의 머리채를 움켜쥐고 딸은 다리를 붙잡아 왕비를 침대에서 들어 올렸습니다. 그리고는 창밖에 흐르는 강물 속으로 던져버렸지요. 못생긴 딸은 왕비의 침대 위에 누웠고 어머니는 얼굴이 가려지도록 이불을 머리 위까지 덮어주었습니다. 왕이 돌아와서 아내와 이야기를 하려 하자 새어머니가 재빨리 소리쳤습니다.

"가만, 가만! 오늘은 안 됩니다. 왕비님은 아프셔서 땀을 뻘뻘 흘리며 누워 계시니 좀 쉬게 내버려 둬야 해요."

왕은 큰 의심을 하지 않고 제 방으로 돌아갔다가 다음 날 아침 다시 찾아왔습니다. 그런데 아내가 말을 할 때마다 그녀의 입에서 두꺼비가 툭툭 튀어

나오는 게 아니겠습니까. 늘 반짝이는 금화가 떨어졌었는데 말이죠. 왕이 이게 대체 어찌 된 일이냐 묻자 새어머니는 왕비가 아파 땀을 너무 많이 흘려서 그런 거라며 곧 괜찮아질 거라고 말했습니다.

그날 밤, 주방에서 일하는 하인이 도랑을 따라 오리 한 마리가 헤엄쳐 오는 것을 보았습니다. 오리가 이렇게 말했습니다.

"임금님은 뭘 하고 계시나요? 주무시나요? 깨어 있나요?"

하인이 아무런 대답을 하지 않자 오리가 물었습니다.

"제 손님들은 뭘 하고 계시나요?"

그러자 하인이 말했습니다.

"모두들 곤히 자고 있지요."

오리가 계속 물었습니다.

"내 아이는 뭘 하고 있지요?"

그가 말했습니다.

"침대에서 잘 자고 있어요."

그러자 오리는 갑자기 왕비의 모습이 되어 위층으로 올라갔습니다. 왕비는 아기에게 정성스레 젖을 먹이고 요람을 흔들어 재운 뒤, 이불을 살며시 덮어주고는 내려와 다시 오리가 되어 도랑을 따라 헤엄쳐 가 버렸습니다. 오리는 다음 날 밤에도 찾아와 이렇게 했지요. 그리고 세 번째 밤이 되자 주방에서 일하는 하인에게 이렇게 말했습니다.

"문 뒤에서 칼을 들고 있다가 내 머리 위로 세 번 휘두르시라고 왕께 전해주세요."

그는 서둘러 왕에게 달려가 오리의 말을 그대로 전했습니다. 왕은 칼을 든 채 가만히 기다리고 있다가 오리가 나타나자 머리 위에서 세 번 휘둘렀습니다. 그러자 아름다운 아내가 그의 앞에 서 있는 게 아니겠습니까. 본디 그랬던 것처럼 싱그럽고 건강한 모습이었지요.

왕은 무척 기뻤지만 아이가 세례를 받는 일요일 날까지 왕비를 궁전 안 그 누구도 찾아내지 못할 방에 숨겨두어야만 했습니다. 아이가 마침내 세례를 받자 왕이 말했습니다.

"침대에 누워 있는 사람을 끌어내 강물에다 내던져 버린 사람은 어떤 벌을 받아야 마땅하겠소?"

새어머니가 마치 기다렸다는 듯 대답했습니다.

"그런 나쁜 사람은 못을 잔뜩 박은 통 속에 넣어 산 위에서 물속으로 굴려 버리는 게 좋습니다."

그러자 왕이 말했습니다.

"네 입으로 네가 받을 벌을 말했도다."

그러고는 못을 잔뜩 박은 통을 가져오도록 하여 새어머니와 딸을 함께 그 속에 넣고는 뚜껑을 닫은 뒤 언덕 아래로 데굴데굴 굴렸습니다. 통은 깊은 강물 속으로 굴러들어갔답니다.

KHM 014
실 잣는 세 여인
Die drei Spinnerinnen

한 게으름뱅이 소녀가 있었습니다. 이 소녀는 실 잣는 일을 너무나 싫어해서 어머니가 아무리 잔소리를 해도 들으려 하지 않았습니다. 그래서 어느 날 어머니는 끝내 더는 참지 못하고 크게 화를 내며 소녀를 때리고 말았습니다. 그러자 딸은 큰 소리로 엉엉 울었지요. 그런데 마침 그 집 앞을 지나가던 왕비가 소녀의 커다란 울음소리를 들었습니다. 왕비는 얼른 마차를 세우고 집 안으로 들어가 어머니에게, 길거리에서도 우는 소리가 다 들릴 만큼 왜 딸을 때리느냐 물었습니다. 어머니는 딸이 게으르다는 사실을 다른 사람이 아는 게 창피해서 이렇게 둘러댔습니다.

"딸에게 실을 그만 자으라고 아무리 말려도 말을 안 듣기에 그랬습니다. 저희 집은 가난해서 삼을 마련할 수가 없는데도 자꾸만 실을 자으려 하지 뭡니까."

그러자 왕비가 말했습니다.

"나는 실 잣는 소리를 좋아합니다. 물레가 도는 소리를 듣는 것보다 즐거운 일은 없지요. 그대의 딸을 제 성으로 보내십시오. 저에게는 삼이 넉넉히 있으니, 그대의 딸이 만들고 싶은 만큼 실을 자을 수 있도록 해 주겠습니다."

어머니는 마음속 깊이 감사했습니다. 왕비는 소녀를 데리고 갔습니다.

성에 이르자 왕비는 소녀에게 방 세 개를 보여주었습니다. 거기에는 바닥에서 천장까지 가장 좋은 삼이 가득가득 차 있었습니다.

"자, 이 삼으로 실을 만들어다오. 이 일을 모두 마치면 내 맏아들과 결혼시켜 주겠다. 네가 아무리 가난하다 해도 상관없단다. 부지런함이 그 무엇보다 좋은 혼수란다."

왕비님은 이렇게 말했습니다.

가득 쌓인 삼을 멍하니 바라보던 소녀는 덜컥 겁이 났습니다. 삼백 살이 될 때까지 밤낮 없이 물레 앞에 앉아 있어도 그 많은 삼을 다 쓸 수는 없을 것만 같았지요. 소녀는 방 안에 홀로 남겨지자 슬피 울었습니다. 손가락 하나 까딱

하지 않고 그렇게 사흘을 앉아만 있었지요. 사흘째 되는 날 왕비가 소녀를 찾아왔습니다. 그런데 조금도 실을 잣지 않은 것을 보고는 무척 이상하게 여겼습니다. 소녀는 어머니 집에서 너무 멀리 떨어진 곳으로 떠나왔기에 몹시 슬퍼서 아직 일을 시작하지 못했다고 둘러댔습니다. 왕비는 그 말이 마땅하다고 여겼지만 방을 나오면서 이렇게 말했지요.

"내일부터는 반드시 일을 시작하렴."

다시 홀로 남은 소녀는 이제 무엇을 어찌 해야 할지 몰라 슬픈 마음으로 창가에 다가가 밖을 보았습니다. 그때 마침 어느 세 여인들이 걸어오는 게 보였습니다. 첫 번째 여인은 한쪽 발이 커다랗고 납작했습니다. 두 번째 여인은 아랫입술이 턱을 덮어버릴 만큼 크고 축 처져 있었고 세 번째 여인은 엄지손가락이 무척 컸습니다. 그들은 갑자기 창 아래에 멈추어 서더니 위를 올려다보며 소녀

에게 무척 슬퍼 보이는데 무
슨 일이 있느냐 물었습니다.
소녀가 이제까지의 일을 이
야기하며 하소연하자 그
녀들은

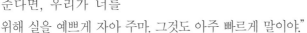

기꺼이 도와주겠다
고 말했습니다.
 "우리를 네 결혼식에
초대해 다오. 네가 우
리를 부끄럽게 여기지
않고 고모라 부르며 네
식탁에 함께 앉게 해
준다면, 우리가 너를
위해 실을 예쁘게 자아 주마. 그것도 아주 빠르게 말이야."
 "기쁜 마음으로 그렇게 하겠습니다. 그러니 어서 들어오셔서 일을 시작해
주세요."
 소녀가 말했습니다. 곧 이상한 세 여인을 방으로 들여 첫 번째 방에 자리를
만들었습니다. 셋은 거기에 앉아 실을 잣기 시작했습니다. 첫 번째 여인이 물
레를 밟으며 실을 뽑아내면, 두 번째 여인은 실을 적시고, 세 번째 여인은 그
실을 배배 꼬아 손가락으로 작업대 위에다 탁! 쳤습니다. 그렇게 칠 때마다 잘
자아진 실이 한 묶음씩 바닥으로 툭 툭 떨어졌습니다. 세상에서 둘도 없을 것
만 같은 곱게 잘 자아진 실이었죠. 물론 왕비 앞에서는 실 잣는 세 여인들을
잘 숨겨 두었습니다. 그러고는 왕비가 올 때마다 곱게 자은 실들을 잔뜩 보여
주었답니다. 왕비는 무척 기뻐하며 아낌없는 칭찬을 해 주었습니다.
 첫 번째 방에 있는 삼을 몽땅 실로 만들자 두 번째 방으로 갔고 그 방에 있
는 삼도 모두 실로 만든 뒤, 마침내 세 번째 방으로 옮겨갔습니다. 얼마 지나

지 않아 이 방 또한 깨끗이 비워졌지요. 그러자 세 여인은 작별 인사를 하며 소녀에게 말했습니다.

"우리에게 한 약속을 잊지 마렴. 너에게도 무척 행복한 일이 될 거란다."

소녀가 왕비에게 빈 방들과 산더미처럼 쌓인 실을 보여 주자 왕비는 결혼식 준비를 시작했습니다. 신랑도 이렇게나 솜씨 있고 부지런한 아내를 얻게

된 것에 기뻐하며 신부를 무척 칭찬했습니다.

"저에게는 고모님 세 분이 계십니다. 저에게 많은 은혜를 베풀어주신 분들이라, 제가 행복해진 뒤에도 고모님들을 잊고 싶지 않습니다. 그분들을 결혼식에 초대해 함께 식탁에 앉는 것을 허락해 주십시오."

소녀가 말했습니다. 그러자 왕비와 신랑이 입을 모아 말했습니다.

"허락하지 않을 이유가 어디 있겠소?"

마침내 성대한 결혼식 잔치가 시작되었습니다. 괴상한 차림을 한 세 여인이 들어오자 신부가 말했습니다.

"어서 오십시오, 고모님들."

'아니, 저렇게 기분 나쁘게 생긴 사람들이 친척이라고?'

남편은 의아하게 여기며, 한쪽 발이 넓고 납작한 여인에게 다가가 물었습니다.

"당신은 어쩌다 발이 그렇게 넓적해지셨습니까?"

"물레를 너무 많이 밟아서요. 쉬지 않고 밟아서 그렇습니다."

여인이 대답했습니다.

신랑은 두 번째 여인에게 가서 물었습니다.

"당신은 어쩌다 아랫입술이 그렇게 아래로 축 늘어지셨나요?"

"실을 핥아서요. 하도 많이 핥아서 이렇게 됐지요."

여인이 대답했습니다.

신랑은 끝으로 세 번째 여인에게 물었습니다.

"당신은 어쩌다 엄지손가락이 그렇게 커졌나요?"

"실을 너무 많이 꼬아서요. 쉬지 않고 꼬아서 이렇게 됐지요."

여인이 대답했습니다.

그러자 신랑은 깜짝 놀라며 말했습니다.

"이제부터 내 아름다운 신부에게는 절대로 물레를 건드리지 못하도록 해야겠어."

그래서 신부는 싫어하는 실잣기를 더는 하지 않게 되었답니다.

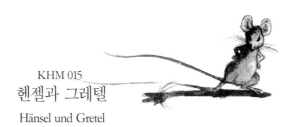

헨젤과 그레텔
Hänsel und Gretel

큰 숲 가까이에 어느 가난한 나무꾼이 아내와 두 아이를 데리고 살았습니다. 남자아이는 헨젤, 여자아이는 그레텔이라 불렀지요. 나무꾼은 무척 가난하여 먹을 것도 거의 먹지 못하며 지냈는데, 어느 해 나라에 큰 흉년이 들자 그날그날 먹을 빵마저 마련할 수 없게 되었습니다. 이제 끼니조차 거르게 되자 밤마다 침대 속에서 이런저런 걱정으로 잠을 이루지 못했고 이리 저리 뒤척거리던 나무꾼은 깊은 한숨을 쉬며 아내에게 말했습니다.

"이제 어쩌지? 저 가엾은 아이들을 어떻게 먹여 살린단 말이오? 먹을 양식도 다 떨어져 가는데."

"여보, 이러면 어떨까요? 내일 아침 일찍 아이들을 깊은 숲 속으로 데려가는 거예요. 가장 울창한 곳까지 들어가서 모닥불을 피우고 아이들에게 빵 한 조각씩을 쥐여 준 다음, 우린 일을 하러 갑시다. 그리고 아이들을 숲 속에 그대로 내버려 두고 오는 거예요. 아이들은 집으로 돌아오는 길을 모르니까 우리는 아이들에게서 벗어나 편히 살 수 있잖아요."

아내가 말했습니다.

"안 돼요, 여보! 난 도저히 못 하겠소. 내 사랑하는 아이들을 숲 속에다 버려두고 오다니. 어찌 그런 끔찍한 짓을 할 수가 있겠소? 사나운 짐승들이 아이들을 잡아먹어 버리고 말거요."

남편이 말했습니다.

"오, 바보 같으니라고. 우리 네 식구 모두 굶어 죽일 생각인가요? 그러면 당신은 관을 만들 나무나 베어 와야 되겠네요."

아내는 남편을 자꾸만 나무랐습니다. 그래서 나무꾼은 어쩔 수 없이 아내 말을 따르기로 했지요.

"하지만 아이들이 너무 불쌍해."

남매 또한 배가 고파 좀처럼 잠을 이루지 못했습니다. 그러다 새어머니가 아버지에게 하는 말을 듣고 말았지요. 그레텔은 안타까운 눈물을 흘리며 헨젤에게 말했습니다.

"이제 우린 죽어버리고 말거야."

"쉿, 조용히 해. 그레텔. 너무 슬퍼하지 마. 내가 어떻게든 해 볼게."

헨젤이 말했습니다. 곧 부모님이 잠들자 헨젤은 조용히 자리에서 일어나 옷을 입고 문을 열더니 살짝 밖으로 나갔습니다. 눈부시게 빛나는 달빛을 받아 집 앞에 있는 하얀 자갈들이 은화를 뿌린 듯이 반짝거렸습니다. 헨젤은 쭈그려 앉아 옷 주머니에 넣을 수 있는 만큼 많이 많이 자갈을 집어넣었습니다. 그리고 돌아와 그레텔에게 말했습니다.

"자, 안심하렴, 그레텔. 걱정하지 말고 푹 자도록 해. 자비로운 하느님께서는 우리를 절대 버리지 않으실 거야."

헨젤도 곧 다시 침대에 누웠습니다.

다음 날 새벽, 아직 해가 뜨기도 전에 새어머니가 와서 두 아이를 깨웠습니다.

"일어나거라, 게으름뱅이들아. 숲에 들어가서 장작을 주워와야지."

그리고 두 아이에게 빵 한 조각씩을 쥐여 주면서 말했습니다.

"점심으로 먹어야 한다. 더는 먹을 게 없으니 미리 먹어 치우지 마라."

헨젤의 주머니에는 자갈이 들어 있었기 때문에 그레텔이 빵을 받아 앞치마

자락 아래에 넣어두었습니다. 그렇게 가족 모두 함께 숲으로 떠났습니다. 조금 걸어가다가 헨젤은 멈추어 서더니 집 쪽을 돌아보았습니다. 가다가 돌아보고 또 돌아보고, 자꾸만 그랬습니다.

그러자 아버지가 말했습니다.

"헨젤아, 뭘 그렇게 돌아보느라 걸음이 느린 게냐. 발밑을 조심하며 앞을 보고 걸어야 안 넘어지지."

"아아! 아버지. 제 하얀 고양이가 지붕 위에 앉아 제게 작별 인사를 하는 걸 보고 있었어요."

새어머니가 말했습니다.

"으이구, 바보 같으니! 저건 네 고양이가 아니야. 굴뚝 위를 비추고 있는 아침 햇살이잖니."

그러나 사실 헨젤은 고양이를 보고 있던 게 아니었습니다. 주머니에서 반짝이는 자갈을 꺼내 길 위에 하나씩 떨어뜨리고 있었던 것이죠.

모두가 숲 한가운데에 이르자 아버지가 말했습니다.

"자 애들아, 어서 가서 땔감을 주워오너라. 너희들이 춥지 않도록 불을 미리 피워둘게."

헨젤과 그레텔은 여기저기서 잔 나뭇가지들을 주워와 작은 산처럼 높이 높이 쌓았습니다. 나뭇가지에 붙은 불이 제법 활활 타오르자 새어머니가 말했습니다.

"얘들아, 수고했으니 따뜻한 불 옆에 누워 편히 쉬고 있거라. 우리는 나무를 베러 숲 속으로 들어갔다가 일이 다 끝나면 너희를 데리러 오마."

헨젤과 그레텔은 모닥불 옆에 앉았습니다. 점심때가 되자 둘은 서로의 빵을 하나씩 먹었습니다. 도끼로 나무를 찍는 소리가 간간히 들려왔기에 아버지가 가까이 있다고만 생각했지요. 하지만 그것은 도끼질 소리가 아니었습니다. 아버지가 말라 죽은 나무에 매달아 놓은 나뭇가지가 바람에 이리저리 흔들리며 탁탁 부딪히는 소리였습니다. 그렇게 한동안 앉아 있었던 둘은 지쳐서 눈이 스르르 감기더니 곧 잠이 들고 말았습니다. 깨어나 보니 이미 깜깜한 밤이 되어 있었지요.

그레텔이 두려움에 울면서 말했습니다.

"이제 어떻게 해야 숲을 빠져나갈 수 있지?"

헨젤이 동생을 위로했습니다.

"달이 밝게 뜰 때까지만 기다려. 그러면 길을 찾을 수 있을 거야."

휘영청 둥근 달이 떠오르자 헨젤은 누이동생 손을 잡고 걸었습니다. 떨어뜨려 놓았던 자갈들이 마치 갓 만들어 낸 은화처럼 반짝반짝 빛을 내며 둘에게 집으로 가는 길을 가르쳐 주었지요. 남매는 밤새 걷고 또 걸어서 동이 틀 무렵 집으로 돌아와 문을 두드렸습니다.

새어머니가 문을 열자 헨젤과 그레텔이 문 앞에 서 있었지요.

"아주 나쁜 아이들이로구나. 왜 그렇게 오랫동안 숲 속에 있었던 거야? 영영 집으로 돌아오지 않으려는 줄 알았잖아."

새어머니는 이렇게 말했지만 아버지는 아이들을 남겨 두고 왔던 게 너무나 마음에 걸렸었기에 아이들을 보자 무척 기뻐했습니다.

오래지 않아 나무꾼 가족은 또다시 먹을 게 다 떨어지고 말았습니다. 아이들은 새어머니가 밤에 아버지에게 이야기하는 소리를 듣게 되었지요.

"또 먹을 게 다 떨어졌어요. 우리에게 남은 것이라고는 이제 빵 반 덩이뿐이에요. 그걸 다 먹으면 이제 끝이라고요. 어떻게 해서든 아이들을 집에서 내쫓아버려야만 해요. 아이들이 다시는 돌아오지 못하도록 더 깊은 숲 속으로 데

려갑시다. 그것 말고는 다른 방법이 없어요."

남편은 마음이 몹시 무거웠습니다. '마지막 한 입까지 아이들과 나누어 먹고 싶은데.' 남편은 이렇게 생각했지만 아내는 그의 말을 들은 척도 하지 않았습니다. 오히려 그를 나무라며 비난했습니다. 한 번 하기로 한 일은 물릴 수 없고, 이미 굴복했던 사람은 그 다음에도 또 굴복할 수밖에 없는 법이지요.

그러나 아이들은 이때에도 깨어 있었고 그들이 나누는 이야기를 또 듣고 말았습니다. 부모님이 잠들자 헨젤은 이번에도 밖으로 나가서 지난번처럼 자갈을 주워두려 했습니다. 하지만 새어머니가 문을 잠가 놓았기 때문에 헨젤은 밖으로 나갈 수 없었지요. 헨젤은 누이동생을 위로하며 말했습니다.

"울지 마, 그레텔. 안심하고 푹 자렴. 하느님께서 반드시 우리를 도와주실 거야."

다음 날 이른 새벽, 새어머니가 와서 아이들을 깨우며 침대에서 끌어냈습니다. 둘은 이번에도 빵을 받았지만, 지난번 것보다 훨씬 작았습니다. 숲 속으로 들어가는 길에 헨젤은 주머니 안 빵을 잘게 조각내서 땅 위에다 던지느라 자꾸만 걸음을 멈출 수밖에 없었습니다.

"헨젤아, 왜 그렇게 멈춰 서서 두리번거리느냐? 어서 서둘러라."

아버지가 말했습니다.

"아버지, 제 비둘기가 지붕 위에 앉아서 저에게 작별 인사를 하려 해요."

헨젤이 손가락으로 지붕을 가리키며 말했습니다. 그러자 새어머니가 말했습니다.

"이런 바보 같은 녀석! 저건 네 비둘기가 아니야. 굴뚝을 비추는 아침햇살이라고."

헨젤은 계속해서 빵 부스러기를 길에다 던졌습니다.

새어머니는 아이들을 숲 속 더 깊은 곳으로 데리고 갔습니다. 태어나서 한 번도 가보지 못한 깊은 곳이었지요. 그곳에서 다시 커다란 모닥불을 피워 놓은 뒤 새어머니가 말했습니다.

"얘들아, 불 앞에 편히 앉아서 기다리고 있어라. 우리는 숲으로 가서 나무를 베어 올 테니 피곤하면 잠을 자도 좋아. 일이 다 끝나면 데리러 오마."

낮이 되자 그레텔은 자기 빵을 헨젤과 나누어 먹었습니다. 헨젤의 빵은 모두 잘게 조각내어 길바닥에 뿌려두었으니까요. 그렇게 그들은 곧 잠이 들었습니다. 하지만 저녁이 다 되도록 이 가엾은 아이들을 찾아오는 사람은 아무도 없었습니다. 둘은 캄캄한 밤이 되어서야 눈을 떴습니다. 헨젤이 누이동생을 위로하며 말했습니다.

"달이 뜰 때까지 기다려, 그레텔. 사방이 밝아지면 내가 뿌려둔 빵 부스러기가 보일 거야. 그러면 집으로 가는 길을 알 수 있어."

이윽고 달이 두둥실 떠올랐습니다. 아이들은 집으로 가기 위해 길을 찾아 떠났지만 낮에 뿌려두었던 빵 부스러기는 하나도 보이지 않았습니다. 숲과 들판을 날아다니는 새들이 모두 쪼아 먹어버린 것입니다. 헨젤이 그레텔에게 말했습니다.

"반드시 집으로 돌아가는 길을 찾을 수 있을 거야."

그러나 안타깝게도 그들은 끝내 길을 찾지 못했습니다. 밤새도록 걷고, 다음 날 아침부터 저녁까지 또 걸었지만 도저히 숲을 빠져나갈 수 없었지요. 게다가 먹은 것이라고는 땅에서 자란 딸기 몇 개밖에 없었기 때문에 무척 배가 고팠습니다. 몹시 지친 나머지 다리도 잘 움직일 수 없었지요. 둘은 어느 나무 아래에 이르러 쓰러져서는 잠이 들었습니다.

집을 떠나 벌써 세 번째 아침이 찾아왔습니다. 그들은 다시 걸음을 옮겼지

만 점점 숲 속 더 깊은 곳으로 빠져들어 갈 뿐이었습니다. 누군가 도와주지 않는다면 배고픔으로 지친 나머지 곧 죽어버리고 말 테지요. 점심 무렵이 되자 마치 눈처럼 하얗고 예쁜 새가 나뭇가지 위에 앉아 있는 것을 보았습니다. 새가 몹시도 아름답게 노래를 불렀기에 둘은 잠시 멈추어 서서 가만가만 귀를 기울였습니다. 노래를 마친 새는 포르르 두 사람 앞을 날아갔지요. 아이들이 새의 뒤를 쫓아가 보니 작은 집이 한 채 나타났습니다. 새는 어느새 그 지붕 위에 앉아 있었습니다. 가까이 다가가 보니 그 작은 집은 빵으로 이루어졌고, 지붕은 과자로 만들어져 있었으며 유리창은 하얀 설탕으로 되어 있었죠. 헨젤이 말했습니다.

"우리 한번 배불리 먹어 보자. 나는 지붕을 한 조각 떼어 먹을 테니 너는 유리창을 먹어 봐. 사탕이 아주 달콤할 거야."

헨젤은 손을 위로 쭉 뻗어 지붕을 한 조각 떼어내 맛을 보았습니다. 그레텔은 유리창에 다가가 한입 베어 먹었지요. 그러자 갑자기 집 안에서 가느다란 소리가 들려오기 시작했습니다.

"오도독 오도독, 아삭 아삭, 누가 내 집을 먹고 있지?"

"하늘의 아이들 바람, 바람이에요."

이렇게 대담한 아이들은 달콤한 과자와 빵을 쉬지 않고 먹어댔습니다. 헨젤은 지붕이 무척 맛있어서 더욱 커다랗게 떼어 냈습니다. 그레텔은 유리창을 아예 통째로 들어내 바닥에 주저앉아 냠냠 맛있게 먹었지요.

그때 갑자기 문이 열리더니 웬 할머니가 지팡이를 짚고 조용히 밖으로 나왔습니다. 헨젤과 그레텔은 깜짝 놀라 그만 손에 들고 있던 사탕과 빵을 툭 떨어뜨렸습니다. 할머니는 고개를 끄덕이며 말했습니다.

"참 예쁜 아이들이로구나. 그런데 누가 너희들을 이 깊은 숲 속까지 데려왔니? 자, 들어오렴. 나랑 함께 살자꾸나. 무서워 건 아무것도 없단다."

할머니는 두 아이의 손을 잡고 집 안으로 데려갔습니다. 그곳 식탁 위에는 훌륭한 식사가 차려져 있었습니다. 우유, 설탕을 담뿍 뿌린 달걀 과자, 사과, 호두도 있었지요. 게다가 할머니는 예쁜 침대 두 개에 하얀 이불도 깔아 주었습니다. 침대에 편안히 누운 헨젤과 그레텔은 마치 하늘나라에 온 것만 같이 행복했습니다.

할머니는 매우 친절했지만, 사실은 아이들을 잡아먹는 나쁜 마녀였지요. 맛있는 빵으로 집을 만든 것도 아이들을 불러들이려는 이유에서였습니다. 마녀는 아이를 잡으면 죽여서 요리를 만들어 먹었지요. 그날이 마녀에게는 잔칫날이었습니다. 마녀는 눈이 새빨갛고 먼 곳을 볼 수가 없었지만 짐승들처럼 냄새는 아주 잘 맡았습니다. 그래서 사람이 다가오기라도 하면 냄새로 알아차렸죠. 헨젤과 그레텔이 곁으로 다가왔을 때 할머니는 심술궂게 웃으며 말했습니다.

"요녀석들, 너희는 이제 내 거야. 다시는 내게서 벗어나지 못할 게다."

다음 날 아이들이 일어나기 전, 새벽에 먼저 일어난 할머니는 발그레하고 보드라운 뺨을 가진 두 아이가 사랑스레 자고 있는 걸 보며 조용히 혼잣말을 했습니다.

"아! 참으로 맛있게 생겼는 걸."

마녀는 바싹 마른 손으로 헨젤을 꽉 붙잡더니 작은 짐승 우리로 끌고 가서 그 속에 가두어 버렸습니다. 헨젤이 아무리 버둥거려도 소용없었지요.

그리고 마녀는 그레텔이 있는 곳으로 가서 마구 흔들어 깨우며 소리쳤습니다.

"얼른 일어나지 못 해! 요 게으름뱅이야! 물을 길어다 네 오빠에게 맛있는 요리를 만들어 주렴. 오빠는 바깥에 있는 우리 안에 있단다. 얼른 살을 찌워야지. 살이 포동포동하게 찌면 내가 잡아먹어버릴 거야."

그레텔은 너무도 슬프게 울었지만 모두 소용없는 일이었습니다. 그저 나쁜 마녀가 시키는 대로 움직일 수밖에 없었지요.

가엾은 헨젤은 무척이나 맛있는 음식을 먹었지만 그레텔은 겨우 게 껍질밖에 얻어먹지 못했습니다. 날마다 아침이면 할머니는 우리로 가만히 다가가서 소리쳤습니다.

"헨젤, 손가락을 내밀어 보거라. 이제 좀 살이 쪘는지 한번 만져 보자꾸나."

하지만 그럴 때마다 헨젤은 우리 안에 있던 작은 뼈다귀를 내밀었습니다. 눈이 침침해 앞이 잘 보이지 않는 할머니는 그 뼈다귀를 헨젤의 손이라 생각하고는, 조금도 살이 찌지 않는 게 이상하다 생각했습니다. 그렇게 4주나 되는 시간이 흘러갔지요. 헨젤이 여전히 살이 찌지 않자 더는 참을 수 없었던 할머니는 이제 기다리지 않기로 했습니다.

"이봐, 그레텔. 어서 나가서 물을 길어 오너라. 헨젤이 살이 쪘건 바싹 말랐건 내일 잡아서 곧바로 요리를 해먹어야겠다."

할머니가 소녀에게 마구 짜증을 내며 소리쳤습니다.

오빠를 요리할 때 쓸 물을 길어 와야 하다니, 가엾은 누이동생은 어찌나 슬펐을까요. 소녀의 슬픈 눈물이 뺨을 타고 하염없이 흘러 내렸습니다.

"아아, 하느님, 제발 우리를 도와주세요. 숲 속에서 사나운 짐승들에게 잡아먹히는 게 더 좋았을 걸. 그랬더라면 적어도 곁에서 함께 죽을 순 있었잖아."

그레텔이 큰 소리로 부르짖었습니다.

"언제까지 그렇게 울고만 있을 거냐. 암만 기도드려 봤자 소용없어!"

할머니가 말했습니다.

다음 날 아침, 그레텔은 일찍 잠에서 깨어 물을 가득 담은 솥을 준비하고 불을 지펴야만 했습니다.

"먼저 빵을 굽자. 빵을 구울 가마는 이미 뜨겁게 해 놓았고 반죽도 만들어 두었어!"

할머니는 가엾은 그레텔을 빵 굽는 가마 앞으로 밀어댔습니다. 가마 속에선 어느새 불꽃이 활활 타오르고 있었지요.

"얼른 기어들어가서 골고루 잘 데워졌는지 살펴보아라. 그래야 빵 반죽을

가마에 넣을 수 있을 테니까."

할머니는 그레텔이 그 안에 들어가면 재빨리 가마뚜껑을 닫아 그레텔을 구워 먹어버릴 작정이었습니다.

다행스럽게도 그레텔은 할머니가 무슨 생각을 하는지 눈치챘습니다.

"어찌 해야 하는지 잘 모르겠어요. 뚜껑을 어떻게 열고 들어가나요?"

"멍청하기는! 구멍이 얼마나 넓은데! 자, 나를 잘 봐, 나도 들어갈 수 있단 말이야."

마녀는 이렇게 말하면서 비틀비틀 다가가 고개를 빵 가마 속으로 쑥! 집어넣었습니다. 그 순간을 기다렸던 그레텔이 할머니를 툭 밀어서 가마 속 깊은 곳으로 넣어버렸습니다. 그러고는 철문을 쾅! 닫고 빗장을 걸었지요.

으윽 할머니가 신음을 내뱉었습니다. 참으로 소름끼쳤습니다. 그레텔은 얼른 헨젤에게로 달려갔고 나쁜 마녀는 끔찍하게 불타 죽어야 했습니다.

"헨젤 오빠, 이제 살았어. 나쁜 마녀가 죽었어."

그러자 헨젤은 문이 열려 새장에서 뛰쳐나온 작은 새처럼 우리에서 뛰어나왔습니다.

둘은 얼마나 기뻐하며 얼싸안고 입을 맞췄을까요? 이제 무서워할 것은 하

나도 없었기에 둘은 마녀의 집으로 들어갔습니다. 이 구석 저 구석 진주와 보석이 가득 든 상자가 있었습니다.

"자갈보다 훨씬 좋은데?"

헨젤이 아주 기쁜 듯 말하며 주머니에 넣을 수 있을 만큼 보석을 그득 그득 채워 넣었습니다.

"나도 좀 집으로 가져가야지."

그레텔이 말하며 앞치마에 보석을 가득 채웠습니다.

"어서 마녀의 숲에서 빠져 나가자."

헨젤이 말했습니다. 그런데 몇 시간을 걸어가니 커다란 강물이 앞을 가로막고 있었습니다.

"어쩌지, 건너갈 수 없겠어. 징검다리는커녕 나무다리도 보이지 않아."

헨젤이 말했습니다.

"조그만 배 한 척도 지나가지 않는 걸. 그렇지만 저기 하얀 오리가 헤엄치고 있어. 부탁하면 도와줄 거야."

그레텔이 그렇게 말하며 오리를 불렀습니다.

"오리야, 오리야. 여기 그레텔과 헨젤이 있단다. 건너 갈 다리가 없구나. 너의 하얀 등에 태워주지 않겠니?"

곧 오리가 다가왔습니다. 헨젤은 오리 등에 올라타고는 누이에게 제 옆에 앉으라고 말했습니다. 그러자 그레텔이 이렇게 말했답니다.

"안 돼, 오리에게 두 사람은 너무 무거워, 한 사람씩 데려다 달라고 하자."

착한 오리가 그렇게 해 주었으므로 무사히 둘은 반대쪽으로 건너갈 수 있었습니다. 오리에서 내려 조금 더 걸어가니 왠지 눈에 익은 숲이 나타났지요. 마침내 저 멀리 그리운 아버지 집이 보였습니다.

헨젤과 그레텔은 신나서 빠르게 달려갔습니다. 문을 열고 거실로 들어가 사랑하는 아버지의 목을 얼싸안았습니다.

아버지는 아이들을 숲에다 버리고 온 뒤부터 하루하루가 조금도 즐겁지 않았습니다. 새어머니는 이미 죽고 없었지요.

그레텔이 불룩한 앞치마를 탈탈 털자 방안 가득 진주와 보석이 떨어졌습니다. 헨젤도 한주먹씩 주머니에서 꺼내 던졌습니다.

이걸로 걱정거리는 사라지고 모두 함께 즐겁게 살았답니다.

옛날이야기는 여기서 끝입니다. 저기 쥐가 뛰어가는군요. 저 쥐를 잡은 사람은 가죽으로 커다란 커다란 망토를 만드세요.

KHM 016
뱀이 가져온 잎사귀 셋
Die drei Schlangenblätter

아주 먼 옛날 한 가난한 남자가 있었습니다. 너무나 가난해서 하나뿐인 아들도 더는 먹여 살리기 힘들게 되었지요. 그러자 아들이 이렇게 말했습니다.

"아버지, 먹고 살기가 참으로 힘들군요. 저는 아버지께 짐만 되는 것 같아요. 이렇게 살 바엔 차라리 집을 떠나 스스로 밥벌이를 해보겠습니다."

아버지는 아이의 행복을 빌어주며 슬픔을 꾹 참고 아들을 떠나보냈습니다.

그즈음 어느 힘센 나라의 왕이 전쟁을 하고 있었습니다. 그래서 아들은 이 왕의 부하가 되어 전쟁터에 나가기로 했지요. 적과 맞닥뜨리자마자 거센 전투가 벌어졌습니다. 참으로 위험했지요. 수많은 총알이 비처럼 마구 쏟아지고 함께 싸우는 동료들이 이곳저곳에서 픽픽 쓰러졌습니다. 그러다 대장까지 죽어버리는 바람에 남은 사람들이 도망치려 하자 젊은이가 앞으로 나서서 용감하게 외쳤습니다.

"우리나라가 무너지도록 내버려 두어서는 안 됩니다."

그러자 사람들이 하나둘 그를 따르기 시작했습니다. 그는 거침없이 나아가 적을 쳐부쉈지요. 왕은 젊은이 덕분에 승리를 거둘 수 있었다는 말을 듣자 그를 최고 지휘관으로 임명하고 큰 상을 내렸지요. 그는 그 나라에서 으뜸가는 왕의 신하가 되었답니다.

왕에게는 무척 아름다운 딸이 하나 있었습니다. 그런데 공주는 무척 엉뚱했지요. 그녀는 자기가 먼저 죽으면 살아 있는 채로 자신과 함께 무덤에 묻히겠다 약속하는 사람을 남편으로 삼으리라 맹세를 했습니다.

공주가 말했습니다.

"나를 진심으로 사랑한다면 내가 없는 세상에서 살아가는 게 무슨 의미가 있겠어요?"

물론 그녀도 남편이 먼저 죽으면 그와 함께 무덤 속에 들어갈 생각이었습니다.

이토록 이상한 맹세 때문에 이제껏 공주에게 몰려들었던 구혼자들은 모두 겁을 집어먹고 달아나 버렸습니다. 그러나 젊은이는 공주의 아름다움에 홀딱 반해서, 아무것도 신경쓰지 않고 왕에게 공주를 달라고 청했습니다.

"그런데 자네가 무슨 약속을 해야 하는지 알고 있는가?"

왕이 물었습니다.

"제가 공주보다 오래 산다면 그녀와 함께 무덤으로 들어가겠습니다. 저의 사랑은 그런 위험쯤은 전혀 마음에 두지 않을 만큼 크고 깊습니다."

그가 대답했습니다. 그래서 왕은 결혼을 허락했으며, 호화로운 결혼식이 열렸습니다.

그렇게 얼마 동안 두 사람은 서로에게 만족하며 행복하게 살았습니다. 그러던 어느 날 공주가 심각한 병에 걸리고 말았습니다. 어떤 의사도 그녀를 낫게 할 수 없었지요. 그렇게 그녀가 세상을 떠나자, 젊은이는 자신이 어쩔 도리 없이 해야만 했던 약속이 떠올랐습니다. 산 채로 무덤에 들어갈 것을 생각하니 너무나도 두려웠지만 도망칠 방법이 없었습니다. 왕이 성문마다 보초를 세워 두었기 때문에 자신의 운명을 도저히 피할 수는 없었지요. 마침내 공주의 시체를 왕실 지하 묘지에 묻는 날이 왔습니다. 젊은이도 함께 끌려 내려갔으며, 곧이어 묘지 문이 닫히고 빗장이 걸렸습니다.

관 옆에는 탁자 하나가 있었고, 그 위에는 초 네 자루, 커다란 빵 네 덩어리, 포도주도 네 병이 놓여 있었습니다. 이것들을 다 먹게 되면 그는 굶어 죽을 수밖에 없었지요. 커다란 고통과 슬픔으로 가득 차 그는 탁자 앞에 앉았고, 날마다 겨우 빵 한 입과 포도주 한 모금만을 먹고 마셨습니다. 그럼에도 죽음이 점점 가까이 다가오는 것을 느낄 수 있었습니다.

그러던 어느 날, 멍하니 앞을 바라보고 있는데 묘지 구석에서 뱀 한 마리가 스멀스멀 기어 나와 공주의 시신한테로 다가가는 게 보였습니다.

그는 뱀이 시신을 먹으러 왔다 생각했기에 곧바로 칼을 빼 들고는 말했습니다.

"내가 살아 있는 동안에는 내 아내를 절대 건드리지 못하리라."

그러고는 순식간에 뱀을 세 토막으로 잘라버렸습니다. 얼마 뒤 다른 뱀 한 마리가 구멍에서 기어 나왔습니다. 그런데 그 뱀은 먼저 나왔던 뱀이 죽어 토막 난 것을 보더니 되돌아갔지요. 하지만 곧 입에 초록 잎사귀 세 장을 물고 다시 나타났습니다. 그러고는 죽은 뱀 세 토막을 잘 모아 놓고 상처마다 잎사귀를 하나씩 덮었습니다. 그러자마자 잘려 있던 곳이 서로 이어지며 다시 움직이는 게 아니겠습니까. 뱀이 다시 살아난 것입니다. 그렇게 뱀 두 마리는 서둘러 함께 그곳을 떠났습니다.

잎사귀는 그대로 바닥에 놓여 있었습니다. 이 모든 광경을 지켜본 젊은이의 불행한 마음에 희망이 생겨났습니다. 뱀을 살려 낸 이 잎사귀들의 놀라운 힘이 어쩌면 사람을 살릴지 모른다는 생각이 들었던 것이지요. 그래서 잎사귀를 모두 주워서 한 장은 죽은 공주의 입에, 두 장은 눈에다 하나씩 올려놓았습니다. 그렇게 하자마자 피가 공주의 온몸에서 돌기 시작했고, 그녀의 창백한 얼굴빛도 핏기가 올라오면서 다시 발그레해졌습니다.

마침내 공주가 숨을 몰아쉬면서 눈을 번쩍 떴습니다. 그리고 말했습니다.

"오, 맙소사, 여기가 어디에요?"

"아아, 사랑하는 여보, 당신은 내 곁에 있소."

그가 대답했습니다. 그리고 지금까지 무슨 일이 있었는지, 어떻게 그녀를 살려냈는지 모두 이야기해 주었습니다. 그는 아내에게 포도주와 빵을 조금 건네주었고, 다시 기운을 차린 아내를 일으켰지요 둘은 문 쪽으로 걸어가서 문을 두드리며 큰 소리로 부르짖었습니다. 보초들이 그 소리를 듣고 왕에게 알렸지요.

왕은 몸소 무덤 아래로 내려와 문을 열었고, 둘 모두 건강한 모습으로 있는 것을 보았습니다. 이제 슬픈 일은 모두 지나갔다며 그도 두 사람과 함께 기뻐했습니다. 젊은이는 잎사귀 세 장을 가지고 돌아가 제 시종에게 주면서 말했습니다.

"자, 이걸 잘 간직해다오. 그리고 내가 원할 때 곧바로 가져올 수 있도록 늘 지니고 다녀야 한다. 누가 알겠느냐, 이 나뭇잎을 써야 할 끔찍한 일이 또 언제 일어날지."

그런데 아내는 다시 살아난 뒤 마음이 변해버렸습니다. 남편에 대한 사랑이 마음속에서 몽땅 사라져 버린 것만 같았지요. 얼마 뒤 젊은이는 나이 든 아버지를 만나러 가기 위해 바다를 건너려고 아내와 함께 배에 올랐습니다. 아내는 남편이 자기를 죽음에서 구해준 것과 얼마나 큰 사랑과 진심을 보여주었는지를 잊어버리고는 그만 선장에게 마음이 기울고 말았습니다. 젊은이가 누워서 잠들었을 때 공주는 선장을 불러와 잠든 사람의 발을 꽉 잡으라 하더니, 자기는 그의 목을 움켜잡고 바닷속으로 던져 버렸습니다.

이토록 수치스러운 짓을 한 공주가 선장에게 말했습니다.

"자, 이제 집으로 돌아갑시다. 그리고 남편은 가던 길에 죽었다고 말하면 돼요. 내가 아버지께 당신을 추어올리고 칭찬하면 아버지는 나를 당신과 결혼시킬 테고, 그럼 당신은 왕위를 잇게 될 거예요."

그런데 이 모든 광경을 지켜보던 젊은이의 충실한 하인은, 공주와 선장이 눈치 채지 못하도록 작은 배를 내려 그 안에 타고는 주인이 물에 빠진 곳으로 힘껏 노를 저어 갔습니다. 배신자들은 하인이 어디든 가도록 내버려 두었지요. 하인은 마치 낚시하듯 젊은이를 건져 올려, 몸에 지니고 다니던 잎사귀 세 장을 주인의 두 눈과 입에 살며시 올려놓았습니다. 다행히도 그는 살아날 수 있었지요.

젊은이와 시종은 온 힘을 다해 밤낮으로 노를 저었습니다. 작은 배는 나는 듣이 빠르게 달려서는 공주의 배보다 먼저 궁전에 이르러 곧바로 왕에게로 갔습니다. 왕은 젊은이와 하인만 돌아오자 깜짝 놀라며 무슨 일이 있었느냐 물었습니다. 그제야 딸이 저지른 사악한 일들에 대해 모두 듣게 된 왕이 말했습니다.

"내 딸이 그토록 나쁜 짓을 했다니 도저히 믿을 수가 없구나. 그렇지만 진실은 곧 밝혀지는 법이지."

왕은 두 사람에게 아무에게도 들키지 않도록 방에 조용히 숨어 있으라 일렀습니다.

얼마 지나지 않아 큰 배가 돌아왔습니다. 하늘을 무서워하지 않는 여인은 무척 괴로운 표정으로 아버지 앞에 나타났지요. 아버지가 물었습니다.

"어째서 너 혼자 돌아온 것이냐? 네 남편은 어디 있느냐?"

"아아, 아버지! 저는 큰 슬픔을 안고 집에 돌아왔습니다. 남편은 항해하던 길에 갑자기 병들어 죽고 말았어요. 이 착한 선장이 도와주지 않았더라면 저는 무사히 돌아오지 못했을 거예요. 남편이 죽을 때 선장이 곁에 있었으니 아버지께 모두 말씀드릴 거예요."

왕이 말했습니다.

"내가 죽은 사람을 다시 살려 내리라."

그리고 방문을 활짝 열어 젊은이와 하인을 밖으로 나오게 했습니다. 여인은 남편을 보자 마치 번쩍이는 벼락에 맞은 것처럼 놀랐습니다. 그러고는 무릎을 꿇고 앉아 용서해 달라고 빌었습니다.

왕이 말했습니다.

"용서를 바라지 마라. 네 남편은 너와 함께 죽을 각오를 했었고, 또한 네 목숨도 되살려 주었다. 그런데도 너는 그가 잠들어 있을 때 그를 살해했단 말이냐! 이제 마땅한 대가를 치러야 할 것이다."

공주는 선장과 함께 구멍 뚫린 배에 실려 먼바다로 보내졌습니다. 그 배는 곧 파도 속으로 가라앉고 말았답니다.

KHM 017
하얀 뱀
Die weiße Schlange

참으로 오래전에 있었던 일입니다. 무척 지혜롭기로 온 나라에 소문난 왕이 살고 있었습니다. 이 세상에 그가 모르는 것은 하나도 없었지요. 아무리 꼭꼭 숨겨놓은 비밀이라도 그저 공기만을 통해 마치 그에게 모두 알려지는 것만 같았지요.

그런 왕에게는 이상한 습관 하나가 있었습니다. 점심때마다 식사가 끝나 식탁이 모두 치워지고 아무도 남아 있지 않으면, 충실하고 믿을 만한 시종을 시켜 그릇을 하나 가져오게 했습니다. 그릇에는 뚜껑이 덮여 있어서, 성 안 사람은 물론 그것을 날라오는 시종조차 그 안에 무엇이 들었는지 전혀 몰랐지요. 왕은 혼자가 되기 전까지는 절대로 뚜껑을 열지도, 안에 있는 걸 먹지도 않았거든요.

왕은 아주 오래도록 이런 습관을 갖고 있었습니다. 그러던 어느 날 그릇을 나르던 시종이 그만 밀려오는 호기심을 더 이상 참지 못하고 그릇을 제 방으로 가져가고 말았습니다. 그는 조심스레 방문을 잠그고 뚜껑을 슬쩍 열어 보았습니다. 어이쿠! 그런데 그릇 안에는 하얀 뱀 한 마리가 들어 있는 게 아니겠습니까? 그것을 본 시종은 뱀은 대체 무슨 맛일지 너무 궁금해서 끝내 참지 못하고 한 조각 썰어 입에다 넣어보았습니다. 그런데 뱀고기가 그의 혀에 살짝 닿자마자 창문가에서 가녀리고 다정한 속삭임이 들려오는 것이었습니다. 그곳으로 다가가 귀를 기울여 보니 작은 참새들이 서로 이야기를 나누는 소리였습니다. 참새들은 자기들이 들과 숲 속에서 본 온갖 일들에 대해 재잘거리고 있었습니다. 시종은 하얀 뱀을 먹었기에 동물들의 말을 알아들을 수 있게 된 것이죠.

그런데 바로 그날, 왕비가 가진 보물 가운데 가장 아름다운 반지가 없어지는 소동이 일어났습니다. 왕의 신임을 받아 성 안 어디든 드나들 수 있었던 시종이 자연스레 반지를 훔쳤다는 의심을 받게 되었지요. 왕은 시종을 불러 무섭게 화를 내더니 내일까지 범인이 누군지 알아내지 못하면 그를 범인으로 여기고 사형에 처하겠다고 위협했습니다. 죄가 없다고 맹세까지 했지만 아무런 소용이 없었지요. 그는 말 한 마디 못하고 왕 앞에서 물러날 수밖에 없었습니다.

불안하고 두려운 심정으로 뜨락으로 내려온 시종은 어떻게 하면 이 위기에서 빠져 나갈 수 있을지 골똘한 생각에 잠겨 있었습니다. 그러자 물가에 나란히 앉아 한가로이 쉬고 있던 오리들이 주둥이로 털을 고르며 매끄럽게 손질하면서 서로 허물없이 주고받는 이야기 소리가 들려왔습니다. 시종은 그 자리에 멈춰 서서 오리들의 이야기에 가만히 귀를 기울였습니다. 오리들은 오늘 아침 어디를 돌아다녔고 어떤 맛있는 모이를 찾아 먹었는지에 대한 이야기를 나누고 있었지요. 그때 한 오리가 아주 짜증이 난다는 듯 얼굴을 찌푸리며 말했습니다.

"아무래도 체한 것 같아. 왕비님 창문 아래에 있던 반지가 눈에 띄기에 얼른 삼켜 버렸거든."

시종은 이 말을 듣자마자 재빨리 그 녀석 목을 확 움켜쥐고는 주방으로 가져가 요리사에게 말했습니다.

"이 녀석을 좀 잡아주게, 살이 통통하게 오른 녀석이니 아주 맛있을 걸세."

요리사가 손으로 무게를 가늠해 보며 말했습니다.

"네, 그러지요. 녀석 얼마나 닥치는 대로 마구 먹어댔는지 포동포동하군요. 마치 오리구이가 되려고 오래전부터 작정한 놈 같네요."

요리사가 오리의 목을 자르고 배를 쓱 가르자 곧 위 속에서 반짝반짝 빛나는 왕비의 반지가 나타났습니다.

그리하여 시종은 왕에게 자기의 무죄를 쉽게 증명할 수 있었지요. 그를 함부로 의심한 일이 미안하여 어떻게든 보상하고 싶었던 왕은 그에게 원하는 것이 있으면 뭐든 이야기하라면서, 바란다면 왕궁에서 가장 높은 자리를 주겠노라고 약속했습니다.

그러나 시종은 그 달콤한 제안은 모두 거절하고 오로지 말 한 마리와 노잣돈만 부탁했습니다. 얼마 동안 세상 구경을 하며 자유롭게 돌아다니고 싶었거든요. 시종의 소원은 곧 받아들여졌고 그는 길을 떠났습니다.

어느 날 연못가를 지나가는데, 물고기 세 마리가 갈대 수풀에 걸려서 물을 찾으며 입을 뻐끔거리고 있었습니다. 사람들은 물고기가 말을 못한다고 하지만, 시종은 이토록 비참하게 죽어야 하느냐며 탄식하는 물고기의 소리를 똑똑히 들을 수 있었습니다. 인정이 매우 깊은 사람인 그는 얼른 말에서 내려 물고기들을 다시 물속에 풀어 주었습니다. 물고기들은 퍼덕퍼덕 기뻐하며 헤엄치다가 물 밖으로 빼꼼히 고개를 내밀더니 그를 불렀습니다.

"당신을 절대로 잊지 않겠습니다. 우리 목숨을 구해 준 은혜는 꼭 갚을게요."

그는 다시 말을 타고 계속 나아갔습니다. 얼마쯤 가자 발아래 모래 속에서 무슨 소리가 들려오는 것 같았습니다. 귀를 기울여 보니 여왕개미가 탄식하는 소리였습니다.

"저 덤벙대는 짐승을 탄 사람들이 우리 가까이 오지 않았으면 좋겠는데! 멍청한 말이 무겁고 큰 발굽으로 내 백성들을 마구 짓밟잖아!"

시종은 여왕개미의 말을 듣고 샛길로 말머리를 돌렸습니다. 그러자 여왕개미가 그에게 외쳤습니다.

"우리는 당신의 친절을 결코 잊지 않겠소. 언젠가 꼭 보답을 하리다."

계속 말을 타고 가던 시종은 어느덧 숲으로 난 길로 접어들었습니다. 얼마쯤 걸었을까. 아빠 까마귀와 엄마 까마귀가 둥지 옆에서 새끼들을 밀쳐 내는 게 보였습니다.

"썩 나가지 못 해, 이 쓸모없는 녀석들아! 이제 엄마 아빠는 너희들을 먹여 살릴 수 없어. 다 컸으니 이제부터 너희 먹이는 너희가 찾으렴."

땅에 떨어진 가엾은 새끼 까마귀들은 날개를 퍼덕거리면서 괴로운 듯 울부짖었습니다.

"이제 어떡해! 날 수도 없는데 어떻게 먹이를 구하나요? 여기서 굶어죽는 수밖에 없어요!"

마음씨 착한 젊은이는 그 가엾은 외침을 듣고 말에서 내려 칼로 말을 죽여 버리고는 어린 까마귀들에게 먹으라고 주었습니다. 새끼 까마귀들은 신난다는 듯이 폴짝폴짝 뛰어와 말고기를 배불리 먹은 뒤 이렇게 외쳤습니다.

"당신을 잊지 않겠습니다. 언젠가 꼭 보답할게요."

그는 이제 터덜터덜 걸어갈 수밖에 없었습니다. 한참을 그렇게 걷다 보니 큰 도시가 나왔습니다. 거리마다 시끌벅적 와글와글 사람들이 넘쳐났지요. 그때 어떤 사람이 말을 타고 달려오며 큰소리로 외쳤습니다.

"공주님께서 신랑감을 찾고 계신다! 공주님께 청혼할 사람은 어려운 문제 하나 풀어야 한다! 만약 문제를 풀지 못한다면 그 사람은 목숨을 잃게 될 것이다."

이미 많은 사람들이 도전했지만 모두 실패했다고 합니다. 헛되이 목숨만 잃은 셈이었죠. 하지만 젊은이는 너무도 아름다운 공주를 보자마자 한눈에 반해버려 위험 따위는 잊고 왕 앞으로 나아가 공주에게 청혼하겠다고 말했습니다.

왕은 곧바로 그를 바닷가로 데려갔지요. 그리고 그의 눈앞에서 금반지 한 개를 바다 멀리 던져 넣더니 그 반지를 다시 건져 오라는 분부를 내렸습니다. 그리고 이렇게 덧붙였죠.

"반지를 건져 내지 못한 채 성으로 돌아온다면, 네가 거센 파도 속에 빠져 죽을 때까지 몇 번이고 물속에 밀어 넣을 것이다."

모두들 잘생긴 젊은이를 불쌍히 여겼지만 곧 그를 바닷가에 홀로 남겨 둔 채 가 버렸습니다.

그가 바닷가에 망연하게 서서 어떻게 해야 좋을지 몰라 생각에 잠겨 있는데, 바다 저 멀리서 물고기 세 마리가 헤엄쳐 오는 게 보였습니다. 바로 그가 목숨을 구해 주었던 물고기들이었던 거예요! 가운데 물고기가 입에 물고 있던 조개를 젊은이가 서 있는 모래밭에 내려놓았습니다. 그 조개를 주워서 열어 보니 놀랍게도 왕이 바다에 던져 넣었던 금반지가 들어 있었습니다.

그는 기쁨에 들떠서 얼른 반지를 왕에게 가져갔지요. 그리고 약속했던 상이 내려지길 기다렸습니다.

그런데 거만한 공주는 그가 낮은 신분임을 알고 그를 얕보며 문제를 하나 더 풀어야 한다고 우기는 것이었습니다. 공주는 정원으로 내려가 자루 열 개에 가득 담긴 수수를 잔디밭에 뿌린 뒤 말했습니다.

"내일 아침 해가 뜨기 전까지 수수를 모두 주워 놓으세요. 한 톨이라도 빠뜨리면 약속은 없었던 일로 하겠어요."

젊은이는 정원에 가만히 앉아서 어떻게 해야 이 과제를 풀 수 있을지 고민했습니다. 그러나 아무리 생각해도 좋은 방법이 떠오르지 않아서 무척 비참한 심정으로 내일 아침에는 죽게 되리라 여기며 멍하니 앉아 있었습니다.

그런데 이게 웬일인가요? 아침 햇살이 정원에 비쳐들 무렵 잠에서 깨고 보니 수수로 가득한 자루 열 개가 나란히 놓여 있는 게 아니겠습니까! 한 톨도 빠짐없이 말이죠. 젊은이의 은혜를 잊지 않은 여왕개미가 수많은 개미들과 함께 캄캄한 밤에 와서 부지런히 수수를 골라 자루에 담아 놓았던 것입니다.

다음 날 아침 정원으로 내려온 공주는 젊은이가 그 많은 수수를 모두 주워 놓은 것을 보고 깜짝 놀랐습니다. 그러나 거만한 마음은 쉽사리 수그러들지 않았지요.

"두 가지 일을 모두 해냈다 해도, 생명의 나무에서 사과를 따오지 않는 한 절대로 내 남편이 될 수 없어."

공주가 말했습니다. 젊은이는 생명의 나무가 어디에 있는지도 몰랐습니다. 그는 다리가 움직이는 대로 어디까지든 걸어가보기로 했습니다. 그렇지만 걷고 또 걸어 온갖 곳을 다 둘러보아도 그 나무는 보이지 않았지요.

벌써 왕국을 세 곳이나 지났습니다. 저녁 무렵에 어느 숲에 이른 젊은이가 나무 아래 앉아 잠을 자려고 하는데, 나뭇가지 사이로 무슨 소리가 들리더니 황금 사과가 그의 손에 툭 떨어졌습니다. 그리고 까마귀 세 마리가 그의 무릎 위로 내려앉으면서 말했습니다.

"우리는 당신이 굶어 죽지 않도록 살려준 세 마리 까마귀예요. 이제 다 자라서 어른 까마귀가 되었는데 당신이 황금 사과를 찾아다닌다는 소문을 듣고, 바다 건너 생명의 나무가 서 있는 세상 끝까지 날아가 사과를 구해왔답니다."

기쁨에 가득 차 성으로 돌아온 젊은이는 아름다운 공주에게 황금 사과를 내밀었습니다. 공주는 더 이상 핑계를 댈 수가 없었지요.

둘은 생명의 사과를 함께 나누어 먹었습니다. 그러자 놀랍게도 공주의 차가웠던 마음속에 그에 대한 따스한 사랑이 가득 차오르는 게 아니겠습니까. 그들은 서로를 사랑하고 아끼며 오래오래 행복하게 살았답니다.

지푸라기와 숯과 완두콩

Strohhalm, Kohle und Bohne

어느 마을에 가난한 할머니가 살았습니다. 할머니는 요리를 하려고 완두콩을 한 접시 가져와서 아궁이에 불을 지폈습니다. 불을 빨리 피우려고 지푸라기 한줌에도 불을 붙여 함께 넣었죠. 할머니가 냄비에 콩을 가득 쏟아 부었는데 잠깐 한눈을 판 사이, 콩 한 알이 땅바닥에 있던 지푸라기 옆으로 톡 떨어졌습니다. 바로 그때 벌겋게 달구어진 숯 덩이 하나가 아궁이에서 튀어나와 지푸라기와 콩 곁으로 다가왔습니다.

"애들아, 너희들은 어디서 왔어?"

지푸라기가 먼저 말을 걸었습니다.

"나는 운 좋게도 거센 불길 속에서 빠져나왔지. 온 힘을 다해 빠져나오지 않았으면 타죽어서 벌써 재가 되었을 거야."

숯이 대답하자 완두콩도 말했습니다.

"나도 다치기 전에 도망쳐 나왔으니 망정이지, 할머니가 나를 냄비에 넣어버렸으면 내 친구들처럼 부드러운 죽이 될 때까지 펄펄 끓여졌을 거야."

"나 역시 너희들보다 나을 것도 없어. 저 할머니가 내 형제들을 몽땅 불 속으로 던져 넣어 연기로 만들어 버렸어. 글쎄 짚을 한 번에 60개나 움켜쥐더니 그만 목숨을 빼앗았지 뭐야. 다행히도 난 손가락 사이로 겨우 빠져나왔지만."

지푸라기가 말했습니다.

"그런데 이제 우린 어떻게 하면 좋을까?"

숯이 이렇게 묻자 완두콩이 대답했습니다.

"내 생각에는 말이야. 운 좋게 죽을 고비에서 빠져나왔으니, 똘똘 뭉쳐 함께 살아가는 게 어때? 여기 있다가 언젠가 끔찍한 꼴을 당하느니, 함께 여행을 떠나 다른 나라로 가보자고."

그 말에 친구들 모두 그러자 했고 셋은 함께 길을 떠났지요. 그런데 얼마 가지도 않아서 작은 개울이 길을 가로 막고 있었습니다. 그 개울에는 나무다리도 징검다리도 없었지요. 어떻게 건너가야 할까 고민하고 있는데 지푸라기에게 좋은 생각이 떠올랐습니다.

"내가 개울을 가로질러 누우면 너희들은 나를 다리처럼 딛고 건너가면 될 거야"

지푸라기가 개울 이쪽에서 건너편으로 몸을 쭉 뻗었습니다. 성질 급한 숯이 먼저 갓 만들어진 다리 위로 뛰어 올라갔습니다. 한가운데 이르자 발아래에서 졸졸거리는 물소리가 들려왔습니다. 숯은 그 소리에 겁을 먹고 걸음을 멈추더니 그 자리에서 꼼짝도 못했지요. 그러자 숯에서 지푸라기로 불이 옮겨 붙더니 점점 타들어가 두 동강이 나며 개울 속으로 떨어져 버렸습니다. 숯도 뒤따라 물속으로 풍덩 떨어졌고, 피시식 소리와 함께 숨을 거두고 말았지요. 한편 조심스런 성격이라 개울가에 남아 있던 완두콩은 그 가엾은 광경을 보고 깔깔 웃음을 터뜨렸습니다. 어찌나 크게 웃었던지 그만 콩껍질이 터지고 말았습니다.

그때 운 좋게도 길을 가던 재봉사가 그 개울가에서 쉬고 있지 않았더라면, 완두콩도 친구들과 똑같은 운명을 맞이했을 것입니다. 그 재봉사는 인정이 많은 사람이라 바늘과 실을 꺼내 찢어진 완두콩 껍질을 잘 꿰매 주었습니다. 완두콩은 진심으로 감사인사를 했지요. 그런데 재봉사가 껍질을 꿰맬 때 까만색 실을 사용하는 바람에 그때부터 완두콩 껍질에는 까만색 이음새가 생기게 되었답니다.

KHM 019
어부와 아내
Von dem Fischer und seiner Frau

한 어부와 그의 아내가 바닷가 쓰러져가는 무척 낡은 집에서 살았습니다. 어부는 날마다 고기를 잡으러 나가, 아침부터 밤까지 낚시만 했답니다.

그날도 어부는 낚싯대를 드리운 채 거울처럼 반짝이는 맑은 물속을 가만가만 바라보고 있었습니다.

그런데 낚시찌가 갑자기 물속으로 폭 가라앉는 게 아니겠습니까. 어부가 재빨리 낚싯대를 확 들어 올리니 커다란 넙치가 대롱대롱 매달려 있었습니다.

넙치가 어부에게 말했습니다.

"어부님, 부탁이에요. 제발 목숨만은 살려 주세요. 저는 평범한 넙치가 아니랍니다. 마법에 걸린 왕자이지요. 저를 죽여 봤자 무슨 소용이 있겠어요? 게다가 저는 맛도 형편없답니다! 물에서 자유롭게 헤엄칠 수 있도록 놓아주세요."

"알았다. 그렇게 간절히 부탁할 필요까지는 없단다. 말하는 넙치라니 내, 기꺼이 놓아주고말고."

착한 어부는 그렇게 말하며 반짝거리는 맑은 물속에 넙치를 다시 넣어 주었습니다. 넙치는 보일 듯 말듯 가느다란 핏자국을 남기며 물속으로 헤엄쳐 들어갔습니다. 어부는 곧 자리에서 일어나 아내가 있는 집으로 돌아갔지요.

"여보, 오늘은 아무것도 못 잡았어요?"

아내가 물었습니다.

"음, 아무것도 안 걸렸어. 아, 넙치를 한 마리 잡긴 잡았는데, 그 녀석이 자기가 마법에 걸린 왕자라 하기에 다시 놓아주었지."

"아무 소원도 말하지 않았나요?"

"소원이 있어야 말을 하지."

남편이 말했습니다.

"어휴, 언제까지나 이렇게 좁아터진 집에서 살아가야 하는 게 지겹지도 않아요? 더럽기 짝이 없는 데다 고약한 냄새 때문에 견딜 수가 없다고요. 에휴! 깨끗한 오막살이라도 한 채 달라 했으면 좋았을걸. 얼른 다시 돌아가서 그를 불러요! 깨끗하고 아담한 집을 한 채 달라고 하란 말이에요. 그러면 소원을 들어 줄지 누가 알아요?"

아내가 말했습니다.

"허, 그것 참, 어떻게 그럴 수 있어?"

남편이 말했습니다.

"그야 당신이 넙치를 잡았다가 그냥 놓아 주었으니까 그러죠. 마법에 걸린 왕자라면 틀림없이 우리 소원을 들어 줄 거예요. 그러니 어서 가보라니까요!"

남편에게는 여전히 내키지 않는 일이었지만 아내의 말을 거스르기도 싫었기에 하는 수 없이 다시 바닷가로 나갔습니다.

그런데 어부가 바닷가에 이르러 보니 그토록 맑게 반짝이던 물이 온통 초록색과 노란색으로 변해 있는 것이었습니다. 그는 넙치를 낚았던 자리에 서서

말했습니다.

"넙치야, 넙치야, 이리오렴. 제발 한 번만 나와 주려무나. 내 아내 일제빌이 너를 만나고 오라 부탁하지 않겠니? 그래서 하는 수 없이 이렇게 다시 왔단다."

그러자 마치 기다렸다는 듯 넙치가 헤엄쳐 다가오더니 물었습니다.

"부인께서 무엇을 원하시나요?"

"아, 내 아내가 너를 자유롭게 놓아준 이야기를 듣더니 뭔가 소원을 빌었으면 좋았을 텐데 하며 한숨을 푹 쉬지 뭐니. 아내는 작고 더러운 집은 싫다면서 깨끗한 집을 선물 받았으면 한단다."

그러자 넙치가 말했습니다.

"자, 어서 집으로 가 보세요. 부인의 소원이 이루어졌을 테니까요."

남편이 집으로 돌아가 보니 아내는 더 이상 작은 집에 있지 않았습니다. 그 대신 아담한 집이 한 채 서 있고 아내는 그 집 문 앞 의자에 앉아 있었습니다. 아내가 어부를 보자 그의 손을 꼭 잡고 말했습니다.

"여보, 들어가 보세요. 안이 훨씬 더 좋아요."

그들은 안으로 들어갔습니다. 아늑한 현관에 들어서니 작지만 멋진 거실과 깨끗한 침대가 놓인 침실이 있고, 부엌과 식사를 하는 방도 있었습니다. 어느 방에나 좋은 가구들이 놓여 있고, 양철과 놋쇠로 만든 예쁜 그릇까지 필요한 것은 무엇이든 다 갖추어져 있었지요. 그뿐만이 아니라 집 뒤에는 작은 마당까지 있어서 닭과 오리들이 이리저리 뛰어다니며 놀고 있었고, 아담한 밭에는 온갖 채소와 커다란 과일나무까지 심어져 있었습니다.

"어때요, 참 좋지요?"

아내가 말했습니다.

"응 그렇군. 이대로 오래도록 변하지 않으면 좋겠구려. 이걸로 만족하면서 삽시다."

"글쎄요, 그건 생각해 볼게요."

부부는 식사를 한 뒤 잠자리에 들었습니다.

그렇게 한두 주일쯤 흘렀을까. 갑자기 아내가 말했습니다.

"여보, 이 집도 너무 좁아서 못 살겠어요. 마당과 정원도 너무 작아요. 그 넙치가 우리에게 좀 더 큰 집을 선물했으면 좋았을 텐데 말이에요. 나는 돌을 쌓아 지은 커다란 성을 갖고 싶어요. 그러니 넙치에게 다시 가서 이번에는 성을 달라고 말해 보세요."

"아니, 여보. 이 집도 충분히 살기에 좋지 않소? 굳이 우리가 성에서 살아야 할 필요가 뭐 있겠소."

"뭐라고요? 그게 무슨 바보 같은 소리예요! 넙치는 틀림없이 멋진 성을 줄 거예요. 그러니 어서 가보시라고요."

"여보, 넙치가 벌써 이런 살기 좋은 집을 주었지 않소. 나는 싫소. 다시 넙치를 찾아가 언짢게 하고 싶지 않아요."

"어서 가세요. 그 녀석은 그렇게 할 수 있고, 또 기쁜 마음으로 그렇게 해 줄 거예요. 어서 가보세요."

아내의 말에 남편은 마음이 무거워졌습니다. 도무지 마음이 내키지 않았어요.

"이건 염치없는 일이야."

어부는 그렇게 혼잣말을 하면서 어쩔 수 없이 집을 나섰습니다.

바닷가로 나가 보니 물은 더 이상 푸르고 맑지 않았습니다. 여전히 물결이 잔잔하긴 했지만 온통 자줏빛과 검푸른 회색빛으로 일렁여서 분위기가 심상치 않았습니다. 어부가 바닷가에 서서 말했습니다.

"넙치야, 넙치야, 이리 오렴. 제발 한 번만 나와 주려무나. 내 아내 일제빌이 너를 만나고 오라 부탁하지 않겠니? 그래서 하는 수 없이 이렇게 다시 왔단다."

"부인께서 뭘 원하시나요?"

넙치가 나타나서 물었습니다.

"이번에는 돌로 지은 커다란 성에서 살고 싶어 해."

어부가 슬픈 표정으로 말했습니다.

"집으로 가 보세요. 부인이 성문 앞에 서 있을 거예요."

어부가 집으로 돌아가 보니 돌로 지은 커다란 궁전이 우뚝 서 있고, 아내가 성 안으로 들어가려고 계단 위에 서 있었습니다. 아내가 어부의 손을 잡고 말했습니다.

"자, 어서 들어갑시다."

어부가 아내와 함께 안으로 들어가자, 대리석이 깔린 커다란 현관이 있었고 수많은 하인들이 문을 활짝 열어주며 그들을 맞았습니다. 방마다 온통 금으로 만든 의자와 탁자들이 놓여 있고, 천장에는 왕관 같은 모양의, 수정으로 만든 샹들리에가 늘어져 있었으며, 거실과 침실마다 고급스러운 양탄자가 깔려 있었습니다. 게다가 식탁 위에는 온갖 맛있는 음식과 값비싼 포도주가 다리가 휘어질 만큼 가득 차려져 있었습니다. 성 뒤에는 마구간과 외양간, 마차들이 서 있는 커다란 마당도 있었습니다. 뿐만 아니라 아름다운 꽃과 과일 나무들이 가득한 큰 정원도 있었지요. 게다가 반 마일은 되고도 남을 것 같은 공원에서 사슴과 노루, 토끼 등 온갖 동물들이 자유롭게 뛰놀고 있었습니다.

"정말 아름답지 않아요?"

아내의 말에 남편이 대답했지요.

"아, 정말 그렇군. 이대로 영원히 변하지 않았으면 좋겠어. 이토록 아름다운 성에서 살게 되었으니, 이제 더는 바랄 게 없겠지?"

아내가 말했습니다.

"그건 생각해 보기로 하지요. 자, 밤도 깊었으니 이제 그만 자러 가요."

그렇게 부부는 잠자리에 들었습니다.

이튿날 아내가 먼저 일어났습니다. 점점 날이 밝아오자 침실 창밖으로 훌륭한 땅이 눈앞에 펼쳐진 게 보였습니다. 남편은 아직 깊은 잠에 빠져 있었지요. 아내는 그런 남편의 옆구리를 팔꿈치로 쿡쿡 찌르며 말했습니다.

"여보, 일어나서 창밖을 좀 봐요. 우리가 이 넓은 땅을 모두 다스리는 왕이 될 수는 없을까요? 넙치에게 가서 우리를 왕이 되게 해달라고 말해봐요."

"아, 여보, 그게 대체 무슨 말이야! 왕이 되어서 뭘 하게! 나는 왕이 되기 싫어."

어부가 말했습니다.

"당신이 왕이 되고 싶지 않다면 내가 여왕이 되겠어요. 어서 넙치에게 가서 소원을 말해요. 난 꼭 여왕이 되고 싶어요."

"여보, 대체 왜 여왕이 되고 싶은 거요? 난 그런 말은 하러 가고 싶지 않아."

"왜요? 어서 다녀와요. 나는 무조건 여왕이 되고 싶다고요."

남편은 하는 수 없이 나왔지만 아내가 여왕이 되려고 하는 것 때문에 마음이 무척 답답했습니다.

'이건 안 될 말이야.'

남편은 가고 싶지 않았지만 바닷가로 무거운 발걸음을 옮겼습니다.

어부가 바닷가에 이르러 보니 바다는 검은 잿빛이었고, 물이 깊은 곳에서 일렁이며 썩은 냄새를 풍겼습니다. 남편은 그런 끔찍한 바닷가에 서서 말했습니다.

"넙치야, 넙치야, 이리 오렴. 제발 한 번만 나와 주려무나. 내 아내 일제빌이 이번에도 부탁하지 않겠니. 그래서 하는 수 없이 이렇게 또 다시 왔단다."

"부인이 뭘 원하시나요?"

넙치가 물었습니다.

"아, 글쎄, 이번에는 여왕이 되고 싶다는구나."

남편이 말했습니다.

"집으로 가 보세요. 그분은 벌써 여왕이 되셨을 테니."

남편은 서둘러 집으로 갔습니다. 궁궐 가까이 가니 성은 전보다 더욱 커져 있고, 섬세한 장식들이 붙어 있는 큰 탑도 여러 개 서 있었습니다. 성문 앞에는 보초들이 서 있고, 북과 나팔을 들고 있는 군인들도 있었습니다. 집 안으로 들어가니 모든 것이 온통 대리석과 금으로 되어 있고, 벨벳이 덮여 있거나 커다란 황금빛 천으로 둘러싸여 있었습니다.

그때 커다란 문들이 열리며 호화찬란한 궁정 하인들이 나타났습니다. 그의 아내는 커다란 금관을 쓰고 손에는 황금과 보석들로 장식된 지팡이를 쥔 채 금과 다이아몬드로 꾸며진 높은 왕좌에 앉아 있었습니다. 그녀 양쪽에는 시녀들이 키 순서대로 쭉 늘어서 있었지요. 어부가 앞으로 다가가며 말했습니다.

"여보, 이제 바라던 대로 여왕이 되었구려."

"그래요, 난 이제 여왕이에요."

그는 그 자리에 서서 아내를 바라보았습니다. 그렇게 한동안 조용히 바라보다가 말했습니다.

"당신이 이 땅을 다스리는 여왕이 되다니 참으로 멋지군! 이제 더는 바랄 게 없겠어."

"그렇지 않아요, 여보. 나는 몹시 지루해서 도저히 견딜 수가 없어요. 가서 넙치에게 말해요. 이제는 황제가 되어야겠다고."

아내가 몹시 안절부절못해하며 말했습니다.

"아니, 대체 황제가 되어서 뭘 하려고?"

"어서 넙치에게 가서 내가 황제가 되고 싶어 한다고 말해요!"

"여보, 아무리 넙치라도 황제로 만들어 줄 수는 없소. 그런 부탁은 하고 싶지 않아. 황제는 나라에 오직 한 분뿐이오. 넙치도 이 소원만은 들어 줄 수 없소. 절대로 그럴 수 없을 거요."

그러자 아내가 말했습니다.

"뭐라고요? 나는 이 나라의 여왕이고 당신은 고작 나의 남편일 뿐이에요. 어서 가지 못해요? 왕으로 만들어 주었으니 황제로도 만들어 줄 수 있을 거예요. 나는 어서 황제가 되고 싶어요. 당장 가서 그렇게 말해요, 어서!"

어부는 어쩔 수 없이 다시 바다로 나갔습니다. 그러나 무척 걱정이 되었지요.

'그럼, 안 되지. 안 되고말고. 황제라니, 무슨 염치도 없고 말도 안 되는 생각이람. 넙치도 더 이상 들어주지 않을 거야.'

그가 바닷가에 이르러 보니 바다는 몹시 새까매서 낌새가 여간 심상치 않았습니다. 깊은 밑바닥에서부터 부글부글 물거품이 끓어오르고, 사나운 바람이 바다를 뒤집어버릴 것처럼 몸부림치고 있었습니다. 어부는 불현듯 두려움이 밀려왔지만 꾹 참고 바닷가에 서서 말했습니다.

"넙치야, 넙치야, 이리 오렴. 제발 한 번만 나와 주려무나. 내 아내 일제빌이

어부와 아내 175

또 다른 부탁이 있다는 구나. 그래서 하는 수 없이 또 왔단다."

"그래, 부인이 뭘 원하시나요?"

넙치가 물었습니다.

"그게 말이다, 넙치야, 아내가 황제가 되고 싶다는구나."

그가 말했습니다.

"가보세요. 이미 황제가 되어 있을테니."

어부가 집으로 가 보니, 성은 온통 매끄러운 대리석이 되어 있고 석고상과 황금 조각들로 장식되어 있었습니다. 문 앞에서는 병사들이 나팔을 불고 심벌즈와 북을 치며 행진하고 있었지요.

궁 안으로 들어가니 남작과 백작, 공작들이 부지런하게 시종들처럼 왔다 갔다 하고 있었습니다. 그들이 번쩍이는 황금문을 활짝 열어 주어 어부는 안으로 들어갔습니다. 아내가 높다란 황금 옥좌에 앉아 있었는데, 그 높이가 무려 2마일이나 되는 게 아니겠습니까. 머리에는 무척 길고 큰 황금 관을 썼는데, 다이아몬드와 루비 같은 온갖 눈부신 보석들로 뒤덮여 있었습니다. 아내는 한 손에는 지팡이를, 다른 한 손에는 황제의 권력을 상징하는 구슬을 들고 있었습니다. 그녀의 양 옆에는 근위병들이 키 순서대로 도열해 있었는데, 키가 2마일은 되어 보이는 커다란 거인부터 새끼손가락 정도밖에 안 되는 조그만 난쟁이까지 있었습니다. 아내 앞에는 수많은 귀족들까지 서 있었지요. 남편이 그 사이를 뚫고 다가가서 말했습니다.

"여보, 이제 황제가 된 것이오?"

"그래요. 난 황제예요."

어부는 한동안 가만히 서서 아내를 바라보다가 말했습니다.

"아아, 여보, 당신이 황제가 되다니 정말 훌륭해!"

"여보, 왜 거기 가만히 서 있는 거예요? 나는 황제가 되었어요. 하지만 이제 교황이 되고 싶어요. 어서 가서 넙치에게 그렇게 말해요."

"여보, 황제가 되었는데 그 이상 또 무엇이 되고 싶다는 말이오? 당신은 교황이 될 수 없소. 교황은 기독교 세계에선 오직 한 분뿐이란 말이오. 아무리 넙치라도 당신을 교황으로 만들어 줄 수는 없소."

"여보, 나는 꼭 교황이 되고 싶단 말이에요. 어서 가서 말하세요. 오늘 나는 기필코 교황이 되어야겠어요."

아내의 억지에 남편이 말했습니다.

"안 돼, 여보. 그런 터무니없는 말은 하고 싶지 않소. 그것은 정말 옳은 일이 아니오. 너무 욕심이 지나친 것 같소. 아무리 넙치라도 교황으로 만들어줄 수는 없을 거요."

"여보, 멍청한 소리 그만해요! 황제를 만들 수 있다면 교황도 못 만들 리 없지요. 어서 가서 말해요. 나는 황제이고 당신은 고작 나의 남편일 뿐이잖아요. 그러니 서둘러 가세요."

어부는 겁이 나서 어쩔 수 없이 길을 나섰습니다. 그러나 이제는 기운이 다 빠지고 낯빛은 몹시 창백했습니다. 몸이 덜덜 떨리며 휘청거렸고, 무릎과 다리도 후들거렸습니다. 바람이 거세게 휘몰아치고 구름이 몰려오면서 마치 저녁처럼 사방이 캄캄해졌습니다. 나무에서는 나뭇잎들이 우수수 떨어지고, 회오리처럼 솟아오른 파도가 부글부글 마구 울부짖는 소리를 내며 해안을 거세게 후려쳤습니다. 저 멀리 사나운 파도를 타고 불쑥 불쑥 오르내리면서 금세라도 뒤집힐 듯한 배들이 서로 총을 쏘아대는 게 보였지요. 하늘 가운데에는 아직 푸른 빛깔이 남아 있었지만, 그 주위는 당장이라도 사나운 폭풍이 몰아닥칠 듯이 붉게 물들어 있었습니다. 어부는 두려움에 가득 찬 마음을 안고 겨우 걸음을 떼어 걸어갔습니다. 그리고 바닷가에 이르자 잔뜩 겁에 질린 목소리로 말했지요.

"넙치야, 넙치야, 이리 오렴. 제발 한 번만 나와 주려무나. 내 아내 일제빌이 부탁하지 않겠니. 그래서 하는 수 없이 또 왔단다."

"그래, 부인이 무엇을 원하시나요?"

넙치가 물었습니다.

"그게 말이다, 교황이 되고 싶다는구나."

"집으로 가 보세요, 지금쯤 교황이 되어 있을테니."

넙치의 말을 듣고 어부는 그곳을 떠나 집으로 갔습니다. 집은 커다란 교회로 변해 있었고 궁전들이 그 주위를 둘러싸고 있었습니다. 어부가 수많은 사람들 사이를 비집고 그 안으로 들어가 보니 수천 수만 개의 촛불들이 교회 안을 구석구석 환하게 밝히고 있었습니다.

그의 아내는 금빛으로 반짝이는 옷을 입고 전보다 더 높은 옥좌에 앉아 있었습니다. 머리에는 세 개의 커다란 금관도 쓰고 있었지요. 그녀 주위에는 수

많은 성직자들이 서 있고 양 옆에는 촛불들이 줄지어 놓여 있었습니다. 가장 큰 초는 커다란 탑처럼 무척 두껍고 컸으며 가장 작은 초는 부엌에서 쓰는 초만큼 아주 작았습니다. 황제와 왕들이 차례차례 어부의 아내 앞에 무릎을 꿇더니 그녀 발에 입을 맞췄습니다.

"여보, 이제 당신은 교황이 되었구려."

남편이 아내를 조심스럽게 바라보면서 말했습니다.

"그래요, 난 이제 교황이에요."

아내가 말했습니다. 어부는 가까이 다가가 아내를 더욱 자세히 보았습니다. 마치 태양을 우러러보는 것만 같았지요. 잠시 그렇게 바라보다가 남편이 말했습니다.

"아, 여보, 당신이 교황이 되다니 정말 멋지군!"

하지만 아내는 통나무처럼 뻣뻣하게 남편을 바라보며 꼼짝도 하지 않았습니다. 그래서 어부는 다시 말을 이었습니다.

"여보, 이제 만족했겠지? 교황이 되었으니 더는 바라는 게 없겠구려."

"그거야 두고 봐야죠."

아내가 말했습니다. 곧 두 사람은 잠자리에 들었습니다. 그러나 아내는 이번 소원에도 만족하지 못하고, 자꾸만 커지는 욕심 때문에 도무지 잠이 오지 않아서 이제 또 무엇이 되볼까 이런 생각만 했습니다.

남편은 아내의 소원 때문에 온종일 돌아다녔기 때문에 금세 곯아떨어졌습니다. 그러나 아내는 조금도 잠을 이루지 못한 채 밤새 이리 뒤척 저리 뒤척이며 또 무엇이 될까만 끊임없이 고민했지요. 그러나 아무리 생각해도 이제는 될 만한 게 없었습니다. 이윽고 해가 떠오르며 아침노을이 붉게 물드는 것이 보였습니다. 아내는 침대에서 일어나 창문으로 해가 떠오르는 것을 바라보며 생각했습니다.

'아아, 내가 저 태양과 달을 떠오르게 할 수는 없을까?'

그렇게 생각한 아내는 팔꿈치로 남편의 갈빗대를 쿡쿡 찌르며 말했습니다.

"여보, 일어나요. 어서 넙치에게 가서 내가 이번에는 하느님이 되고 싶어한다고 말해요."

잠에 빠져 있던 남편이 그 말을 듣고 너무나 놀라 침대에서 굴러 떨어졌습니다. 어부는 자기가 잘못 들은 게 아닌가 싶어 눈을 비비며 물었습니다.

"여보, 방금 뭐라고 했소?"

아내가 대답했습니다.

"여보, 내 힘으로 해와 달을 떠오르게 하지 못한다면 도저히 참을 수 없을 것만 같아요. 해와 달이 뜨고 지는 걸 내 마음대로 할 수 없다면 조금도 마음이 편할 것 같지 않다고요."

그러고는 무시무시한 눈빛으로 쳐다보자 남편은 갑자기 등골이 서늘해졌습니다.

"어서 가서 내가 하느님이 되고 싶어 한다고 말해요."

어부는 그녀 앞에 털썩 무릎을 꿇으며 말했습니다.

"여보. 아무리 넙치라도 그런 일은 할 수 없소. 황제와 교황이 되게 할 수는 있다 해도 말이오. 부탁이니 제발 교황으로 있어 주구려."

아내는 불같이 화를 냈습니다. 머리카락을 마구 휘날리며 악을 썼지요.

"나는 더 이상 참을 수 없어요! 더 이상 못 참겠다고. 어서 가지 못해요?"

어부는 너무도 놀라 허둥지둥 옷을 걸치고 미친 사람처럼 뛰쳐나갔습니다.

바깥에 나가 보니 폭풍이 어찌나 사납게 불어치고 있는지 두 다리로 서 있기조차 힘들었습니다. 집과 나무들이 쓰러지고, 산이 흔들리며 바윗덩어리가 바닷속으로 마구 굴러 떨어졌지요. 하늘은 칠흑처럼 어둡고 천둥이 울리고 번개가 쳤습니다. 바다에는 시커먼 파도가 교회 탑이나 산더미처럼 높이 치솟고, 그 물마루마다 거품이 하얗게 끓어올랐습니다. 어부가 크게 소리쳤지만 자기 목소리조차 잘 들리지 않았습니다.

"넙치야, 넙치야, 이리 오렴. 제발 한 번만 나와 주려무나. 내 아내 일제빌이 부탁하지 않겠니. 그래서 하는 수 없이 여기로 왔단다."

"그래요, 그분이 이제 뭘 원하시나요?"

넙치가 물었습니다.

"그게 말이다, 하느님이 되고 싶다는구나."

어부가 말했습니다.

"집으로 돌아가 보세요, 그분은 다시 옛날의 그 작고 더러운 집 앞에 앉아 있을 테니까요."

그리하여 어부와 그의 아내는 지금도 그곳에 하염없이 앉아 있다고 합니다.

용감한 꼬마 재봉사
Das tapfere Schneiderlein

몹시 무더운 여름날 아침, 몸집이 조그만 재봉사가 창가 작업대에 앉아서 정신없이 바느질을 하고 있었습니다. 그때 농부의 아내가 길을 지나가면서 크게 소리쳤습니다.

"맛난 잼 있어요! 아주 맛있는 잼이 있습니다!"

그 목소리가 꼬마 재봉사 귀에 달콤하게 들려왔습니다. 그는 얼른 머리를 창밖으로 쑥 내밀고 외쳤습니다.

"이리 올라오세요, 아주머니. 그 잼 좀 봅시다."

아낙네는 무거운 바구니를 들고 재봉사가 있는 3층까지 계단을 낑낑대며 올라와 가지고 온 단지를 모두 늘어놓았습니다. 재봉사는 잼이 든 단지를 하나하나 꼼꼼히 살피며 높이 들어 냄새를 맡아보더니 이렇게 말했습니다.

"잼이 꽤 괜찮은 것 같네요. 60그램만 주세요. 아니다, 100그램도 좋아요. 아무래도 상관없어요."

농부의 아내는 잼을 많이 팔 수 있을 거라고 기대했는데 재봉사가 달라고 한 양은 생각보다 너무 적어서 화를 내고 투덜거리며 가버렸습니다.

"이 잼은 하느님께서 나를 위해 내려주신 선물이야. 이 잼을 먹고 더 열심히 일해야지."

꼬마 재봉사가 외쳤습니다. 그러고는 찬장에서 기다란 빵을 가져와 큼지막하게 한 토막 잘라서 그 위에 잼을 듬뿍 발랐습니다.

"이 잼은 무척 달콤하겠지. 하지만 한 입 먹기 전에 이 셔츠부터 모두 만들어야겠다."

재봉사는 빵을 옆에 놓아둔 채 바느질을 계속했습니다. 기분이 좋아서 바늘땀이 자꾸만 커져갔지요. 그동안 달콤한 잼 향기가 서서히 벽을 타고 올라갔습니다. 벽에 한데 모여 앉아 있던 파리 한 무리가 잼 향기에 이끌려 빵 위로 잔뜩 내려앉았습니다.

"이것 봐라! 누가 너희들을 초대했느냐?"

재봉사는 그렇게 말하며 손을 획획 내저어 이 초대하지 않은 손님들을 내

쫓았습니다.

그러나 파리들은 사람 말은 알아듣지 못하기에 물러나기는커녕 더욱더 많은 친구들을 몰고 돌아왔지요.

마침내 재봉사는 머리 꼭대기에서 발끝까지 화가 나서, 헝겊 조각을 버려두는 재단대 구멍에서 천쪼가리 하나를 꺼내들고는 "이 녀석들, 맛 좀 봐라!" 하고 힘껏 후려쳤습니다. 천을 떼어내 세어 보니 꼭 일곱 마리가 뻗어 있었습니다.

"내가 이토록 굉장한 사람이었나! 이런 멋진 소식을 온 시내에 알려야지."

재봉사는 스스로 자신의 용맹무쌍함에 감탄을 금치 못하며 이렇게 말했습니다. 꼬마 재봉사는 서둘러 허리끈을 재단해 바느질을 하고는 그 위에 커다란 글씨로 '한 방에 일곱 놈' 이렇게 수를 놓았습니다.

"이런 굉장한 소식을 마을에만 알리는 건 아까워! 온 세상에 알려야지!"

그는 혼잣말을 계속했습니다. 너무 기쁜 나머지 재봉사의 심장은 새끼양의 꼬리처럼 촐랑촐랑 울렁거렸습니다.

재봉사는 그 멋진 허리띠를 허리에 감고 세상 밖에 나가기로 마음먹었습니다. 자기처럼 용감한 사람이 살기에는 이 일터가 너무 좁게만 느껴졌습니다. 그는 길을 떠나기 전에 집 안을 둘러보며 가져갈 만한 것이 없는지 살펴보았습니다. 하지만 오래된 치즈 한 덩어리밖에 없었지요. 재봉사는 치즈를 주머니에 잘 넣어 두었습니다.

마을 문 앞에 이르러 덤불 속에 갇혀 나오지 못하는 새 한 마리를 보았습니다. 재봉사는 얼른 그 새를 잡아 치즈가 든 주머니 안에 쏙 집어넣었습니다. 그는 용감하게 쭉쭉 걸어가기 시작했습니다. 몸이 무척 가볍고 날쌘 사람이라 피곤한 줄도 몰랐지요.

길은 어느덧 산으로 접어들었습니다. 가장 높은 꼭대기에 이르자 그곳에는 무척 큰 거인이 앉아 한가롭게 주위를 둘러보고 있었습니다. 꼬마 재봉사는 용감하게 다가가 말을 걸었습니다.

"안녕하신가, 형제여! 거기 앉아 넓은 세상을 구경하고 있나 보군. 나도 세상 밖으로 나가 보려 해. 내 엄청난 능력을 시험해 보려고 말이야. 어때? 함께 가지 않겠나?"

그러자 거인이 재봉사를 가소롭다는 듯이 쳐다보며 말했습니다.

"콩알만 한 가난뱅이가 어디서 까불어!"

"과연 그럴까?"

꼬마 재봉사는 슬쩍 웃으며 웃옷 단추를 풀어 거인에게 글귀가 새겨진 허리끈을 자랑스레 보여 주었습니다.

"자, 이걸 읽으면 내가 어떤 사람인지 알 수 있을 거야."

'한 방에 일곱 놈'이라는 글을 읽은 거인은 그것을 재봉사가 때려죽인 사람으로 생각하고 이 작은 사나이가 조금은 대단하게 느껴졌습니다. 그렇지만 먼저 사나이를 시험해 보고 싶었지요. 그래서 거인은 돌멩이를 집어 들더니 부서져 가루가 될 때까지 꽉 쥐어짰습니다.

"네가 그렇게 힘이 세다면 어디 한번 나처럼 해보시지."

거인이 말했습니다.

"고작 그런 걸로 힘 자랑을 하다니. 나에게는 그저 어린애 장난일 뿐이지."

재봉사가 말했습니다. 그는 주머니에서 치즈를 꺼내 꽉 쥐었습니다. 즙이 손을 타고 주르르 흘렀지요.

"어때, 내 실력이 너보다 낫지?"

재봉사의 손에 완전히 짓이겨진 치즈를 보고 거인은 할 말을 잃었습니다. 이 조그만 녀석에게 그런 엄청난 힘이 있다니 도무지 믿을 수가 없었지요. 거인은 이번에는 돌멩이를 집어 들고 아주 높이 던졌습니다. 어찌나 높이 던졌는지 눈에 보이지도 않았지요.

"어때, 난쟁이야. 너도 한번 해봐."

"제법 잘 던지시는군. 하지만 그 돌멩이는 다시 땅에 떨어지고 말았어. 나는 두 번 다시 떨어지지 않을 만큼 아주 높이 던질 수 있어."

재봉사는 그렇게 말하고 주머니 속에 있던 새를 잡고 하늘 높이 던졌습니다. 다시 자유를 찾은 새는 하늘 멀리 날아가 다시는 돌아오지 않았습니다.

"어때, 마음에 드시는가?"

재봉사가 물었습니다.

"던지는 건 잘하는군. 하지만 얼마나 무거운 것을 들 수 있는지 한번 시험해 보고 싶은데."

거인은 재봉사를 엄청나게 큰 전나무가 쓰러져 있는 곳으로 데려가서 말했습니다.

"그렇게 힘이 세다면 이 나무를 숲 밖으로 나르는 걸 도와줘."

"물론이지. 넌 그쪽 줄기를 어깨에 짊어져. 난 크고 작은 가지 쪽을 들고 나를게. 이쪽이 더 무거우니까 말이야."

재봉사가 말했습니다.

거인은 어깨에 나무줄기를 짊어졌습니다. 재봉사는 냉큼 나뭇가지 위에 올라앉았지요. 앞을 보고 걷느라 뒤를 돌아볼 수 없는 거인은 나무뿐만 아니라 꼬마 재봉사까지 함께 날라야만 했습니다. 뒤에 앉은 재봉사는 무척 재미있고 기분이 좋아서 휘파람으로 '재봉사 셋이 성문에서 말을 타고 나갔다네'라는 노래를 불렀습니다. 마치 나무 나르는 일이 어린애 장난이라도 되는 듯이 말이죠.

거인은 한참이나 무거운 나무를 혼자 질질 끌고 가다가 금방 힘들어져서 더 갈 수 없게 되자 소리쳤습니다.

"이봐, 아무래도 나무를 내려놓아야겠어."

그러자 재봉사는 잽싸게 나무에서 뛰어내려 마치 지금까지 나무를 나르고 있었던 것처럼 두 팔로 가지를 꼭 붙잡았습니다. 그러고는 거인에게 태연히 말했지요.

"자네, 덩치는 그렇게 큰데 이렇게 가벼운 나무도 제대로 나르지 못하는 거야?"

그리하여 함께 걸어가던 둘은 벚나무 옆을 지나게 되었습니다. 거인이 가장 잘 익은 열매가 달린 나뭇가지를 잡아 아래쪽으로 구부려 재봉사 손에 쥐어 주며 열매를 따 먹으라 했습니다. 그러나 재봉사는 사실 힘이 약해서 나무를 붙들고 있을 수가 없었지요. 거인이 손을 놓자마자 나뭇가지는 순식간에 하늘 높이 올라갔고 재봉사도 함께 하늘로 날아갔습니다. 재봉사가 다친 데 하나 없이 땅으로 다시 떨어지는 것을 보고 거인이 말했습니다.

"뭐야, 너 이렇게 가느다란 나뭇가지 하나 붙들고 있을 힘이 없단 말이야?"

꼬마 재봉사가 말했습니다.

"힘이야 넘칠 만큼 있지. 한 방에 일곱 녀석을 때려잡은 나에게 그쯤은 식은 죽 먹기야. 내가 나무 위로 뛰어오른 건 사냥꾼들이 아래 덤불에서 마구 총을 쏘고 있어서지. 어디 할 수 있다면 너도 해봐."

거인은 재봉사 흉내를 내 보았으나 나무를 뛰어 넘을 수는 없었습니다. 오히려 커다란 나뭇가지들에 보기 좋게 걸려 버렸죠. 그러니 이번에도 꼬마 재봉사가 이긴 셈이었습니다.

거인이 말했습니다.

"네가 그렇게 용감하다면 우리 거인들 동굴에 가서 하룻밤 함께 보내자."

재봉사는 선선히 그러자면서 거인을 따라갔습니다. 동굴에 이르러 보니 다른 거인들이 모닥불 주위에 빙 둘러앉아 있었습니다. 저마다 노릇노릇 잘 구운 양 한 마리를 들고 맛있게 뜯어 먹고 있었지요. 꼬마 재봉사는 동굴을 둘러보며 이렇게 생각했습니다.

'이곳은 내가 일하던 방보다 훨씬 넓군.'

거인은 그에게 침대 하나를 가리키며 저기에 누워 편히 자라고 말했습니다. 그러나 꼬마 재봉사에게는 그 침대가 너무 커서 가운데에 눕지 않고 구석으

로 기어들어갔습니다.

한밤중이 되자 꼬마 재봉사가 깊이 잠들었을 거라 생각한 거인은 벌떡 일어나 커다란 쇠몽둥이로 침대 한가운데를 쿵! 내리쳤습니다. 이제야 얄미운 메뚜기 같은 재봉사를 물리쳤다고 생각했지요.

다음 날 아침 일찍 거인들은 숲으로 갔습니다. 꼬마 재봉사가 있었다는 사실은 까맣게 잊어버리고 말이죠. 그런데 숲을 향해 재봉사가 무척 밝고 자신만만한 모습으로 당당하게 걸어오는 게 아니겠습니까? 그것을 본 거인들은 깜짝 놀라 재봉사에게 맞아 죽을까 봐 무서워서 허둥지둥 도망쳐 버렸습니다.

꼬마 재봉사는 제 뾰족한 코끝이 가리키는 쪽으로 계속 걸어 갔습니다. 얼마나 걸었을까요. 재봉사는 어느 궁궐 마당에 이르렀습니다. 재봉사는 피곤이 몰려와 풀밭에 누워 스르르 잠이 들었습니다. 얼마 지나지 않아 그곳에 사람들이 와서 그를 요리조리 살펴보다가 허리띠 위에 '한 방에 일곱 놈'이라고 적혀 있는 글을 읽게 되었습니다.

"아, 이토록 위대한 용사가 평화로운 이곳에서 대체 뭘 하려는 거지? 무척 고귀한 분이 틀림없어."

사람들은 곧바로 왕에게 가서 이 사실을 알렸습니다. 그분이야말로 전쟁이 터지면 도움을 줄 소중한 사람이며, 그런 위대한 용사는 어떠한 대가를 치르더라도 꼭 붙잡아 둬야 한다고 말이지요. 왕은 이야기를 듣고 보니 그럴듯해서 신하 하나를 꼬마 재봉사에게 보냈습니다. 그가 잠에서 깨어나면 군대에 들어와 일해주지 않겠냐고 제안을 하기 위해서 말이죠. 왕의 신하는 잠든 남자 옆에 서서 그가 깨어나기만을 기다렸습니다. 곧 재봉사가 무척 잘 잤다는 듯 기지개를 켜며 눈을 뜨자 신하는 왕의 제안을 전했습니다.

"바로 그 문제 때문에 제가 여기까지 온 것입니다. 기꺼이 임금님의 훌륭한 신하가 되겠습니다."

재봉사가 말했지요.

그렇게 그는 정중한 환영을 받으며 묵을 곳까지 얻게 되었습니다.

그런데 다른 군인들은 꼬마 재봉사를 시기하며 그런 녀석은 수천 마일 밖으로 떠나가 버리기를 바랐습니다.

"앞으로 어떻게 되는 걸까? 우리가 그와 다투다가 칼이라도 뽑게 되면 한칼에 일곱은 쓰러지겠지? 우리 같은 사람들이 이길 수 있는 상대가 아니야."

그래서 그들은 마침내 굳은 결심을 하고 다 함께 왕 앞으로 나아가 군대를 떠나겠다고 말했습니다.

"저희들은 한칼에 일곱이나 벨 수 있는 사람과는 도저히 함께 지낼 수가 없습니다."

왕은 고작 한 사람 때문에 충성스런 부하들을 모두 잃게 될 생각을 하니 무척 슬퍼져서 처음부터 재봉사를 몰랐더라면 좋았을 걸 하면서, 그를 돌려보낼 수만 있다면 돌려보내고 싶었습니다. 그러나 마음대로 재봉사를 내쫓을 수도 없었지요. 재봉사가 부하들뿐만 아니라 자신까지 물리쳐버린 뒤 왕의 자리에 오를까 봐 두려웠으니까요. 왕은 한참을 이리저리 궁리한 끝에 마침내 좋은 방법을 찾아냈습니다. 재봉사에게 사람을 보내, 그렇게 위대한 영웅이라면 부탁할 일이 있다고 전했습니다. 이 나라의 숲에는 도적질과 살인, 약탈과 방화를 일삼으면서 사람들에게 아주 못된 짓을 하는 거인이 둘 살고 있는데, 그 거인들을 무찌르러 갔다가 살아 돌아온 사람은 단 한 명도 없었습니다. 그러므로 만일 재봉사가 이 거인들을 물리친다면 왕의 외동딸을 아내로 줄 뿐 아니라 왕국의 절반을 줄 것이며, 또한 기사 백 명을 함께 보내 도와주겠다는 것이었습니다.

'이건 나처럼 용감한 사나이를 위한 일이야. 아름다운 공주와 왕국의 절반을 받을 수 있는 기회는 늘 있는 게 아니지!'

재봉사는 이렇게 생각하며 아주 기분좋게 승낙했습니다.

"오, 좋습니다. 못된 거인들을 내가 얌전해지게 만들겠소. 하지만 기사는 백명씩이나 필요 없소이다. 한 방에 일곱을 물리친 사람이 그까짓 둘을 두려워할 필요가 어디 있겠소."

꼬마 재봉사는 힘차게 길을 떠났습니다. 기사 백 명이 그 뒤를 따랐습니다. 숲에 이르렀을 때 재봉사는 뒤에 따라오는 기사들에게 말했습니다.

"여기서 잠깐만 기다리시오. 나 혼자 거인들을 처치하고 오겠소."

그는 숲 속으로 뛰어 들어 이리저리 둘러보았습니다. 얼마 지나지 않아 두 거인을 찾아냈습니다. 그들은 나무 아래 드러누워 드르렁드르렁 코를 골며 한가롭게 자고 있었는데, 그 콧바람 때문에 나뭇가지가 마구 흔들리고 있었지요. 재봉사는 주머니에 돌멩이를 가득 채워 넣더니 나무 위로 올라갔습니다. 나무 중턱에 이르렀을 때 재봉사는 잠자는 거인들 바로 위에 있는 가지 위로 훌쩍 건너가 한 거인의 가슴 위로 돌멩이를 하나씩 던지기 시작했습니다. 거인은 몸집이 너무 커서 한동안 돌을 느끼지 못하다가 마침내 잠이 깨어 동료를 툭 밀치며 말했습니다.

"야, 왜 나를 때리는 거야?"

다른 거인이 말했습니다.

"꿈이라도 꿨냐? 난 안 때렸어."

그들은 다시 잠을 자려고 누웠습니다. 그러자 꼬마 재봉사는 이번에는 다른 거인에게 돌을 떨어뜨렸습니다.

"뭐하는 짓이야? 왜 나한테 돌을 던져?"

두 번째 거인이 소리쳤습니다.

"난 돌 던진 적 없어."

거인이 으르렁거리며 대답했지요.

그들은 잠시 말다툼을 하는가 싶더니 몹시 피곤했는지 곧 다시 잠을 자려고 눈을 감았습니다. 꼬마 재봉사는 포기하지 않고 또다시 장난을 시작했습니다. 이번에는 가장 큰 돌멩이를 꺼내 첫 번째 거인의 가슴으로 힘껏 내던졌지요.

"정말 너무 하잖아!"

화가 난 거인이 마구 소리치며 미쳐버린 것처럼 벌떡 일어나 동료를 나무에다 쿵쿵 박아대기 시작했습니다. 그 바람에 나무가 마구 흔들렸지요. 다른 거인도 똑같이 되갚아 주었습니다. 그들은 화가 머리 꼭대기까지 치솟아서 저마다 나무를 뿌리째 뽑아들고 서로를 때리기 시작했습니다. 그리하여 마침내 둘 다 땅바닥에 쓰러져 죽고 말았습니다.

그제야 꼬마 재봉사가 나무에서 뛰어내리며 말했습니다.

"내가 앉아 있던 나무를 뽑지 않아 정말 다행이야. 그렇지 않았으면 다람쥐처럼 다른 나무로 훌쩍 뛰어 달아나야 했을 텐데. 다행히 우리 같은 사람들은 아주 잽싸거든!"

재봉사는 칼을 뽑아 두 거인의 가슴을 몇 차례 힘껏 찌르고는 기사들에게 가서 큰소리로 말했습니다.

"자, 다 끝났소. 내가 두 녀석을 아주 멋지게 물리쳤지. 하지만 정말 굉장했어. 거인들이 궁지에 몰리니까 나무를 뽑아들고 저항을 하지 뭔가. 하지만 한방에 일곱 놈을 때려잡은 나 같은 사람에게는 어떤 일도 소용이 없지."

"그럼 당신은 한 군데도 다치지 않았습니까?"

기사들이 묻자 재봉사가 대답했습니다.

"걱정할 필요 전혀 없네. 거인들은 내 머리카락 한 올 건드리지 못했으니까."

기사들은 도무지 그의 말이 믿어지지 않아 거인들이 있던 숲 속으로 말을 타고 들어가보았습니다. 그곳에는 거인들이 흥건한 피에 젖어 쓰러져 있었고, 뽑힌 나무들이 사방에 널려 있었습니다.

꼬마 재봉사는 왕에게 가서 약속한 대로 상을 달라 했습니다. 그러나 왕은 그렇게 약속한 것을 이미 후회하고 있었기에 이 영웅을 어떻게 하면 쫓아버릴 수 있을까 다시금 지혜를 짜냈습니다.

"내 딸과 결혼하여 나라 절반을 얻으려면 한 번 더 공훈을 세워야만 해. 뿔이 하나 달린 괴수가 숲을 돌아다니며 사람들에게 큰 피해를 주고 있는데, 그 괴물을 잡아줄 수 있겠나?"

"괴수 한 마리쯤이야 거인 둘보다 무섭지 않습니다. 한 방에 일곱 놈 때려눕힌 실력이 있으니까요."

재봉사는 밧줄과 도끼를 갖고 숲 속으로 들어갔습니다. 이번에도 자기를 따라온 기사들에게는 숲 바깥에서 기다리라 일렀지요. 오래 기다릴 것도 없이 곧 무시무시한 괴물이 나타나더니 재봉사를 보자마자 덤벼들었습니다. 마치 재봉사를 뿔로 꿰뚫어 버릴 듯한 기세였습니다.

"가만가만, 천천히 하자고. 너무 서두르지 말고."

재봉사는 이렇게 말하며 괴물이 가까이 올 때까지 가만히 기다렸다가 잽

싸게 나무 뒤로 숨어버렸습니다. 온 힘을 다해 달려오던 괴물은 그만 나무줄기에 뿔이 깊이 박혀 버리고 말았습니다. 아무리 힘을 써도 뿔을 나무에서 빼낼 수가 없었지요. 그리하여 괴물은 재봉사에게 붙잡히고 말았습니다.

"이 녀석, 잡았다!"

재봉사가 나무 뒤에서 나오며 괴물 목에 밧줄을 걸더니 도끼로 뿔을 쾅! 찍어 나무에서 빼내었습니다. 모든 일을 끝내자 재봉사는 괴물을 왕에게 끌고갔지요.

그런데도 왕은 여전히 약속했던 상을 주려 하지 않고 오히려 세 번째 요구를 하는 게 아니겠습니까. 이번에는 결혼식을 하기 전에 먼저 숲 속 여기저기서 큰 피해를 주고 있는 멧돼지를 잡아 와야만 했습니다. 사냥꾼들이 제봉사를 도와주기로 했지요.

"좋습니다. 그쯤이야 애들 장난이나 마찬가지요."

재봉사가 말했습니다.

그는 사냥꾼들을 숲으로 데려가지 않았습니다. 사냥꾼들도 그게 훨씬 더 좋았지요. 그들은 벌써 그 멧돼지에게 여러 번 보기좋게 당했기 때문에 다시는 마주치고 싶지 않았거든요. 멧돼지는 재봉사를 보자마자 입 안 가득 거품을 물고 이빨을 으득으득 갈며 마구 덤벼들었습니다. 재봉사를 머리로 들이받아 바닥에 내동댕이치려 했죠. 그러나 몸이 가볍고 날쌘 그는 가까이 있던 예배당으로 뛰어든 뒤 높은 창문으로 재빨리 빠져나왔습니다. 멧돼지는 재봉사 뒤를 바짝 쫓아 교회로 들어왔지만 그는 이미 밖으로 나가 멧돼지 등 뒤에서 문을 쾅 닫아버렸습니다. 멧돼지는 잔뜩 화가 나서 마구 날뛰었지만 몸이 너무 무겁고 둔해서 높은 창문으로 뛰어내릴 수가 없었습니다. 그리하여 멧돼지도 재봉사에게 잡히고 말았습니다.

꼬마 재봉사가 사냥꾼들을 불렀습니다.

"자, 이 커다란 멧돼지가 나에게 잡힌 걸 똑똑히 보라고!"

용감한 재봉사는 왕에게 갔습니다. 왕은 이제는 좋든 싫든 약속을 지켜야만 했기에 딸과 왕국의 절반을 그에게 주었습니다. 만일 왕이 자기 눈앞에 서 있는 사람이 영웅이 아니라 그저 평범한 꼬마 재봉사임을 알았더라면 얼마나 분했을까요. 결혼식은 무척 성대했지만, 그만큼 크게 축하를 받지는 못했습니다. 그리하여 재봉사는 왕의 자리까지 오르게 되었습니다.

어느 날 젊은 왕비는 남편이 꿈결에 말하는 소리를 듣게 되었습니다.

"이봐, 그 셔츠를 만들고 이 바지도 꿰매 놓으라고, 안 그러면 이 잣대로 때려줄 테다."

젊은 왕비는 비로소 남편이 보잘것없는 집안에서 태어난 사람임을 알아차렸습니다. 다음 날 아침 왕비는 아버지에게 가서 저런 하찮은 남자에게서 벗어나게 해 달라고 애원했습니다. 왕이 딸을 달래며 말했습니다.

"오늘 밤 침실 문을 열어 두어라. 내 하인들이 밖에 서 있다가 그 녀석이 잠이 들면 꽁꽁 묶어서 배에 태워 먼 곳으로 보내 버릴 테니."

왕비는 그 말을 듣고 겨우 안심했습니다. 그러나 이 이야기를 옆에서 듣고 있던 왕의 신하는 젊은 주인을 존경하며 따랐기에 그들의 계획을 재봉사에게 죄다 일러바쳤습니다.

"절대 그렇게는 못할 거야."

꼬마 재봉사가 말했습니다. 저녁이 되자 그는 평소처럼 아내와 잠자리에 들었습니다. 아내는 그가 잠이 들었다고 생각하자 자리에서 살짝 일어나 문을 열어 놓고 다시 자리에 누웠습니다. 그때 잠든 척하고 있던 재봉사가 날카로운 목소리로 외쳤습니다.

"이봐, 셔츠를 만들고 이 바지도 꿰매 놓으라고. 안 그러면 잣대로 때려 줄 테니까! 난 한 방에 일곱 놈을 물리쳤어. 게다가 거인 두 놈을 죽였지. 뿔 달린 괴물도 잡았고 멧돼지도 산 채로 끌고왔어. 이런 내가 이 방 밖에 서 있는 녀석들을 무서워할 것 같아?"

왕의 신하들은 재봉사가 외치는 소리를 듣고 너무나 무서워서 마치 마왕의 군대가 뒤에서 쫓아오기라도 하는 듯이 앞다투어 달아나버렸습니다. 누구 하나 재봉사에게 맞서 싸우려 드는 자가 없었지요.

그리하여 꼬마 재봉사는 죽을 때까지 왕으로 살았답니다.

KHM 021
재투성이 아가씨
Aschenputtel

어느 부잣집 마나님이 깊은 병에 걸렸습니다. 마나님은 자기 목숨이 앞으로 얼마 남지 않았다는 것을 느끼자 외동딸을 침대 머리맡으로 불러 말했습니다.

"애야, 언제까지나 하느님을 믿으며 깨끗한 마음으로 착하게 살아야 한단다. 그러면 자애로우신 하느님이 널 꼭 지켜주실 게다. 나도 하늘에서 너만을 생각하며 늘 지켜보마."

말을 마치자 어머니는 눈을 감더니 곧 숨을 거두고 말았습니다.

딸은 날마다 어머니 무덤을 찾아가 하염없이 울었습니다. 그리고 돌아가신 어머니의 말처럼 하느님을 믿으며 착하게 살았습니다. 겨울이 오자 눈이 하얀 비단처럼 무덤을 덮어주었습니다. 봄이 와서 따뜻한 햇볕이 그 비단을 서서히 걷어줄 무렵 부자는 두 번째 아내를 얻었습니다.

새어머니는 두 딸과 함께 들어왔습니다. 그녀의 두 딸들은 얼굴이 하얗고 예뻤지만 마음은 검었습니다. 그래서 불쌍한 의붓딸은 힘겨운 나날을 보내게 되었습니다.

"저런 멍청한 계집애를 왜 우리 집 방에 앉혀두어야 해요! 밥을 먹으려면 스스로 벌어야지. 쫓아내요!"

심술궂은 새언니들이 소리쳤습니다.

그들은 소녀의 예쁜 옷을 빼앗아 버리고 잿빛의 낡은 옷을 입게 했습니다. 그리고 나무로 된 딱딱한 나막신을 신게 했습니다.

"저 거만한 공주님 좀 봐. 참 예쁘게도 차려 입으셨네!"

새언니들은 깔깔 웃으며 소녀를 부엌으로 데려갔습니다.

소녀는 아침부터 밤까지 힘들게 일을 해야만 했습니다. 아침 일찍 해가 뜨기 전에 일어나 물을 길어야 했고, 불을 피워 요리를 하거나 빨래를 해야만 했습니다. 그뿐만이 아니었지요. 언니들은 온갖 방법으로 의붓동생을 괴롭히며 놀려댔습니다. 완두콩을 잿더미 속에 뿌리고 소녀에게 쭈그려 앉아 완두콩들을 골라내게도 했습니다. 온종일 일만 하느라 몹시 지쳤지만 밤이 되어도 소녀는 침대에 누울 수조차 없었습니다. 아궁이 옆 잿더미 속에서 자야 했습

니다. 그래서 늘 재가 묻은 더러운 모습이었기에 소녀는 '재투성이'라는 뜻의 '아셴푸텔'이라 불렸습니다.

어느 날 아버지가 시장에 가기 전에 두 의붓딸에게 무슨 선물을 받고 싶은지 물었습니다. 큰 딸은 예쁜 옷을, 둘째 딸은 진주와 보석을 말했습니다.

"그럼 아셴푸텔은 뭘 받고 싶으냐?"

아셴푸텔은 잠시 생각한 뒤 말했습니다.

"돌아오시는 길에 가장 처음으로 아버지 모자에 부딪힌 나뭇가지를 꺾어다 주세요."

아버지는 두 의붓딸에게 줄 진주와 보석 그리고 예쁜 옷을 샀습니다. 아버지가 말을 타고 돌아오는 길에 초록빛 수풀을 지나는데 늘어진 개암나무 가지 하나가 그의 머리를 스치는 바람에 모자가 벗겨졌습니다. 아버지는 그 가지를 꺾어서 품속에 넣고 집으로 돌아왔지요. 집에 오자마자 의붓딸들에게는 그녀들이 원했던 선물을 주었고, 아셴푸텔에게는 개암나무 가지를 주었습니다.

아셴푸텔은 아버지에게 고맙다 말한 뒤, 어머니 무덤으로 가서 나뭇가지를 심고 하염없이 울었습니다. 그러자 눈물이 작은 나뭇가지 위로 떨어져 가지를 흠뻑 적셨지요. 어느덧 나뭇가지는 무럭무럭 자라나서 아름다운 나무가 되었

습니다. 아셴푸텔은 날마다 세 번씩 그 나무 아래에 가서 울며 기도했습니다. 그럴 때마다 하얀 새 한 마리가 나무 위로 날아왔습니다. 그 새는 아셴푸텔이 소원을 말하면 바라는 것을 소녀 앞에 떨어뜨려 주곤 했지요.

어느 날 이 나라 왕의 아들이 축하연을 위해 사흘간 무도회를 열기로 했습니다. 왕자의 신붓감을 찾기 위한 것이어서, 온 나라의 아름다운 아가씨들이 모두 초청되었습니다. 무도회에 초대를 받았다는 말을 들은 새언니들은 몹시 기뻐하며 아셴푸텔을 불러 말했습니다.

"우리 머리 좀 빗겨 주고. 신도 좀 닦아 주고. 참, 코르셋 조임새도 단단하게 조여 줘. 우리는 궁궐 무도회에 가야 하거든."

아셴푸텔은 언니들이 시킨 대로 했지만 자신도 무도회에 가고 싶었기에 왈칵 눈물이 터져나왔습니다. 그래서 자기도 무도회에 가게 해 달라고 새어머니께 부탁해 보았지요.

"그게 무슨 말이니, 아셴푸텔. 넌 먼지를 뒤집어써서 더러운데 그런 차림으로 무도회에 갈 생각이야? 예쁜 드레스도 구두도 없는데 어떻게 춤을 추겠다는 거니?"

새어머니가 말했습니다.

그러나 아셴푸텔이 너무도 간절하게 부탁을 하자 마침내 이렇게 말했습

니다.

"완두콩 한 접시를 잿더미 속에 뿌려 놓았다. 그걸 두 시간 안에 다시 추려 낸다면 같이 가도 좋다."

아셴푸텔은 뒷문으로 정원에 나가 불렀습니다.

"내 친구 비둘기들아, 참새들아, 하늘을 나는 작은 새들아! 모두 와서 날 좀 도와주렴. 좋은 콩은 단지에 담고 나쁜 콩은 너희들이 먹고."

그러자 부엌 창문으로 하얀 비둘기 두 마리가 휙 날아 들어왔습니다. 이어 참새들도 들어왔지요. 마침내 하늘 아래 온갖 새들이 떼를 지어 잿더미 주위 로 내려앉았습니다. 비둘기들은 귀여운 고개를 까딱까딱거리며 콩들을 콕콕 쪼기 시작했습니다. 그러자 다른 새들도 콕콕 콕콕 쪼아서 좋은 콩을 모두 단지에 담았습니다. 새들은 한 시간도 채 되지 않아 콩을 모두 단지에 담아 주고는 다시 날아가 버렸습니다. 아셴푸텔은 얼른 달려가 단지를 새어머니에게 보여주며 이제 무도회에 갈 수 있다고 생각했습니다.

그런데 새어머니는 이렇게 말하는 게 아니겠습니까.

"안 돼, 아셴푸텔. 넌 예쁜 드레스가 없으니 춤을 출 수 없잖니. 사람들의 비웃음만 사게 될 거야."

아셴푸텔이 또다시 눈물을 흘리자 새어머니가 말했습니다.

"완두콩 두 접시를 재 속에서 한 시간 안에 모두 깨끗이 골라낼 수 있다면 너도 무도회에 데려가 주마."

그러고는 속으로 이렇게 생각했습니다.

'이 일은 절대로 해내지 못할 걸?'

새어머니가 완두콩 두 접시를 잿더미 속에 뿌려놓자 아셴푸텔은 뒷문에서 정원으로 나가 불렀습니다.

"내 친구 비둘기들아, 참새들아, 하늘을 나는 작은 새들아! 모두 와서 날 좀 도와주렴. 좋은 콩은 단지에 담고 나쁜 콩은 너희들이 먹고."

그러자 부엌 창문으로 하얀 비둘기 두 마리가 포르르 날아 들어왔습니다. 참새들도 따라 들어왔지요. 그 뒤로 하늘 아래 온갖 새들이 파닥파닥 날갯소리를 내며 잿더미로 내려앉았습니다. 비둘기들은 귀여운 고개를 까딱까딱거리며 콕콕 콕콕 쪼아대기 시작했습니다. 다른 새들도 콕콕 콕콕 쪼아서 좋은 콩을 단지에 담았습니다. 새들은 30분도 안 되어 좋은 콩을 모두 단지에 담아 주고는 다시 날아가 버렸습니다. 아셴푸텔은 단지를 새어머니에게 보여주며 이제 이것으로 무도회에 갈 수 있다고 생각했습니다.

그렇지만 새어머니는 이렇게 말했습니다.

"무슨 일을 해도 안 돼. 넌 무도회에 갈 수 없어. 넌 예쁜 드레스도 없고 춤도 출 줄 모르잖아. 너 때문에 우리까지 창피를 당하고 말 거야."

그러고는 새어머니는 휙 등을 돌리더니 거만한 두 딸을 데리고 서둘러 가고 말았습니다.

집에 홀로 남겨진 아셴푸텔은 개암나무 아래 어머니 무덤으로 가서 이렇게 말했습니다.

"귀여운 나무야, 가지를 흔들어서 나에게 금과 은을 던져주렴."

그러자 새가 금은으로 된 옷과 비단과 은으로 된 구두를 떨어뜨려 주었습니다. 아센푸텔은 급히 그 화려한 옷으로 갈아입고 무도회에 갔습니다. 그러나 언니들과 새어머니는 아센푸텔을 알아보지 못하고 다른 나라 공주일 거라고만 생각했습니다. 황금빛 옷을 입은 아센푸텔은 그 정도로 아름다웠으니까요. 세 사람은 그 아름다운 소녀가 아센푸텔이라고는 생각지도 못하고 아센푸텔은 지금쯤 집에서 더러운 옷을 입은 채 잿더미 속에 섞인 완두콩을 골라내고 있으리라고만 여겼습니다. 그런데 왕자는 아센푸텔에게 다가와 그녀의 손을 잡고 함께 춤을 추었습니다. 왕자는 다른 사람과는 춤을 추고 싶지 않았습니다. 그래서 아센푸텔의 손을 놓아주려 하지 않았습니다. 다른 사람이 아센푸텔에게 춤을 청하러 오면 왕자는 이렇게 말했습니다.

"이 사람은 나와 춤을 출 걸세."

왕자와 즐겁게 춤을 추던 아셴푸텔은 어느새 날이 어두워진 것을 깨닫고 집으로 돌아가려 했습니다.

"나도 함께 가겠소. 집까지 바래다주겠소."

왕자는 이 아름다운 소녀가 어디에 사는지 알고 싶었거든요. 그러나 아셴푸텔은 재빨리 왕자에게서 달아나더니 비둘기 집으로 뛰어들었습니다. 왕자가 기다리고 있자, 아셴푸텔의 아버지가 돌아왔습니다. 그래서 그에게 이름 모를 소녀가 비둘기 집으로 뛰어 들어갔다고 말했습니다. 아셴푸텔이 아닐까 생각한 아버지가 도끼 갈고리를 가져오게 해서 비둘기 집을 둘로 쪼개 보았지만 그 속에는 아무도 없었습니다.

가족 모두가 집으로 돌아오자 아셴푸텔은 언제나처럼 더러운 옷을 입고 잿더미 속에서 자고 있었습니다. 어두침침한 석유램프가 굴뚝 아래서 켜져 있었습니다. 아셴푸텔은 재빠르게 비둘기 집 뒤로 뛰어내린 뒤 개암나무 아래로 달려갔습니다. 그곳에서 아름다운 옷을 벗어 무덤 위에 올려놓자 곧 새가 날아와서는 옷을 가져갔습니다. 그래서 아셴푸텔은 낡은 잿빛 옷으로 갈아입고 부엌 잿더미 속에 누워 있었던 것이죠.

다음 날 무도회가 다시 열려 부모님과 두 언니가 집을 나서자 아셴푸텔은 개암나무 아래로 가서 말했습니다.

"귀여운 나무야, 가지를 흔들어 나에게 금과 은을 떨어뜨려 주렴."

그러자 새는 어제보다 한결 더 화려한 드레스를 던져 주었습니다. 아셴푸텔이 드레스를 입고 무도회에 나타나자 모두들 소녀의 아름다움에 놀랐습니다. 소녀가 오기만을 기다리고 있던 왕자는 곧바로 그녀의 손을 잡더니 아셴푸텔하고만 춤을 추었습니다. 그날도 다른 사람이 소녀에게 춤을 청하러 오면 왕자는 이렇게 말했지요.

"이 사람은 나와 춤을 출 걸세."

어느덧 날이 어두워져 소녀가 집으로 돌아가려 하자 왕자는 소녀 뒤를 몰래 따라가 어느 집으로 들어가는지 보려 했습니다. 그러나 아셴푸텔은 뛰어 달아나더니 집 뒤 정원으로 들어갔습니다. 거기에는 크고 훌륭하게 자란 나무가 있었는데 그 어떤 열매도 비교가 안 될 만큼 먹음직스러운 배가 주렁주렁

달려 있었습니다. 아셴푸텔은 다람쥐처럼 날쌔게 나무 위로 올라갔습니다. 그래서 왕자는 소녀가 어디로 갔는지 도저히 알지 못했습니다.

왕자가 잠시 기다리니 아셴푸텔의 아버지가 집으로 돌아왔습니다.

"이름 모를 소녀가 도망갔소, 아마도 배나무 위로 올라간 것 같습니다."

왕자가 말했습니다.

아셴푸텔이 아닐까? 아버지는 이렇게 생각하며 도끼를 가져와 나무를 베었지만 그 위에는 아무도 없었습니다.

모두가 부엌에 와 보니 아셴푸텔은 여느 때처럼 잿더미 속에 누워 있었습니다. 아셴푸텔은 나무 반대쪽으로 뛰어내려 개암나무 하얀 새에게 아름다운 옷을 돌려주고는 낡은 잿빛 옷으로 갈아입었던 것이죠.

셋째 날 부모와 언니들이 집을 나서고 홀로 남게 되자 아셴푸텔은 또다시 어머니 무덤으로 가서 개암나무에게 말했습니다.

"귀여운 나무야, 가지를 흔들어 내게 금과 은을 떨어뜨려주렴."

그러자 새가 옷을 던져주었습니다. 이제까지 그 누구도 입어 보지 못했을 것만 같은 눈부시게 반짝이는 옷이었습니다. 구두는 황금으로 만들어져 있었습니다. 아셴푸텔이 그 옷을 입고 무도회에 나가자 모두들 그녀의 아름다움에 깜짝 놀라서 어느 누구도 무슨 말을 해야 할지 몰랐습니다. 이날도 왕자는 아셴푸텔하고만 춤을 추었습니다. 다른 사람이 소녀에게 춤을 청하러 오면 왕자는 이렇게 말했습니다.

"이 사람은 나와 춤을 출 걸세."

서서히 날이 어두워질 때였습니다. 아셴푸텔이 집으로 돌아가려 하자 이날도 왕자는 소녀를 바래다주겠다며 따라나섰습니다. 그러나 소녀가 어찌나 재빨리 달아나는지 도무지 따라잡을 수가 없었습니다. 그러나 왕자는 한 가지 꾀를 내어 그녀가 오기 전에 미리 계단에 끈적끈적한 칠을 골고루 칠해 놓았지요. 그 바람에 아셴푸텔은 달아날 때 그만 왼쪽 구두가 계단에 딱 달라붙고 말았습니다. 왕자가 그 구두를 들어보니 작고 아름다우며 온통 금으로 만들어져 있었지요. 다음 날 아침 왕자는 구두를 가지고 왕에게 가서 말했습니다.

"이 황금 구두가 발에 맞는 사람만을 신부로 맞아들이겠습니다."

언니들은 그 말을 듣고 몹시 기뻐했습니다. 둘 모두 무척 예쁜 발을 가지고 있었거든요. 큰딸은 왕자가 가지고 온 구두를 들고 방으로 가서 신어 보려고 했습니다. 어머니가 옆에서 지켜보고 있었죠. 그런데 엄지발가락이 걸리적거려 들어가지 않았습니다. 구두는 그녀에게 너무 작았습니다. 그러자 곁에 있던 어머니가 딸에게 칼을 주며 말했습니다.

"엄지발가락을 잘라 내거라. 왕비가 되면 넌 네 발로 걸어다닐 필요가 없단다."

큰딸은 하는 수 없이 엄지발가락을 자르고 나서 발을 구두 속으로 억지로 밀어 넣었습니다. 이를 악물고 아픔을 참으며 왕자 앞으로 나갔습니다. 왕자는 큰딸을 아내로 맞으려 말에 태워 함께 떠났습니다. 그런데 두 사람은 아셴

푸텔 어머니 무덤 곁을 지나야 했습니다. 거기서 비둘기 두 마리가 개암나무 위에 앉아 큰 소리로 울었습니다.

"쿡쿡쿡 쿡쿡쿡, 구두에서 피가 나네요. 구두가 너무 작아요. 진짜 신부는 집에 있어요."

왕자가 그녀의 발을 보니 피가 줄줄 흐르고 있었습니다. 왕자는 말을 돌려 큰언니를 집으로 데려다 주면서 신하에게 말했습니다.

"그녀는 내가 찾던 신부가 아니니 동생에게 구두를 신겨 보거라."

그래서 이번에는 둘째 딸이 구두를 가지고 방으로 들어갔습니다. 발가락은 다행히 구두 속으로 잘 들어갔지만 뒤꿈치가 커서 맞지 않았습니다. 어머니는 딸에게 칼을 주며 말했습니다.

"뒤꿈치를 좀 베어 내렴. 왕비가 되면 네 발로 걸을 필요가 없을 테니."

둘째 딸은 어머니 말에 따라 뒤꿈치를 조금 베어 낸 뒤 발을 억지로 구두 속에 밀어 넣었습니다. 이를 악물고 아픔을 참으며 왕자에게로 갔습니다. 그래서 왕자는 둘째 딸을 신부로서 말에 태워 함께 떠났습니다. 그들이 개암나무 곁을 지날 때 나무 위에 앉아 있던 비둘기 두 마리가 또다시 큰 소리로 울었습니다.

"쿡쿡쿡, 쿡쿡쿡, 구두에서 피가 나네요. 구두가 너무 작아요. 진정한 신부는 집에 있어요."

왕자가 그녀의 발을 내려다보니 구두에서 피가 흘러 나와 하얀 양말을 온통 붉게 물들이고 있었습니다. 왕자는 말을 돌려 둘째 딸을 다시 집으로 데려갔습니다.

"이 사람도 내가 찾던 신부가 아니오. 다른 따님은 안 계십니까?"

"죽은 아내에게서 태어난 아이가 하나 있습니다. 볼품없고 조그마한 아셴푸텔이라는 딸이 있습니다만, 그 아이는 도저히 왕자님의 신부가 될 수 없을 겁니다."

아버지가 말했습니다.

왕자는 그래도 아셴푸텔을 데려오라 말했지만 새어머니가 이렇게 말하는 것이었습니다.

"아, 안 됩니다. 그 아이는 너무나 더러워서 다른 사람에게 보이기가 부끄럽습니다."

하지만 왕자가 꼭 그녀를 보여 달라 했기에 아셴푸텔을 부르지 않을 수가 없었습니다. 아셴푸텔은 재가 묻은 손과 얼굴을 깨끗이 씻고 왕자 앞으로 나가 허리를 숙여 정중히 인사했습니다. 왕자가 황금 구두를 내밀었습니다.

아셴푸텔은 낮은 받침대 위에 걸터앉아 무거운 나막신을 벗고 황금 구두를 신었습니다. 그러자 구두는 그녀의 발에 꼭 맞추어 만든 것처럼 쏙 들어갔지요. 아셴푸텔이 일어나자 왕자는 소녀의 얼굴을 자세히 들여다보았습니다. 무도회에서 함께 춤을 추었던 아름다운 소녀임을 마침내 알아보았지요.

"당신이 바로 내가 찾던 신부요!"

왕자가 기쁨에 가득 차 외쳤습니다.

새어머니와 두 언니는 소스라치게 놀라 너무 화가 나서 얼굴이 새파랗게 질려버렸지요. 하지만 왕자는 아랑곳하지 않고 아셴푸텔을 말에 태워 함께 떠났습니다. 그들이 개암나무 곁을 지나자 두 마리 하얀 비둘기가 큰 소리로 울었습니다.

"쿡쿡쿡, 쿡쿡쿡, 구두에서 피가 나지 않네요. 구두가 꼭 맞아요. 진정한 신부를 데려가는군요."

　그러더니 비둘기 두 마리는 푸드덕 날아와 아셴푸텔 어깨 위에 앉았습니다. 한 마리는 왼쪽, 다른 한 마리는 오른쪽에 그대로 머물고 있었습니다.

　결혼식이 거행되자 가짜 신부가 되었던 두 언니도 참석했습니다. 동생에게 아부의 말을 하여 그 행복을 나누어 가지려 했죠. 신랑과 신부가 식을 올리러 교회로 갈 때 맏언니는 오른쪽, 둘째 언니는 왼쪽에 바싹 붙어 따라갔습니다. 그러자 어딘가에서 비둘기가 휙 날아오더니 언니와 동생의 한쪽 눈을 쪼아버리고 말았습니다. 결혼식을 마치고 교회에서 나올 때 맏언니가 왼쪽, 둘째 언니가 오른쪽에 바싹 붙어서 따라가자 비둘기들은 이번에도 언니들의 눈을 마구 쪼아댔습니다. 이렇게 해서 두 언니는 심술궂게 굴고 거짓말을 한 벌로 평생을 눈이 먼 채로 지내야 했답니다.

KHM 022
수수께끼
Das Rätsel

　옛날에 한 왕자가 있었습니다. 왕자님은 넓은 세상 이곳저곳을 다녀 보고 싶어서 충실한 하인 하나만을 데리고 길을 떠났습니다.

　어느 날, 커다란 숲에 들어가게 되었습니다. 날이 저물었지만 묵을 여관도 찾지 못한 채 어디서 밤을 지내야 할지 막막하기만 했지요. 마침 그때 숲 속 작은 집으로 들어가는 한 소녀가 보였습니다. 왕자가 가까이 다가가 보니 소녀는 무척이나 아름다웠습니다. 왕자는 소녀에게 말을 걸었습니다.

　"저와 제 하인을 하룻밤만 재워주시지 않겠습니까?"

　소녀는 슬픈 목소리로 말했습니다.

　"글쎄요, 묵어가셔도 괜찮지만 그리 권하고 싶지는 않네요. 집에 들어가지 마세요."

　"어째서 그러지 말라는 건가요?"

　왕자가 묻자 소녀는 포옥 한숨을 쉬며 말했습니다.

　"제 새어머니는 나쁜 마법을 부려요. 낯선 사람을 무척 싫어하시거든요."

　소녀의 말에 왕자는 자신이 마녀의 집에 왔다는 것을 깨달았습니다. 그렇지만 날은 이미 어두워져 있었고 더는 길을 나아갈 수도 없었습니다. 게다가 마녀가 두렵지 않다고 여겼기 때문에 왕자는 집 안으로 들어갔습니다.

　집 안에는 한 노파가 난롯불 옆 의자에 앉아 있었습니다. 노파는 붉은 눈으로 낯선 두 사람을 쳐다보았습니다.

　"안녕하시오. 거기 앉아 편히 쉬시구려."

　노파는 이렇게 말하며 둘에게 매우 친절히 대했습니다. 그러고는 숯을 후욱 불어 불씨를 피우고 작은 냄비에다 무언가를 끓였습니다. 딸은 왕자와 하인 두 사람에게 속삭였습니다.

　"조심하세요. 그 어떤 것이라도 먹거나 마시면 안 됩니다. 새어머니는 마법

의 차를 끓이고 있으니까요."

둘은 다음 날 아침까지 편안히 잠을 잘 수 있었습니다. 떠날 준비를 마치고 왕자가 말에 올랐을 때 노파가 말했습니다.

"잠깐 기다리시오. 이별의 음료라도 한잔 하고 가시게나."

노파가 음료를 가지러 간 사이 왕자는 말을 타고 먼저 떠나버렸습니다. 그런데 하인은 말안장을 단단히 매느라 노파가 음료를 가지고 돌아왔을 때까지 홀로 남아 있었지요.

"주인어른에게 이걸 가져다 드리게."

노파가 말하자마자 유리가 깨지면서 독이 말에게 튀어버렸습니다. 독이 매우 세서 말은 그 자리에 쓰러져 곧 죽어버리고 말았습니다.

하인은 허겁지겁 주인에게 달려가 조금 전에 무슨 일이 있었는지를 이야기했습니다. 그러나 그는 안장을 놔두고 떠나기 싫었으므로 그것을 가지러 다시 노파의 집으로 돌아갔습니다. 죽은 말이 있는 곳으로 와 보니 까마귀가 그 위에 앉아 말을 뜯어 먹고 있었습니다.

"오늘 이보다 더 좋은 먹을거리를 찾을 수 있을지 누가 알겠어."

하인은 그렇게 말하며 까마귀를 잡아 갔습니다.

둘은 온종일 숲 속을 걸었지만 숲에서 도무지 빠져나갈 수 없었습니다. 다행히 날이 어둑어둑해질 무렵 여관을 찾게 되어 안으로 들어갈 수 있었지요. 하인은 여관 주인에게 까마귀를 주면서 그것으로 저녁 식사를 준비해 달라 했지요. 그런데 그들이 들어간 곳은 무시무시한 살인자들 소굴이었습니다. 날이 저물자 어둠을 틈타 살인자 열두 명이 와서 두 사람을 죽이고 물건을 훔치려고 했습니다. 살인자들은 일을 시작하기 전에 저녁을 먹으려고 식탁에 앉았습니다. 여관 주인과 마녀도 그들과 함께 앉아 까마귀 고기가 들어 있는 죽을 먹었습니다. 그러나 몇 숟가락 뜨지도 않았는데 그들은 모두 죽어서 쓰러져버리고 말았습니다. 독 때문에 죽은 말 고기를 먹은 까마귀에게도 독이 퍼져 있었던 것입니다.

이제 집 안에는 여관 주인의 딸만 남았습니다. 여관 주인 딸은 정직한 성격이라 못된 일은 하지 않았습니다. 그녀는 왕자에게 모든 방문을 열어 산더미처럼 쌓인 보물들을 보여 주었습니다. 그러나 왕자는 그녀에게 그 보물들을 모두 가지라 하며 아무것도 받지 않았습니다. 그러고는 하인과 함께 말을 타고 서둘러 그곳을 떠났지요.

그들은 오랜 시간 이곳저곳을 돌아다니다가 한 고을에 이르렀습니다. 그곳에는 아름답지만 몹시도 오만한 공주가 살고 있었습니다. 공주는 자기가 풀 수 없는 수수께끼를 내는 사람을 남편으로 맞겠다고 널리 알려놓고 있었습니다. 그렇지만 공주가 수수께끼를 풀면 그 문제를 낸 사람 목을 자르기로 되어 있었습니다. 그녀는 어떠한 수수께끼든 사흘 안에 풀겠다 장담했는데, 어찌나 영리한지 한 번도 사흘을 넘긴 적이 없었습니다. 그래서 벌써 아홉 사람 목이 잘려 죽었지요. 그즈음 왕자가 마을로 온 것이었습니다. 왕자는 공주의 아름다움에 눈이 멀어 수수께끼에 목숨을 걸겠다고 나섰습니다.

왕자는 공주 앞으로 나아가 수수께끼를 내놓았습니다.

"한 사람이 한 사람도 죽이지 않았는데 열두 사람을 죽인 것은 무엇일까요?"

공주는 그것이 무엇인지 짐작조차 하지 못했습니다. 생각하고 또 생각했지만 도저히 무엇인지 몰랐습니다. 공주의 지혜로도 풀 수 없는 수수께끼였습니다. 그녀는 이제 어떻게 해야 좋을지 몰라, 하녀를 시켜 몰래 왕자의 침실로 들어가 그가 무슨 꿈을 꾸는지 들어 보라고 일렀습니다. 왕자가 잠을 자다가 잠꼬대로 수수께끼 답을 말할 수도 있다고 생각한 것이죠. 그러나 왕자의 영리한 하인은 주인 대신 침대에 누워 있었습니다. 그리고 하녀가 오자 그녀가 입고 있던 망토를 벗기고 회초리를 휘둘러 내쫓아 버렸습니다.

둘째 날 밤에 공주는 다시 시녀를 보내 좀 더 잘 알아낼 수 있는지 시험하게 했습니다. 그러나 이번에도 하인이 그녀의 망토를 벗기고는 회초리를 휘둘러 내쫓았습니다. 그래서 셋째 날 밤이 되자 왕자는 이제는 괜찮겠지 여기고 자기 침대에 들어갔습니다. 그러자 이번에는 공주가 직접 얇은 회백색 망토를 걸치고 그의 곁에 앉았습니다. 그가 잠이 들어 꿈을 꾸고 있으리라 여긴 공주는 많은 사람들이 그렇듯 왕자 또한 꿈결에 대답하리라 기대하며 그에게 말을 걸었습니다. 하지만 왕자는 다행히 깨어 있었기에 이 모든 것을 아주 멀쩡하게 듣고 있었습니다.

"한 사람이 한 사람도 죽이지 않았다는데 그것은 뭐죠?"

공주가 물었습니다.

"독 때문에 죽은 말 고기를 먹고 죽었기 때문입니다."

왕자의 답을 듣자 공주는 계속해서 물었습니다.

"그런데 열두 사람을 죽였다는 말은 뭐죠?"

"까마귀 고기를 먹고 죽은 열두 살인자 이야기지요."

마침내 수수께끼의 뜻을 알게 된 공주는 서둘러 방을 빠져 나가려 했습니다. 그런데 왕자가 공주의 망토를 단단히 붙들고 있어서 공주는 망토를 남겨 둔 채 떠날 수밖에 없었습니다.

다음 날 아침 공주는 마침내 수수께끼를 풀었다며 열두 재판관을 불러 그들 앞에서 그 답을 말했습니다. 그러나 왕자는 재판관들에게 자기 말을 들어 달라 청했습니다.

"공주님은 깊은 밤에 살그머니 저에게 와서 답을 물어보았습니다. 안 그랬다면 수수께끼를 풀지 못했을 것입니다."

재판관들은 그렇다면 증거를 보여 달라 말했지요.

그러자 왕자의 하인이 망토 세 벌을 가져왔습니다. 재판관은 공주가 늘 입고 다니던 회백색 망토를 보고 말했습니다.

"그 망토를 금실과 은실로 수놓게 하시오. 공주님께서 입으실 결혼식 예복이 될 것이니."

KHM 023
생쥐와 새 그리고 구운 소시지
Von dem Mäuschen, Vögelchen und der Bratwurst

옛날에 생쥐와 새, 그리고 구운 소시지가 가까이 지내다가 마침내 한 집에서 오랫동안 사이좋게 살았습니다. 재산도 듬뿍 모았습니다.

새는 날마다 숲 속으로 날아가 장작을 가져왔습니다. 생쥐는 물을 길어온 뒤 불을 지펴 상을 차릴 준비를 했지요. 구운 소시지는 요리를 했습니다.

형편이 잘 되어가면 새로운 것을 하고 싶어지기 마련이지요! 그래서 어느 날 새는 장작을 주우러 갔다가 우연히 다른 새를 만났습니다. 그래서 그 새에게 자기가 얼마나 행복한 나날을 보내고 있는지 자랑했습니다. 그러나 그 다른 새는 '가엾은 녀석' 하고 핀잔을 주었습니다. 다른 두 녀석은 집에서 편히 지내고 있는데 너 혼자만 힘든 일을 한다고 말이죠. 생쥐는 불을 피우고 물을 길어 두기만 하면, 상 차릴 준비를 하라고 부를 때까지 방 안에서 쉴 수 있지 않느냐는 것이었습니다. 구운 소시지는 냄비 옆에 서서 음식이 잘 끓는가를 보다가, 식사 때가 되면 죽이나 야채 속에 잠깐 몸을 담가서 기름지고 짭짤한 요리를 만들어 낼 수 있습니다. 거기에 새가 집으로 돌아오면 무거운 나뭇짐을 내려놓고 그들은 식탁에 앉습니다. 식사를 하고 다음 날 아침까지 늘어지게 잠을 잡니다. 과연 참으로 멋진 생활이 아닐 수 없지요.

다른 새에게 이런 이야기를 들은 새는 다음 날, 이제 더는 나무를 구하러 나가고 싶지 않다는 말을 했습니다. 자기는 오랜 시간 하인처럼 일하며 바보처럼 지냈으니 이제 우리 한번 맡은 일을 바꾸어 보지 않겠느냐고 했지요. 쥐와 소시지가 아무리 간절히 부탁해도 새는 장작을 구하러 나가려 들지 않았습니다. 어쩔 수 없이 맡은 일을 바꾸기 위해 그들은 제비를 뽑기로 했습니다. 마침내 제비뽑기에서 걸린 소시지는 나무를 구해 와야 했고, 쥐는 요리를, 새는 물을 길어 와야 했습니다.

　자, 어떻게 되었을까요? 소시지는 나무를 하러 숲으로 떠났고, 새는 불을 피웠으며, 생쥐는 냄비를 갖다 놓았습니다. 그러고는 구운 소시지가 다음 날 쓸 장작을 가지고 돌아오기를 기다렸습니다. 그러나 한참을 기다려도 소시지가 돌아오지 않자 둘은 무슨 좋지 않은 일이 생긴 게 아닐까 걱정이 되어, 새가 밖으로 나가 집 주위를 날며 둘러보았습니다. 그런데 가까운 길바닥에서 개 한 마리를 발견했습니다. 개는 이게 웬 떡이냐 싶어 불쌍한 소시지를 움켜잡고는 냠냠 맛있게 먹어버렸습니다. 새는 개에게 어떻게 그런 짓을 할 수 있느냐 말했지만 아무런 소용이 없었습니다. 개는 구운 소시지가 가짜 편지를 가지고 있다가 자기 손에 걸리고 말았다고 말했기 때문입니다.

　새는 슬픔을 참으며 장작을 주워 날아와 보고 들은 것을 봉땅 이야기했습니다. 그들은 무척 실망했지만 둘이서 할 수 있는 일을 하며 함께 살아가자고 사이좋게 이야기를 나눴습니다. 그래서 새는 상 차림 준비를 하고 쥐는 음식을 만들기로 했습니다. 그 일에 착수하려고 그때까지 소시지가 했던 것처럼 채소 사이를 지나다니며 맛을 내려고 했으나, 냄비 한가운데로 가기도 전에 몸을 움직일 수가 없어 가죽과 털을 잃고 그만 목숨까지 잃어버리고 말았습니다.

　새가 방에서 나와 음식을 식탁에 차리려 하는데 요리를 하던 생쥐가 보이지 않았습니다. 새는 당황해서 장작을 이리저리 던지고 쥐를 부르며 찾아보았지만, 그 어디에서도 생쥐를 볼 수 없었습니다. 그러다가 장작에 불이 붙는 바람에 집에 불이 나고 말았지요. 새는 불을 끄려고 서둘러 우물로 갔습니다. 그런데 두레박을 물속으로 떨어뜨리고 말았습니다. 그 틈에 자기도 함께 우물 속으로 떨어져 버렸지요. 새는 물에 빠져 허우적거리다 다시는 밖으로 나올 수 없었답니다.

홀레 할머니

Frau Holle

어느 곳에 남편이 먼저 세상을 떠나 홀로 살고 있는 여자가 있었습니다. 이 여인에게는 딸이 둘 있었는데 하나는 예쁘고 부지런했지만 다른 하나는 못생기고 게을렀죠. 하지만 어머니는 이 못생기고 게으른 딸을 훨씬 더 귀여워했답니다. 그 아이가 친딸이었거든요. 그래서 의붓딸은 마치 재투성이 아가씨처럼 온갖 궂은일을 해야만 했습니다. 이 가엾은 소녀는 날마다 마을 우물가에 앉아 손가락에서 피가 날 때까지 실을 자았지요.

그러던 어느 날 소녀는 실을 감는 얼레에 피가 잔뜩 묻자 얼레를 가지고 우물로 갔습니다. 우물물로 얼레를 씻으려 한 것이지요. 그런데 그만 손이 미끄러지는 바람에 얼레를 우물 속에 풍덩 떨어트리고 말았습니다.

소녀가 울면서 새어머니에게 달려가 이 사실을 이야기하자 새어머니는 무척 화가 난 목소리로 나무라며 가차없이 말했습니다.

"네가 얼레를 빠뜨렸으니 직접 건져 오너라."

소녀는 다시 우물로 갔지만 어떻게 해야 좋을지 몰랐습니다. 그래서 막막한 심정으로 얼레를 건져내기 위해 우물 속으로 뛰어들고 말았습니다. 소녀는 정신을 잃었습니다. 얼마나 시간이 흘렀을까요? 소녀가 눈을 떠보니 어느 아름다운 초원 위에 누워 있는 게 아니겠습니까. 그 초원 위를 햇살이 밝게 비추었고 아름다운 꽃들이 활짝 피어 있었습니다. 자리에서 일어나 초원을 걸어가자 소녀는 빵이 가득 들어 있는 화덕 옆에 이르렀습니다. 그런데 빵이 이렇게 외치는 것이었습니다.

"제발 나를 꺼내 줘요. 나를 꺼내 줘요. 그러지 않으면 까맣게 타버릴 거예요. 난 이미 노릇노릇하게 구워졌답니다."

소녀는 얼른 화덕으로 다가가 기다란 부젓가락으로 빵을 하나씩 꺼냈습니다.

그리고 가던 길을 계속 걸어갔지요. 소녀는 사과가 주렁주렁 탐스럽게 매달린 나무 옆에 이르렀습니다. 나무가 소녀를 불렀답니다.

"날 흔들어 줘. 흔들어 줘. 사과들이 모두 잘 익었어."

소녀가 나무를 흔들자 잘 익은 사과들이
마치 비가 오듯 투두둑 떨어졌습니다. 사과가 나뭇가
지에 하나도 남지 않을 때까지 흔들어 주었지요. 소녀
는 떨어진 사과들을 한곳에 모아 놓고 다시 길을 걸어
갔습니다.

마침내 한 채의 작은 집에 이르렀습니다. 그 집 창문으로 한 할머니가 밖을
내다보고 있었습니다. 그 할머니는 커다란 이빨을 가지고 있어서 소녀는 괴상
한 모습에 겁이 나 도망치려 했습니다. 그때 갑자기 할머니가 소녀를 불렀습
니다.

"애야, 두려워할 건 하나도 없단다. 이리 오너라. 네가 집안일을 열심히 해

준다면 분명 좋은 일이 있을 게다. 너는 그저 신경 써서 내 침대를 깨끗하게 정리하고 이부자리를 자주 털어서 깃털이 잘 날리게만 해주면 된단다. 깃털이 잘 날면 인간 세상에 눈이 오지. 나는 홀레 할머니야."

할머니가 매우 다정하게 말하기에 소녀는 그렇게 하기로 마음먹고 할머니를 위해 기쁜 마음으로 일하기 시작했습니다. 소녀는 할머니께서 무척 흡족해 할 만큼 열심히 정리하며 할머니 침대를 언제나 힘껏 털었기 때문에 깃털들이 새하얀 눈송이처럼 이곳저곳 휘날렸지요. 그 대신 소녀도 할머니 곁에서 행복한 나날을 보냈답니다. 한 번도 혼나지 않고 날마다 지글지글 보글보글 맛있는 음식을 먹었지요.

이렇게 홀레 할머니 집에서 지내던 어느 날 소녀는 저도 모르게 갑자기 슬퍼졌습니다. 처음에는 왜 그런지 자기도 알 수 없었습니다. 그러다 마침내 집이 그리워서 슬프다는 사실을 깨달았습니다. 이곳이 집보다 훨씬 더 지내기 좋았지만 그래도 집으로 돌아가고 싶었습니다.

마침내 소녀는 할머니에게 말했습니다.

"할머니, 집으로 돌아가고 싶어 견딜 수가 없어요. 여기 아래 세계에 있는 것이 아무리 좋다 해도 더는 머물고 싶지 않아요. 다시 위로 올라가 가족들이 있는 집으로 돌아가고 싶어요."

"다시 집으로 돌아가고 싶다니 참으로 착한 아이구나. 그동안 싫은 내색 하나 없이 일을 잘 해 주었으니 내가 직접 위로 데려다 주마."

이렇게 말하고 나서 할머니는 소녀의 손을 잡고 커다란 문 앞으로 데리고 갔습니다. 문이 열리고 소녀가 그 아래에 서자마자 황금비가 세차게 떨어져내렸습니다. 그 황금비가 소녀 몸에 모두 달라붙어 온몸을 뒤덮었습니다. 그래서 소녀는 온통 황금으로 덮이고 말았지요.

"그건 네게 주는 선물이란다. 부지런히 일을 해주었으니까 말이야."

홀레 할머니는 그렇게 말하면서 소녀가 우물 속에 떨어뜨렸던 얼레도 돌려주었습니다. 이윽고 문이 닫히더니 어느새 소녀는 땅 위 세상에 나와 있었습니다. 게다가 집과도 가까운 곳이었지요. 소녀가 마당으로 들어서자 우물가에 앉아 있던 수탉이 큰소리로 울었습니다.

"꼬끼오, 우리 황금 아가씨께서 돌아오셨다."

소녀는 새어머니에게로 갔습니다. 소녀는 온몸이 황금으로 뒤덮여 있었기에 새어머니도 의붓동생도 소녀를 반갑게 맞아주었습니다.

소녀는 이제까지 무슨 일이 있었는지 몽땅 이야기했지요. 소녀가 어떻게 해서 그토록 엄청난 부자가 되었는지를 들은 어머니는 못생기고 게으른 딸에게도 똑같은 행운을 갖게 해 주고 싶었습니다. 그래서 이 딸도 우물가에 앉아 실을 자아야만 했습니다. 못난이 딸은 얼레에 피를 묻히기 위해 일부러 손가락을 찌르거나 가시나무 덤불 속에 손을 집어넣기도 했습니다. 그런 뒤 피가 묻은 얼레를 우물 속에 던지고는 자기도 풍덩 뛰어들었습니다.

못생긴 딸은 먼저 우물 속 세상으로 들어왔던 소녀처럼 아름다운 초원에 이르렀고 마찬가지로 길을 걸어 나아갔습니다. 딸이 빵 굽는 화덕에 이르자 빵들이 외쳤습니다.

"나를 꺼내 줘요. 나를 꺼내 줘요. 그러지 않으면 까맣게 타버릴 거예요. 난 벌써 노릇노릇하게 구워졌답니다."

하지만 게으름뱅이 소녀는 이렇게 말했습니다.

"그러면 내 손이 더러워지잖아."

소녀는 빵이 부르는 소리를 모른 체하고 길을 계속 걸어 나아갔습니다. 곧 사과나무가 있는 곳에 이르렀지요. 사과나무가 외쳤습니다.

"날 흔들어 줘. 흔들어 줘. 사과들이 모두 잘 익었어."

"내게 그런 일을 시키다니. 나무를 흔들다가 사과가 내 머리 위로 콩! 떨어질지도 모르잖아."

소녀는 그렇게 아무런 도움도 주지 않고 계속 길을 걸어 나갔습니다.

마침내 홀레 할머니 집 앞에 이르렀습니다. 소녀는 할머니의 이빨이 커다랗다는 이야기를 들어 이미 알고 있었기 때문에 전혀 두려워하지 않고 곧바로 할머니에게 가서 일을 하겠다고 했습니다. 첫날은 억지로 꾹 참으며 부지런히 일을 했습니다. 홀레 할머니가 무슨 말을 해도 그 말을 고분고분 따랐지요. 그러면 할머니가 황금을 주리라 생각했으니까요.

그러나 둘째 날이 되자 벌써 게으름을 피우기 시작했고, 셋째 날부터는 더욱 게을러져서 아침에 일어나려 들지도 않았습니다. 소녀는 마땅히 해야 할 홀레 할머니 침대 정리도 하지 않았습니다. 물론 깃털이 휘날리도록 이부자리를 털지도 않았지요.

홀레 할머니는 소녀에게 싫증이 나 더는 일을 하지 않아도 된다며 이제 그

만 집으로 돌아가라고 말했습니다. 게으름뱅이 소녀는 마침내 황금비를 내려
주리라 생각하며 기뻐했습니다. 홀레 할머니는 이 소녀도 문으로 데려갔지만
소녀가 문 앞에 섰을 때는 황금비 대신 커다란 솥에 가득 든 진득한 나무진
이 쏟아져 내렸습니다.

"이게 네가 일한 보답이란다."

홀레 할머니는 그렇게 말하고는 문을 쾅! 닫아 버렸습니다.

게으름뱅이 소녀는 집으로 돌아왔지만 찐득찐득한 나무진이 온몸을 뒤덮
고 있었습니다. 우물가에 앉아 있던 수탉이 소녀를 보자 이렇게 울었습니다.

"꼬끼오, 우리 더러운 아가씨가 돌아왔네요."

찐득찐득한 나무진은 소녀의 몸에 딱 달라붙어서 살아 있는 동안 벗겨지
지 않았답니다.

KHM 025

일곱 마리 까마귀

Die sieben Raben

아들을 일곱이나 둔 아버지가 있었습니다. 딸을 무척 가지고 싶었으나 아무리 시간이 흘러도 아이가 더는 생기질 않았지요. 그러다 드디어 아내가 아이를 갖게 되었고 마침내 여자아이가 태어났습니다. 아버지는 이루 말할 수 없을 만큼 기뻤지만 아이는 덩치도 작고 허약해서 서둘러 세례를 받아야만 했습니다. 아버지는 아들 하나를 재촉해서 우물로 보내 세례에 쓸 물을 떠오게 했습니다. 나머지 여섯 아들들도 함께 달려갔지요. 그런데 모두들 자기가 먼저 물을 길으려고 옥신각신하다가 그만 물 단지를 우물 속으로 빠트리고 말았습니다. 그들은 어찌할 바를 몰라 멍하니 그 자리에 서 있었습니다. 아무도 집으로 돌아갈 용기가 선뜻 나지 않았지요. 아무리 시간이 지나도 아들들이 돌아오지 않자 아버지는 안절부절못하며 말했습니다.

"요 녀석들 틀림없이 노는 데 정신이 팔려 물을 떠와야 한다는 걸 잊어버린 게야. 이런 못된 놈들."

딸이 세례도 받지 못한 채 죽어버릴까봐 아버지는 몹시 걱정이 되었습니다. 그래서 홧김에 이렇게 말해버렸지요.

"못된 녀석들, 모두 까마귀나 되어버려라."

그 말이 입 밖으로 나오기도 전에 아버지 머리 위에서 푸드덕거리는 날갯소리가 들려왔습니다. 위를 올려다보니 숯처럼 새까만 까마귀 일곱 마리가 저 멀리 날아가는 게 보였지요.

아차! 싶었지만 부모는 이제 와서 저주를 풀 수도 없었습니다. 그들은 일곱 아들을 잃어 몹시 슬펐지만, 귀여운 딸이 차츰 건강해져서 날이 갈수록 아름답게 자란 덕분에 조금은 위로를 받았습니다. 소녀는 자기에게 오빠들이 있었다는 사실을 오랫동안 알지 못했습니다. 부모님께서 아들들 이야기를 입 밖에 꺼내려하지 않았거든요.

그러던 어느 날 소녀는 우연히 마을 사람들이 수군거리는 소리를 들었습니다.

"저 아이는 예쁘기는 하지만 일곱 오빠들을 불행하게 만들었어."

그 말을 듣고 소녀는 무척 슬퍼하며 부모님께 물었습니다.

"저에게 오빠들이 있었어요? 그렇다면 지금은 어디에 있나요?"

부모는 이제 더는 비밀을 숨길 수가 없었습니다.

"하늘이 내린 운명일 뿐이란다. 네가 태어나서 그렇게 된 일이긴 하지만 너에게 죄가 있는 게 아니란다."

그래도 소녀는 나날이 그 일이 마음에 걸려 괴로웠습니다. 어떻게든 오빠들을 구해야 한다고 생각했지요. 더는 잠자코 있을 수가 없어서 소녀는 마침내 집을 몰래 빠져나가 넓은 세상으로 길을 떠났습니다. 어떤 대가를 치르더라도 오빠들이 어디에 있는지 알아내고 싶었습니다. 소녀가 가지고 간 것이라고는 추억으로 챙긴 부모님의 작은 반지와 배고플 때 먹을 빵 한 덩어리, 목마를 때 마실 물 한 병, 그리고 지쳤을 때 앉아 쉴 수 있는 작은 의자뿐이었습니다.

소녀는 쉬지 않고 걸어 나아갔습니다. 어찌나 멀리 갔는지 마침내는 햇님이 있는 곳까지 이르게 되었답니다. 그런데 해는 뜨거웠고 무서워서, 작은 아이들을 먹어 치우고 말았습니다. 소녀는 서둘러 도망쳐 달에게로 갔습니다. 달은 매우 차갑고 심술궂었습니다. 아이가 가까이 온 것을 알아채면 이렇게 말했죠.

"어디서 맛있는 사람 고기 냄새가 나는데?"

그래서 소녀는 재빨리 달아나 이번에는 별들이 있는 곳으로 갔습니다. 별들은 다정하고 상냥했으며 저마다 작은 의자에 앉아 있었습니다. 샛별이 자리에서 일어나 소녀에게 병아리 다리 하나를 주며 말했습니다.

"이 작은 다리를 갖고 가야 유리 산 문을 열 수 있어. 네 오빠들은 그 유리 산에 있단다."

소녀는 병아리 다리를 받아 손수건에 소중히 싸서는 품속에 넣고 계속 길을 걸어 나아갔습니다. 마침내 유리 산에 이르렀지만 문은 굳게 잠겨 있었습니다. 별들의 말을 떠올린 소녀가 병아리 다리를 꺼내려 손수건을 펴보니 텅텅 비어 있는 게 아니겠습니까. 착한 별들이 준 선물을 잃어버린 것이었습니다. '이제 어떻게 해야 좋을까요? 오빠들을 구하러 왔는데 유리 산으로 들어갈 수조차 없게 되어버렸어요.' 착한 누이동생은 칼을 들어 제 작은 손가락을 잘라 열쇠구멍에 꽂았습니다. 다행히 문이 활짝 열렸습니다. 소녀가 그곳으로 들어가자 한 난쟁이가 다가와서 물었습니다.

"얘야, 이곳에서 뭘 찾고 있니?"

"오빠들을 찾고 있어요. 일곱 마리 까마귀가 된 오빠들이요."

소녀의 대답을 듣고 난쟁이가 말했습니다.

"까마귀 나리들은 지금 집에 없어. 하지만 그분들이 돌아올 때까지 기다리겠다면 이리로 들어오렴."

난쟁이는 일곱 까마귀들이 먹을 음식을 작은 접시 일곱 개에 올려 잔 일곱 개와 함께 가져왔습니다. 누이동생은 일곱 접시마다 한 숟갈씩 음식을 먹었고 일곱 잔마다 한 모금씩 물을 마셨습니다. 그리고 마지막 잔에는 가져온 반지를 떨어뜨려 놓았습니다.

그때 갑자기 하늘에서 푸드득 날갯소리와 함께 슬픈 울음소리가 들려왔습니다.

"까마귀 나리들이 집에 돌아왔어."

난쟁이가 말했습니다. 집으로 들어온 까마귀들은 먹고 마시려 접시와 잔을 찾았습니다. 그러고는 차례차례 말하기 시작했습니다.

"누가 내 접시에 담긴 음식을 먹었지?"

"누가 내 잔으로 마신 거야?"

"사람 입이 닿은 게 틀림없어!"

그렇게 일곱 번째 까마귀가 잔을 쭉 들이켜자 작은 반지가 또르륵 굴러 나왔습니다. 그것을 보자마자 아버지와 어머니의 반지라는 사실을 곧바로 알아차리고 외쳤습니다.

"우리 누이동생이 왔다면 좋을 텐데. 그러면 우린 구원받을 수 있을 거야."

문 뒤에 숨어서 귀를 기울이고 있던 소녀가 그 말을 듣고 얼른 뛰어나왔습니다. 그러자 까마귀들은 모두 사람 모습으로 돌아왔지요. 그들은 기쁨에 겨워 서로 부둥켜안고 입을 맞추며 집으로 돌아갔답니다.

KHM 026
빨간 모자
Rotkäppchen

참 사랑스럽고 귀여운 소녀가 있었습니다. 누구나 한 번 보면 이 소녀를 좋아하지 않을 수 없답니다. 특히 할머니에게는 세상 무엇에도 비할 수 없는 보물이었습니다. 손녀에게 무엇 하나라도 더 해 주고 싶어 어쩔 줄을 몰랐습니다. 그러던 어느 날 할머니가 붉은 벨벳으로 만든 모자를 선물했는데 그 모자는 소녀에게 무척 잘 어울렸습니다. 그래서 소녀는 언제나 이 모자만 쓰고 다녔기에 '빨간 모자'라고 불렸답니다.

햇살이 따스한 어느 날 어머니가 소녀에게 말했습니다.

"빨간 모자야. 이 과자와 포도주를 할머니께 가져다드려라. 편찮으셔서 전보다 쇠약해지셨으니 이것들을 드시면 기운을 다시 차리실 게다. 해가 쨍쨍 내리쬐기 전에 어서 다녀오너라. 집을 나서면 침착하게 걷고 절대로 한눈팔면 안 된단다. 자칫 넘어지기라도 하면 과자와 포도주가 못쓰게 되어 버리니까. 그리고 할머니 방에 가면 잊지 말고 '안녕하세요?' 공손히 인사부터 드려라. 그 전에 방을 이리저리 둘러보거나 하면 안 된다."

"네, 어머니 말씀대로 할게요."

빨간 모자는 어머니에게 새끼손가락을 걸며 약속했습니다. 할머니는 마을에서 30분쯤 떨어진 숲에 살았습니다. 빨간 모자가 숲길을 걷다 보니 늑대가 나타났습니다. 빨간 모자는 늑대가 얼마나 못된 짐승인지 몰랐기에 조금도 무서워하지 않았습니다.

"안녕, 빨간 모자야. 잘 지냈니?"

늑대가 말했습니다.

"응, 잘 지냈어."

"아침 일찍부터 어디 가니, 빨간 모자야?"

"할머니 집에 가는 거야."

"손에 들고 있는 건 뭐니?"

"과자랑 포도주야. 어제 집에서 구운 과자지. 할머니가 편찮으신데 이걸 드려서 기운을 차리시게 하려고."

"빨간 모자야, 네 할머니 집은 어디야?"

"여기서 숲으로 15분쯤 더 걸어 들어가면 커다란 떡갈나무 세 그루가 있는데, 할머니 집은 그 아래에 있어. 개암나무 울타리가 쳐져 있으니, 얼른 눈에 띌 거야."

빨간 모자가 말했습니다.

늑대는 속으로 '이 작은 아이는 부드러워서 무척 맛나겠는데. 늙은 할머니보다 훨씬 더 맛있을 거야. 둘 다 잡아먹으려면 머리를 좀 굴려야겠는걸.' 이런 생각을 하며 한동안 빨간 모자와 나란히 걷다가 말했습니다.

"빨간 모자야, 여기저기 활짝 핀 예쁜 꽃들 좀 보렴. 왜 한 번도 주위를 둘러보지 않는 거야? 아름답게 지저귀는 새들의 노랫소리가 들리지 않니? 마치 학교에 가기라도 하는 것처럼 앞만 보고 걷는구나. 숲 속이 얼마나 재미난 곳인데."

빨간 모자는 그제야 주위를 둘러보았습니다. 늑대 말처럼 따스한 햇빛이 나무 사이로 반짝이며 흔들흔들 춤을 추고 이곳저곳 아름다운 꽃들이 가득

피어 있었습니다.

'파릇파릇한 꽃다발을 가져다 드리면 할머니께서 무척 기뻐하시겠지? 아직 날이 밝으니까 늦기 전에 도착할 수 있어.'

이렇게 생각한 빨간 모자는 길을 벗어나 숲 속으로 들어가서는 어여쁜 꽃을 찾았습니다. 하나를 꺾고 난 뒤 둘러보면 저 안쪽에 있는 꽃이 더 예뻐 보여서, 그러다 보니 숲 속 깊이 들어서게 되었습니다.

그 사이 늑대는 빨간 모자를 내버려두고 곧바로 할머니 집으로 달려가 문을 두드렸습니다.

"밖에 누구신가요?"

"할머니, 빨간 모자가 왔어요. 과자와 포도주를 가져왔지요. 문 좀 열어주세요."

"열려 있으니 들어오너라. 난 힘이 빠져 도저히 일어날 수가 없구나."

늑대가 문을 밀자 스르륵 열렸습니다. 늑대는 아무 말 없이 살금살금 침대로 다가가 할머니를 한입에 꿀꺽 삼켜버렸습니다. 그러고는 할머니 옷을 입고 잠잘 때 쓰는 모자를 푹 눌러쓴 채 침대에 누워 커튼을 쳤지요.

한편 빨간모자는 이리저리 뛰어다니며 꽃을 잔뜩 모아, 들고 가기에도 버거울 만큼 큼직한 예쁜 꽃다발을 만들었습니다. 그제야 문득 힘없이 누워 계실 할머니가 떠올랐습니다. 그래서 얼른 할머니 집으로 걸음을 옮겼지요. 할머니 집에 이르러 보니 이상하게도 문이 활짝 열려 있는 게 아니겠습니까. 거실로 들어서는데 아무래도 느낌이 심상치 않았습니다.

'아이 참, 오늘은 왜 이리 기분이 이상하고 가슴이 두근거릴까? 할머니 집

에 오면 늘 기분이 좋았었는데!'

소녀는 이렇게 생각했습니다.

"할머니 안녕하세요?"

빨간 모자가 큰 소리로 인사했지만 아무런 대답이 없었습니다. 그래서 침대로 가서 커튼을 걷어보니 할머니는 누워서 잠들어 계셨지요. 그런데 모자를 깊숙이 눌러쓰고 있어서 몹시 이상하게 보였습니다.

"할머니, 귀가 왜 그렇게 커요?"

"네가 하는 말을 잘 듣고 싶거든."

"할머니, 눈은 왜 그렇게 커요?"

"네 모습을 뚜렷이 잘 보려는 게지."

"할머니, 손은 왜 그렇게 큰가요?"

"네가 가지 못하게 꽉 붙잡으려고."

"그런데 할머니, 무섭게도 할머니 입은 왜 그렇게 커요?"

"너를 한 입에 잡아먹으려 하니까!"

늑대는 그 말을 하자마자 침대에서 벌떡 일어나더니 가엾게도 빨간 모자를 한 입에 꿀꺽 삼켜 버렸습니다.

늑대는 잔뜩 부른 배를 두드리며 다시 침대에 누워 곧 잠이 들었습니다. 그러더니 엄청나게 큰 소리로 드르렁드르렁 코를 골았지요. 그때 마침 사냥꾼이 할머니 집 옆을 지나가다가 그 소리를 들었습니다.

'할머니께서 왜 이렇게 코를 심하게 고시는 걸까? 어디 편찮으신 게 아닐까?'

사냥꾼이 할머니가 걱정되어 집으로 들어가 침대 앞에 가 보니 할머니 대신 못된 늑대가 드러누워 있는 게 아니겠습니까.

"이런 곳에 있었군! 나쁜 늑대 녀석, 오랫동안 널 찾아다녔다."

그런데 총을 쏘아 잡으려다가 문득 늑대가 할머니를 잡아먹었을지도 모른

다는 생각이 들었습니다. 그렇다면 먼저 할머니를 구해야겠다 싶어서 사냥꾼은 가위를 가져와 늑대의 배를 갈랐습니다. 싹뚝싹뚝 몇 번 가위질을 하니 늑대 뱃속에 있는 빨간 모자가 조금씩 보였습니다. 몇 번 더 가위질을 하니 소녀가 뛰쳐나오며 외쳤습니다.

"아아, 무서웠어요. 늑대 뱃속은 너무도 깜깜해요!"

곧 할머니께서도 밖으로 나왔습니다. 다행히도 가까스로 숨이 붙어 계셨지요. 빨간 모자는 재빨리 커다란 돌멩이들을 가져왔습니다. 세 사람은 돌멩이로 늑대 뱃속을 가득 채웠지요. 이윽고 늑대가 잠에서 깼습니다. 늑대는 사냥꾼을 보자 화들짝 놀라 달아나려 했지만, 돌멩이들이 너무 무거워 툭 주저앉더니 그만 죽어버리고 말았습니다.

세 사람 모두 너무도 기뻐했습니다. 사냥꾼은 늑대 가죽을 벗겨 집으로 가져갔습니다. 할머니는 빨간 모자가 가져온 과자와 포도주를 먹고 기운을 차렸지요. 빨간 모자는 다짐했습니다.

'앞으로 어머니가 하지 말라고 하신 일은 절대 하지 않겠어. 다시는 길에서 벗어나 숲 속으로 들어가지 않을 거야.'

덧붙여 이런 이야기도 있습니다.

어느 날 빨간 모자가 또 과자를 들고 할머니에게 가고 있는데, 다른 늑대가 다가와 더 아름다운 곳으로 가자며 빨간 모자를 꾀려고 했습니다. 하지만 빨간 모자는 단단히 경계하며 거절하고는, 곧바로 할머니 집으로 가서 늑대를 만난 이야기를 했습니다.

"늑대가 반갑게 인사를 했는데, 말투와 달리 눈빛이 무척 심술궂었어요. 사람이 드문 길이었다면 아마도 절 잡아먹었을 거예요."

"이리 가까이 오렴, 문을 잠그고 그 녀석이 들어오지 못하게 하자."

할머니가 말했습니다. 얼마 안 있어 그 늑대가 문을 두드리며 말했습니다.

"문을 열어 주세요, 할머니, 저 빨간 모자예요. 과자를 가져왔답니다."

하지만 둘은 잠자코 앉아서 문을 열어 주지 않았습니다. 그러자 늑대는 몇 바퀴 집 주위를 슬금슬금 돌다가 끝내는 지붕 위로 훌쩍 뛰어 올라갔습니다. 저녁이 되어 빨간 모자가 집으로 돌아가면 그 뒤를 살금살금 쫓아가 어둠 속에서 잡아먹으려 한 것이죠. 하지만 할머니는 늑대의 속셈을 곧 알아차렸습니다.

집 앞에는 돌로 만든 커다란 물통이 있었습니다. 할머니가 손녀에게 말했습니다.

"빨간 모자야, 양동이를 가져오렴. 어제 소시지를 끓였는데, 그 물을 저 통에 부어라."

빨간 모자는 돌로 만든 커다란 물통이 가득 찰 때까지 물을 부었습니다. 먹음직스런 소시지 냄새가 풍겨와 코를 간지럽히자 늑대는 킁킁거리며 아래를 내려다보았습니다. 그런데 목을 너무 길게 뺀 나머지 기우뚱 몸의 균형을 잃고 지붕에서 데굴데굴 굴러 떨어져 그만 커다란 물통 속으로 풍덩! 빠져 죽고 말았습니다.

빨간 모자는 즐거운 마음을 안고 집으로 돌아왔고 아무런 나쁜 일을 당하지 않았답니다.

KHM 027

브레멘 음악대

Die Bremer Stadtmusikanten

어떤 남자에게 당나귀 한 마리가 있었습니다. 그 당나귀는 기나긴 세월 힘들어도 꾹 참으면서 열심히 곡식 자루를 방앗간으로 옮겼습니다. 하지만 이제는 나이가 너무 들어 무척 힘에 겨워 했지요. 그래서 주인은 쓸모가 없다 여기고, 먹이를 아끼려고 곧 당나귀를 버리려했습니다. 하지만 먼저 눈치챈 당나귀는 집을 나와 브레멘 마을로 향했습니다. 그 마을에 가면 음악대에 들어갈 수 있으리라 생각했던 거죠.

가다 보니 사냥개 한 마리가 길바닥에 주저앉아 있는 게 보였습니다. 사냥개는 힘껏 달려오다 지쳤는지 숨을 가쁘게 몰아쉬고 있었습니다.

"덩치도 좋은 양반이 왜 그렇게 헐떡거리고 있나?"

당나귀가 묻자 개가 말했습니다.

"아, 세상에 내가 늙어서 힘도 딸리고 이제는 사냥도 잘하지 못하니 주인이 나를 죽이려 하지 뭔가. 그래서 얼른 도망쳐 왔지. 앞으로 어떻게 살아가야 할지 걱정일세."

그러자 당나귀가 말했습니다.

"난 브레멘으로 가서 음악가가 되려 하는데 자네도 함께 가서 음악을 해 보는 게 어떤가. 난 기타를 연주할 테니 자네는 북을 치게."

개는 좋은 생각이라며 당나귀와 함께 가기로 했습니다. 가다 보니 고양이 한 마리가 한 사흘은 퍼부어 내린 하늘처럼 잔뜩 찌푸린 얼굴로 길가에 앉아 있었습니다.

"왜 그리 오만상을 쓰고 있나, 수염쟁이 양반?"

당나귀가 물었습니다.

"죽다 살아났는데 웃음이 나오겠나. 나이 먹고 이빨이 무뎌져서 쥐를 쫓아다니는 일보다 난로 옆에 앉아 가르랑거리는 게 더 좋았지. 그런데 안주인이 나를 물에 빠뜨려 죽이려는 거야. 허겁지겁 뛰쳐 나오긴 했지만 이제 어디로 가야 할지 모르겠어."

고양이가 말했습니다.

"우리와 함께 브레멘으로 가세. 자네는 노래를 잘하니 음악대에 들어갈 수 있을 거야."

좋은 생각이라며 고양이는 얼른 따라나섰습니다. 이렇게 해서 여행자 셋은 어느 농사꾼 집 옆을 지나게 되었습니다. 그런데 그 집 문 위에 수탉이 앉아 온 힘을 쥐어짜 울고 있는 게 아니겠습니까.

"아, 마음을 울리는 목소리군. 그런데 무슨 일로 그리 우는가?"

당나귀가 물었습니다.

"날씨가 좋다고 알리고 있었어. 오늘은 성모님의 날이야. 성모님께서 아기 예수 속옷을 빨아 말리는 날이거든. 그런데 이번 일요일에 손님들이 잔뜩 올 거야. 인정머리 없는 주인아주머니가 요리사에게, 일요일에 나를 수프로 만들어 내오라고 했어. 내 목은 오늘 저녁 뎅겅 잘리겠지. 노래를 부를 수 있을 때 목청껏 한번 불러보고 싶었어. 그래서 이렇게 소리치는 거야."

수탉이 말했습니다.

"아이고, 이 양반아! 차라리 우리랑 함께 떠나자. 우리는 브레멘으로 가는 중이야. 어디로 가든 죽는 것보다는 나을 걸세. 자네는 목소리가 우렁차잖아. 우리가 함께 연주하면 틀림없이 좋은 음악이 될 거라고."

당나귀가 말했습니다.

수탉은 그 제안이 마음에 쏙 들었습니다. 그래서 그들 넷은 함께 계속 걸어 갔답니다.

하지만 브레멘은 먼 곳이어서 하루 만에 갈 수 없었습니다. 숲 속에 이르자 그만 해가 저물어 그곳에서 밤을 지내기로 했습니다. 커다란 나무가 보여 당나귀와 개는 그 아래 누웠고, 고양이와 수탉은 가지를 타고 올라갔습니다. 수탉은 나무 꼭대기까지 날아올라갔지요. 그곳이 가장 안전했거든요. 수탉은 잠들기 전 다시 한 번 주위를 둘러보았습니다. 그런데 저 멀리서 희미한 불빛이 반짝이는 게 보이지 않겠습니까. 그래서 친구들에게 불빛이 보이니 그리 멀지 않은 곳에 집이 있는 것 같다고 외쳤습니다.

"그럼 거기로 가 보자. 여기는 잠자리가 영 불편하니까 말이야."

당나귀가 말했습니다.

개는 그 집에 살점이 조금 붙어 있는 뼈다귀가 몇 개 있으면 좋겠다고 생각했습니다.

모두 함께 불빛을 향해 걸어갔습니다. 다가갈수록 불빛은 커지고 밝아 졌지요. 마침내 그들은 불을 환히 밝힌 도둑들 집 앞에 이르렀습니다. 가장 덩

치가 큰 당나귀가 창문 너머로 안을 들여다보았습니다.

"뭐가 있나, 흰머리 양반?"

수탉이 물었습니다.

"뭐가 있냐고? 도둑들이 식탁에 둘러앉아 맛있는 음식과 포도주를 한껏 차려 놓고 배터지게 먹고 있군그래."

당나귀가 대답했습니다.

"나도 밥을 먹고 싶어."

수탉이 말했습니다.

"그래, 그래! 아, 우리가 저기 들어가야 하는 건데!"

당나귀가 말했습니다.

그래서 동물들은 어떻게 도둑들을 쫓아낼지 머리를 맞대고 궁리했습니다. 마침내 좋은 방법이 떠올랐습니다. 먼저 당나귀가 앞발을 창틀에 올려놓자 개가 당나귀의 등으로 뛰어오르고, 고양이가 개의 등으로 올라갔습니다. 그리고 마지막으로 수탉이 날아서 고양이 머리 위에 앉았습니다.

그런 뒤 신호에 맞추어 모두들 신나는 음악을 연주했습니다. 당나귀는 이히힝 울었고 개는 멍멍 짖었습니다. 고양이는 야옹야옹, 수탉은 꼬끼오 있는 힘

껏 울었지요. 그런 뒤 와장창 유리창을 부수고 한꺼번에 방 안으로 뛰어들었
습니다.

　도둑들은 엄청난 소리에 깜짝 놀라, 무서운 유령이 들어온 줄로만 알고 몹
시 겁에 질려 숲 속으로 허둥지둥 도망쳤습니다. 네 친구들은 식탁에 둘러앉
아 남아 있는 음식들을 만족스레 바라보며 마치 한 달은 굶은 듯이 꿀꺽꿀꺽
맛있게 먹었습니다.

　즐겁게 식사를 마친 네 음악가들은 불을 끄고 저마다 마음에 드는 잠자리
를 찾았습니다. 당나귀는 지푸라기더미 위에 누웠고, 개는 문 뒤에, 고양이는
따뜻한 잿더미가 쌓인 아궁이 위에, 그리고 수탉은 지붕 위에 앉았습니다. 모
두들 먼 길을 걸어 몹시 피곤했으므로 곧 잠이 들었습니다.

　밤이 깊어졌습니다. 도둑들이 멀리서 살펴보니 집은 불빛 하나 없이 캄캄하
고 조용했습니다. 두목이 말했습니다.

　"괜히 지레 겁을 먹은 게 아닐까."

　그리고 부하 하나를 집으로 보내 살펴보게 했습니다.

　부하는 집이 조용한 걸 보고 불을 켜려고 부엌으로 갔습니다. 이글이글 불
처럼 빛나는 고양이 눈을 아직 불씨가 살아 있는 석탄으로 잘못 안 그는 불
을 붙이려 성냥개비를 갖다 댔습니다. 그러자 고양이가 그의 얼굴로 번쩍 뛰
어올라 침을 뱉으며 마구 할퀴었습니다. 도둑은 크게 놀라 뒷문으로 빠져나오
려 했지요. 그러자 거기에 누워 있던 개가 달려들어 도둑의 다리를 콱 물었습
니다. 도둑이 허겁지겁 마당을 가로질러 지푸라기 더미 옆을 지날 때는 당나

귀가 뒷발로 그를 호되게 걷어찼지요. 그러자 시끄러운 소리에 잠에서 깬 수탉이 지붕 위에서 꼬끼오! 크게 소리쳤습니다.

도둑은 있는 힘껏 달아나서 대장에게 돌아가 말했습니다.

"집에 무시무시한 마녀가 있는 게 틀림없어요. 제게 입김을 후욱 불더니 칼날같은 손톱으로 제 얼굴을 마구 할퀴지 뭡니까. 그리고 문 옆에 웬 녀석이 칼을 들고 있다가 제 다리를 찔렀고요. 마당에서는 거무튀튀한 괴물이 나무 몽둥이를 마구 휘둘렀어요. 지붕 위에는 재판관이 앉아 있었는데 '저 악당을 반드시 잡아 와라!' 외치더라고요. 그래서 걸음아 날 살려라, 냅다 줄행랑쳤습니다."

그 뒤로 도둑들은 다시는 그 집으로 돌아오지 않았습니다. 네 마리 브레멘 음악대는 그곳이 참으로 마음에 들어서 다시는 밖으로 나가려 하지 않았습니다. 이 이야기는 들은 지 얼마 안 된 따끈따끈한 이야기랍니다.

KHM 028
노래하는 뼈다귀
Der singende Knochen

아주 먼 옛날, 멧돼지가 날뛰는 바람에 골머리를 앓던 나라가 있었습니다. 그 멧돼지는 농부들이 애써 일구어 놓은 밭을 마구 파헤치고, 가축들을 물어 죽였을 뿐만 아니라 엄니로 사람들을 마구 받아버리기도 했습니다.

마침내 왕은 누구든 멧돼지를 처치하여 나라를 구하는 사람에게 큰 상을 내리겠다고 약속했습니다. 하지만 멧돼지는 몸집이 매우 크고 무척이나 힘이 세었기에 그 짐승이 사는 숲 가까이로는 아무도 가지 않으려 했습니다. 그래서 왕은 멧돼지를 사로잡거나 죽이는 사람을 제 외동딸의 남편으로 삼겠노라 널리 알렸습니다.

한편 이 나라에는 가난한 집에서 태어난 한 형제가 살았습니다. 머리가 좋은 형은 자기 꾀를 믿고 자만심에서, 순진하고 어리숙한 동생은 나라를 구해 내려는 착한 마음에서 멧돼지를 잡아내겠다며 집을 나섰습니다.

"그 멧돼지를 찾으려면 둘로 나누어 숲으로 들어가도록 하라."

왕이 말했습니다.

그래서 숲에 이르자 형은 서쪽으로, 동생은 동쪽으로 들어갔습니다. 동생이 얼마쯤 걸어 들어가자 어디선가 난쟁이가 다가왔습니다. 그 난쟁이는 손에 검은 창을 들고 있었습니다.

"넌 마음씨가 착하고 순수하니 이 창을 주겠다. 이것만 있으면 그 사나운 멧돼지를 쉽게 잡을 수 있어. 넌 털끝만큼도 다치지 않을 거야."

동생은 난쟁이에게 고맙다는 인사를 하고 창을 어깨에 걸친 뒤 용감하게 나아갔습니다. 몇 걸음 채 떼지 않았는데 앞쪽에서 성난 멧돼지가 땅을 울리며 돌진해 오고 있었습니다. 그는 침착하게 멧돼지를 바라보며 창을 겨누었습니다. 화가 잔뜩 나서 물불 가리지 않고 힘차게 달려오던 멧돼지는 그만 창에 찔려 심장이 두 쪽으로 갈라지고 말았지요. 동생은 왕에게 가져다주려고, 멧돼지를 어깨에 둘러멘 채 먼저 집으로 향했습니다.

숲 반대편으로 나오니 집 하나가 보였습니다. 그 집에서는 사람들이 춤판을 벌이고 쉴 새 없이 잔을 들이켜며 즐겁게 놀고 있었는데, 그 가운데 형의 모습도 보였습니다. 형은 멧돼지가 다른 곳으로 가버리지는 않을 테니 먼저 술부터 한잔 마시며 긴장을 풀겠다고 생각했던 것이죠.

그런데 뜻밖에 동생이 멧돼지를 짊어지고 숲에서 나오니, 형은 부글부글 끓어오르는 질투심을 도무지 견딜 수가 없었습니다. 그는 동생을 불렀습니다.

"아우야, 수고 많았다. 이리 와 술 한 잔 하면서 기운을 차리렴."

형의 음흉한 속내를 전혀 눈치채지 못한 동생은 안으로 들어가, 멧돼지를 죽이라고 창을 주었던 착한 난쟁이 이야기를 들려주었습니다. 형은 저녁 무렵까지 동생을 붙들어 두었다가 함께 길을 떠났습니다. 그런데 해가 떨어진 뒤 캄캄한 어둠 속에서 개울 위 다리에 이르자, 형은 동생을 앞세운 다음 다리 한가운데쯤 이르렀을 때 뒤에서 그를 있는 힘껏 내리쳤습니다. 동생은 개울물에 떨어져 그대로 죽고 말았지요.

형은 동생을 다리 아래에 묻은 뒤 멧

돼지를 짊어지고 왕 앞으로 갔습니다. 자신이 멧돼지를 잡았다고 거짓말을 했지요. 형은 왕의 딸을 아내로 맞게 되었답니다. 동생은 왜 돌아오지 않느냐고 사람들이 물으면 형은 이렇게 말했습니다.

"멧돼지와 싸우다 받혀 그만 죽고 말았어요."

다들 의아해 하면서도 그 말을 믿을 수밖에 없었습니다.

그러나 하느님에게까지 숨길 수 있는 일은 없습니다. 이 못된 짓도 언젠가는 드러나는 법이지요. 여러 해가 지난 어느 날, 한 목동이 양 떼를 몰고 그 다리를 지났습니다. 그런데 다리 아래 모래 속에서 눈처럼 하얀 뼈다귀가 반쯤 파묻혀 있는 게 아니겠습니까. 목동은 피리로 만들면 좋겠다 싶어 다리 아래로 내려가 뼈를 주워서 열심히 깎았습니다. 다 만들어진 피리에 입을 대고 불어본 순간, 목동은 깜짝 놀랐답니다. 그 뼈로 만든 피리가 홀로 노래를 부르는 게 아니겠습니까.

"아아, 목동이여, 그대가 내 뼈다귀를 불었구나. 내 형이 나를 죽이고 다리 아래 파묻었지요. 내가 잡은 멧돼지를 빼앗아 공주님과 결혼하려고요."

"신기한 피리로군. 혼자 노래를 하다니. 임금님께 바쳐야겠는걸."

목동이 왕에게 피리를 가져가니 뼈다귀는 다시 한 번 노래를 불렀습니다. 왕은 그 노래가 무엇을 뜻하는지 이내 깨닫고는 다리 아래 땅을 파 보게 했습니다. 그러자 형에게 맞아죽은 동생의 뼈가 묻혀 있었지요. 나쁜 형은 자기가 저지른 일을 더는 숨길 수 없었습니다. 왕은 형을 자루에 넣어 단단히 꿰맨 다음 산 채로 물속에 빠뜨려 죽이라고 엄히 영을 내렸습니다.

동생의 뼈는 교회 마당 아름다운 무덤 속에 묻혀 마음 편히 쉬게 되었답니다.

KHM 029

황금 머리카락 세 가닥을 가진 악마
Der Teufel mit den drei goldenen Haaren

가난한 여인이 살았습니다. 여인은 아들을 낳았는데 그 아이는 행운의 모자라 불리는 양막을 뒤집어쓴 채 태어났습니다. 이를 본 예언가가 이런 말을 했습니다.

"이 아이가 열네 살이 되면 왕의 딸을 아내로 맞을 것이다."

그로부터 얼마 지나지 않아 왕이 우연히 이 마을에 들렀습니다. 누구도 그가 왕인지 몰랐습니다.

"요즘 달라진 일은 없는가?"

왕이 묻자 사람들은 이렇게 대답했습니다.

"며칠 전에 행운의 모자를 쓴 아이가 태어났습니다. 그런 아이는 무엇을 하든 늘 행운이 따르죠. 열네 살이 되면 공주를 아내로 얻으리라는 예언까지 들었답니다."

마음씨 나쁜 왕은 그 예언을 듣자 몹시 화가 났습니다. 그래서 그 아이 부모에게 친절을 베풀 듯 말했습니다.

"당신들은 가난하니 아이를 돌보기 힘들 테지. 내게 맡기면 잘 보살펴 주리다."

부모는 처음에는 손사래를 쳤지만 낯선 남자가 사례로 금화를 두둑이 주겠다고 하자 마음이 흔들렸습니다.

'행운의 아이이니 별 탈 없이 행복하게 살아가겠지.'

마침내 부모는 아이를 그에게 넘겨주었습니다.

왕은 아이를 상자에 눕힌 뒤 말에 태우고 달렸습니다. 깊은 강에 이르자 물속에다 상자를 냅다 던져 넣으며 생각했습니다.

'내 딸을 넘보는 건방진 녀석에게서 딸을 구할 수 있어서 참으로 다행이군.'

그런데 상자 안에 물은 한 방울도 새어 들어오지 않았고, 상자는 가라앉지 않은 채 마치 작은 배처럼 둥둥 떠내려갔습니다. 상자는 왕이 사는 성 근처 물레방앗간까지 흘러가 그 옆 제방에서 멈추었지요. 다행히도 방앗간에서 일하는 젊은이가 상자를 발견해 갈고리로 끌어냈습니다.

그는 큰 보물이 들어 있으리라 기대하며 상자를 열었는데 그 안에는 발그레한 볼을 가진 귀여운 사내아이가 새근새근 잠들어 있었습니다. 젊은이는 아이를 방앗간 주인 부부에게 데려갔습니다.

아이가 없었던 부부는 무척 기뻐했습니다.

"하느님께서 소중한 선물을 주셨구나."

아이는 방앗간 주인 부부의 따뜻한 보살핌을 받으며 착하고 똑똑한 소년으로 자라났습니다. 어느 날 왕이 소나기를 피해 이 방앗간으로 들어왔습니다. 그는 주인 부부에게 저 건장한 소년

이 이 집 아들이냐고 물었습니다.

"친아들은 아닙니다. 14년 전 상자에 담겨 강물을 타고 떠내려 오던 아이를 한 젊은이가 건져냈지요. 그래서 저희가 맡아 아들로 삼았답니다."

부부가 말했습니다.

왕은 그 소년이 자신이 예전에 물속에 던져버렸던 그 행운의 아이임을 곧

알아차렸습니다. 그래서 이렇게 말했습니다.

"너희들은 마음씨가 착하구나. 그런데 왕비에게 편지를 보내려는데 저 소년에게 맡겨도 되겠는가? 사례로 금화 두 닢을 주겠네."

"임금님 분부시라면 기꺼이 따르겠습니다!"

소년은 떠날 채비를 했습니다. 그 사이 왕은 얼른 편지를 썼습니다.

'이 편지를 가지고 온 소년을 죽여서 땅에 묻어버리시오. 내가 돌아가기 전에 모든 일을 끝내야 하오.'

소년은 편지를 받자 곧 길을 떠났습니다. 그러나 그만 길을 잃어버렸고, 해가 뉘엿뉘엿 저물 무렵에는 커다란 숲에 들어섰습니다. 캄캄한 어둠 속에서 저 멀리 작은 불빛이 반짝이기에 그곳으로 가 보니 조그만 집이 있었습니다. 집 안에는 할머니 혼자 난로 옆에 앉아 있었습니다. 할머니는 소년을 보자 깜짝 놀라 말했습니다.

"한밤중에 이런 곳에 무슨 일로 왔지?"

"전 방앗간에서 왔습니다. 왕비님께 편지를 전해 드리려고 길을 떠났는데. 그만 숲에서 길을 잃어버려 헤맸답니다. 여기서 하룻밤만 묵어도 괜찮을까요?"

"가여운 아이야. 여긴 도둑의 소굴이란다. 그들이 돌아오면 널 가만 두지 않을 거야."

"올 테면 오라지요. 전 하나도 무섭지 않아요. 게다가 몹시 지쳐서 이젠 한 걸음도 못 걷겠어요."

소년은 그렇게 말하며 긴 의자 위에 몸을 쭉 뻗고 눕더니 금세 잠이 들었습니다.

잠시 뒤 도둑들이 돌아와 낯선 소년이 누워서 자고 있는 것을 보자 화를 내며 누구냐고 물었습니다.

"그 아이는 아무 죄가 없어. 그저 길을 잃었을 뿐이네. 불쌍해서 하룻밤 자고 가라 했지. 왕비님께 편지를 가져다 드려야 한다더군."

할머니가 말했습니다.

도둑들은 소년의 품 속을 뒤져 편지를 꺼내 읽어 보았습니다. 편지에는 소년을 죽이라고 씌어 있었지요. 그러자 제아무리 무자비한 도둑들이라 해도 소년이 가여워졌습니다. 그래서 두목은 그 편지를 찢어 버리고, 새 편지를 써주었습니다.

'이 편지를 가지고 온 소년을 공주와 결혼시키시오. 서둘러야 하오.'

이런 내용의 편지였습니다. 그리고 다음 날 아침까지 푹 자도록 놔둔 뒤, 소년이 잠에서 깨자 새로 쓴 편지를 주면서 성으로 가는 길을 가르쳐 주었습니다.

왕비는 소년이 건네준 편지를 읽고 거기에 씌어 있는 대로 서둘러 성대한 결혼식을 열었습니다. 이렇게 공주는 행운의 아이와 결혼을 하게 되었답니다. 소년은 인물도 뛰어나고 마음씨도 고왔기에, 공주는 기뻐하며 그와 즐거운 나날을 보냈습니다.

얼마 뒤 왕은 성으로 돌아왔는데, 뜻밖에도 예언대로 행운의 아이와 공주가 결혼한 게 아니겠어요?

"이게 어찌 된 일이오? 내가 쓴 편지와 다르지 않소."

그러자 왕비는 직접 읽어 보시라며 편지를 건네주었습니다. 다른 편지와 바뀌었다는 사실을 알아차린 왕은 소년에게 자신이 맡긴 편지는 어떻게 했느냐고, 어쩌다가 다른 편지를 가져왔느냐고 물었습니다.

"글쎄요, 전 잘 모르겠습니다. 제가 숲 속에서 잠을 자는 동안 누군가가 편지를 바꿔버렸나 봅니다."

소년의 엉뚱한 대답에 왕은 화가 머리끝까지 났습니다.

"내 딸과 그렇게 쉽게 결혼시킬 수는 없지. 공주와 함께 살고 싶거든 지옥으로 가서 악마의 황금 머리카락 세 가닥을 가져오너라."

왕은 이제 소년을 영영 쫓아 버릴 수 있을 거라고 생각했습니다. 그런데 행운의 아이가 이렇게 말하는 게 아니겠습니까.

"네, 반드시 황금 머리카락을 가져오겠습니다. 저는 악마 따윈 무섭지 않으니까요."

소년은 모두에게 작별인사를 하고 곧 길을 떠났습니다.

얼마나 걸었을까요. 소년은 어느 커다란 마을에 이르렀습니다. 성문 앞에 서 있던 문지기가 소년을 보더니 어떤 일을 할 줄 아는지, 또는 뭔가 아는 게 있는지 물었습니다.

"나는 모르는 게 없습니다."

행운의 아이가 말했습니다.

"그러면 한 가지 궁금한 게 있네. 우리 광장에는 늘 포도주가 콸콸 솟아나는 샘이 하나 있는데 요즘 그 샘이 말라서 한 방울도 나오지 않네. 왜 그런지 알겠는가?"

문지기가 물었습니다.

"제가 돌아올 때까지 기다리시면 그 까닭을 알려드리지요."

그리고 계속 길을 가는데 또 다른 마을이 나왔습니다. 그곳 성문 문지기 또한 소년에게 어떤 일을 할 줄 아는지, 또는 뭔가 아는 게 있는지 물었습니다.

"나는 모르는 게 없습니다."

그가 대답했습니다.

"그러면 한 가지 궁금한 게 있소. 우리 마을에는 언제나 황금 사과가 주렁주렁 열리는 신기한 나무가 한 그루 있는데 이제는 잎사귀마저 모두 떨어지고 아무것도 열리지 않는다오. 왜 그런지 알겠소?"

"제가 돌아올 때까지 기다리시면 그 까닭을 알려드리지요."

그는 다시 길을 걸었습니다. 가다 보니 이번에는 큰 강에 이르렀지요. 소년은 그 강을 건너야만 했습니다. 어느새 뱃사공이 다가와 그에게 어떤 일을 할 줄 아는지, 또는 뭔가 아는 게 없는지 물었습니다.

"나는 모르는 게 없습니다."

행운의 아이가 대답했습니다.

"그러면 한 가지 궁금한 게 있다오. 나는 왜 늘 이쪽 저쪽을 오가야만 하는지, 왜 이 일을 대신해 주는 사람은 없는지 말해 주시오."

뱃사공이 물었습니다.

"제가 다시 올 때까지 기다리시면 그 까닭을 알려드리지요."

소년은 강을 건너 마침내 지옥으로 들어가는 문을 발견했습니다. 문 안으로 들어가 보니 이곳저곳이 온통 그을린 것처럼 캄캄했습니다. 마침 악마는 밖에 나가서 집에 없었습니다. 악마의 할머니가 넓은 안락의자에 파묻혀 있을 뿐이었지요.

"여기에는 무슨 일로 왔느냐?"

할머니가 그에게 물었습니다. 할머니는 나쁜 사람으로 보이지 않았습니다.

"악마의 황금 머리카락 세 가닥이 필요합니다. 머리카락을 가지고 돌아가지 못하면 사랑하는 신부를 빼앗기게 되거든요."

"그건 참 어려운 일이구나. 악마가 집에 돌아와 너를 본다면 살려두지 않을 거야. 하지만 사정이 딱하니 내가 널 도와주마."

할머니가 주문을 외우자 소년은 개미로 변했습니다.

"내 치마 폭으로 들어오너라. 여기라면 안전할 거야."

"알겠습니다. 저어 그런데 궁금한 게 세 가지 있어요. 포도주가 솟아나던 샘물이 왜 말라버려 이제는 한 방울도 나오지 않는지, 황금사과가 주렁주렁 열리던 나무에 왜 잎사귀 하나 자라지 않는지, 그리고 뱃사공은 날마다 강을 건네주는 일을 하는데 왜 그 일을 대신 해 주는 사람이 없는지 알고 싶어요."

소년의 질문에 할머니가 대답했습니다.

"하나같이 어려운 문제들이로구나. 넌 소리 내지 말고 조용히 있으렴. 그리고 내가 악마의 황금 머리카락을 뽑으며 나누는 이야기를 귀 기울여 들어라."

저녁 무렵에 악마가 집으로 돌아왔습니다. 악마는 집에 들어서자마자 낯선 냄새를 맡았습니다.

"내 집에서 사람 냄새가 나다니 정말 이상하군."

그러면서 집 안 구석구석을 살펴보았지만 아무것도 찾아내지 못했습니다.

할머니는 악마를 꾸짖으며 말했습니다.

"청소를 막 마쳐 놓았단다. 겨우 깨끗하게 정리해 놓았는데 온 집안을 다시 엉망진창으로 만들 작정이냐? 네 코에 늘 사람 냄새를 묻히고 다니나 보구나! 앉아서 저녁밥이나 먹어라."

악마는 저녁식사를 끝내자 피곤했던지 할머니 무릎을 베고 누워서는 이를 잡아 달라 했습니다. 그러더니 곧 꾸벅꾸벅 잠에 빠져들더니 드르렁 드르렁 코까지 골았지요. 할머니는 악마의 머리에서 황금 머리카락 한 가닥을 잡아 뽑더니 옆에다 두었습니다.

"아얏! 무슨 짓이에요?"

악마가 아파서 소리쳤습니다.

"나쁜 꿈을 꾸었단다. 그래서 그만 네 머리카락을 잡아 뜯고 말았구나."

할머니가 말했습니다.

"무슨 꿈을 꾸셨어요?"

악마가 물었습니다.

"포도주가 콸콸 솟아오르던 광장의 샘물이 바싹 말라 이제는 한 방울도 나오지 않는 꿈이었단다. 왜 그렇게 된 걸까?"

"헤헤, 아무도 그 이유를 모르죠. 샘물 안에 바위가 있는데 그 바위 아래에 두꺼비 한 마리가 앉아 있거든요. 그 녀석을 잡아 죽이면 다시 포도주가 솟아 나올 거예요."

할머니는 다시 악마의 머리를 뒤적이며 이를 잡았습니다. 악마는 다시 잠에 빠져들었고 창문이 덜덜 떨릴 만큼 심하게 코를 골았습니다. 그러자 할머니가 또다시 머리카락을 뽑았습니다.

"아얏! 또 왜 그래요?"

악마가 화가 나서 외쳤습니다.

"화내지 마라, 꿈결에 그런 거란다."

"이번엔 무슨 꿈인데요?"

"어느 나라에 황금 사과가 주렁주렁 열리던 나무가 있었는데, 이제는 잎사귀 하나 나지 않더구나. 그 까닭이 뭘까?"

할머니가 물었습니다.

"헤헤, 아무도 그 이유를 모르지요. 쥐가 뿌리를 갉아먹고 있어서 그래요. 그 쥐를 죽이면 다시 황금 사과가 열릴 거예요. 그런데 얼른 쥐를 잡지 않으면 뿌리를 몽창 갉아먹어 나무가 완전히 말라죽을 거예요. 아, 이제 나쁜 꿈을 꾸어도 날 깨우지 마세요. 또 잠을 방해하면 혼쭐을 내줄 거예요."

할머니는 악마를 달래며 다시 머릿니를 잡아주었습니다. 악마는 곧 잠이 들더니 코를 골았지요. 그러자 할머니는 세 가닥째 황금 머리카락을 잡아서 뽑았습니다. 악마는 펄펄 뛰면서 무섭게 으르렁거렸습니다. 할머니는 그런 악마를 달래며 말했습니다.

"나쁜 꿈을 꿨단다. 어쩔 수 없지 않니!"

"대체 어떤 꿈이기에 또 잠을 깨우는 건가요?"

악마가 궁금함을 참지 못하고 물었습니다.

"어느 뱃사공이 있었지. 그는 늘 강기슭을 왔다 갔다 하는데 누구도 그 일을 대신해 주지 않는다는구나. 왜 그럴까?"

"헤헤, 멍청이가 따로 없네요! 누가 와서 강을 건너게 해 달라고 하면 그 사람에게 노를 떠넘기면 돼. 그러면 그 사람이 노를 젓게 되고 뱃사공은 자유로워질 텐데 말이지."

할머니는 황금 머리카락 세 가닥도 뽑았고, 세 가지 물음의 답도 들었으니 이제 피곤한 악마를 푹 쉬게 내버려 두었습니다. 악마는 날이 샐 때까지 쿨쿨 잠을 잤지요.

다음 날 악마가 집을 나가자 할머니는 개미가 된 소년을 치마폭에서 꺼내어 사람 모습으로 되돌려 주었습니다.

"여기 황금 머리카락 세 가닥이 있단다. 그리고 악마가 세 질문에 뭐라 답했는지 잘 들었지?"

할머니가 말했습니다.

"네, 빠짐없이 기억하고 있어요."

"도움이 되었다니 기쁘구나. 자 어서 돌아가거라."

행운의 아이는 곤란에 빠져 있던 자신을 도와준 할머니에게 거듭 감사인사를 하며 지옥을 떠났습니다. 모든 일이 술술 풀려서 기뻤지요. 강가에 이르니 뱃사공이 소년이 오기만을 손꼽아 기다리고 있었습니다.

"먼저 나를 건네주시오. 그럼 당신이 어떻게 해야 이 일에서 벗어날 수 있는지 가르쳐드리겠습니다."

행운의 아이가 이렇게 말했습니다. 그리고 반대쪽 강가에 이르자 그는 악마가 한 말을 들려주었습니다.

"누군가가 와서 강을 건너게 해 달라고 하면 그 사람에게 노를 떠넘기면 됩니다."

집으로 돌아가던 소년은 열매가 나지 않는 사과나무가 있는 도시에 이르렀습니다. 문지기가 그를 반기며 이유를 알아왔느냐고 물었지요. 행운의 아이는 악마에게서 들은 이야기를 그대로 들려주었습니다.

"쥐가 나무뿌리를 갉아 먹고 있어서 그래요. 쥐를 잡아 죽이면 다시 황금 사과가 열릴 거예요."

문지기는 무척 고마워하며 그 보답으로 금을 가득 실은 당나귀 두 마리를 주었습니다. 당나귀들은 쫄래쫄래 소년의 뒤를 따라왔습니다.

샘물이 말라버린 마을에 이르자 소년은 문지기에게 악마가 했던 말을 고스란히 전해 주었습니다.

"샘물 안 바위 아래에 누꺼비 한 마리가 앉아 있는데, 그 녀석을 찾아 죽이면 다시 포도주가 콸콸 솟아오를 겁니다."

문지기는 고맙다면서 마찬가지로 금을 가득 실은 당나귀 두 마리를 주었습니다.

　마침내 행운의 아이는 아내가 기다리고 있는 성으로 돌아왔습니다. 아내는 남편을 다시 만났을 뿐만 아니라 모든 일을 잘 해냈다는 말을 듣고 진심으로 기뻐했습니다. 소년은 왕에게 악마의 황금 머리카락 세 가닥을 건네주었습니다. 당나귀 네 마리에 황금이 가득 실린 것을 보자 왕은 더없이 만족하며 말했습니다.

　"내가 내건 조건을 모두 해냈으니 내 딸을 아내로 맞아도 좋다. 그런데 사위여, 이렇게 많은 금이 대체 어디서 났는가? 가르쳐다오. 정말 엄청난 보물이 아닌가!"

　"강 건너 편에서 가져온 것입니다. 그곳에는 금이 모래처럼 잔뜩 쌓여 있지요."

　"나도 금을 가져올 수 있을까?"

　왕은 욕심에 불타 말했습니다.

　"얼마든지 원하시는 만큼 가져올 수 있습니다. 뱃사공에게 부탁하면 강을 건널 수 있어요. 건너편에 닿기만 하면 마음껏 황금으로 자루를 가득 채우실 수 있습니다."

　어서 빨리 금을 차지하고 싶어 몸이 달아오른 왕은 서둘러 길을 떠났습니다. 왕은 강에 이르자 뱃사공에게 건너편으로 건네 달라고 부탁했습니다. 뱃사공은 왕을 배에 태우고는 반대쪽 강가에 이르자, 느닷없이 노를 왕의 손에 억지로 쥐여 주더니 훌쩍 뛰어내려버렸습니다. 왕은 그 뒤부터 자신이 지은 죄를 갚는 벌로 노를 저어 사람들을 건네줘야만 했답니다.

　오늘도 노를 젓고 있냐고요? 왕에게서 노를 건네받은 사람이 아무도 없으니 여전히 노를 젓고 있겠지요.

KHM 030
이와 벼룩
Läuschen und Flöhchen

이와 벼룩이 한 집에서 함께 살며 달걀 껍데기 속에 맥주를 만들었습니다. 그런데 달걀껍질에 맥주를 빚던 이가 그만 그 뜨거운 속에 빠져 크게 데고 말았습니다. 벼룩은 그 모습을 보고 꺼이꺼이 울었습니다.

"왜 울고 있니, 벼룩아?"

작은 문이 물었습니다.

"이가 맥주에 빠져 크게 데었거든."

벼룩의 말을 듣자 문이 삐걱삐걱 소리를 냈습니다. 그러자 구석에 있던 작은 빗자루가 물었지요.

"문아, 문아. 왜 그렇게 삐걱거리니?"

"삐걱거리지 않을 수가 없어. 이가 크게 데었거든. 그래서 벼룩은 울고 있지."

그 말을 들은 빗자루가 몹시 거칠게 바닥을 싹싹 쓸기 시작했습니다. 작은 수레가 그곳을 지나가다가 물었습니다.

"왜 그렇게 바닥을 쓰는 거지? 빗자루야."

"바닥을 쓸지 않을 수 있겠니? 이는 크게 데었지, 벼룩은 울고 있지, 문은 삐걱거리지."

빗자루의 이야기를 듣자 작은 수레가 말했습니다.

"그럼 난 달려가야겠어."

수레는 무서운 기세로 달리기 시작했습니다. 거름더미가 달려가는 수레를 보자 이렇게 물었습니다.

"왜 그렇게 달려가는 거니, 작은 수레야?"

"달리지 않을 수 있겠니? 이가 크게 데었어, 벼룩은 울고 있지, 문은 삐걱거리고, 빗자루는 바닥을 쓸고 다니지."

수레의 이야기를 듣자 거름더미가 말했습니다.

"그럼 난 활활 타버려야겠어."

거름더미는 활활 타오르기 시작했습니다. 그러자 거름더미 옆에 있던 나무가 물었습니다.

"거름아, 왜 그렇게 타오르는 거니?"

"타지 않을 수 있겠니? 이는 크게 데었지, 벼룩은 울고 있지, 문은 삐걱거리지, 빗자루는 바닥을 쓸고 다니지, 수레는 마구 달리지."

거름의 이야기를 듣자 나무가 말했습니다.

"그럼 난 몸을 흔들어야겠네."

나무가 이리저리 몸을 흔들자 나뭇잎들이 우수수 떨어졌습니다.

물을 길러 오던 소녀가 그것을 보자 물었습니다.

"나무야, 나무야, 왜 그렇게 몸을 흔들어대니?"

"떨지 않을 수 있겠어? 이는 크게 데었지, 벼룩은 울고 있지, 문은 삐걱거리지, 빗자루는 바닥을 싹싹 쓸고 다니지, 수레는 마구 달리지, 거름더미는 활활 타오르지."

나무의 이야기를 듣자 소녀가 말했습니다.

"그럼 난 물동이를 깨버려야겠어."

소녀는 물동이를 깨트려버렸습니다. 그러자 나무 옆에 있는 샘이 물었습니다.

"소녀야, 왜 물동이를 깨버렸어?"

"물동이를 깨버리지 않을 수 있겠어? 이는 크게 데었지, 벼룩은 울고 있지, 문은 삐걱거리지, 빗자루는 쓸고 다니지, 수레는 마구 달리지, 거름더미는 활활 타오르지, 나무는 몸을 흔들어대지."

소녀의 이야기를 듣자 샘이 말했습니다.

"좋아, 그럼 난 마구 흘러가야겠어."

샘물은 무서운 기세로 넘치더니 콸콸 흘러가기 시작했습니다.

이렇게 해서 모두 물속에 빠져죽고 말았답니다. 소녀도, 나무도, 거름더미도, 수레도, 빗자루도, 문도, 벼룩도, 이도, 모두 함께 말이죠.

KHM 031
손이 없는 소녀
Das Mädchen ohne Hände

한 방앗간 주인이 있었습니다. 그는 날이 갈수록 가난해지더니 이제 남은 것이라고는 물레방아와 그 뒤에 있는 커다란 사과나무 한 그루밖에 없었습니다.

어느 날 방앗간 주인은 장작을 주우려 숲으로 들어갔습니다. 그런데 처음 보는 노인이 어디선가 다가와 말을 거는 게 아니겠습니까.

"나무를 베느라 참으로 고생이 많구려. 물레방아 뒤에 있는 것을 내게 주겠다고 약속하면 당신을 큰 부자로 만들어 주리다."

'사과나무를 말하는 건가? 그쯤이야 아쉬울 것 없지.'

물방앗간 주인은 흔쾌히 그러겠다고 했습니다. 그리고 낯선 노인에게 물레방아 뒤에 있는 것을 주겠다는 증서를 써 주었지요.

"3년 뒤 약속한 것을 가지러 오겠소."

노인이 싱글싱글 웃으며 말했습니다.

방앗간 주인이 집으로 돌아오자 아내가 그를 맞으며 말했습니다.

"여보, 무슨 영문일까요? 이게 우리 집이 갑자기 부자가 되었어요! 돈이 흘러넘치는 궤짝과 상자들이 집안에 잔뜩 쌓여 있어요. 누가 가져온 것도 아닌데 말이에요. 어떻게 된 일인지 모르겠어요."

"그건 말이지, 내가 숲에서 어떤 노인을 만났는데 그 사람 덕분에 부자가 된 거야. 내가 물레방아 뒤에 있는 것을 주겠다는 증서를 써 주고, 노인은 내게 커다란 보물을 주겠다고 약속했지. 큰 사과나무쯤은 주어도 괜찮잖아?"

그의 이야기를 듣자 아내는 깜짝 놀라며 말했습니다.

"여보! 그 노인은 악마가 틀림없어요. 게다가 그 악마가 달라고 한 것은 사과나무가 아니라 우리 딸이에요. 딸애가 조금 전 물레방아 뒤에서 마당을 쓸고 있었다고요!"

물레방앗간 집 딸은 아름답고 믿음이 깊은 소녀였습니다. 소녀는 3년 동안 하느님만을 섬기며 어떤 죄도 짓지 않고 착하게 살았답니다. 마침내 그 노인이 약속한 것을 받으러 오겠다던 날이 왔습니다. 소녀는 몸을 깨끗이 씻은 뒤

자기 주위에 분필로 동그라미를 그렸습니다. 악마는 얼른 데려가려고 일찌감치 방앗간에 왔으나 소녀 곁에 다가갈 수 없었습니다. 화가 난 악마가 방앗간 주인에게 말했습니다.

"아이가 몸을 씻지 못하도록 물 가까이에 두지 마시오. 그러지 않는다면 난 힘을 쓸 수가 없소."

방앗간 주인은 악마가 무서워서 그의 말대로 할 수밖에 없었습니다. 다음 날 아침 악마가 다시 왔습니다. 그런데 소녀가 두 손으로 얼굴을 가린 채 울고 있었기 때문에 손이 눈물에 씻겨졌습니다. 그래서 소녀에게 또 다가갈 수가 없자 악마는 더욱 불같이 화를 냈습니다.

"어서 딸의 손목을 자르시오. 그러지 않으면 내가 딸을 잡을 수가 없지 않소."

방앗간 주인이 깜짝 놀라서 무서움도 잊은 채 말했습니다.

"어찌 자기 자식 손목을 자르란 말씀입니까."

그러자 악마는 그를 위협했습니다.

"내 말대로 안 하면 대신 너를 끌고 가겠다."

아버지는 겁이 나서 그의 말대로 하겠다고 약속했습니다. 그리고 딸이 있는 곳으로 갔습니다.

"애야, 내가 너의 손목을 자르지 않으면 악마가 나를 끌고 간다는구나. 나는 너무나 무서워서 그렇게 하겠다고 약속을 해버렸단다. 그럴 수밖에 없는 날 이해주렴. 너에게 이런 짓을 하는 걸 부디 용서해다오."

"아버님 뜻에 따를 게요. 저는 아버님 자식인걸요."

딸은 이렇게 말하며 손목을 자르도록 두 손을 내밀었습니다.

악마가 세 번째로 찾아왔습니다. 소녀는 손이 없는 팔에 한참 동안 많은 눈물을 흘렸습니다. 그래서 매우 깨끗해졌지요. 이번에도 소녀를 어찌하지 못한 악마는 끝내 포기하고 물러나야 했습니다.

방앗간 주인이 딸에게 말했습니다.

"나는 네 덕분에 큰 재산을 얻었으니 평생토록 너를 소중히 보살펴 주마."

그러자 딸이 이렇게 말했습니다.

"저는 여기에 더 머무를 수 없습니다. 이곳을 떠나겠어요. 저를 가엾게 여기는 사람들이 제가 필요로 하는 것을 줄 거예요."

소녀는 손이 없는 팔을 등 뒤로 묶어 달라고 하더니 해가 뜨자마자 집을 나섰습니다. 딸은 온종일 걸어 나아가 해가 질 무렵 어느 왕의 정원에 이르렀습니다. 달빛에 비쳐 먹음직스러운 열매들이 주렁주렁 달린 나무가 보였지요. 그러나 물이 정원을 빙 둘러싸고 있었기에 소녀는 정원으로 들어갈 수 없었습니다. 아무것도 먹지 못한 채 하루 내내 걸어 몹시 배가 고팠습니다.

'아, 저 먹음직스러운 열매를 좀 봐! 정원에 들어갈 수만 있다면 얼마나 좋을까. 이대로 있으면 난 굶어 죽고 말 거야.'

소녀는 무릎을 꿇고 하느님을 부르며 기도했습니다.

그러자 갑자기 천사가 나타나더니 둑을 쌓아 물을 막아 주었습니다. 곧 연못이 말라 걸어서 건너갈 수 있게 되었지요. 소녀가 정원으로 들어가자 천사도 함께 따라갔습니다. 열매 나무에 가까이 다가가 보니 잘 익은 배들이 주렁주렁 달려 있었습니다. 그런데 정원 주인인 왕은 열매 개수를 모두 세어 놓고 있었습니다. 그것을 모르는 소녀는 나무로 다가가 배고픔을 달래기 위해 입으로 배를 따서 먹었습니다. 딱 하나만 먹었지요. 정원을 지키는 병사가 소녀를 보았지만 천사가 옆에 있었기에 소녀가 유령일 거라 여기며 무서워서 입을 꼭 다물고 있었습니다. 유령에게 소리 지르거나 말을 걸 배짱은 없었지요. 소녀는 배를 맛있게 먹고 배가 부르자 덤불 속에 몸을 숨겼습니다.

왕이 다음 날 아침 정원에 왔습니다. 배를 세어 본 왕은 한 개가 모자라자 정원지기 병사를 불러 물었습니다. 나무 아래 떨어진 열매가 없는데 어디로 사라졌냐는 것이었지요.

"어젯밤 두 손이 없는 유령이 와서 입으로 열매 하나를 따 먹었습니다."

병사의 말을 듣고 왕이 물었습니다.

"유령이 어떻게 해서 물을 건너왔느냐? 그리고 배를 먹은 다음 그 유령은 어디로 갔느냐?"

"하늘에서 눈처럼 하얀 옷을 입은 사람이 내려와 둑을 만들어 물을 막아 주었습니다. 그래서 유령은 연못을 건널 수 있었지요. 그 사람은 천사임에 틀림없습니다. 그래서 전 그만 무서워져서 묻지도, 부르지도 못했습니다. 유령은 배를 먹고 나더니 어디론가 사라져버렸습니다."

"네가 말한 게 사실이라면 오늘 밤 내가 너의 곁에서 정원을 지켜봐야겠구나."

왕이 이렇게 말했습니다.

해가 지자 왕은 정원으로 나갔습니다. 그리고 유령에게 말을 걸어 볼 수도 사도 데리고 왔습니다. 왕과 수도사와 병사는 나무 아래 앉아서 누군가 오는지 가만히 지켜보고 있었습니다. 캄캄한 밤이 되자 소녀는 다시 덤불에서 기어 나와 나무로 다가가 입으로 배를 한 개 따 먹었습니다. 소녀 옆에는 하얀 옷을 입은 천사가 있었지요. 그때 수도사가 앞으로 나서더니 말을 걸었습니다.

"그대는 하늘 나라에서 왔는가, 아니면 이 세상 사람인가? 유령인가, 그렇지 않다면 사람인가?".

"저는 유령이 아닙니다. 그저 불쌍한 사람일 뿐이지요. 모두가 저를 버렸으나 오직 하느님만이 저를 버리지 않았습니다."

소녀의 이야기를 듣고 왕이 말했습니다.

"온 세상이 그대를 버렸을지라도 나만은 그대를 버리지 않겠노라."

왕은 소녀를 궁으로 데려갔답니다. 소녀는 무척 아름답고 신앙심 또한 깊었기에 왕은 소녀를 진심으로 사랑하게 되었습니다. 그녀를 위해 은으로 손도 만들어 주었지요. 그리고 소녀를 아내로 삼았습니다.

한 해가 지났습니다. 전쟁이 일어나 왕은 전쟁터로 나가야만 했습니다. 그래서 어머니에게 젊은 왕비를 부탁하며 말했습니다.

"왕비가 아이를 낳거든 잘 보살펴 주십시오. 그리고 아내의 소식을 저에게 바로 편지로 알려 주십시오."

얼마 뒤 왕비는 예쁜 아들을 낳았습니다. 나이 든 어머니는 이 기쁜 소식을 왕에게 알리려 서둘러 편지를 써서 심부름꾼을 시켜 보냈습니다. 편지를 전하러 길을 가던 심부름꾼은 잠깐 시냇가에서 쉬어가기로 했습니다. 그런데 먼 길을 오느라 지쳐버린 심부름꾼은 그만 깜박 잠이 들고 말았지요. 그때 신앙심 깊은 왕비를 미워해서 괴롭히려고 벼르고 있던 악마가 나타나서는 어머니의 편지를 다른 편지와 바꿔치기했습니다. 다른 편지에는 왕비가 괴물 같은 아이를 낳았다고 적혀 있었습니다.

왕은 그 편지를 읽고 몹시 놀라며 슬퍼했지만 그래도 자기가 돌아갈 때까지 왕비와 아이를 잘 보살펴 주라고 답장을 썼습니다.

심부름꾼은 이 편지를 갖고 돌아가다가 이번에도 그 시냇가에서 잠시 쉬어가려 했습니다. 그리고 먼 길을 걸어 피곤한 나머지 또 잠이 들고 말았답니다. 그러자 또다시 악마가 슬그머니 다가와 심부름꾼 주머니를 뒤져 편지를 바꿔치기했습니다. 그 편지에는 왕비와 아이를 모두 죽이라고 씌어 있었습니다. 왕의 어머니는 편지를 받고 몹시 놀랐습니다. 도저히 믿어지지가 않아 왕에게 다시 편지를 보냈지요. 하지만 언제나 악마가 편지를 바꿔치기했기 때문에 어머니는 늘 같은 내용의 편지를 받을 수밖에 없었습니다. 심지어 마지막 편지에는 왕비의 혀와 눈을 뽑아 증거로 보관해 두라는 말까지 씌어 있었습니다.

왕의 어머니는 죄 없는 사람의 목숨을 거두어야 한다는 사실에 괴로워하며 눈물을 흘렸습니다. 그러다 어느 어두운 밤, 암사슴을 데려오게 하여 그 혀를 자르고 눈을 뽑아 보관해 둔 다음 왕비에게 이렇게 말했습니다.

"왕은 널 죽이라고 했지만 차마 난 그에 따를 수가 없구나. 네가 이곳에 더 머물렀다간 무슨 일을 당할지 모른다. 아이를 데리고 넓은 세상으로 떠나려무나."

어머니는 왕비의 등에 아이를 업히고 끈으로 잘 묶어 주었습니다. 왕비는 가엾게도 눈물을 글썽이며 성을 떠났습니다. 그러다 어느 커다란 숲에 이르자, 무릎을 꿇고 하느님께 기도를 올렸습니다. 그러자 갑자기 어딘가에서 천사가 나타나 어느 작은 집으로 둘을 데리고 갔습니다. 그 집에는 '누구나 자유로이 살 수 있습니다' 이런 표지판이 걸려 있었습니다.

작은 집에서 눈처럼 하얀 여인이 나왔습니다.

"왕비님, 어서 오십시오."

왕비를 안으로 들인 여인은 어린 왕자를 그녀 등에서 풀어 가슴에 안겨주며 젖을 먹이도록 한 뒤, 준비해둔 예쁘고 작은 침대에 왕자를 눕혔습니다.

"제가 왕비였다는 것을 어떻게 아셨나요?"

가엾은 왕비가 물었습니다.

"나는 왕비님과 아이를 돌보기 위해 하느님께서 보내신 천사랍니다."

눈처럼 하얀 여인이 말했습니다.

왕비는 그 집에서 일곱 해를 보냈습니다. 그동안 따뜻한 보살핌을 받았지요. 신앙심이 깊고 착하게 살았기에 왕비는 하느님의 은총을 받아, 잘렸던 손이 다시 자라났습니다.

마침내 전쟁이 끝나 왕이 돌아왔습니다. 그는 성에 들어서자마자 아내와 아이부터 찾았지요. 그러자 어머니가 눈물을 흘리며 말했습니다.

"이 나쁜 녀석아, 어찌 나더러 죄 없는 두 목숨을 거두라 했느냐!"

그러고는 악마가 바꿔치기했던 편지를 보여 주며 말을 이었습니다.

"나는 네가 시키는 대로 했느니라."

어머니는 그 증거로 보관하고 있던 암사슴의 혀와 눈을 보여 주었습니다. 왕은 가엾은 아내와 아들을 생각하며 엉엉 슬피 울었습니다. 왕의 어머니는 그 모습을 보자 아들이 불쌍해져서 사실을 밝혔습니다.

"안심해라. 왕비는 아직 살아 있단다. 이건 암사슴의 혀와 눈이야. 왕비의 등에 아이를 업힌 뒤 넓은 세상으로 내보냈지. 네가 그 사람을 해치려 하기에 이제 다시는 이곳으로 돌아오지 않겠다는 약속을 굳게 하고 떠났단다."

그러자 왕은 말했습니다.

"푸른 하늘이 이어져 있는 곳이라면 어디든 그녀를 찾으러 가겠습니다. 사랑하는 아내와 아이를 찾을 때까지 저는 먹지도 마시지도 않겠습니다. 제발 내가 찾아내기 전에 부디 그들이 죽임을 당하거나 배고파 굶어 죽지 않기를……."

그 뒤로 왕은 세상 이곳저곳을 돌아다녔습니다. 무려 일곱 해 동안이나 말이죠. 절벽 아래와 동굴 속까지 샅샅이 뒤졌지만 아내와 아들을 찾아내지 못했습니다. 왕은 두 사람이 굶어 죽은 게 아닐까 걱정이 되었습니다. 그들을 찾는 동안 그는 먹지도 마시지도 않았는데 하느님은 그런 왕을 가엾이 여겨 목숨만은 지켜주셨습니다. 마침내 그는 어느 커다란 숲에 이르렀고, 거기서 작은 집을 발견했습니다. '누구나 자유로이 살 수 있습니다' 이렇게 쓰인 표지판이 걸려 있었습니다.

그 집에서 새하얀 여인이 나오더니 왕의 손을 잡고 집 안으로 안내해 주었습니다.

"어서 오십시오, 임금님."

그녀는 이렇게 말하며 어디서 왔느냐고 물었습니다.

"나는 이곳저곳 일곱 해를 떠돌아다니며 아내와 아이를 찾아다녔지만 아직도 찾지 못했습니다."

그가 대답했습니다.

천사가 먹을 것과 마실 것을 내놓았지만 왕은 손도 대지 않았습니다. 오직 조금 쉬고 싶다고만 했을 뿐이지요. 그러더니 얼굴에 수건을 덮고 누워서 곧 잠이 들었습니다.

천사는 왕비와 '슬픔'이라고 부르는 왕자가 있는 방으로 갔습니다. 그리고 왕비에게 말했지요.

"아이를 데리고 나가보십시오. 남편이 왔습니다."

왕비가 왕이 잠들어 있는 곳으로 가니 수건이 그의 얼굴에서 떨어졌습니다.

"슬픔아, 수건을 집어서 아버지 얼굴에 다시 덮어 드려라."

왕비가 말했습니다. 아이는 수건을 집어 다시 그의 얼굴에 덮어 주었습니다.

잠결에 이야기 소리를 들은 왕은 일부러 수건을 한 번 더 떨어뜨렸습니다. 그러자 소년은 감정이 울컥 치솟은 목소리로 말했습니다.

"어머니, 제가 어찌 아버지의 얼굴을 수건으로 덮을 수 있나요? 이 세상에는 제 아버지가 없잖아요. '하늘에 계신 우리 아버지' 이런 기도를 가르쳐 주시며 어머니께서 제 아버지는 하늘에 계시는 하느님이라 말씀하셨잖아요. 저렇게 거칠고 지저분한 떠돌이를 어찌 제 아버지라 하십니까? 저 사람은 제 아버지가 아니에요."

그 말을 들은 왕이 벌떡 몸을 일으켜 당신들은 누구냐고 물었습니다.

"저는 당신의 아내입니다. 그리고 이 아이는 당신 아들 슬픔입니다."

그녀가 말했습니다. 왕은 그녀의 온전한 두 손을 보고 말했습니다.

"내 아내의 손은 은으로 되어 있었소."

"하느님께서 자비를 베풀어 손이 다시 자라게 해 주셨답니다."

천사가 방에서 은으로 만든 손을 가져와 그에게 보여 주었습니다. 그제야 그들이 사랑하는 아내와 아들임을 깨달은 왕은 그녀에게 입을 맞추며 기뻐했습니다.

"내 가슴을 무겁게 짓누르던 무거운 돌덩이가 마침내 떨어져 나갔구려."

왕이 이렇게 말했습니다.

다시 한 번 하느님의 천사가 그들 모두에게 음식을 대접했습니다. 맛있게 식사를 마친 세 사람은 나이든 어머니가 있는 성으로 돌아갔습니다. 온 나라 백성들이 몹시 기뻐했지요. 왕과 왕비는 또 한번 더 결혼식을 올리고 평생 행복하게 살았답니다.

지혜로운 한스
Der gescheite Hans

한스의 어머니가 물었습니다.

"한스야 어디 가니?"

한스가 이렇게 대답했습니다.

"그레텔 집에요."

"조심해서 잘 다녀오너라."

"네 잘 다녀올게요. 어머니."

한스는 그레텔 집에 왔습니다.

"안녕, 그레텔."

"안녕, 한스. 뭔가 좋은 거라도 가져왔어?"

"아무것도 가져오지 않았어. 뭐 좀 줄래?"

그레텔은 한스에게 바늘을 선물했습니다.

"그레텔, 잘 있어."

"응 잘 가. 한스야."

한스는 그레텔에게서 받은 바늘을 건초를 실은 마차에 꽂았습니다. 그리고 그 마차 뒤를 따라 걸으며 집으로 돌아왔습니다.

"다녀왔습니다. 어머니."

"어서 와라, 한스야. 어디 갔다 왔니?"

"그레텔 집에 갔었어요."

"뭔가 선물을 가지고 갔니?"

"아뇨, 아무것도 주지 않았어요. 오히려 그레텔이 제게 선물을 주었어요."

"그레텔이 뭘 주었니?"

"바늘을 받았어요."

"바늘은 어디 있니, 한스야?"

"건초를 실은 마차에 꽂아두었어요."

"저런, 바보 같은 짓을 했구나, 한스야. 바늘은 소매에다 꽂아 두어야지."
"괜찮아요. 다음엔 그렇게 할게요."

"한스야 어디 가니?"
"그레텔 집에 가요. 어머니."
"조심해서 잘 다녀오너라."
"다녀올게요. 어머니."

한스가 그레텔 집에 왔습니다.
"안녕, 그레텔."
"안녕, 한스. 뭔가 좋은 거라도 가져왔니?"
"아니, 아무것도 가져오지 않았어. 뭐 좀 줄래?"
그레텔이 한스에게 칼을 선물했습니다.
"잘 있어. 그레텔."
"응 한스야. 잘 가."

한스는 칼을 받아 소매에 꽂고 집으로 돌아왔습니다.
"다녀왔습니다, 어머니."
"한스야, 어디 갔었니?"
"그레텔 집에 갔었어요."
"그레텔에게 뭘 갖다 주었니?"
"아뇨, 아무것도 가져가지 않았어요. 오히려 그레텔이 제게 선물을 줬어요."
"그레텔에게 뭘 받았니?"
"칼을 받았어요."
"칼은 어디다 두었니? 한스야."
"소매에 꽂아두었어요."
"바보 같은 짓을 했구나, 한스. 칼은 주머니에다 넣어야지."
"괜찮아요. 다음에는 그렇게 할게요."

"한스야 어디 가니?"

"그레텔 집에 가요. 어머니."
"조심히 잘 다녀오너라. 한스."
"다녀올게요. 어머니."

한스가 그레텔 집에 왔습니다.
"안녕, 그레텔."
"안녕, 한스. 뭔가 좋은 거라도 가져왔니?"
"아니, 아무것도 가져오지 않았어. 뭐 좀 줄래?"
그레텔이 한스에게 새끼 염소를 선물했습니다.
"잘 있어. 그레텔."
"응 한스야, 잘 가."

한스는 새끼 염소를 받더니 다리를 묶어 주머니에 쑤셔 넣고는 집으로 돌아왔습니다. 집에 오니 염소는 그만 숨이 막혀 죽어 있었습니다.
"다녀왔습니다, 어머니."
"한스야, 어디 갔었니?"
"그레텔 집에 갔었어요."
"그레텔에게 뭘 갖다 주었니?"
"아뇨, 아무것도 가져가지 않았어요. 오히려 그레텔이 제게 선물을 줬어요."
"그레텔에게 뭘 받았니?"
"염소를 받았어요."
"염소를 어디다 두었니, 한스야?"
"주머니에 쑤셔 넣었어요."
"바보 같은 짓을 했구나, 한스. 염소는 줄에 묶어서 끌고 와야지."
"괜찮아요. 다음에는 그렇게 할게요."

"한스야 어디 가니?"
"그레텔 집에요."
"조심해서 잘 다녀오너라."
"네 잘 다녀올게요. 어머니."

한스가 그레텔 집에 왔습니다.

"안녕, 그레텔."

"안녕, 한스. 뭔가 좋은 거라도 가져왔니?"

"아니, 아무것도 가져오지 않았어. 뭐 좀 줄래?"

그레텔이 한스에게 베이컨 한 덩이를 선물했습니다.

"잘 있어. 그레텔."

"응 한스야, 잘 가."

한스는 베이컨을 받자 줄에 묶어서 질질 끌고 집으로 돌아갔습니다. 그런데 개들이 달려들어 베이컨을 몽땅 먹어 버렸지요. 한스가 집에 이르러 보니 손에 밧줄은 쥐고 있는데 끝에 달려 있어야 할 베이컨은 이미 사라지고 없었습니다.

"다녀왔습니다. 어머니."

"한스야, 어디 갔었니?"

"그레텔 집에 갔었어요."

"그레텔에게 뭘 갖다 주었니?"

"아뇨, 아무것도 가져가지 않았어요. 오히려 그레텔이 제게 선물을 줬어요."

"그레텔에게 뭘 받았니?"

"베이컨을 받았어요."

"베이컨을 어디다 두었니, 한스야?"

"줄에 묶어 끌고 왔는데 개들이 몽땅 먹어버렸어요."

"바보 같은 짓을 했구나, 한스. 베이컨은 머리에 이고 와야지."

"괜찮아요. 다음에는 그렇게 할게요."

"한스야 어디 가니?"

"그레텔 집에요."

"조심해서 잘 다녀오너라."

"네 잘 다녀올게요. 어머니."

한스가 그레텔 집에 왔습니다.

"안녕, 그레텔."

"안녕, 한스. 뭔가 좋은 거라도 가져왔니?"

"아니, 아무것도 가져오지 않았어. 뭐 좀 줄래?"

그레텔이 한스에게 송아지를 선물했습니다.

"잘 있어. 그레텔."

"응 한스야, 잘 가."

한스는 송아지를 받자 머리에 이었습니다. 송아지는 발버둥치며 한스의 얼굴을 마구 짓밟았습니다.

"다녀왔습니다, 어머니."

"한스야 어디 갔었니?"

"그레텔 집에 갔었어요."

"그레텔에게 뭘 갖다 주었니?"

"아뇨, 아무것도 가져가지 않았어요. 오히려 그레텔이 제게 선물을 줬어요."

"그레텔에게 뭘 받았니?"

"송아지를 받았어요."

"송아지는 어디다 두었니, 한스야?"

"머리에 이고 왔는데 글쎄, 제 얼굴을 마구 짓밟지 뭐예요."

"바보 같은 짓을 했구나, 한스. 송아지는 끌고 와서 건초 시렁 앞에 두어 야지."

"괜찮아요. 다음에는 그렇게 할게요."

"한스야 어디 가니?"

"그레텔 집에요."

"조심히 잘 다녀오너라."

"네, 잘 다녀올게요. 어머니."

한스가 그레텔 집에 왔습니다.

"안녕, 그레텔."

"안녕, 한스. 뭔가 좋은 거라도 가져왔니?"

"아니, 아무것도 가져오지 않았어. 뭐 좀 줄래?"

그레텔이 한스에게 말했습니다.

"내가 너랑 함께 갈게."

한스는 그레텔을 밧줄에 묶어 집으로 끌고 와 건초 시렁 앞에 세워 두고는 줄로 단단히 묶었습니다. 그리고 한스는 어머니에게로 갔지요.

"다녀왔습니다, 어머니."

"한스야 어디 갔었니?"

"그레텔 집에 갔었어요."

"그레텔에게 뭘 갖다 주었니?"

"아뇨, 아무것도 가져가지 않았어요. 대신 그레텔과 함께 왔지요."

"그레텔은 어디 있니?"

"밧줄로 묶어서 끌고 와, 건초 시렁 앞에 묶어두고 풀을 던져 주었어요."

"바보 같은 짓을 했구나, 한스. 그레텔에게는 다정한 눈길을 던져 주어야지."

"괜찮아요. 다음에는 그렇게 할게요."

한스는 외양간으로 가서 송아지며 양들의 눈알을 모두 뽑아 그레텔의 얼굴 에 던져 주었습니다. 그레텔은 몹시 화가 나서 줄을 끊고 도망가 버렸습니다.

이렇게 해서 한스는 신붓감을 그만 잃어버리고 말았답니다.

KHM 033
세 가지 말
Die drei Sprachen

아름다운 스위스에 나이 많은 백작이 살았습니다. 이 백작에게는 하나뿐인 아들이 있었는데, 머리가 나빠서 아무리 가르쳐도 돌아서면 금방 잊어버리곤 했습니다. 그래서 어느 날 아버지가 이렇게 말했습니다.

"아들아. 나는 아무리 해도 네 머릿속에 무엇 하나 가르쳐 줄 수가 없구나. 그러니 이곳을 떠나거라. 훌륭한 선생님께 너를 맡길 테니, 그분 아래에서 공부를 해 보아라."

소년은 낯선 마을로 보내져 선생님과 꼬박 한 해를 보냈습니다. 그렇게 한 해가 흘러 그는 집으로 돌아왔습니다.

"아들아, 그동안 뭘 배웠느냐?"

아버지가 물었습니다.

"아버지, 저는 개가 짖는 말을 배웠습니다."

"맙소사, 고작 그런 걸 배웠단 말이냐? 다른 마을의 선생님에게 다시 보내봐야겠구나."

소년은 낯선 마을로 다시 보내졌습니다. 한 해 동안 또 다른 선생님께 공부를 하며 지내게 되었지요. 아들이 돌아오자 아버지가 물었습니다.

"아들아, 그동안 뭘 배웠니?"

"새들이 지저귀는 말을 배웠습니다."

아들의 말을 듣자 아버지는 화가 나서 말했습니다.

"아니, 이런 나쁜 녀석! 그 귀중한 시간 동안 아무것도 배우지 못했다는 말이냐? 그러면서 내 눈앞에 버젓이 나타나는 게 부끄럽지도 않더냐? 또 다른 선생님에게 보내야겠구나. 이번에야말로 아무것도 배워오지 못한다면 넌 더 이상 내 아들이 아니다."

아들은 세 번째 선생님 아래에서도 한 해를 보냈습니다. 아들이 다시 집으로 돌아오자 아버지가 물었습니다.

"아들아, 그동안 뭘 배웠느냐?"

"아버지, 저는 개구리가 개굴개굴거리는 말을 배웠습니다."

그러자 아버지는 화가 머리 끝까지 치밀어 그만 자리에서 벌떡 일어나 하인들을 불러 모으더니 말했습니다.

"이 녀석은 이제 내 아들이 아니다. 너희들은 이 녀석을 숲으로 끌고 가 목숨을 끊어 버리도록 하여라."

하인들은 아들을 끌고 숲으로 들어갔지만, 막상 죽이려니 그가 너무도 가엾어졌습니다. 그래서 놓아주고 말았지요. 하인들은 백작에게 아들을 죽였다는 증거로 보여주기 위해 사슴의 눈과 혀를 잘라 가져갔습니다.

아들은 숲을 지나 계속 앞으로 걸어 나아갔습니다. 얼마 지나지 않아 한 아름다운 성 앞에 이르러 그곳에서 하룻밤을 보내려고 성 주인에게 간청을 했습니다.

"그래 자고 가도 좋다. 하룻밤 묵고 싶다면 저 아래 낡은 탑으로 가거라. 하지만 미리 말해두겠는데 목숨이 위험할지도 몰라. 그 탑에는 사나운 개들이 우글거려서, 끊임없이 으르렁 멍멍 짖어대지. 그리고 정해진 시간이 되면 우리는 사람을 하나 보내주어야 해, 그러면 그 개들이 바로 잡아먹지."

성 주인이 말했습니다.

이 마을 사람들은 그 개들 때문에 날마다 고통 받으며 괴로워했습니다. 하지만 아무도 도와줄 수 없었지요. 그런데 젊은이가 겁도 없이 이렇게 말하는 게 아니겠습니까.

"저를 멍멍 짖어대는 개들에게 보내 주십시오. 그리고 개들에게 던져줄 만한 것을 좀 주십시오. 개들은 제게 아무 짓도 못 할 겁니다."

젊은이가 다른 건 아무것도 필요 없다고 하기에 사람들은 사나운 개들에게 줄 먹이만 주어서 그를 탑으로 내려 보냈습니다. 그가 탑 안으로 들어서자 개들은 무섭게 짖어대기는커녕 꼬리를 살랑살랑 흔들면서 그를 둘러싸더니 젊은이가 던져 주는 먹이를 얌전히 받아먹었습니다. 개들은 그의 머리카락 하나 건드리지 않았지요.

이튿날 아침 젊은이가 상처 하나 없는 모습으로 다시 나타나자 모두들 깜짝 놀랐습니다. 그는 성 주인에게 가서 말했습니다.

"개들이 저에게 자기들이 왜 낡은 탑에 살면서 이 나라 사람들을 괴롭게 하는지 개들의 말로 이야기해 주었습니다. 그들은 저주를 받아 저 아래 탑에 묻혀 있는 보물을 지켜야만 한다는군요. 누군가가 그것을 가져가기 전까지는 쉬면 안된답니다. 그리고 어떻게 하면 보물을 가져갈 수 있는지도 개의 말로 저에게 알려주었습니다."

그 이야기를 듣자 사람들은 모두 기뻐했습니다. 성의 주인은 그가 무사히 보물을 가져오면 자기 아들로 삼겠다고 말했지요. 그래서 젊은이는 다시 탑으로 내려갔습니다. 어떻게 해야 하는지 이미 알고 있었기 때문에 쉽게 보물을 찾을 수 있었답니다. 그는 금으로 가득 찬 궤짝을 성으로 가지고 돌아왔습니다. 그 뒤로 사나운 개들이 울부짖는 소리는 더 이상 들려오지 않았지요. 개들은 어디론가 자취를 감추었고, 나라는 평화를 되찾았습니다.

얼마나 시간이 흘렀을까요? 젊은이는 로마에 가고 싶어졌습니다. 가는 길에 늪지대를 지나게 되었는데 그곳에 개구리가 앉아서 개굴거리고 있는 게 아니겠습니까. 개구리 말을 아는 젊은이는 귀를 기울여 잘 들어보았습니다. 그러고는 깊은 생각에 빠져 우울해졌지요. 그가 겨우 로마에 이르렀을 무렵, 로마에서는 교황이 죽어 추기경들이 누구를 후계자로 삼아야 할지 고민하고 있었습니다. 추기경들은 마침내 신께서 기적의 증표를 내려주시는 사람을 교황으로 삼자고 의견을 모았습니다.

그렇게 의견이 모인 순간 젊은 백작이 교회로 들어왔습니다. 그러자 갑자기 어디선가 눈처럼 하얀 비둘기 두 마리가 날아와 그의 두 어깨 위에 내려앉는 게 아니겠습니까. 추기경들은 이를 신께서 내리신 계시라 생각하며 젊은 백작에게 교황이 되어주지 않겠느냐 물었습니다. 하지만 그는 자신에게 그럴 자격이 있는지 모르기에 쉽게 결정을 내리지 못했지요. 그런데 비둘기들이 귓가에서 교황이 되라고 속삭였습니다.

"네, 교황이 되겠습니다."

젊은이는 향기로운 기름으로 몸을 깨끗이 하여 의식을 치렀습니다. 이렇게 해서 로마로 오는 길에 개구리들에게 들었던 말이 정말 이루어졌습니다. 젊은이는 자기가 거룩한 교황이 될거라는 말을 듣고 너무나 당황했습니다. 젊은이는 미사 때마다 기도를 올려야만 했습니다. 무슨 말을 어떻게 해야 할지 몰라 난처해하자 비둘기 두 마리가 언제나 그의 어깨 위에 내려앉아 친절하게 어떤 말을 해야 하는지 속삭여 주었답니다.

KHM 034
똑똑한 엘제
Die kluge Else

똑똑한 엘제라 불리는 딸을 가진 아버지가 살았습니다. 딸이 다 자라 어른이 되자 아버지가 말했습니다.

"이제 우리 딸을 시집 보냅시다."

"그래요, 엘제를 신부로 맞이하고 싶다는 사람이 찾아온다면 결혼시키도록 해요."

엘제의 어머니가 말했습니다.

어느날 멀리 떨어진 마을에서 한스라는 젊은이가 찾아와 엘제에게 청혼을 했습니다. 그런데 그는 엘제가 정말 똑똑한지 알아야겠다고 말했습니다.

"물론이죠. 참으로 똑똑한 아이입니다."

아버지가 자신 있게 말했습니다.

"엘제는 골목에 바람이 부는 것을 볼 수 있고, 파리가 콜록이는 소리까지 들을 수 있답니다."

어머니가 말했습니다.

"그렇습니까? 정말 엘제가 똑똑한 사람이 아니라면 신부로 맞지 않을 겁니다."

한스가 이렇게 말했습니다.

모두들 식탁에 둘러앉아 식사를 할 때 어머니가 엘제에게 말했습니다.

"엘제, 지하실에 가서 맥주를 가져오려무나."

똑똑한 엘제는 벽장에서 단지를 하나 꺼내 지하실로 내려갔습니다. 심심해서 단지 뚜껑을 딱딱 두드리며 갔지요. 지하실로 내려온 엘제는 작은 의자를 가져와 맥주 통 앞에 놓았습니다. 그러면 허리를 숙일 필요가 없어서 아프지 않을 것이며, 잘못해서 다칠 위험도 없었지요. 단지를 맥주 통 마개 아래에 내려놓은 뒤 꼭지를 열었습니다. 맥주가 나오는 동안 엘제는 의자에 가만히 앉아있기 심심해서 지하실 이곳저곳을 두리번거렸습니다. 고개를 들어 천장을 바라보니 미장이가 꽂아놓은 채 그만 깜빡 잊어버린 곡괭이가 바로 머리 위에 있는 게 아니겠습니까.

그러자 똑똑한 엘제는 슬피 울면서 말했습니다.

"나는 한스를 남편으로 맞아 아이를 갖게 될 거야. 그 아이가 자라면 우리는 아이에게 맥주를 가져 오라고 이 지하실로 보내겠지. 그럼 저 곡괭이가 아이 머리 위로 떨어져 아이는 그만 목숨을 잃고 말 거야."

엘제는 그 자리에 주저앉아 앞으로 닥쳐올 불행을 생각하며 온 힘을 다해 울부짖었습니다. 위층에서 사람들은 맥주가 오기만을 기다리고 있었지만 똑똑한 엘제는 아무리 시간이 지나도 돌아오지 않았습니다.

그래서 어머니가 하녀에게 말했습니다.

"지하실로 내려가서 엘제가 무얼 하는지 보고 오너라."

하녀가 내려가 보니 엘제는 맥주 통 앞에 앉아 큰 소리로 울고 있는 게 아니겠습니까.

"엘제 아씨, 왜 울고 있어요?"

하녀가 물었습니다.

"울 수밖에 없잖니. 내가 한스를 남편으로 맞으면 아이를 낳게 될 거야. 그리고 아이가 크면 지하실로 맥주를 가지러오겠지. 그때 저 곡괭이가 아이 머리 위로 떨어져 목숨을 빼앗을지도 몰라."

엘제가 말했습니다.

"어쩜 엘제 아씨는 이다지도 똑똑하실까!"

하녀는 이렇게 말하며 엘제 옆에 다가가 앞으로 찾아올 불행을 생각하며 함께 엉엉 울었습니다.

한참을 기다렸지만 하녀까지 돌아오지 않자 위층 사람들은 목이 말라 맥주가 몹시 마시고 싶어졌습니다. 그래서 아버지는 하인에게 말했지요.

"지하실로 내려가서 엘제와 하녀가 무얼 하는지 보고 오너라."

지하실로 내려간 하인은 똑똑한 엘제와 하녀가 바닥에 주저앉아 함께 우는 것을 보았습니다.

"왜들 그리 울고 있어요?"

하인의 물음에 엘제가 답했습니다.

"울 수밖에 없잖니. 내가 한스를 남편으로 맞으면 아이를 낳게 될 거야. 그리고 아이가 크면 지하실로 맥주를 가지러 오겠지. 그때 저 곡괭이가 아이 머리 위로 떨어져 목숨을 빼앗을 거야."

"어쩜 엘제 아씨는 이렇게나 똑똑하실까!"

하인은 이렇게 말하며 엘제 옆에 앉아 함께 엉엉 울었습니다.

위층 사람들은 하인이 돌아오기만을 기다렸습니다. 그렇지만 아무리 기다려도 그마저 돌아오지 않자 아버지가 아내에게 말했지요.

"여보, 지하실로 내려가 다들 무얼 하고 있는지 보고 오구려."

부인이 아래로 내려가 보니 모두들 슬피

울고 있는 게 아니겠습니까? 그래서 왜들 우느냐고 물어보았습니다.

"울지 않을 수 있나요. 제가 한스를 남편으로 맞으면 아이를 낳게 될 거예요. 그리고 아이가 크면 지하실로 맥주를 가지러 오겠지요. 그때 저 곡괭이가 아이 머리 위로 떨어져 목숨을 빼앗을 거예요."

엘제의 이야기를 듣고 어머니도 마찬가지로 이렇게 말했습니다.

"아, 어쩜 우리 엘제는 이렇게나 똑똑할까!"

그러고는 곁에 앉아 함께 울었습니다.

위층에 남아 있던 아버지는 누군가가 돌아오기를 가만히 기다려 보았지만 아내마저 돌아오지 않았습니다. 목은 점점 더 말라왔습니다.

"내가 직접 지하실로 내려가서 가족들이 무얼 하고 있는지 보고 와야겠어."

아버지가 지하실로 내려가 보니 모두들 바닥에 주저앉아 엉엉 울고 있었습니다. 우는 이유는 엘제가 결혼을 해서 낳은 아이가 이 지하실로 내려와 맥주를 따를 때 저 곡괭이가 머리 위로 떨어져 목숨을 잃을지도 모른다는 것이었습니다. 그 이야기를 듣고 아버지도 주저앉아 함께 울면서 이렇게 외쳤습니다.

"어쩜 우리 엘제는 이렇게나 똑똑할까!"

한스는 위층에서 홀로 남아 누군가가 오기를 오랫동안 기다렸지만 아무도 돌아오지 않았습니다. 그래서 이렇게 생각했지요.

'모두들 지하실에서 나를 기다리고 있는 게 아닐까? 내려가서 무얼 하고 있는지 봐야겠다.'

지하실로 내려가 보니 모두들 바닥에 주저앉아 슬피 울고 있었습니다. 정말 가엾기 짝이 없었지요. 마치 서로 누가 더 잘 우는지 겨루기라도 하는 듯했습니다.

"무슨 일이라도 일어났습니까? 왜 이리 슬피 우시나요?"

한스의 물음에 엘제가 말했습니다.

"아, 한스 씨, 내가 당신을 남편으로 맞으면 아이를 낳게 될 겁니다. 그리고 아이가 크면 지하실로 맥주를 가지러 오겠지요. 그때 저 곡괭이가 아이 머리 위로 떨어져 목숨을 빼앗을지도 모르잖아요. 그러니 어떻게 울지 않을 수 있겠어요?"

"그렇군요! 엘제 씨, 우리 집 살림살이를 하는 데 이보다 더 똑똑한 사람은 없을 것 같아요. 당신은 정말 똑똑한 사람이군요. 당신을 내 아내로 맞고 싶습니다.”

한스는 엘제의 손을 꼭 잡고 위층으로 데리고 올라가 결혼식을 올렸습니다.

둘은 결혼하여 행복한 나날을 보냈습니다. 그러던 어느 날 한스가 말했습니다.

“여보, 난 밖에 나가서 일을 해 돈을 벌어 오겠소. 그러니 당신은 밭으로 나가 빵을 만들 밀을 베어 오구려.”

“네, 여보. 그렇게 하겠습니다.”

한스가 집을 나선 뒤 엘제는 죽을 맛있게 만들어 밭에 가지고 나갔습니다.

“어떻게 할까. 밀을 먼저 벨까, 아니면 죽을 먼저 먹을까? 그래 좋아, 죽을 먼저 먹어야겠다.”

엘제는 밭고랑 앞에 서서 이렇게 중얼거렸습니다. 그러고는 죽 한 냄비를 몽땅 먹어 치웠습니다. 배가 잔뜩 불러진 엘제는 다시 혼잣말을 했습니다.

“이제는 뭘 할까? 먼저 밀을 벨까, 아니면 잠부터 한숨 잘까? 그래, 잠부터 자야겠다.”

엘제는 밀밭에 누워 곧 잠이 들었습니다.

한스가 집으로 돌아왔는데도 엘제는 도무지 돌아오지 않습니다.

“아, 이 얼마나 똑똑한 엘제인가. 잠깐 집으로 돌아와 식사도 하지 않을 만큼 부지런히 일을 하다니!”

한스가 말했습니다.

그러나 저녁이 되어 해가 저물어 가는데도 여전히 엘제가 돌아오지 않자, 한스는 아내가 밀을 얼마나 베었는가 보러 밭으로 나갔습니다. 그런데 밀은 하나도 베지 않았고 엘제는 밭에 누워 잠들어 있는 게 아니겠습니까.

한스는 재빨리 집으로 돌아가 작은 방울이 많이 달린 그물을 가져와서 엘제 주위에 쳐 놓았습니다. 엘제는 계속 잠만 자고 있었지요. 한스는 그렇게 한 뒤 집으로 달려와 문을 걸어 잠그고 의자에 앉아 일을 했습니다.

날이 완전히 어두워지자 드디어 똑똑한 엘제가 잠에서 깨어났습니다. 엘제가 일어나자 주위에서 온통 딸랑딸랑 소리가 울렸습니다. 한 발 한 발 걸을 때마다 방울이 울렸지요. 그러자 그녀는 깜짝 놀라 자기가 정말 똑똑한 엘제인지 아닌지 모르게 되어 버렸습니다.

“난 정말 똑똑한 엘제일까? 똑똑한 엘제가 아니지 않을까?”

그녀가 중얼거렸습니다.

그 물음에 뭐라 답해야 좋을지 엘제는 몰랐습니다. 그래서 잠시 생각에 빠져 가만히 서 있었습니다.

"집으로 돌아가서 내가 정말 똑똑한 엘제인지, 아니면 똑똑한 엘제가 아닌지 물어보자. 사람들은 틀림없이 알고 있을 거야."

이렇게 생각한 엘제는 달려서 집으로 돌아왔습니다. 그런데 문이 잠겨 있었습니다. 어쩔 수 없이 엘제는 창문을 두드리며 소리쳤습니다.

"한스 씨, 안에 엘제가 있나요?"

한스가 대답했습니다.

"네, 엘제는 안에 있습니다."

그 말을 듣자 그녀는 깜짝 놀랐습니다.

"맙소사 하느님, 그럼 난 엘제가 아니군요."

그러고는 다른 집으로 갔습니다. 하지만 사람들은 방울이 딸랑거리는 소리를 듣자 아무도 문을 열어 주지 않았습니다. 그래서 그녀는 어디에서도 묵을 수가 없었지요. 엘제는 마을 밖으로 달려 나갔습니다. 그 뒤로 그녀를 본 사람은 아무도 없답니다.

KHM 035

하늘나라에 간 재봉사

Der Schneider im Himmel

어느 맑은 날, 하느님이 하늘나라 정원으로 산책을 나갔습니다. 사도와 성자들을 모두 데리고 갔으므로 하늘나라에는 성 베드로 말고는 아무도 없었답니다. 하느님은 베드로에게 자리를 비운 동안 누구도 하늘나라에 들여놓지 말라 일렀습니다. 그래서 베드로는 문 앞에 서서 지키고 있었지요.

그런데 누군가가 문을 두드리는 게 아니겠습니까. 베드로는 그에게 누구이며 무슨 일로 찾아왔느냐고 물었습니다.

"저는 가난하지만 정직한 재봉사입니다. 하늘나라로 들어갈 수 있게 해주세요."

가느다란 목소리가 들려왔습니다.

"그렇군. 저 교수대에 매달려 있는 도둑놈만큼이나 정직하겠지. 넌 손버릇이 나빠서 사람들이 가져온 천을 슬쩍 떼어먹었어. 너 같은 녀석은 하늘나라에 들어오면 안 돼. 하느님께서 자리를 비우신 동안 누구도 들여보내지 말라고 말씀하셨거든."

베드로가 이렇게 말하자 재봉사는 큰 소리로 외쳤습니다.

"부디 자비를 베풀어 주세요. 작업대 아래에 떨어진 작은 천 조각은 훔쳤다고 할 수 없지 않습니까. 말할 건덕지도 없습니다. 보시다시피 저는 다리가 불편합니다. 여기까지 오느라 두 발에 물집까지 잡혀서 다시 돌아갈 수도 없습니다. 그러니 제발 들여보내 주십시오. 어떤 궂은일이라도 하겠습니다. 아이들을 돌보겠습니다. 기저귀도 빨고요. 아이들이 즐겁게 놀고 나면 의자들을 정리하고 깨끗이 닦겠습니다. 그리고 옷이 찢어지면 꿰매놓겠습니다."

그가 불쌍해진 성 베드로는 마침내 다리가 불편한 재봉사의 여윈 몸이 겨우 들어올 수 있을 만큼 문을 살짝 열어 주었습니다. 그리고 하느님이 돌아와 재봉사가 안으로 들어온 것을 알아차려도 화를 내시지 않도록 재봉사에게 문 뒤 한쪽 구석에 얌전히 앉아 있으라 일러두었습니다.

재봉사는 시키는 대로 말을 잘 들었습니다. 하지만 성 베드로가 일이 생겨서 잠깐 문밖으로 나가자 재봉사는 일어나서 호기심 가득 찬 눈빛으로 하늘나라 구석구석을 돌아다니며 이것저것 구경했습니다. 그러다 금빛으로 반짝이는 훌륭한 의자가 많이 놓여 있는 곳을 발견했습니다. 그 한가운데에는 반짝반짝 빛나는 보석이 잔뜩 박힌 황금 안락의자가 있었습니다. 그 의자는 다른 의자들보다 훨씬 높았고 앞에는 황금 발판이 놓여 있었습니다. 하느님이 하늘나라에 있을 때 앉아 계시는 자리였지요. 이 의자에 앉으면 세상에서 일어나는 모든 일들을 볼 수 있었습니다.

재봉사는 멈춰 서서 안락의자를 한동안 빤히 바라보았습니다. 다른 어떤 의자보다도 마음에 들었기 때문입니다. 그러다가 끝내 호기심을 참지 못하고 의자 위로 올라가 앉고 말았습니다. 그러자 세상에서 일어나는 모든 일이 보이는 게 아니겠습니까. 어느 못생긴 할멈이 개울가에서 빨래를 하다가 베일 두 장을 슬쩍 훔치는 모습이 보였습니다. 재봉사는 그 모습을 보자 무척 화를 내며 황금 발판을 저 아래 땅 위에 있는 늙은 도둑에게 내던져버렸습니다. 그러나 그 발판을 다시 가져올 수 없다는 사실을 깨닫고 슬그머니 의자에서 일어나 베드로가 있으라고 한 문 뒤로 돌아가 앉더니 아무 일 없었다는 듯 시치미를 뚝 뗐습니다.

사도와 성자들을 데리고 돌아온 하느님은 문 뒤에 재봉사가 앉아 있는 것을 미처 알아차리지 못했습니다. 그런데 하느님께서 안락의자에 앉으니 발판이 없었습니다. 하느님은 성 베드로에게 발판이 어디로 갔느냐 물었지만 성 베드로는 아무것도 몰랐습니다. 하느님은 누구 들어온 사람이 있으냐 물었지요.

"저기 문 뒤에 앉아 있는 재봉사 말고는 누구도 들어오지 않았습니다."

성 베드로가 대답했습니다.

그러자 하느님은 재봉사를 앞으로 불러내 발판을 가져갔는지, 그렇다면 어떻게 했는지 물었습니다.

재봉사가 서슴지 않고 대답했습니다.

"오, 하느님. 할머니가 빨래를 하면서 얇은 베일 두 장을 훔치는 모습을 보고 화가 나서 그만 발판을 그 할머니에게 던져버렸습니다."

"아니, 이런 나쁜 녀석을 봤나. 내가 너처럼 벌을 내렸다면, 너에게 어떤 일이 일어났으리라 생각하는가? 벌써 오래전에 여기 있는 의자와 벤치, 안락의자, 심지어 부지깽이마저도 모두 죄를 지은 사람들에게 던져 버려서 하나도 남지 않았을 것이다. 이제 너는 하늘나라에 들어올 수 없다. 그러니 문밖으로 나가서 어디로 가든 그건 네가 알아서 하여라. 여기 하늘나라에서는 나 말고 그 누구도 벌을 내릴 수 없느니라."

베드로는 재봉사를 다시 하늘나라 밖으로 데려가야만 했습니다. 재봉사는 신발이 찢어진데다가 발에 물집까지 가득 잡혀 있었으므로 온몸을 지팡이 하나에 의지한 채, 천진난만한 병사들이 밝은 표정으로 지키고 있는 '잠시 기다려라'라는 마을로 갔답니다.

요술 식탁, 황금 당나귀, 자루 속 몽둥이

Tischchen deck dich, Goldesel und Knüppel aus dem Sack

아주 오래전 이야기입니다. 아들 셋과 함께 염소 한 마리를 기르는 재봉사가 있었습니다. 그들은 염소 젖으로 겨우 하루하루를 살아갈 수 있었습니다. 그래서 날마다 염소를 풀밭으로 데리고 나가 잘 먹여야 했습니다. 아들들이 번갈아 가며 그 일을 했지요.

어느 날 첫째가 염소를 데리고 교회 묘지로 갔습니다. 그곳에는 싱싱한 풀이 무성하게 자라고 있었거든요. 거기서 염소는 배불리 풀을 먹고 마음껏 뛰어놀았습니다. 저녁이 되어 집으로 돌아갈 때가 되자 첫째가 염소에게 물었습니다.

"염소야, 이제 배가 부르니?"

그러자 염소가 말했습니다.

"정말 배가 불러요, 잎사귀 한 장도 더는 못 먹겠어요. 메에! 메에!"

"그래? 그럼 집으로 돌아가자."

첫째 아들은 염소 목에 묶어둔 끈을 잡고 염소우리로 데려가서 잘 묶었습니다.

"염소를 배불리 먹이고 왔느냐?"

아버지 재봉사가 물었습니다.

"네, 배가 너무 불러서 잎사귀 한 장도 더 못 먹겠대요."

아들이 이렇게 말했지만 아버지는 직접 확인해 보고 싶었습니다. 그래서 염소우리로 가서 사랑스런 염소를 쓰다듬으며 물었습니다.

"염소야, 정말 배가 부르니?"

"뭘 먹었다고 배가 부르겠어요. 개울 사이를 뛰어다녔을 뿐, 풀은 하나도 없던 걸요. 메에! 메에!"

"아니, 이게 무슨 소리야!"

염소의 말을 들은 재봉사는 화난 목소리로 아들에게 말했습니다.

"이 거짓말쟁이 녀석아, 염소를 쫄쫄 굶겨 놓고 배불리 먹였다고 거짓말을 하다니!"

화가 잔뜩 난 아버지는 벽에 걸려 있던 마름질 자를 집어 들더니 첫째를 마구 때리며 집밖으로 내쫓아버렸습니다.

그 다음 날 염소에게 풀을 먹일 차례가 된 둘째 아들은 마당에 쳐진 울타리 가까이에서 싱싱한 풀이 자라는 곳을 발견했습니다. 그곳으로 염소를 데려가서 풀을 먹였지요. 저녁이 되어 집으로 돌아가려 할 때 둘째 아들이 물었습니다.

"염소야, 이제 배가 부르니?"

그러자 염소가 말했습니다.

"배가 너무 불러요, 잎사귀 한 장도 더는 못 먹겠어요. 메에! 메에!"

"그래? 그럼 집으로 돌아가자."

둘째 아들은 염소를 끌고 집으로 돌아왔습니다. 그리고 염소우리에 단단히 묶어 두었지요.

"염소를 배불리 먹이고 왔느냐?"

아버지 재봉사가 물었습니다.

"네, 배가 너무 불러서 잎사귀 한 장도 더 못 먹겠대요."

하지만 재봉사는 아들의 말을 믿을 수 없었습니다. 그래서 염소우리로 내려가 물었습니다.

"염소야, 정말로 배불리 먹었느냐?"

"뭘 먹었다고 배가 부르겠어요. 개울 사이를 뛰어다녔을 뿐, 풀은 하나도 없던 걸요. 메에! 메에!"

"이런 못된 녀석이 다 있나. 저렇게 착한 염소를 굶기다니!"

재봉사는 크게 소리를 치며 집으로 들어왔습니다. 그리고 이번에도 마름질자를 마구 휘두르며 아들을 문밖으로 내쫓아버렸습니다.

셋째 아들이 염소에게 풀을 먹일 차례가 돌아왔습니다. 막내아들은 일을 잘하고 싶어서 가장 싱싱한 나뭇잎이 무성하게 달린 덤불을 찾아 염소에게 먹였습니다. 저녁이 되어 셋째는 집으로 돌아가려 염소에게 물었습니다.

"염소야, 정말로 이제 배가 부르니?"

그러자 염소가 말했습니다.

"배가 너무 불러요, 잎사귀 한 장도 더는 못 먹겠어요. 메에! 메에!"

"그래? 그럼 집으로 돌아가자."

막내아들은 염소를 집으로 데려가 염소우리에 단단히 묶었습니다.

"염소를 배불리 먹이고 왔느냐?"

아버지 재봉사가 물었습니다.

"네, 배가 너무 불러서 잎사귀 한 장도 더 못 먹겠대요."

아들의 말을 듣자 아버지는 이번에도 염소우리로 가서 염소에게 물어보았습니다.

"염소야, 정말로 배불리 먹었느냐?"

"뭘 먹었다고 배가 부르겠어요. 개울 사이를 뛰어 다녔을 뿐, 풀은 하나도 없던 걸요. 메에! 메에!"

"이 거짓말쟁이들! 이 녀석도 저 녀석도 해야 할 일은 하지 않고 게으름만 부리는구나! 더는 너희들에게 속지 않겠다."

화가 머리끝까지 난 재봉사는 집으로 뛰어올라갔습니다. 그러고는 가엾게도 막내아들의 등을 마름질 자로 마구 때렸습니다. 아들은 참지 못하고 집에서 뛰쳐나가 버렸답니다.

이렇게 해서 늙은 재봉사는 염소와 단둘이 살게 되었습니다. 다음 날 아침 그가 우리로 내려가 염소 등을 토닥이며 말했습니다.

"가자, 사랑스러운 염소야. 오늘은 내가 직접 초원으로 데리고 가주마."

재봉사는 목줄을 잡고 푸른 덤불이 무성한 곳으로 염소를 끌고 갔습니다. 그곳에는 염소들이 즐겨 먹는 풀들이 무성하게 나 있었습니다.

"여기라면 마음껏 풀을 배부를 때까지 먹을 수 있을 게다."

그리고 저녁때까지 풀을 뜯게 내버려두었습니다.

"염소야, 배가 부르느냐?"

집으로 돌아갈 시간이 되어 재봉사가 묻자 염소가 대답했습니다.

"배가 너무 불러요, 잎사귀 한 장도 더는 못 먹겠어요. 메에! 메에!"

"그래? 그럼 집으로 돌아가자."

재봉사가 말했습니다. 그리고 우리로 데려가 단단히 묶었지요. 그는 염소우리를 나가기 전에 한 번 더 뒤돌아보며 말했습니다.

"오늘은 마침내 배불리 먹었구나!"

그런데 염소는 재봉사에게도 마찬가지로 큰 소리로 이렇게 외치는 것이었습니다.

"뭘 먹었다고 배가 부르겠어요. 개울 사이를 뛰어 다녔을 뿐, 풀은 하나도 없던 걸요. 메에! 메에!"

그 말을 들은 재봉사는 깜짝 놀랐습니다. 그제야 자기가 세 아들을 아무런 잘못이 없는데도 내쫓았다는 것을 깨달았지요.

재봉사는 부르짖었습니다.

"이 은혜도 모르는 짐승 같으니. 너처럼 못된 녀석을 그냥 쫓아낼 수는 없다. 다시는 착한 재봉사들 앞에 얼씬도 못하도록 표시를 해 두어야겠다."

그는 재빨리 집으로 뛰어가 면도칼을 가져왔습니다. 그러고는 염소 머리에 비누칠을 하더니 털을 박박 깎아 버렸습니다. 염소 머리는 그의 손바닥처럼 반들반들해졌지요. 그리고 마름질 자로 때리는 것만으로는 도저히 화가 풀리지 않아 채찍을 가져와서는 마구 때렸습니다. 어찌나 세게 후려쳤던지 염소는 펄쩍펄쩍 뛰어오르며 멀리멀리 도망쳐 버렸습니다.

집에 홀로 남게 된 재봉사는 큰 슬픔에 잠겼습니다. 사랑하는 아들들이 너무나 보고 싶었지만 그들이 어디로 갔는지 도무지 알 수 없었지요.

맏아들은 어느 소목장이의 제자가 되어 부지런하게 열심히 일을 배웠습니다. 세월이 지나 수련을 하러 여행을 떠나게 되자 스승님께서 그에게 작은 식탁 하나를 선물로 주었습니다. 그냥 보기에는 특별하지 않은 평범한 나무식탁

이지만, 사실은 무척 귀한 식탁이었습니다. 식탁 앞에 앉아 "식탁아, 상을 차려라!" 이렇게 말하면 순식간에 깨끗한 식탁보가 펼쳐지고 접시와 나이프, 포크가 놓입니다. 곧이어 지글지글 볶고 구운 먹음직스러운 요리들이 상다리가 휘어질 만큼 한껏 차려지지요. 게다가 큰 잔에는 붉은 포도주까지 가득 담겨 반짝반짝 빛났습니다. 이 음식들은 보기만 해도 가슴이 두근거렸습니다.

첫째 아들이 생각했습니다.

'이 식탁만 있으면 평생 먹을 걱정은 하지 않아도 되겠구나.'

그는 즐거운 기분으로 여행을 떠났습니다. 여관이 좋든 나쁘든, 먹을 게 있든 없든 아무런 걱정이 없었습니다. 그때그때 기분에 따라 여관에 묵지 않고 들판이건 숲이건 초원이건 마음에 드는 곳으로 가서, 등에 짊어진 식탁을 내려놓고 그 앞에 앉아 "식탁아, 상을 차려라!" 말만 하면 그가 먹고 싶은 음식은 뭐든지 다 차려졌으니까요.

마침내 그는 아버지가 계신 집으로 돌아가고 싶어졌습니다.

"지금쯤이면 아버지도 화가 가라앉으셨을 거야. 이 식탁을 가져가면 무척 기뻐하시겠지?"

맏아들은 집으로 가는 길에 해가 지자 어느 여관에 들어갔습니다. 여관은 손님들로 가득했습니다. 사람들은 그를 크게 환영하며 함께 앉아 식사하자고 불렀습니다. 여기서 뭔가 먹지 않으면 쫄쫄 굶어야 할지도 모른다고 말이죠. 그러자 맏아들이 말했습니다.

"아닙니다. 얼마 없는 음식을 빼앗아 먹고 싶지 않습니다. 오히려 여러분이 제 손님이 되어 주세요."

모두들 웃음을 터뜨리며 이 젊은이가 농담을 한다고 여겼습니다. 그런데 첫째 아들이 나무 탁자를 방 한가운데 두고 "식탁아, 상을 차려라!" 이렇게 외치자 순식간에 온갖 요리가 잔뜩 차려지는 게 아니겠습니까. 게다가 여관 주인은 흉내조차 낼 수 없을 만큼 무척 훌륭한 요리들이었습니다. 맛있는 냄새가 손님들 콧속으로 솔솔 풍겨왔습니다.

"마음껏 드십시오, 여러분."

젊은 소목장이가 말했습니다. 손님들은 그 말이 떨어지기가 무섭게 우르르 달려들어 나이프와 포크를 잡고 기세 좋게 음식에 손을 뻗었습니다. 그들이 가장 놀랐던 점은 그릇이 비워지자마자 저절로 음식이 가득 찬 다른 그릇이 생겨나는 것이었습니다.

한쪽 구석에 서서 그 모습을 보던 여관 주인은 무슨 말을 해야 좋을지 몰라 멍하니 서 있었습니다. '저 식탁이 여관에 있으면 정말 좋겠는걸!' 이런 생각이 들었지요. 소목장이와 손님들은 늦은 밤까지 즐겁게 먹고 마시다가 마침내 잠자리에 들었습니다.

젊은 소목장이는 요술 식탁을 벽에 세워 놓고 침대에 누웠습니다. 여관 주인은 자꾸만 못된 생각이 들어 도무지 잠이 오질 않았습니다. 그러다 문득 헛간에 젊은이가 가지고 있던 식탁과 똑같이 생긴 낡은 식탁이 하나 있다는 게 떠올랐습니다. 그래서 살금살금 그 식탁을 가져와 요술 식탁과 몰래 바꿔버렸습니다.

다음 날 아침 소목장이는 값을 치른 뒤 식탁을 짊어지고 길을 떠났습니다. 식탁이 바뀌었으리라곤 꿈에도 생각지 못했지요. 점심 무렵 그는 아버지 집에 이르렀습니다. 아버지는 무척 기뻐하며 아들을 맞았습니다.

"아들아, 뭘 배우고 왔느냐?"

아버지가 물었습니다.

"아버지, 전 소목장이가 되었습니다."

A. Adam.

"음, 좋은 일을 하는 직업이구나. 그런데 그 등에 짊어진 건 무엇이냐?"

"아버지 선물입니다. 세상에 하나밖에 없는 신기한 식탁이지요."

재봉사는 식탁을 이리저리 살피며 말했습니다.

"이건 훌륭한 식탁이 아니구나. 낡고 볼품없는 식탁이잖니."

"하지만 이건 요술 식탁입니다. 식탁 앞에 앉아 상을 차리라고 말하면 눈 깜짝할 사이에 맛있는 요리들이 잔뜩 나온답니다. 게다가 향기로운 포도주까지 있지요. 친척과 친구분들을 모두 불러오세요. 사람들이 즐겁게 먹을 수 있도록 말이에요. 이 식탁이 모두를 배부르게 해 줄 거예요."

이윽고 손님들이 모이자 첫째 아들은 식탁을 방 한가운데에 놓고 "식탁아, 상을 차려라!" 외쳤습니다. 그러나 식탁은 그 어떤 요리도 내놓지 않았습니다. 말을 못 알아듣는 다른 식탁들과 마찬가지로 그냥 텅 비어 있었습니다. 불쌍한 맏아들은 그제야 식탁이 바뀌었다는 사실을 알아차렸습니다. 그리고 마치 거짓말쟁이가 된 것만 같아 부끄러웠지요. 친척들은 그를 비웃으며 먹지도 마시지도 못한 채 집으로 돌아갔습니다.

아버지는 천 조각들을 가져와 재단 일을 시작했고, 아들은 다시 어느 소목장이 아래로 들어가 일했습니다.

한편 둘째 아들은 방앗간으로 갔습니다. 그리고 그 방앗간 주인 아래에서 일을 배웠지요. 세월이 흘러 더는 가르칠 것이 없자 스승이 말했습니다.

"그동안 열심히 일을 잘했으니 특별한 당나귀 한 마리를 선물로 주마. 이 녀석은 마차를 끌지도, 짐을 나르지도 않는단다."

"그렇다면 어디에 쓰지요?"

둘째 아들이 물었습니다.

"금화를 쏟아내는 신기한 당나귀지. 보자기 위에 이 녀석을 세워 놓고 '브리클레브리트' 말하면, 이 착한 짐승이 금화를 쏟아낸단다. 그것도 앞뒤로 말이야."

방앗간 주인이 대답했습니다.

"참으로 굉장한 당나귀이군요!"

둘째 아들은 스승에게 고맙다는 인사를 하고 세상 밖으로 나갔습니다. 돈이 필요할 때면 당나귀에게 "브리클레브리트" 외치기만 하면 금화가 비처럼 쏟아져 내렸지요. 둘째는 금화를 땅에서 줍는 일 말고는 아무것도 할 필요가 없었습니다. 그래서 어디를 가든 최고급이 아니면 거들떠보지도 않았습니다. 비싸면 비쌀수록 마음에 들어 했답니다. 둘째 아들 주머니는 늘 금화로 가득했으니까요.

그렇게 얼마 동안 세상을 돌아다니다가 이런 생각이 들었습니다.

'아버지를 찾아가야 해. 이 황금 당나귀를 가지고 가면 아버지는 화를 내신 일도 잊고 날 받아주실 거야.'

그런데 둘째는 우연히도 형의 식탁이 바뀌어 버린 바로 그 여관에 이르렀습니다. 당나귀를 끌고 왔기에 여관 주인이 그 짐승을 데려가서 매어 주려 하자 둘째 아들이 말했습니다.

"그냥 놔두세요. 당나귀는 제가 직접 마구간으로 데려가 매어 놓겠습니다. 어디에 있는지 알아야 하니까요."

여관 주인은 그런 손님이 이상하게 여겨졌습니다. 자기 당나귀를 직접 보살펴야 하는 사람은 먹고 마시는 데 쓸 돈이 얼마 없으리라 생각한 거지요. 그런데 이 젊은이가 주머니에 손을 넣더니 금화를 두 닢이나 꺼내 주며 가장 좋은 음식을 내오라는 게 아니겠습니까. 주인은 그만 눈이 휘둥그레졌지요. 그래서 서둘러 가장 좋은 식재료를 구하러 뛰어나갔답니다.

식사를 끝낸 손님은 얼마를 더 줘야 하냐고 물었습니다. 여관 주인은 좀 속

여도 괜찮겠지 하는 생각에 금화를 두세 닢 더 내야 한다고 말했습니다. 젊은 이는 주머니에 손을 넣었지만 때마침 돈이 떨어지고 없었습니다.

"주인 아저씨, 잠깐만 기다려 주십시오. 금화를 더 가져오겠습니다."

둘째가 말했습니다.

그가 보자기를 가지고 일어섰습니다. 그 모습을 본 여관 주인은 무슨 일인지 알 수 없었지만 호기심에 살금살금 둘째 뒤를 따라갔습니다. 손님이 마구간으로 들어가 빗장을 질렀기에 주인은 조그만 옹이구멍 사이로 안을 들여다보았습니다.

젊은 손님은 당나귀 아래에다 보자기를 펼쳐 놓더니 "브리클레브리트" 외쳤습니다. 그러자 놀랍게도 당나귀가 앞뒤로 황금을 잔뜩 쏟아 내는 게 아니겠습니까. 마치 비가 내리듯 금화가 보자기 위로 후두둑 떨어졌습니다.

"신기하구나, 금화가 순식간에 생겨나다니! 나도 저런 돈 쏟아 내는 당나귀가 있으면 좋겠는걸."

여관 주인이 중얼거렸습니다.

손님은 음식 값을 치르고 잠자리에 누워 곧 잠이 들었습니다. 그러자 여관 주인은 캄캄한 밤, 살그머니 마구간으로 내려가 이 신기한 당나귀를 몰래 데려가는 대신 비슷하게 생긴 다른 당나귀를 매어 놓았습니다. 다음 날 아침 일찍 젊은이는 당나귀와 함께 길을 떠났습니다. 그 당나귀가 제 황금 당나귀인줄로만 여긴 채 말이에요. 점심 무렵이 되자 둘째 아들이 아버지 집에 이르렀습니다. 아버지는 그를 다시 보게 된 것을 기뻐하며 어서 들어오라 했습니다.

"아들아, 그동안 뭘 하며 지냈느냐?"

아버지가 묻자 아들이 말했습니다.

"방앗간에서 일을 배웠어요, 아버지."

"뭔가 선물은 가지고 오지 않았니?"

"당나귀를 한 마리 데려왔지요."

"당나귀라면 여기에도 많이 있단다. 차라리 좋은 염소를 데려왔다면 좋았을 걸 그랬구나."

"네, 그렇지만 제가 데려온 것은 보통 당나귀가 아니라 황금을 뱉어내는 신기한 당나귀랍니다. 제가 '브리클레브리트' 말하면 저 당나귀가 한 보자기 가득 금화를 쏟아 낸답니다. 친척들을 모두 부르세요. 다 함께 부자로 만들어 드릴 게요."

"좋구나. 그럼 난 바느질을 하며 더는 고생하지 않아도 될 테니까 말이다."

재봉사는 벌떡 일어나 나가더니 친척들을 불러왔습니다. 사람들이 모두 모이자 둘째 아들은 자리를 만들어 달라더니 보자기를 펴놓고 나귀를 방으로 데려와 그 위에 세워두었습니다.

"자, 잘 보세요."

둘째 아들은 이렇게 말한 뒤 "브리클레브리트" 큰 소리로 외쳤습니다. 하지만 당나귀에서 금화는 나오지 않았습니다. 이 당나귀는 그런 요술은 부릴 수 없었지요. 아무 당나귀나 요술을 부릴 수 있는 건 아니니까요.

가엾게도 둘째 아들은 기운 빠진 얼굴로 속았다는 사실을 깨달았습니다. 그리고 친척들에게 용서를 구했습니다. 그들은 이 집에 올 때와 똑같이 가난한 채로 저마다 자기 집으로 돌아갔습니다. 어쩔 수 없이 늙은 재봉사는 다시 바늘을 잡았고 젊은이는 방앗간에 들어가 일을 해야만 했습니다.

한편 막냇동생은 나무를 깎아 기구를 만드는 어느 선반 기술자의 제자가 되었습니다. 선반 기술은 매우 섬세하고 어려워서 배우는 데 긴 시간이 걸렸습니다. 그의 형들은 자신들이 집으로 돌아오기 마지막 날 밤에 묵었던 못된 여관 주인이 자신들의 요술 보물을 어떻게 빼앗아갔는지 편지로 동생에게 몽땅 알려 주었습니다.

막냇동생이 열심히 일을 해서 더 이상 가르쳐 줄 것이 없어졌을 때, 스승은 그동안 무척 잘했다면서 자루 하나를 선물로 주며 말했습니다.

"이 자루 안에는 몽둥이가 들어 있단다."

그러자 젊은 선반공이 물었습니다.

"자루는 어깨에 둘러멜 수도 있고 여행을 다니다 보면 여러 모로 쓰일 데가 있겠지만, 그 안에 들어 있는 몽둥이는 어디에 쓰지요? 괜히 무겁기만 한데요?"

"잘 들어라. 너에게 해주고 싶은 말이 있다. 누군가 너를 괴롭히면 '몽둥이야, 나와라!' 외치거라. 그러면 몽둥이가 그 사람 앞으로 뛰어나와 그의 등 위에서 신나게 춤을 추며 돌아다닐 게다. 얼마나 신나게 춤을 추는지 아마 그 사람은 일주일 동안 꼼짝도 못할 테지. '몽둥이야, 이제 그만 들어가라!' 말하기 전까진 그 춤을 멈추지 않는단다."

막내아들은 스승님에게 고맙다는 인사를 남긴 뒤 자루를 둘러메고 길을 떠났습니다. 누구든 그를 무시하거나 손을 대려 하면 막내아들은 "몽둥이야, 나와라!" 외쳤지요. 그러면 몽둥이가 자루에서 나와, 그 사람들이 웃옷을 입고 있든 홀딱 벗고 있든 신경 쓰지 않고 마구 등을 두들겨 주었습니다. 게다가 이제는 자루에서 나오라고 말하기도 전에 불쑥 튀어나와, 막내를 해치려던 사람이 놀랄 틈도 없이 때리는 것이었습니다.

젊은 선반공은 저녁 무렵, 형들이 속아 넘어간 여관에 이르렀습니다. 막내아들은 자루를 자기 앞 식탁 위에 올려놓고는 그가 세상에서 본 온갖 신기한 것들에 대해 이야기했습니다.

"맛있는 요리가 나오는 요술 식탁이라든가 금화를 쏟아내는 황금 당나귀, 뭐 그런 것들을 보았다구요? 그래요 모두 무시할 수 없는 좋은 보물들이지요. 그렇지만 내가 손에 넣은 보물에 비하면 아무것도 아니랍니다. 이 자루 안에 그 보물이 들어 있지요."

여관 주인은 그 이야기를 듣자 귀를 쫑긋 기울였습니다. '그 보물이란 게 뭘까?' 생각했지요.

'자루 안에 보석이라도 가득 차 있나 보구나. 그렇다면 그것도 내가 훔쳐 가져야지. 좋은 일은 삼세 번 일어난다잖아.'

잠자리에 들 시간이 되자 막내아들은 긴 의자 위에 자루를 베개 삼아 베고 누웠습니다. 손님이 깊이 잠들었다고 생각한 여관 주인은 가만히 그의 곁으로 다가가 조심스럽게 자루를 밀고 당겨 보았습니다. 막내아들이 베고 있는 자루를 빼내어 다른 베개로 바꿔칠 수 있는지 알아본 것이지요. 그런데 막내는 이미 주인이 자신의 자루를 바꿔치기 하리라는 것을 알고 있었기에 이때만을 기다리고 있었습니다. 그래서 주인이 막 힘을 주어 자루를 잡아당기는 순간 "몽둥이야, 나와라!" 소리쳤습니다. 몽둥이가 눈 깜짝할 사이에 튀어나오더니 여관 주인에게 달려들어 그를 마구 두들겨댔습니다.

여관 주인은 불쌍해 보일 만큼 제발 살려 달라 애처롭게 비명을 질렀습니다. 그러나 큰 소리로 비명을 지르면 지를수록 몽둥이는 탁탁탁 박자를 맞추듯 그의 등을 더 힘차게 두들겼습니다. 마침내 여관 주인은 기진맥진해져서 땅바닥에 털썩 쓰러지고 말았지요.

그러자 선반공이 말했습니다.

"요술 식탁과 황금 당나귀를 돌려주지 않으면 몽둥이가 다시 춤을 시작할 것이다."

"잘못했습니다. 보물을 몽땅 돌려드리겠습니다. 부디 저 무서운 몽둥이가 다시 자루 속으로 들어가게만 해 주십시오."

여관 주인이 모기만 한 소리로 외쳤습니다.

그러자 젊은이가 말했습니다.

"이번만은 너그러운 마음으로 용서해 주겠다. 하지만 앞으로 이런 일을 당하지 않도록 조심하거라!"

그러고는 "몽둥이야, 들어가라!" 외치며 몽둥이를 쉬게 했습니다.

젊은 선반공은 다음 날 아침 요술 식탁과 황금 당나귀를 가지고 아버지에게 갔습니다. 재봉사는 아들을 다시 보자 기뻐했습니다. 마찬가지로 막내아들에게도 무엇을 배우고 왔느냐 물었습니다.

"아버지, 전 선반공이 되었습니다."

"무척 섬세한 기술을 배웠구나. 그래 여행길에서 선물은 뭘 가지고 왔느냐?"

아버지가 물었습니다,

"아주 귀중한 물건이에요, 아버지. 자루 안에 들어 있는 건 몽둥이랍니다."

아들의 말을 듣자 아버지가 화를 냈습니다.

"뭐라고! 몽둥이라고! 정말 정성 들여 가지고 올 만한 물건이로구나! 그런 몽둥이 따위는 나무를 베기만 하면 쉽게 만들 수 있겠다."

"그런데 그런 보통 몽둥이가 아니랍니다, 아버지. 제가 '몽둥이야, 나와라!' 말하면 이 몽둥이는 밖으로 튀어나와서 제게 못되게 구는 사람을 마구 두들기며 신나게 춤을 춘답니다. 그 사람이 땅바닥에 쓰러져 용서를 빌 때까지 춤을 멈추지 않습니다. 보세요, 이 몽둥이로 나쁜 여관 주인이 형들에게서 뺏어갔던 요술 식탁과 황금 당나귀를 다시 찾아왔습니다. 자, 형들을 불러주세요. 그리고 친척들도 모두 초대하구요. 제가 그분들이 실컷 먹고 마시게 해 드릴게요. 그리고 주머니마다 금화로 가득 채워 드리겠습니다."

늙은 재봉사는 좀처럼 그 말이 믿기지 않았지만, 어쨌든 친척들을 불러 모았습니다. 셋째 아들은 방에 보자기를 깔더니 황금 당나귀를 끌고 와 형에게 말했습니다.

"형, 당나귀에게 말을 해봐."

방앗간에서 일하는 둘째 아들이 "브리클레브리트" 말하자 당나귀에게서 황금이 마치 비처럼 후두둑 보자기 위로 쏟아져 내렸습니다. 당나귀는 그 많은 친척들이 더는 들고 갈 수 없을 만큼 많은 금을 담을 때까지 금화를 계속 쏟아냈습니다. (여러분도 그 자리에 있었으면 하는 표정이군요.)

그런 뒤 막내 아들은 식탁을 가져와 말했습니다.

"형, 이번에는 형이 말해봐."

소목장이인 맏아들이 "식탁아, 상을 차려라!" 말하자마자, 식탁보가 펼쳐지며 먹음직스러운 요리가 그득 담긴 그릇들이 가득 차려지는 게 아니겠습니까.

이렇게 해서 착한 재봉사는 이제껏 한 번도 먹어 보지 못한 진귀하고도 맛난 음식들로 잔치를 베풀었습니다. 친척들도 모두 밤늦게까지 함께 웃고 떠들며 즐겁고 행복한 시간을 보냈지요. 재봉사는 바늘과 실, 마름질 자와 다리미를 장에 집어넣어버리고는 세 아들과 함께 행복하고 바르게 살았답니다.

그런데 재봉사가 세 아들을 내쫓게 만든 그 염소는 어디로 갔을까요? 그 이야기를 해 보도록 하지요.

염소는 까까머리가 된 것이 부끄러워 여우 굴을 발견하곤 그 속으로 슬그머니 기어들어갔습니다. 여우가 집에 와서 보니 어둠 속에서 커다란 두 눈이 번쩍거리며 자기를 바라보는 게 아니겠습니까. 깜짝 놀란 여우는 쏜살같이 도망쳤습니다.

정신없이 달아나던 여우는 길에서 곰을 만났습니다. 곰은 여우가 몹시 겁에 질려 있는 것을 보고 물었습니다.

"무슨 일이야, 여우 군? 왜 그런 얼굴을 하고 있어?"

"아아, 내 굴에 무시무시한 짐승이 들어앉아 불 같이 번뜩이는 눈으로 나를 노려보는 게 아닌가."

붉은 여우가 대답했습니다.

"어서 그놈을 쫓아버리세."

곰이 말했습니다. 그들은 함께 굴로 가서 안을 들여다보았습니다. 그런데 곰도 이글거리는 두 눈을 보자 여우와 마찬가지로 겁을 먹고 말았지요. 저 무시무시한 짐승을 마주하고 싶지는 않았던 곰은 그만 정신없이 줄행랑을 치고 말았답니다.

곰은 가던 길에 꿀벌을 만났습니다. 곰의 모습을 보아하니 그다지 기분이 좋지 않아 보여 벌이 물었습니다.

"곰아, 왜 그렇게 얼굴을 찌푸리고 있는 거야? 그 밝은 성격은 다 어디 갔어?"

"붉은 여우 집에 커다란 눈을 가진 무시무시한 짐승이 있는데, 그 녀석을 쫓아낼 수가 없었어."

곰이 대답했습니다.

그러자 벌이 말했지요.

"가엾은 곰 너희들은 내가 힘없는 약한 벌레라며 길에서 만나도 눈길 한 번 주지 않지만, 내가 너희들을 도울 수도 있다는 걸 보여줄게."

여우 굴로 날아간 벌은 염소의 반질반질하게 깎인 머리 위에 앉아 침을 한 방 콕! 놓았습니다. 그러자 염소는 펄쩍 뛰어오르며 "매에! 매에!" 비명을 질렀습니다. 그러고는 미친 듯이 밖으로 달려 나갔답니다. 그 뒤로 염소가 어디로 갔는지는 아무도 모르지요.

KHM 037

엄지동자

Daumesdick

어느 가난한 농부가 살았습니다. 어느 날 저녁, 농부는 화로 옆에 앉아 불씨를 헤쳤고, 아내는 실을 잣고 있었습니다. 그때 농부가 말했습니다.

"아이가 없으니 참으로 슬픕니다! 우리 집은 너무 조용해. 다른 집은 아이들이 떠드는 소리로 왁자지껄 즐거운데 말이오."

"그래요, 아이가 하나라도 있었으면 좋겠어요. 엄지손가락만큼 작아도 괜찮은데 말이에요. 우리 둘이 진심으로 아끼며 사랑해 줄 텐데."

아내가 푹 한숨을 쉬며 말했습니다.

그러던 어느 날, 갑자기 아내의 몸이 안 좋아지더니 일곱 달이 지나자 아이를 낳았습니다. 팔, 다리 모두 온전했지만 키가 엄지손가락만 한 아이였지요. 부부는 이렇게 말했습니다.

"우리 소원이 이루어졌으니 사랑을 듬뿍 주며 키웁시다."

그리고 아이를 '엄지동자'라 불렀습니다. 그들은 부족함 없이 아이를 잘 먹였지만, 아무리 시간이 지나도 아이는 더 자라지 않고 태어났을 때 그대로였습니다. 하지만 아이의 눈은 늘 초롱초롱하게 빛났습니다. 곧 부부는 이 아이가 똑똑하고 날쌔며 무엇을 하든 잘 되는 좋은 운을 타고났음을 알았답니다.

농부가 숲으로 나무를 하러 가는 날이었습니다. 그는 나갈 준비를 하다가 혼잣말을 했습니다.

"아, 누가 마차를 끌고 와 날 태워 준다면 얼마나 좋을까."

그러자 엄지동자가 외쳤습니다.

"아버지, 제가 마차를 끌고 갈게요. 믿어 주세요. 약속한 시간까지 숲으로 마차를 끌고 갈 테니까요."

그러자 아버지는 웃으며 말했습니다.

"넌 마차를 끌 수 없단다. 말고삐를 잡기에는 몸집이 너무 작지 않느냐."

"그건 괜찮아요. 어머니께서 마차에 말만 매어 주시면 돼요. 저는 말의 귓속으로 들어가 어디로 가야 하는지 일러 주겠어요."

"그래? 어디 한번 해보려무나."

아버지가 말했습니다.

숲으로 갈 시간이 되자 어머니는 말을 마차에 매어 주었습니다. 그리고 엄지동자를 말 귓속에 넣어주었죠. 엄지동자는 말에게 "이랴! 가자! 왼쪽으로, 오른쪽으로" 이렇게 외쳤습니다. 그러자 말은 마치 주인이 고삐를 잡은듯이 바른 길을 달려 숲 속으로 들어갔습니다.

모퉁이를 돌면서 엄지동자가 "이랴, 이랴! 왼쪽으로, 왼쪽으로" 외치는데 낯선 남자 둘이 마차로 다가오는 게 아니겠습니까.

"아니, 이게 어떻게 된 일이지? 마차가 달리고 말 부리는 소리도 들리는데, 사람은 통 보이지 않으니 말이야."

한 사람이 말했습니다.

"이건 심상치 않은 일이야. 저 마차를 따라가서 어디에 멈춰 서는지 보자고."

다른 사람이 말했습니다.

마차는 숲 속으로 들어가더니 나무가 베어져 있는 자리에 가서 멈추었습니다. 엄지동자는 아버지를 발견하자 소리쳤습니다.

"보세요, 아버지. 제가 마차를 끌고 왔어요. 이제 저를 내려주세요."

아버지는 왼손으로 말을 붙들고 오른손으로 아들을 말 귀에서 꺼냈습니다. 아들은 뿌듯해하며 지푸라기 위에 걸터앉았지요. 두 낯선 남자는 엄지동자를 보자 크게 놀라 아무 말도 못했습니다. 그러다 한 남자가 문득 다른 남자를 옆으로 끌고 가 말했습니다.

"이봐, 저 아이만 있으면 한몫 단단히 잡을 수 있겠어. 저 녀석을 큰 마을로 데려가 돈을 받고 사람들에게 구경거리로 보여 주면 많은 돈을 벌게 될 거야. 우리 저 녀석을 사는 게 어떨까?"

그래서 그들은 농부에게 가서 말했습니다.

"그 아이를 우리에게 파시오. 우리들이 행복하게 잘 키우겠소."

"그건 싫소."

아버지가 대답했습니다.

"이 아이는 내 목숨보다 소중한 하나뿐인 아들이라오. 세상의 금을 몽땅 다 준다 해도 팔지 않겠소!"

엄지동자는 이 이야기를 듣자 아버지 저고리 주름을 타고 기어 올라갔습니다. 그리고는 아버지 어깨 위에 올라가 귀에다 대고 이렇게 속삭였습니다.

"아버지, 저를 파세요. 꼭 다시 돌아올게요."

그래서 아버지는 하는 수 없이 많은 돈을 받고 두 남자에게 엄지동자를 넘겨주었습니다.

"넌 어디에 앉겠니?"

남자들이 엄지동자에게 물었습니다.

"음, 아저씨들 모자 챙 위에 앉혀 주세요. 거기선 왔다갔다 산책하면서 경치 구경도 할 수 있으니까요. 절대로 떨어지지 않을 테니 걱정 마세요."

그들은 엄지동자가 말한 대로 그를 모자 챙 위에 올려 주었습니다. 엄지동자는 아버지와 작별 인사를 나눈 뒤, 그 남자들과 함께 길을 떠났답니다. 얼마 가지 못했는데 날이 벌써 어둑어둑해졌습니다.

"잠깐만 날 좀 내려주세요. 볼일이 급해요."

엄지동자가 말했습니다.

"거기서 해도 괜찮아. 아무렇지도 않은 걸. 가끔 새들도 거기다가 볼일을 보곤 해."

엄지동자가 앉은 모자를 쓴 남자가 말했습니다.

"아니에요. 저도 예의를 지킬 줄 안답니다. 어서 내려 주세요."

엄지동자의 말을 듣고 남자는 모자를 벗어 그를 길가에 있는 밭에다 내려 주었습니다. 엄지동자는 흙더미 사이를 이리저리 깡총깡총 돌아다니더니 갑자기 쥐구멍 속으로 쏙 들어가 버렸습니다.

"안녕히 가세요, 아저씨들. 저는 신경 쓰지 말고 가던 길이나 마저 가세요."

엄지동자는 두 남자에게 이렇게 외치며 깔깔 비웃었습니다. 그들이 달려와 막대기로 쥐구멍을 쑤셔 보았지만 헛수고였습니다. 엄지동자는 자꾸만 깊이 기어들어갔지요. 이윽고 날이 캄캄해졌습니다. 그들은 몹시 화를 내며 돈을 벌지 못한 채 터벅터벅 돌아가고 말았습니다.

그들이 가버린 것을 알자 엄지동자는 쥐구멍에서 밖으로 기어 나왔습니다.

"어두운 밤에 밭을 걸어가는 건 무척 위험해. 목과 다리가 부러질 수 있거든."

엄지동자가 말했습니다. 그는 빈 달팽이 껍질에 부딪쳤습니다.

"이거 참 잘됐군. 저 안에 들어가면 무사히 밤을 보낼 수 있을 거야."

엄지동자는 달팽이 껍질 안으로 들어갔습니다. 얼마 뒤 이제 슬슬 잠이 들려 하는데, 또 다른 두 남자가 지나가면서 하는 말이 들려왔습니다.

"부자 목사가 가진 금과 은을 빼앗으려면 어떻게 하는 게 좋을까?"

한 남자가 이렇게 말했습니다.

"그건 제가 알려드리지요."

갑자기 엄지동자가 끼어들며 큰 소리로 외쳤습니다.

"이게 어디서 나는 소리야?"

남자들이 깜짝 놀라며 말했습니다.

"틀림없이 소리가 들렸는데."

그들은 그 자리에 멈춰서서 가만히 귀를 기울였습니다. 엄지동자가 다시 말했습니다.

"저를 데리고 가주신다면 원하는 걸 얻을 수 있도록 도와 드리겠습니다."

"어디 있는 거냐?"

"땅 위를 잘 살펴보세요. 그러면 어디서 소리가 나는지 알 수 있을 거예요."

엄지동자 말을 듣고 마침내 남자들은 그를 찾아낼 수 있었습니다. 그리고 높이 들어 올렸지요.

"너처럼 조그만 녀석이 어떻게 우리를 도와준다는 거야?"

두 사람이 말했습니다.

"잘 들어 보세요, 제가 쇠창살 사이를 지나 목사의 방으로 기어들어가 아저씨들이 원하는 것을 건네주면 되잖아요."

엄지동자가 말했습니다.

"좋아. 어디 한번 네 솜씨를 보도록 하지."

그들이 목사님 집에 이르자 엄지동자는 방으로 살며시 기어들어갔습니다. 하지만 그러자마자 온 힘을 다해 외쳤습니다.

"여기 있는 보물을 몽땅 가져갈까요?"

도둑들이 깜짝 놀라 말했습니다.

"좀 조용히 말해. 사람들이 깨어나면 어쩌려고 그러니."

그러나 엄지동자는 그들 말을 알아듣지 못한 것처럼 다시 있는 힘껏 소리를 질렀습니다.

"뭘 가져갈까요? 여기 있는 걸 모조리 가져가면 되나요?"

마침내 옆방에서 잠자던 하녀가 이 말 소리에 잠에서 깼습니다. 그녀는 침대에서 몸을 일으켜 귀를 기울였지요. 도둑들은 겁에 질린 나머지 조금 뒤로 내뺐지만 곧 마음을 가다듬고 용기를 내어 생각했습니다.

'저 아이가 사람을 놀리는군.'

그들은 다시 돌아와 엄지동자에게 가만히 속삭였습니다.

"이제 장난은 그만 치고 얼른 보물을 넘겨줘."

그러자 엄지동자는 다시 한 번 자신이 낼 수 있는 가장 큰 목소리로 외쳤습니다.

"뭐든지 다 꺼내 드릴 테니 손이나 내미세요."

가만히 귀를 기울이던 하녀는 그 말을 듣자 침대에서 벌떡 일어나 문으로 들어왔습니다. 도둑들은 마치 사나운 사냥꾼들이 쫓아오기나 하는 듯이 걸음아 날 살려라 줄행랑을 쳤지요. 하녀는 아무것도 보이지 않자 불을 가지러 나갔습니다. 그녀가 불을 가지고 들어왔을 때는 이미 엄지동자가 들키지 않도록 밖으로 나가 헛간으로 들어가 버린 뒤였습니다. 하녀는 집안 구석구석을 살펴보았지만 아무것도 발견하지 못하고 다시 침대에 누웠습니다. 그러고는 자신이 뜬눈으로 꿈을 꾸었나 보다 생각했답니다.

엄지동자는 건초 더미 위에서 편히 잘 만한 자리를 찾아냈습니다. 그는 거기서 밤을 보내고 날이 밝으면 부모님이 계신 집으로 돌아가려 했습니다. 그런데 엄지동자는 또 한 번 위험한 일을 겪어야만 했습니다. 세상을 살다 보면 많은 재난과 곤경을 겪을 수 있습니다.

하녀는 어스름 하늘이 밝아오자 짐승들에게 여물을 주려 일찌감치 침대에서 일어났습니다. 가장 처음 온 곳이 헛간이었죠. 하녀는 건초를 한 뭉치 집어 들었습니다. 그런데 하필이면 엄지동자가 누워 잠을 자던 건초더미가 아니겠습니까. 엄지동자는 너무나 깊이 잠이 든 나머지 아무것도 알아차리지 못했지요. 엄지동자가 눈을 떴을 때는 암소가 건초를 그와 함께 막 입 속에 넣고 있었습니다.

"맙소사 큰일이야, 내가 어쩌다 맷돌 속으로 들어왔지?"

엄지동자가 깜짝 놀라 외쳤습니다.

그러다 곧 정신을 차리고 자기가 어디 있는지를 알아차렸지요. 그래서 암소 이빨 사이로 들어가 제 몸이 으깨지지 않도록 조심해야만 했습니다. 그렇지만 끝내 암소 위 속으로 쭈르륵 미끄러져 떨어지고 말았습니다.

"이 방은 창문 만드는 걸 잊었나봐. 햇빛도 안 들어오고, 불도 가져오지 않았으니 이거 어쩐다."

이 숙소는 도무지 그의 마음에 들지 않았습니다. 게다가 더 좋지 않은 것은 자꾸만 새로운 건초가 문으로 들어오면서 있을 자리가 차츰 좁아지는 것이었습니다. 엄지동자는 마침내 화가 치밀어 올라 자신이 낼 수 있는 가장 큰 목소리로 외쳤습니다.

"여물 좀 그만 줘, 여물 좀 그만 줘."

마침 암소 젖을 짜던 하녀가 그 말을 들었습니다. 아무도 보이지 않는데 소리만 들려오는데다 그 목소리는 어젯밤에 들려왔던 목소리와 똑같았지요. 하녀는 몹시 놀라 의자에서 미끄러져 떨어졌고, 그 바람에 우유를 엎질렀습니다. 서둘러 주인에게 달려간 하녀가 말했습니다.

"오, 맙소사! 목사님, 암소가 말을 해요."

"헛소리를 하는 걸 보니 네가 어디 아픈가 보구나."

목사는 이렇게 말했지만 직접 외양간으로 가서 무슨 일인지 살펴보려 했습니다. 그가 외양간에 발을 들여놓자마자 엄지동자가 다시 크게 소리쳤습니다.

"여물 좀 그만 줘, 여물 좀 그만 줘."

깜짝 놀란 목사는 암소에게 나쁜 악마가 씌었다고 생각했습니다. 그래서 암소를 죽이라 명령했지요. 그리하여 암소는 죽었지만 다행스럽게도 엄지동자가 들어 있던 위는 거름더미에 버려졌습니다. 엄지동자는 그곳을 빠져나오느라 얼마나 힘들었는지 모릅니다. 요리조리 애를 써서 간신히 빠져나올 자리를 찾아 막 밖으로 머리를 내밀려는데, 새로운 불행이 닥쳐왔습니다. 배고픈 늑대가 달려오더니 암소 위를 통째로 꿀꺽 삼켜 버렸습니다.

엄지동자는 이번에도 포기하지 않고 이렇게 생각했습니다.

'늑대와 말이 통할지도 몰라.'

그러고는 늑대 뱃속에서 그를 불렀습니다.

"늑대야, 난 맛난 먹이가 어디 있는지 알고 있어."

"그래? 어디 있는데?"

늑대가 물었습니다.

"이렇게 저렇게 생긴 집에 있어. 그런데 그 집으로 가려면 하수구를 기어가야만 한단다. 그곳에 가면 과자며 베이컨, 소시지 모두 네가 원하는 대로 마음껏 먹을 수 있을 거야."

그러면서 엄지동자는 아버지 집을 자세히 가르쳐 주었습니다.

늑대는 단번에 그 집이 어디 있는지 알아듣고는 캄캄한 밤에 하수구를 지나 집으로 들어갔습니다. 그리고 식료품 저장실에서 먹고 싶은 만큼 마음껏 먹어 댔지요. 배를 가득 채운 늑대는 밖으로 나가려 했으나 배가 너무 불룩해져서 왔던 길로는 다시 나갈 수 없었습니다. 이를 짐작하고 있었던 엄지동자는 늑대 뱃속에서 소란을 피우기 시작했습니다. 있는 대로 날뛰며 미친 듯이 소리를 질렀습니다.

"조용히 안 해? 사람들이 모두 깨겠어."

늑대가 말했습니다.

"무슨 소리야, 너도 실컷 먹었으니 나도 좀 마음대로 해 봐야지."

엄지동자는 이렇게 말하고는 다시 온 힘을 다해 쿵쿵 뛰며 고래고래 소리를 질러 댔습니다.

마침내 그 소란에 아버지와 어머니가 잠에서 깨어났습니다. 그들이 식료품 저장실로 달려와 문 틈새를 들여다보니 늑대가 들어와 있는 게 아니겠습니까. 아버지는 얼른 뛰어가서 도끼를, 어머니는 낫을 들고 돌아왔습니다.

"당신은 뒤에 있어요. 내가 먼저 늑대를 한 방 먹여도 죽지 않으면 당신이 내리쳐서 몸뚱이를 두 동강 내야 하니까."

저장실로 들어서며 남편이 말했습니다. 그때 엄지동자가 아버지 목소리를 듣고 외쳤습니다.

"아버지, 저 여기 있어요. 늑대 뱃속에 있어요."

아버지가 기쁜 목소리로 말했습니다.

"오 정말 다행이다. 사랑하는 아들을 다시 찾았구나."

아버지는 엄지동자가 다치지 않도록 아내에게 낫을 치우라 일렀습니다. 그러고는 도끼를 치켜들고 늑대 머리를 힘껏 내리쳤지요. 그렇게 늑대는 목숨을 잃었답니다. 부부는 칼과 가위를 찾아와 늑대 몸을 자른 다음 엄지동자를 밖으로 꺼냈습니다.

"우리가 얼마나 네 걱정을 했는지 모른단다."

아버지가 말했습니다.

"아버지, 저는 많은 세상을 보고 왔답니다. 그리고 고맙게도 다시 이렇게 신선한 공기를 마실 수 있게 되었어요!"

"어디를 돌아다녔단 말이냐?"

"쥐구멍에도 들어갔었고, 암소 위 속에도, 늑대 뱃속에도 들어갔었지요. 앞으로는 아버지 어머니와 늘 함께 있겠어요."

"온 세상 보물을 모두 준다 하더라도 다시는 너를 팔지 않겠다."

부모님은 이렇게 말하며 사랑하는 엄지동자를 살포시 껴안고 입을 맞추었습니다. 그리고 엄지동자에게 먹을 것과 마실 것을 주고 새 옷을 만들어 주었지요. 입고 있던 옷은 이곳저곳 여행을 하느라 몹시 낡아져 버렸거든요.

KHM 038
암여우의 결혼식
Die Hochzeit der Frau Füchsin

처음 이야기

아주 아주 먼 옛날 꼬리가 아홉이나 달린 나이 많은 여우가 살았습니다. 아내가 자기를 사랑하는 마음이 변했다 의심해서 아내를 시험해 보려 했습니다. 늙은 여우는 긴 의자 아래에 길게 뻗고 누워 꼼짝도 하지 않고 마치 실컷 얻어맞은 쥐처럼 죽은 척했습니다.

남편이 죽은 줄로만 안 여우 부인은 자기 방으로 올라가 틀어박혀 버렸습니다. 부인의 하녀인 고양이 아가씨는 부뚜막 위에 앉아 보글보글 음식을 만들고 있었지요.

이윽고 늙은 여우가 죽었다는 소식이 이곳저곳에 알려지자, 여우 부인에게 청혼하려는 동물들이 나타났습니다. 누군가가 현관문을 똑똑 두드리는 소리를 들은 하녀가 나가서 문을 열어 보니 젊은 여우가 서 있었습니다. 그 여우가 말했습니다.

"그분은 뭘 하고 있나요, 고양이 아가씨? 자고 있나요, 깨어 있나요?"

고양이 아가씨가 대답했습니다.

"나는 잠들지 않았어요, 깨어 있어요. 내가 뭘 하는지 궁금해요? 맥주를 끓여서 버터를 넣고 있어요. 당신은 내 손님이 되어 주시겠어요?"

젊은 여우가 말했습니다.

"고마워요, 아가씨. 여우 부인께선 뭘 하고 계시지요?"

하녀가 대답했습니다.

"여우 부인께서는 방에서
슬피 울고 계세요.
귀여운 눈이 잇꽃처럼 빨개졌어요.
여우 주인님이 돌아가셨거든요."

"아가씨, 그분께 젊은 여우가 찾아왔다고 전해 주세요. 그 여우가 부인에게 청혼하고 싶어한다고요."

"좋아요, 젊은 나리."

고양이 아가씨가 살금살금 계단 위로 올라가 방문을 톡톡톡 두들겼습니다.

"여우 부인, 안에 계세요?"

"있지, 그럼. 내 작은 고양이야?"

"네, 어떤 분이 청혼을 하러 왔는데요."

"오, 그래? 어떻게 생긴 분이더냐? 그 양반도 돌아가신 우리 그이처럼 노랗기도 하고, 파랗기도 한 멋진 꼬리가 아홉 개 달려 있더냐?"

고양이가 말했습니다.

"천만에요. 꼬리는 딱 하나밖에 없던데요."

"그런 양반은 난 싫다."

고양이 아가씨는 방을 나가 구혼자를 돌려보냈습니다.

얼마 지나지 않아 다시 문 두드리는 소리가 나서 나가보니, 다른 여우가 문 앞에 서 있었습니다. 여우 부인에게 결혼을 청하고 싶다는 것이었습니다. 그는 꼬리가 두 개나 있었지만, 처음에 찾아왔던 여우보다 그리 다를 것 없는 대접

을 받았습니다. 계속해서 다른 여우가 찾아왔습니다. 꼬리가 하나씩 늘어났지만, 모두 거절당했습니다. 오로지 마지막에 온 여우만 옛 남편과 꼭 닮은, 꼬리가 아홉 개 달린 여우였지요. 여우 부인은 그 말을 듣고 몹시 기뻐하며 고양이에게 말했습니다.

"자, 방문을 열고, 대문을 활짝 젖혀라! 그리고 헌 남편을 밖으로 내가거라."

그런데 결혼식이 시작되려는 바로 그때, 옛 남편 여우가 긴 의자 아래에서 벌떡 일어나더니 하인들을 흠씬 두들겨 패고는 여우 부인도 함께 집 밖으로 내쫓아 버렸습니다.

그 다음 이야기

늙은 여우가 죽은 뒤, 늑대가 여우 부인에게 청혼을 하러 왔습니다. 늑대가 문을 두드리자 여우 부인의 하녀인 고양이가 문을 열어 주었습니다. 늑대는 고양이에게 정중히 인사를 하고 말했습니다.

"안녕하십니까, 똑똑한 고양이님. 혼자 계시다니 무슨 일 있습니까? 그리고 그 먹음직스러운 요리는 무엇입니까?"

고양이가 대답했습니다.

"보리빵을 부숴서 우유에 넣고 있어요, 당신이 제 손님이 되어 주시겠어요?"

늑대가 말했습니다.

"고마워요, 고양이 아가씨. 그런데 여우 부인께선 집에 계시지 않나요?"

고양이가 말했습니다.

"부인은 2층 방에 앉아서

하염없이 눈물을 흘리시며

어떻게 살아가야 하나 슬피 울고 계시지요.

여우 주인님이 돌아가셨거든요."

늑대가 말했습니다.

"부인께서 다른 남편을 얻고 싶다면 이리로 내려오시라 하십시오."

고양이가 계단을 뛰어 올라가

익숙한 복도를 몇 번 돌아서

이윽고 기다란 방 앞에 이르자

다섯 개의 금반지로 문을 똑똑 두드렸습니다.

"여우 부인, 안에 계세요?

부인께서 다른 남편을 얻기를 원하신다면

아래로 내려와 보시랍니다."

여우 부인이 물었습니다.

"그분은 빨간 바지를 입으셨느냐? 또 주둥이는 뾰족하느냐?"

"아니오."

고양이가 대답했습니다.

"그럼 나에게는 필요 없다."

늑대가 거절당해 물러나자 개가 찾아왔습니다. 그 다음에는 사슴이, 그리고 토끼가, 이번에는 곰이, 그 다음에는 사자가, 이렇게 숲 속 온갖 짐승들이 차례차례 찾아왔습니다. 어느 동물이나 죽은 남편 여우가 지녔던 좋은 점들 가운데 한 가지는 꼭 없었습니다. 고양이는 그때마다 구혼자들을 돌려보내야만 했습니다. 마침내 젊은 여우가 한 마리 찾아왔습니다. 여우 부인이 물었습니다.

"그분은 빨간 바지를 입으셨느냐? 또 주둥이는 뾰족하느냐?"

"네, 그랬어요."

고양이가 대답했습니다.

"그럼 2층으로 올라오시라 해라."

그리고 여우 부인은 하녀에게 결혼식 준비를 하라고 일렀습니다.

"고양이야, 방을 치우고

나이 든 여우는 창밖으로 던져버려라.

통통하게 살찐 쥐를 많이 잡아와서는

언제나 혼자 먹어 치우고

나에게는 한 마리도 주지 않았었지."

여우 부인은 젊은 신사 여우와 결혼식을 올렸습니다. 모두들 결혼을 축하하며 빙글빙글 즐겁게 춤을 추었지요. 오늘도 아직 춤을 추고 있을지도 모릅니다.

KHM 039
난쟁이
Die Wichtelmänner

첫째 이야기

어느 구두장이가 있었습니다. 그는 특별히 나쁜 짓을 한 것도 아닌데 점점 가난해지기만 했습니다. 끝내는 구두 한 켤레를 만들 수 있는 가죽밖에 남지 않게 되었지요. 그는 해가 저문 뒤 그 가죽을 마름질해 놓고 다음 날 아침에 구두를 만들기로 했습니다. 구두장이는 양심에 거리낄 게 아무것도 없는 사람이라, 조용히 잠자리에 누워 걱정은 사랑 많으신 하느님께 맡기고 편안히 잠이 들었습니다.

그런데 아침이 되어 기도를 드린 뒤 일을 시작하려고 보니까, 구두 두 짝이 모두 완성되어 작업대 위에 가지런히 놓여 있는 게 아니겠습니까! 그는 너무 놀라서 떡 벌어진 입을 다물지 못했습니다. 구두를 손에 들고 자세히 살펴보니, 솜씨가 어찌나 좋은지 바늘 땀 하나도 어긋난 곳이 없었습니다. 마치 우두머리 구두장이가 마음껏 솜씨를 드러낸 것만 같았지요.

얼마 안 있어 찾아온 손님이, 그 구두가 몹시 마음에 든다면서 여느 때보다 더 많은 값을 치러 준 덕분에 구두장이는 그 돈으로 구두 두 켤레를 만들 가죽을 살 수 있었습니다.

그는 또 밤에 구두를 마름질해 놓고 다음 날 아침 새로운 기분으로 일을 해야겠다고 생각했습니다. 그런데 그럴 필요가 없었습니다. 일어나 보니 또 구두 두 켤레가 어느새 완성되어 있었던 것입니다. 게다가 살 사람이 금세 두 명이나 나타나 구두 네 켤레분의 가죽을 살 수 있는 돈을 냈습니다. 그 다음 날에도 아침 일찍 구두 네 켤레가 완성되어 있었습니다. 이런 일이 그 뒤로도 계속되어, 그가 저녁때 마름질을 해 놓기만 하면 다음 날 아침 일이 모두 끝나 있었습니다. 얼마 지나지 않아 그는 다시 살림살이가 펴졌고 마침내 부자가 되었습니다.

크리스마스가 얼마 남지 않은 어느 날 밤이었습니다. 구두장이는 전날처럼 가죽을 마름질해 놓고는 자기 전에 아내에게 이렇게 말했습니다.

"우리 오늘 밤에는 잠을 자지 말고 누가 우리를 이렇게 도와주는지 지켜보는 게 어떻겠소?"

아내도 마침 궁금해하던 참이었기에 재빨리 불을 켰습니다. 그리고 남편과 함께 방구석에 걸어둔 옷가지 뒤에 몸을 숨기고 살그머니 지켜보기로 했습니다.

자정이 되자 귀여운 벌거숭이 난쟁이 요정 둘이 나타나더니 구두장이의 작업대 앞에 앉아 잘라 놓은 가죽을 집어 들었습니다. 그러고는 그 조그마한 손가락을 잽싸고 부지런하게 움직여 바늘로 찌르고, 꿰매고, 콩콩 두드리며 일하는 것이었습니다. 구두장이는 그 재빠른 솜씨에 놀라서 눈을 떼지 못했습니다. 요정들은 완성된 구두가 작업대 위에 가지런히 놓일 때까지 일손을 멈추지 않았습니다. 그리고 모든 일이 끝나자, 구두를 작업대 위에 올려놓고는 얼른 사라져 버렸습니다.

다음 날 아침 아내가 말했습니다.

"그 요정들이 우리를 이렇게 부자로 만들어 주었는데, 우리도 뭔가 감사의 표시를 해야 하지 않겠어요? 그들은 몸에 아무것도 걸치지 않고 돌아다니니 얼마나 추울까요? 우리 이렇게 하는 게 어때요? 나는 요정들을 위해 작은 셔츠와 저고리, 조끼와 바지를 지어주고, 양말도 한 켤레씩 떠 주고 싶어요. 당신은 귀여운 구두를 한 켤레씩 만들어 주지 않겠어요?"

남편이 말했습니다.

"거 참 좋은 생각이오."

그날 밤 두 사람은 그 모든 것을 정성스레 만들었습니다. 그리고 그 선물들을 마름질한 일감 대신 작업대 위에 놓아두고, 작은 요정들이 어떻게 하는지 보기 위해 몸을 숨기고 있었습니다.

한밤이 되자 요정들이 뛰어들어와서 곧바로 일을 시작하려고 했습니다. 그러나 늘 있던 마름질한 가죽 대신 깜찍한 옷가지들이 있는 것을 보자, 어리둥절해하더니 곧 굉장히 기뻐하는 것이었습니다.

요정들은 눈 깜짝할 사이에 옷을 입고 구두를 신더니 예쁜 옷을 걸친 몸을 쓰다듬으면서 노래를 불렀습니다.

"우리는 번쩍이는 옷을 차려입은 신사가 되었구나!
그런데 언제까지고 구두장이 노릇을 해야 하지?"

그러면서 의사와 벤치 위를 폴짝폴짝 뛰어다니며 춤을 추었습니다. 마침내 그들은 춤을 추며 밖으로 나갔습니다.

그 뒤로 요정들은 두 번 다시 나타나지 않았지만 구두장이는 그 뒤로도 평생토록 잘 지냈고, 하는 일마다 모두 잘되었습니다.

둘째 이야기

먼 옛날, 불행한 하녀가 살았습니다. 그런데 어찌나 부지런하고 깔끔한지 날마다 집 안을 쓸어 문 앞에다 버린 쓰레기가 산더미를 이루고 있었습니다.

어느 날 아침 하녀는 다시 일을 시작하려다 쓰레기더미 위에서 편지 한 통을 발견했습니다. 글을 모르는 하녀는 빗자루를 구석에 세워 두고 편지를 주인에게 가져갔습니다. 그것은 난쟁이 요정들의 초대장으로, 자기들 아기의 세례식에 참석하여 대모(代母)가 되어 달라고 부탁하는 편지였습니다.

하녀는 어찌 해야 할지 몰랐으나, 주위에서 몹시 권하는 데다 이런 일은 거절해서는 안 된다고 주인이 설득하는 바람에 마침내 세례식에 가기로 했습니다. 곧 세 요정이 찾아와서 하녀를 그들이 사는 깊은 산속으로 데리고 갔습니다. 그곳에 있는 것들은 모든 게 다 작았지만 이루 말할 수 없이 예쁘고 화려했습니다.

아기 엄마는 기둥머리를 장식하고 아름다운 진주를 박아넣은 흑단 침대에 누워 있었습니다. 이불은 금실로 수를 놓고 요람은 상아, 욕조는 황금으로 만든 것이었습니다. 하녀가 대모로서 이름을 붙여주고 집으로 돌아가려고 하자, 난쟁이 요정들은 사흘만 더 있어 달라고 부탁했습니다. 그래서 하녀는 그곳에 더 머무르면서 재미있고 즐거운 시간을 보냈고, 요정들도 하녀에게 온갖 친절을 베풀며 대접해 주었습니다. 마침내 돌아갈 때가 되자, 요정들은 하녀가 갖고 있는 자루와 옷 호주머니마다 금화를 잔뜩 채워 준 뒤 다시 숲 밖으로 데려다 주었습니다.

집으로 돌아온 하녀는 구석에 서 있는 빗자루를 들고 늘 하던 대로 청소했습니다.

그러자 집 안에서 낯선 사람들이 나와서 너는 누구냐, 여기서 무엇을 하고 있느냐 물었습니다.

하녀는 사흘 동안이라고 생각했지만, 사실은 산속 요정들의 집에서 7년이나 머물렀던 것입니다. 예전 주인들은 그 사이에 모두 죽고 없었답니다.

셋째 이야기

난쟁이 요정들이 어느 어머니의 요람에서 아기를 데려가고, 대신 그 자리에 머리가 커다랗고 멍한 눈길로 쳐다보기만 하는 도깨비를 두고 갔습니다. 이 도깨비는 그저 먹고 마시는 것밖에 몰랐기 때문에, 어머니는 너무 난처하여 이웃집 여자에게 가서 무슨 좋은 방법이 없겠느냐고 물었습니다.

이웃집 여자는 그 도깨비를 부엌으로 데려가 부뚜막 위에 앉혀 놓고 불을 지핀 다음, 달걀껍질 두 개에다 물을 끓여보라고 말했습니다. 그러면 그 도깨비가 웃을 텐데, 도깨비가 웃으면 아기를 돌려받을 수 있으리라고 했습니다.

부인은 이웃집 여자가 말한 대로 했습니다. 부인이 달걀껍질에 물을 담아 불 위에 올려놓자 도깨비가 말했습니다.

“저기 저 높은 산만큼이나 오래 살았지만,
달걀껍데기에 물을 끓이는 사람은 처음 보네.”

그러더니 깔깔깔 웃어대기 시작했습니다.

도깨비가 웃음을 터트리자 난데없이 난쟁이 요정들이 나타나 진짜 아기를 부뚜막 위에 내려놓더니 그 도깨비를 다시 데리고 어디론가 사라져버렸습니다.

KHM 040
도둑 신랑
Der Räuberbräutigam

어느 마을에 예쁜 딸을 둔 방앗간 주인이 있었습니다. 딸이 결혼할 나이가 되자 그는 좋은 곳에 시집가서 잘 살았으면 좋겠다고 생각했습니다.

“좋은 신랑감이 나타나 내 딸과 결혼하고 싶다고 말하면 흔쾌히 허락해야겠다.”

방앗간 주인은 이렇게 생각했습니다.

얼마 지나지 않아 구혼자가 나타났습니다. 그 사람은 매우 돈이 많아 보였고, 방앗간 주인이 보기에 그리 나쁜 사람 같지는 않았습니다. 그래서 결혼을 승낙했습니다.

약혼녀라고 하면 보통 약혼한 남자에게 사랑을 느끼는 게 자연스러운 일이지만, 이 처녀는 그렇지가 않았습니다. 왠지 그 사람이 전혀 좋아지지 않고, 믿음을 느끼기는커녕 그를 만날 때나 그를 생각할 때마다 왜 그런지 마음이 섬뜩해지는 것이었습니다.

하루는 그가 약혼녀에게 말했습니다.

"당신은 내 약혼녀인데도 나를 한 번도 찾아와 주지 않는군요."

처녀가 대답했습니다.

"당신 집이 어디인지도 모르는걸요."

그러자 약혼자가 말했습니다.

"우리 집은 마을 밖 어두운 숲 속에 있다오."

처녀가 이런저런 핑계를 대며 숲길은 찾을 수 없을 것만 같다고 하자 약혼자가 다시 말했습니다.

"다음 일요일에 꼭 찾아와요. 벌써 손님들을 초대해 놓았다오. 당신이 숲 속으로 난 길을 찾을 수 있도록 재를 뿌려 두겠소."

약속한 일요일이 되어 길을 떠나야 할 시간이 되었습니다. 그런데 처녀는 왠지 모르게 마음이 불안했습니다. 그래서 길에다 표시를 해 놓으려고 양쪽 주머니에 완두콩과 렌즈콩을 가득 채워두었습니다.

숲 입구에 이르러 보니 그의 말처럼 재가 뿌려져 있었습니다. 처녀는 그것을 따라가면서 한 걸음마다 왼쪽 오른쪽에 완두콩을 두세 알씩 뿌렸습니다. 거의 한나절쯤 걷다 보니 이윽고 숲 한가운데에 이르렀습니다. 그곳은 숲에서 가장 깊고 어두운 곳이었는데, 그 속에 외딴 집 한 채가 보였습니다. 매우 음산하고 섬뜩해 보여 도무지 마음이 내키지 않았지요. 그래도 집 안으로 들어가 보았으나 아무도 없고 온통 쥐 죽은 듯 조용하기만 했습니다. 그때 갑자기 커다란 목소리가 들려왔습니다.

"돌아가세요, 돌아가세요, 젊은 신부님
이곳은 살인마의 집이랍니다."

눈을 들어 위를 올려다보니, 벽에 걸린 새장 속의 새가 그렇게 말하는 게 아니겠습니까. 새는 다시 한 번 외쳤습니다.

"돌아가세요, 돌아가세요, 젊은 신부님
  이곳은 살인마의 집이랍니다."

그 말을 들으면서도 아름다운 약혼녀는 이 방 저 방 들여다보며 온 집 안을 돌아다녔습니다. 하지만 모두 텅 비어 있고 사람 그림자 하나 보이지 않는 것이었습니다. 그러다가 지하실로 내려가 보니 그곳에, 나이가 얼마나 됐는지도 모를 만큼 늙은 할머니가 고개를 흔들고 있었습니다. 처녀가 물었습니다.

"할머니, 제 약혼자가 여기 살고 있는지 말씀 좀 해 주세요."

"저런, 가엾은 아가씨!"

할머니가 대답했습니다.

"어쩌다 이런 곳에 들어왔을까! 여기는 살인마의 소굴이라오. 아가씨는 신부가 되어 곧 결혼식을 올릴 거라고 생각하겠지만, 그것은 저승사자와의 결혼식이 될 거요. 봐요, 이렇게 저들이 시키는 대로 커다란 솥에다 물을 부어 불 위에 올려놓았다우. 저들이 아가씨를 손 안에 넣는 날에는 아가씨를 인정사정없이 잘게 썰고 부글부글 끓여서 잡아먹어 버릴 거야. 저놈들은 모두 무시무시한 식인귀들이거든. 내가 아가씨를 불쌍히 여겨 구해 주지 않는다면 아가씨는 이대로 죽게 되고 말걸."

그러더니 할머니는 처녀를 커다란 통 뒤로 데려갔습니다. 그곳에 있으면 아무도 보지 못할 테니까요. 할머니가 말했습니다.

"아가씨, 여기서 쥐 죽은 듯이 가만히 있어요. 꼼짝 말고 조용히 있어야 해. 안 그러면 아가씨는 끝장이야. 밤이 되어 도둑들이 잠이 들면 우리 둘이 이곳에서 달아나기로 합시다. 나는 오래전부터 이런 기회를 간절히 기다리고 있었지."

처녀가 통 뒤에 숨자마자 악당들이 왁자지껄 떠들면서 돌아왔습니다. 악당들은 다른 젊은 처녀를 끌고 왔습니다. 모두들 술에 취해 처녀가 비명을 지르고 울며 하소연해도 들은 척도 하지 않고 처녀에게 술을 먹였습니다. 그들은 술을 세 잔 가득 따라서 처녀에게 마시라고 주었습니다. 한 잔은 하양 술, 한 잔은 빨강 술, 그리고 또 한 잔은 노랑 술이었지요. 연거푸 세 잔을 마신 처녀는 그만 심장이 터져 버리고 말았습니다. 그들은 죽은 여자의 고운 옷을 갈기갈기 찢어버린 뒤 탁자 위에 길게 눕히고는 그 아름다운 몸뚱이를 잘게 썰어 소금을 뿌렸습니다.

통 뒤에 숨어 있던 신부는 너무나 무서워서 가엾게도 온몸이 오들오들 떨리고 다리가 후들거렸습니다. 악당들이 자기를 어떻게 할지 분명히 보았으니 겁에 질리는 것도 무리가 아니었지요.

악당 가운데 한 녀석은 죽은 여자 손가락에 금반지가 끼워져 있는 것을 알아차리고는, 그것을 빼내려 하다가 잘 빠지지 않자 손도끼를 들어 그 손가락을 잘랐습니다. 그런데 손가락이 높이 튀어올라 신부가 숨어 있는 통을 넘어서 공교롭게도 신부의 무릎에 툭 떨어지고 말았습니다. 강도는 등불을 들고 손가락을 찾으려 했지만 찾을 수가 없었습니다. 그러자 한 녀석이 말했습니다.

"이봐, 저 통 뒤에도 찾아봤어?"

그때 할머니가 소리쳤습니다.

"어서 와서 먹기나 해. 내일 찾아도 되잖아. 손가락이 어디 도망가진 못할 테니까."

그러자 도둑들이 말했습니다.

"할멈 말이 맞아."

그러고는 그만 찾고 모두들 자리에 앉아 맛있게 식사를 하기 시작했습니다. 할머니가 악당들 술에 미리 잠 오는 약을 넣어 두었기 때문에 그들은 곧 지하실에 벌렁 드러누워 코를 드르렁드르렁 골면서 잠이 들었습니다.

신부는 코 고는 소리를 듣고 마침내 통 뒤에서 나왔습니다. 밖으로 나가려면 아무래도 땅바닥에 줄지어 드러누운 도둑들 몸뚱이를 타고 넘어야 했기에 깨우게 될까 봐 불안했습니다. 그러나 다행히 하늘이 도와주어 무사히 그곳을 빠져나올 수 있었습니다.

할머니와 신부는 함께 1층 방으로 올라와 출입문을 열고는 걸음아 날 살려라 살인마의 소굴에서 달아났습니다. 뿌려 두었던 재는 저 멀리 바람에 날려가 버렸지만, 완두콩과 렌즈콩에서는 어느덧 싹이 돋아나 달빛 아래에서 길을 알려주었습니다. 그들은 밤새 걸어서 아침 무렵 방앗간에 다다랐습니다. 처녀는 아버지에게 자기가 겪은 일들을 모두 이야기했습니다.

결혼식을 열기로 한 날이 되자 신랑이 나타났습니다. 방앗간 주인은 친척들과 가깝게 지내는 사람들을 모두 초대했습니다. 식탁에 앉아 맛있는 음식을 먹으면서 저마다 재미있는 이야기를 한 가지씩 하기로 했는데 신부는 아무 말도 없이 가만히 앉아 있기만 했습니다.

그러자 신랑이 신부에게 말했습니다.

"당신은 아는 이야기가 없소? 당신도 뭔가 이야기를 들려주시오."

그러자 신부가 이야기했습니다.

"그럼 저는 꿈 이야기를 하나 할게요. 꿈에서 홀로 숲 속을 거닐다가 어떤 집에 이르렀어요. 안에 들어가 보니 사람은 아무도 없고 벽에 걸린 새장에 새가 한 마리 있었어요. 그런데 새가 이렇게 소리치지 뭐예요.

'돌아가세요, 돌아가세요, 젊은 신부님. 이곳은 살인마의 집이랍니다.'

잠시 뒤 새가 또 한 번 그렇게 소리쳤어요. 네, 저는 그저 꿈을 꾸었을 뿐이랍니다. 저는 온 방을 다 둘러보았지요. 어느 방이나 모두 텅 비어 있었어요. 몹시 소름이 끼쳤어요. 그러다가 지하실로 내려갔는데, 그곳에는 나이가 얼마나 됐는지도 모를 만큼 너무도 늙은 할머니가 고개를 흔들면서 앉아 있었어요. 저는 할머니에게 제 약혼자가 이 집에 사느냐고 물었지요. 그랬더니 할머니는 '저런! 가엾어라! 아가씨는 살인마의 집에 들어온 거요. 아가씨의 약혼자가 이 집에 있는 건 틀림없지만, 아가씨를 갈기갈기 찢어서 죽여버릴 거야. 그런 다음 아가씨를 보글보글 끓여서 먹어버릴 거야'라고 하지 뭐예요. 네, 저는 그저 꿈을 꾸었을 뿐이랍니다. 그 할머니는 저를 커다란 통 뒤에다 숨겨 주었어요. 제가 거기로 막 숨자마자 강도들이 돌아왔어요. 강도들은 어떤 처녀를 끌고 왔는데 강도들이 처녀에게 하얀색, 빨간색, 노란색, 이렇게 세 가지 술을 마시게 하자, 그 아가씨는 그만 심장이 터져 버렸어요. 네, 저는 그저 꿈을 꾸었을 뿐이랍니다. 그런 다음 강도들은 처녀의 고운 옷을 벗기고 그 아름다운 몸뚱이를 탁자 위에 눕혀놓더니 잘게 썰어서 그 위에 소금을 뿌리는 거예요. 네, 저는 그저 꿈을 꾸었을 뿐이랍니다. 그런데 강도 가운데 한 녀석이 아가씨 손가락에 금반지가 끼워져 있는 것을 보았죠. 반지가 잘 빠지지 않으니까 손도끼로 쾅! 내리치더군요. 그러자 손가락이 높이 튀어오르더니 커다란 통을 지나 내 무릎 위에 '툭!' 떨어지지 뭐예요? 보세요, 이게 바로 그 반지가 끼워져 있던 손가락이랍니다."

처녀는 그렇게 말하면서 주운 손가락을 꺼내 그 자리에 있는 사람들 모두에게 보여 주었습니다.

강도는 그 이야기를 듣자, 얼굴이 백지장처럼 새하얗게 질려서는 벌떡 일어나 달아나려고 했습니다. 그러나 손님들이 그를 붙잡아 재판관에게 넘겼지요.

물론 그를 비롯해 그런 고약한 짓을 저질러온 강도들은 벌을 받아 모조리 처형되었답니다.

KHM 041
코르베스 씨
Herr Korbes

아주 먼 옛날 어떤 곳에 수탉과 암탉이 살았습니다. 그 둘은 함께 여행을 떠나기로 했습니다. 수탉은 붉은 바퀴가 네 개 달린 멋진 마차를 만들어 생쥐 네 마리에게 끌도록 했습니다. 수탉은 암탉과 함께 마차를 타고 사이좋게 길을 떠났지요.

길을 떠난 지 얼마 지나지 않아 고양이를 만났습니다. 고양이가 물었습니다.

"어디들 가시오?"

수탉이 말했습니다.

"저기 마을 밖에 있는 코르베스 씨[*1] 집에 간다오."

"그럼 나도 데려가 주시오."

고양이가 말하자 수탉이 대답했습니다.

"좋아요. 뒤에 올라타요. 앞에 앉았다가 떨어지지 말고.

　모두 조심하세요
　내 빨간 바퀴를 더럽히지 마세요
　굴러라 바퀴들아
　달려라 쥐들아
　저기 코르베스 씨네 집으로."

———————

*1 인정이 없고 심술궂은 무서운 사람의 대명사

그러자 이번에는 맷돌이 나타났습니다. 그 다음에는 달걀이, 그 다음에는 오리가, 그 다음에는 재봉핀이, 그리고 맨 마지막에는 바늘이 나타나서, 모두들 함께 마차를 타고 떼굴떼굴 굴러갔습니다.

그런데 코르베스 씨 집에 가 보니 공교롭게도 코르베스 씨가 집에 없었습니다. 쥐들은 마차를 헛간에 끌어 넣었습니다. 암탉은 수탉과 함께 횃대 위에 올라가 앉았고, 고양이는 벽난로 안에, 오리는 물통 속으로 들어갔습니다. 달걀은 수건을 몸에 감았고, 재봉핀은 의자 쿠션에 몸을 꽂았으며, 바늘은 침대 위로 올라가 베개 한가운데에 뛰어들었습니다. 마지막으로 맷돌은 문 위로 올라가 누웠습니다.

그때 코르베스 씨가 집에 돌아와 벽난로로 가서 불을 지피려고 하자, 고양이가 그의 얼굴에 재를 훅 뿌렸습니다. 그가 얼른 부엌으로 달려가 얼굴을 씻으려고 하니 이번에는 오리가 그의 얼굴에 물을 확 끼얹었습니다. 얼굴을 수건으로 닦으려 하자 달걀이 데굴데굴 굴러 나와 깨지면서 눈에 들러붙었습니다. 그래서 한숨 돌리려고 의자에 앉으니 이번에는 재봉핀이 그의 엉덩이를 콕 찔렀지요.

코르베스 씨는 화가 머리끝까지 나서 침대 위로 털썩 몸을 던졌습니다. 그런데 머리가 베개에 닿는 순간 바늘이 머리를 따끔 찔러, 코르베스 씨는 비명을 지르면서 정신 나간 사람처럼 바깥으로 곧장 뛰쳐나갔습니다. 그런데 문을 막 나설 때 머리 위로 맷돌이 쿵 떨어지는 바람에 코르베스 씨는 그만 그 자리에서 죽고 말았습니다.

코르베스 씨는, 정말 어지간히 나쁜 사람이었나 보지요?

KHM 042
대부님
Der Herr Gevatter

어느 가난한 남자가 있었는데, 그에게는 자식이 매우 많았습니다. 많아도 너무 많아서 이미 온 세상 사람들에게 대부가 되어 달라고 부탁했기 때문에, 또 아이가 태어났을 때는 더는 대부가 되어 달라고 부탁할 사람이 없었습니다. 남자는 어떻게 해야 할지 몰라 걱정하다가 깜빡 잠이 들었는데, 성문 밖으로 나가 맨 처음 만나는 사람에게 대부가 되어 달라고 부탁하라는 말을 꿈속에서 들었습니다.

잠에서 깨어난 그는 꿈에서 들은 대로 하기로 마음먹고 성문 밖으로 나갔습니다. 그리고 맨 처음 마주친 남자에게 대부가 되어 달라고 부탁했습니다. 그 낯선 남자는 그에게 물을 한 잔 주면서 말했습니다.

"이것은 신비로운 물이오. 당신은 이것으로 병든 사람을 살릴 수 있지. 다만 저승사자가 어디에 서 있는지 그걸 잘 봐야 하는데, 당신이 할 일은 오로지 그것뿐이오. 저승사자가 병자의 머리맡에 있으면 병자에게 이 물을 주시오. 그러면 환자는 건강해질 것이오. 다만 저승사자가 발치에 있으면 아무리 애를 써도 헛일이니, 아픈 사람은 반드시 죽게 될 것이오."

그때부터 가난한 남자는 병자가 나을 수 있는지 없는지 단번에 알아맞힐 수 있게 되었고, 그 재주로 널리 알려져서 많은 돈을 벌었습니다. 언젠가 왕자를 봐달라고 불려간 적이 있었습니다. 방에 들어가 보니 저승사자가 머리맡에 있는 게 보였으므로, 그 신비한 물을 마시게 하여 왕자를 낫게 했습니다. 두 번째도 마찬가지였습니다. 그러나 세 번째에는 저승사자가 발치에 서 있었기 때문에 왕자는 죽을 수밖에 없었습니다.

이 남자는 대부를 꼭 한 번 찾아가 이 물로 그가 얼마나 성공했는지 이야기를 해주고 싶었습니다. 그런데 그 집에 가 보니 집 안이 참으로 이상했습니다. 첫 번째 층계 위에서 부삽과 빗자루가 서로 치고받고 싸우는 게 아니겠습니까. 남자가 그들에게 물었습니다.

"대부님은 어디 계십니까?"

빗자루가 대답했습니다.

"한 층 더 올라가세요."

그가 두 번째 층계 위로 올라가 보니 잘린 손가락들이 한 무더기 놓여 있는 게 보였습니다. 그가 물었습니다.

"대부님은 어디 계십니까?"

손가락 가운데 하나가 대답했습니다.

"한 층 더 올라가 보시오."

세 번째 층계 위에는 해골들이 산더미처럼 쌓여 있었는데, 여기서도 한 층 더 올라가라는 게 아니겠습니까.

네 번째 층계 위에는 불 위에 생선들이 여러 마리 놓여 있었습니다. 생선들은 프라이팬 위에서 구워지면서 또한 이렇게 말했습니다.

"한 층 더 올라가세요."

다섯 번째 층계로 올라서자 어느 방문 앞이었습니다. 열쇠 구멍으로 안을 들여다보니 바로 그 대부가 있었습니다. 그런데 그의 머리에 기다란 뿔이 두 개 나 있는 게 아니겠습니까. 남자가 문을 열고 안으로 들어가자 대부는 재빨리 침대 속으로 뛰어들어 이불을 뒤집어썼습니다. 그것을 보고 남자가 말했습니다.

"대부님, 당신 집 안에서는 왜 이토록 이상한 일들이 벌어지는지요? 첫 번째 층계에서는 부삽과 빗자루가 서로 말다툼하며 치고받고 있더군요."

"참 생각이 모자라는 사람이로군. 그건 하인과 하녀가 서로 이야기를 나누고 있던 건데."

대부가 말했습니다.

"그런데 두 번째 층계 위에는 잘린 손가락들이 널려 있었습니다."

"어허, 도대체 밑도 끝도 없이 무슨 소리를 하는 거지? 그건 모두 우엉 뿌리요."

"세 번째 층계 위에는 해골들이 산더미처럼 쌓여 있던데요?"

"이런, 어리석은 녀석! 그건 모두 양배추라오."

"네 번째 층계에서 본 건 프라이팬 속 생선이었어요. 지글지글 소리를 내면서 제 몸을 굽고 있더군요."

남자가 그렇게 말하자 갑자기 바싹 구워진 생선들이 나타나더니 그럼 어디 한번 먹어보라는 듯 탁자 위에 올라가 드러누웠습니다.

"그리고 다섯 번째 층계를 올라와 열쇠 구멍으로 들여다보니 대부님의 머리가 보였는데, 기다란 뿔이 두 개 나 있더군요."

"무슨 말도 안 되는 소리를!"

대부가 버럭 소리를 지르자 남자는 덜컥 겁이 나서 부리나케 그곳에서 달아났습니다. 아마 달아나지 않았더라면 대부라는 사람이 그 남자에게 무슨 짓을 했을지 누가 알겠습니까?

KHM 043
트루데 부인
Frau Trude

먼 옛날 한 소녀가 있었습니다. 소녀는 고집이 세고 건방지게 어디든 참견을 하는 데다 부모님이 무슨 말을 해도 순순히 대답할 때가 없었습니다. 그러니 뭐든지 잘될 리가 없었지요.

그러던 어느 날 소녀가 부모님에게 말했습니다.

"트루데 부인에 대한 이야기를 많이 들었는데, 한번 찾아가 보고 싶어요. 사람들 말이 그분 집은 매우 이상한 곳인데, 집 안에도 신기한 것들이 많다는 거예요. 너무 너무 궁금해서 도저히 견딜 수가 없어요."

부모님은 가지 말라고 엄하게 말했습니다. 트루데 부인은 마녀였거든요.

"트루데 부인은 못된 짓만 하는 나쁜 여자란다. 네가 그곳에 가면 너는 더 이상 우리 자식이 아니다."

그러나 소녀는 부모님 말씀은 들은 척도 하지 않고 무작정 트루데 부인 집을 찾아갔습니다.

그곳에 다다르자 트루데 부인이 물었습니다.

"왜 그렇게 하얗게 질렸느냐?"

"아까 여기서 너무 무서운 것을 보았어요."

소녀가 대답했습니다.

"뭘 봤는데?"

"계단에서 새까만 남자를 보았어요."

"그건 숯 굽는 사람이란다."

"그 다음엔 초록색 남자를 보았고요."

"그건 사냥꾼이지"

"그 다음엔 피처럼 새빨간 남자를 보았어요."

"그건 백정이야"

"아아, 트루데 부인. 정말 너무나 무서워서 온몸에 소름이 쭉 끼쳤어요. 창문으로 들여다보니까 부인은 보이지 않고 머리에 불이 붙은 악마만 보일 뿐이었어요."

"오호라, 그렇다면 너는 마녀가 정말로 화장을 한 모습을 본 게로구나. 나는 무척 오래전부터 너같은 아이가 오기만을 기다리고 있었단다. 나는 네가 필요해. 네가 나를 비추어 주어야 하거든."

그러면서 부인은 소녀를 통나무로 바꿔 불 속에 던져 넣었습니다. 장작이 새빨갛게 타오르자 부인은 그 옆에 앉아 불을 쬐면서 이렇게 말했습니다.

"어떠냐, 빛이 참 밝기도 하지?"

KHM 044
대부가 된 저승사자
Der Gevatter Tod

자식을 열둘이나 가진 가난한 남자가 있었습니다. 아이들 입에 빵 한 조각이라도 넣어주기 위해서는 밤낮없이 일을 계속해야만 했습니다. 그런데 열세번째 아이가 태어나자, 남자는 이 일을 어찌해야 좋을지 막막하기만 했습니다. 할 수 없이 그는 맨 처음 만나는 사람에게 대부가 되어 달라고 부탁해보기 위해 큰길로 나갔습니다.

그가 맨 처음 만난 것은 하느님이었습니다. 하느님은 그가 무슨 생각을 하는지 벌써 알고 있었기 때문에 이렇게 말했습니다.

"불쌍하고 딱한 사람! 내가 아이에게 세례를 내려주마. 그리고 그 아이를 보살펴 주고 행복하게 해주겠다."

남자가 물었습니다.

"당신은 누구십니까?"

"나는 하느님이다."

그러자 남자가 말했습니다.

"그렇다면 아이의 대부가 되어 달라고 부탁하고 싶지 않습니다. 당신은 부자들에겐 풍족하게 베풀어 주면서 가난한 사람들이 배를 주리는 건 모르는 척하니까요."

남자는 하느님이 부와 가난을 얼마나 지혜롭게 나누어 주시는지 몰랐기 때문에 그렇게 말했던 것이지요. 그는 하느님에게서 등을 돌리고 계속 걸어갔습니다. 그러자 악마가 다가와서 말했습니다.

"내가 자네 아이의 대부가 되면 아이에게 넘칠 만큼 금화를 주고, 또 세상의 쾌락이라는 쾌락은 모조리 다 안겨 주겠다."

남자가 물었습니다.

"당신은 누구십니까?"

"나는 악마다."

"그렇다면 당신을 아이의 대부로 맞는 건 사양하겠습니다. 당신은 늘 인간을 속이고 잘못된 길로 빠뜨려버리니까요."

그는 계속 걸어갔습니다. 그러자 바싹 말라 뼈밖에 남지 않은 저승사자가 성큼성큼 다가와서 말했습니다.

"내가 자네 아이의 대부가 되어 주지."

남자가 물었습니다.

"당신은 누구요?"

"나는 누구에게나 똑같이 대하는 저승사자다."

그러자 남자가 말했습니다.

"당신이야말로 어울리는 분입니다. 가진 사람이나 없는 사람이나 차별 없이 데려가시니까요. 그러니 내 아이의 대부가 되어 주십시오."

저승사자가 대답했습니다.

"나는 자네 아이를 부자로 만들고 세상에 이름을 떨치도록 해주겠다. 나를 친구로 둔 사람은 누구에게나 그렇게 해주고 있거든."

남자가 말했습니다.

"다가오는 일요일 세례식이 있습니다. 세례식 시간에 맞춰 와주십시오."

약속한 날이 되어 나타난 저승사자는 위엄 있는 모습으로 대부 역할을 매우 잘 해주었습니다.

아이가 어느 정도 나이를 먹자 어느 날 대부가 나타나 함께 가자고 했습니다. 그는 아이를 숲 속으로 데리고 가서 거기서 자라는 약초를 보여주면서 말했습니다.

"마침내 대부로서의 선물을 줄 때가 되었구나. 너를 이름난 의사로 만들어

주마. 네가 병자를 만나러 갈 때마다 내가 나타나겠다. 내가 아픈 사람 머리맡에 서 있으면 너는 병자를 곧 낫게 해주겠다고 자신 있게 말해도 된다. 그러고나서 이 약초를 병자에게 주면 그는 금세 나을 것이다. 그러나 내가 환자의 발치에 서 있으면 그는 내 사람이라는 뜻이니, 너는 더 이상 손쓸 방법이 없다. 그때는 이 환자를 고칠 수 있는 의사는 이 세상 어디에도 없다고 말해야 한다. 그러니 이 약초를 내 뜻을 어기고 쓰는 일이 없도록 조심해야 한다. 이에 따르지 않으면 너에게 좋지 않은 일이 일어난다."

얼마 지나지 않아 이 젊은이는 세상에서 가장 이름난 의사가 되었습니다.

"그 의사는 환자를 힐끗 쳐다보기만 해도 나을 병인지 죽을 병인지 다 안다니까."

사람들은 그렇게 말하며 멀리서 찾아오기도 하고 그를 병자에게 데려가기도 하면서 많은 금화를 주었기 때문에 그는 곧 부자가 되었습니다.

그러던 어느 날 임금님이 병에 걸렸습니다. 임금님은 이 의사를 성으로 불러

들여 나을 수 있을지 없을지 말해 보라고 했습니다. 그가 임금님의 침대로 가보니 저승사자는 병자의 발치에 서 있었습니다. 그렇다면 약초를 써도 소용없는 일이었지요. 그는 생각했습니다.

'만일 저승사자를 속일 수 있다면……? 물론 그는 화를 내겠지. 그렇지만 그래도 대부니까 어쩌면 용서해 줄지도 몰라. 어디 한번 해보자.'

그리하여 그는 환자를 거꾸로 눕혀 저승사자가 환자 머리맡에 서 있게 했습니다. 그런 다음 약초를 먹이니 임금님은 금세 기운을 차리고 다시 건강을 회복했습니다. 그러나 화가 난 저승사자는 의사를 찾아와 험악한 얼굴로 마구 삿대질을 하며 말했습니다.

"감히 나를 속였겠다! 너의 대부니까 이번에는 봐주겠다만, 한 번만 더 그랬다가는 네 목숨은 없을 줄 알아라. 그때는 내가 직접 너를 데려가겠다."

그런 일이 있은 지 얼마 되지 않아 이번에는 임금님의 딸이 심한 병에 걸렸습니다. 이 공주가 하나밖에 없는 자식이었던만큼, 임금님은 밤이고 낮이고 눈물을 흘려서 눈이 멀 지경이었습니다. 그리하여 왕은 공주의 목숨을 구해 주는 사람은 사위로 삼고 왕관까지 물려주겠다고 널리 알렸습니다.

젊은 의사가 공주의 침대로 가 보니 저승사자가 공주의 발치에 서 있었습니다. 그는 대부의 경고를 떠올렸지만 공주의 아름다움과, 병을 고치기만 하면 그녀의 남편이 될 수 있다는 희망에 홀려 그만 모든 생각을 바람에 멀리 멀리 날려 버렸습니다. 저승사자가 무척 화가 난 눈길로 그를 노려보다가 손을 높이 치켜들어 앙상한 주먹으로 때리는 시늉을 했지만 그의 눈에는 아무것도 들어오지 않았습니다. 그는 환자를 안아들고 머리를 저승사자의 발이 있던 곳으로 돌려놓았습니다. 그런 다음 약초를 먹이니 공주의 뺨이 곧 발그레해지면서 다시 생명의 기운이 온몸에 감돌기 시작했습니다.

그러나 두 번씩이나 자기 소유물을 속임수로 빼앗아가는 것을 본 저승사자는 성큼성큼 의사에게 다가가 말했습니다.

"너는 이것으로 끝장이다. 이젠 네놈 차례야."

그러고는 얼음처럼 차가운 손으로 의사를 옴짝달싹 못하도록 거칠게 움켜잡고 땅 아래 동굴로 끌고 갔습니다.

그곳에서는 불기둥 수천 수만 개가 눈에 다 들어오지도 못할 만큼 가득 줄지어 타오르고 있었습니다. 어떤 것은 크고, 어떤 것은 그보다 조금 작았으며,

어떤 것은 매우 작았습니다. 눈 깜짝할 사이에 꺼지는 것도 있고 새롭게 타오르는 것도 있어서, 마치 작은 불꽃들이 번갈아가며 여기저기서 깡충깡충 뛰어다니는 것처럼 보였습니다.

저승사자가 말했습니다.

"봐라, 이것들은 모두 인간들 생명의 등불이다. 큰 불은 아이들 것이고, 중간 크기는 젊고 기운이 왕성한 부부의 것, 작은 불은 노인들의 것이다. 그러나 어린아이나 젊은이라도 작은 불꽃밖에 지니지 못하는 경우도 있지."

"제 생명의 불도 보여 주십시오."

제 것은 아직 매우 클 거라 생각하면서 의사가 그렇게 말하자, 저승사자는 금세라도 꺼질 것 같은 조그만 촛불을 가리키며 말했습니다.

"저것이 바로 네 것이다."

깜짝 놀란 의사가 말했습니다.

"아, 너무하시는군요, 대부님. 제발 저를 위해 활활 타오르는 새 불을 켜 주십시오. 그렇게 해주시면 살아남아서 임금도 되고 아름다운 공주의 남편도 될 수 있을 테니까요."

"내 힘으로는 그렇게 할 수가 없다."

저승사자가 말했습니다.

"하나가 꺼져야만 새 것을 켤 수 있거든."

"그렇다면 새 양초 위에 헌 양초를 올려놓으면, 헌 양초가 꺼져도 바로 새것이 타오를 수 있잖아요."

의사는 울면서 애원했습니다. 저승사자는 그의 소원을 들어주려는 듯이 커다란 새 양초를 집어 들었습니다. 그러나 사실은 보복을 할 생각이었기 때문에 양초를 바꿔 끼우는 척하면서 일부러 작은 양초를 넘어뜨렸습니다. 그러자 불이 꺼지면서 의사는 곧 그 자리에 털썩 쓰러져, 이번에는 자기가 저승사자 손에 들어가버리고 말았습니다.

KHM 045
엄지동자의 여행
Daumerlings Wanderschaft

어느 재봉사에게 아들이 하나 있었는데, 몸집이 엄지손가락만 해서 엄지동자라 불렸습니다. 그러나 몸은 작아도 무척 용감했던 그는 어느 날 아버지에게 이렇게 말했습니다.

"아버지, 저도 사나이로 태어났으니 꼭 바깥세상으로 나가보고 싶습니다."

"그래, 그것 참 좋은 생각이구나, 아들아."

그렇게 말한 아버지는 밀랍을 촛불에 쬐어 만든 혹 하나를 기다란 뜨개바늘에 붙였습니다.

"자, 이 칼을 지니고 가거라."

엄지동자는 떠나기 전에 가족들과 모두 함께 식사를 하기로 했습니다. 그래서 어머니가 마지막으로 무슨 음식을 만드는지 보려고 부엌으로 통통 뛰어갔

지요. 그런데 막 요리가 끝났는지 커다란 접시가 부뚜막 위에 놓여 있었습니다. 그가 물었습니다.

"엄마, 무슨 요리를 하세요?"

"네가 직접 보렴."

어머니 말에 엄지동자는 부뚜막 위로 뛰어올라가 접시 안을 들여다보았습니다. 그런데 목을 너무 길게 빼는 바람에 음식에서 피어오른 김에 밀려, 그만 굴뚝 밖으로 치솟고 말았습니다. 김을 타고 잠깐 동안 공중을 날아가던 엄지동자는 마침내 다시 땅에 내려섰습니다. 그리하여 집을 떠나 먼 세상으로 나가게 된 엄지동자는, 어느 재단사의 견습생으로 들어가게 되었습니다. 그런데 그 집 음식은 너무나 맛이 없었습니다. 그래서 엄지동자가 말했습니다.

"사모님, 더 나은 음식이 나오지 않으면 저는 내일 아침 일찍 이곳을 떠나면서 대문에 분필로 '고기는 없고 감자만 잔뜩, 안녕, 감자 임금님' 이렇게 써 놓겠어요."

"뭐라고, 요 메뚜기 같은 녀석이!"

안주인은 몹시 화가 나 헝겊조각으로 엄지동자를 때리려 했습니다. 그러나

작은 재봉사 엄지동자는 잽싸게 골무 아래로 들어가더니 고개를 빼꼼히 내밀고 안주인에게 혀를 쏙 내밀었습니다. 안주인이 골무를 치우고 그를 잡으려 하자 엄지동자는 헝겊조각 속으로 폴짝 뛰어들었지요. 안주인이 그를 찾으려고 헝겊조각을 내팽개쳤을 때는 이미 탁자 틈새로 들어가 버린 뒤였습니다.

"저는 여기 있는데요?"

탁자 틈새에서 엄지동자가 고개를 쏙 빼며 소리를 질렀습니다. 안주인이 내리치려는 순간 그는 다시 서랍 속으로 뛰어들었습니다. 그러나 안주인은 마침내 그를 붙잡아 집 밖으로 내쫓고 말았습니다.

계속 걸어가다가 커다란 숲에 이른 엄지동자는 숲 속에서 한 도둑 무리와 마주쳤습니다. 왕의 보물을 훔칠 음모를 꾸미던 그들은 엄지동자를 보고 이렇게 생각했습니다.

'저렇게 작은 녀석이면 열쇠 구멍으로 기어들어가 자물쇠를 열 수 있겠군.'

그래서 도둑 하나가 엄지동자를 불렀습니다.

"이봐! 거기 걸어가는 골리앗,*¹ 우리와 함께 보물창고에 가지 않겠나? 자네처럼 작으면 열쇠 구멍 안으로 기어들어가 돈을 훔쳐내 우리에게 던져줄 수 있

─────────────
*1 〈구약성서〉에 나오는 거인. 물론 엄지동자를 놀리는 말로 쓰임.

을 것 같은데."

엄지동자는 잠시 생각하는 듯하더니 곧 좋다고 말했습니다. 그들은 함께 보물 창고로 갔습니다. 어디 틈새가 없나 하고 문 아래위를 살펴보던 그는 오래 걸리지 않아 자기가 들어갈 만한 틈새를 하나 찾아냈습니다. 곧바로 그 틈새로 들어가려고 하는데 문 양쪽에 서 있던 두 보초 가운데 하나가 그를 발견하고 동료에게 말했습니다.

"저기 기분 나쁜 거미 한 마리가 기어가고 있는데, 확 밟아 버릴까?"

다른 보초가 말했습니다.

"불쌍하니 그냥 두지 그래. 자네에게 아무 짓도 하지 않았잖아."

그러는 사이에 무사히 틈새를 통해 보물 창고 안으로 들어간 엄지동자는, 도둑들이 서 있는 쪽의 창문을 열고 1탈러 은화를 한 개씩 던져 주었습니다. 그렇게 한창 일을 하고 있는데 왕이 보물 창고를 살펴보려고 오는 발소리가 들렸습니다. 엄지동자는 얼른 숨었습니다. 보물창고로 들어온 왕은 많은 은화가 없어진 것을 알아차렸습니다. 그러나 자물쇠도 빗장도 그대로 있고 보초들도 잘 지키고 있었으므로, 도무지 누가 어떻게 훔쳐 갔는지 알 수가 없었습니다. 왕은 그곳을 떠나면서 두 보초에게 명령했습니다.

"조심해라, 돈을 노리는 녀석이 있어."

왕이 나간 뒤 엄지동자가 다시 일을 시작하자, 창고 안에서 돈이 짤랑거리는 소리가 보초들의 귀에도 들렸습니다. 그들은 도둑을 잡으려 재빨리 창고에 뛰어들었습니다. 그러나 보초들이 오는 소리를 들은 엄지동자는 그들보다 더 빨리 구석으로 뛰어갔습니다. 그러고는 자기 몸 위에 은화를 한 개 얹어서 몸이 보이지 않게 해 놓고 보초들의 약을 올렸습니다.

"나는 여기에 있어."

보초들은 소리가 나는 쪽으로 뛰어갔지만, 그들이 갔을 때는 이미 엄지동자가 다른 쪽으로 몸을 피한 뒤였습니다. 또다시 은화 밑에 숨은 엄지동자가 소리쳤습니다.

"이봐, 나는 여기 있는데?"

보초들이 황급히 뛰어갔지만 엄지동자는 이미 또 다른 구석에 가 있었습니다. 그는 또 은화 아래에 숨은 채 외쳤습니다.

"에이, 여기라니까."

그렇게 약을 올리며 보초들을 보물 창고 안에서 빙빙 돌며 쫓아다니게 하자, 보초들은 기진맥진해져서 그곳을 나가 버렸습니다. 은화를 하나씩 밖으로 모두 던져 주고 난 엄지동자는 온 힘을 다해 마지막 은화를 던지면서 잽싸게 그 위에 올라탔습니다. 은화와 함께 창문에서 뛰어내려 무사히 땅에 닿자 도둑들은 엄지동자에게 칭찬을 아끼지 않았습니다.

"당신은 굉장한 용사시군요. 우리의 두목이 되어 주시지 않겠습니까?"

그러나 엄지동자는 자기는 세상을 구경하고 싶다면서 그 청을 거절했습니다. 그들은 훔친 돈을 나누어 가졌지만 엄지동자는 십자가가 새겨져 있는 작은 동전 한 닢만 달라고 했습니다. 그 이상은 가지고 다닐 수가 없었거든요.

엄지동자는 칼을 차고 도둑들에게 잘 있으라 인사한 뒤 다시 길을 떠났습니다. 그는 몇몇 재봉사들 밑에 견습생으로 들어가기도 했지만 도무지 일에 재미를 느낄 수가 없었습니다. 그러다가 마침내 어느 여관에서 종업원으로 일하게 되었습니다. 그런데 하녀들은 그가 하는 짓이 너무나 얄미워서 견딜 수가 없었습니다. 모습은 보이지 않으면서, 하녀들이 몰래 무슨 짓을 하고 있는지 모두 지켜본 엄지동자가 그들이 몰래 접시에서 무엇을 덜어 갔으며 지하실 창고에서 무엇을 빼내 갔는지 주인에게 죄다 일러바쳤기 때문입니다. 하녀들이 말했습니다.

"너, 두고 봐. 호되게 혼나게 될 테니."

하녀들은 그를 골탕먹이기로 했습니다. 그 뒤 얼마 지나지 않아 정원에서 풀을 베고 있던 한 하녀가 엄지동자가 이리저리 뛰어다니며 풀을 타고 기어올라 갔다 내려갔다 하는 것을 보았습니다. 하녀는 재빨리 그가 올라가 있는 풀을 베어내 커다란 보자기에 싼 뒤, 암소들이 모여 있는 곳에 가서 아무도 모르게 던져 주었습니다. 그 가운데 커다란 검은 암소가 엄지동자를 풀과 함께 한 입에 꿀꺽 삼켜버렸습니다. 소의 뱃속은 불빛 하나 없이 온통 깜깜하기만 해서 엄지동자는 전혀 마음에 들지 않았습니다. 그래서 사람들이 암소 젖을 짤 때마다 큰 소리로 외쳤습니다.

"쭉, 쭈욱, 좌악, 우유통은 금방 채워지나요?"

그러나 젖 짜는 소리 때문에 그의 목소리를 들은 사람은 아무도 없었습니다. 얼마 뒤 소의 주인이 외양간에 들어와서 말했습니다.

"내일은 저 검은 소를 잡아야겠다."

그 소리에 겁이 난 엄지동자가 날카롭게 외쳤습니다.

"저를 꺼내 주세요. 저는 이 안에 있어요!"

틀림없이 목소리는 들리는데 도대체 어디서 나는 소리인지 알 수가 없자 주인이 물었습니다.

"어디에 있다고?"

"여기 검은 암소 배 속에요"

그가 대답했지만 주인은 그게 무슨 말인지 알 수가 없어서 그냥 나가버리고 말았습니다.

이튿날 아침 주인은 그 암소를 잡았습니다. 엄지동자는 다행히 고기를 잘게 자를 때 칼에 한 번도 맞지 않았지만, 소시지로 만들 고기 속에 들어가고 말았습니다. 곧 정육점 주인이 와서 일을 시작하자 엄지동자는 있는 힘껏 크게 외쳤습니다.

"너무 깊이 썰지 마세요, 너무 깊이 썰면 안 돼요, 제가 여기 들어 있단 말이에요."

그러나 식칼 소리가 너무 커서 그의 목소리는 사람들 귀에 들리지 않았습

니다. 가여운 엄지동자는 이번에야말로 심각한 곤경에 빠졌지만, 식칼들을 피해 이리저리 뛰어다니며 어떤 칼에도 맞지 않고 상처 하나 없이 무사했습니다. 그러나 밖으로 빠져나갈 수는 없어서, 비곗덩어리와 함께 피를 많이 넣은 빨간 소시지 속에 밀려들어가야만 했습니다. 이번만은 도무지 달아날 길이 없었지요.

그가 들어간 소시지 안은 너무나 좁았습니다. 게다가 훈제를 하느라 굴뚝 안에 내내 매달아 두었기 때문에 지루하기 짝이 없었습니다. 마침내 겨울이 되자 엄지동자는 소시지째 아래로 내려졌습니다. 손님에게 그 소시지를 내놓아야 했기 때문입니다. 곧 여관집 안주인이 소시지를 썰기 시작하자, 그는 머리를 너무 내밀지 않도록 조심했습니다. 목이라도 잘리면 큰일이니까요. 기회를 노리던 그는 마침내 밖으로 뛰어나갔습니다.

그런 봉변을 당한 집에 더는 머무르고 싶지 않았던 엄지동자는 곧 다시 여행길에 올랐습니다. 그러나 그의 자유는 그리 오래가지 않았습니다. 탁 트인 들판을 걸어가다가 여우와 딱 마주쳤는데, 그만 여우가 그를 덥석 물고 말았습니다.

"아이 참, 여우님, 여우님 목에 걸리겠어요. 그만 놓아주세요."

엄지동자가 다급하게 외치자 여우가 말했습니다.

"그도 그렇겠군. 게다가 너는 별로 먹을 것도 없겠어. 네 집 마당에 있는 닭들을 주겠다고 약속하면 너를 풀어 줄게."

"그럼요. 모두 드릴게요."

　그리하여 여우는 엄지동자를 놓아 주고 그를 등에 태워 집으로 데려다 주었습니다. 아버지는 사랑하는 아들이 돌아온 것을 보자, 키우던 닭들을 모두 여우에게 내주었습니다.

　"그 대신 아버지께 선물로 돈을 많이 가져왔어요."

　엄지동자는 그렇게 말하면서 여행길에서 번 동전 한 닢을 아버지에게 내놓았습니다.

　"그런데 왜 여우가 닭들을 모두 먹어치우게 두셨어요? 가엾잖아요."

　"어허, 이런 바보 같은 녀석, 아버지에겐 마당에서 키우는 닭보다 자식이 더 소중한 법이란다!"

KHM 046
하얀 새
Fitchers Vogel

어느 옛날에 한 마법사가 있었습니다. 그는 가난뱅이로 변장한 채 집집마다 구걸을 하고 돌아다니면서 예쁜 소녀들을 잡아갔습니다. 잡혀간 소녀들은 두 번 다시 돌아오지 못했기 때문에 마법사가 그녀들을 어디로 데려가는지 아무도 몰랐습니다.

어느 날, 불쌍하고 힘없는 거지의 모습을 한 마법사가 예쁜 세 딸을 가진 남자의 집 앞에 나타났습니다. 동냥한 것을 담아가려는 듯이 등에는 커다란 광주리를 메고 있었지요. 마법사는 먹을 것을 조금만 달라고 말했습니다. 맏딸이 나와서 빵 하나를 건네주려고 하자, 마법사는 소녀를 살짝 만졌습니다. 그 순간, 소녀는 이미 그의 광주리 안에 들어가 있었습니다.

소녀가 광주리에 들어가자 마법사는 서둘러 그곳을 떠나, 캄캄한 숲 한복판에 있는 자기 집으로 갔습니다.

집 안은 온통 호화롭고 훌륭한 것들로 가득했습니다. 마법사는 소녀가 갖고 싶어하는 것들을 모두 주면서 이렇게 말했습니다.

"착한 아이야, 내 집이 마음에 들지? 네가 원하는 것은 뭐든지 다 주마."

그렇게 며칠이 지난 뒤, 마법사가 말했습니다.

"나는 볼일이 있어서 여행을 떠나야 하니 잠시 혼자 있어야 한다. 여기 집 열쇠들이 있는데, 어느 방이든지 들어가 무엇이든 구경해도 되지만 이 작은 열쇠로 여는 방만은 들어가선 안 된다. 내 말을 어기면 너는 목숨을 잃게 될 거다."

그러고는 소녀에게 달걀 하나를 주면서 말했습니다.

"이 달걀을 잘 가지고 있어라. 늘 몸에 지니고 다니는 게 좋을 거야. 이걸 잃어버리면 무서운 일이 닥칠지도 모르니까."

소녀는 열쇠와 달걀을 받아들고 시키는 대로 잘하겠다고 약속했습니다. 마법사가 집을 떠나자 소녀는 지하실에서 다락방까지 온 집 안 구석구석을 돌아다니면서 구경했습니다. 모든 방들이 금은으로 번쩍번쩍 빛나고 있었지요. 이렇게 화려한 집은 태어나 처음이라고 생각하면서 소녀는 어느덧 열어서는 안 되는 방 앞에 이르렀습니다.

소녀는 그냥 가려다 안을 들여다보고 싶어서 도저히 참을 수가 없었습니다. 그 방 열쇠를 살펴보니 다른 열쇠들과 다르지 않게 보였습니다. 그런데 소녀가 열쇠를 꽂고 살짝 돌려 보자 문이 튕기듯이 활짝 열리는 것이었습니다.

방 안에 들어선 순간 소녀의 눈에 들어온 것은 무엇이었을까요? 피가 가득 찬 커다란 대야가 방 한복판에 놓여 있고, 그 안에는 토막 난 시체들이 잔뜩 들어 있었습니다. 그 옆에는 통나무로 만든 커다란 도마가 있고 번쩍거리는 커다란 도끼가 그 위에 놓여 있었지요. 소스라치게 놀란 소녀는 소중하게 손에 쥐고 있던 달걀을 그만 대야 속에 퐁당 빠뜨리고 말았습니다. 얼른 꺼내서 피를 닦아보았지만 아무런 소용이 없었습니다. 닦아도 닦아도 자꾸만 핏자국이 나타났습니다. 닦고 또 닦고 계속해서 문질렀지만 핏자국은 도저히 지울 수가 없었습니다.

얼마 안 있어 마법사가 여행에서 돌아왔습니다. 그는 맨 먼저 소녀에게 열쇠와 달걀을 가져오라 했습니다. 소녀는 그 두 가지를 마법사에게 건네주면서 온몸을 오들오들 떨었습니다. 마법사는 붉은 핏자국을 보고 소녀가 피의 방에 들어간 것을 알아챘습니다.

"내 말을 듣지 않았으니, 너는 다시 그 방에 들어가야 한다. 이제 너에게 남은 건 죽음뿐이다."

마법사는 말을 마치자마자 소녀를 바닥에 쓰러뜨린 뒤 머리채를 잡아 피의 방으로 끌고 갔습니다. 그러고는 통나무 도마 위에 소녀의 머리를 올려놓은 다음 목을 자르고 온몸을 잘게 토막내어 버렸습니다. 소녀의 몸에서 나온 피가 바닥에 강물처럼 흘렀습니다. 마법사는 토막난 소녀의 몸을 다른 시체가 들어 있는 대야 속에 던져 넣었습니다.

"이제 둘째 딸을 데려와야겠다."

다시 불쌍한 거지로 변장한 마법사는 그 집 문 앞에 찾아가 구걸을 했습니다. 그러자 둘째 딸이 빵을 하나 갖고 나왔습니다. 마법사는 맏딸에게 한 것처럼 이 소녀도 살짝 만진 다음 광주리째 등에 지고 데려와 버렸습니다. 이 둘째 딸도 언니와 똑같은 일을 당했습니다. 이 소녀도 호기심을 이기지 못해 피의 방을 들여다보는 바람에, 마법사가 돌아오자 하나뿐인 목숨으로 그 죄를 갚아야 했던 것입니다.

마법사는 다시 나가서 셋째 딸을 납치해 왔습니다. 이 셋째 딸은 지혜롭고 꾀 많은 소녀였습니다. 마법사가 열쇠와 달걀을 주고 여행을 떠나자, 소녀는 먼저 달걀을 조심스럽게 다른 곳에 보관해 둔 뒤 집 안을 구경했습니다. 그러다가 열어서는 안 되는 방에 들어서고 말았습니다. 아, 그런데 이게 웬일입니까! 사랑하는 두 언니가 처참하게 토막이 난 채 대야 속에 들어 있는 게 아니겠습니까!

셋째 딸은 곧바로 언니들의 토막 난 머리와 몸통, 팔과 다리를 빠짐없이 모아 제대로 맞췄습니다. 온몸이 전부 맞춰진 순간, 팔다리가 꿈틀꿈틀 움직이면서 서로 달라붙더니 이윽고 두 언니가 눈을 뜨고 다시 살아났습니다. 세 사람은 기뻐하며 서로 얼싸안고 입을 맞추었습니다.

마법사는 돌아오자마자 셋째 딸에게 열쇠와 달걀을 가져오게 했지만 아무리 살펴봐도 핏자국을 찾지 못하자 이렇게 말했습니다.

"너는 시험에 합격했으니 내 신부로 맞이하겠다."

이렇게 마법사는 더는 셋째 딸을 마음대로 하지 못하게 되었습니다. 오히려 셋째 딸이 시키는 대로 하지 않을 수 없었습니다.

"좋아요. 먼저 금화가 가득 든 광주리를 짊어지고 나의 아버지와 어머니께 갖다 드리세요. 그동안 저는 결혼식 준비를 할 테니까요."

그렇게 말한 막내는 곧바로 작은 방에 숨겨둔 언니들에게 달려가서 말했습니다.

"언니들을 구할 수 있는 기회가 왔어. 저 악당이 언니들을 다시 집으로 데려다 주게 만들 거야. 언니들은 집에 도착하자마자 나를 도와줄 사람들을 이리로 보내줘."

막내는 두 언니를 광주리 안에 넣고 그 위를 금화로 빈틈없이 덮어 언니들이 보이지 않게 한 뒤 마법사를 불렀습니다.

"자, 이 광주리를 지고 가세요. 가다가 절대로 멈춰서면 안 돼요. 제가 창문으로 지켜볼 거예요."

마법사는 광주리를 등에 짊어지고 소녀들의 집으로 떠났습니다. 광주리가 너무 무거워서 얼굴에 땀이 줄줄 흘러내렸지요. 그래서 잠시 앉아 쉬려는데 이내 광주리 속에서 한 소녀가 외쳤습니다.

"내가 창문에서 내다보니 쉬고 있는 것이 훤히 보이네요. 당장 가지 못해요!"

마법사는 신부가 그렇게 말하는 줄 알고 다시 일어나 길을 걷기 시작했습니다. 그러다가 잠시 앉아서 쉬려 하자 또 외치는 소리가 들려왔습니다.

"내가 창문에서 내다보니 쉬고만 있네요. 당장 가지 못해요!"

그 뒤로도 마법사가 멈춰 설 때마다 그런 소리가 들렸으므로 그는 계속 걸어갈 수밖에 없었습니다. 마침내 끙끙대는 신음과 함께 숨을 헐떡이며 그는 금화와 두 소녀가 든 광주리를 신부네 집 앞에 갖다 놓았습니다.

한편, 그 사이에 결혼 잔치 준비를 마친 신부는 마법사의 친구들을 모두 초대했습니다. 그런 다음 이를 드러내고 있는 해골을 하나 가져와서, 가발을 씌우고 화관을 얹어 다락방으로 옮긴 뒤 창가에 세워 바깥을 내다보게 해놓았습니다. 준비가 끝나자 신부는 꿀통에 들어갔다 나와서는 깃털이불을 뜯고 그 안에 들어가서 몸을 굴렸습니다. 그러고 나자 마치 괴상한 새처럼 보여서

그녀를 신부라 생각하는 사람은 아무도 없었습니다.

그런 모습으로 마법사네 집을 나선 그녀는 제 집으로 가는 길에, 결혼식에 참석하러 오는 마법사의 친구들을 만났습니다. 그들이 물었습니다.

"하얀 새야, 너는 어디서 왔니?"

"하얀 씨네에서 왔지."

"젊은 신부는 집에서 뭘 하고 있니?"

"집 안을 구석구석 쓸고 나서 다락방 창문으로 밖을 내다보고 있지."

드디어 신부는 어슬렁어슬렁 제 집으로 돌아오는 신랑을 만났습니다. 그도 다른 사람들처럼 물었습니다.

"하얀 새야, 너는 어디서 왔니?"

"하얀 씨네에서 왔지."

"젊은 신부는 집에서 뭘 하고 있니?"

"집 안을 구석구석 쓸고 나서 다락방 창문으로 밖을 내다보고 있지."

신랑이 위를 쳐다보니 자기 집 창문으로 예쁘게 치장한 해골이 보였습니다. 그 해골이 신부라고 생각한 그는 고개를 끄덕이며 다정하게 인사를 보냈습니다.

그가 손님들과 함께 집 안으로 들어갔을 무렵, 신부를 구하러 온 오빠들과 친척들도 그 집 앞에 도착했습니다. 그들은 아무도 도망가지 못하도록 집의 문을 모조리 잠근 다음 불을 질렀습니다. 그리하여 사악한 마법사는 친구들과 함께 모두 불에 타 죽고 말았답니다.

KHM 047
노가주나무 이야기
Von dem Machandelboom

2000년도 한참 더 지난 아주 오래 전, 어느 부자에게 매우 아름답고 기품 있는 아내가 있었습니다. 두 사람은 더할 나위 없이 서로를 아끼고 사랑했지만 자식이 없었습니다. 아내는 너무나 아이를 갖고 싶어서 밤낮으로 아기를 갖게 해 달라고 기도하고 기도했습니다. 그러나 아무리 기다려도 아이는 생기지 않았습니다.

두 사람이 사는 집 앞에는 정원이 있었는데, 거기에는 노가주나무가 한 그루 있었습니다. 어느 겨울, 아내는 그 나무 아래에 서서 사과껍질을 깎다가 실수로 손가락을 베어 피가 새하얀 눈 위로 뚝뚝 떨어졌습니다.

"아, 아!"

아내는 커다랗게 한숨을 내쉬었습니다. 눈 위에 떨어진 피를 보고 있으니 이루 말할 수 없는 슬픔이 밀려왔습니다.

"피처럼 빨갛고 눈처럼 새하얀 아이가 생긴다면 얼마나 좋을까!"

그런데 그 말을 입 밖에 내고 나니 왠지 마음이 행복하고 편안해졌습니다. 정말 좋은 일이 생길 듯한 기분이 들었습니다. 부인은 집 안으로 들어갔습니다.

한 달이 지나자 겨우내 쌓였던 눈이 모두 녹아 사라졌습니다. 두 달이 지나자 온 세계가 초록빛이 되었고, 석 달째에는 온갖 꽃들이 흙 속에서 빼꼼히 얼굴을 내밀었습니다. 넉 달이 지나자 숲 속 나무들이 앞다투어 초록빛 가지를 쑥쑥 뻗었고, 새들의 노랫소리로 숲 속이 온통 시끌시끌했습니다. 꽃은 나뭇가지에서 하늘하늘 춤추며 떨어졌지요. 그러는 사이 어느새 다섯 달이 흘러갔습니다. 아내는 노가주나무 아래에 서 있었습니다. 노가주나무에서 나는 향기로운 냄새에 아내는 가슴이 벅차
오르고 기쁨에 겨워 두 무릎을
꿇었습니다. 그렇게 하지 않고
는 도저히 견딜 수가 없었기 때
문입니다. 여섯 달이 지나자 노
가주나무 열매가 통실통실 익
어갔지만, 아내는 날이 갈수록
말수가 줄어만 갔습니다. 일곱
달이 지나자 노가주나무 열매
를 따서 맛있게 먹은 아내는 무
척 슬퍼하더니 그만 몸져 눕고
말았습니다. 이윽고 여덟 달이
지나자 아내는 남편을 불러 눈
물을 흘리며 유언을 남겼습니다.

"내가 죽으면 저 노가주나무 아래에 묻어 줘요."

그러고 나자 아내는 다시 마음이 편안하고 행복해졌습니다. 그 사이에 아홉
달이 지나갔고, 마침내 아내는 눈처럼 하얗고 피처럼 빨간 아기를 낳았습니다.
그러나 그 아기를 보고나서 너무 기쁘고 행복한 나머지 아내는 그만 죽고 말
았습니다.

남편은 아내를 노가주나무 밑에 묻어주고 너무나도 슬프게 울었습니다. 그
러나 시간이 흐르자 슬픔도 사라져갔습니다. 그렇게 며칠 더 울던 남편은 더
이상 울지 않았습니다. 그리고 얼마 더 지나자 새장가를 들었습니다.

두 번째 아내와의 사이에선 딸이 태어났습니다. 첫 번째 아내가 낳은 아이는
피처럼 빨갛고 눈처럼 새하얀 사내아이였지요. 새 아내는 자기가 낳은 딸을 바
라볼 때는 눈빛이 한없이 다정했으나, 의붓아들을 바라볼 때는 몹시 못마땅한
기분이 들면서 어디에 가든 이 아이가 자신을 방해할 것만 같았습니다. 그래
서 어떻게 하면 재산을 모두 자기 딸에게 물려줄 수 있을까 궁리하는 동안, 어
느새 악마가 그녀의 마음속에 들어왔습니다. 새 아내는 어린 소년을 못 견디
게 괴롭히며 이 구석에서 저 구석으로 떠밀면서, 이쪽으로 오면 한 대 갈기고
저쪽으로 가면 호되게 꼬집었습니다. 가여운 소년은 늘 공포에 떨며 학교에서

돌아와도 어디든 마음 편히 있을 곳이 없었습니다.

어느 날, 부인이 음식 저장실에 들어가 있으니 어린 딸이 따라와서 말했습니다.

"엄마, 사과 하나 주세요."

"오, 그래."

부인은 궤짝에서 먹음직한 사과를 하나 꺼내 주었습니다. 그 궤짝의 크고 무거운 뚜껑에는 커다랗고 날카로운 쇠자물통이 달려 있었습니다.

"엄마, 오빠도 하나 줘요."

어린 딸아이의 말에 부인은 화가 났지만 애써 이렇게 말했습니다.

"그래, 학교에서 돌아오면 줄게."

이때 창밖을 보니 소년이 돌아오고 있었습니다. 바로 그 순간 부인은 악마에게 사로잡힌 듯 손을 홱 뻗더니 방금 딸에게 준 사과를 다시 빼앗으며 말했습니다.

"오빠보다 먼저 먹으면 안 돼."

부인이 사과를 궤짝 안에 던져 넣고 뚜껑을 닫았을 때, 어린 소년이 문으로 들어섰습니다. 그러자 악마가 부인에게 다정하게 말하라고 속삭였습니다.

"예야, 사과 하나 먹을래?"

그러고는 밉살스럽다는 듯 빤히 쳐다보았습니다.

소년이 말했습니다.

"네, 한 개만 주세요. 그런데 어머니, 왜 그렇게 무서운 눈으로 쳐다보세요?"

부인은 꼭 누군가가 아이에게 그렇게 말하라고 시키는 것만 같았습니다.

"이리 따라오렴."

부인은 궤짝 뚜껑을 열었습니다.

"네가 직접 꺼내렴."

그 말에 어린 소년은 궤짝 안으로 몸을 굽혔고, 그 순간, 부인은 악마가 시킨 듯 뚜껑을 '꽝!' 세게 닫아버렸습니다. 그 바람에 소년의 목이 날아가 붉은 사과 사이로 툭 떨어졌습니다. 그것을 본 부인은 그제야 무섭고 두려워서 몸이 후들후들 떨렸습니다. 그리고 생각했습니다.

"이를 어쩌면 좋지? 들키는 날엔 끝장이야!"

자기 방으로 달려간 부인은 서랍장 맨 위에서 하얀 천을 꺼내 와, 소년의 머

리를 목 위에 다시 얹어놓고 천을
둘둘 감아 본디 모습으로 만들어
놓은 뒤, 소년을 문 앞 의자에 앉
히고 한 손에 사과를 쥐어 주었습
니다.

잠시 뒤, 딸 마리아가 부엌에 있
는 어머니에게 달려왔습니다. 어머
니는 불 옆에 서서 냄비 속 뜨거
운 물을 휘젓고 있었습니다.

"엄마, 오빠가 사과를 쥐고 문앞
에 앉아 있는데, 얼굴이 새하얘요.
제가 사과 좀 달라고 해도 아무
대답이 없어요. 이상해요."

"다시 물어 봐라, 이번에도 아무
말 없으면, 얼굴을 세게 한 대 때
려주렴."

어머니가 말했습니다.

마리아는 오빠에게 다시 갔습
니다.

"오빠, 나도 사과 좀 줘."

하지만, 이번에도 아무 대답이
없자 마리아는 오빠의 얼굴을 세
게 한 대 때렸습니다. 그러자 오빠
머리가 땅에 떨어졌습니다. 마리
아는 너무 놀라 소리를 질렀습니
다. 어머니에게 달려갔습니다.

"엄마, 내…… 내가 오빠 목을 부러뜨렸어요."

마리아는 어찌할 줄 몰라 하며 엉엉 울기만 했습니다.

"마리아! 너 도대체 무슨 짓을 한 거니!"

어머니가 말했습니다.

"누가 알면 안 되니까 조용히 해라. 이미 벌어진 일이니 어쩔 수 없지. 그래, 오빠를 수프로 만들어야겠다."

어머니는 소년을 옮겨와서 몸을 잘게 썰어 냄비 속에 넣고 보글보글 수프를 끓였습니다. 마리아는 그 옆에 서서 하염없이 울고 또 울었습니다. 그 눈물이 냄비 속에 떨어져 따로 간을 할 필요가 없었습니다.

집으로 돌아온 아버지가 식탁에 앉아 물었습니다.

"내 아들은 어디 갔소?"

어머니는 큰 그릇에 검은 수프를 가득 담았습니다. 마리아는 슬픔을 어쩌지 못해 그냥 울고 또 울기만 했지요. 아버지가 다시 물었습니다.

"내 아들은 어디 갔냐니까?"

어머니가 말했습니다.

"잠깐 시골에 갔어요, 뮤텐에 있는 외삼촌댁에요. 그곳에서 며칠 지내다 오겠대요."

"도대체 무슨 일로 간 거요? 미리 얘기도 안 해주고!"

"무척 가고 싶었나 봐요. 거기서 6주 정도 있어도 되겠느냐고 묻더군요. 다들 잘해 줄 거예요."

그러자, 남편이 말했습니다.

"아무리 그래도 나에게 인사 한 마디 없이 가다니…… 섭섭해."

그러고는 수프를 먹으면서 말했습니다.

"마리아, 그런데 너는 왜 울고 있니? 오빠는 좀 기다리면 올 텐데."

그리고 어머니에게 말했습니다.

"여보, 이 수프 참 맛있구려, 조금만 더 주게!"

그는 수프를 먹고 또 먹었지만 어쩐지 계속 당겼습니다.

발라낸 뼈는 식탁 아래에 던지며 먹다보니 하나도 남김없이 싹싹 먹어 치우게 되었습니다.

마리아는 자기 방으로 가서 서랍장 맨 아래 서랍을 열고 자기가 가진 것 가운데 가장 좋은 비단 손수건을 꺼내 오더니, 식탁 아래에 흩어진 뼈를 모두 주워 모아 비단 손수건으로 싼 다음, 밖으로 가지고 나가 하염없이 눈물을 흘렸습니다. 그 뼈는 정원 노가주나무 아래 푸른 풀밭에 갖다 놓았지요. 뼈를 풀 속에 갖다 놓고 나니까 웬일인지 갑자기 마음이 가벼워지는 것만 같아서, 마리아는 울음을 뚝 그쳤습니다.

그때 갑자기 노가주나무가 움직이기 시작했습니다. 나뭇가지들이 차츰 두 쪽으로 갈라졌다가 다시 모였는데, 그 모습이 마치 너무 기뻐서 두 손으로 박수를 치는 사람 같았습니다. 그러는 사이에, 나무에서 안개 같은 것이 뭉게뭉게 피어올랐고 안개 한가운데에서 불길이 활활 타오르더니, 이윽고 그 불 속에서 아름다운 새 한 마리가 날아올랐습니다. 새는 또랑또랑한 목소리로 지

저귀면서 하늘 높이 날아올라 어디론가 사라져버렸습니다. 노가주나무는 조금 전과 똑같은 모습으로 돌아갔고, 비단 손수건은 이미 뼈와 함께 흔적도 없이 사라진 뒤였습니다.

마리아는 왠지 마음이 개운해져서 오빠가 아직 살아 있을 때처럼 기쁘고 행복해졌습니다. 그래서 서둘러 집 안으로 돌아가 식탁에 앉아 밥을 먹었지요.

어디론가 날아가버린 새는 어느 금세공사의 집 지붕 위에 앉아 노래를 불렀습니다.

엄마는 나를 죽이고
아빠는 나를 먹었네.
여동생 마리아는
내 뼈를 모두 찾아

비단천에 곱게 싸서
노가주나무 아래 놓아주었네.
삐리릿, 삐리릿, 난 참으로 예쁜 새야!

작업장에 앉아 금목걸이를 만들던 세공사는 새가 지붕 위에서 노래하는 소리를 듣고 무척 재미있다고 생각했습니다. 그 아름다운 노랫소리를 더 가까이서 듣고 싶어, 자리에서 일어난 세공사는 문지방을 넘으면서 그만 덧신 한 짝을 잃어버리고 말았습니다. 그는 한쪽에 덧신을 신고 한쪽에는 짧은 양말만 신은 채, 길 한가운데로 뛰어갔습니다. 허리에는 앞치마를 둘렀고, 한 손에는 금목걸이를, 다른 한 손에는 집게를 들고 있었지요. 해님이 거리를 뜨겁게 비추고 있었지요. 세공사는 그 거리 가운데에 서서 새를 바라보았습니다.

"와, 정말 노래를 멋지게 부르는구나! 한 번 더 불러주지 않겠니?"

금세공사가 부탁했습니다.

"싫어요. 두 번이나 공짜로 부를 순 없어요. 그 황금 목걸이를 주시면 한 번 더 불러 드리지요."

새가 대답했습니다.

"좋아, 여기 황금 목걸이가 있으니 다시 노래해 보렴."

새는 황금 목걸이를 오른쪽 발로 집어들더니 금세공사 바로 앞에 앉아 노래를 불렀습니다.

> 엄마는 나를 죽이고
> 아빠는 나를 먹었네.
> 누이동생 마리아는
> 내 뼈를 모두 찾아
> 비단천에 곱게 싸서
> 노가주나무 아래 놓아주었네.
> 삐리릿, 삐리릿, 난 참으로 예쁜 새야!

새는 어느 신기료장이네 집으로 날아가서 지붕 위에 앉아 노래를 불렀습니다.

> 엄마는 나를 죽이고
> 아빠는 나를 먹었네.
> 누이동생 마리아는
> 내 뼈를 모두 찾아
> 비단천에 곱게 싸서
> 노가주나무 아래 놓아주었네.
> 삐리릿, 삐리릿, 난 참으로 예쁜 새야!

신기료장이는 그 노랫소리를 듣고는 소매를 걷어올린 채 일하다 말고 뛰쳐나와 지붕 꼭대기를 올려다보았습니다. 햇빛에 눈이 너무 부셔서 손으로 눈을 가려야만 했지요. 그가 말했습니다.

"새야, 새야, 정말 노래를 잘하는구나."

그러고는 집 안으로 소리쳤습니다.

"여보, 빨리 좀 나와 보구려. 기가 막히게 노래하는 새가 여기 있소. 한번 들어보구려!"

그런 다음 딸을 부르고, 아들도 부르고, 직공들도, 하인과 하녀도 몽땅 불러냈습니다. 모두들 밖으로 달려나와 지붕 위 새를 올려다보았습니다. 아아, 정말 아름답구나! 예쁜 새야. 붉고 푸른 깃털이 어쩜 저리 고울까! 목덜미는 황금처럼 빛나고, 두 눈은 마치 샛별처럼 반짝반짝거렸습니다.

"새야, 그 노래 한 번 더 들려주겠니?"

신기료장이가 상냥하게 말했습니다.

"글쎄요. 공짜로 두 번씩이나 부를 수는 없지요. 제게 무얼 좀 주세요."

새가 말했습니다.

"여보, 작업장에 가면 맨 윗칸 선반에 빨간 구두 한 켤레가 있을 거요, 그걸 가져다 줘요."

신기료장이가 말하자 부인이 얼른 달려가서 구두를 가져왔습니다.

"자 이걸 받고 그 노래 다시 불러주렴."

그러자 새가 내려와 왼쪽 발로 구두를 움켜쥐고는 다시 지붕 위로 날아가 낭랑한 고운 목소리로 노래를 불렀습니다.

> 엄마는 나를 죽이고
> 아빠는 나를 먹었네.
> 누이동생 마리아는
> 내 뼈를 모두 찾아
> 비단천에 곱게 싸서
> 노가주나무 아래 놓아주었네.
> 삐리릿, 삐리릿, 난 참으로 예쁜 새야!

노래를 마친 새는 멀리멀리 날아가 버렸습니다. 오른쪽 발에는 황금 목걸이를, 왼쪽 발에는 구두를 들고 저 멀리 방앗간으로 날아갔습니다. 물레방아가

빙글빙글 돌아가고 있었습니다. 방앗간에는 일꾼 스무 명이 앉아 딱딱똑똑 딱딱똑똑 돌을 쪼아 맷돌을 만들고 있었으며, 옆에서는 물레방아가 빙글빙글 돌아갔습니다. 그곳으로 날아온 새는 방앗간 앞에 우뚝 서 있는 보리수 위에 앉아 노래를 부르기 시작했습니다.

"엄마는 나를 죽이고"
이것을 듣고 젊은 일꾼 하나가 일손을 뚝 멈췄습니다.

"아빠는 나를 먹었네."
이것을 듣고 두 사람이 일손을 멈추고 가만히 귀를 기울였습니다.

"누이동생 마리아는"

이것을 듣고 네 사람이 일손을 멈췄습니다.

"내 뼈를 모두 찾아
비단천에 곱게 싸서"
이제 아직도 돌을 깎고 있는 건 여덟 사람.

"노가주나무"
이제 일을 하는 사람은 다섯 사람뿐.

"아래에 놓아주었네."
이제 일하는 사람은 오로지 한 사람.

"삐리릿, 삐리릿, 난 참으로 예쁜 새야!"
마지막으로 남은 사람까지 일손을 멈추고 노래를 들었습니다. 그가 말했습니다.
"새야, 너는 참 노래를 잘하는구나! 나에게도 들려다오. 나를 위해 다시 한 번 들려주려무나."
새가 말했습니다.
"글쎄요. 공짜 노래를 두 번씩 부를 수는 없어요. 그 맷돌을 주세요, 그러면 다시 한 번 노래를 부를게요."
그 사람이 말했습니다.
"이 맷돌이 나 혼자만의 것이라면 당장 주겠다만."
그러자 다른 사람들이 말했습니다.
"그래, 다시 그 아름다운 노래를 부르겠다니 맷돌을 줍시다."
그 말을 듣고 새가 아래로 내려왔습니다. 일꾼 20명이 모두 달려들어 통나무를 가져와서는 '영차! 영차! 영차!' 그 돌을 일으켰습니다. 새는 그 구멍에 목을 넣어, 무거운 맷돌을 마치 둥근 옷깃처럼 목에 끼운 채 다시 나무 위로 날아가 노래를 부르기 시작했습니다.

　　엄마는 나를 죽이고

아빠는 나를 먹었네.
누이동생 마리아는
내 뼈를 모두 찾아
비단천에 곱게 싸서
노가주나무 아래 놓아주었네.
삐리릿, 삐리릿, 난 참으로 예쁜 새야!

새는 노래를 끝내자 날개를 활짝 펼쳤습니다. 오른발에는 목걸이를, 왼발에
는 구두를 잡고, 목에는 맷돌을 걸고 저 멀리 아버지 집으로 날아갔습니다. 집
에서는 아버지와 어머니, 마리아가 식탁에 앉아 즐거운 식사를 하고 있었습

니다.

"왜 이렇게 마음이 가벼운지, 정말 기분이 좋아!"

아버지가 말했습니다.

"나는 아니에요! 왠지 가슴이 답답하고 불안해요. 마치 금방이라도 무시무시한 폭풍우가 몰아칠 것 같네요."

어머니가 말했습니다.

마리아는 하염없이 울고만 있었습니다. 그때 새가 날아와서 지붕 위에 앉자 아버지가 말했습니다.

"아, 너무나 행복한 기분이야. 바깥에는 햇살이 매우 환하게 내리쬐고 있군. 꼭 옛 친구를 다시 만날 것만 같은 기분이야."

"나는 아니에요. 왠지 불안해서 견딜 수가 없어요. 이가 덜덜 떨리고, 핏 속에는 활활 타오르는 불이 흐르는 것만 같아요."

어머니는 그렇게 말하면서 답답한지 앞가슴을 자꾸만 풀어 헤쳤습니다. 마리아는 한쪽 구석에 앉아 울고 있었는데, 너무 울어서 앞에 놓인 접시에 눈물이 흥건히 괴었습니다.

새는 노가주나무 위에 앉아서 노래를 불렀습니다.

"엄마는 나를 죽이고"

그 소리를 듣고 어머니는 귀를 막고 눈을 꼭 감은 채, 온 힘을 다해 보지도 듣지도 않으려고 했습니다. 그러나 노랫소리는 마치 사나운 폭풍처럼 윙윙거리며 어머니 귀를 세차게 파고들었고, 눈은 번개처럼 번쩍거리며 활활 불타올랐습니다.

"아빠는 나를 먹었네."

아버지가 말했습니다.

"아, 여보. 저기 아름다운 새가 멋진 노래를 부르고 있구려. 햇볕은 따뜻하고 이곳저곳에서 계피 냄새가 나."

"누이동생 마리아는"

그러자 마리아는 머리를 무릎 위에 얹더니 갑자기 울음을 뚝 그쳤습니다.

아버지가 말했습니다.

"얼른 나가봐야겠어. 저 새를 가까이에서 보고 싶어."

"제발 나가지 마세요. 온 집 안이 흔들리고 사나운 불길에 휩싸여 있는 것만 같아요."

잔뜩 겁에 질린 어머니가 말렸지만 아버지는 밖으로 나가 새를 올려다 보았습니다.

"내 뼈를 모두 찾아
비단천에 곱게 싸서
노가주나무 아래 놓아주었네.
삐리릿, 삐리릿, 난 참으로 예쁜 새야!"

새는 그렇게 노래하면서 황금 목걸이를 아버지 머리 위로 떨어뜨렸습니다.

목걸이는 신기하게 아버지의 목에 걸렸고 그렇게 딱 맞을 수가 없었습니다. 아버지는 집 안으로 들어갔습니다.

"이걸 봐요, 정말 말할 수 없이 아름다운 새야. 게다가 나에게 이렇게 아름다운 황금 목걸이를 주다니 참으로 예쁘지 않소?"

그러나 어머니는 어찌나 무서웠던지 그만 방바닥에 쓰러져 버리고 말았습니다. 그 바람에 쓰고 있던 모자가 머리에서 떨어져버렸지요. 그때 새가 다시 노래하기 시작했습니다.

"엄마는 나를 죽이고"
"아아, 천 길 땅속으로 들어가고 싶다. 그러면 저 끔찍한 소리를 안 들어도 될 텐데!"

"아빠는 나를 먹었네."
어머니는 죽은 듯이 축 늘어졌습니다.

"누이동생 마리아는"
그때 마리아가 말했습니다.
"어머나! 저도 밖에 나가보겠어요. 새가 저에게도 선물을 줄까요?"

"내 뼈를 모두 찾아
비단 천에 곱게 싸서"
그렇게 노래하면서 새는 밖으로 나온 마리아에게 빨간 구두를 떨어뜨려 주었습니다.

"노가주나무 아래 놓아주었네.
삐리릿, 삐리릿, 난 참으로 예쁜 새야!"

마리아는 마음이 벅차오르고 너무나 기뻐서 어쩔 줄을 몰랐습니다. 그녀는 새 구두를 신고 춤을 추면서 집 안으로 뛰어들어왔습니다.
"아, 밖으로 나가기 전에는 너무나 슬펐는데, 이제는 기분이 너무 너무 좋아

요! 정말 멋진 새예요. 저에게 빨간 구두를 주었어요."

"아니야, 아니야!"

어머니가 벌떡 일어나며 말했습니다. 어머니 머리카락이 마치 불꽃처럼 마구 곤두서 있었습니다.

"마치 온 세상이 끝날 것만 같아! 밖으로 나가봐야겠어. 그러면 나도 기분이 좀 나아질까?"

그런데 어머니가 문 밖으로 나가는 순간, 새가 어머니의 머리 위로 맷돌을 '쿵!' 떨어뜨리는 바람에 어머니는 맷돌에 깔려 그 자리에서 죽어버리고 말았습니다.

아버지와 마리아가 그 소리를 듣고 밖으로 나가 보니 그 자리에서 연기가 피어오르고 불길이 활활 치솟았습니다. 그 불길이 사그라지자 그 자리에는 어린 오빠가 서 있었지요. 그는 아버지와 마리아의 손을 꼭 잡았습니다. 세 사람은 무척 기뻐하며 집 안으로 들어가서 식탁에 둘러앉아 즐겁게 식사를 했답니다.

늙은 개 술탄

Der alte Sultan

어느 농부가 술탄이라는 매우 충직한 개를 키웠습니다.*¹ 그런데 그 굳센 술탄도 나이가 들자 이빨이 몽땅 빠져버려, 이제 무언가 꽉 물지도, 도둑을 잡지도 못하게 되어버렸습니다. 어느 날 농부는 문 밖에 서서 아내에게 말했습니다.

"늙은 술탄을 내일 총으로 쏘아 죽여야겠다. 이제 어디에도 쓸모가 없으니 말이야."

아내는 여태까지 부지런히 일해 준 술탄이 불쌍해서 이렇게 말했습니다.

"우릴 위해 오랫동안 일하면서 말도 잘 들었으니 죽을 때까지 보살펴주는 것도 좋잖아요."

남편이 말했습니다.

"어이 그게 무슨 소리야. 당신도 생각해 보구려. 저 녀석은 이빨이 하나도 없으니 도둑이 무서워하지 않아. 이젠 떠날 때도 되었지. 우릴 위해 일했다고 하지만 그 대가로 좋은 먹이를 많이 주었잖소."

가엾은 개는 집에서 조금 떨어진 양지바른 곳에 온몸을 쭉 뻗고 엎드려 햇볕을 쬐고 있다가 이 이야기를 모두 듣고 말았습니다. 내일이면 이 세상과도 마지막이구나 생각하니 어쩐지 서글픈 마음이 들었습니다.

개에게는 사이 좋은 늑대 친구가 있었습니다. 날이 저물자 개는 숲으로 친구를 찾아가 자기의 불행한 운명에 대해 털어놓았습니다. 그러자 늑대가 말했습니다.

"이봐, 힘을 내, 친구. 내가 자네를 어려움에서 벗어나도록 도와주겠네. 나에게 좋은 생각이 있어. 내일 아침 일찍, 자네 주인이 아주머니와 함께 풀을 베러 갈 때 아이도 함께 데리고 가잖아? 아기를 봐줄 사람이 아무도 없으니까 말이야. 일을 하는 동안에 아이를 키 작은 탱자나무 울타리 뒤 그늘 속에 눕혀 두면 자네는 아이를 지키려는 것처럼 그 옆에 앉아 있어. 그럼 내가 숲에

---

*¹ 술탄은 주로 터키 왕을 가리키는 말인데, 본디 뜻은 아랍어로 권위, 권력이며, 그것이 군주의 권력이 되었다가 마지막에 군주 자체의 칭호가 되었다.

서 나와 아이를 물어갈 테니까 자네는 아이를 되찾으러 가는 것처럼 나를 열심히 쫓아오도록 해. 그러면 내가 아이를 슬쩍 떨어뜨릴 테니까. 자네가 부모에게 아이를 데려다 주면 그들은 아이를 구해준 생명의 은인이라 여기고 자네를 죽이기는커녕 함부로 대하지도 못할 거야. 오히려 부족한 것 하나 없이 잘해 주면서 몹시 사랑하고 아껴줄걸?"

개는 그럴듯한 계획이라 생각하고, 그대로 행동에 옮겼습니다.

늑대가 어린아이를 물고 들판을 달리는 것을 본 아버지는 미친 듯이 소리를 질렀습니다. 그러다 늙은 술탄이 아기를 찾아오자 매우 기뻐서 술탄을 다정스레 쓰다듬으면서 말했습니다.

"너의 솜털 하나 건드리지 않으마. 그리고 네가 살아 있는 날까지 먹여주마."

그러고는 아내에게도 일렀습니다.

"어서 집에 가서 밀가루로 죽을 쑤어다 이 녀석에게 갖다 줘요. 씹지 않아도 먹을 수 있도록 말이오. 또 내 침대에서 베개를 가져와 편안히 누워 쉴 수 있게 술탄에게 선물해 주겠소."

그때부터 늙은 술탄은 더 바랄 것도 없이 행복한 남은 삶을 살게 되었습니다. 얼마 뒤 그를 찾아온 늑대는 모든 일이 잘된 것을 보고 기뻐했습니다. 늑대가 말했습니다.

"그런데 친구, 내가 자네 주인집에서 통실한 양을 한 마리 슬쩍 물어가더라도 눈감아 주게. 요즈음 입에 풀칠하기가 여간 힘들지가 않아서 말이지."

"그런 건 기대하지 말게."

개가 말했습니다.

"난 어디까지나 주인을 충실히 모실 생각이니 그런 짓을 눈감아 줄 수가 없어."

그러나 술탄의 말이 진심이 아닐 거라고 여긴 늑대는 양을 훔쳐가려고 밤에 슬그머니 나타났습니다. 그러나 충성스러운 술탄이 이미 주인에게 늑대의 계획을 일러두었기에, 농부는 늑대가 오는지 지키고 서 있다가 보리와 콩을 터는 도리깨로 호되게 때려 주었습니다. 늑대는 간신히 달아나면서 개에게 소리쳤습니다.

"두고 봐라, 이 나쁜 놈. 넌 친구도 아니야, 반드시 복수를 할 테다."

이튿날 아침 늑대는 멧돼지에게 개를 숲으로 불러오라고 전했습니다. 그곳에서 결투를 벌일 작정이었던 것입니다.

늙은 술탄은 아무리 찾아봐도 다리가 3개뿐인 고양이 말고는 결투의 증인이 되어줄 동물을 찾을 수가 없었습니다. 그래서 둘이 함께 숲으로 가는데, 가엾은 고양이는 절뚝절뚝 저는 다리가 너무 아파서 꼬리를 하늘로 빳빳이 치켜들고 걸어가야만 했습니다.

그런데 약속한 장소에 먼저 나와 있던 늑대와 늑대 쪽 증인인 멧돼지가 살펴보니, 상대가 칼을 들고 오는 게 아니겠습니까? 그들은 곧추선 고양이 꼬리를 보고 칼로 착각한 것입니다. 더구나 불쌍한 고양이가 세 발로 폴짝폴짝 뛰는 것을 보고는 그때마다 자기들에게 던질 돌멩이를 줍는 게 틀림없다고 생각했습니다. 그만 겁이 나서 멧돼지는 덤불 속으로 뛰어들고 늑대는 나무 위로 올라갔습니다.

약속한 장소에 도착한 개와 고양이는 아무도 보이지 않아서 이상하게 생각했습니다. 그런데 커다란 멧돼지는 몸집이 커 덤불 속에 몸을 완전히 숨기지 못해 귀가 밖으로 삐쭉 나와 있었습니다. 고양이가 주위를 조심스럽게 둘러보는 동안, 멧돼지는 귀를 쫑긋쫑긋 움직였습니다. 그러자 고양이는 생쥐가 움직이는 줄 알고 그 귀에 달려들어 있는 힘을 다해 깨물었습니다. 멧돼지는 꽥꽥 마구 울음소리를 지르며 벌떡 일어나 달아나면서 외쳤습니다.

"범인은 저기 나무 위에 숨어 있다고!"

개와 고양이가 위를 올려다보니 늑대가 보였습니다. 늑대는 이렇게 겁먹은 모습을 보인 것이 너무나 창피해서, 개의 '화해하자'라는 말을 받아들여 다시 사이좋게 지내기로 했답니다.

KHM 049
여섯 마리 백조
Die sechs Schwäne

머나먼 옛날, 한 왕이 큰 숲에서 사냥을 했습니다. 왕은 사냥감을 너무 매섭게 쫓느라 부하가 하나도 따라오고 있지 않다는 사실조차 몰랐습니다. 저물녘이 되어 멈춰 서서 주위를 요리조리 둘러보고 나서야 길을 잃어버렸다는 사실을 깨달았지요. 왕은 빠져나갈 길을 찾아보았지만 도무지 찾을 수가 없었습니다.

그때 한 노파가 머리를 까딱거리면서 왕에게 오고 있는 것이 보였습니다. 마녀였습니다. 왕이 노파에게 말을 걸었습니다.

"할머니, 숲을 빠져나가려면 어디로 가야 합니까?"

늙은 여자가 말했습니다.

"오, 임금님. 가르쳐드리고말고요. 하지만 그 전에 한 가지 부탁을 들어주셔야 합니다. 거절하신다면 임금님은 절대로 이 숲에서 빠져나가지 못하고 끝내 굶어 죽게 될 겁니다요."

"그 부탁이 뭐요?"

왕이 물었습니다.

"제게 딸이 하나 있는데, 무척 어여쁜 아이입지요. 임금님도 그렇게 어여쁜 아이는 세상에서 본 적이 없을 거유. 그러니 폐하의 왕비로서 모자람이 없는 아이란 말이지요. 임금님이 그 아이를 왕비로 맞이하시겠다면 이 숲에서 벗어나는 길을 가르쳐 드리겠습니다요."

왕은 얼른 숲을 빠져나가고 싶은 마음에 곧바로 그렇게 하겠다고 말했습니다. 노파는 왕을 자신의 오두막집으로 데려갔습니다. 노파의 딸이 불 옆에 앉아 있다가 기다리고 있었다는 듯이 왕을 맞아들였습니다. 소녀는 매우 아름답기는 했지만 어쩐지 왕의 마음에 썩 들지는 않았습니다. 소녀를 바라보면 왠지 섬뜩한 기분이 들었지요. 왕이 소녀를 말에 태우자 노파는 왕에게 숲에서 빠져나가는 길을 가르쳐 주었고, 왕은 무사히 성으로 돌아와 그 소녀와 결혼식을 올렸습니다.

왕은 전에 한 번 결혼한 적이 있었습니다. 첫 번째 아내에게서 일곱 아이들이 태어났는데, 여섯은 사내아이고 하나는 딸이었습니다. 왕은 그 아이들을 이 세상 무엇보다도 끔찍하게 사랑했습니다. 그는 새로 맞아들인 왕비가 아이들을 미워하거나 해칠까 봐 걱정되어 아이들을 숲 한가운데에 있는 외딴 성으로 보냈습니다. 그 성은 사람들 눈에 전혀 보이지 않는 곳에 있었을 뿐만 아니라 길을 찾기도 매우 어려워서, 어느 신비한 힘을 지닌 여자가 길잡이 실타래를 주지 않았다면 왕 자신도 도저히 찾지 못했을 것입니다. 그 실타래는 던지기만 하면 저절로 실이 풀리면서 길을 가르쳐 주었습니다.

왕이 아끼는 아이들을 만나러 자주 밖으로 나가자, 왕비의 눈에도 띄었습니다. 그가 홀로 숲에 들어가서 뭘 하는지 왕비는 궁금해서 견딜 수가 없었지요. 그래서 왕의 시종들에게 많은 돈을 주고는 왕의 비밀을 알아냈습니다. 시종들은 길을 알려 주는 실타래에 대한 이야기까지 해 주고 말았습니다. 왕비는 온갖 수단을 써서 왕이 그 실타래를 어디에 보관하는지 마침내 알아냈지요. 그런 다음 작은 비단 셔츠를 여러 장 지은 뒤, 마녀인 어머니에게서 배워 둔 마술로 셔츠마다 사악한 마법을 걸어 두었습니다.

어느 날 왕이 말을 타고 사냥을 나가자 왕비는 마법을 건 셔츠들을 들고 숲으로 갔습니다. 실타래가 왕비에게 길을 이끌어 주었지요. 멀리서 누가 오는 것을 본 아이들은 아버지가 오는 줄로만 여기고 기뻐하면서 아버지를 맞이하러 뛰어나갔습니다. 왕비는 그들에게 셔츠를 하나씩 던졌습니다. 옷이 몸에 닿자마자 아이들은 백조로 변해 수풀 너머 저 멀리 날아가 버리고 말았습니다.

왕비는 즐거운 마음으로 궁전에 돌아갔습니다. 걸리적거리는 의붓자식들을 확실하게 떼어 버렸다고 여겼기 때문입니다. 그러나 왕비는 오빠들과 함께 뛰어나오지 않았던 소녀가 있었다는 사실은 알지 못했습니다.

다음 날 왕이 아이들을 찾아와 보니 딸만 있고 아들들은 아무도 보이지 않았습니다.

"오빠들은 어디 갔느냐?"

왕이 물었습니다.

"아아, 아버지, 오빠들은 저만 홀로 남겨 두고 어디론가 가버렸어요"

딸은 창문으로 밖을 내다보니 오빠들이 백조가 되어 수풀 너머로 날아가 버렸다는 이야기를 전했습니다. 그리고 백조들이 마당에 떨어뜨린 새하얀 깃털들을 아버지에게 보여 주었습니다.

왕은 몹시 슬퍼했지만 설마 왕비가 그런 나쁜 짓을 했으리라고는 꿈에도 생각지 못했습니다. 딸마저 어디로 사라질까 두려워 함께 성으로 데려가려 했지요. 그러나 딸은 새어머니가 무서워서 오늘 하룻밤 더 숲 속 성에 머물게 해 달라고 아버지에게 부탁했습니다.

가엾은 소녀는 생각했습니다.

'난 이제 이곳에 있을 수 없어. 그 전에 무슨 일이 있어도 내 힘으로 오빠들을 찾아낼 테야.'

밤이 되자 소녀는 성에서 빠져나와 숲 속으로 더 깊이 들어갔습니다. 밤새도록 걷고 이튿날도 계속 걸었습니다. 그러다가 마침내 지쳐서 한 발짝도 더는 내디딜 수 없게 되었을 때 마침 바닥이 높은 통나무 오두막이 한 채 보였습니다. 안으로 들어가 보니 작은 침대 여섯 개가 놓여 있는 방이 있었습니다. 그러나 차마 침대에 들어가 눕지는 못하고 한 침대 아래에 들어가 딱딱한 바닥에서 밤을 보내기로 했습니다.

그러나 해가 막 지려 할 때쯤 바스락거리는 날갯소리가 들리더니 백조 여섯 마리가 창문으로 날아들었습니다. 백조들이 바닥에 내려앉아 서로의 몸을 훅훅 불어내자 깃털이 마치 속옷처럼 몸에서 훌훌 떨어져 나갔습니다. 그 백조들이 바로 사랑하는 오빠들임을 알아본 소녀는 몹시 기뻐하며 침대 아래에서 얼른 기어 나왔습니다.

오빠들도 누이동생을 보자 너무도 기뻤습니다. 그러나 그렇게 마냥 기뻐할 수는 없었습니다. 오빠들이 동생에게 말했습니다.

"빨리 여길 떠나. 여긴 도둑 소굴이란 말야. 그들이 돌아와 너를 보면 바로 죽일 거야."

"오빠들이 날 지켜주면 안 돼?"

누이동생이 물었습니다.

"그럴 순 없단다. 우린 매일 저녁 딱 15분 동안만 깃털을 벗고 인간으로 돌아와. 그 시간이 지나면 다시 백조로 변한단다."

"그럼 어떻게 하면 오빠들을 구할 수 있어?"

"하나 있긴 하지만 거의 불가능해. 무엇보다도 너무 어려운 것들뿐이라서 말이야. 6년 동안 말을 해서는 안 되고 절대로 웃어서도 안 돼. 게다가 그 오랜 시간동안 데이지꽃으로 우리가 입을 셔츠를 여섯 벌 지어야 하거든. 만일 단 한 마디라도 말하는 날이면 모든 게 물거품이 되어 버린단다."

그 이야기를 하는 동안 어느새 15분이 훌쩍 지나가 버리자 오빠들은 다시 백조가 되어 창밖으로 날아가 버렸습니다.

소녀는 제 목숨을 바쳐서라도 오빠들을 구해야겠다고 단단히 마음먹고, 통나무 오두막을 떠나 수풀 한가운데로 들어가서 알맞은 나무 위에 앉아 밤을 지새웠습니다. 이튿날 아침 소녀는 나무에서 내려와 데이지꽃을 모아서 꿰매어 맞추기 시작했습니다. 이야기할 상대도 없고 웃고 싶지도 않았습니다. 소녀는 나무 위에 앉아서 열심히 옷만 지었습니다.

꽤 많은 시간이 흐른 어느 날 그 나라 왕이 숲으로 사냥을 나왔습니다. 사냥꾼들이 나무 아래에 와서 보니까 그 위에 소녀가 앉아 있었습니다. 그들은 소녀에게 물었습니다.

"너는 누구냐?"

아무 대답도 없었습니다.

"자, 이리 내려오너라, 해치지 않으마."

그러나 소녀는 그저 고개만 저을 뿐이었습니다. 사냥꾼들이 자꾸만 귀찮게 이것저것 캐묻자 소녀는 그들에게 황금 목걸이를 던져주었습니다. 그것으로 만족하리라 생각한 것입니다. 그러나 그들은 물러나지 않고 계속 떠들어댔습니다. 소녀가 이번에는 허리띠를 던져주었습니다. 그래도 아무런 소용이 없자 이번에는 양말대님을 내려주었습니다. 그렇게 몸에 지닌 것을 하나씩 던져주다 보니 마침내 속옷밖에 남지 않게 되었습니다. 그런데도 사냥꾼들은 물러가기는커녕 나무 위로 올라와 소녀를 번쩍 안아 내려서 왕에게 데려가는 것이었습니다. 왕이 물었습니다.

"너는 누구고, 나무 위에서 뭘 하고 있었느냐?"

소녀는 대답하지 않았습니다. 왕은 자신이 아는 여러 나라 말로 물어보았지만 소녀는 끝끝내 입을 열지 않았지요. 그러나 소녀가 무척이나 아름다워서 마음이 끌린 왕은 첫눈에 사랑에 빠지고 말았습니다. 그는 소녀를 자신의 외투로 감싸 안고는 말을 타고 성으로 데려갔습니다.

성에 도착한 왕이 소녀에게 화려한 옷을 입혀주자 소녀의 타고난 아름다움은 눈부신 햇살처럼 빛났습니다. 하지만 그 어여쁜 입에서는 한마디 말조차 들을 수 없었지요. 식사를 할 때도 왕은 소녀를 자기 옆자리에 앉혔습니다. 소녀의 겸손한 표정과 고상한 행동이 몹시도 마음에 들어서 왕은 이렇게 말했습니다.

"이 처녀 말고는 세상 어느 누구와도 결혼하고 싶지 않구나."

며칠 뒤 두 사람은 결혼식을 올렸습니다.

그런데 왕에게는 몹시 심술궂은 어머니가 있었습니다. 그 어머니는 이 결혼을 반대하여 젊은 왕비를 헐뜯기 시작했습니다.

"도대체 어디서 온 계집애인지 한 마디도 말을 하지 않으니 말이야. 왕의 아내가 될 만한 그릇이 아니야."

이것이 어머니의 입버릇이었습니다. 1년 뒤 왕비에게서 첫아이가 태어나자, 늙은 시어머니는 왕비에게서 아이를 빼앗은 뒤, 잠든 왕비의 입술에 짐승의 피를 발라 놓았습니다. 그리고 왕에게 간 어머니는 왕비가 아이를 잡아 먹었다며 있지도 않은 일을 꾸며냈습니다. 주위 사람들이 왕비를 괴롭히는 게 참을 수 없이 싫었던 왕은 그 말을 믿으려 하지 않았습니다. 왕비는 무슨 일이 닥쳐도 아랑곳하지 않고 줄곧 앉아서 밤낮없이 옷만 짓고 있었습니다.

왕비에게서 다시 예쁜 사내아이가 태어났습니다. 못된 시어머니는 이번에도 똑같은 방법으로 왕을 속이려 했습니다. 그러나 왕은 어머니가 하는 말을 도무지 믿을 수가 없어서 이렇게 말했습니다.

"왕비는 절대로 그런 짓을 할 사람이 아닙니다. 정말 믿을 만하고 선량한 여자입니다. 그 사람이 스스로 말을 할 수만 있다면 자신이 죄가 없다는 것을 온 세상에 밝힐 수 있을 것입니다."

그러나 시어머니가 세 번째로 태어난 아기까지 빼앗아 가고 왕비에게 죄를 덮어씌웠을 때도 그녀는 변명 한 마디 하지 않았습니다. 왕은 어쩔 수 없이 왕비를 재판에 넘길 수밖에 없었습니다. 판사는 왕비에게 화형을 내렸습니다.

마침내 왕비를 불살라 죽이는 날이 되었습니다. 그날은 바로 왕비가 말을 해서도 웃어서도 안 되었던 6년이 되는 날이었습니다. 조금만 더 있으면 왕비는 오빠들을 마법에서 훌륭하게 구해낼 수 있을 터였지요. 셔츠 여섯 벌도, 가장 마지막 옷의 왼쪽 소매 말고는 모두 완성되어 있었습니다.

장작을 쌓아 놓은 화형대로 끌려 나갈 때, 왕비는 팔에 그 셔츠들을 걸치고 있었습니다. 그녀는 높게 쌓인 장작더미 위에 서서, 이제 막 불이 붙여지려는 순간 주위를 둘러보았습니다. 바로 그때 여섯 마리 백조가 하늘을 날아왔습니다. 오빠들을 구할 때가 가까워졌음을 안 왕비의 가슴은 기쁨으로 벅차올랐습니다.

백조들은 푸드덕거리며 왕비에게 날아오더니 동생이 셔츠를 던져줄 수 있도록 땅에 내려앉았습니다. 셔츠가 오빠들에게 닿자마자 백조 깃털이 벗겨지면서 그들은 차례차례 사람 모습으로 변했습니다. 하나같이 씩씩하고 잘생긴 젊은이들이었는데, 오로지 막내 오빠만은 왼팔이 없고 대신 백조 날개가 달려 있었습니다.

남매들은 서로 부둥켜안고 입을 맞췄습니다. 왕비는 어리둥절해 있는 왕에게 다가가서 비로소 입을 열었습니다.

"여보, 저도 마침내 말을 할 수 있게 되었군요. 저는 아무 죄가 없어요. 여태껏 거짓 누명을 쓴 것이랍니다."

그리고 늙은 시어머니가 세 아이를 빼앗아 가서 어딘가에 숨겨 놓고 왕을 속인 일을 모두 이야기했습니다. 그리하여 세 아이를 데려오자 왕은 몹시 기뻐했습니다. 못된 시어머니는 벌을 받아 화형대에 묶여서 불에 타 재가 되어버렸습니다. 왕과 왕비는 왕비의 여섯 오빠와 함께 오래도록 행복하게 살았답니다.

KHM 050
찔레 공주
Dornröschen

아주 먼 옛날, 어느 나라에 왕과 왕비가 살았습니다. 그들은 하루하루 이렇

게 탄식하며 지
냈습니다.

"아, 우리에게도 자식이 있었으
면 좋겠어!"

그러나 아무리 기다려도 아기는 태어나지
않았습니다. 그러던 어느 날 왕비가 목욕을 하는
데 어디에선가 기어 나온 개구리 한 마리가 이렇게
말했습니다.

"왕비님 소원은 곧 이루어질 겁니다. 올해가 가기 전 어여
쁜 공주님이 태어날 겁니다."

개구리가 한 말은 정말 이루어져 왕비는 공주를 낳았습니다. 그 공주가 어
찌나 예쁜지 왕은 너무도 기뻐서 큰 잔치를 열기로 했습니다. 왕은 친척과 친
구들뿐만 아니라 '신비로운 힘을 지닌 마녀들'까지 초대하여, 공주가 많은 이들
로부터 축복받게 해야겠다고 생각했습니다. 그 나라에는 마녀들이 모두 열셋
이 있었습니다. 그러나 그들의 식탁에 차릴 황금 접시가 열두 개밖에 없어서
한 마녀는 불러올 수가 없었습니다.

더할 나위 없이 호화롭고 즐거운 잔치가 거의 끝나갈 무렵, 마녀들은 아기에
게 저마다 귀한 선물을 주었습니다. 한 마녀는 미덕을, 또 다른 마녀는 아름다
움을, 세 번째는 재산을, 그렇게 세상에서 가질 수 있는 보물들을 남김없이 선
물했습니다.

　열한 번
째 마녀가 막 주문
의 말을 마쳤을 때 갑자기
열세 번째 마녀가 그 자리에 나
타났습니다. 초청하지 못한 데 대한 복
수를 하려고 온 그녀는 인사는커녕 누구의
얼굴도 쳐다보지 않고 크게 성난 목소리로 외쳤습
니다.

　"이 공주는 열다섯 살이 되는 날 물레 가락*¹에 찔
려 죽게 될 것이다."

　마녀는 그 말만을 남기고는 홱 몸을 돌려 그 자리를 떠나버렸습니다. 모두
들 깜짝 놀라 어쩔 줄 몰라 하고 있을 때, 아직 축복을 내리지 않은 열두 번째
마녀가 나섰습니다. 그녀는 저주를 지워버릴 수는 없었지만 그 힘을 누그러뜨
릴 수는 있었습니다. 마녀가 말했습니다.

　"공주님은 죽지 않을 거예요. 100년 동안 죽은 듯이 깊은 잠에 빠지게 될 것
입니다."

---

*1 물레 가락은 신비로운 힘을 지닌 여자와 마녀의 중요한 표지의 하나이다.

왕은 소중한 공주를 불행으로부터 지켜주기 위해 온 나라의 물레 가락을 모두 태워 없애라는 명령을 내렸습니다.*² 한편, 공주님은 신비한 힘을 지닌 마녀들의 축복이 하나부터 열까지 그대로 이루어져, 예쁘고 얌전하며 다정하고 똑똑한 소녀로 자라났습니다. 그래서 공주를 한 번 본 사람은 누구라도 좋아하지 않을 수 없었습니다.

그런데 공주가 꼭 열다섯 살이 되던 날이었습니다. 마침 왕과 왕비가 성을 비워서 공주 홀로 남아 있었습니다. 성을 이곳저곳 돌아다니며 내키는 대로 홀과 방들을 구경하던 공주는 마지막으로 오래된 탑에 이르렀습니다. 좁고 꼬불꼬불한 나선 모양 계단을 올라가자 작은 문이 나왔습니다. 문에 꽂힌 자물쇠의 녹슨 열쇠를 돌리자 문이 활짝 열렸습니다. 작은 방 안에는 할머니가 홀로 앉아 물레 가락을 든 채 눈길도 돌리지 않고 열심히 실을 뽑고 있었습니다.

"할머니, 안녕하세요! 여기서 뭘 하는 거예요?"

공주가 말했습니다.

"실을 뽑고 있지."

할머니가 고개를 끄덕이면서 대답했습니다.

"그렇게 재미나게 빙글빙글 춤추고 있는 것은 무엇인가요?"

공주는 이렇게 물으면서 물레 가락을 집어 들고 자기도 실을 뽑아 보려고 했습니다. 그러나 물레 가락에 손을 댄 순간, 그 옛날의 저주대로 그만 손가락을 찔리고 말았습니다.

손가락이 따끔한 순간, 공주는 옆에 있던 침대 위에 픽 쓰러져 깊은 잠에 빠져들고 말았습니다. 그러자 그 깊은 잠은 온 성안으로 퍼져 나갔습니다. 그때 마침 집으로 돌아와 연회장 안으로 들어서던 왕과 왕비도 그대로 잠이 들었고, 그들과 함께 시종들도 모두 잠이 들었습니다. 말은 마구간에서, 개들은 마당에서, 비둘기들은 지붕 위에서, 파리들은 벽에 붙은 채 잠들고 말았습니다. 심지어 아궁이에서 활활 타오르던 불까지 그대로 조용히 잠들었습니다. 고기도 구워지다가 멈췄고, 실수를 한 심부름하는 아이의 머리카락을 잡아당

---

*2 물레 가락은 실을 자을 때 쓰는 도구로, 양끝으로 갈수록 점점 가늘어지는 나무막대 한가운데에 점토, 돌, 나무 등 두꺼운 원반처럼 생긴 것을 끼워 넣은 것이다. 처음에는 손으로 빙글빙글 돌렸으나, 그 뒤 바퀴로 돌리게 되자 물레 가락도 쇠로 만들었다.

기려던 요리사도 그대로 잠들어 버렸습니다. 바람까지 잠들어 성 앞 나무들도 잎사귀 하나 살랑거리지 않았습니다.

곧 성 주위에는 찔레나무가 울타리처럼 자라 점점 뻗어가기 시작했습니다. 찔레나무는 해마다 더욱 높이 자라나더니 드디어 성 전체를 뒤덮어 버렸고, 그 뒤에도 계속 자라나서 성보다 더 높아져 성은 아예 보이지도 않게 되었습니다. 지붕 위 깃발마저 보이지 않게 되었지요.

잠자는 아름다운 찔레꽃 공주에 대한 소문이 온 나라에 퍼졌습니다. 찔레꽃 공주라는 것은 잠든 공주님에게 붙여진 이름이었습니다.

그 이야기를 전해 들은 다른 나라 왕자들이 가끔씩 찾아와 그 가시 울타리를 뚫고 성안으로 들어가려 애썼지만 누구도 성공하지 못했습니다. 찔레나무들이 마치 손이라도 달린 양 서로 꼭 부둥켜안고 있어서, 젊은이들은 그 안에 갇혀 빠져나오지 못한 채 헛된 죽음을 맞았지요.

오랜 세월이 흐른 뒤, 이 나라에 온 한 왕자가 어느 노인에게 찔레덩굴 울타리에 대한 이야기를 듣게 되었습니다. 가시 울타리 같은 수풀 안에 성이 있는데, 그 성 안에는 찔레꽃 공주라는 깜짝 놀랄 만큼 어여쁜 공주가 100년 전부터 잠들어 있으며, 공주와 함께 왕과 왕비, 그리고 신하들도 모두 잠들어 있다는 전설이었습니다. 노인은 또 자기 할아버지로부터 들었다며, 이제껏 많은 왕자들이 찾아와서 가시덤불을 헤치고 들어가려 했지만, 그 안에 갇혀서 헛된 죽음을 맞이했다는 이야기도 들려 주었습니다.

그 이야기를 들은 젊은이가 말했습니다.

"나는 두렵지 않아요. 내가 가서 아름다운 찔레꽃 공주를 만나보고 오겠습니다."

마음씨 착한 노인이 아무리 말려도 왕자는 듣지 않았습니다.

그런데 바로 그때 꼭 100년이 지나 찔레꽃 공주가 눈을 뜨는 날이 다가와 있었습니다. 왕자가 찔레나무 울타리에 다가가자 아름답게 핀 커다란 꽃들로 온통 뒤덮여 있던 가시덤불 울타리가 저절로 입을 벌리더니 길을 열어주었습니다. 그리고 왕자를 상처 하나 입지 않고 지나가도록 해 준 뒤, 다시 입을 닫고 본디 가시울타리로 돌아갔습니다.

넓은 마당에 들어서니 말과 얼룩무늬 사냥개들이 여기저기 누워서 잠에 빠져 있는 광경이 눈에 들어왔습니다. 지붕 위에서는 비둘기들이 예쁜 머리를 날개 속에 푹 파묻고 있었습니다. 집 안으로 들어가자 벽에는 파리들이 붙어서 잠들어 있고, 부엌 요리사는 오늘도 심부름하는 아이를 잡으려는 듯이 손을 뻗고 있었으며, 하녀는 검은 닭 앞에 앉아 깃털을 뽑으려 하고 있었습니다.

왕자는 건물 안으로 계속 들어갔습니다. 건물 안에는 시종들이 모두 누워 잠들어 있고, 한 단 높은 곳의 왕좌 근처에 왕과 왕비가 누워 있는 게 보였습니다.

더욱 안으로 들어가 보니, 모든 것이 너무도 고요해 자신의 숨소리마저 크게 들릴 정도였습니다. 마침내 그는 맨 안쪽 탑에 이르러 찔레꽃 공주가 잠들어

있는 작은 방 문을 열었습니다. 그곳에 찔레꽃 공주가 잠들어 있었습니다. 왕자는 몹시 아름다운 공주에게서 눈을 떼지 못한 채 그대로 몸을 굽혀 공주에게 입을 맞췄습니다. 왕자의 입술이 닿은 순간, 찔레꽃 공주가 눈을 반짝 떴습니다. 그리고 잠에서 깨어나 그가 무척 그리웠다는 듯 왕자를 바라보았습니다.

두 사람은 함께 탑에서 내려왔습니다. 그러자 왕이 눈을 뜨더니, 그 다음에는 왕비가 눈을 뜨고, 시종들도 모두 깨어나 눈을 동그랗게 뜨고 서로를 쳐다보았습니다.

마당에 있던 말들도 일어나서 부르르 몸을 털었습니다. 사냥개들도 벌떡 일어나 꼬리를 흔들었지요. 지붕 위 비둘기들도 날개 속에서 목을 빼고 주위를 두리번거리더니 곧바로 들판으로 날아갔습니다. 벽에 붙어 있던 파리들은 다시 기어 다니기 시작하고, 부엌 아궁이 불도 타닥타닥 일어나자 음식이 보글보글 끓어오르기 시작했습니다. 고기도 다시 지글지글 구워졌고, 요리사가 소년의 따귀를 갈기자 소년은 외마디소리를 냈습니다. 하녀는 닭의 털을 뽑기 시작했지요.

그리하여 왕자와 찔레꽃 공주의 결혼식이 무척이나 성대하게 열렸습니다. 둘은 세상이 끝날 때까지 행복하게 잘 살았답니다.

KHM 051
업둥이
Fundevogel

옛날에 한 숲지기가 숲으로 사냥을 하러 갔습니다. 숲 속에 들어갔는데 갑자기 우는 소리가 들려왔습니다. 어린아이 울음소리였습니다. 그 소리를 따라가 보니 높은 나무가 있고, 그 위에 어린아이 하나가 앉아 있었습니다. 알고 보니 어머니가 아이를 안고 나무 아래서 잠을 잤는데, 독수리인지 매인지 모를 새가 어머니 무릎에 있는 아이를 보고는 주둥이로 물어다 높은 나무 위에 앉혀둔 것이었습니다.

숲지기는 나무 위로 올라가 아이를 데리고 내려온 뒤 생각했습니다.

'이 아이를 집으로 데려가 우리 딸 레나와 함께 키워야지.'

그러고는 아이를 집으로 데려갔습니다. 두 아이는 함께 자라났는데, 새에게 물려가 나무 위에 앉아 있던 아이는 업둥이라고 불렀습니다. 업둥이와 레나는 무척 사이가 좋았습니다. 사이가 좋아도 너무 좋아서 잠시라도 서로가 보이지 않으면 금세 시무룩해졌습니다.

숲지기 집에는 요리를 해주는 할머니가 있었습니다. 어느 날 저녁 할멈은 양손에 물통을 들고 물을 길어 날랐습니다. 그런데 한 번이 아니라 자꾸만 물을 길어 오는 것이었습니다. 그것을 보고 레나가 물었습니다.

"잔느 할머니, 왜 자꾸 물을 길어 오세요?"

"아무에게도 이야기하지 않겠다고 약속하면 가르쳐 주지."

레나가 아무에게도 절대로 이야기하지 않겠다고 약속하자 할머니는 말했습

Fundevogel.

니다.

"내일 아침에 주인님이 사냥을 하러 나가시면, 솥에 물을 팔팔 끓여서 업둥이 녀석을 그 속에 집어 넣고 푹 끓일 거란다."

이튿날 숲지기는 아침 일찍 일어나 숲 속으로 사냥을 나갔습니다. 그가 집을 나설 때 아이들은 그때까지도 침대 속에 있었습니다. 마침내 레나가 업둥이에게 말했습니다.

"네가 절대로 날 버리지 않는다고 약속하면 나도 널 버리지 않을 거야."

그러자 업둥이가 대답했습니다.

"절대로 널 버리지 않겠어."

이 말을 듣고 레나가 말했습니다.

"너에게 말할 게 있어. 잔느 할멈이 어제 저녁에 물을 많이 길어 오길래 내가 왜 그러느냐고 물었더니, 잔느 할멈이 내가 누구에게도 이야기하지 않겠다고 약속하면 말해주겠다는 거야. 내가 절대로 이야기하지 않겠다고 약속했더니, 잔느 할멈이 글쎄, 오늘 아침 아버지가 사냥하러 나가시면 물을 한 솥 가득 끓여서 널 집어넣겠다는 거야. 얼른 일어나서 옷을 입고 함께 멀리 달아나자."

그리하여 두 아이는 침대에서 내려와 서둘러 옷을 갈아입고 어디론가 달아나버렸습니다.

그 무렵, 솥의 물이 부글부글 끓자 할멈은 침실로 갔습니다. 업둥이를 붙잡아 와 솥 안에 집어넣을 작정이었지요. 그런데 방 안에 들어가 나란히 놓인 침대를 보니 아이들이 둘 다 보이지 않는 것이었습니다. 할멈이 어찌나 깜짝 놀랐는지 오히려 가 없을 정도였습니다.

"나리께서 돌아와서 아이들이 없어진 것을 알면 뭐라고 대답하지? 빨리 쫓아가면 다시 붙잡아올 수 있을지도 몰라."

할멈은 그렇게 혼잣말을 하고는, 하인 세 명에게 서둘러 뛰어가서 아이들을 붙잡아 오라고 시켰습니다. 아이들은 숲 앞에 앉아 있다가 멀리서 하인 셋이 달려오는 것을 보았습니다. 그러자 레나가 업둥이에게 말했습니다.

"네가 날 떠나지 않으면 나도 널 떠나지 않을 거야."

그러자 업둥이도 말했습니다.

"그런 일은 절대로 없을 거야. 언제까지라도."

그 대답을 듣고 레나가 말했습니다.

"네가 작은 장미 줄기가 되면 나는 예쁜 장미꽃이 되어 줄기 위에 꼭 붙어 있을게."

　하인 셋이 숲 앞으로 와 보니 예쁜 장미꽃 한 송이가 피어 있는 장미나무 한 그루가 있을 뿐, 아이들의 모습은 어디에서도 볼 수 없었습니다.

　"찾아보았자 소용이 없겠네."

　세 하인은 집으로 돌아가 할멈에게 작은 장미나무가 한 그루 있고 그 꼭대기에 예쁜 장미꽃 한 송이가 피어 있을 뿐, 아무것도 보이지 않더라고 말했습니다. 그러자 할멈이 호통을 쳤습니다.

　"이런 바보 같은 녀석들, 그 장미 줄기를 자르고 꽃송이를 꺾어와야지. 빨리 다시 갔다 와."

　그들은 하는 수 없이 다시 한 번 나가서 찾아봐야만 했습니다. 그들이 멀리서 오는 것을 본 레나가 말했습니다.

　"업둥아, 네가 날 떠나지 않으면 나도 널 떠나지 않을 거야."

　그러자 업둥이도 말했습니다.

　"그런 일은 절대로 없을 거야."

　그러자 레나가 말했습니다.

"그럼 네가 교회가 되면 난 그 안에 있는 샹들리에가 될게."

이윽고 세 하인이 그곳으로 와 보니 교회가 있고 그 안에 샹들리에가 달려 있을 뿐이었습니다. 그들은 서로 말했습니다.

"이런 곳에서 뭘 할 수 있겠어. 자, 그냥 돌아가세."

그들이 집으로 돌아가니 할멈이 아무것도 못 찾았느냐고 물었습니다. 그래서 교회가 있었으며 그 안에 샹들리에 하나가 걸려 있을 뿐, 아무것도 없었다고 말했습니다. 할멈은 길길이 날뛰며 욕을 퍼부었습니다.

"이런 바보천치들 같으니, 왜 교회를 부수고 샹들리에를 집으로 가져오지 않았어?"

마침내 이번에는 할멈이 직접 하인 셋과 함께 아이들을 찾으러 갔습니다. 아이들은 멀리서 세 하인이 오는 것을 보았습니다. 그 뒤에 할멈도 비척비척 대며 따라오고 있었습니다. 레나가 그것을 보고 말했습니다.

"업둥아, 네가 날 떠나지 않으면 나도 널 떠나지 않을 거야."

그러자 업둥이도 말했습니다.

"그런 일은 없을 거야. 언제까지라도."

"그럼 넌 연못이 되는 거야. 난 오리가 되어 물 위에 떠 있을 테야."

할멈이 와서 가만히 연못을 보더니, 그 위에 엎드려 물을 마시려 했습니다. 그러자 오리가 재빨리 헤엄쳐 와서 부리로 할멈 머리채를 물고 물속으로 끌고 들어갔습니다. 그리하여 늙은 마녀 할멈은 물에 빠져 죽었습니다.

구사일생으로 살아난 두 아이는 서로의 손을 꼭 잡고 함께 집으로 돌아갔습니다. 그들은 마음속 깊이 기쁨을 느꼈습니다. 이 두 사람이 죽지 않았다면 아마 오늘까지 살고 있겠지요?

개똥지빠귀 부리 왕
König Drosselbart

임금님에게는 이루 말할 수 없이 아름다운 딸이 하나 있었습니다. 그런데 이 공주는 매우 거만하고 콧대가 높아서 어느 누가 청혼해도 아예 상대도 해주지 않았습니다. 그들을 차례차례 퇴짜를 놓는 것은 물론이고 그 사람들을 놀리기까지 했습니다. 어느 날 왕은 매우 큰 잔치를 열어, 멀리서든 가까이서든 공주와 결혼하고 싶은 젊은이들을 모두 왕궁으로 초대했습니다. 그들은 신분에 따라 한 줄로 늘어섰습니다. 왕들이 맨 앞에, 그 다음에는 공작, 후작, 백작, 자작, 남작, 그리고 맨 마지막에는 작위가 없는 귀족들이 섰습니다. 가지런히 서는 일이 끝나자 줄지어 선 젊은이들 사이로 나아간 공주는 누구를 보더라도 반드시 무언가 트집을 잡았습니다.

처음에는 지나치게 뚱뚱한 사람이었습니다.

"와인통일세!"

두 번째는 키가 무척 컸습니다.

"휘청휘청 전봇대!"

세 번째는 너무 키가 작았습니다.

"뒤룩뒤룩 땅꼬마가 무슨 재주가 있을라구!"

네 번째는 낯빛이 백지장 같아서,

"창백한 저승사자로다!"

다섯 번째는 얼굴이 몹시 붉었습니다.

"소작료 대신 받은 닭이로군!"[1]

여섯 번째는 몸이 구부정해서,

"난로 뒤에서 나무를 말리셨나!"

이렇게 한 사람 한 사람 트집을 잡았지요. 맨 앞에 서 있던 왕의 턱이 조금 휘어져 있었습니다.

"어머! 저 양반 턱은 꼭 개똥지빠귀 부리 같아!"

---

[1] 소작료 대신 걷는 닭은 붉을수록 좋은 것으로 쳤다.

큰 소리로 이렇게 말하면서 깔깔거렸습니다.

그때부터 그는 개똥지빠귀 부리 왕이라고 불리게 되었습니다. 그러나 공주의 아버지인 나이든 왕은 자기 딸이 사람들을 웃음거리로만 여기고 모처럼 모인 남편감들을 놀리는 모습에 몹시 화가 났습니다. 그래서 그런 마음씨를 가진 딸에게는 거지가 어울린다고 생각했습니다. 가장 먼저 문 앞에 와서 구걸하는 거지를 공주의 남편으로 삼겠다고 맹세했습니다.

이삼 일 뒤 한 음악가가 한 푼만 달라면서 창문 아래에서 노래를 부르기 시작했습니다. 그 소리를 들은 왕이 말했습니다.

"저 자를 이리 데려오라."

더러운 누더기를 입은 음악가는 성 안으로 어슬렁어슬렁 들어오더니 왕과 공주 앞에서 노래를 부르고 나서, 보답으로 무언가 달라고 부탁했습니다. 그러자 왕이 말했습니다.

"네 노래가 아주 내 마음에 드는구나. 상으로 내 딸을 네 아내로 삼아라."

공주가 기겁을 하고 놀라자, 왕은 이렇게 말했습니다.

"나는 가장 먼저 찾아오는 거지에게 너를 주겠다고 맹세했다. 그 맹세를 지키려는 것이다."

공주가 무슨 말을 해도 아무런 소용이 없었습니다. 곧 주례를 맡을 목사를 불렀고 공주는 어쩔 수 없이 음악가와 결혼해야만 했습니다. 결혼식이 끝나자 왕이 말했습니다.

"넌 이제부터는 거지의 아내이니, 이 성에서 나가라. 네 남편 따라 가서 살도록 해라."

거지는 울고 있는 공주의 손을 잡고 밖으로 데리고 나갔습니다. 할 수 없이 공주는 거지와 함께 터벅터벅 걸어갈 수밖에 없었습니다. 마침내 둘이 커다란 숲에 들어갔을 때 공주가 물었습니다.

"어머, 이 멋진 숲은 누구 것인가요?"

"개똥지빠귀 부리 왕의 것이라오.

그 사람을 선택했더라면 당신 것이 되었을 텐데."

"아, 불쌍한 내 신세!

이럴 줄 알았으면 개똥지빠귀 부리 왕에게 시집갈 걸!"

이윽고 둘은 넓은 초원을 지났습니다. 공주가 거지 남편에게 또 물었습니다.

"어머, 이 멋진 푸른 초원은 누구의 것인가요?"
"개똥지빠귀 부리 왕의 것이라오.
그 사람을 선택했더라면 당신 것이 되었을 텐데."
"아, 불쌍한 내 신세!
이럴 줄 알았으면 개똥지빠귀 부리 왕에게 시집갈 걸!"

다음에 그들은 커다란 마을을 지나가게 되었습니다. 공주가 다시 거지 남편에게 물었습니다.

"어머, 이처럼 훌륭한 마을은 누구의 것인가요?"
"개똥지빠귀 부리 왕의 것이라오.
그 사람을 선택했더라면 당신 것이 되었을 텐데."
"아, 불쌍한 내 신세!
이럴 줄 알았으면 개똥지빠귀 부리 왕에게 시집갈 걸!"

그러자 거지 음악가가 말했습니다.

"듣자듣자 하니 정말 마음에 안 드는군. 자꾸 다른 남자 이야기만 하는데, 내가 마음에 안 든단 말이오?"

드디어 두 사람은 너무도 작고 초라한 오두막에 도착했습니다. 그러자 공주가 말했습니다.

"놀라워라, 이렇게 작은 집이 있다니!
이렇게 초라하고 비좁은 오두막은 누구의 것인가요?"

"여기가 나의 집, 그리고 당신 집이지. 여기서 우리가 함께 살 것이오."

안으로 들어가는 문이 너무 낮아서 공주는 몸을 구부리지 않을 수 없었습니다.

"하인들이 보이지 않네요?"

"하인이라니! 필요한 게 있으면 당신이 스스로 해야지. 빨리 불을 지피고 물을 끓여 먹을 것을 만들어 주시오. 난 너무 피곤해."

그러나 공주는 불을 지피기는커녕 음식을 만들어 본 적도 없었습니다. 가난한 남편이 하는 수 없이 도와 줘서야 겨우 음식을 만들어 먹을 수 있었습니다. 그들은 초라한 식사를 마치고 함께 잠자리에 들었습니다.

공주는 아내로서 집안일을 해야 했으므로, 아침이 되자마자 거지는 그녀를 두드려 깨워 밖으로 몰아냈습니다.

며칠을 그렇게 정신없이 지내는 동안에 음식이 몽땅 떨어지고 말았습니다. 그러자 남편이 말했습니다.

"여보, 이렇게 돈 한 푼도 벌지 않고, 있는 음식만 축내면서 살 수는 없어. 당신이 바구니를 짜서 버는 수밖에 없겠소."

남편은 밖으로 나가 버드나무 가지를 꺾어 한 아름 들고 들어왔습니다. 공주는 그것으로 바구니를 짜기 시작했습니다. 그런데 거친 버드나무 가지가 공주의 고운 손을 찔러 상처가 나고 말았습니다. 그러자 남편이 말했습니다.

"그렇다면 이번에는 실을 자아 보시오. 그거라면 잘할 수 있겠지."

아내는 물레 앞에 앉아 실을 자아 보려 했습니다. 그러나 곧 질긴 실 가닥이 보드라운 손가락을 파고 들어 피가 손가락을 타고 뚝뚝 떨어졌습니다. 남편이 말했습니다.

"아이고, 도대체 당신은 할 줄 아는 일이 하나도 없구려. 당신 같은 사람을 아내로 맞이하다니. 이번에는 이렇게 해 봅시다. 항아리나 도자기 장사를 해봅시다. 당신이 시장에 나가 물건들을 팔아 보시오."

공주는 속으로 생각했습니다.

'아, 우리 나라 사람들이 시장에 왔다가 내가 접시를 팔고 있는 걸 보면, 어떤 바보라도 나를 비웃겠지!'

하지만 다른 방법이 없었습니다. 두 사람이 굶어 죽지 않으려면 남편 말을 듣는 수밖에 없었습니다.

다행히 처음에는 장사가 제법 잘되었습니다. 예쁜 부인이라 사람들이 흥정을 하지도 않고 기꺼이 물건을 사 주었을 뿐만 아니라, 돈을 치르고도 항아리는 가져가지 않고 가게에 놓고 가는 사람도 있었기 때문입니다.

그들은 그렇게 번 돈으로 한동안 먹고 살았습니다. 다시 남편이 온갖 새 그릇들을 잔뜩 들여오자 공주는 그것을 가지고 나가 시장 모퉁이에 펼쳐 놓고 팔았습니다. 그런데 갑자기 말을 탄 군인이 술에 취해 마구 달려와 펼쳐 놓은 그릇들 속으로 뛰어드는 바람에, 그릇들이 모두 산산조각이 나고 말았습니다. 공주는 어떻게 해야 할지 몰라 그만 울음을 터뜨리고 말았습니다.

"아, 이를 어째!"

공주가 큰 소리로 부르짖었습니다.

그녀는 집으로 달려가서 남편에게 이 일을 알렸습니다.

"깨지기 쉬운 도자기를 시장 모퉁이에 벌여 놓고 파는 사람이 세상에 어디

있소!"

남편은 공주를 나무라듯 말했습니다.

"됐으니 이제 그만 우시오. 당신은 뭣 하나 제대로 하는 일이 없다는 것을 잘 알았소. 그래서 우리 임금님 성에 혹시 부엌데기가 필요하지 않은지 찾아 갔었소. 그랬더니 당신에게 일을 맡겨보겠다고 하더군. 대신 음식은 얼마든지 먹을 수 있을 거요."

그리하여 공주는 마침내 부엌에서 일을 하게 되었습니다. 공주는 요리사를 도와주면서 궂은일을 도맡아야 했습니다. 그런 뒤에 작은 단지를 하나씩 넣은 주머니 두 개를 몸에 단단히 매달고, 남은 음식들을 그 안에 넣어와서 남편과 둘이 먹었습니다.

어느 날 왕의 후계자인 맏아들이 결혼식을 올리게 되었습니다. 그 소식을 들은 이 가엾은 여인도 구경할 생각으로 연회장 문 앞에 서 있었습니다. 마침 내 불이 환하게 켜지자 순서대로 손님들이 들어섰습니다. 손님들 모두가 멋지고 아름다웠고 주위가 온통 빛으로 반짝거렸습니다. 그 멋진 광경을 보자, 여자는 슬픈 마음으로 자신의 처지를 생각했습니다. 그리고 자신을 이처럼 낮은 신분으로 만들고 이토록 지독한 가난에 빠지게 한, 자신의 버릇없고 건방진 마음을 뼈저리게 후회했습니다.

드디어 호화로운 요리가 들어오고 나가는 동안 맛있는 냄새가 풍겨왔습니다. 하인들이 가끔씩 요리 한두 조각씩을 던져주면 여자는 집에 가져갈 생각으로 자신의 단지에 담았습니다.

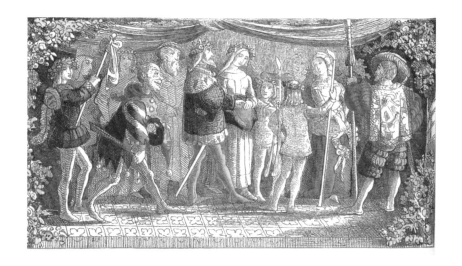

　그때 왕자가 연회장에 들어왔습니다. 왕자는 비단과 벨벳으로 지은 옷을 입고 목에는 황금 목걸이를 하고 있었습니다. 그는 아름다운 여인이 문 앞에 서 있는 것을 보더니 그 여인의 손을 잡고 함께 춤을 추려고 했습니다. 여인은 거듭 거절하다가 그만 깜짝 놀라고 말았습니다. 그는 바로 자기에게 청혼했다가 실컷 놀림 받고 거절당했던 개똥지빠귀 부리 왕이었던 것입니다. 여자가 아무리 싫다고 몸부림쳐도 소용이 없었습니다. 왕자는 그녀를 연회장 안으로 끌고 들어갔습니다. 그 순간, 옷 속에 주머니를 매달아 두었던 끈이 끊어지면서 단지들이 떨어지고 말았습니다. 수프가 쏟아지고 음식 부스러기와 빵 조각이 곳곳으로 튀었습니다. 그것을 보고 사람들이 모두 웃어대며 저마다 욕설을 퍼부었습니다. 그녀는 너무나 창피해서 차라리 천 길 땅속으로 꺼져 버리고 싶은 심정이었습니다.

　여자가 문 밖으로 뛰쳐나가 달아나려 하자, 계단 위에서 한 남자가 쫓아와서 그녀를 다시 데려왔습니다. 그를 쳐다보니 바로 개똥지빠귀 부리 왕이었습니다.

　개똥지빠귀 부리 왕이 다정하게 말했습니다.

"겁내지 마시오. 당신과 함께 그 초라한 오두막에서 살았던 거지 음악가가 바로 나였소. 당신을 위해 내가 변장을 한 것이었다오. 당신의 단지들을 박살냈던 기마병도 바로 나였소. 이 모든 일이 콧대가 너무 높았던 당신의 기를 껶고 나를 그토록 업신여겼던 당신의 그 자만심을 꺾기 위해 꾸민 연극이었다오.”

그 말을 듣고 공주는 와 울음을 터뜨리고는 말했습니다.

“전 정말 나쁜 사람이에요. 저는 당신의 아내가 될 자격이 없어요.”

“이제 안심하시오. 힘든 세월은 모두 지나갔소. 이제부터 우리의 결혼을 축하합시다.”

그곳에 시녀들이 다가와 왕비에게 가장 아름답고 호화로운 옷을 입혀 주었습니다. 신부 아버지를 비롯한 신하들도 빠짐없이 참석했습니다. 그들은 공주님이 개똥지빠귀 부리 왕과 결혼하는 것을 축하하며 두 사람을 축복해 주었습니다. 이제야말로 진정한 기쁨이 시작된 것입니다. 나도 여러분도 그 자리에 참석할 수 있었다면 좋았겠지요!

KHM 053
백설 공주
Schneewittchen

옛날 추운 겨울날이었습니다. 새하얀 솜털 같은 눈송이가 온누리에 휘날리고 있었습니다. 한 왕비가 창틀이 흑단으로 만들어진 창가에 앉아 바느질을 하고 있었습니다. 바느질을 하면서 하얀 눈을 올려다보는 순간 그만 바늘에 손가락이 찔려 붉은 피가 세 방울 눈 속에 떨어졌습니다. 빨간 핏방울이 하얀 눈 속에 떨어진 모습이 너무나 아름다워서 왕비는 이렇게 생각했습니다.

'아아, 피부는 눈같이 하얗고, 두 뺨은 피처럼 빨갛고, 흑단 창틀처럼 검은 머리를 가진 아이가 있으면 얼마나 좋을까!'

그리고 얼마 지나지 않아 왕비는 딸을 낳았습니다. 그 아이는 눈처럼 하얀 피부와 피처럼 붉은 뺨, 그리고 흑단처럼 검은 머리를 가지고 있었습니다. 그래서 아기를 백설 공주라 불렀습니다. 그러나 왕비는 이 아기를 낳고 숨을 거두고 말았습니다. 한 해가 지나, 왕은 다른 왕비를 맞이했답니다. 새 왕비는 너무도 아름다웠지만 어찌나 거만하고 질투심이 강한지, 자기보다 아름다운 사람이 있으면 질투가 나서 견딜 수 없었습니다. 왕비는 신기한 거울을 가지고 있었는데, 그 거울 앞에 가서 거기에 비친 자신의 모습을 볼 때마다 이렇게 묻곤 했습니다.

"거울아, 벽에 걸린 거울아.
이 세상에서 누가 가장 예쁘니?"

그러자 거울은 이렇게 대답했습니다.

"왕비님이 세상에서 가장 예쁘시지요."

그 대답을 들으면 왕비는 안심했습니다. 거울은 진실만 말한다는 것을 잘 알고 있었으니까요.

백설 공주는 한 살 한 살 나이를 먹을수록 점점 더 예뻐졌습니다. 일곱 살이 되자 맑은 날의 햇살처럼 예뻐져서 왕비보다 더 아름다웠습니다. 그러던 어느 날 왕비가 거울에게 물었습니다.

"거울아, 벽에 걸린 거울아.
이 세상에서 누가 가장 예쁘니?"

그러자 거울이 대답했습니다.

"물론 왕비님도 예쁘시지만,
백설 공주님은 왕비님보다 천 배는 더 예쁘답니다."

그 말을 들은 왕비는 깜짝 놀랐습니다. 샘이 나서 얼굴이 붉으락푸르락해졌습니다. 그때부터 왕비는 백설 공주를 볼 때마다 마음에서 뜨거운 불길이 솟아 오르는 듯했습니다. 그 정도로 공주를 미워했습니다. 왕비의 마음속에선 질투와 오만이 잡초처럼 쑥쑥 자라나 밤이고 낮이고 마음 편할 날이 없었습니다. 그러던 어느 날, 왕비는 사냥꾼을 한 사람 불러서 분부를 내렸습니다.

"저 아이를 숲 속으로 데려가거라. 더 이상 내 눈앞에 얼씬거리지 못하게 저 아이를 죽여 그 증거로 허파와 간을 가져오게."

사냥꾼은 왕비의 분부에 따라 백설 공주를 끌고 숲으로 갔습니다. 그리고 사슴을 죽일 때 쓰던 칼을 꺼내어 죄 없는 공주의 심장을 찌르려는 순간, 백설 공주가 왁 하고 울음을 터뜨렸습니다.

"아, 안 돼요, 안 돼요, 사냥꾼 아저씨, 제발 저를 살려 주세요. 살려만 주시면 숲 속으로 들어가 다시는 성 안으로 돌아가지 않을 게요."

사냥꾼은 그토록 어여쁜 공주가 간절히 빌자 불쌍한 마음이 들었습니다.

"가엾은 아이야, 그렇다면 어서 멀리멀리 도망가거라."

어차피 사나운 짐승들에게 곧 잡아먹히게 될 거라고 생각한 사냥꾼은 제 손으로 아이를 죽이지 않아도 되었기에 마음속 무거운 짐이 떨어져 나간 듯한 기분이었습니다. 그러는 동안에 멧돼지 새끼 한 마리가 뛰어가는 것을 보았습니다. 사냥꾼은 그 멧돼지를 잡아 허파와 간을 꺼내 왕비에게 갖다 주었습니다. 악마 같은 왕비는 그것을 요리사에게 주어 소금에 절여 오게 한 다음 날름 먹어치웠습니다. 물론 백설 공주의 허파와 간이라 생각했습니다.

한편, 가여운 백설 공주는 커다란 숲 속에 홀로 버려지자 너무도 무서워서 나무에 매달린 나뭇잎을 하나하나 바라볼 뿐 도대체 어떻게 해야 할지 도무지 알 수가 없었지요. 그래서 백설 공주는 무작정 달리기 시작했습니다. 날카로운 돌을 밟기도 하고 가시덤불 사이를 지나가기도 했습니다. 숲 속 짐승들이 튀어나와 소녀 옆을 지나갔으나 공주를 해치지는 않았습니다. 소녀는 발을 움직일 수 있는 한 쉬지 않고 달렸습니다. 이윽고 해가 질 무렵이 되자, 오두막이 한 채 보였습니다. 소녀는 그곳에서 잠시 쉬어가려고 안으로 들어갔습니다.

집 안에 있는 것은 모두 자그마했지만 하나같이 예쁘게 장식되어 있었고, 더할 나위 없이 깔끔했습니다. 하얀 식탁보가 덮인 작은 식탁 위에는 작은 접시가 일곱 개 놓여 있고, 접시마다 귀여운 숟가락이 옆에 있었습니다. 그리고 나이프가 일곱 개, 작은 포크도 일곱 개, 조그마한 술잔도 일곱 개였습니다. 벽에는 작은 침대 일곱 개가 나란히 놓여 있고, 눈처럼 하얀 침대보가 덮여 있었습니다. 백설 공주는 배가 너무 고프고 목도 말라서 모든 접시에서 채소와 빵을 조금씩 덜어 먹고 모든 잔에서 포도주도 한 모금씩 마셨습니다. 한

사람 것을 모조리 먹어서는 안 된다고 생각했기 때문입니다. 간신히 배를 채우고 나자 이번에는 무척 피곤하여 침대에 가서 누워 보았으나 모두 몸에 맞지 않았습니다. 어떤 것은 너무 길고, 어떤 것은 너무 짧았지요. 그래도 일곱 번째 침대가 딱 맞아서 거기에 누워 세상 모르게 잠이 들고 말았습니다.

날이 완전히 어두워지자 이 오두막 주인들이 돌아왔습니다. 그들은 산에서 땅을 파고 광석 캐는 일을 하는 일곱 난쟁이들이었습니다. 난쟁이들은 저마다 작은 촛불을 하나씩 켰습니다. 주위가 환하게 밝아지자 그들은 누군가 집 안에 들어왔다는 사실을 알아차렸습니다. 집 안 곳곳이 그들이 나가기 전과는 어딘가 달라졌습니다. 첫 번째 난쟁이가 말했습니다.

"누가 내 의자에 앉았어?"

두 번째 난쟁이가 말했습니다.

"누가 내 접시에 있는 걸 먹었지?"

세 번째 난쟁이가 말했습니다.

"누가 내 빵을 뜯어 먹었어?"

네 번째 난쟁이가 말했습니다.

"누가 내 채소를 먹은 거야?"

다섯 번째 난쟁이가 말했습니다.

"누가 내 포크를 쓴 거야?"

여섯 번째 난쟁이가 말했습니다.

"누가 내 나이프를 썼지?"

일곱 번째 난쟁이가 말했습니다.

"누가 내 잔으로 포도주를 마셨지?"

그런 다음 첫 번째 난쟁이는 주위를 둘러보더니 자기 침대 위에 조그맣게 눌린 자국을 보았습니다.

"누가 내 침대에 누웠던 거야?"

그 말을 듣고 다른 난쟁이들도 자기 침대로 달려가서 저마다 소리쳤습니다.

"내 침대에도 누군가 누웠던 흔적이 있어!"

일곱 번째 난쟁이가 자기 침대를 들여다보니 아름다운 백설 공주가 잠을 자고 있었습니다. 침대 속에서 여자아이가 누워 쌔근쌔근 자고 있는 걸 본 그는 다른 난쟁이들을 불렀습니다. 모두 달려온 난쟁이들은 이 이상한 일에 와글와글 떠들면서 저마다 귀여운 촛불을 하나씩 가져와 백설 공주를 비춰보았습니다.

"아니, 이런! 오, 이런! 어쩜 이렇게도 예쁜 아이가 있을까!"

그들은 몹시 기뻐하면서 아이를 깨우지 않고 편히 자도록 내버려 두기로 했습니다. 그래서 일곱 번째 난쟁이들은 친구들 침대에서 번갈아 한 시간씩 잠을 잤고 그 사이에 어느덧 날이 새고 말았습니다.

아침이 되어 잠에서 깨어난 백설 공주가 일곱 난쟁이들을 보고 깜짝 놀라자 난쟁이들은 친절하게 물었습니다.

"넌 이름이 뭐니?"

"난 백설 공주예요."

공주가 말했습니다.

"무엇 때문에 우리 집까지 왔지?"

난쟁이들은 계속해서 물었습니다. 백설 공주는 새어머니가 자기를 죽이려고 했지만, 사냥꾼이 목숨을 살려 주어 숲속을 이리저리 헤매다가 가까스로 이 작은 집을 발견했다고 이야기했습니다. 공주의 이야기를 듣고 난 난쟁이들이 말했습니다.

"네가 우리 집 살림을 맡아서 음식도 만들고 침대도 정리하고 빨래도 하고

바느질과 뜨개질도 하면서 모든 집안일을 깨끗하게 보살펴 준다면, 우리 집에 머물러도 좋아. 너에게도 부족한 게 아무것도 없도록 해 줄게."

"네, 좋아요."

그리하여 백설 공주는 이날부터 난쟁이들 집에서 살게 되었습니다.

백설 공주는 난쟁이들 집을 늘 깔끔하게 정리했습니다. 난쟁이들은 아침마다 산 깊은 곳 땅굴 속에 들어가 광석과 금을 찾다가 해가 저물면 돌아오는데, 그들이 집에 오기 전에 식사를 준비해 두어야 했습니다.

백설 공주는 온하루 혼자 있었으므로 착한 난쟁이들은 공주에게 단단히 일렀습니다.

"새어머니를 조심해야 해. 네가 여기 있다는 것을 언젠가 알게 될 거야. 절대로 아무도 집 안에 들여서는 안 돼."

한편 왕비는 백설 공주의 허파와 간을 먹었기 때문에 이제 자기가 세상에서 가장 예쁜 여인일 거라 생각하고는 거울 앞에 가서 물었습니다.

"거울아, 벽에 걸린 거울아.
이 세상에서 누가 가장 예쁘니?"

거울이 대답했습니다.

"왕비마마, 여기서는 왕비님이 가장 예쁘시지만,
산을 넘고 또 산을 넘은 곳
일곱 난쟁이 집에 사는 백설 공주님이
왕비님보다 천 배는 더 예쁘십니다."

그 말을 듣고 왕비는 깜짝 놀랐습니다. 거울은 결코 거짓말을 하지 않는다는 사실을 알고 있었기에, 사냥꾼이 자기를 속였고 백설 공주가 아직까지도 살아 있음을 알게 된 것입니다. 그래서 왕비는 무슨 방법으로 백설 공주를 죽일지 머리를 짜내기 시작했습니다. 자기가 세상에서 가장 아름다운 여자가 되지 않으면 질투 때문에 참을 수가 없었기 때문이지요.

가까스로 좋은 방법을 생각해낸 왕비는 얼굴에 물감을 칠하고 방물장수 할멈으로 변장했습니다. 그녀가 왕비인 줄 알아보는 사람은 어느 누구도 없었습니다. 왕비는 일곱 개 산을 넘고 넘어 일곱 난쟁이들이 사는 집에 이르자 문을 두드리며 외쳤습니다.

"예쁜 물건 사세요! 좋은 물건이 왔어요!"

백설 공주가 창문으로 밖을 내다보면서 물었습니다.

"안녕하세요, 할머니, 어떤 물건을 가져오셨나요?"

"질도 좋고 모양도 예쁜 훌

룡한 물건들이지요. 허리를 날씬하게 졸라매는 코르셋 끈도 알록달록 온갖 색이 있다우."

방물장수 할멈은 오색 비단실로 엮은 코르셋 끈을 하나 꺼내더니 보여주었습니다.

'무척 마음씨 좋은 분 같은데, 들어오시라고 해도 되겠지.'

이렇게 생각한 백설 공주는 빗장을 열고 예쁜 코르셋 끈을 하나 샀습니다.

"아가씨, 어쩌면 이리도 예쁘실까! 이리 와 봐요, 내가 잘 매어 줄 테니."

노파가 그렇게 말하자, 백설 공주는 아무런 의심 없이 그녀 앞에서 몸을 돌려 새로

산 끈을 졸라매도록 했습니다. 그러자 노파는 순식간에 끈을 힘껏 잡아당겼습니다. 어찌나 세게 졸라맸는지 백설 공주는 그만 숨이 막혀 죽은 듯이 쓰러지고 말았습니다.

"자, 이젠 내가 이 세상에서 가장 예쁜 여자야."

노파는 그렇게 말하고 서둘러 돌아갔습니다.

이윽고 저녁때가 되어 일곱 난쟁이들은 일을 마치고 집으로 돌아왔습니다. 그들은 사랑하는 백설 공주가 바닥에 쓰러져 있는 것을 보고 깜짝 놀랐습니다. 공주는 마치 죽은 것처럼 꼼짝도 하지 않았습니다. 다 함께 그녀를 일으켜 보니 끈이 너무 꽉 졸라매고 있었습니다. 곧바로 가위를 꺼내들어 코르셋 끈을 싹둑 자르자 백설 공주는 조금씩 숨결이 돌아오더니 서서히 되살아났습니다. 난쟁이들은 그들이 없는 동안 무슨 일이 있었는지 듣고 나서 저마다 말했

습니다.

"그 방물장수 할멈은 하느님을 두려워할 줄 모르는 그 못된 왕비가 틀림없어. 조심해, 우리가 옆에 없을 때는 집에 아무도 들이지 마."

한편 못된 왕비는 집으로 돌아가자마자 거울 앞에 가서 물었습니다.

"거울아, 벽에 걸린 거울아.
이 세상에서 누가 가장 예쁘니?"

그러자 거울은 마찬가지로 이렇게 대답했습니다.

"왕비마마, 물론 여기서는 왕비님이 가장 예쁘시지만
산을 넘고 또 산을 넘은 곳
일곱 난쟁이 집에 사는 백설 공주님이
왕비님보다 천 배는 더 예쁘십니다."

그 말을 들은 왕비는 온몸의 피가 거꾸로 치솟는 듯했습니다. 백설 공주가 다시 살아났다는 사실을 알았으니 그렇게 놀라는 것도 마땅하지요.

"좋아, 이번에는 확실히 숨을 끊어 놓고 말겠다."

왕비는 그렇게 말하고 자기가 아는 마술로 독이 든 빗을 하나 만들었습니다. 그러고는 예전과 다른 할멈으로 변장했습니다. 왕비는 산을 일곱 개 넘어 일곱 난쟁이들이 사는 집으로 가서 또다시 문을 두드렸습니다.

"예쁜 물건이 왔어요! 좋은 물건 사세요!"

백설 공주가 밖을 내다보며 말했습니다.

"상관 말고 가세요. 집에 들일 수 없어요."

"구경만 하는 건 괜찮잖아."

할멈은 이렇게 말하며 독을 칠한 빗을 꺼내 높이 치켜들었습니다. 아직 어린 백설 공주는 그 빗이 몹시 마음에 들어서 난쟁이들이 했던 말을 그만 깜박 잊어버리고 문을 열어주고 말았습니다. 할멈은 백설 공주가 빗을 사기로 하자 말했습니다.

"그렇다면 이 할미가 예쁘게 빗겨주지."

가엾은 백설 공주는 전혀 의심하지 않고 할멈이 시키는 대로 했습니다. 그러나 할멈이 빗을 공주의 머리에 갖다 대자 순식간에 독이 퍼져서 그대로 정신을 잃고 쓰러졌습니다.

"세상에서 가장 예쁘다는 너도 마침내 죽어버렸구나."

못된 왕비는 그렇게 말하고 그곳을 떠났습니다. 곧 저녁이 되어 일곱 난쟁이들이 돌아왔습니다. 백설 공주가 죽은 듯 땅바닥에 쓰러진 모습을 보자 또 새어머니가 그랬을 거라는 의심이 들어 집 안 여기저기를 살펴보다가 공주의 머리카락 사이에서 독이 묻은 빗을 찾아냈습니다. 빗을 빼자, 백설 공주는 다시 정신을 차리고 무슨 일이 있었는지 이야기해 주었습니다. 이야기를 들은 난쟁이들은 부디 조심하라고 이르고, 누가 오더라도 절대로 문을 열어 주지 말라고 단단히 일렀습니다.

성으로 돌아온 왕비는 다시 거울 앞에 서서 물었습니다.

"거울아, 벽에 걸린 거울아.
이 세상에서 누가 가장 예쁘지?"

그러자 거울은 전처럼 이렇게 대답했습니다.

"왕비마마, 물론 여기서는 왕비님이 가장 예쁘시지만
산을 넘고 또 산을 넘은 곳
일곱 난쟁이 집에 사는 백설 공주님이
왕비님보다 천 배는 더 예쁘십니다."

거울이 말하는 소리를 듣자 왕비는 화가 머리끝까지 치솟아 온몸을 부들부들 떨었습니다.

"백설 공주, 내 목숨을 잃는 한이 있더라도 기필코 너를 죽이고야 말리라!"

그렇게 부르짖은 왕비는 아무도 찾아오지 못하게 몰래 지어둔 외딴 방에 들어가 끔찍한 독사과를 하나 만들었습니다. 빨간 뺨을 거진 하얀 사과는 보기에 몹시 예쁘고 먹음직스럽게 생겼지만, 한 입 베어 물면 곧바로 목숨을 잃게 되는 끔찍한 사과였습니다.

왕비는 독사과를 다 만들자 얼굴에 물감을 칠하고 시골 아낙네로 변장했습니다. 그리고 일곱 개의 산을 넘어 일곱 난쟁이가 사는 집으로 가서 또다시 문을 두드렸습니다. 백설 공주가 창밖으로 얼굴을 내밀고 말했습니다.

　"아무도 안으로 들일 수 없어요. 일곱 난쟁이들이 그러면 안 된다고 했거든요."

　그러자 그 아낙네가 말했습니다.

　"들어가지 않아도 상관없어요. 사과는 이제 필요 없으니 아가씨가 하나 가지세요."

　백설 공주가 말했습니다.

　"필요 없어요. 아무것도 받으면 안 돼요."

　아낙네가 말했습니다.

　"독이라도 들어 있을까 봐 겁이 나서 그러는 겐가? 그렇다면 내가 둘로 가를 테니 빨간 쪽은 아가씨가 드시우, 하얀 쪽은 내가 먹지."

　그런데 그 사과는 빨간 쪽에만 독이 들어 있었습니다. 예쁜 사과가 먹고 싶어서 군침을 삼키던 백설 공주는 아낙네가 그것을 먹는 것을 보더니 더는 참지 못하고 창문으로 손을 내밀어 독이 든 나머지 절반을 받았습니다. 그러나 그것을 입에 넣어 한 입 깨무는 순간, 공주는 그만 숨이 끊어져 바닥에 쓰러지고 말았습니다.

　그 모습을 독살스러운 눈길로 쳐다보던 왕비는 이윽고 깔깔 웃으면서 말했습니다.

　"깔깔깔 정말 눈처럼 하얗고 피처럼 빨갛고 흑단처럼 검구나! 이번에야말로 난쟁이들이라도 너를 깨우지는 못할 거다."

　그리고 집에 돌아가 거울에게 물었습니다.

　　"거울아, 벽에 걸린 거울아.
　　이 세상에서 누가 가장 예쁘지?"

　마침내 거울은 이렇게 대답했습니다.

　　"그야 물론 왕비님이 세상에서 가장 예쁘시지요."

　그리하여 샘 많은 왕비는 치솟는 질투심이 가라앉아 편히 쉴 수 있었습니다.

　저녁이 되어 집으로 돌아온 난쟁이들은 바닥에 쓰러져 있는 백설 공주를 보았습니다. 그런데 공주의 입에서 숨결이 느껴지지 않는 걸 보니 죽은 것만 같았습니다. 그들은 공주를 안아 일으키고는 또 무슨 독 같은 게 숨겨져 있는지 찾아보았습니다. 끈도 풀어보고, 머리도 빗겨보고, 물과 포도주로 몸을 씻기며 할 수 있는 일은 다 해보았지만 아무런 소용이 없었습니다. 사랑스런 공주는 죽어버린 채 다시 살아나지 않았습니다.

　일곱 난쟁이들은 백설 공주를 관 속에 눕히고 모두 그 옆에 늘어앉아 눈물을 흘리며 슬퍼했습니다. 사흘 동안이나 울다가 장례를 치르려고 보니까, 공주는 여전히 살아 있는 사람처럼 뺨이 불그스레한 게 참으로 아름다웠습니다. 마치 살아 있는 사람처럼 보였습니다.

　"이대로 어두운 땅속에 묻을 수는 없어. 그렇게 할 수 없어."

　그래서 난쟁이들은 이곳저곳에서 들여다볼 수 있도록 투명한 유리관을 만들어 그 안에 백설 공주를 눕히고, 관 위에 황금 글씨로 그녀의 이름과 공주

였다는 사실을 써 놓았습니다. 그런 다음 관을 산 위로 날라다 놓고는 한 사람씩 번갈아가며 관을 지켰습니다. 동물들도 찾아와서 백설 공주를 보며 슬피 울었지요. 맨 처음 올빼미가 왔고, 그 다음엔 까마귀, 마지막에는 작은 비둘기가 왔습니다.

그리하여 백설 공주는 매우 오랫동안 관 속에 누워 있었습니다. 그렇지만 여전히 눈처럼 하얀 피부에 두 뺨은 피처럼 빨갛고 머리는 흑단처럼 검었기 때문에, 마치 깊은 잠을 자는 것처럼 보였습니다.

그러던 어느 날, 왕자가 우연히 숲으로 들어왔다가 길을 잃었습니다. 그는 난쟁이들의 집을 발견하자 하룻밤 묵어가려고 찾아왔습니다. 왕자는 산 위에서 관 안에 누워 있는 아름다운 백설 공주를 보고, 관에 적힌 황금 글씨를 읽었습니다. 왕자가 난쟁이들에게 말했습니다.

"이 관을 나에게 주지 않겠습니까. 그러면 당신들이 원하는 것은 무엇이든 다 주겠습니다."

　그러자 난쟁이들이 입을 모아 대답했습니다.

　"온 세상 황금을 모두 준다 해도 그 관을 줄 수는 없습니다."

　"그렇다면 이 관을 나에게 선물로 주십시오. 나는 이제 백설 공주를 보지 않고는 살아갈 수가 없습니다. 그녀를 가장 사랑하는 사람으로 여기고 어떠한 경우에도 소중히 하겠습니다."

　왕자가 간절히 말하자 착한 난쟁이들은 그의 마음을 헤아리고 관을 내주었습니다. 그래서 왕자는 부하들에게 관을 짊어지게 했습니다. 그런데 운명이란 참 신비로운 것입니다. 부하들이 더부룩하게 자라난 키 작은 나무에 발이 걸려 비틀거리는 바람에 관이 흔들리자, 백설 공주가 깨물었던 독사과 조각이 목에서 툭 튀어나왔습니다. 그리고 얼마 안 있어 백설 공주는 눈을 반짝 뜨고, 관 뚜껑을 밀어내며 일어났습니다. 다시 살아난 것입니다.

　"어머나, 내가 어디에 있는 건가요?"

　공주가 소리치자 왕자는 기쁨에 가득 차서 말했습니다.

　"그야 내 곁에 있는 거지요."

　왕자는 이제까지 있었던 일을 모두 이야기한 뒤 이렇게 덧붙였습니다.

　"나는 이 세상 어느 누구보다도 당신을 사랑합니다. 나와 함께 내 아버지의 성으로 가서 나의 아내가 되어 주십시오."

왕자가 하는 말을 듣고 백설 공주도 그가 좋아져서 함께 가기로 했습니다. 그리하여 둘의 결혼식이 그야말로 성대하고 훌륭하게 준비되었습니다.

그 결혼식에는 백설 공주의 못된 새어머니도 초대를 받았습니다. 마침내 그날이 오자 새어머니는 아름다운 옷을 입고 다시 거울 앞에 서서 물었습니다.

"거울아, 벽에 걸린 거울아.
이 세상에서 누가 가장 예쁘지?"

그러자 거울이 대답했습니다.

"그야, 여기서는 왕비님이 가장 예쁘시지요,
하지만 젊은 새 왕비님이 왕비님보다 천 배나 더 예쁘십니다."

그 말을 듣고 악마 같은 왕비는 얼굴을 찡그리며 무시무시한 저주의 말을 내뱉었습니다. 불안하고 걱정이 되어 도무지 제정신이 아니었지요. 처음에는 결혼식에 가지 않으려고 생각했습니다. 그렇지만 안 가면 안 가는 대로 안절부절못하는 건 마찬가지여서, 그 젊은 새 왕비를 보러 가지 않을 수 없었습니다.

그리하여 왕비가 결혼식장 안에 들어가 보니, 젊은 새 왕비는 틀림없는 백설 공주였습니다. 왕비는 어찌나 놀랍고 무섭던지 그 자리에 못 박힌 듯 서서 한 발자국도 움직일 수가 없었습니다. 그렇지만 그때 벌써 못된 왕비 앞에는 석탄불에 달궈서 불집게로 집어다 놓은 쇠 덧신이 놓여 있었습니다. 그리고 못된 왕비는 그 새빨갛게 달구어진 덧신을 신고 춤을 추다가 숨이 끊어져 땅바닥에 쓰러져 버렸습니다.

KHM 054
배낭과 모자와 뿔피리
Der Ranzen, das Hütlein und das Hörnlein

어느 곳에 세 형제가 살았습니다. 그런데 집안 형편이 차츰 어려워지더니 끝내는 입에 풀칠도 하지 못하고 굶어야 할 만큼 가난해지고 말았습니다. 그래서 형제들은 의논했습니다.

"언제까지나 이렇게 살 수는 없어. 이럴 바엔 차라리 세상에 나아가서 저마다 행운을 찾아보는 게 낫겠다."

그리하여 세 형제는 함께 길을 떠났습니다. 벌써 머나먼 길을 걸어 초원을 몇 개나 지났건만 행운은 여전히 형제들 눈앞에 나타나지 않았습니다.

그러던 어느 날 그들은 커다란 숲에 이르렀습니다. 숲 한가운데에 산이 보이기에 가까이 다가가 살펴보니 놀랍게도 산 모두가 은으로 되어 있었습니다. 그것을 보고 맏형이 말했습니다.

"마침내 우리가 그토록 바라고 원하던 행운을 찾았어. 난 이제 더 이상 욕심을 내지 않아."

큰형은 가져갈 수 있는 만큼 은을 짊어지고 발길을 돌려 집으로 돌아갔습니다. 하지만 남은 두 동생은 이렇게 말했습니다.

"행운이라고 하면, 그까짓 은보다는 더 나은 것이라야지."

두 동생은 은에는 손도 대지 않고 계속 앞으로 걸어 나아갔습니다. 며칠 더 가다 보니 어디를 둘러봐도 온통 황금으로 뒤덮인 금산이 나타났습니다. 둘째 형은 걸음을 멈추고 한참 생각하며 망설이다가는 이렇게 혼잣말을 했습니다.

"어쩐다? 평생 떵떵거리며 살 수 있을 만큼 많은 황금을 가져갈까, 아니면 앞으로 계속 나아갈까?" 마침내 결단을 내린 둘째는 호주머니가 미어져라 황금을 채워 넣고 동생과 헤어져 집으로 돌아갔습니다. 그러나 막내는 이렇게 말했습니다.

"난 금이나 은 따위에는 관심 없어. 난 행운을 포기할 수 없어. 더 큰 행운을 만날지도 모르잖아."

그는 계속 앞으로 걸어갔습니다. 사흘이 지나자 앞선 두 숲보다 더 큰, 끝

도 보이지 않을 만큼 엄청나게 커다란 숲으로 들어가게 되었습니다. 먹을 것
도 마실 것도 없어서 그는 굶어 죽기 직전이었습니다. 그는 숲의 끝이 보이지
나 않을까 하고 높은 나무에 올라가 보았지만, 아무리 주위를 둘러봐도 나무
꼭대기밖에 보이지 않았습니다. 그래서 다시 나무에서 내려가려고 했는데, 너
무 배가 고파 견딜 수가 없었습니다.

'한 번만이라도 좋으니 배불리 먹을 수만 있다면.'

그렇게 생각하면서 나무에서 내려오니, 나무 아래 온갖 요리가 잔뜩 차려
진 식탁이 하나 있고, 자기 쪽으로 모락모락 김이 풍겨오고 있는 게 아니겠습
니까? 깜짝 놀란 막내가 말했습니다.

"이번에야말로 내 소원이 제때에 이루어졌군."

그러고는 누가 이 음식을 갖다 놓았는지, 누가 요리를 만들었는지 알아보
지도 않고 그냥 식탁으로 다가가 허겁지겁 실컷 먹고 주린 배를 잔뜩 채웠습
니다. 다 먹고 나니까 이런 생각이 들었습니다.

'이렇게 멋진 식탁보를 숲 속에서 썩히는 건 너무나도 아까운 노릇인 걸.'

그래서 그는 식탁보를 고이 접어서 품속에 넣었습니다.

그러고는 다시 길을 걸어 나아가는데 저녁때가 되자 또다시 배가 고파졌습
니다. 그는 식탁보를 한번 시험해 보기로 하고 그것을 펼쳐 놓고 말했습니다.

"식탁보야! 네 위에 다시 한 번 맛난 음식들이 차려지면 얼마나 좋을까!"

그런데 그 말이 떨어지자마자 세상에서 가장 맛있는 음식이 담긴 그릇들
이 식탁보 위에 빈자리 없이 가득히 차려지는 게 아니겠습니까!

"이제야 그 음식들을 누가 요리해 주는 건지 알겠구나. 난 은이나 황금 산
보다도 네가 훨씬 더 좋아."

막내는 그것이 '요술 식탁보'라는 보물인 것을 잘 알게 되었습니다. 그러나
그 식탁보만 들고 조용히 집으로 돌아가 만족하며 살 수는 없는 일이었습니
다. 그는 좀 더 세상을 돌아다니면서 계속 자신의 운을 시험해 보기로 했습니
다.

어느 날 저녁 막내는 숲 속에서 먼지와 검댕으로 새카매진 숯장이를 만났
습니다. 숯장이는 숯불을 피워 놓고 홀로 감자를 굽고 있었습니다. 그것으로
끼니를 때우려는 것 같았습니다. 막내가 말을 걸었습니다.

"안녕하세요, 숯장이님. 홀로 지내시는 게 외롭지 않으십니까?"

"날마다 그날이 그날이지요. 그리고 저녁식사는 날마다 감자라오. 드시고 싶으면 함께 드십시다."

나그네 막내가 말했습니다.

"고맙습니다만, 어떻게 당신의 끼니를 빼앗아 먹을 수 있겠습니까, 괜찮으시다면 제가 대접하고 싶습니다."

"네? 그게 무슨 말입니까? 누가 상을 차려다 주는데요?"

숯장이가 물었습니다.

"거 참, 보아하니 아무것도 가진 게 없는 듯한데, 그렇다고 이 주위에 금방 음식을 갖다 줄 사람이 있는 것도 아닐 테고."

"음식이 저절로 나올 겁니다. 당신께서 태어나 이제까지 한 번도 먹어 보지 못한 진수성찬들이 말이지요."

막내는 배낭에서 식탁보를 꺼내 바닥에 펼쳐 놓고 말했습니다.

"식탁보야, 어서 상을 차려라!"

말이 떨어지기가 무섭게 지지고 볶은 온갖 요리들이 차려졌습니다. 게다가 방금 부엌에서 가져온 것처럼 따끈따끈했습니다.

숯장이는 눈이 휘둥그레지더니, 인사도 차리는 둥 마는 둥하고는 서둘러 손을 뻗어 입속으로 음식을 꾸역꾸역 밀어 넣었습니다. 두 사람이 음식을 모두 먹고 나자 숯장이가 빙그레 웃으면서 말했습니다.

"야아, 그대 식탁보는 정말 신기하구려. 이렇게 훌륭한 요리를 해 줄 사람도 없이, 깊은 숲 속에 홀로 사는 나 같은 사람에게는 참으로 딱인 것 같은데, 우리 이렇게 하면 어떻겠소. 저 구석에 군용 배낭이 하나 있는데, 낡고 보잘것없어 보이지만 사실 놀라운 힘이 숨어 있다오. 나에게는 더 이상 필요가 없으니 그 식탁보를 내게 주면 이 배낭을 드리다."

"그렇습니까. 먼저 어떤 신기한 힘을 지녔는지 그것부터 알아야겠습니다."

"그거야 마땅히 말해 드리지."

숯장이가 말했습니다.

"저것을 손으로 톡톡 두드리면 그때마다 대장이 총과 칼을 든 병사를 여섯 명씩 데리고 나와서 당신이 시키는 일은 뭐든지 다 해 줄 거요."

막내가 말했습니다.

"나야 어느 쪽이든 상관없지만, 당신에게 그 신기한 배낭이 필요없다면 바뀌 드리지요."

그는 숯장이에게 요술 식탁보를 주고 모자걸이에서 배낭을 벗겨 어깨에 둘러메고는 작별 인사를 했습니다. 얼마 동안 걷다가 그는 배낭의 신기한 힘을 시험해 보고 싶어서 탁 탁 두드려 보았습니다. 그러자 곧바로 일곱 군인들이 씩씩하게 걸어 나오는 게 아니겠습니까. 그 가운데 대장이 말했습니다.

"주인님, 부르셨습니까?"

"목표는 숯장이의 오두막이다. 어서 달려가서 내 요술 식탁보를 찾아오라!"

병사들은 '좌향좌'하여 줄맞춰 뛰어가더니 곧 요구한 물건을 가져왔습니다. 물론 숯장이에게 물어보지도 않고 다짜고짜 빼앗아 온 것이지요. 막내는 병사들에게 이제 물러가라고 명령했습니다. 그리고 더욱 큰 행운이 자기를 밝게 비춰주기를 기대하면서 계속 걸어갔습니다.

해 질 무렵 그는 다른 숯장이를 만났습니다. 숯장이는 불 앞에 앉아 저녁 식사를 준비하다가 나그네에게 이렇게 말했습니다.

"버터는 없고 소금뿐인 감자라도 드시겠으면 어서 이리 와 앉으시오."

막내가 말했습니다.

"아닙니다, 오히려 제가 대접하겠습니다."

그가 식탁보를 펴자 곧 눈이 휘둥그레지는 요리들이 잔뜩 차려졌습니다. 그들은 기분 좋게 함께 먹고 마셨습니다. 식사가 끝나자 숯장이가 말했습니다.

"저기 선반 위에 하도 써서 닳아빠진 작은 모자가 하나 있는데, 사실은 신기한 힘을 갖고 있다오. 모자를 쓰고 머리 위에서 빙글빙글 돌리면 열두 문의 대포가 행렬을 지어 나와서 포탄을 쏘아 모든 것을 박살내고 만다오. 그것을 이길 수 있는 사람은 아무도 없소. 내게는 이 모자가 아무 소용없으니 당신의 식탁보를 주면 이 신비한 모자를 드리리다."

"그것도 괜찮겠군요."

막내가 대답했습니다. 그는 모자를 집어 쓰고는 자신이 가지고 있던 식탁보를 그대로 남겨 두고 떠났습니다. 그러나 얼마 안 가서 그는 다시 배낭을 두드렸고, 부하 병사들은 군소리 없이 식탁보를 찾아 가지고 왔습니다.

'보물이 하나하나 늘어가는군. 그래도 아직 내 행운은 끝난 것 같지가 않아.'

그 생각 또한 틀리지 않았습니다. 또 하루 동안을 계속 걸어가니 세 번째 숯장이의 집이 나왔습니다. 이 사람도 전에 만났던 두 사람과 마찬가지로 버터도 없이 구운 감자를 권했습니다. 그래서 이번에도 요술 식탁보의 신비한 힘으로 함께 음식을 먹었고, 아주 맛있게 배불리 먹은 숯장이는 그 식탁보와 작은 뿔피리를 서로 바꾸자고 했지요. 그 뿔피리는 모자와는 다른 힘을 지니고 있어서, 그것을 불기만 하면 흙담이든 돌담이든 요새든 모조리 무너지고, 심지어 마을과 도시까지도 파괴되어 폐허로 만들고 마는 것이었습니다.

그는 뿔피리를 받고 숯장이에게 식탁보를 내주었습니다. 그러나 뒤에 병사들을 시켜 다시 가져오게 했기 때문에 마침내 그는 배낭과 모자와 뿔피리를 모두 가지게 되었습니다.

막내가 말했습니다.

"이만하면 나도 꽤 성공한 남자가 되었어. 슬슬 집으로 돌아가 형들은 어떻게 지내고 있는지 봐야겠다."

집으로 돌아가 보니, 두 형은 금과 은으로 으리으리한 집을 짓고 술과 노래로 흥청망청 살고 있었습니다. 그가 다 떨어진 너덜너덜한 옷에다 머리 위에는 군데군데 구멍이 난 헌 모자를 쓰고, 낡아빠진 배낭을 진 채 형들 집으로 들어가니, 형들은 이런 거지는 우리 동생이 아니라면서 도무지 사실을 받아들이려 하지 않았습니다. 형들은 동생을 조롱하며 말했습니다.

"네가 금과 은을 우습게 보면서 더 좋은 행운을 찾겠다던 동생이라고? 우리 동생이라면 강력한 왕이 되어 호화로운 마차를 타고 왔을 텐데. 이런 거지 꼴이 아니고 말이야."

그러고는 막내를 문 밖으로 쫓아냈습니다. 화가 난 막내는 150명의 병사가 자기 앞에 줄지어 늘어설 때까지 배낭을 계속 두드렸습니다. 그는 병사들에게 형들의 집을 포위하라고 명령했습니다. 두 병사에게는 오리나무 회초리를 가지고 가서 두 형을 흠씬 두들겨 패주고, 막내가 얼마나 훌륭한 사람인지 깨닫게 해주라고 시켰습니다.

곧 어마어마한 소동이 일어났습니다. 사람들이 달려와 곤경에 처한 둘을 어떻게든 도와주려고 했지만 그 수많은 병사들을 당해낼 수는 없었습니다. 마침내 왕에게까지 보고가 들어가자, 몹시 화가 난 왕은 한 중대를 보내서 치안을 어지럽히는 무리를 도시 밖으로 쫓아내라고 명령했습니다. 그러나 배낭을 가진 막내는 얼른 배낭에서 더 많은 병사를 불러내어 대장과 그의 군대를 무찔렀고, 그들은 코피를 줄줄 흘리며 맥없이 후퇴해야 했습니다.

"저 떠돌이 녀석을 반드시 혼내 주리라."

왕은 이튿날 더 많은 군대를 보냈지만 아무런 소용이 없었습니다. 막내는 더 많은 병사를 불러냈을 뿐만 아니라, 일을 더 빨리 끝내 버리려고 그 초라한 모자를 머리 위에서 몇 번 빙글빙글 돌렸습니다. 그러자 육중한 대포가 불을 뿜어 왕의 군대를 박살내 버렸습니다. 그가 말했습니다.

"이렇게 된 이상, 공주를 나에게 달라! 내가 왕의 이름으로 이 나라를 다스리겠다! 그 전까지는 싸움을 끝내지 않으리라."

그 말을 전해들은 왕은 딸에게 말했습니다.

"우는 아이와 가뭄은 못 당한다고, 저 사나이가 요구하는 대로 하는 수밖에 도리가 없구나. 평화를 유지하고 왕관을 계속 쓰고 있으려면 너를 주는 수밖에."

그리하여 곧 결혼식이 치러졌습니다. 그러나 공주는 제 남편이 구멍이 숭숭 뚫린 모자를 쓰고 낡아빠진 배낭을 둘러메고 다니는 신분 낮은 사람인 게 너무나도 싫어서 도저히 견딜 수가 없었습니다. 공주는 그를 떼어내 버리고 싶어서 밤낮으로 어떻게 하면 좋을지만 궁리하고 있었습니다.

'남편의 신비한 힘이 이 배낭 안에 있는 것일까?'

그런 생각이 들자 공주는 시치미를 잡아떼고 갖은 아양을 떨며 남편의 마음을 사르르 녹였습니다.

"그런 초라한 배낭 따위는 벗어 버려요. 너무 흉해서 내가 다 부끄러울 지경이에요."

그가 대답했습니다.

"이 배낭은 나의 가장 소중한 보물이요. 이걸 갖고 있는 한, 나는 이 세상에 무서울 게 없다고."

그러고는 그 배낭에 어떤 신비한 힘이 숨어 있는지 그 비밀을 털어놓았습니다. 그러자 공주는 남편에게 입을 맞추려는 듯 남편의 목덜미를 얼싸안더니 재빨리 배낭을 낚아채서 달아나 버렸습니다. 혼자가 되자, 공주는 배낭을 두드려 병사들을 부른 뒤, 옛 주인을 붙잡아 왕궁에서 끌어내라고 명령했습니다. 병사들은 명령에 따랐습니다. 못된 아내는 더 많은 병사들을 불러내어 남편을 이 나라에서 완전히 쫓아내라고 명령했습니다.

만일 모자가 없었다면 막내는 죽음을 피할 수 없었을 것입니다. 그러나 두 손이 자유로워지는 순간 그가 모자를 빙글빙글 돌리자, 대포가 천둥 같은 소리를 내며 모든 것을 박살내 버렸습니다. 공주는 몸소 찾아와 제발 살려 달라고 싹싹 빌어야 했습니다. 반드시 마음을 고쳐먹겠노라고 약속하면서 어찌나 가련하게 애원하던지, 그는 마음이 흔들려 그만 사이좋게 지내기로 했습니다.

공주는 남편을 다정하게 대하며 그를 무척 사랑하는 듯이 굴었습니다. 얼마쯤 지나자 그도 완전히 속아 넘어가서 공주를 철썩같이 믿고는, 만일 누가 배낭을 빼앗 아가더라도 낡은 모자만 있으면 자기를 당해낼 자는 아무도 없다고 털어놓고 말았습니다. 비밀을 알아낸 공주는 그가 잠든 틈을 타서 모자를 빼앗아 길에 던져 버렸습니다.

그러나 그에게는 아직 뿔피리가 남아 있었습니다. 화가 머리끝까지 난 그는 뿔피리를 힘껏 불었습니다. 그 순간, 벽이고, 돌담이고, 마을이고, 도시고 모조리 무너지면서 왕과 공주도 죽고 말았습니다.

그가 피리를 입에서 떼지 않고 조금만 더 오래 불었다면 돌멩이 하나 남지 않고 모든 것이 다 허물어져 버렸을 것입니다. 이제 그를 거스를 자는 모두 사라지고, 그는 온 나라의 왕이 되었습니다.

KHM 055
요정 룸펠슈틸츠헨
Rumpelstilzchen

어느 마을에 가난한 방앗간이 있었는데, 그 집에는 예쁜 딸이 하나 있었습니다. 이 방앗간 주인이 어느 날 우연히 왕과 이야기를 나누게 되었는데, 자기도 뭔가 자랑하고 싶은 마음에 이렇게 말했습니다.

"저에게는 딸이 하나 있는데, 지푸라기를 자아 금실을 만드는 재주가 있습니다."

왕이 방앗간 주인에게 말했습니다.

"참으로 좋은 재주를 가졌군. 당신 딸이 정말 그런 신기한 재주를 가졌다면 내일 내 성으로 데려와 보시오. 한번 시험해 볼 테니."

다음 날이 되어 소녀가 성으로 가자, 왕은 짚을 가득 쌓아둔 방으로 소녀를 데리고 가서 물레를 주며 말했습니다.

"자, 일을 시작해라. 오늘 밤부터 내일 아침까지 이 짚더미로 금실을 자아놓지 못한다면 너는 살아남지 못할 것이다."

그러고는 문을 잠가 버렸습니다. 소녀는 가엾게도 방에 홀로 남게 되었지요.

가엾은 방앗간 집 딸은 어찌 하면 좋을지 몰라 홀로 오도카니 앉아 있었습니다. 짚을 자아서 어떻게 금으로 바꿔놓으라는 건지 도무지 알 수가 없었습니다. 아무리 궁리해도 방법이 없어서 그만 훌쩍훌쩍 울기 시작했습니다. 그때 갑자기 문이 열리더니 아주아주 작은 난쟁이가 아장아장 들어와서 말했습니다.

"안녕, 방앗간 집 아가씨. 왜 그러고 있지?"

소녀가 대답했습니다.

"어쩌면 좋아요. 짚을 자아서 금실로 만들어야 하는데 어떻게 하면 좋을지 모르겠어요."

그러자 난쟁이가 말했습니다.

"내가 대신 금실을 자아주면 나에게 뭘 줄래?"

소녀가 대답했습니다.

"내 목걸이를 줄게요."

목걸이를 받은 난쟁이가 물레 앞에 앉아 물레를 빙빙 세 번 돌리자 실패에 금실이 가득 감겼습니다. 그리고 다시 다른 실패를 걸고 빙빙 세 번 돌리자 거기에도 금실이 가득 감겼습니다. 그런 식으로 해서 아침까지 모든 지푸라기가 금실로 바뀌었습니다.

아침 해가 뜨자 왕이 들어왔습니다. 금실을 본 왕은 깜짝 놀라며 기뻐했지만, 금이 더 갖고 싶어졌습니다. 그래서 방앗간 집 딸을 짚이 수북이 쌓인 다른 더 큰 방으로 데리고 갔습니다. 그러고는 살고 싶으면 그것도 밤새 다 자아놓으라고 명령했습니다.

소녀가 어쩔 줄 모르고 있자, 다시 문이 열리더니 난쟁이가 들어와서 말했

습니다.

"내가 대신 지푸라기를 금실로 만들어 주면 나한테 뭘 줄래?"

소녀가 대답했습니다.

"내 반지를 줄게요."

반지를 받은 난쟁이가 다시 물레를 빙빙 돌리기 시작하더니, 아침까지 지푸라기를 모조리 번쩍거리는 황금실로 만들어 주었습니다.

그것을 본 왕은 무척 기뻤지만, 아직 만족하지 못했습니다. 그리고 방앗간 집 딸을 지푸라기가 가득 쌓인 더 큰 방으로 데리고 가서 말했습니다.

"이것도 오늘 밤 안에 자아 놓아라. 그러면 너를 내 아내로 맞이하겠다."

왕은 방앗간 집 딸이긴 해도 이보다 더 부유한 여자는 세상에 없을 거라고 생각했던 것입니다.

소녀가 혼자가 되자 난쟁이가 다시 들어와서 말했습니다.

"이번에도 내가 짚을 자아 주면 나한테 뭘 줄래?"

소녀가 대답했습니다.

"이젠 줄 게 없어요."

난쟁이가 말했습니다.

"그럼 네가 왕비가 되고 처음 낳은 아이를 나에게 주겠다고 약속해."

방앗간 집 딸은 앞일이야 어떻게 될지 지금은 상관할 바가 아니라고 생각했습니다. 거기다 다른 도리도 없었기에 난쟁이에게 그러겠다고 약속했습니다. 난쟁이는 다시 한 번 지푸라기를 금실로 만들어 주었습니다. 이튿날 아침, 왕이 와서 보니 모든 것이 원하던 대로 되어 있었습니다. 왕은 소녀와 결혼식을 올렸습니다. 아름다운 방앗간 집 딸은 왕비가 되었습니다.

1년이 지나자 왕비는 귀여운 아기를 낳았습니다. 난쟁이와의 약속은 까맣게 잊고 있었습니다. 그런데 어느 날 갑자기 난쟁이가 그녀의 방에 들어와서 말했습니다.

"자, 이제 약속한 것을 줘야지?"

깜짝 놀란 왕비는 왕의 나라의 보물이라면 무엇이든지 줄 테니 아이만은 빼앗아 가지 말아 달라고 말했습니다. 그러나 난쟁이는 대답했습니다.

"안 되지, 안 돼. 나는 세상이 그 어떤 보물보다 살아 있는 생명이 좋아."

왕비는 너무 슬퍼서 울음을 터뜨렸습니다. 난쟁이는 가여운 생각이 들어서 말했습니다.

"딱 사흘을 주지. 그때까지 내 이름을 알아낸다면*¹ 아이를 데리고 가지 않으마."

왕비는 밤새도록 지금껏 들어본 이름을 죄다 떠올려 보았습니다. 그런 다음 온 나라에 사자를 보내, 그 밖에 또 어떤 이름이 있는지 알아 오라고 시켰습니다. 이튿날 난쟁이가 찾아오자 왕비는 카스파르, 멜키오르, 발체르에서부터 시작해서 자기가 아는 이름을 하나하나 빠짐없이 말했습니다. 그러나 난쟁이는 그때마다 말했습니다.

"내 이름은 그게 아니야."

둘째 날, 왕비는 온 동네를 다니며 사람들의 이름을 물어보았습니다. 그리

---

*1 지하세계의 마물은 자신의 이름이 인간에게 알려지는 것을 싫어한다. 이름을 알아맞히면, 마력이 사라지기 때문이다. 이 이야기에 나오는 난쟁이는, 코보르트라는 명칭으로 알려져 있는 요귀(妖鬼)로 추정된다. 이것은 인간을 도와주고 초자연적인 일을 이뤄주는 난쟁이인데, 자신의 이름을 알아맞히는 조건으로 하여, 같은 일을 해 주는 거인도 있다. 그러나 이처럼 마물을 상대로 한 계약은, 조건이 이행되지 않으면 당사자나 아이가 납치되거나 아이의 눈이 뽑히는 등 무서운 일을 당하게 된다.

고 난쟁이에게 가장 흔하지 않고 낯선 이름을 말했습니다.

"혹시 '갈비씨'라는 이름 아닌가요? 아니면 '양곱창'? 아니면 '며느리발톱'?"

그러나 난쟁이는 이렇게 대답할 뿐이었습니다.

"나는 그런 이름이 아니야."

사흘째 되는 날, 다시 사자가 돌아와서 이렇게 말했습니다.

"새로운 이름은 하나도 찾지 못했습니다. 그런데 높은 산 옆을 지나 숲 모퉁이를 돌고 있는데 여우와 토끼가 서로 밤인사를 나누고 있었습니다. 거기에 작은 집이 있었는데, 그 앞에 모닥불이 피어오르고 있었습니다. 그리고 불 주위를 아주 괴상하게 생긴 난쟁이가 한 발로 통통 뛰어다니면서 이렇게 외치고 있었습니다.

'오늘은 빵을 굽고 내일은 술을 빚자.
내일은 왕비의 아이를 데리고 오리니.

아이, 좋아라, 내 이름이 룸펠슈틸츠헨(삐걱거리는 죽마)라는 것을
아무도 모르니까!'"

그 이름을 들은 왕비가 얼마나 기뻐했을지 상상이 갈 것입니다. 이윽고 난
쟁이가 들어와서 물었습니다.
"자, 왕비님, 내 이름이 뭘까요?"
그러자 왕비는 먼저 이렇게 말했습니다.
"쿤츠인가요?"
"아니오."
"하인츠인가요?"
"아니오."
"그럼 룸펜슈틸츠헨인가요?"
"악마가 가르쳐 주었군, 악마가 가르쳐 주었어!"
난쟁이는 큰 소리로 부르짖었습니다. 그리고 화가 머리끝까지 나서 오른발
로 땅바닥을 쾅쾅 구르자 허리까지 땅속에 푹 들어가고 말았습니다. 그러자
이번에는 분을 참지 못하고 왼발을 두 손으로 붙잡고 제 몸을 둘로 찢어 버렸
습니다.

KHM 056
사랑하는 롤란트
Der liebste Roland

옛날에 한 여자가 살았습니다. 그 여자는 진짜 마녀였습니다. 마녀에게는
딸이 둘 있었습니다. 하나는 못생기고 심술궂었습니다. 마녀는 이 딸을 귀여
워했습니다. 그래도 친자식이었기 때문입니다. 다른 하나는 예쁘고 상냥한 아
이였지만, 마녀는 이 딸을 미워했습니다. 의붓자식이었기 때문입니다.
의붓딸은 예쁜 앞치마를 가지고 있었는데, 친딸은 그 앞치마가 무척 탐이
났습니다. 그래서 어머니에게 마구 떼를 썼지요.

"가만 있거라, 애야. 곧 네 것이 될 테니까. 저 애는 진작 죽었어야 하는데. 오늘밤 저 애가 잠들면 내가 가서 목을 베어 버리마. 그러니 너는 꼭 침대 뒤쪽에 눕고, 저 애를 앞쪽에 눕게 해."

마침 구석에 서 있던 의붓딸이 그 이야기를 모조리 듣지 않았다면 목숨을 부지하지 못했을 것입니다.

그녀는 온종일 집 밖으로 나가지 못하다가, 잘 시간이 되자 먼저 잠자리에 들어야 했습니다. 동생이 뒤쪽에 눕도록 하기 위해서였습니다. 그러나 동생이 곤히 잠들자, 의붓딸은 동생을 살며시 앞쪽으로 밀고 자기가 벽 쪽에 누웠습니다. 밤중에 살그머니 들어온 마녀는 오른손에는 도끼를 들고, 왼손으로는 먼저 누가 앞에 누워 있는지 더듬어 보았습니다. 그리고 도끼를 두 손으로 붙잡고 자기 친딸의 목을 베어 버렸습니다.

계모가 나가자 소녀는 재빨리 일어나 연인 롤란트의 집으로 가서 문을 두드렸습니다. 그가 나오자, 소녀가 그에게 말했습니다.

"롤란트, 빨리 도망가야 해요. 계모가 나를 죽이려다 자기 딸을 죽여 버렸어요. 날이 밝아 계모가 자기가 무슨 짓을 했는지를 깨달으면 우릴 가만두지 않을 거예요."

그러자 롤란트가 말했습니다.

"하지만 당신한테 일러줄 말이 있는데, 달아나기 전에 먼저 계모의 마술 지팡이부터 훔쳐오는 게 좋겠소. 그러지 않으면 계모가 우리를 쫓아올 때 빠져나갈 방법이 없을 테니까."

소녀는 집으로 돌아가 어머니의 마술 지팡이를 꺼내 든 다음, 죽은 동생의 머리를 가져와서 바닥 여기저기에 피를 세 방울 떨어뜨렸습니다. 한 방울은 침대 앞에, 또 한 방울은 부엌에, 나머지 한 방울은 계단 위에. 그러고는 서둘러 연인의 손을 잡고 달아났습니다.

이튿날 아침, 늙은 마녀가 일어나 딸에게 앞치마를 주려고 부르는데 아무리 불러도 딸이 나타나지 않았습니다. 마녀가 소리쳤습니다.

"애야, 너 어디 있니?"

"여기 계단에 있어요. 여기서 비질하고 있어요."

첫 번째 핏방울이 대답했습니다. 마녀는 그곳으로 가 보았지만, 계단에는 아무도 없었습니다. 그래서 다시 딸을 불렀습니다.

"얘야, 너 어디 있니?"

"여기 부엌에 있어요. 여기서 불을 쬐고 있어요."

두 번째 핏방울이 대답했습니다. 마녀는 부엌으로 갔지만, 아무도 찾지 못했습니다. 그래서 다시 한 번 딸을 불렀습니다.

"얘야, 너 어디 있니?"

"여기 침대 안에 있어요. 여기서 자고 있어요."

세 번째 핏방울이 대답했습니다.

마녀는 침대로 다가가 보았습니다. 그런데 끔찍하게도 침대에는 사랑스러운 딸이 자기가 흘린 피 속에 푹 잠겨서는 피투성이가 되어 누워 있는 게 아니겠습니까? 게다가 그 목은 어머니인 자신의 손으로 자른 것이었습니다.

마녀는 미친 듯이 창가로 뛰어갔습니다. 머나먼 세상까지 볼 수 있는 마녀인지라, 의붓딸이 연인 롤란트와 손을 잡고 달아나는 모습을 금방 찾아낼 수 있었습니다. 마녀가 슬픔과 복수심에 큰 소리로 부르짖었습니다.

"그래 봤자 소용없을 걸. 아무리 멀리 달아나도 내 손아귀에서 벗어날 순 없어!"

신기만 하면 한 걸음에 10리씩 갈 수 있는 마술 장화를 신은 마녀는 얼마 안 가서 곧 두 사람을 따라잡을 수 있었습니다. 계모가 거의 다 따라온 것을 본 소녀는 마법 지팡이로 연인 롤란트를 호수로 바꾸고 자기는 오리로 변신해 그 호수에서 헤엄을 쳤습니다.

마녀는 호숫가에 서서 오리를 꾀어내려고 열심히 빵부스러기를 던졌습니다. 그러나 오리는 그 술수에 걸려들지 않았습니다. 저녁때가 되어 마녀는 다시 집으로 돌아갈 수밖에 없었습니다.

어머니가 가버리자, 소녀는 연인 롤란트와 함께 본디 모습으로 돌아가 밤새도록 걷고 또 걸었습니다. 날이 밝자 소녀는 예쁜 꽃으로 변하여 가시덤불 한가운데에 서고, 연인 롤란트는 바이올리니스트로 바뀌게 했습니다. 오래지 않아 마녀가 다가와 바이올리니스트에게 물었습니다.

"음악가 양반, 저 예쁜 꽃을 꺾어도 될까요?"

바이올리니스트가 대답했습니다.

"되고 말고요, 그동안 바이올린으로 아름다운 음악을 연주해 드릴 테니 춤을 추시겠어요?"

그 꽃이 누구인지 잘 알고 있던 마녀가 냉큼 덤불을 헤치고 들어가 꽃을 꺾으려는 순간, 바이올리니스트가 바이올린을 연주하기 시작했습니다. 그러자 마녀는 어쩔 수 없이 춤을 춰야만 했습니다. 바이올리니스트가 켠 것은 마법의 춤곡이었기 때문입니다. 곡이 빨라지면 빨라질수록 마녀는 더욱 힘차게 펄쩍펄쩍 뛰어오르지 않을 수 없었고, 그럴 때마다 날카로운 가시덩굴은 그녀의 옷을 갈기갈기 찢었습니다. 마녀는 가시에 찔려서 온통 상처투성이가 되고 말았습니다. 바이올리니스트가 연주를 그치지 않았기 때문에 마녀는 쓰러져 죽을 때까지 계속 춤을 추어야만 했습니다.

그리하여 마녀는 죽고 둘은 마침내 무시무시한 마녀의 손아귀에서 벗어날 수 있었습니다. 그러자 롤란트가 말했습니다.

"난 아버지를 찾아가서 결혼식 준비를 부탁하겠소."

소녀가 말했습니다.

"그럼 난 그동안 여기서 기다릴게요. 아무도 알아채지 못하도록 붉은 돌멩이로 변신해 있겠어요."

롤란트는 떠나고, 소녀는 들판의 붉은 돌멩이가 되어 연인을 기다렸습니다. 그러나 집으로 돌아간 롤란트는 다른 여자의 유혹에 걸려드는 바람에 소녀에 대해서는 까맣게 잊고 말았습니다. 가엾은 소녀는 아무리 기다리고 또 기다려도 사랑하는 롤란트가 돌아오지 않자 무척 슬퍼하며 한 송이 꽃으로 변했습니다. 그리고 '곧 누군가 와서 나를 짓밟아 주겠지' 이렇게 생각했습니다.

그런데 그 기대는 어긋나고 말았습니다. 그 들판에는 양들을 돌보는 양치기가 하나 있었는데, 그 꽃을 보고 너무 예뻐서 그것을 꺾어다가 집에 가져가 상자 안에 넣어둔 것입니다.

그때부터 양치기의 집에서는 이상한 일들이 일어났습니다. 아침에 일어나면 벌써 모든 준비가 다 되어 있었습니다. 방은 깨끗이 비질되어 있고, 식탁과 의자는 깨끗하게 걸레질이 되어 있었으며, 아궁이에는 불이 지펴져 있고, 물이 길어져 있었습니다. 점심에 집에 돌아오면 식탁에 맛있는 음식이 차려져 있었습니다. 양치기는 도무지 영문을 알 수 없었습니다. 집 안에 누가 있는 걸 본 적도 없고, 이렇게 작은 오두막에는 누가 숨어 있을 곳도 없기 때문입니다.

이렇게 친절한 시중을 받으니 좋기는 했지만, 결국에는 걱정이 되기 시작했습니다. 그래서 그는 점쟁이 여인을 찾아가서 의견을 구했습니다. 여자 점쟁이가 말했습니다.

"그건 마법의 힘이에요. 아침에 일찍 일어나, 방 안에서 무슨 일이 벌어지고 있는지 잘 지켜보세요. 뭐가 보이면 그것이 무엇이든지 재빨리 하얀 천으로 그것을 덮으세요. 그러면 마법은 힘을 쓰지 못하게 될 겁니다."

양치기는 그 말대로 했습니다. 이튿날 아침, 날이 밝자 상자가 열리더니 꽃이 나오는 것이 보였습니다. 그는 재빨리 달려들어 흰 천으로 그 위에 던졌습니다. 그러자 모습을 바꾸고 있던 힘이 순식간에 사라지더니 아름다운 소녀가 양치기 앞에 서 있었습니다. 소녀는 자기가 그 꽃이었고 지금까지 집안일을 해 주었다고 고백했습니다. 소녀가 그동안 무슨 일이 있었는지 다 이야기하자, 양치기는 소녀가 좋아져서 그녀에게 청혼했습니다. 그러나 소녀는 그럴 수 없다고 대답했습니다.

연인 롤란트는 자기를 버리고 갔지만, 소녀는 연인에 대한 사랑을 버리지 못했던 것입니다. 그래도 소녀는 그 집에서 나가지 않고 계속 집안일을 해 주기로 약속했습니다.

롤란트의 결혼식 날짜가 다가왔습니다. 그러자 오랜 관례대로 처녀들은 한 사람도 빠짐없이 결혼식에 참석해서 신랑신부를 위해 노래하라는 명령이 온 나라에 떨어졌습니다. 오직 사랑하는 롤란트만 생각하는 처녀는 그 소식을 듣고 몹시 슬퍼하면서, 자기가 그 자리에 참석한다면 심장이 터져 버릴 것만 같아 가지 않겠다고 했습니다. 하지만 다른 처녀들이 와서 소녀를 결혼식에 데리고 갔습니다.

소녀는 제 차례가 되면 자꾸만 뒤로 물러났습니다. 마지막에는 소녀만 남게 되었지요. 더 이상 물러날 수가 없자 마침내 소녀가 노래를 시작했습니다. 그 노랫소리를 들은 롤란트는 벌떡 일어나서 큰 소리로 외쳤습니다.

"난 이 목소리를 알아. 내 진짜 신부의 목소리야. 다른 신부는 필요 없어!"

소녀의 슬픔이 가득 담긴 노랫소리를 듣는 순간, 잊고 있었던 모든 기억들이 그의 마음속에 돌아온 것입니다. 그리하여 끝까지 연인에 대한 믿음과 사랑을 지켰던 소녀는 연인 롤란트와 결혼식을 올렸습니다. 이제 슬픔은 끝나고 행복이 시작되었답니다.

KHM 057
황금새
Der goldene Vogel

오랜 옛날, 궁전 뒤에 아름답고 넓은 정원을 가진 왕이 있었습니다. 그 정원에는 황금 사과가 열리는 신기한 나무가 한 그루 있었습니다. 그 황금 사과들이 알맞게 익자 모두 몇 개인지 세어 놓았는데, 이튿날 아침에 보니 한 개가 모자랐습니다. 화가 난 왕은 밤마다 나무 아래 보초를 세우기로 했습니다.

왕에게는 아들이 셋 있었는데, 가장 먼저 맏아들을 정원으로 내보냈습니다. 깊은 밤, 열두 시가 되자 맏아들은 쏟아지는 졸음을 이기지 못했고, 이튿날 보니 사과 한 개가 또 없어졌습니다. 그 다음 날 밤에는 둘째 아들이 나무를 지켰는데 그도 형보다 나을 게 없었습니다. 역시 12시가 되자 곤히 잠이 들고 말았습니다. 아침이 되자 사과가 하나 없어져 있었습니다. 이번에는 셋째 아들이 망을 볼 차례가 되었습니다.

그런데 왕은 이 왕자를 그리 믿음직스럽게 여기지 않던 터라 형들보다 더 일찍 잠들리라 생각했습니다. 그러나 잘할 수 있다며 셋째 왕자는 고집을 부렸고 밤이 되자 사과나무를 지키러 가게 되었습니다.

황금 사과 나무 아래로 가서 드러누운 셋째 왕자는 눈을 크게 뜬 채 졸음 악마에게 지지 않으려 꿋꿋이 버텼습니다. 이윽고 시계가 열두 시를 치자 어딘가에서 바스락거리는 소리가 들려왔습니다. 가만 보니까 달빛 속에서 새 한 마리가 날아오는데, 놀랍게도 온몸의 깃털이 모두 황금으로 번쩍이고 있는 것이었습니다. 새가 그 나무 위에 앉아 사과 한 개를 톡 따는 순간, 젊은이가 새를 향해 화살을 쏘았습니다. 새는 달아났지만, 화살이 날개에 맞아 금빛 깃털 하나가 땅에 떨어졌습니다.

아침이 되자 막내는 왕에게 주운 깃털을 보여 주며 자기가 간밤에 본 일들을 이야기했습니다. 대신들은 이런 진귀한 깃털이라면 하나만으로도 왕국 전체보다 더욱 큰 가치가 있을 것이라며 입을 모아 말했습니다. 그러자 왕이 선언했습니다.

"이 깃털 하나가 그토록 가치 있는 것이라면, 이 하나만으로는 만족할 수 없다. 나는 그 황금새를 갖고 싶다, 반드시 손에 넣고야 말리라."

그리하여 왕자들이 황금새를 찾으러 가게 되었습니다. 맏아들이 가장 먼저 길을 떠났습니다. 그는 자신의 영리함을 믿고 틀림없이 황금새를 찾을 수 있으리라 여겼습니다. 얼마쯤 가니, 숲 바로 앞에 여우가 앉아 있는 것이 보였습니다. 맏아들이 총을 뺨에 붙이고 여우를 겨냥하자 여우가 소리쳤습니다.

"절 쏘지 마세요. 대신 좋은 걸 가르쳐 드릴게요. 황금새를 찾고 계시죠? 오늘밤 어떤 마을에 이르게 될 텐데, 그곳에는 여관 두 채가 서로 마주보고 있

어요. 한 채는 불도 환하게 켜져 있고 안에서 사람들이 흥겹게 놀고 있을 테지만 그곳에서 묵지 마세요. 볼품없어 보이더라도 그 맞은편 여관으로 가세요.”

‘저런 어리석은 짐승이 하는 말을 나더러 들으라고?’

왕자는 그렇게 생각하며 방아쇠를 당겼으나 총알은 빗나갔고, 여우는 꼬리를 바짝 세운 채 잽싸게 숲 속으로 달아나버렸습니다. 다시 길을 걷기 시작한 왕자는 해가 지자 여관이 두 개 있는 마을에 들어갔습니다. 여우 말대로 한 여관에서는 노랫소리가 들리고 춤을 추며 아주 시끌벅적했지만, 그 맞은편에 있는 여관은 허름하고 우중충해 보였습니다.

‘저렇게 좋은 여관을 눈앞에 두고 허름한 여관에 들어가는 바보가 어디 있담.’

그렇게 생각한 왕자는 떠들썩하고 즐거워보이는 여관으로 들어갔습니다. 사람들과 함께 술을 마시고 노래도 부르며 흥청망청 세월을 보내는 동안, 새에 대해서도 아버지에 대해서도 까맣게 잊어버리고 말았습니다.

오랜 시간이 지나도 맏아들이 돌아오지 않자, 둘째가 황금새를 찾아 길을 떠났습니다. 둘째도 맏아들처럼 여우를 만났고 좋은 충고도 들었으나 그 또한 여우의 말을 귀담아듣지 않았습니다. 그가 두 여관이 있는 곳에 이르자, 즐거운 환호성이 들려오는 여관 창가에서 형이 그를 불렀습니다. 둘째는 형의 부름을 뿌리치지 못하고 안으로 들어갔습니다. 그리고 흥청망청 노는 즐거움에 빠져 그곳에서 긴 세월을 보내고 말았습니다.

다시 그렇게 시간이 흘렀습니다. 이번에는 막내 왕자가 길을 떠나 자신의 운을 시험해 보겠다고 말했지만 아버지는 허락지 않았습니다.

"보내 봐야 헛일이야. 너보다 훨씬 용감하고 똑똑한 형들도 황금새를 찾아내지 못했는데, 네가 무슨 수로 찾겠다는 것이냐. 가서 무슨 일을 당할지 모르니 얌전히 있어라."

그러나 왕자가 몹시 졸라대자 왕은 마침내 허락하고 말았습니다. 숲 앞에 또다시 앉아 있던 여우는 이번에도 목숨을 살려 달라면서 좋은 충고를 해 주겠다고 했습니다. 마음씨 착한 막내 왕자는 이렇게 말했습니다.

"걱정하지 마, 여우야. 널 해치지 않을게."

여우가 말했습니다.

"절대 후회하지 않으실 거예요. 빨리 갈 수 있도록 제 꼬리에 올라타세요."

그가 꼬리에 올라타자마자 여우는 마치 바람처럼 쌩쌩 달리기 시작했습니다. 어찌나 빨리 달리던지 털에서 휙휙 바람소리가 났습니다. 마을에 이르자 여우꼬리에서 내린 젊은이는, 여우가 가르쳐 준 대로 뒤도 돌아보지 않고 곧장 초라한 여관으로 들어가 편안하게 하룻밤을 보냈습니다. 이튿날 아침 들판으로 나갔더니 여우가 벌써 나와 앉아 있었습니다. 여우가 말했습니다.

"앞으로 해야 할 일을 알려 드릴게요. 이쪽으로 곧장 가면 성이 나올 거예요. 그 앞에 병사들이 많이 있을 텐데, 모두 코를 골며 곯아떨어져 있을 테니 걱정할 것 없어요. 그들 사이를 지나 곧장 성으로 가세요. 방들을 쭉 지나가다 보면 마지막 방이 나오는데, 그 방 안에 황금새가 들어 있는 나무 새장이 걸려 있답니다. 그 새장과 나란히 비어 있는 황금 새장이 걸려 있는데, 새를 그 볼품없는 새장에서 꺼내 좋은 새장으로 옮기지 않도록 하세요. 그랬다가는 분명 좋지 않은 일을 당하게 될 테니까요."

여우는 다시 꼬리를 쭉 뻗었고 왕자는 그 위에 올라탔습니다. 여우는 또다시 재빠르게 달려 나아갔지요.

성 근처에 이르러 보니 모든 것이 여우가 말한 그대로였습니다. 왕자는 나무 새장 속에 황금새가 앉아 있는 방으로 들어갔습니다. 황금 새장이 그 새장 옆에 나란히 걸려 있었고, 황금사과 세 개가 방 안 여기저기에 아무렇게 나뒹굴고 있었습니다. 그것을 본 왕자는 이토록 아름다운 새를 이렇게 초라하고 보기 흉한 나무 새장에 넣어두기는 아깝다고 생각하여, 나무 새장 문을 열고 새를 잡아서 황금 새장 속에 옮겨 넣었습니다.

그 순간, 새가 귀를 찢는 듯한 비명을 질러댔고, 그 소리에 잠에서 깬 병사들이 우르르 몰려와 왕자를 감옥에 가두었습니다. 이튿날 아침, 법정에 끌려 나온 왕자는 이제까지의 모든 사정을 이야기했지만 끝내 사형 선고를 받고 말았습니다. 그러나 왕은 한 가지 조건을 붙여서 목숨만은 살려 주겠다고 말했습니다. 그것은 왕자가 바람보다 빨리 달리는 황금말을 구해 오면 목숨도 살려주고 그 보답으로 황금 사과까지 주겠다는 것이었습니다.

왕자는 다시 길을 떠났습니다. 그러나 서글픈 마음에 자꾸만 한숨이 나왔습니다. 도대체 어디로 가서 바람보다 빨리 달리는 황금말을 찾아온단 말인가? 정말 눈앞이 캄캄했습니다. 그때 뜻밖에도 지난번 좋은 충고를 해준 여우가 길가에 앉아 있는 게 보였습니다.

여우가 말했습니다.

"거봐요. 제 말을 듣지 않으니까 이런 꼴을 당하잖아요. 하지만 기운 내세요. 제가 도와 드릴게요. 어떻게 하면 황금말을 찾을 수 있는지 알려 드리죠. 이쪽으로 곧장 걸어가세요. 그러면 성이 나올 거예요. 그곳 마구간에 말이 있어요. 마구간 앞에는 마부들이 누워 있어요. 하지만 코를 골며 잠들어 있을 테니, 왕자님은 황금말을 조용히 끌고 나올 수 있을 거예요. 단, 한 가지 주의할 게 있어요. 그 말에게 나무와 가죽으로 된 볼품없는 안장을 얹어 주세요. 옆에 걸려 있는 황금 안장은 안 돼요. 그랬다간 큰일을 당할 거예요."

여우가 다시 꼬리를 죽 뻗자 왕자는 거기에 올라탔습니다. 여우가 어찌나 빨리 달리던지 이번에도 털에서 휙휙 바람소리가 났습니다.

모든 게 여우가 말한 그대로였습니다. 왕자는 황금말이 있는 마구간에 들어가 조용히 말을 끌고 나오려 했습니다. 막상 볼품 없는 안장을 얹으려니, '이토록 멋진 말에는 번쩍번쩍 빛나는 황금 안장이 더 어울려. 이런 것을 얹지 않으면 이 귀한 말을 모욕하는 것이나 마찬가지야' 하는 생각이 들었습니다. 왕자는 또다시 여우의 충고를 듣지 않고 말에게 황금 안장을 얹으려 했습니다. 그 순간, 얌전히 있던 말이 아주 큰 소리로 울기 시작했습니다. 왕자가 미처 도망칠 새도 없이 잠에서 깨어난 마부들은 젊은이를 붙잡아 감옥에 처넣었습니다. 이튿날 아침 재판이 열려 왕자는 한 번 더 사형 선고를 받고 말았습니다. 그러나 왕은 황금성에서 아름다운 공주를 데리고 온다면 목숨도 살려주고 황금말도 주겠다고 약속했습니다.

젊은이는 이젠 완전히 낙담하여 힘없이 터벅터벅 길을 떠났습니다. 그러나 이번에도 다행히 그를 도와줄 여우를 만났으니, 참으로 운이 좋은 사람이 아닐 수 없었지요. 여우가 말했습니다.

"왕자님이 스스로 불러들인 불행에 대해서는 나도 이제 모른 척하고 싶지만, 너무 딱해서 한 번만 더 도와 드리기로 했어요. 이 길로 곧장 가다보면 황금성이 나오는데, 저녁쯤에 그곳에 도착할 거예요. 밤이 깊어 주위가 고요해지면 아름다운 공주가 목욕을 하러 목욕탕으로 가요. 공주가 안으로 들어가면 공주에게 달려들어 입을 맞추세요. 그러면 공주는 왕자님의 말을 따르게 될 테니 데리고 나오면 됩니다. 단, 그 전에 공주가 부모님에게 작별인사를 하게 해서는 안 됩니다. 그랬다가는 좋지 않은 일이 일어날 거예요."

이번에도 여우가 꼬리를 뻗었고 왕자가 거기에 올라타자 여우는 마구 내달리기 시작했습니다. 어찌나 빨리 달리던지 여우 털에서 휙휙 바람소리가 났지요. 황금성에 도착해 보니 모든 것이 여우가 말한 대로였습니다. 왕자는 한밤이 될 때까지 기다렸습니다. 초목도 깊은 잠에 빠져 사방이 고요할 무렵, 아름다운 공주가 목욕을 하러 나오자 왕자는 공주에게 달려들어 입을 맞추었습니다. 공주는 기쁘게 왕자를 따라가겠지만 그 전에 부모님에게 작별인사를 하고 싶다며 눈물로 애원했습니다. 왕자도 처음에는 공주의 부탁을 물리쳤지만, 공주가 너무 서럽게 울면서 왕자의 발치에 쓰러져 우는 바람에, 끝내 허락하고 말았습니다. 그러나 공주가 아버지의 침대에 다가가자마자 왕이 깨어났고, 이어서 온 성 안 사람들이 모두 잠에서 깨어나 청년은 붙들려서 다시 감옥에 갇히고 말았습니다.

이튿날 아침 왕이 말했습니다.

"네 목숨은 이제 끝이다. 그러나 내 창문 앞에 있는 산을 치워 준다면 살려 주마. 그 산 때문에 도무지 밖을 볼 수가 없거든. 단, 여드레 안에 그 산을 치워야 한다. 그러면 그 보답으로 내 딸을 주마."

왕자는 곧 일을 시작했습니다. 열심히 땅을 파고 삽으로 떠내며 잠시도 쉬지 않고 일만 했으나, 이레가 지나도 산은 여전히 그 자리에 있었습니다. 아무리 흙을 퍼내도 산이 조금도 줄어들지 않자, 왕자는 그만 절망에 빠져 모든 희망을 포기하고 말았습니다. 그런데 그날 저녁 여우가 홀연히 나타나 말했습니다.

"당신은 정말 도와주는 보람이 없군요. 저쪽에 가서 누워 주무십시오. 내가 대신 이 일을 해드릴 테니까요."

이튿날 아침 왕자가 일어나 창 밖을 내다보니 놀랍게도 산은 흔적도 없이 사라져 있었습니다. 젊은이는 기뻐하며 곧바로 왕에게 달려가 조건을 지켰으니, 공주를 달라고 말했습니다. 왕은 하는 수 없이 왕자에게 자기 딸을 내주었습니다.

마침내 두 사람은 함께 길을 떠났습니다. 그러자 곧 충실한 여우가 나타나 둘에게 다가와서 말했습니다.

"가장 중요한 것을 손에 넣은 것은 분명하지만, 황금성 공주님에게는 황금말과 황금새가 어울리시지요."

"어떻게 하면 그것들을 구할 수 있을까?"

젊은이가 물었습니다.

"그것은 제가 가르쳐 드리겠어요."

여우가 대답했습니다.

"먼저 아름다운 공주를 데리고 당신을 황금성으로 보낸 왕을 찾아가세요. 그러면 아주 기뻐하며 황금말을 당신에게 주려고 당신 앞으로 끌고 올 것입니다. 그러면 서둘러 말에 올라탄 뒤 말 위에서 그곳에 있는 모든 사람들과 작별의 악수를 하십시오. 마지막으로 아름다운 공주님 손을 잡고 공주님을 홱 낚아채서 말에 태우고 재빨리 그곳을 빠져나가는 겁니다. 황금말은 바람보다 빨리 달리니 누구도 당신을 따라잡지 못할 것입니다."

다행히 여우의 말대로 공주와 황금말을 모두 얻게 된 왕자는 아름다운 그녀와 길을 계속 갈 수 있었습니다. 여우도 함께 따라와서 그에게 말했습니다.

"이번에는 황금새를 손에 넣도록 도와 드릴게요. 그 새가 있는 성 근처에 도착하면 공주님을 말에서 내려놓으세요. 공주님은 제가 잘 지켜드리고 있을 테니, 황금말을 타고 궁전 마당으로 들어가십시오. 그것을 보면 모두 기뻐하며 황금새를 가지고 올 겁니다. 새장을 받자마자 우리가 있는 곳으로 돌아와서 공주를 데리고 가세요."

다행히 왕자는 이번에도 여우의 말을 잘 들었습니다. 왕자가 기쁜 마음으로 보물들과 함께 고향으로 돌아가려고 하자 여우가 말했습니다.

"자, 이번에는 저에게 당신을 도와 드린 데 대한 보답을 해 주셔야지요?"

"그래, 그래야지. 뭘 원하는데?"

"우리가 저 숲 속에 들어서면 저를 쏘아 죽인 다음 머리와 팔, 다리를 모두 잘라 주십시오."

"아니, 무슨 그런 잔인한 보답을 하라는 말이냐, 나는 도저히 할 수 없어."

여우가 말했습니다.

"그렇게 해 주지 않겠다면 나는 그냥 당신을 떠나는 수밖에 없어요. 하지만 떠나기 전에 한 번 더 좋은 충고를 해 드리지요. 당신이 주의해야 할 것이 두 가지 있습니다. 교수대의 살코기를 사지 말고 우물가에 절대로 앉지 마세요."

그 말만을 남기고 여우는 숲 속으로 달려갔습니다.

왕자는 생각했습니다.

'정말 묘한 짐승이로군. 누가 교수대 살코기 따위를 사겠어! 그리고 난 이제까지 우물가에 앉고 싶었던 적은 한 번도 없었는걸.'

아름다운 공주와 함께 계속 말을 달린 왕자는 가는 길에 자신의 두 형이 머물고 있는 마을을 지나게 되었습니다. 마을에 들어서자 많은 사람들이 와글와글거리며 이리저리 뛰고 있었습니다. 무슨 일이냐고 물어보니, 곧 죄인 두 사람이 교수형에 처해질 거라는 것이었습니다. 가까이 가 보니 그 죄수들은 다름 아닌 자신의 형들이었습니다. 두 사람은 온갖 나쁜 짓을 저지른 데다 지니고 있던 재물마저 남김없이 다 써버리고 만 것이었습니다. 왕자가 그들을 풀어줄 수 없겠느냐고 묻자 마을 사람들이 대답했습니다.

"당신이 그들을 위해 몸값을 치른다면 가능하지요. 하지만 무엇 때문에 저런 악당들을 위해 돈을 들여 몸값을 내려는 거요?"

여우의 충고를 떠올리지 못한 왕자는 교수대에 있던 형들을 위해 돈을 치렀습니다. 형들이 풀려나자 그들도 함께 여행을 계속했습니다.

삼형제는 자신들이 여우를 처음 만났던 숲으로 들어갔습니다. 태양이 타는 듯이 뜨겁게 이글거리고 있었지만, 숲 속은 서늘하고 기분이 상쾌했습니다. 그러자 두 형이 말했습니다.

"이 우물 옆에서 잠깐 쉬면서 배를 채우고 목도 축이고 가자꾸나."

모두가 먹고 마시며, 서로 이야기를 나누는 동안 막냇동생은 여우의 충고를 깜박 잊고 우물가에 앉고 말았습니다. 나쁜 일이 일어나리라고는 꿈에도 생각지 못했지요. 그 순간, 두 형은 그를 우물 속에 밀어넣어 버리고는 공주와 말과 새를 빼앗아 고향으로 돌아갔습니다.

　"아버지, 저희가 이렇게 황금새를 찾아왔을 뿐만 아니라, 황금말과 황금성의 공주까지 데리고 왔습니다."

　둘이 그렇게 말하자 성 안 모든 사람이 기뻐했습니다. 그러나 말은 어땠을까요? 말은 아무것도 먹지 않았습니다. 새는 어땠을까요? 새는 고운 목소리로 지저귀지 않았습니다. 공주는 또 어땠을까요? 공주는 앉아서 내내 울기만 했습니다.

　그렇다면 막냇동생은 어떻게 되었을까요? 그는 죽지 않았습니다. 다행히 우물이 말라 있어서 부드러운 이끼 위에 떨어졌기 때문에 다친 데도 없었지요. 그러나 우물이 너무 깊어 밖으로 나갈 수가 없었습니다. 어찌할 바를 몰라 발만 동동 구르고 있는데, 이번에도 충실한 여우는 왕자를 버리지 않고 달려왔습니다. 여우는 어째서 자신의 충고를 잊어버렸느냐고 왕자를 나무랐습니다.

　"하지만 왕자님을 그냥 내버려둘 수가 없군요. 다시 햇빛을 볼 수 있도록 해 드리겠어요."

　여우는 자기 꼬리를 꼭 붙들고 매달리라 하고는 그를 우물 밖으로 끌어올려 주었습니다.

　"하지만 아직도 위험에서 벗어난 것은 아닙니다."

　여우가 말했습니다.

　"형들이 당신이 정말로 죽었는지 어떤지 몰라 숲 주위에 보초들을 세워놓고 당신이 보이기만 하면 죽이라는 명령을 내렸거든요."

　그때 한 가난한 남자가 허름한 옷을 입고 길가에 앉아 있는 게 보였습니다. 막내는 제 모습을 감추기 위해 그 사람과 옷을 바꿔 입었습니다. 그렇게 하여 그는 왕의 궁전에 이를 수 있었지요. 아무도 그가 막내 왕자라는 것을 알아보지 못했지만 왕자가 궁으로 들어서자, 새는 다시 울기 시작했고, 말은 먹이를 먹기 시작했으며, 아름다운 공주는 뚝 울음을 그쳤습니다. 왕이 놀라서 물었습니다.

"이게 어찌된 일인고?"

그러자 공주가 대답했습니다.

"저도 모르겠지만, 아까까지는 그렇게 슬펐는데 이제는 아주 즐거워졌어요. 아무래도 제 진짜 신랑이 온 것 같아요."

형들은 비밀을 누설하면 죽이겠다며 공주를 위협했지만, 그녀는 이제까지 있었던 일들을 모조리 왕에게 이야기하고 말았습니다.

왕은 성 안 사람들을 하나도 빠짐없이 모두 불러 모았습니다. 막내 왕자는 누더기 옷을 걸친 초라한 모습으로 나타났지만, 공주는 곧바로 그를 알아보고 그의 품에 와락 안겼습니다. 못된 형들은 붙잡혀서 처형당했고, 막내 왕자는 아름다운 공주와 결혼하여 왕의 후계자가 되었습니다.

그런데 그 여우는 어떻게 되었을까요? 오랜 세월이 흐른 어느 날, 왕자는 다시 우연히 숲에 갔다가 그 여우와 마주쳤습니다. 여우가 말했습니다.

"당신은 바라는 모든 것을 손에 넣었습니다. 하지만 저의 불행은 조금도 없어지지 않았죠. 저를 구해 줄 사람은 오직 당신뿐입니다."

그러면서 여우는 자기를 총으로 쏘아 죽인 다음 머리와 다리를 잘라 달라고 다시 한 번 간절하게 부탁했습니다. 하는 수 없이 왕자는 그렇게 해 주었습니다. 그러자 여우는 사람으로 변했습니다. 여우는 바로 아름다운 공주의 오빠였습니다. 드디어 마법에서 풀려난 것이었습니다. 그리하여 그들은 오래도록 아주 행복하게 살았답니다.

KHM 058
개와 참새
Der Hund und der Sperling

좋은 주인을 만나지 못해 늘 배를 쫄쫄 곯는 양치기 개 한 마리가 있었습니다. 개는 먹을 것이 아무것도 없는 그 집에 더는 있을 수가 없어서, 슬픈 마음으로 집을 나올 수밖에 없었습니다. 길을 가다 만난 참새가 물었습니다.

"형제, 왜 그렇게 슬퍼하는 거지?"

개가 말했습니다.

"배가 고픈데 먹을 게 아무것도 없어서 그래."

새가 말했습니다.

"형제, 나와 함께 시내로 가세. 내가 배를 가득 채워줄 테니."

개와 참새는 함께 시내로 갔습니다. 어느 푸줏간 앞을 지날 때 참새가 개에게 말했습니다.

"거기 있어봐. 고기 한 덩어리를 물어다 줄 테니."

참새는 가게 도마 위에 내려앉아 누군가 보는 사람이 없는지 이리저리 주위를 둘러보면서, 도마 가장자리에 있는 고기 한 덩어리를 부리로 쪼고 끌어당기다가 마침내 그것을 아래로 떨어뜨릴 수 있었습니다. 개는 그 고깃덩이를 덥석 물고 구석으로 가서 널름널름 맛있게 먹어 치웠습니다. 참새가 말했습니다.

"이제 다른 가게로 가보자. 거기서도 한 덩어리를 떨어뜨려 줄게. 그러면 배가 부를 거야."

개가 두 번째 고기도 다 먹고 나자 참새가 물었습니다.

"이봐 형제, 이제 배가 부른가?"

"응, 고기는 실컷 먹었지만 아직 빵을 못 먹었단 말이야."

참새가 대답했습니다.

"빵도 먹게 해줄 테니 그저 따라오라구."

개를 어느 빵집으로 데려간 참새는 작고 흰 빵 두세 개를 부리로 밀어 떨어뜨렸습니다. 개가 또 다시 빵을 더 먹고 싶어 하자 다른 가게로 데려가 또 한 번 빵을 떨어뜨려 주었습니다. 개가 빵을 다 먹자 참새가 말했습니다.

"이봐, 형제. 이제 배가 부른가?"

개가 대답했습니다.

"응. 이젠 마을 밖으로 나가 보자."

개와 참새는 마을 밖 큰길로 나갔습니다. 따뜻한 날이었습니다. 개가 말했습니다.

"아, 피곤하다. 한숨 자고 싶어."

"그래, 한숨 자. 난 그동안 나뭇가지 위에 앉아 있을게."

개는 따뜻한 햇살이 비치는 큰길 위에 누워 깊이 잠들었습니다. 개가 누워서 잠을 자는 동안, 한 마부가 말 세 마리가 끄는 짐마차에 포도주 두 통을 싣고 빠르게 달려왔습니다. 마부가 길을 돌아가지 않고 개가 누워 있는 곳으로 곧장 질주하는 것을 본 참새가 소리쳤습니다.

"마부 양반, 그만 멈추시오. 안 그러면 호되게 혼내 줄 거요."

"뭐, 너 따위가 날 혼내 준다고?"

마부는 그렇게 중얼거리고는 채찍을 철썩 휘두르면서 더욱 빨리 개의 몸 위로 마차를 몰았습니다. 그 바람에 개는 피할 틈도 없이 달려오는 커다란 바퀴에 깔려 죽고 말았습니다. 참새가 부르짖었습니다.

"네놈이 내 형제인 개를 깔아 죽였어! 그 대신 마차와 말을 가져가겠다."

"흥! 너 따위가 내 마차와 말을 가져가겠다고? 어디 할 수 있으면 해 봐라!"

이렇게 말하고 마부는 마차를 몰고 가 버렸습니다.

참새는 마차를 덮은 천막 아래로 기어들어가서 술통의 주둥이를 부리로 열심히 쪼아댔습니다. 그러자 마개가 빠지고, 포도주가 모조리 쏟아졌습니다. 그러나 마부는 그것을 알아채지 못했습니다. 그러다가 문득 뒤를 돌아보니 마차에서 물방울이 뚝뚝 떨어지는 게 아니겠습니까. 이상하게 여긴 마부가 술통을 살펴보니 술통 하나가 텅텅 비어 있었습니다.

"아이고, 난 망했다!"

마부가 큰 소리로 부르짖었습니다.

"아직 다 망한 건 아냐."

참새는 말 머리 쪽으로 날아가서 말의 두 눈을 마구 쪼았습니다. 그것을 본 마부는 괭이를 꺼내 들고 참새를 내리치려고 했습니다. 그러나 참새가 포르르 날아가버리는 바람에 마부는 그만 자기 말의 머리통을 내리치고 말았습니다. 말은 그 자리에 털썩 쓰러져 죽고 말았지요.

"아이고, 난 망했다!"

그가 부르짖었습니다.

"그래도 아직 다 망한 건 아냐."

참새가 말했습니다. 마부가 두 마리 말로 마차를 몰고 가는 동안 참새는 다

시 천막 아래로 들어가 두 번째 술통 마개도 빼 버렸습니다. 포도주가 남김없이 쏟아져 나왔지요. 마부가 그것을 알고 다시 큰 소리로 부르짖었습니다.

"아이고, 난 망했다!"

참새가 대답했습니다.

"천만에, 아직 다 망한 건 아냐."

그리고 두 번째 말의 머리에 앉아 말의 두 눈알을 모두 쪼아 버렸습니다. 마부가 달려와서 괭이를 휘둘렀으나 참새가 훌쩍 날아오르는 바람에 또다시 말을 때리고 말았지요. 곡괭이에 맞은 말은 털썩 쓰러져 버렸습니다.

"아이고, 난 망했다!"

"아직 다 망한 건 아냐."

참새는 세 번째 말의 눈도 쪼아 버렸습니다. 마부는 머리끝까지 화가 나서 무턱대고 참새를 냅다 후려쳤습니다. 그러나 이번에도 참새는 맞지 않았고, 대신 세 번째 말까지 때려죽이고 말았습니다.

"아이고, 난 망했다!"

그가 큰 소리로 부르짖었습니다.

"아직 다 망한 건 아냐. 이젠 네놈 집을 망하게 해 주지."

참새는 이렇게 말하고는 날아가 버렸습니다.

마부는 마차를 길가에 내버려 두고 화가 머리끝까지 나서 집으로 돌아가 아내에게 말했습니다.

"지독한 일을 당했어! 포도주는 다 쏟아지고, 말은 세 마리나 죽어 버렸어."

아내가 대답했습니다.

"아주 못된 새가 우리 집에 들어왔어요! 그놈이 글쎄 세상의 새란 새는 다 데리고 왔지 뭐에요. 그 새들이 우리 집 다락방에 있는 밀을 싹 다 먹어치웠 어요."

그가 다락방으로 돌아가 보니, 수천 마리는 되는 새가 지붕 아래 헛간에 앉아 밀을 모조리 쪼아 먹고 있었습니다. 한가운데에는 그 참새가 앉아 있었 습니다. 마부가 큰 소리로 부르짖었습니다.

"아이고, 난 망했다!"

참새가 대답했습니다.

"아직 다 망한 건 아냐. 마부 양반, 당신 목숨도 가져가겠어."

그러고는 밖으로 훌쩍 날아갔습니다.

재산을 모두 잃어버린 마부는 방으로 내려가서 난로 뒤에 앉았습니다. 그 는 몹시 화도 나고 약도 올랐습니다. 그때 참새가 창문 밖에 앉아서 큰 소리 로 말했습니다.

"마부 양반, 당신 목숨도 가져가겠어."

마부는 도끼를 움켜잡고 참새에게 힘껏 던졌습니다. 그러나 유리창만 깨지 고 정작 새는 맞지 않았습니다. 참새가 날아와서 난로 위에 앉더니 큰 소리로 말했습니다.

"마부 양반, 당신 목숨도 가져가겠어."

화가 머리끝까지 나서 이성을 잃은 마부는 난로를 박살냈습니다. 그리고 참 새가 요리조리 날아다닐 때마다 작은 거울, 긴 의자, 책상 할 것 없이 가구들 을 죄다 부숴 버렸습니다. 마지막에는 벽까지 부숴 버렸지만, 참새는 털끝 하 나 다치지 않았습니다. 그러나 마침내 참새를 한 손으로 낚아채는 데 성공했 습니다. 그러자 아내가 말했습니다.

"내가 때려죽일까요?"

그가 외쳤습니다.

"아니! 그렇게 편하게 죽게 할 순 없지. 더 잔인하게 죽여야 해. 내가 통째로 삼켜 버리겠어."

그러고는 참새를 꿀꺽 삼켜 버렸습니다.

그러나 참새는 그의 뱃속에서 날개를 마구 퍼덕거려 입 밖으로 나왔습니다. 그러고는 머리를 삐죽 내밀고 큰 소리로 말했습니다.

"마부 양반, 당신 목숨도 가져가겠어."

마부가 도끼를 아내에게 주면서 말했습니다.

"내 입 속에 있는 새를 도끼로 쳐서 죽여."

아내는 도끼를 힘껏 휘둘렀지만, 잘못 겨냥하는 바람에 마부의 머리통에 맞고 말았습니다. 그는 그대로 쓰러져 죽고, 참새는 포르르 날아올라 어디론가 달아나 버렸답니다.

KHM 059

프리더와 카터리제

Der Frieder und das Katherlieschen

프리더라는 남자와 카터리제라는 여자가 있었습니다. 둘은 결혼한 지 얼마 안 된 부부였지요. 어느 날 프리더가 말했습니다.

"카터리제, 이제부터 밭에 다녀오리다. 돌아올쯤이면 배가 고플 테니, 곧바로 먹을 수 있도록 식탁에 구운 고기를 차려 두구려. 그리고 목도 마를 테니 갈증을 풀 수 있는 시원한 맥주도 준비해 주오."

"네, 다녀오세요, 프리더."

카터리제가 대답했습니다.

"걱정 말고 다녀오세요. 틀림없이 잘 차려 놓을 테니까요."

식사 때가 다가오자 그녀는 굴뚝에서 소시지를 꺼내와 프라이팬에 넣고 버터를 발라 불 위에 올려놓았습니다. 곧 소시지가 자글자글 구워지기 시작했습니다. 카터리제는 프라이팬의 손잡이를 잡고 서서 이런저런 생각을 하고 있었습니다. 그때 이런 생각이 들었습니다.

'소시지가 구워지는 동안에 지하실에 가서 술통 마개를 열면 되겠다.'

그래서 프라이팬의 손잡이를 움직이지 않게 고정한 다음, 맥주잔을 들고 지하실로 가서 맥주를 따랐습니다. 통에서 맥주가 흘러나와 잔으로 들어가는 모습을 바라보는 동안 카터리제의 머리에 불현듯 이런 생각이 떠올랐습니다.

"아이고머니, 내 정신 좀 봐, 개를 묶어 두지 않고 왔네. 녀석이 소시지를 물고 가 버리면 어쩌지!"

카터리제는 부랴부랴 계단을 뛰어 올라갔지만, 개는 이미 소시지를 물고 달아나고 있었습니다.

카터리제는 서둘러 따라 들판까지 한참을 쫓아갔습니다. 그러나 그녀보다 빠른 개는 소시지를 꽉 물고 들판을 달려갔습니다.

"이미 없어진 건 어쩔 수 없지."

그녀는 말하면서 발길을 돌렸습니다. 뛰느라 지친 그녀는 천천히 걸으며 땀을 식혔습니다. 그동안 맥주는 술통에서 계속 흘러나오고 있었습니다. 그녀가 마개를 닫지 않은 것이었습니다. 맥주잔이 가득 차자 맥주는 지하실 바닥으로 줄줄 흘렀고, 술통은 텅 비고 말았습니다. 계단에 발을 올려놓는 순간, 카터리제는 무슨 불행이 일어났는지 곧 알아차렸습니다.

"맙소사!"

그녀는 비명을 질렀습니다.

'프리더가 알면 큰일인데! 이 일을 어떡하지?'

잠시 궁리하던 그녀는 한 가지 생각이 떠올랐습니다. 지난 연말 대목장 때 사온 좋은 밀가루가 다락방에 남아 있다는 것이 생각난 것입니다. 그녀는 그것을 가지고 와서 맥주가 흥건한 바닥에 뿌리기로 했습니다.

"평소에 아껴두면 이렇게 필요할 때 요긴하게 쓸 수 있다니까."

그녀는 다락방으로 올라가서 밀가루 포대를 가지고 내려왔습니다. 그런데 하필 맥주가 가득 담긴 맥주잔 위로 내려놓는 바람에 맥주잔이 엎어져, 프리더가 마실 맥주까지 지하실 바닥에 쏟아졌습니다.

"괜찮아. 나머지도 다 쏟아졌는데 뭘."

그녀는 중얼거리며 밀가루를 지하실 바닥에 뿌렸습니다. 다 뿌리고 나자 그녀는 아주 뿌듯해서 이렇게 말했습니다.

"정말 깨끗하고 깔끔해졌잖아!"

점심이 되자 프리더가 돌아왔습니다.

"점심 준비는 됐겠지?"

카터리제가 대답했습니다.

"큰일났어요, 여보. 소시지를 구워 드리려고 했는데, 맥주를 따르는 동안에 개가 소시지를 훔쳐갔지 뭐예요. 그래서 개를 쫓아갔는데, 그동안에 맥주가 넘쳐 버렸어요. 그래서 바닥에 밀가루를 뿌려서 말리려는데 이번에는 맥주잔이 엎어졌지 뭐예요. 그래도 지하실은 다시 뽀송뽀송하게 말려두었으니 안심해요."

프리더가 말했습니다.

"여보, 왜 그랬소! 소시지는 도둑맞고, 맥주는 죄다 흘려버리고, 비싼 밀가루까지 바닥에 뿌려 버리다니!"

"내 참, 프리더, 내가 알고 그랬나요? 그럼 진작 말해 주지 않구요."

남편은 생각했습니다.

'마누라가 저 모양이니 앞으로는 내가 더 조심해야겠군.'

프리더는 은화를 꽤 많이 모아 두고 있었는데, 그것을 금으로 바꾸고 아내에게 말했습니다.

"이런 노란 산가지요. 이것들을 항아리에 담아 외양간 소 여물통 밑에 묻어 둘 테니, 당신은 절대로 손대지 않도록 해요. 손대면 큰일 나니까."

카터리제가 말했습니다.

"걱정 마세요, 프리더. 난 절대 손대지 않을 게요."

어느 날 프리더가 집을 비웠을 때였습니다. 대접이며 단지 같은 도자기를 파는 떠돌이 장사꾼들이 마을에 찾아와, 이 젊은 부인에게 살 것이 없느냐고 물었습니다.

"오, 여러분, 모처럼 오셨지만 저는 돈이 없어서 아무것도 살 수가 없어요. 하지만 노란 산가지라도 괜찮다면, 나도 뭔가 살 수 있을지 몰라요."

"노란 산가지라고요? 안 될 것 없죠. 한번 보여 주세요."

"그럼 외양간에 가서 소 여물통 밑을 파면 노란 산가지가 나올 거예요. 나는 그곳 가까이 가면 안 되거든요."

약삭빠른 장사꾼들이 가서 파 보니 산가지 대신 금화가 나오는 것이었습니다. 그들은 단지며 대접들을 내버린 채 금화를 챙겨 얼른 도망쳐 버렸습니다. 카터리제는 새 그릇들이니 뭔가에 쓸모가 있을 거라 생각했지만, 부엌에서는 당장 쓸 그릇이 부족하지 않았으므로 단지마다 밑바닥을 깨내고 집을 에워싸고 있는 울타리 기둥에 장식품처럼 꽂아 두었습니다. 집에 돌아와 새 울타리 장식을 본 프리더가 말했습니다.

"여보, 이게 다 뭐요?"

"소 여물통 밑에 묻어 두었던 노란 산가지를 주고 샀어요, 여보. 하지만 난 가까이 가지 않았어요. 장사꾼들이 파 갔지요."

"맙소사, 무슨 짓을 한 거요! 그건 산가지가 아니라 진짜 금화였단 말이오. 우리의 전 재산이었는데 그걸 몽땅 줘버리다니!"

"내가 알고 그랬나요 뭐? 그러게 미리 그렇게 말해 주지 않았나요."

카터리제가 잠시 서서 생각하더니 이렇게 말했습니다.

"여보, 그 돈, 우리 둘이서 찾으러 갑시다, 도둑들을 쫓아가서 그 금화를 다시 찾아오자구요."

프리더가 말했습니다.

"그래, 한번 해 봅시다. 빵과 치즈를 가져와요. 길을 가면서 조금씩 먹어야 할 테니까."

"네, 가져올게요."

그들은 함께 길을 떠났습니다. 프리더가 걸음이 빠르니 카터리제는 뒤에서 따라갈 수밖에 없었습니다. 카터리제는 생각했습니다.

'돌아갈 때는 내가 유리하겠군. 내가 한발 앞서 가게 될 테니까.'

그런데 산기슭에 이르러 보니 길 양쪽에 마차 바퀴 자국이 깊게 패어 있었습니다. 카터리제가 말했습니다.

"어머나, 저것 좀 보세요. 누가 가엾은 땅을 저렇게 찢어서 둘로 갈라놓고 짓이겨 놓았담! 저래 가지고 언제 다시 온전하게 될지 모르겠네."

가엾은 마음이 든 카터리제는 가져온 버터를 꺼내 마차 바퀴 자국에다 발랐습니다. 오른쪽, 왼쪽, 다시는 바퀴에 짓눌리지 않도록 잘 발라 주었지요. 그런데 이렇게 인정어린 일을 하느라 허리를 굽히고 있었더니, 치즈 하나가 주머니에서 빠져나와 그만 산 아래로 굴러내려가 버렸습니다.

"힘들게 산을 올라왔는데 다시 내려갈 수야 없지. 다른 치즈를 보내서 데리고 오라고 해야겠다."

카터리제는 다른 치즈를 꺼내어 아래로 굴렸습니다. 그러나 치즈가 둘 다 돌아오지 않자, 그녀는 세 번째 치즈를 굴려 보내면서 생각했습니다.

'치즈가 친구들을 기다리나 보다. 혼자는 올라오질 않네.'

세 번째 치즈도 돌아오지 않자 그녀가 말했습니다.

"도대체 무슨 일인지 모르겠네! 세 번째 치즈는 길을 잃고 헤매고 있는지도 몰라. 네 번째 치즈도 보내서 다 불러 오도록 해야겠다."

그러나 네 번째 치즈도 마찬가지였습니다. 약이 오른 그녀는 다섯 번째, 여섯 번째 치즈까지 굴려 보냈습니다. 그것이 마지막이어서 이제 남은 치즈는 하나도 없었습니다.

카터리제는 한참동안 그 자리에 서서 이제나저제나 치즈들이 돌아오기를 기다렸지만 여전히 아무도 오지 않았습니다.

"맙소사, 이러다 저승사자를 데려오고 말겠어. 아주 꿩 구워먹은 소식이네. 내가 계속 기다려 줄 줄 알고? 난 먼저 가겠어. 너희들은 모두 나보다 젊어서 다리가 튼튼할 테니 금방 뒤따라 올 수 있겠지."

카터리제는 다시 걸음을 재촉했습니다. 얼마쯤 가니 배가 고파진 프리더가 뭔가를 먹으려고 아까부터 기다리고 있었습니다.

"가져온 음식을 이리 주구려."

카터리제는 아무것도 곁들이지 않은 맨빵을 내어 주었습니다.

"버터와 치즈는?"

카터리제가 말했습니다.

"버터는 마차 바퀴자국에 발라 버렸지요. 치즈는 곧 올 거예요. 하나가 도망갔길래 그 녀석을 불러오라고 다른 녀석들을 보냈거든요."

프리더가 말했습니다.

"오, 카터리제, 이미 끝난 일이긴 하지만 아무리 그래도 그렇지, 버터를 길에다 바르고 치즈를 산 아래로 굴려버렸다니?"

"그렇다면 당신이 미리 말해 주지 않았나요, 프리더."

그들은 함께 아무것도 바르지 않아 텁텁한 빵을 먹었습니다. 프리더가 말했습니다.

"여보, 문단속은 잘하고 왔소?"

"아니 여보, 그럼 진작 말해 주지 않았나요."

"그럼 계속 가기 전에 다시 집에 가서 문단속을 하고 와요. 먹을 것 좀 가지고 오고. 난 여기서 기다리고 있겠소."

집으로 돌아가면서 그녀는 생각했습니다.

'프리더는 먹고 싶은 다른 것이 있나 봐. 버터와 치즈는 맛이 없었나? 그럼 말린 배 한 보따리하고 마실 것으로 식초 한 병을 가져와야겠다.'

집으로 돌아온 카터리제는 위쪽 문은 빗장을 질러 단단히 잠그고 아래쪽 문짝은 떼어서 어깨에 짊어졌습니다. 문짝을 안전하게 지키면 집도 안전하리라고 생각했던 것입니다. 그러고는 되도록 천천히 걸어갔습니다. '시간이 많이 걸릴수록 프리더가 오래 쉴 수 있으니까' 이렇게 생각했기 때문이지요.

남편이 있는 곳으로 돌아온 카터리제가 말했습니다.

"이것 보세요, 프리더, 당신이 직접 단속할 수 있게 문짝을 떼어서 가져왔어요."

프리더가 말했습니다.

"아이고, 맙소사. 어쩌다 내가 이렇게도 똑똑하신 마누라를 얻었을꼬! 위쪽 문에 빗장을 질러 놓고 아래쪽 문짝을 떼어서 아무나 들어갈 수 있게 하다니! 또 다시 집에 갔다 오기엔 너무 늦었소. 그 문짝은 당신이 여기까지 가지고 왔으니 계속 당신이 지고 가시오."

"프리더, 문짝은 제가 지고 가겠지만 말린 배와 식초병까지 들면 너무 무거우니까 그것들은 문짝에 매달겠어요. 문짝이 대신 지고 가게요."

그들은 숲 속에 들어가서 못된 장사꾼들을 찾아보았지만 그들의 모습은 어디에도 보이지 않았습니다. 이윽고 날이 어두워지자 둘은 나무 위로 올라가 밤을 지내기로 했습니다. 그런데 두 사람이 나무 위에 앉자마자, 못된 장사꾼들이 그곳으로 오는 게 아니겠습니까. 함께 가지 않으려는 것을 억지로 끌고 가고, 무엇이든지 없어지기도 전에 찾아내는 그런 자들이었습니다. 그들은 프리더와 카터리제가 앉아 있는 바로 그 나무 밑에 앉아 모닥불을 피워 놓고, 빼앗아 온 물건들을 각자에게 나누었습니다. 프리더는 나무 반대쪽으로 내려가 돌멩이를 모은 다음 다시 위로 올라갔습니다. 도둑들에게 돌을 던져 죽일 생각이었던 것입니다. 그러나 돌은 자꾸만 비껴갔습니다. 돌멩이가 떨어지는 걸 본 도둑들이 큰 소리로 말했습니다.

"바람에 솔방울이 떨어지는 걸 보니 곧 아침이군."

카터리제는 여전히 문짝을 짊어지고 있었습니다. 그런데 너무 무거운 것이 말린 배 때문이라고 생각하고 이렇게 말했습니다.

"여보, 말린 배를 던져 버려야겠어요. 너무 무거워요."

그가 대답했습니다.

"안 돼, 지금은 안 돼. 그랬다가는 우리가 있다는 걸 들켜 버릴 거야."

"아, 어쩔 수 없어요. 어깨가 짓눌려서 견딜 수가 없어요."

"젠장! 그럼 그렇게 하라구."

말린 배가 나뭇가지들 사이로 떨어졌습니다. 밑에 있던 못된 장사꾼들이 말했습니다.

"새들이 똥을 싸나 봐."

잠시 뒤, 여전히 문짝이 어깨를 짓누르자 카터리제가 말했습니다.

"아, 여보, 식초를 쏟아 버려야겠어요."

"안 돼, 안된다니까! 우리가 여기 있다는 걸 들킨단 말이오!"

"아니야, 버려야겠어요, 너무 무겁단 말이에요!"

"마음대로 해, 그럼! 난 이제 모르겠소."

아내가 식초를 쏟아 버리자, 식초가 바닥에 떨어지며 도둑들에게 튀었습니다. 도둑들이 서로를 마주 쳐다보면서 말했습니다.

"벌써 이슬이 떨어지는군."

마침내 카터리제는 자기를 이토록 짓누르는 게 문짝이 아닐까 하는 생각이 들었습니다.

"여보, 문짝을 던져 버려야겠어요."

"안 돼, 지금은 안 돼. 그랬다간 우리가 있다는 걸 들켜 버릴 거야."

"아, 여보, 어쩔 수 없어요. 너무 무거워요."

"카터리제, 안 된다니까! 꼭 붙들고 있어."

"아, 프리더, 떨어뜨리겠어요."

"젠장, 그럼 떨어뜨려!"

프리더가 화를 내며 대답했습니다.

문짝이 우당탕 요란한 소리를 내며 떨어졌습니다. 아래에 있던 도둑들이 깜짝 놀라 마구 비명을 질러댔습니다.

"나무에서 악마가 내려온다!"

그러고는 모든 짐을 내팽개치고 냅다 달아나 버렸습니다. 이른 아침 나무에서 내려온 두 사람은 자신들의 금화가 그대로 있는 것을 보고는 그것을 챙겨 집으로 돌아갔습니다.

집에 돌아오자 프리더가 말했습니다.

"카터리제, 이제부턴 부지런히 일해야 하오."

"알았어요, 여보. 꼭 그렇게 할게요. 밭으로 가서 수확을 하겠어요."

밭으로 간 카터리제는 이렇게 혼잣말로 중얼거렸습니다.

"수확하기 전에 식사부터 할까, 아니면 한숨 잘까? 그래, 식사부터 하자!"

그런데 배가 부르자, 이번에는 졸음이 몰려왔습니다. 그래서 비몽사몽간에 낫질을 하다가 앞치마며 치마며 속옷이며 할 것 없이 입고 있는 것을 모조리 둘로 잘라 놓고 말았습니다.

실컷 자고 일어난 그녀는 반 벌거숭이가 된 자신을 보고 이렇게 말했습니다.

"아니 이게 나야 아니야? 아, 이건 내가 아니야!"

그러는 사이에 밤이 되자 카터리제는 마을로 달려가서 자기 집 창문을 쾅쾅 두드리며 외쳤습니다.

"프리더!"

"무슨 일이오?"

"카터리제가 안에 있는지 알려줘요."

"그렇소, 벌써 안에서 자고 있을 거요."

"알겠어요. 나는 안에 있구나."

그러고는 어딘가로 발걸음을 돌렸습니다.

마을 밖으로 나간 카터리제는 도둑질하려는 자들을 만났습니다. 카터리제는 그들에게 가서 말했습니다.

"제가 훔치는 걸 도와 드릴게요."

도둑들은 이 여자가 이곳 형편을 잘 알 거라 생각하고 좋아했습니다. 마을로 들어간 카터리제는 집집마다 문 앞에 가서 외쳤습니다.

"여러분! 우리가 도둑질을 하려는데 뭐 가진 거 없어요?"

심장이 철렁 내려앉은 도둑들은 카터리제를 떼어내고 싶어졌습니다. 그래서 그녀에게 이렇게 말했습니다.

"마을 앞에 목사님의 순무밭에 가서 순무를 뽑아다 주시오."

그녀는 밭으로 가서 순무를 뽑기 시작했지만, 워낙 일솜씨가 서툴어 좀처럼 해내지 못하고 있었습니다. 그때 한 남자가 길을 가다가 그 모습을 보고 깜짝 놀랐습니다. 악마가 순무를 뽑고 있다고 생각한 그는 마을로 달려가서 목사에게 말했습니다.

"목사님, 목사님의 순무밭에서 악마가 순무를 뽑고 있습니다!"

목사가 대답했습니다.

"이거 큰일났군! 나는 다리를 절어서 얼른 가서 악마를 내쫓을 수가 없는데."

"그럼 제가 업어 드리지요."

남자는 이렇게 말하더니 목사를 업고 마을 앞으로 갔습니다. 두 사람이 밭에 도착했을 때, 카터리제가 몸을 쭉 펴며 일어났습니다.

"으악, 악마다!"

목사가 비명을 질렀습니다. 두 사람은 뒤도 안 돌아보고 도망갔습니다. 목사는 얼마나 놀랐던지 다리를 절뚝거리면서도, 자기를 업어다 준 남자보다 더 빠르게 뛰어 달아났답니다.

KHM 060
두 형제
Die zwei Brüder

옛날 두 형제가 살았는데, 금 세공사인 부자 형은 심보가 고약했지만, 빗자루를 만들어서 하루하루 살아가는 가난한 동생은 착하고 정직한 사람이었습니다. 가난한 동생에게는 자식이 둘 있었는데, 물방울처럼 서로 꼭 닮은 쌍둥이 아들이었습니다. 두 아이는 때때로 돈 많은 큰아버지의 집에 가서 남은 음식을 얻어먹곤 했습니다.

어느 날, 가난한 동생은 나무를 하러 숲에 갔다가 새 한 마리를 보게 되었습니다. 그 새는 온몸이 황금빛이었는데, 태어나서 한 번도 본 적이 없을 만큼 너무도 아름다운 새였습니다. 동생이 돌멩이를 주워 들고 새에게 던지자, 돌에 맞은 새는 깃털 하나를 떨어뜨리고 포르르 날아가 버렸습니다. 동생은 그 깃털을 주워서 형에게 가져갔습니다. 깃털을 가만히 들여다보던 형이 말했습니다.

"이건 황금이다!"

그리고 동생에게 깃털을 가져다 준 대가로 많은 돈을 주었습니다.

다음 날 동생이 가지를 몇 개 꺾으려고 자작나무 위로 올라갔는데, 어제 봤던 그 빛나는 새가 또다시 포르르 날아가는 게 보였습니다. 그래서 주위를 여기저기 살펴보니 둥지가 있었고, 그 안에 번쩍거리는 황금알이 하나 놓여 있었습니다. 그가 알을 가지고 내려와 형에게 가져가자 형이 말했습니다.

"이건 황금이다!"

그리고 그만큼의 돈을 주었습니다.

이윽고 금세공사는 이렇게 말했습니다.

"그 새를 갖고 싶구나."

세 번째로 숲으로 간 가난한 동생은 황금새가 나무에 앉아 있는 것을 또 보았습니다. 그는 돌을 던져서 새를 떨어뜨렸습니다. 그것을 형에게 가지고 가자, 형은 그 대가로 산더미처럼 많은 금화를 주었습니다.

'이제는 나도 내 힘으로 그럭저럭 살 수 있게 되었구나.'

동생은 이렇게 생각하며 금화를 가지고 기쁜 마음으로 집에 돌아갔습니다.

약삭빠르고 교활한 금세공사는 그것이 어떤 새인지 잘 알고 있었습니다. 그는 아내를 불러서 이렇게 말했습니다.

"이 황금새를 구워 주시오. 한 조각도 없어지지 않도록 조심하시오. 혼자 다 먹고 싶으니까."

그 새는 사실 어디에서나 곧잘 볼 수 있는 평범한 새가 아니었습니다. 누구든 그 새의 심장과 간을 먹는 사람은 아침마다 베개 아래에서 금화를 하나씩 발견하게 되는 신기한 새였지요.

부인은 새를 꼬챙이에 꿰어 지글지글 굽기 시작했습니다. 그런데 갑자기 생각지도 못하게 나갈 일이 생겨, 새를 불에 걸쳐둔 채 하는 수 없이 부엌에서 잠시 나가 있게 되었습니다. 그 사이에, 가난한 빗자루 장수의 두 아들이 꼬챙이 앞에 서서 그것을 빙글빙글 돌렸습니다. 그러다가 새고기 두 점이 프라이팬 안으로 떨어지자 한 아이가 말했습니다.

"우리가 하나씩 먹자. 난 너무 배가 고파. 이렇게 작은 고기 한 점쯤은 먹는다고 누가 알겠어?"

그리하여 둘이서 그 작은 고깃점을 집어먹는 데 마침 부인이 들어왔습니다. 아이들이 무언가 먹고 있는 것을 본 부인이 말했습니다.

"너희들, 뭘 먹고 있니?"

"새에서 떨어진 고깃점을 하나씩 먹었어요."

부인이 깜짝 놀라서 말했습니다.

"심장과 간을 먹은 게로구나."

아내는 남편이 없어진 조각을 눈치채고 화내지 않도록 재빨리 수탉을 잡아서 심장과 간을 빼내 황금새에게 넣었습니다. 새가 다 구워지자 아내는 금세공사에게 그것을 가지고 갔습니다. 그는 그것을 한 점도 남김없이 혼자 모두 먹어치웠습니다. 이튿날 형은 금화를 꺼내려고 베개 아래에 손을 넣어보았지만, 여느 때와 다름없이 아무것도 나오지 않았습니다.

한편, 두 아이는 자기들에게 얼마나 큰 행운이 떨어졌는지 꿈에도 모르고 있었습니다. 다음 날 아침 아이들이 자리에서 일어난 순간, 무언가가 바닥으로 툭 떨어지는 소리가 났습니다. 주워보니 금화 두 개였지요. 두 사람은 그것을 아버지에게 가지고 갔습니다. 아버지가 이상히 여겨 말했습니다.

"이게 어찌된 일인가?"

다음 날에도 금화 두 개가 발견됐습니다. 이런 일이 날마다 일어나자, 아버지는 형을 찾아가서 이 이야기를 들려주었습니다. 금세공사는 금세 어떻게 된 일인지 알아차렸습니다. 아이들이 황금새의 심장과 간을 먹었다는 사실을 눈치챈 것입니다. 본디 샘 많고 인정머리 없는 그는 복수할 생각으로 동생에게 이렇게 말했습니다.

"네 아이들이 악마와 한통속이 되었구나. 그 돈을 가져선 안 된다. 아이들도 집에 두면 안 돼. 악마가 아이들을 조종해서 너까지 지옥으로 떨어뜨릴 테니까."

아버지는 악마라는 말을 듣고 덜컥 겁이 났습니다. 그래서 무척 괴롭기는 했지만, 단단히 마음 먹고 쌍둥이들을 숲 속 깊은 곳에 버리고 왔습니다.

두 아이는 온 숲을 돌아다니며 집으로 가는 길을 찾아보았지만 헛수고였습니다. 오히려 점점 더 깊이 들어가다가 사냥꾼을 만나게 되었습니다. 사냥꾼이 물었습니다.

"뉘집 아이들이냐?"

"저희는 빗자루 장수의 아이들이에요."

두 사람은 대답했습니다. 그리고 매일 아침 자신들의 베개 밑에 금화가 하나씩 놓여 있다고 아버지가 집에서 내쫓았노라고 말했습니다.

사냥꾼이 말했습니다.

"그래, 하지만 그건 하나도 나쁜 일이 아니란다. 너희가 정직한 마음씨를 잃어버리지 않고 게으름을 피우지 않는다면 말이야."

아이들이 마음에 든 착한 사냥꾼은 자식이 하나도 없었기 때문에 아이들을 제 집으로 데려갔습니다.

"내가 아버지가 되어 너희들을 키워 주마."

아이들은 사냥꾼의 집에서 사냥하는 법을 배웠습니다. 사냥꾼은 아침에 일어날 때마다 줍게 되는 금화를 아이들이 필요할 때 쓸 수 있도록 잘 모아 두었습니다.

두 사람이 성인이 되자, 양아버지는 어느 날 두 사람을 숲으로 데리고 가서 말했습니다.

"오늘은 나 없이도 사냥을 할 수 있는지 너희를 시험해 봐야겠다. 잘하면 너희도 어엿한 사냥꾼이 될 수 있을 거야."

아이들은 양아버지와 함께 길목을 지키며 오랫동안 사냥감을 기다렸지만 그 흔한 사슴 한 마리도 나타나지 않았습니다. 사냥꾼이 하늘을 올려다보니 흰 기러기 한 무리가 삼각형 모양으로 열을 지어 날고 있었습니다. 그는 한 아이에게 말했습니다.

"저 끝에서부터 한 마리씩 쏘아 보아라."

아들은 시키는 대로 잘하여 단번에 기러기를 쏘아 맞추었습니다. 곧 이어 흰 기러기들이 줄을 지어 날아오는 게 보였습니다. 이번에는 2자 모양을 하고 있었지요. 그것을 보고 사냥꾼은 다른 아들에게도 양쪽 모서리에 있는 놈을 한 마리씩 쏘아 떨어뜨려 보라고 했습니다. 그 아들 또한 보기 좋게 기러기를 맞추었습니다. 그러자 양아버지가 말했습니다.

"너희는 이제 어엿한 사냥꾼이 되었단다."

그 말을 들은 쌍둥이 형제는 숲으로 들어가 뭔가 머리를 맞대고 의논했습니다. 세 사람이 저녁식사를 하러 둘러앉았을 때, 형제가 양아버지에게 말했습니다.

"아버지가 저희의 소원을 들어주시기 전까지는 음식에 손도 대지 않겠습니다."

양아버지가 말했습니다.

"그래, 무슨 소원이지?"

두 사람이 대답했습니다.

"저희는 수행을 마쳤습니다. 이제 세상에 나가서 실력을 시험해 보고 싶습니다. 저희가 집을 떠나 세상 이곳저곳을 돌아다닐 수 있도록 허락해 주십시오."

그러자 노인이 무척 기뻐하며 말했습니다.

"훌륭한 사냥꾼처럼 말하는구나. 그건 오히려 내가 바라던 바이기도 하다. 자, 가라. 분명 잘해낼 거야."

세 사람은 즐겁게 먹고 마셨습니다.

떠나기로 한 날이 되자, 양아버지는 각각 좋은 총 한 자루씩과 개 한 마리씩을 주고, 그동안 모아 두었던 금화를 원하는 만큼 가져가게 했습니다. 그런 다음 함께 걷다가, 헤어질 때가 되자, 두 사람에게 번쩍이는 칼을 주면서 말했습니다.

"너희가 갈림길에 다다르면, 이 칼을 그 갈림길에 있는 나무에 꽂아 두거라. 그러면 나중에 한 사람이 돌아왔을 때, 다른 형제가 어떻게 되었는지 알 수 있을 거야. 형제 쪽의 날이 녹슬어 있으면 그 사람은 죽은 것이고, 그 사람이 살아 있다면 그쪽 칼날은 언제까지나 번쩍일 거다."

두 형제는 씩씩하게 걸어가서 숲으로 들어갔습니다. 어찌나 큰 숲이던지 온종일 걸었지만 밖으로 나갈 수가 없을 정도였습니다. 두 사람은 밤은 숲속에서 보내기로 하고, 사냥가방에 넣어 온 음식을 먹었습니다. 둘째 날도 계속 걸었지만 숲에서 나갈 수가 없었습니다. 먹을 것이 떨어지자 한 사람이 말했습니다.

"뭐라도 잡아야지, 배가 고파서 견딜 수가 없어."

그러고는 총알을 재고 주위를 둘러보았습니다. 그때 어미토끼가 뛰어갔으므로 그는 그 토끼를 겨냥했습니다. 그러자 토끼가 큰 소리로 부르짖었습니다.

"사냥꾼님, 절 살려 주시면 새끼 두 마리를 드리지요."

그러더니 곧바로 수풀 속으로 들어가더니 새끼 두 마리를 데리고 왔습니다. 그런데 새끼토끼들이 어찌나 힘차게 뛰어놀고 온순하던지 사냥꾼들은 차마 죽이지 못하고 곁에 두었습니다. 새끼토끼들은 두 사람을 졸졸 따라왔습니다. 얼마 가지 않아, 여우 한 마리가 그들 옆을 살금살금 지나갔습니다. 사냥꾼들이 그것을 쏘려고 하자 여우가 큰 소리로 부르짖었습니다.

"사냥꾼님, 절 살려 주시면 새끼 두 마리를 드리지요."

여우도 새끼여우를 두 마리 데리고 왔습니다. 사냥꾼들은 그들도 차마 죽이지 못하고 토끼 곁에 동무삼아 두었습니다. 새끼들은 두 사람을 따라왔습니다. 얼마 가지 않아, 늑대가 수풀 속에서 나왔습니다. 사냥꾼들이 쏘려고 하자 늑대가 큰 소리로 외쳤습니다.

"사냥꾼님, 저를 살려 주시면 새끼 두 마리를 드리지요."

사냥꾼들은 새끼늑대들도 다른 동물 곁에 두었습니다. 새끼들은 두 사람을 따라왔습니다. 이번에는 곰이 나타났습니다. 곰도 더 살려 달라고 큰 소리로 외쳤습니다.

"사냥꾼님, 저를 살려 주시면 새끼 두 마리를 드리지요."

그리하여 새끼곰 두 마리도 다른 동물들 틈에 끼게 되어 모두 여덟 마리가 되었습니다. 그때, 마지막으로 사자가 수북한 갈기를 흔들며 나타났습니다. 그러나 사냥꾼들은 두려워하지 않고 총을 겨누었습니다. 그런데 사자 또한 똑같은 말을 하는 것이었습니다.

"사냥꾼님, 살려 주세요. 그러면 새끼 두 마리를 드리겠습니다."

사자도 제 새끼 두 마리를 데려왔습니다. 이제 두 사냥꾼이 거느린 동물들은 사자 두 마리, 곰 두 마리, 늑대 두 마리, 여우 두 마리, 그리고 토끼 두 마리였습니다. 이들이 졸졸 따라오면서 여러 모로 사냥꾼들을 도와주었으나, 그래도 두 사람은 여전히 배가 고팠습니다. 그래서 둘은 새끼여우 두 마리에게 말했습니다.

"여우들아, 너희들은 꾀가 많고 약삭빨라서 사람들을 잘 속이니 우리에게 먹을 것을 좀 구해다 주렴."

여우들이 대답했습니다.

"여기서 멀지 않은 곳에 마을이 있어요. 우리가 수탉을 훔쳐 오는 마을이지요. 그곳으로 가는 길을 가르쳐 드리지요."

그들은 마을로 가서 자신들이 먹을 것도 사고 동물들에게도 먹이를 준 다음 계속 걸어갔습니다. 어느 집에서 닭을 기르는지 잘 알고 있는 여우들은 사냥꾼들에게 길을 자세히 알려 주었습니다.

오랜 시간 이곳저곳을 돌아다녀보았지만 형제가 함께할 수 있는 일자리는 하나도 없었습니다.

"아무래도 헤어지는 수밖에 없겠다."

둘은 서로의 몫으로 동물들을 나눴습니다. 저마다 사자 한 마리, 곰 한 마리, 늑대 한 마리, 여우 한 마리, 토끼 한 마리, 이렇게 나눠 갖고 작별인사를 했지요. 두 사람은 죽을 때까지 형제의 우애를 꿋꿋이 지키자고 약속하며 양아버지에게서 받은 칼을 갈림길에 서 있는 나무줄기에 단단히 꽂았습니다. 그런 다음 한 사람은 동쪽으로, 한 사람은 서쪽으로 길을 떠났지요.

동생은 제 동물들을 데리고 어느 도시에 이르렀습니다. 이 도시는 온통 새까만 상장(喪章)으로 뒤덮여 있었습니다. 동생이 어느 여관에 들어가 동물들과 함께 묵을 수 있는지 물어보자 여관 주인은 동물들에게 가축우리를 빌려주었습니다. 우리 벽에 구멍이 하나 뚫려 있어서, 토끼는 슬쩍 밖으로 기어 나가 양배추를 구해오고, 여우는 암탉을 한 마리 잡아왔습니다. 그것을 먹고 나서도 덤으로 수탉까지 한 마리 더 꿀꺽 해치웠지요. 그러나 늑대와 곰과 사자는 덩치가 너무 커서 밖으로 나갈 수가 없었습니다. 그래서 여관 주인은 그 동물들을 소 한 마리가 누워 있는 풀밭으로 데리고 가서 배불리 먹여 주었습니다.

사냥꾼은 동물들을 다 돌보고 나서야, 왜 이 도시에 온통 검은 상장이 걸려 있는지 그 이유를 물었습니다.

주인이 말했습니다.

"내일이면 우리 왕의 외동딸이 죽기 때문이랍니다."

사냥꾼이 말했습니다.

"공주님이 무슨 죽을병이라도 걸렸소?"

"아닙니다."

여관 주인이 말했습니다.

"공주님은 기운도 넘치고 무척 건강하십니다. 그런데도 어쩔 수 없이 죽어야만 한답니다."

"어떻게 그런 일이?"

"도시 바깥에 높은 산이 있는데, 그 산 위에 용 한 마리가 살고 있습니다. 그런데 이 용에게 해마다 순결한 처녀를 하나씩 바치지 않으면 온 나라를 쑥대밭으로 만들어 버린다는 겁니다. 시간이 흘러 끝내는 이 나라 처녀들을 모두 빼앗겨 버려 공주님밖에 남지 않았지요. 그래도 용이 사정을 봐주지 않으니 하는 수 없이 공주님마저 보내게 된 거랍니다. 그날이 바로 내일입니다."

사냥꾼이 물었습니다.

"그렇다면 왜 용을 죽이지 않는 겁니까?"

여관 주인이 대답했습니다.

"아, 그야 이제까지 얼마나 많은 기사들이 용을 무찌르려고 산으로 떠났는지 모릅니다. 하지만 안타깝게도 다들 목숨만 잃어버리고 말았지요. 임금님이 용을 물리치는 자에게 공주님을 아내로 주겠다고까지 약속했으니, 누구든 용을 물리친다면 나중에는 나라를 물려받게 될 텐데."

사냥꾼은 더는 아무 말도 하지 않고, 다음 날 아침이 되자마자 동물들을 데리고 용이 산다는 산으로 올라갔습니다. 그 위에는 작은 교회가 있었습니다. 그 제단에 술이 가득 채워진 잔이 세 개 놓여 있었습니다. 그리고 그 옆에는 이렇게 쓰여 있었습니다.

"이 잔을 다 비우는 자는 이 세상에서 가장 힘이 센 장사가 되어, 문 앞에 묻혀 있는 칼을 휘두를 수 있게 되리라."

사냥꾼은 그 자리에서는 마시지 않고 밖으로 나가 흙 속에 묻혀 있는 칼을 찾았지만, 칼은 꿈쩍도 하지 않았습니다. 그래서 다시 되돌아와서 술잔을 다 비웠더니, 이번에는 칼을 뽑을 만한 힘이 솟아나서 쉽게 휘두를 수가 있었습니다.

마침내 용에게 처녀를 바쳐야 할 시간이 되자 왕과 시종장을 비롯한 여러 신하들이 공주를 데리고 왔습니다. 공주는 멀리 용이 있는 산 위에 사냥꾼이 서 있는 것을 보고는, 용이 일어나 자기를 기다리고 있는 줄만 알고 처음에는 올라가려 하지 않았습니다. 하지만 그랬다가는 온 나라가 쑥대밭이 될 것이므로 무거운 걸음을 억지로 옮기지 않을 수 없었습니다. 깊은 슬픔에 잠긴 왕과 신하들은 슬픈 마음을 가득 안고 궁전으로 돌아가고, 왕의 시종장만이 그 자리에 남아 멀리서 용 산을 가만히 지켜보았습니다.

공주가 산꼭대기에 이르니, 그곳에 서 있는 것은 용이 아니라 젊은 사냥꾼이었습니다. 그는 공주를 위로하며 자기가 구해 주겠다고 말했습니다. 그리고 교회 안에 있게 하고 문을 잠가 버렸습니다. 곧이어 무시무시한 굉음을 내면서 머리 일곱 달린 용이 나타났습니다. 사냥꾼을 본 용이 의아해하며 이렇게 물었습니다.

"이 산에서 뭘 하고 있지?"

사냥꾼이 대답했습니다.

"너와 싸우러 왔지."

"수많은 기사가 내게 목숨을 잃었지. 너도 그렇게 해주마."

용은 이렇게 말하고 일곱 개의 입에서 불을 내뿜었습니다. 불이 마른 풀들에 옮겨 붙자 사냥꾼은 열기와 연기에 숨이 콱 막혀왔습니다. 그런데 그때, 사냥꾼을 따라왔던 동물들이 달려와 불을 밟아 꺼 버렸습니다. 그러자 용은 곧장 사냥꾼에게 덤벼들었지만, 그는 칼을 공중에 휙휙 휘둘러 용의 머리 세 개를 베어 떨어뜨렸습니다.

그러자 용은 미친 듯이 날뛰면서 하늘로 솟구치더니 사냥꾼의 머리 위로 무시무시한 불길을 토해내면서 덮쳐왔습니다. 그러나 사냥꾼은 다시 번개처럼 칼을 휘둘러 머리 세 개를 더 잘라 버렸습니다. 힘이 빠진 괴물은 힘없이 쓰러졌지만 다시 사냥꾼에게 달려들려고 했습니다. 사냥꾼은 마지막 힘을 그러모아 용의 꼬리를 잘라 버렸습니다. 더 싸울 힘이 없어진 그가 동물들을 부르자, 동물들이 대신 용을 갈기갈기 찢어 놓았습니다.

싸움이 끝나자, 사냥꾼은 교회 문을 열었습니다. 공주는 바닥에 쓰러져 있었습니다. 사냥꾼이 싸우는 동안, 걱정도 되고 무섭기도 하여 기절한 것이었습니다. 그는 갈기갈기 찢겨 죽은 용을 보여 주며, 이제 당신은 살았다고 말해 주었습니다. 공주가 기뻐하며 말했습니다.

"이제 당신은 제 남편이에요. 용을 죽인 사람에게 저를 주겠다고 아버지가 약속하셨거든요."

공주는 산호 목걸이를 풀어서 동물들에게 보답으로 나누어 주었습니다. 사자는 그중에서 금으로 된 걸쇠를 받고, 사냥꾼은 공주의 이름이 새겨진 손수건은 사냥꾼이 받았습니다. 사냥꾼은 용에게 다가가 일곱 개의 머리에서 혀를 잘라 공주가 준 손수건으로 잘 싸서는 소중히 품 속에 넣었습니다.

무시무시한 불길을 토해 내던 용과 격렬히 싸운 탓에 지칠 대로 지친 사냥꾼은 일이 모두 끝나자 공주에게 이렇게 말했습니다.

"우리 둘 다 무척 지치고 피곤하니 먼저 여기서 한숨 자 두기로 합시다."

공주도 좋다고 하여 두 사람은 땅바닥에 함께 누웠습니다. 사냥꾼이 사자에게 말했습니다.

"우리가 자는 동안 그 누구도 다가오지 못하도록 잘 지켜야 한다."

둘은 곧 잠이 들었습니다.

사자는 그들 곁에 앉아서 지키려고 했지만, 그 또한 조금 전의 싸움으로 몹시 피곤했기 때문에 곰을 불러 말했습니다.

"나는 좀 자야겠으니 내 옆에 있다가 무슨 일이 생기면 날 깨워 줘."

그리하여 곰은 사자 옆에 앉아서 지키려고 했지만, 그도 피곤해서 늑대를 불러 말했습니다.

"나는 좀 자야겠으니 내 옆에 있다가 무슨 일이 생기면 날 깨워 줘."

그리하여 늑대는 곰 옆에 앉아서 지키려고 했지만, 그도 피곤해서 여우를 불러 말했습니다.

"나는 좀 자야겠으니 내 옆에 있다가 무슨 일이 생기면 날 깨워 줘."

그리하여 여우는 늑대 옆에 앉아서 지키려고 했지만, 그도 피곤해서 토끼를 불러 말했습니다.

"나는 좀 자야겠으니 내 옆에 있다가 무슨 일이 생기면 날 깨워 줘."

토끼는 여우 옆에 앉았습니다. 토끼도 피곤했지만 가엾게도 대신 망을 봐 달라고 부탁할 상대를 찾지 못하고 그만 깜빡 잠이 들고 말았습니다. 그리하여 공주와 사냥꾼과 사자와 곰과 여우와 토끼가 모두 깊은 잠에 빠지고 말았습니다.

그런데 멀리서 지켜보도록 명령을 받은 시종장은 용이 공주를 데리고 날아오르지도 않고 산꼭대기도 죽은 듯이 고요해지자 용기를 내어 올라가 보았습니다. 그런데 용이 갈기갈기 찢어진 채 바닥에 쓰러져 있고, 그 옆에서는 공주와 사냥꾼이 동물들과 함께 깊은 잠에 빠져들어 있는 것이었습니다.

하느님을 두려워하지 않는 나쁜 사람인 이 시종장은, 칼을 뽑아 사냥꾼의 목을 베어 버리고는 공주를 안고 산을 내려갔습니다. 잠에서 깬 공주가 깜짝 놀라자, 시종장이 말했습니다.

"아무리 몸부림쳐도 소용없다. 너는 내 손 안에 있으니, 용을 처치한 사람은 틀림없이 나라고 말해야 한다."

공주가 말했습니다.

"그럴 순 없어. 동물들과 함께 용을 죽인 사람은 사냥꾼이야."

그러자 시종장은 번쩍이는 칼을 빼어 들어 말을 듣지 않으면 죽여 버리겠다고 위협했습니다. 공주는 하는 수 없이 그 말에 따랐습니다.

그는 공주를 왕에게 데리고 갔습니다. 왕은 괴물에게 갈가리 찢겨 죽은 줄로만 알았던 사랑하는 공주가 살아 있는 것을 보자 기뻐서 어쩔 줄을 몰랐습니다.

"제가 용을 죽이고 공주님과 나라 전체를 구했습니다. 그러니 약속대로 공주를 아내로 주시지요."

왕이 공주에게 물었습니다.

"이 자의 말이 사실이냐?"

공주가 대답했습니다.

"네, 사실일 겁니다. 하지만 결혼식은 1년이 지난 뒤에 치르겠어요."

공주는 그동안 그리운 사냥꾼의 소식이 있으리라고 생각했던 것입니다.

한편, 용이 있는 산 위에서는 동물들이 아직도 죽은 주인 옆에서 쿨쿨 자고 있었습니다. 그때 어디선가 커다란 어리호박벌 한 마리가 나타나 토끼의 코에 앉았지만, 토끼는 앞발로 벌을 휙 쳐내고 계속 잤습니다. 벌이 다시 날아와서 앉았지만 토끼는 이번에도 휙 쳐내고 계속 쿨쿨 잤습니다. 그러자 벌이 다시 날아와서 토끼의 코를 침으로 쏘자, 그제야 토끼는 번쩍 눈을 떴습니다. 잠에서 깨자마자 토끼는 여우를 깨우고, 여우는 늑대를, 늑대는 곰을, 곰은 사자를 연이어 깨웠습니다.

눈을 뜬 사자는 공주가 사라지고 제 주인이 목이 뎅강 잘린 채 죽어 있는 것을 보고는, 온몸의 털이 거꾸로 솟는 듯한 분노를 느끼며 무시무시한 소리로 울부짖었습니다.

"대체 어느 놈이 이런 짓을 한 거냐? 곰아, 넌 왜 나를 깨우지 않았니?"

곰이 늑대에게 말했습니다.

"넌 왜 나를 깨우지 않았어?"

늑대가 여우에게 말했습니다.

"넌 왜 나를 깨우지 않았어?"

여우가 토끼에게 말했습니다.

"넌 왜 나를 깨우지 않았어?"

가엾은 토끼만 아무 말도 못하고 죄를 뒤집어썼습니다. 그러자 모두들 화가 나서 토끼에게 달려들려고 하는데 토끼가 애걸했습니다.

"제발 살려 줘. 대신 내가 주인님을 살려 놓을게. 난 신비한 뿌리가 자라는 산을 알고 있어. 그 약초 뿌리를 먹으면 어떤 병이든, 어떤 상처든 깨끗하게 낫거든. 하지만 그 산은 여기서 2백 시간이나 걸린다구."

사자가 말했습니다.

"24시간 안에 그 뿌리를 가지고 돌아오도록 해."

토끼는 나는 듯이 달려가 24시간 안에 그 뿌리를 가져왔습니다. 사자가 사냥꾼의 몸에 머리를 다시 붙여 놓자, 토끼는 그의 입 안에 약초뿌리를 밀어 넣었습니다. 그러자 놀랍게도 사냥꾼의 차가운 심장이 다시 뛰기 시작하더니 되살아나는 게 아닙니까.

눈을 뜬 사냥꾼은 공주가 보이지 않자 깜짝 놀라서 생각했습니다.

'내가 자고 있는 사이에 공주가 나를 버리고 달아나 버렸군.'

그런데 사자는 너무 서두르다가 주인의 머리를 거꾸로 붙여 놓고 말았습니다. 공주 생각에 슬픔에 잠겨 있던 주인은 그것을 깨닫지 못했습니다. 점심이 되어 뭔가 먹으려고 할 때 비로소 얼굴이 등 쪽으로 돌아가 있는 것을 알게 된 그는 어리둥절해서 동물들에게 자기가 자고 있는 사이에 무슨 일이 있었는지 물어보았습니다.

그러자 사자는 자기들도 피곤해서 모두 잠이 들고 말았다는 것, 잠에서 깨 보니 주인의 머리가 잘려 죽어 있었다는 것, 토끼가 생명의 뿌리를 가져왔다는 것, 하지만 서두르다가 그만 머리를 거꾸로 붙였다는 것을 이야기해 주었습니다. 그는 실수를 바로잡겠다고 말했습니다. 그리고 사냥꾼의 머리를 다시 떼어 바로 놓고, 토끼가 생명의 뿌리로 말끔하게 치료했습니다.

공주를 잃었다는 생각에 낙담한 사냥꾼은 동물들을 사람들 앞에서 춤추게 하면서 정처 없이 세상을 떠돌아다녔습니다. 그런데 인연이란 참으로 기이한 것이어서, 그로부터 꼭 1년이 되던 해에, 그는 다시 용으로부터 공주를 구해냈던 그 도시를 지나게 되었습니다. 이번에는 도시에 온통 붉은 천이 휘날리고 있었습니다. 그는 여관 주인에게 물었습니다.

"이번에는 무슨 일입니까? 1년 전에는 온통 검은 상장으로 뒤덮여 있더니 오늘은 붉은 천이라니요?"

주인이 대답했습니다.

"1년 전에는 공주가 용에게 잡혀갈 뻔했지만, 시종장이 용과 싸워서 용을 죽였지요. 그래서 내일 두 사람의 결혼식이 거행될 예정이랍니다. 그래서 그때는 애도의 뜻으로 온 도시에 검은 상장을 내걸었지만, 오늘은 기쁨의 뜻으로 붉은 천을 매단 것이지요."

결혼식이 열릴 시간인 이튿날 점심때가 되자 사냥꾼은 여관 주인에게 말했습니다.

"주인장, 내가 오늘 임금님 식탁에서 빵을 가져와 당신 집에서 먹겠다면 믿으시겠소?"

여관 주인이 말했습니다.

"글쎄요, 아무래도 그건 믿기 힘들 것 같은데요. 저는 해낼 수 없다는 데 금화 백 냥을 걸겠소."

사냥꾼은 그 내기를 받아들여, 자기도 같은 금화가 들어 있는 주머니를 내놓았습니다. 그런 다음 토끼를 불러서 말했습니다.

"뜀박질 잘하는 토끼야, 가서 왕이 먹는 빵을 가지고 오렴."

토끼는 가장 힘이 없어서 다른 동물들에게 부탁하지도 못하고 자기가 직접 갈 수밖에 없었습니다.

'이거 참, 큰일이네. 내가 혼자 거리를 뛰어가면 고기를 좋아하는 개들이 날 따라올 텐데.'

아니나 다를까, 토끼가 걱정했던 상황이 벌어졌습니다. 개들이 쫓아와 토끼의 멋진 가죽을 벗기려고 들기 때문입니다.

토끼가 얼마나 죽기 살기로 달아났는지, 보초 막사에 들어갔어도 군인들이 알아차리지 못할 정도였습니다. 개들도 쫓아와 토끼를 끌어내리려고 했지만, 성실한 군인들이 막대기를 휘두르며 쫓아냈으므로 개들은 깨갱 비명을 지르며 물러났습니다. 밖이 조용해지자 토끼는 성 안으로 몰래 뛰어 들어가서 공주 의자 밑에 앉아 공주의 다리를 긁었습니다.

그러자 공주는 그것이 자신이 기르는 개인 줄 알고 말했습니다.

"저리 가거가!"

토끼가 다시 한 번 발목을 긁자 공주는 이번에도 강아지일 거라 생각하며 말했습니다.

"저리 가라니까!"

토끼는 그래도 물러서지 않고 또 한 번 그녀의 발목을 긁었습니다. 아래를 내려다 본 공주는 자기가 준 산호 목걸이를 맨 토끼를 알아보았습니다. 공주는 토끼를 품에 안고 제 방으로 데려가 물었습니다.

"토끼야, 무슨 일이니?"

토끼가 말했습니다.

"용을 물리친 주인님이 이 도시로 오셨는데, 임금님이 먹는 빵을 가져오라고 저를 보냈어요."

공주는 뛸 듯이 기뻐하며 빵 굽는 요리사를 불러 왕이 먹는 빵을 가져오라고 일렀습니다. 그러자 토끼가 말했습니다.

"개들이 저를 해치지 못하도록 요리사도 여관 앞까지 함께 갔으면 좋겠어요."

요리사가 여관 문 앞까지 무사히 데려다 주자, 토끼는 뒷발로 걸어서 앞발로 빵을 들고 주인에게 가져갔습니다.

사냥꾼이 말했습니다.

"보십시오, 주인장. 저 금화 백 닢은 제 것입니다."

여관 주인은 어안이 벙벙했습니다. 그러나 사냥꾼은 계속 말했습니다.

"주인장, 빵을 얻었으니 이번에는 왕의 고기를 먹고 싶군요!"

여관 주인이 말했습니다.

"그대의 솜씨를 한번 보고 싶소."

그러나 다시 내기를 하려고 들지는 않았습니다.

사냥꾼이 여우를 불러서 말했습니다.

"여우야, 가서 왕의 고기를 가지고 오렴."

샛길을 잘 알고 있는 붉은 여우는 개에게 들키지 않고 요리조리 골목을 빠져나가 공주의 의자 밑에 앉아 공주의 다리를 긁었습니다. 아래를 내려다본 공주는 목걸이를 보고 여우를 알아보았습니다. 공주는 여우를 자기 방으로 데리고 가서 물었습니다.

"여우야, 무슨 일이니?"

여우가 대답했습니다.

"용을 물리친 주인님이 이 도시로 오셨는데, 임금님이 먹는 고기를 가져오라고 저를 보냈습니다."

공주는 서둘러 요리사를 불러서, 왕이 먹는 고기를 여관 문 앞까지 가지고 가라고 명령했습니다. 문 앞에 도착한 여우는 접시를 받아들고, 고기 위에 앉아 있던 파리를 꼬리로 쫓아내고는 주인에게 가지고 갔습니다.

사냥꾼이 말했습니다.

"보십시오, 주인장. 빵과 고기가 있으니 이제 왕이 먹는 채소가 먹고 싶군요."

사냥꾼은 늑대를 불러서 말했습니다.

"늑대야, 가서 왕이 먹는 채소를 가지고 오렴."

두려움을 모르는 늑대는 곧장 성으로 가서 공주의 방으로 들어가 뒤에서 공주의 옷을 잡아당겼습니다. 깜짝 놀라 뒤를 돌아본 공주는 목걸이를 보고 늑대를 알아보았습니다. 공주는 늑대를 자신의 방으로 데리고 가서 물었습니다.

"늑대야, 무슨 일이지?"

늑대가 대답했습니다.

"용을 물리친 주인님이 왕이 먹는 채소를 가져오랍니다."

공주는 요리사를 불러서 왕이 먹는 채소를 준비해서 여관 문 앞까지 가지고 가라고 명령했습니다. 늑대는 문 앞에서 접시를 받아들고 주인에게 가져갔습니다.

사냥꾼이 말했습니다.

"보십시오, 주인장. 빵과 고기와 채소가 생기니 이제 왕이 먹는 과자도 먹고 싶군요."

사냥꾼이 곰을 불러서 말했습니다.

"곰아, 넌 단 것을 좋아하지? 가서 왕이 먹는 과자를 가져오렴."

곰이 성으로 달려가자 모든 사람이 길을 비켜주었습니다. 그런데 보초 앞에 이르자, 보초는 총을 들이대며 들여보내 주지 않았습니다. 그러나 곰이 벌떡 일어나 앞발로 보초들의 오른쪽, 왼쪽 따귀를 때리자 그들은 모두 뒤로 나자빠지고 말았습니다. 그 틈에 곧장 공주에게 간 곰은 공주 뒤에 서서 나직하게 그릉거렸습니다. 뒤돌아본 공주는 곰을 알아보고 자기 방으로 데리고 가서 물었습니다.

"곰아, 무슨 일이니?"

곰이 말했습니다.

"용을 물리친 주인님이 왕이 먹는 과자를 가져오랍니다."

공주는 요리사를 불러서 왕이 먹는 과자를 구워 곰을 위해 여관 문 앞까지 가져다주라고 명령했습니다. 곰은 접시에서 떨어진 과자를 핥아먹은 다음, 뒷발로 일어서서 접시를 들고 주인에게 가져갔습니다.

사냥꾼이 말했습니다.

"보십시오, 주인장. 이제 빵과 고기와 채소와 과자가 생기니 왕이 마시는 포도주도 마시고 싶군요."

사냥꾼은 사자를 불러 말했습니다.

"사자야, 너는 술을 좋아하지? 가서 임금님이 마시는 포도주를 가져오너라."

사자는 성큼성큼 거리를 걸어 나아갔습니다. 사자가 거리를 지나가자, 사람들은 모두 그를 피했습니다. 보초 앞에 이르자 보초들은 일단 길을 막았지만, 사자가 한 번 으르렁거리자 모두 달아나기 바빴습니다.

사자는 왕의 방 앞으로 가서 꼬리로 문을 두드렸습니다. 밖으로 나온 공주는 사자를 보고 기겁을 했지만, 금으로 된 목걸이 걸쇠를 보고 사자를 알아보았습니다. 공주는 사자를 자기 방으로 데려가서 물었습니다.

"사자야, 무슨 일이니?"

사자가 말했습니다.

"용을 물리친 주인님이 왕이 마시는 포도주를 가져오랍니다."

　공주는 술시중을 드는 시종을 불러서 왕이 마시는 포도주를 사자에게 가져다주라고 일렀습니다. 그러자 사자가 말했습니다.

"같이 가서 진짜 왕이 마시는 술을 주는지 봐야겠습니다."

　그러고는 시종과 함께 지하실로 내려갔습니다. 지하실에 이르자 시종은 왕의 하인들이 마시는 평범한 포도주를 따르려고 했습니다. 사자가 말했습니다.

"잠깐! 먼저 내가 맛을 보겠소."

　그리고 술을 반 잔쯤 따라 단숨에 꿀꺽 마셨습니다. 사자가 말했습니다.

"아니야! 이건 진짜 왕의 포도주가 아니야."

　시종은 사자를 흘깃 째려보더니 저쪽으로 가서 다른 통에 있는 술을 따랐습니다. 그것은 시종장이 마시는 술이었습니다.

"잠깐! 먼저 내가 맛을 보겠소."

　그러고는 반 리터를 따라 마셨습니다.

"아까보단 낫지만 이것도 진짜는 아니군."

그 말에 시종장이 벌컥 화를 내며 말했습니다.

"한낱 어리석은 짐승이 술에 대해 무얼 안다고 그래!"

그러자 사자는 시종의 뺨을 한 대 후려갈겼고, 시종은 비명을 지르며 바닥에 나동그라졌습니다.

겨우 다시 일어난 그는 아무 말도 못하고 사자를 작고 특별한 지하실로 데리고 갔습니다. 그곳에는 왕 말고는 누구도 마시지 못하는 술이 있었습니다. 사자가 먼저 반 잔을 따라 맛을 보더니 말했습니다.

"음, 이건 진짜로군."

사자는 시종에게 여섯 병을 가득 채우라고 명령했습니다. 얼마 지나지 않아 그들은 지하실 위로 올라왔습니다. 바깥으로 나온 사자는 술기운이 돌아서 이리 비틀 저리 비틀 제대로 걷지를 못했기 때문에, 시종은 사자와 함께 여관 문 앞까지 포도주를 가져다주어야만 했습니다. 여관 앞에 이르자 사자는 주둥이로 바구니를 받아 들고 주인에게 가져갔습니다. 사냥꾼이 말했습니다.

"보십시오, 주인장. 여기 왕이 먹는 것과 똑같은 빵과 고기와 채소와 과자와 포도주가 있으니 동물들과 잔치를 벌입시다."

그는 다같이 앉아서 먹고 마시면서 토끼와 여우와 늑대와 곰과 사자에게도 먹을 것과 마실 것을 주었습니다. 그는 공주가 여전히 자신을 사랑한다는 사실을 알고 기분이 좋았습니다.

식사가 끝나자 그가 말했습니다.

"주인장, 왕처럼 먹고 마셨으니 이번에는 왕의 궁전으로 가서 공주와 결혼하겠소."

여관 주인이 말했습니다.

"공주님께는 벌써 신랑감이 정해져 있고, 게다가 오늘이 결혼식을 올리는 날인데 어찌 그럴 수가 있단 말이오?"

사냥꾼은 용의 산에서 공주에게 받은 손수건으로 싼 것을 꺼냈습니다. 그 안에는 용의 혀 일곱 개가 들어 있었습니다. 사냥꾼이 그것을 펼쳐 보여 주며 말했습니다.

"내 손에 있는 것들이 나를 도와줄 것입니다."

여관 주인이 식탁 위의 손수건을 보고 말했습니다.

"다른 건 다 믿어도 이것만은 믿을 수가 없군. 내 집을 몽땅 걸겠소."

사냥꾼이 금화 1천 닢이 든 자루를 꺼내어 식탁 위에 올려놓고 말했습니다.

"그럼 난 이걸 걸겠소."

한편, 왕은 식탁에 앉아 딸에게 말했습니다.

"아까부터 온갖 동물이 성을 들락거리면서 너를 찾아왔다던데, 대체 무슨 일이냐?"

공주가 대답했습니다.

"제 입으로는 말할 수 없지만, 사람을 보내 그 동물들의 주인을 데리고 오신다면 알 수 있을 거예요."

왕은 하인을 여관으로 보내 낯선 남자를 초대하게 했습니다. 하인이 마침 사냥꾼이 여관 주인과 내기를 하고 있을 때 찾아왔으므로 사냥꾼이 말했습니다.

"어쩌시오, 주인장. 왕이 하인을 보내 나를 초대하셨소. 하지만 아직은 갈 때가 아니지."

그러고는 하인에게 말했습니다.

"왕에게 왕족의 옷과 말 여섯 마리가 끄는 마차와 내 시중을 들 하인을 보내달라고 하시오."

이 청을 들은 왕이 딸에게 물었습니다.

"어떻게 한다?"

공주가 말했습니다.

"그 사람이 원하는 대로 해 주고 데려오는 게 좋겠어요."

왕은 왕족의 옷과 말 여섯 마리가 끄는 마차와 사냥꾼의 시중을 들 하인을 보냈습니다. 그것들이 오는 것을 본 사냥꾼이 말했습니다.

"보십시오, 주인장! 이번에는 내가 바라는 것들을 모두 갖추어서 나를 데리러 왔구려."

그는 왕족 옷을 입은 다음 용의 혀를 싼 손수건을 들고는 마차를 타고 왕에게 갔습니다. 그가 오는 것을 본 왕이 딸에게 물었습니다.

"저 사람을 어떻게 맞이해야 좋겠느냐?"

공주가 대답했습니다.

"직접 마중을 가시는 게 좋겠어요."

왕은 직접 마중을 가서 성으로 안내했습니다. 동물들도 따라왔습니다. 왕은 자신과 공주 옆에 사냥꾼을 앉혔습니다. 반대쪽 신랑 자리에 앉아 있던 시종장은 그 사냥꾼을 한눈에 알아보았습니다. 그때, 용의 머리 일곱 개가 죽 놓여졌습니다.

"이 일곱 머리는 시종장이 용에게서 베어 온 것이다. 따라서 나는 오늘 내 딸을 그에게 아내로 주고자 한다."

그때 사냥꾼이 자리에서 벌떡 일어나 용의 입을 모두 벌려 보이며 말했습니다.

"용의 혀 일곱 개는 어디에 있습니까?"

그 말을 들은 시종장은 깜짝 놀라 얼굴이 하얗게 질렸습니다. 그러고는 뭐라고 대답해야 할지 몰라 벌벌 떨다가 겨우 이렇게 말하는 것이었습니다.

"용에게는 본디 혀가 없습니다."

"거짓말쟁이나 혀가 없을 테지요. 용의 혀는 누가 진정한 승리자인지를 알려 줄 것입니다."

사냥꾼이 그렇게 말하며 지니고 온 손수건을 펴니 잘라낸 혀 일곱 개가 모두 들어 있었습니다. 그 혀를 하나씩 용의 목구멍에 꽂으니 모두 딱 들어맞았지요. 그런 다음에 그가 공주의 이름이 새겨진 손수건을 집어들고 공주에게 내밀며 물었습니다.

"이것을 누구에게 주셨지요?"

그러자 공주가 대답했습니다.

"용을 물리친 사람에게 주었지요."

그런 다음 사냥꾼은 동물들을 불러 저마다 목에 걸린 산호 목걸이와 사자의 금 걸쇠를 풀어서 공주에게 내밀면서 물었습니다.

"이게 누구의 것이지요?"

공주가 대답했습니다.

"그 목걸이와 황금걸쇠는 본디 내가 지니고 있던 것인데, 용을 무찌르는 데 많은 도움을 준 이 동물들에게 하나씩 나눠 주었답니다."

그러자 사냥꾼이 말했습니다.

"제가 용과의 싸움에 지쳐 쉬다가 깜빡 잠이 들었을 때 시종장이 와서 제 목을 잘라 버렸지요. 그리고 공주를 데리고 가서, 자기가 용을 물리쳤다고 말했습니다. 그가 거짓말을 했다는 건 저의 이 혀와 손수건과 목걸이가 증명하고 있습니다."

이어서 사냥꾼은 이제껏 일이 어떻게 되었는지 모두 이야기했습니다. 자신의 부하인 동물들이 기적의 약초뿌리로 그를 되살려냈으며, 1년 동안 동물들을 데리고 떠돌아다닌 끝에 이곳으로 다시 오게 되었는데, 여관 주인 이야기를 듣고 시종장이 사람들을 속였다는 사실을 알게 되었다고 말입니다. 그 이야기를 들은 왕이 딸에게 물었습니다.

"이 사람이 용을 죽였다는 것이 사실이냐?"

공주가 대답했습니다.

"네, 사실이에요. 시종장은 저를 협박해 아무 말도 하지 않겠다는 맹세를 하게 했지만, 제가 말하지 않아도 이미 온 세상에 드러났으니, 이제는 시종장의 못된 짓을 말해도 상관없겠지요. 제가 결혼식을 1년이 지난 뒤에 올리겠다며 고집을 부린 것도 바로 그 때문이었어요."

왕은 고문 열두 명을 모아 시종장을 심판하게 했습니다. 시종장은 네 마리 소에 팔다리가 묶여 온몸이 찢겨 죽는 벌을 받게 되었습니다. 이렇게 못된 시종장은 처형되고, 왕은 사냥꾼을 공주의 남편으로 맞이한 뒤, 그에게 자신의 뒤를 이어 나라를 다스리도록 했습니다. 즐거운 분위기 속에 결혼식이 끝나고, 젊은 왕은 친아버지와 양아버지를 모두 성으로 초대해 산더미 같은 보물을 안겨 주었습니다. 젊은 왕은 여관 주인도 잊지 않고 불렀습니다.

"보시오, 주인장! 이렇게 공주님과 결혼하지 않았소? 그러니 당신 집은 이제 내 것이오."

여관 주인이 말했습니다.

"예, 약속은 약속이니 그래야 마땅하지요."

그러자 젊은 왕이 말했습니다.

"약속은 약속이지만 내 자비를 베풀어 집은 받지 않겠소. 금화 1천 닢을 집과 함께 선물로 드리리다."

그리하여 젊은 왕과 왕비는 참으로 즐겁고 행복한 나날을 보내게 되었습니다. 젊은 왕은 사냥을 무척 좋아해서 충실한 동물들을 데리고 자주 사냥을 나갔습니다.

그런데 근처에는 마법의 숲이 하나 있었습니다. 누구든 한번 들어가면 다시는 나오지 못한다는 것이었습니다. 그곳으로 사냥을 가고 싶어서 견딜 수가 없었던 젊은 왕은 늙은 왕이 허락을 내릴 때까지 계속해서 졸라댔습니다. 마침내 허락을 받은 그는 많은 시종들을 거느리고 말을 타고 숲에 이르렀습니다. 숲 속에는 눈처럼 새하얀 암사슴이 있었습니다.

"내가 돌아올 때까지 여기서 기다려라. 저 멋진 사슴을 잡아올 테니."

그리고 사슴을 쫓아 숲 속으로 말을 내달렸습니다. 그의 동물들만이 그를 뒤따랐지요. 시종들은 그 자리에서 날이 저물도록 한참을 기다렸지만 젊은 왕은 끝내 돌아오지 않았습니다. 그들은 성으로 돌아가 왕비에게 보고했습니다.

"임금님이 마법의 숲에서 하얀 암사슴을 쫓아간 뒤로 아직까지 돌아오지 않으십니다."

왕비는 걱정이 되어 견딜 수가 없었습니다.

한편, 젊은 왕은 아름다운 짐승을 쫓아 계속 말을 달리고 있었습니다. 하지만 아무리 빠르게 달려도 따라잡을 수가 없었지요. 사정거리 안에 들어왔다 싶으면 곧 더 멀리 달아나 버리더니 마침내 완전히 자취를 감추고 말았습니다. 그는 너무 깊이 들어왔다는 것을 깨닫고 뿔피리를 불었으나 아무런 대답도 없었습니다. 멀리 떨어져 있던 신하들에게는 그 소리가 전혀 들리지 않았던 것입니다. 이미 날이 어두워져 그날은 어차피 궁전으로 돌아갈 수 없다는 것을 깨달은 왕은, 말에서 내려 어느 나무 옆에 불을 피우고 그곳에서 밤을 보내기로 했습니다. 왕이 불 옆에 앉고 동물들도 왕 옆에 나란히 엎드려 있는데, 어디선가 사람 목소리가 들리는 듯했습니다. 모두들 깜짝 놀라 주위를 두리번거렸지만 아무것도 보이지 않았습니다. 얼마 안 있어 또 신음 같은 것이 위쪽에서 들려와서 위를 올려다보니 어떤 할머니가 나무 위에 앉아서 끙끙거리고 있었습니다.

"으으으, 추워 죽겠네!"

왕이 말했습니다.

"추우면 이리로 내려와서 불을 쬐십시오."

할머니가 말했습니다.

"싫어. 그 동물들이 날 물면 어떡하라구."

젊은 왕이 말했습니다.

"할머니, 이 녀석들은 아무 해도 끼치지 않을 테니 어서 내려오세요."

이 할머니는 실은 마녀였습니다.

"내가 나뭇가지를 하나 던져 줄 테니 그것으로 그 녀석들 등짝을 내리치면 나에게 아무 짓도 못할 거요."

그래서 젊은 왕은 할머니가 던져주는 나뭇가지로 동물들 등을 쳤습니다. 그러자 동물들은 그대로 끽 소리도 내지 못한 채 돌로 변해 버리고 말았습니다. 안심한 마녀가 나무 아래로 훌쩍 뛰어내려와 나뭇가지로 젊은 왕의 몸을 건드리자 왕도 순식간에 돌로 변하고 말았지요. 마녀는 낄낄 웃으면서 돌이 되어 버린 젊은 왕과 짐승들을 깊은 구덩이로 질질 끌고 갔습니다. 구덩이 안에는 벌써 그런 불쌍한 돌들이 많이 들어 있었습니다.

한편, 아무리 기다려도 젊은 왕이 돌아오지 않자 왕비의 걱정과 불안은 차츰 커져만 갔습니다. 바로 그 무렵, 예전에 헤어지면서 동쪽으로 떠났던 쌍둥이 형제가 이 나라에 이르렀습니다. 일자리를 찾지 못한 채 동물들을 춤추게 하며 방방곡곡을 떠돌다가, 문득, 헤어질 때 나무기둥에 꽂아 두었던 칼을 찾아보고 싶어졌습니다. 동생이 어떻게 되었는지 궁금했던 것입니다.

그런데 그 자리로 가 보니, 동생의 칼은 절반은 녹슬고 절반만 번쩍이고 있었습니다. 형은 깜짝 놀라 생각했습니다.

'동생에게 무슨 변이 생긴 게 분명해. 하지만 절반이 아직도 번쩍거리고 있는 걸 보면 어쩌면 동생을 구할 수 있을지도 모르겠구나.'

그는 동물들을 불러서 서쪽으로 갔습니다. 도성으로 들어가자 보초들이 얼른 달려와서 말했습니다.

"왕비님께 이 소식을 알릴까요? 왕께서 돌아오지 않아 벌써 며칠째 아주 걱정하고 계시답니다. 마법의 숲에서 목숨을 잃은 건 아닐까 하고 말입니다."

이 형은 쌍둥이인 만큼 동생과 똑같이 생긴 데다 똑같은 동물들까지 데리고 있었기 때문에, 보초들은 그가 젊은 왕인 줄로만 알았던 것이지요. 그 말을 들은 형은 보초가 자신을 왕으로 알고 말하는 것임을 알아차리고 생각했습니다.

'일단은 동생인 척 행동하는 게 좋겠다. 그 편이 동생을 더 쉽게 구할 수 있

을지 모르니까.'

형은 보초의 호위를 받으며 성으로 들어갔습니다. 모두들 무척 기뻐하면서 그를 맞이했습니다. 젊은 왕비는 진짜 자기 남편인 줄 알고 왜 그리 오랫동안 돌아오지 않았느냐고 물었습니다. 그가 말했습니다.

"숲속에서 길을 잃어서 지금까지 나오지 못하고 있었다오."

밤이 되어 화려한 침대에 들어간 그는 자기와 젊은 왕비 사이에 양날 검을 내놓았습니다. 왕비는 그것이 무슨 의미인지 알 수 없었지만 굳이 물어보지 않았습니다.

그는 성 안에 있는 며칠 동안 마법의 숲에 대해 샅샅이 조사한 다음 왕비에게 이렇게 말했습니다.

"다시 한 번 그 숲으로 사냥을 가야겠소."

선왕과 젊은 왕비가 온갖 말로 그를 말렸지만, 그는 뜻을 꺾지 않고 많은 시종들을 거느린 채 길을 떠났습니다. 숲 속에 들어간 형도 동생과 똑같은 일을 겪었습니다. 하얀 암사슴이 보이자 그는 신하들에게 말했습니다.

"내가 돌아올 때까지 이곳에서 기다려라. 저 멋진 사슴을 잡아올 테니."

그러고는 숲 속으로 말을 달렸습니다. 동물들도 따라왔습니다. 그러나 암사슴을 따라잡지 못하고 깊은 숲속으로 들어온지라 그곳에서 밤을 보낼 수밖에 없었습니다. 불을 지피는데 머리 위에서 갑자기 신음소리가 들려왔습니다.

"으으으, 추워 죽겠네!"

위를 올려다보니 웬 할머니가 나무 위에 앉아 끙끙대고 있었습니다. 사냥꾼 형이 말했습니다.

"할머니, 추우면 내려와서 불을 쬐십시오."

마녀가 대답했습니다.

"싫어. 그 동물들이 날 물면 어떡하라구."

형이 말했습니다.

"이 녀석들은 아무런 해도 끼치지 않습니다."

마녀가 외쳤습니다.

"나뭇가지를 하나 던져 줄 테니, 이것으로 그 녀석들 등짝을 때리면 나한테 아무 짓도 못할 거야."

그 말을 들은 사냥꾼은 할머니를 믿을 수가 없어졌습니다.

"나는 내 동물들을 때리지 않소. 어서 내려오지 않으면 내가 끌어내리겠소."

"무슨 짓을 하려는 게야? 내 몸에 손만 댔단 봐라."

"끝까지 내려오지 않겠다면 총을 쏘아 떨어뜨리겠소."

사냥꾼이 대답하자 노파가 약을 올렸습니다.

"쏠 테면 쏘라구. 네놈의 총 따윈 무섭지 않다구."

그는 마녀를 향해 총을 쏘았습니다. 그러나 마녀는 납 총알에는 끄떡도 하지 않고 째지는 목소리로 낄낄 웃으면서 소리쳤습니다.

"너 따위는 내 상대가 아니지!"

사냥꾼은 윗옷에서 은단추 세 개를 잡아 뜯어 총에다 장전했습니다. 마녀의 술수도 은 총알에는 못당할 것이니까요. 그가 총을 쏘자 마녀는 곧 비명을 지르며 떨어졌습니다.

그는 마녀를 밟고 말했습니다.

"이 못된 마녀! 내 동생이 어디에 있는지 당장 말하지 않으면 너를 불구덩이에 던져 버리겠다."

마녀는 아까와는 달리 굽실거리며 목숨만 살려달라고 애걸했습니다.

"당신 동생은 동물들과 함께 돌이 되어 저 구덩이 속에 있다오."

형은 마녀를 그곳으로 끌고 가서 위협했습니다.

"이 늙은 마녀야! 여기 쓰러져 있는 내 동생과 동물들을 살려내. 그렇지 않으면 불구덩이에 던져 버리겠다."

마녀가 나뭇가지를 들고 돌들을 건드리자 동생과 동물들은 되살아났습니다. 다른 사람들과 상인들, 직공들과 양치기들도 일어나서 자기를 살려주어 고맙다고 말하고는 각자 집으로 돌아갔습니다.

다시 만난 쌍둥이 형제는 서로 볼을 부비며 부둥켜안고 진심으로 기뻐했습니다. 그들은 마녀를 붙잡아 꽁꽁 묶고 불속에 처넣었습니다. 마녀가 불타 없어지자 숲이 저절로 열리며 환해졌습니다. 저 멀리 세 시간 거리에 있는 왕의 궁전도 보였습니다.

두 형제는 함께 성으로 돌아가면서 자기들이 그동안 겪은 일들을 서로 이야기했습니다.

동생이 자기가 왕을 대신해 나라를 다스리고 있다고 하자 형이 말했습니다.

"나도 알고 있었어. 도시에 들어서는 순간, 사람들이 나를 너인 줄 알고 하나부터 열까지 왕처럼 대해 주었으니까. 왕비도 나를 남편인 줄 알아서 난 왕비 옆에서 식사도 하고 왕비와 한침대에서 잠도 잤어."

이 말을 들은 동생은 그만 질투가 나서 이성을 잃고 칼로 형의 머리를 잘라 버렸습니다. 형이 쓰러져 붉은 피가 흐르는 것을 보자, 동생은 곧 후회하며 울부짖었습니다.

"형은 나를 살려주었는데 나는 형을 죽여 버렸구나!"

그러자 토끼가 나서서 생명의 뿌리를 구해 오겠다고 하더니 쏜살같이 달려가서 제때 그것을 가져왔습니다. 그 덕분에 죽은 형은 목숨을 되찾았고, 상처도 말끔히 나았습니다.

두 사람은 계속 걸어갔습니다. 동생이 말했습니다.

"형은 나랑 생긴 것도 똑같고 나와 똑같은 왕의 옷도 입고 있어. 동물들도 나를 따르듯이 형을 따르지. 우리 서로 반대쪽 문으로 들어가서 양쪽에서 선왕을 동시에 뵙자."

그렇게 두 사람은 헤어졌습니다. 늙은 왕에게 동시에 양쪽 문의 보초가 달려와서 젊은 왕이 동물들을 데리고 사냥에서 돌아왔다는 소식을 알렸습니다. 왕이 말했습니다.

"어떻게 이런 일이! 그 두 개의 문은 한 시간 거리인데!"

그런데 그때 양쪽에서 두 형제가 궁전 마당으로 들어와 계단을 올라왔습니다. 그것을 보고 왕이 공주에게 말했습니다.

"어느 쪽이 네 남편인지 말해 보거라. 너무 똑같아서 난 도무지 알 수가 없구나."

공주도 마찬가지였습니다. 그러나 결국 동물들에게 주었던 목걸이를 떠올렸습니다. 그것을 찾아보니, 사자 목에 작은 금 걸쇠가 있는 것이 보였습니다. 공주가 기뻐서 말했습니다.

"이 사자를 거느린 분이 제 남편이에요."

그러자 젊은 왕이 웃으면서 말했습니다.

"그렇소, 진짜 남편이 맞소."

그들은 함께 식탁에 앉아 먹고 마시며 즐거운 시간을 보냈습니다.

밤이 되어 젊은 왕이 침대로 다가가자 왕비가 말했습니다.

"어째서 지난 며칠 동안 밤마다 우리 사이에 날카로운 양날 검을 놓으셨나요? 저를 찔러 죽이는 건 아닐까 생각했잖아요."

그제야 동생은 형이 얼마나 듬직한 사람인지 알게 되었답니다.

KHM 061

가난뱅이 농부

Das Bürle

어느 곳에 부자 농부들만 모여 사는 마을이 있었습니다. 그 마을에는 가난한 농부가 딱 하나 끼어 살고 있었는데, 마을 사람들은 그를 가난뱅이라 불렀습니다. 그는 소 한 마리도 없었고 소를 살 돈은 더더욱 없었습니다. 물론 그들 부부도 암소를 한 마리 갖고 싶은 마음은 굴뚝같았지요.

그러던 어느 날 가난뱅이 농부가 아내에게 말했습니다.

"여보, 좋은 생각이 떠올랐소. 나의 대부(代父)인 소목장이가 있지 않소, 그 양반에게 부탁해서 나무로 송아지를 만들어 살아 있는 소와 똑같아 보이게 색을 칠해달라고 합시다. 그러면 그게 언젠가 자라 암소가 될 거야."

아내도 그 생각이 마음에 들었습니다. 대부인 소목장이는 농부의 부탁대로 나무를 깎고 대패로 다듬어 송아지를 만든 뒤, 진짜 송아지와 똑같아 보이게 색을 칠했습니다. 그리고 정말로 풀을 뜯고 있는 것처럼 고개를 아래로 숙여 놓았습니다.

다음 날 아침 목동이 소를 몰고 가는데 가난뱅이 농부가 목동을 불러세우더니 이렇게 말했습니다.

"이보시오, 우리도 송아지를 한 마리 가지고 있는데, 아직 너무 어려서 안고 가야 하오."

목동이 말했습니다.

"알겠습니다."

그러고는 송아지를 안고 목장으로 데려가서 풀밭 한가운데에 내려놓았습니다. 송아지는 정말로 풀을 뜯고 있는 것처럼 한 자리에서 움직이지 않고 고개를 숙인 채 서 있었습니다. 목동이 말했습니다.

"저렇게 잘 먹으니 금세 뛰어다닐 수 있겠어요!"

저녁이 되어 소떼를 몰고 돌아갈 시간이 되자 목동이 송아지에게 말했습니다.

"넌 거기서 실컷 먹으면 네 발로 걸어갈 수 있을 거야. 다시 너를 안고 돌아가긴 싫어."

한편, 가난뱅이는 자기 집 문 앞에 서서 송아지를 기다렸습니다. 그때, 목동이 소떼를 몰고 마을을 지나갔습니다. 그런데 자기 송아지만 보이지 않는 것이었습니다. 농부가 목동에게 자기 송아지는 어디에 있느냐고 물었습니다.

"계속 서서 풀만 뜯고 있지 뭡니까. 도무지 따라오려 하지를 않습디다."

"왜 그러지, 그 녀석이? 내가 가서 데려와야겠군."

가난뱅이는 목동과 둘이서 목장으로 갔습니다. 그런데 벌써 누가 훔쳐 갔는지 송아지는 그곳에 없었습니다. 목동이 말했습니다.

"녀석이 길을 잃은 모양이군요."

가난뱅이가 말했습니다.

"그럴 리 없어!"

그러고는 목동을 촌장 앞으로 끌고 갔습니다. 촌장은 목동의 부주의를 꾸짖고는, 사라진 송아지 대신에 암소 한 마리를 가난뱅이에게 주라고 말했습니다.

그리하여 가난뱅이와 그의 아내는 그토록 오랫동안 바라오던 암소를 마침내 갖게 되었습니다. 그들은 무척 기뻤으나, 여물이 없어서 소를 제대로 먹일 수가 없었습니다. 그래서 곧 암소를 잡게 되었지요. 가난뱅이는 고기는 소금에 절여 놓고, 가죽은 도시에 나가 팔아서 그 돈으로 송아지를 사오기로 했습니다. 가난뱅이가 도시로 가는 길에 어느 방앗간 옆을 지나가는데, 날개가 부러진 까마귀가 가만히 앉아 있는 게 보였습니다. 가엾게 여긴 그는 까마귀를 주워 암소가죽으로 잘 감싸 주었습니다. 그런데 갑자기 날씨가 몹시 사나워지면서 비바람이 몰아쳐 길을 계속 나아갈 수 없게 되자, 농부는 방앗간 주인에게 하룻밤만 묵고 가게 해달라고 청했습니다. 집에 혼자 있던 방앗간 안주인이 가난뱅이에게 말했습니다.

"그 짚더미 위에서 쉬세요."

그러고는 치즈와 빵을 내주었습니다. 그것을 먹고 난 그는 소가죽을 옆에 두고 드러누웠습니다. 방앗간 안주인은 이렇게 생각했습니다.

'피곤해서 자려는 모양이군.'

그러던 중 목사가 찾아오자 그녀는 그를 반갑게 맞이하며 말했습니다.

"남편은 나가고 없으니 우리 거하게 차려 먹읍시다."

이 말을 엿들은 가난뱅이는 자기에게는 고작 치즈와 빵만 주고 자기끼리 거하게 차려서 먹는다는 말에 은근히 화가 났습니다. 방앗간 집 아내는 구운 고기에 샐러드, 과자, 포도주 등 상다리가 휘어지게 상을 차렸습니다.

두 사람이 앉아서 막 먹으려는데 밖에서 문을 두드리는 소리가 났습니다.

"아이고 큰일 났네, 남편이 돌아 왔어요!"

여자는 소리치며 잽싸게 고기는 난로 옆 벽장 안에, 포도주는 베개 아래에, 샐러드는 침대 위에, 과자는 침대 아래에 밀어 넣고, 목사는 현관방 벽장 안에 숨겼습니다. 그리고 남편에게 문을 열어주며 말했습니다.

"당신이 돌아와서 얼마나 반가운지 몰라요! 마치 세상을 몽땅 삼켜 버릴 것만 같은 무시무시한 폭풍우지 뭐예요!"

가난뱅이가 짚더미 위에 누워 있는 것을 본 방앗간 주인이 물었습니다.

"저 사람은 누구요?"

아내가 말했습니다.

"저 불쌍한 사람이 이 폭풍우 속을 뚫고 와서는 하룻밤 재워 달라고 하지 뭐예요. 그래서 치즈와 빵을 주고 짚더미에서 자라고 했지요."

남편이 말했습니다.

"그건 그렇고, 어서 뭐 먹을 것 좀 주구려."

아내가 말했습니다.

"치즈와 빵밖에 없어요."

"빵이든 치즈든 아무거나 가져와요."

남편이 대답하고는 가난뱅이를 뚫어지게 쳐다보다가 큰 소리로 이렇게 말했습니다.

"당신도 이리 와서 같이 먹읍시다!"

가난뱅이는 냉큼 일어나 같이 먹었습니다. 그런 다음 방앗간 주인은 까마귀를 싼 가죽이 바닥에 놓여 있는 것을 보고서 물었습니다.

"저게 무엇이오?"

가난뱅이가 대답했습니다.

"그 안에 점치는 새가 들어 있어요."

방앗간 주인이 물었습니다.

"내 점도 봐 줄 수 있소?"

가난뱅이가 대답했습니다.

"안 될 것 없지요. 그런데 네 번째까지만 말하고, 다섯 번째는 알려주지 않는다오."

방앗간 주인은 넘치는 호기심을 누르지 못하고 말했습니다.

"점을 한번 쳐 보라고 하시오."

가난뱅이가 까마귀의 머리를 꾹 누르자 까마귀가 '까악, 까르르, 까르르' 울었습니다. 방앗간 주인이 물었습니다.

"뭐라고 하는 거요?"

가난뱅이가 말하기를,

"첫 번째 점괘는 베개 아래에 포도주가 있다는군요."

"그럴 리가!"

방앗간 주인이 방에 가보니 베개 아래에는 정말로 포도주가 있었습니다.

"다음은 뭐요?"

가난뱅이는 다시 까마귀를 '까악' 울게 하고 나서 말했습니다.

"두 번째 점괘는 난로 옆 벽장 안에 구운 고기가 있다는데요."

"그럴 리가!"

방앗간 주인이 그렇게 외치면서 가보니 난로 옆 벽장 안에 정말로 구운 고기가 있었습니다. 가난뱅이는 다시 한 번 까마귀에게 말을 시켰습니다.

"세 번째 점괘는 침대 위에 샐러드가 있답니다."

"그럴 리가!"

방앗간 주인이 가보니 정말로 침대 위에는 샐러드가 놓여 있었습니다. 그리고 이제 마지막이라면서 까마귀를 다시 한 번 눌러 '까악' 소리를 내게 하더니 가난뱅이가 말했습니다.

"네 번째 점괘는 침대 아래에 과자가 있다는군요."

"그럴 리가!"

방앗간 주인이 그렇게 외치면서 가보니 정말로 침대 아래에서 과자가 나오는 게 아니겠습니까.

먹음직스러운 음식이 한상 가득 차려져서 두 사람이 식탁에 앉자, 안주인은 목사를 벽장에 숨긴 것을 들킬까 봐 너무도 겁이 나서 죽을 것만 같았습니다. 그래서 집 안 열쇠란 열쇠는 모두 몸에 지니고 침대에 들어가 누웠습니다. 네 점괘가 모두 맞아 떨어지자, 방앗간 주인은 다섯 번째 점괘도 궁금해서 견딜 수가 없었습니다. 그러나 가난뱅이가 말했습니다.

"먼저 이 음식들을 천천히 즐깁시다. 다섯 번째 점괘는 좋지 않은 것일 테니까요."

두 사람은 일단 먹었습니다. 그런 다음 다섯 번째 점괘에 대해 방앗간 주인이 복채를 얼마나 낼 것인지를 두고 흥정이 벌어졌는데, 결국 3백 탈러에 합의를 보았습니다.

가난뱅이가 까마귀의 머리를 다시 한 번 누르자, 까마귀가 커다란 목소리로 '까악' 울었습니다.

"뭐라고 그러오?"

방앗간 주인이 묻자 가난뱅이가 말했습니다.

"현관방 벽장 안에 악마가 있다는군요."

"악마라면 당연히 내쫓아야지."

방앗간 주인이 말하면서 현관문을 열었습니다. 아내는 열쇠를 내주지 않을 수가 없었습니다. 가난뱅이가 벽장 문을 여는 순간, 목사가 쏜살같이 내뺐습니다. 방앗간 주인이 말했습니다.

"새카만 놈이 달아나는 걸 내 눈으로 똑똑히 보았다구. 분명 악마였어."

가난뱅이는 다음 날 아침이 되자 약속한 3백 탈러를 받고 유유히 사라졌습니다.

집으로 돌아온 가난뱅이는 점차 살림살이가 나아져 깨끗한 집도 지었습니다. 마을 다른 농부들은 이렇게 쑥덕거렸습니다.

"저 가난뱅이 녀석이 황금 눈이 내리는 곳에 가서 삽으로 금화를 퍼온 모양이야."

그리하여 가난뱅이는 촌장 앞에 불려가 어떻게 부자가 되었는지 말해야만 했습니다.

"도시에 나가 암소 가죽 한 장을 3백 탈러에 팔았습니다."

그 말을 들은 농부들은 자기들도 큰 돈을 벌고 싶은 마음에 너도 나도 집으로 달려가 암소를 한 마리도 남김없이 죽여서 하나하나 가죽을 벗겼습니다. 촌장이 말했습니다.

"우리 집 하녀를 보내야겠군."

하녀가 도시 상인을 찾아가니, 상인은 가죽을 받고 3탈러밖에 쳐주지 않았습니다. 다른 사람들이 가니, 상인은 3탈러도 채 쳐주지 않고 이렇게 말했습니다.

"이렇게들 가죽만 가져오면 나더러 어쩌란 말이오?"

농부들은 농부들대로 가난뱅이에게 속은 것이 분해서 복수하기로 마음먹고 촌장에게 그를 사기죄로 고소했습니다. 죄 없는 가난뱅이는 만장일치로 사형선고를 받았습니다. 사람들은 가난뱅이를 구멍이 숭숭 난 통 안에 넣어 강물에 빠뜨리기로 했습니다.

가난뱅이는 밖으로 끌려 나갔습니다. 이제 곧 죽을 사람을 위해 마지막 기도를 해 줄 목사가 불려 왔지요. 다른 사람들은 모두 그 자리를 비켜주어야만 했습니다. 목사의 얼굴을 보니 방앗간 안주인에게 왔던 바로 그 목사였습니다. 그는 목사에게 애원했습니다.

"제가 당신을 벽장에서 꺼내 주었으니 이번에는 당신이 저를 이 통에서 꺼내 주십시오."

그때 마침 양치기가 양떼를 몰고 왔습니다. 그가 오래전부터 촌장이 되고 싶어 한다는 것을 알고 있던 가난뱅이는 있는 힘껏 소리를 질렀습니다.

"안 돼요, 난 못해요! 온 세상이 부탁한대도 안 돼요. 난 절대 하지 않을 겁니다!"

그 말을 들은 양치기가 다가와서 물었습니다.

"무슨 일이오? 뭘 못하겠다는 거요?"

가난뱅이가 말했습니다.

"이 통 안에 있으면 모두 나를 촌장으로 만들어 준다고 하지 뭡니까. 하지만 나는 촌장이 되기 싫어요."

양치기가 말했습니다.

"고작 그쯤으로 촌장이 될 수 있다면 내가 당신 대신 통 안에 들어가 줄 수 있는데."

가난뱅이가 말했습니다.

"이 안에 들어간다면 틀림없이 촌장이 될 수 있을 거요."

양치기는 얼른 좋다 하고는 통 안에 들어가 앉았습니다. 가난뱅이는 뚜껑을 닫은 뒤 그의 양떼를 마치 제 것인 양 몰고 사라져 버렸습니다. 목사가 마을에 가서 기도가 끝났다고 말하자, 모두들 몰려가서 통을 강 쪽으로 굴렸습

다. 통이 굴러가기 시작하자 안에 있는 양치기가 외쳤습니다.

"난 정말 촌장이 되고 싶어."

가난뱅이가 말하는 소리로 생각한 사람들이 그를 비웃으며 대꾸했습니다.

"그래, 하지만 먼저 그 전에 아래세상부터 구경하고 오라고."

농부들은 통을 데굴데굴 굴려 물속에 처넣어 버리고는 집으로 돌아갔습니다. 그런데 사람들이 마을에 들어서보니 가난뱅이가 저쪽에서 아주 태평한 얼굴로 유유히 양떼를 몰고 오는 게 아닙니까. 농부들이 깜짝 놀라 물었습니다.

"가난뱅이! 어디서 오는 길인가? 물에서 나온 건가?"

가난뱅이가 대답했습니다.

"물론이죠. 아주 깊이 깊이 가라앉아서 강바닥까지 갔었죠. 나는 통의 밑바닥을 뚫고 기어 나왔답니다. 그런데 멋진 초원이 펼쳐져 있고 새끼양들이 풀을 뜯어 먹고 있는게 아니겠어요? 그래서 그중 한 무리를 데리고 왔죠."

농부들이 물었습니다.

"양들이 아직 남아 있을까?"

"있다마다요. 당신네들도 그 많은 양들이 모두 필요하진 않을 걸요."

농부들은 서로 먼저 강바닥으로 내려가 양떼를 몰고 오겠다고 티격태격했습니다. 촌장이 말했습니다.

"내가 먼저야."

다 함께 강가로 가보니, 마침 파란 하늘에 뭉게뭉게 떠 있던 양떼구름이 물 위에 비치고 있었습니다. 그것을 보고 농부들이 외쳤습니다.

"저 밑바닥에 양들이 보인다!"

촌장이 사람들을 밀치고 나서면서 말했습니다.

"내가 먼저 내려가서 살펴본 다음에, 양들이 아직 남아 있으면 당신들을 부르겠소."

그렇게 말하고는 강물에 '풍덩' 뛰어들었습니다. 그 소리를 들은 사람들은 촌장이 "이리 오시오!"라고 부르는 것만 같아서 줄줄이 강물에 뛰어들었습니다. 그리하여 마을 사람들은 모두 죽고, 홀로 남은 가난뱅이가 모든 재산을 차지하여 큰 부자가 되었답니다.

KHM 062
꿀벌 여왕
Die Bienenkönigin

이 넓은 세상 이곳저곳에 벌어지는 재미있는 일을 찾아 모험을 떠난 두 왕자가 있었습니다. 그러나 거칠고 방탕한 생활에 빠져 집으로 다시는 돌아오지 못하게 되어버리고 말았습니다. 그러자 바보라고 불리는 막내 왕자가 형들을 찾아 나섰습니다. 가까스로 형들을 찾아냈지만, 똑똑한 자기들도 발이 걸려 더 나아가지 못하고 있는데, 너처럼 바보 같은 녀석이 어떻게 이 거친 세상을 헤쳐 나가겠냐면서 막냇동생을 마구 비웃었습니다.

마침내 함께 여행을 계속하게 된 삼형제는 어느 날 개밋둑 옆을 지나게 되었습니다. 두 형들이 그것을 파헤쳐 작은 개미들이 겁에 질려 우왕좌왕 알을 나르는 모습을 보겠다고 하자, 바보 왕자가 말했습니다.

"살아 있는 것들을 괴롭히면 안 됩니다. 나는 형들이 저 개미들을 괴롭히지 않았으면 좋겠어요."

계속 길을 가다 보니 많은 오리들이 헤엄을 치고 있는 호숫가에 이르렀습니다. 두 형들이 몇 마리 잡아서 구워 먹으려고 하자, 바보 왕자가 말렸습니다.

"살아 있는 것들을 괴롭히면 안 됩니다. 나는 형들이 저 오리들을 죽이지 않았으면 좋겠어요."

이윽고 그들은 벌집 옆을 지나게 되었습니다. 얼마나 많이 들어 있는지 꿀이 나무줄기를 타고 줄줄 흘러내리고 있었습니다. 두 형들이 나무 아래에 불을 놓아 벌들이 모두 숨이 막혀버리면 저 먹음직스러운 꿀을 몽땅 차지할 수 있다고 우기자, 또 바보 왕자가 말렸습니다.

"그냥 가만히 둡시다. 나는 형들이 저 벌들을 죽이지 않았으면 좋겠어요."

얼마 뒤 삼형제는 어느 성에 이르렀습니다. 그 성 마구간에는 순전히 돌로 된 말 세 마리만 있을 뿐, 사람은 아무도 없었습니다. 그들은 모든 방을 샅샅이 뒤지다가 마지막으로 자물쇠가 세 개나 채워진 한 문 앞에 이르렀습니다. 문 가운데 덧문이 달린 작은 창문이 있어 그것을 통해 방 안을 들여다보니 머리카락이 온통 새하얀 난쟁이 하나가 탁자 앞에 앉아 있었습니다. 세 사람은 한 번 두 번 난쟁이를 불렀지만, 난쟁이는 듣지 못했습니다. 세 번 부르고 나서야 난쟁이가 일어나서 자물쇠 세 개를 열고 밖으로 나왔습니다. 그러나 한 마디도 하지 않고 세 사람을 맛있는 음식이 한가득 차려진 식탁으로 데리고 갔습니다. 세 사람이 실컷 먹고 마시자, 난쟁이는 세 사람을 각각 다른 침실로 데리고 갔습니다.

다음 날 아침, 난쟁이는 맏형 방으로 와서 형에게 이쪽으로 오라며 손짓을 하더니 석판이 있는 곳으로 데려갔습니다. 그 석판에는 세 가지 해야 할 일이 적혀 있었는데, 그 일들을 모두 해내면 이 성을 사악한 마법으로부터 구해낼 수 있다는 것이었습니다. 첫째 할 일은 숲 속 이끼 아래에서 공주의 진주알을 찾는 것이었습니다. 그 진주알은 천 개나 되는데 만일 해가 지기 전까지 하나도 빠짐없이 모두 찾지 못하면 그 사람은 돌이 되어버린다고 말했습니다.

첫째 왕자는 숲으로 가서 온종일 찾았지만, 날이 저물 때까지 찾은 것은 고작 진주 백 개뿐이었습니다. 석판에 적혀 있던 대로 그는 돌로 변했습니다. 다음날에는 둘째 형이 모험에 나섰습니다. 그도 맏형보다 별로 나을 것이 없었습니다. 그는 진주 2백 개밖에 찾지 못하고 돌로 변하고 말았습니다. 마지막으로 바보 왕자의 차례가 되었습니다. 그는 이끼 속을 뒤졌지만, 진주를 찾는 일은 여간 어려운 일이 아니었습니다. 그래서 그는 돌에 걸터앉아서 엉엉 울고 말았습니다.

그러고 있는데, 전에 그가 목숨을 구해 주었던 여왕개미가 개미 5천 마리를 데리고 왔습니다. 얼마 지나지 않아 개미들은 힘을 모아 진주를 찾아서는 산더미처럼 쌓아 놓았습니다.

두 번째 할일은 깊은 바닷속에서 공주의 침실 열쇠를 가져오는 것이었습니다. 바보 왕자가 바다에 이르자, 그가 전에 물에서 건져 주었던 오리들이 물속으로 들어가 바다 밑바닥에서 열쇠를 건져다 주었습니다.

그러나 세 번째 문제는 가장 어려웠습니다. 잠자는 세 공주 가운데 가장 어리고 가장 예쁜 공주를 찾아오는 것이었습니다. 세 사람은 아주 똑같이 생겼는데, 다른 점이라고 하면 잠들기 전에 각각 다른 단 음식을 먹는다는 것뿐이었습니다. 첫째 공주는 각설탕 하나를 먹었고, 둘째 공주는 시럽을 조금 먹었고, 막내 공주는 벌꿀을 한 숟갈 가득 먹었습니다. 바보 왕자가 도저히 찾지 못하고 있자, 얼마 전에 불길로부터 지켜 주었던 벌들의 여왕이 나타나 세 공주의 입을 하나하나 핥아 보았습니다. 여왕벌이 꿀을 먹었던 입에 내려앉았으므로 왕자는 막내 공주를 정확히 바로 알아맞힐 수 있었습니다.

그러자 스르르 마법이 풀리며 성 안 사람들 모두가 잠에서 깨어났습니다. 돌이 되었던 사람들이 다시 본디 모습으로 돌아온 거예요. 가장 예쁜 막내 공주와 결혼한 바보 왕자는 공주의 아버지가 죽은 뒤에 왕이 되었습니다. 바보 왕자의 두 형도 저마다 공주의 언니들과 결혼을 했답니다.

KHM 063

세 개의 깃털

Die drei Federn

옛날 어느 왕에게 아들이 셋 있었습니다. 맏아들과 둘째 아들은 똑똑하고 영리했지만 셋째 아들은 말도 없고 어리석었습니다. 그래서 다들 그를 '못난이'라 불렀지요. 나이가 들어 몸이 나약해진 왕은 이제 죽음을 생각할 때가 되었으나, 아들들 가운데 누구에게 이 나라를 맡겨야 할지 도무지 알 수가 없었습니다. 그래서 아들들에게 말했습니다.

"세상에 나아가 가장 멋진 양탄자를 가져오는 사람에게 왕위를 물려주겠다."

그리고 그들 사이에 다툼이 일어나기 전에 왕은 세 사람을 성 앞으로 데리고 가서 깃털 세 개를 공중에 훅 불려 날리고는 이렇게 말했습니다.

"깃털이 날아가는 방향으로 가거라."

첫 번째 깃털은 동쪽으로 날아가고, 두 번째 깃털은 서쪽으로 날아갔지만, 세 번째 깃털은 똑바로 날아가다가 금세 땅으로 툭 떨어졌습니다. 그리하여 한 사람은 오른쪽으로 가고, 다른 한 사람은 왼쪽으로 갔습니다. 그리고 세 번째 깃털이 떨어진 곳에 머물러 있어야 하는 못난이 왕자를 두 형은 비웃었습니다.

못난이 왕자가 풀이 잔뜩 죽어서 앉아 있는데, 문득 깃털이 떨어진 바로 옆에 뚜껑문이 있는 게 보였습니다. 문을 들어 올려보니 계단이 있어서 셋째 왕자는 아래로 내려가보았습니다. 계단을 내려가자 또 다른 문이 나왔고, 문을 똑똑 두드리니 안쪽에서 누군가를 외쳐 부르는 듯한 목소리가 들려왔습니다.

"초록색의 작은 처녀야,
쭈그렁탱이 발아,
쭈그렁탱이 발을 가진 강아지야,
이리 뛰고 저리 뛰어
밖에 누가 있는지 냉큼 보고 오너라."

문이 열리자, 안에 커다랗고 뚱뚱한 두꺼비가 작은 두꺼비들에게 둘러싸여 앉아 있는 것이 보였습니다. 뚱뚱한 두꺼비가 무슨 일로 왔느냐고 물었습니다.

못난이 왕자가 대답했습니다.

"가장 곱고 멋진 양탄자를 찾고 있습니다."

그러자 뚱뚱한 두꺼비가 젊은 두꺼비를 불러서 말했습니다.

"초록색의 작은 처녀야,

쭈그렁탱이 발아,

쭈그렁탱이 발을 가진 강아지야,

이리 뛰고 저리 뛰어

커다란 상자를 내게 가져다주려무나."

젊은 두꺼비가 상자를 가져오자 뚱뚱한 두꺼비가 그것에서 못난이 왕자에게 양탄자를 하나 꺼내 주었습니다. 그런데 그것이 어찌나 곱고 아름다운지, 저 땅 위 세상에서는 누구도 짤 수 없을 것만 같았습니다. 못난이 왕자는 고맙다는 인사를 하고 다시 계단을 올라갔습니다.

두 형은 바보 막냇동생이 아무것도 찾지 못하고 빈손으로 오리라고 생각했습니다.

"뭐 하러 고생해서 양탄자를 찾는담?"

두 사람은 이렇게 말하고, 길을 가다가 맨 처음 만난 양치기의 아내가 두르고 있던 거친 숄을 벗겨서 왕에게 가지고 갔습니다. 때마침 못난이 왕자도 성으로 돌아와서 아름다운 양탄자를 내놓았지요. 왕은 그것을 보고 깜짝 놀라며 말했습니다.

"약속한 것은 꼭 지켜야 하겠지. 그러니 막내에게 왕국을 물려 주겠다."

그러자 두 형들은 무엇 하나 제대로 할 줄 아는 것도 없는 녀석이 어떻게 왕이 될 수 있느냐면서 아버지를 마구 비난했습니다. 그들이 새로운 조건을 내걸라고 계속 졸라대자 아버지가 하는 수 없이 말했습니다.

"나에게 가장 아름다운 반지를 가져오는 사람에게 왕국을 물려주겠다."

왕은 세 형제를 밖으로 데리고 나가 공중에 깃털 세 개를 훅 불었습니다. 깃털이 날아간 방향에 따라 세 사람은 각각 길을 떠나야 했습니다.

두 형은 다시 동쪽과 서쪽으로 가게 되었습니다. 못난이 왕자의 깃털은 똑바로 날아가다가 뚜껑 문 옆에 툭 떨어졌습니다. 그는 다시 뚱뚱한 두꺼비가 있는 곳으로 내려가서, 가장 아름다운 반지가 필요하다고 말했습니다. 두꺼비는 곧 커다란 상자를 가지고 오게 하더니 그 안에서 반지 하나를 꺼내 주었습니다. 그 반지는 온갖 보석들로 반짝거리며 찬란하게 꾸며져 있었습니다. 이 세상 어떤 세공사도 감히 만들 수 없을 만큼 아름다운 반지였지요.

두 형은 금반지를 찾으러 간 못난이 왕자를 비웃으며 아무런 노력도 하지 않고, 낡은 수레바퀴에서 못을 빼내어 왕에게 가져갔습니다. 그러나 못난이 왕자가 금반지를 가져오자 왕은 다시 이렇게 말했습니다.

"왕국은 막내의 것이다."

그러나 두 형은 왕을 끈질기게 졸라 결국 세 번째 조건을 내걸게 했습니다. 아버지는 이 세상 누구보다도 아름다운 신붓감을 데려오는 아들에게 왕국을 주겠다고 말했습니다. 그리고 다시 한 번 공중에 세 깃털을 불어 날렸지요. 깃털은 지난번과 똑같이 날아갔습니다.

못난이 왕자는 망설이지 않고 뚱뚱한 두꺼비에게 가서 말했습니다.

"가장 아름다운 신붓감을 데려가야만 합니다."

두꺼비가 말했습니다.

"허 참, 이번에는 가장 아름다운 신붓감이라고! 지금 바로는 안 되겠지만 곧 찾을 수 있을 거야."

뚱뚱한 두꺼비는 속을 파낸 노란 순무에 생쥐 여섯 마리를 매어 끌게 한 마차를 왕자에게 주었습니다. 그것을 본 못난이 왕자는 한숨을 내쉬면서 말했습니다.

"이것으로 뭘 어쩌라는 거죠?"

두꺼비가 대답했습니다.

"내 부하들 가운데 한 놈을 골라 그 안에 앉혀봐."

그 말을 듣고 셋째 왕자는 빙 둘러앉은 두꺼비들 가운데 하나를 집어 노란 마차 속에 앉혔습니다. 그런데 순무 속에 앉자마자 그 징그러운 두꺼비가 눈이 번쩍 뜨일만큼 아름다운 공주로 변하는 게 아니겠습니까! 보잘것없던 순무는 어느새 멋진 마차로 변해 있었고, 여섯 마리 생쥐는 여섯 마리의 훌륭한 말이 되어 있었습니다. 못난이 왕자는 아름다운 공주에게 입을 맞추고 말을 몰아 공주를 왕에게 데려갔습니다.

　뒤이어 형들이 왔습니다. 그들은 아름다운 여인을 찾으려는 노력은 전혀 하지 않고, 길 가다 우연히 만난 시골처녀를 데려왔을 뿐이었습니다. 왕은 여인들을 하나하나 쳐다본 뒤 말했습니다.

　"내가 죽은 다음 이 왕국은 막내의 것이다."

　그러자 두 형들은 왕의 귀를 찢어놓을 듯이 큰 소리로 마구 아우성치기 시작했습니다.

　"우리는 저런 녀석이 왕이 되는 것을 절대로 인정할 수 없습니다!"

　그리고 연회장 한가운데에 매달아 놓은 고리를 빠져나가는 여인의 남편이 가장 훌륭한 사람이라고 주장했습니다. 형들은 이렇게 생각했던 것입니다.

　'시골 처녀들은 튼튼해서 충분히 해낼 수 있지. 하지만 저 약해 빠진 여자는 뛰어넘다가 떨어져서 죽고 말걸.'

　이렇게 생각했기 때문이었지요.

　먼저 시골 처녀 두 사람이 펄쩍 뛰었습니다. 둘 모두 형들이 생각한 대로 고리를 지나가긴 했지만 몸이 무거워 그만 균형을 잃어버리는 바람에 둘다 넘어져서 굵은 팔과 다리가 부러지고 말았습니다. 이어서 못난이 왕자가 데리고 온 아름다운 아가씨가 사슴처럼 사뿐히 뛰었습니다. 이제는 누구도 못난이 왕자가 왕국을 물려받는 것을 반대할 수 없었습니다. 그리하여 셋째 왕자는 왕관을 물려받아(자세한 것은 모르지만 어쨌든 하느님의 눈으로 본다면) 성인의 길에 어긋나지 않고, 오랫동안 슬기롭게 나라를 잘 다스렸답니다.

KHM 064
황금 거위
Die goldene Gans

옛날 한 남자에게 세 아들이 있었습니다. 그 가운데 막내아들은 '못난이'라 불리며 놀림 받고 바보취급을 당하면서 언제나 사람들에게 제대로 된 대접을 받지 못했습니다.

어느 날 맏아들이 숲 속으로 나무를 하러 가게 되었습니다. 집을 나서기 전에 어머니는 배가 고프거나 목이 마르면 먹으라고 아주 먹음직스러운 달걀과 자와 포도주를 그에게 주었습니다. 숲으로 들어간 맏아들은 늙은 백발의 난쟁이를 만났습니다. 난쟁이가 인사를 하더니 이렇게 말했습니다.

"네 주머니에 든 과자 한 조각과 포도주 한 모금을 다오. 난 몹시 배가 고프고 목이 마르거든."

똑똑한 맏아들은 이렇게 말했습니다.

"내 과자와 포도주를 주면 내가 먹을 게 없잖아. 저리 꺼져!"

그러고는 난쟁이를 그 자리에 두고 휙 가 버렸습니다. 이 날, 그는 나무를 베다가 도끼를 잘못 휘둘러 팔을 다치는 바람에 곧 집으로 돌아가 붕대를 감아야만 했습니다. 사실 그것은 잿빛 난쟁이가 저지른 일이었지요.

얼마 뒤 둘째아들이 숲 속으로 갔습니다. 어머니는 둘째아들에게도 맏아들에게 그랬던 것처럼 달걀과자와 포도주 한 병을 주었습니다. 이 아들에게도 얼마 전과 마찬가지로 잿빛 난쟁이 영감이 나타나 과자 한 조각과 포도주 한 모금을 달라고 했습니다. 그러나 둘째 아들 또한 빈틈없는 사나이였기 때문에 이렇게 말했습니다.

"내 과자와 포도주를 주고나면 내가 먹을 게 없잖아. 어서 길이나 비켜!"

그러고는 난쟁이를 그 자리에 세워둔 채 횡하니 가 버렸습니다. 둘째 아들 또한 난쟁이의 벌을 받았습니다. 나무를 몇 번 찍다가, 그만 자기 정강이를 내려찍는 바람에 다른 사람에게 업혀서 집으로 돌아와야만 했습니다.

그것을 보고 막내가 말했습니다.

"아버지, 저도 나무를 하러 가게 해 주세요."

아버지가 대답했습니다.

"똑똑한 형들도 나무를 하다 다쳤는데 네가 뭘 할 수 있겠느냐?"

못난이가 자꾸 졸라대자 아버지도 마침내 이렇게 말했습니다.

"그럼 네 맘대로 해라. 한번 호되게 당해 봐야 똑똑해질 테지."

어머니는 과자를 주었지만, 그것은 물만 넣어서 잿불에 구운 것이었습니다. 그리고 시큼한 맥주를 한 병 주었습니다.

못난이가 숲으로 가자 형들과 마찬가지로 잿빛 난쟁이 영감이 불쑥 나타났습니다. 난쟁이가 인사를 하며 말했습니다.

"네 과자 한 조각과 술 한 모금을 다오. 나는 몹시 배가 고프고 목이 마르거든."

그러자 못난이가 대답했습니다.

"하지만 전 잿불에 구운 과자와 시큼한 맥주밖에 없는 걸요. 이거라도 괜찮으면 앉아서 같이 먹어요."

두 사람은 자리에 함께 앉았습니다. 못난이가 잿불에서 구운 과자를 꺼내자, 그것은 맛있는 달걀과자로 변해 있었습니다. 그리고 시큼한 맥주는 맛좋은 포도주가 되어 있었습니다. 두 사람은 그것들을 함께 나누어 먹었습니다. 다 먹고 나자 난쟁이가 말했습니다.

"너는 먹을 것을 기꺼이 나누어 주는 따뜻한 마음씨를 가졌으니 너에게 행운을 주겠다. 저기 있는 늙은 나무를 베어 쓰러뜨려 보아라. 뿌리에서 뭔가 나올 게다."

그리고 난쟁이는 작별인사를 하고 사라졌습니다.

못난이는 그리로 가서 그 나무를 쓰러뜨렸습니다. 그러자 뿌리에 거위 한 마리가 앉아 있는 것이었습니다. 그 거위의 깃털은 순금으로 되어 있었습니다. 못난이는 번쩍번쩍 빛나는 신기한 거위를 안고 하룻밤을 보내기 위해 어느 여관으로 들어갔습니다.

그 여관 주인에게는 딸이 셋 있었습니다. 금빛 거위를 보고 매우 신기해하던 딸들은 거위의 황금 깃털이 몹시 탐이 났습니다. 맏딸은 깃털 하나쯤은 뽑을 기회가 있으리라고 생각했습니다. 그리고 난쟁이가 밖으로 나가자, 맏딸은 거위의 깃털을 덥석 잡았습니다. 그런데 손과 손가락이 깃털에 찰싹 달라붙어서 떨어지지 않는 것이었습니다. 곧 둘째딸도 황금 깃털을 하나 뽑으려는 생각으로 몰래 들어왔습니다. 그러나 손이 언니의 몸에 닿는 순간 찰싹 달라붙어 떨어지지 않는 것이었습니다. 마지막으로 셋째딸도 같은 생각으로 몰래 들어왔습니다.

두 언니는 소리쳤습니다.

"이쪽으로 오지 마! 제발 이쪽으로 오지 마!"

그러나 셋째는 왜 오지 말라고 하는지 영문을 알 수 없었습니다. '자기들도 손에 들고 있으면서 나는 오지 말라고? 둘이서만 깃털을 차지할 속셈이군. 내가 모를 줄 알고!' 이렇게 생각한 막내딸이 뛰어가서 둘째 언니의 몸에 손을 대는 순간, 그녀 또한 그만 딱 붙어 버리고 말았습니다. 그리하여 세 사람은 거위 옆에서 밤을 지새워야 했습니다.

다음 날 아침, 못난이는 거위를 안고 길을 떠났습니다. 거위에 달라붙어 있는 세 처녀는 신경도 쓰지 않았습니다. 세 사람은 못난이가 가는 대로 이리저리 따라가는 수밖에 없었습니다. 들판 한가운데에서 네 사람은 신부와 만났습니다. 네 사람이 줄 지어 걸어가는 것을 본 신부가 말했습니다.

"너희는 부끄럽지도 않으냐? 이렇게 훤한 들판 한가운데에서 젊은 사내의 꽁무니나 졸졸 따라다니다니, 다 큰 처녀들이 남사스럽기도 하지!"

그러고는 막내딸의 손을 잡고 힘껏 잡아당겼습니다. 그런데 처녀의 손을 잡는 순간 신부도 딱 달라붙어 버렸습니다. 그래서 신부도 그들의 꽁무니를 졸졸 따라가지 않을 수 없게 되었습니다.

얼마 가지 않아 성당지기가 들판을 지나가다가 신부가 세 처녀를 졸졸 따라가는 것을 보고 놀라서 큰 소리로 말했습니다.

"맙소사, 신부님! 그렇게 급히 어딜 가십니까? 오늘 갓난아기의 세례식이 있다는 걸 잊지 마십시오."

그러고는 달려와서 신부의 소맷자락을 덥석 잡았습니다. 그러나 그 역시 딱 달라붙어서 떨어지지 않게 되었습니다.

그렇게 다섯이서 줄줄이 종종걸음을 치는데, 농부 두 사람이 괭이를 어깨에 지고 밭에서 돌아오는 것이 보였습니다. 신부가 농부들을 불러서 자신과

성당지기를 떼어 달라고 부탁했습니다. 그러나 두 농부가 성당지기의 몸에 닿는 순간 딱 달라붙어서 떨어지지 않게 되었습니다. 이제 거위를 안은 못난이의 뒤를 일곱 사람이 종종거리며 따라오게 되었습니다.

못난이는 곧 어느 도시로 들어갔습니다. 그곳을 다스리는 왕에게는 공주가 하나 있었는데, 그 공주는 어찌나 무뚝뚝한지 공주를 웃길 수 있는 사람은 아무도 없었습니다. 그래서 왕은 공주를 웃기는 자를 사위로 삼겠다는 법을 정해 놓았습니다. 그 소문을 들은 못난이는 거위를 안고 일곱 명의 혹을 달고서 공주를 찾아갔습니다. 일곱 사람이 줄줄이 종종걸음을 치는 것을 본 공주는 박장대소를 멈추지 않았습니다.

못난이는 공주를 신부로 달라고 요구했습니다.

그러나 사윗감이 마음에 들지 않았던 왕은 갑자기 온갖 조건을 내걸기 시작했습니다. 왕은 먼저 지하실에 가득 차 있는 포도주를 다 마시는 남자를 데리고 와야 한다고 말했습니다. 못난이는 그 백발의 난쟁이라면 틀림없이 자신을 도와줄 거라고 생각하고 숲 속으로 달려갔습니다. 그런데 전에 나무를 쓰러뜨린 곳에 웬 남자가 앉아 있었습니다. 그는 아주 슬픈 얼굴을 하고 있었습니다. 못난이가 왜 그렇게 슬퍼하냐고 물었습니다. 그러자 그 남자가 대답했습니다.

"목이 말라서 견딜 수가 없다네. 차가운 물은 질색이라 포도주 한 통을 비웠는데, 고작 그것 가지고는 턱도 없어."

"그런 일이라면 제가 도와드릴 수 있을지도 모르겠군요. 따라만 오십시오. 포도주를 실컷 마실 수 있게 해드릴 테니."

그는 남자를 곧장 왕의 지하실로 데려갔습니다. 남자는 지하실을 가득 채운 커다란 술통들을 보고 눈이 휘둥그레져서는 재빨리 달려들어 포도주를 미친 듯이 마시기 시작했습니다. 얼마나 많이 마셨는지 허리가 아플 지경이었지만, 해가 저물기 전에 지하실에 있던 술통들을 깨끗이 비워 버렸습니다.

못난이는 다시 공주를 달라고 말했습니다. 왕은 모두가 못난이라고 부르는 보잘것없는 녀석이 공주를 데려가겠다고 하자 화가 났습니다. 그래서 새로운 조건을 내걸었습니다. 먼저, 산더미처럼 쌓인 빵을 다 먹어치우는 자를 데리고 와야 한다는 것이었습니다.

못난이는 오래 생각할 것도 없이 곧장 숲 속으로 갔습니다. 이번에도 나무를 벤 곳에 한 남자가 앉아 있었는데, 배를 가죽 끈으로 질끈 조여매고 우울한 표정으로 이렇게 말했습니다.

"프랑스빵을 한 가마나 먹었는데 간에 기별도 안 가네. 내 배는 여전히 텅텅 비어 있어. 굶어죽지 않으려면 배를 이렇게 꽉 졸라매고 있어야 해."

이 말을 들은 못난이는 기뻐하며 말했습니다.

"일어나서 날 따라와요. 배가 터지도록 먹게 해 줄 테니."

그리고 왕의 궁전으로 데리고 갔습니다. 왕은 온 나라의 밀가루를 모조리 가지고 오게 하여 그것으로 산더미처럼 커다란 빵을 굽게 했습니다. 숲에서 온 사나이가 그 앞에 서서 그것을 먹기 시작하자, 산더미만 한 빵은 하루 만에 흔적도 없이 사라지고 말았습니다.

못난이는 세 번째로 신부를 달라고 말했습니다. 그러나 왕은 또다시, 뭍에서도 물에서도 달릴 수 있는 배가 필요하다고 조건을 걸었습니다.

"자네가 그 배에 돛을 올리고 몰고 오면 당장 내 딸을 주겠네."

못난이는 곧장 숲 속으로 갔습니다. 나무를 벤 자리에는 늙은 백발의 난쟁이가 앉아 있었습니다. 못난이가 과자를 주었던 그 난쟁이였습니다.

난쟁이가 말했습니다.

"나는 자네를 위해 술도 마시고 빵도 먹었네. 그리고 이번에는 배도 주겠네. 뭐든지 해 줘야지. 자네가 나에게 인정을 베풀어 주었으니까."

난쟁이는 육지와 배를 달리는 배를 못난이에게 주었습니다. 그것을 본 왕은 이제 공주를 주지 않고 버틸 수가 없어졌습니다. 결혼식이 치러졌습니다. 왕이 죽자 못난이는 그 나라를 물려받아 왕비와 오래도록 행복하게 살았답니다.

KHM 065
온갖 털북숭이
Allerleirauh

옛날 한 왕이 살았습니다. 황금빛 머리카락을 가진 왕비는 이 세상 어느 것에도 비할 수 없을 만큼 아름다웠습니다. 그런데 사람의 운명이란 도무지 알 수 없는 것이어서, 어느 날 그 왕비가 그만 몸져눕고 말았습니다. 왕비는 자기가 이제 곧 죽으리라는 것을 알고 왕을 불러 말했습니다.

"제가 죽은 뒤에 새 왕비를 맞으시려거든 저처럼 아름답고 황금처럼 빛나는 머리카락을 지닌 여인을 얻겠다고 꼭 약속해 주세요."

왕이 그러마고 약속을 하자 왕비는 곧 눈을 감고 숨을 거두어버렸습니다.

왕은 오랫동안 깊은 슬픔을 가누지 못하며 두 번째 아내를 맞는 일은 꿈에도 생각지 않았습니다. 이 안타까운 모습을 지켜보던 대신들이 말했습니다.

"이러다간 정말 큰일나겠소. 임금님이 얼른 다시 결혼을 하셔야 우리가 왕비님을 모실 수 있을 텐데."

그래서 죽은 왕비만큼 아름다운 신붓감을 찾아오도록 신하들을 사방팔방으로 보냈습니다. 그러나 이 세상에서 그런 사람은 한 명도 찾을 수가 없었습니다. 어쩌다 한 사람을 찾았다 싶어도, 머리카락이 왕비와 같은 황금빛이 아니었습니다. 결국 신하들은 왕이 원하는 신붓감을 찾지 못하고 돌아왔습니다.

왕에게는 공주가 하나 있었습니다. 공주는 돌아가신 어머니만큼 아름다웠는데, 역시 황금빛 머리카락을 갖고 있었습니다. 다 큰 어른이 된 공주를 바라보던 왕은 문득 공주가 머리끝부터 발끝까지 죽은 왕비와 꼭 닮은 것을 깨닫고는 공주에게 강렬한 사랑을 느꼈습니다. 그래서 왕은 대신들에게 말했습니다.

"내 딸과 결혼하겠다. 공주는 죽은 왕비와 꼭 닮았으니까 말이야. 왕비와 닮은 신붓감은 세상에 또 없을 것이다."

　이 말을 들은 대신들이 말했습니다.

"신께서는 아버지가 자기 딸과 결혼하는 것을 금하고 있습니다. 그런 죄를 지었다가는 큰일이 일어날 것입니다. 나라도 함께 망하고 말 것입니다."

　아버지의 결심을 들은 딸의 놀라움은 신하들이 놀란 것에 비할 바가 아니었습니다. 그래도 아버지 뜻을 굽힐 수 있으리라 생각하면서 이렇게 말했습니다.

"아버지의 소원을 들어드리기 전에, 저에게 먼저 옷을 세 벌 마련해 주세요. 하나는 태양처럼 빛나는 금빛 옷이고, 하나는 달처럼 빛나는 은빛 옷, 또 하나는 별처럼 반짝반짝 빛나는 옷입니다. 거기에 천 가지 온갖 동물들의 털가죽을 이어붙여 만든 망토가 있어야 합니다. 우리나라에 사는 모든 동물들 털가죽이 한 조각씩 모두 들어간 망토여야 해요."

　공주는 '그런 옷들을 만들기란 불가능하니 아버지도 그런 나쁜 생각을 그만두시겠지'라고 생각한 것입니다. 그러나 왕은 단념하지 않고, 나라 안에서 가장 솜씨 좋은 처녀들에게 옷 세 벌을 짓게 했습니다. 하나는 태양처럼 빛나는 금빛이고, 하나는 달처럼 빛나는 은빛, 하나는 별처럼 반짝이는 옷이었습니다. 그리고 사냥꾼들을 시켜서 온 나라의 짐승을 전부 잡아다가 가죽을 조금씩 벗기게 한 다음, 1천 조각을 이어 붙여서 망토를 만들게 했습니다. 마침내 모든 준비가 되자, 왕은 망토를 공주 앞에다 펼쳐 놓고 말했습니다.

"내일 결혼식을 올리겠노라."

　아버지의 마음을 바꿀 수 없다는 것을 깨달은 공주는 달아나기로 결심했습니다. 모두가 깊이 잠든 한밤에 살그머니 일어나 지니고 있던 귀중품들 가운데 세 가지를 챙겼습니다. 황금반지와 작디작은 황금 얼레, 그리고 작은 황금 실타래였지요. 해와 달과 별을 닮은 옷 세 벌은 호두껍데기 안에 넣고, 1천장의 가죽으로 만든 망토를 걸친 뒤 얼굴과 두 손을 재로 시커멓게 칠했습니다. 그리고 운을 하늘에 맡긴 채 길을 떠났습니다. 공주는 밤새도록 걸어 커다란 숲에 이르렀습니다. 몹시 피곤했던 공주는 속이 텅 빈 나무 안에 들어가 곤히 잠들었습니다.

해가 하늘 높이 떴는데도 공주는 계속 자고 있었습니다. 한낮이 되어도 일어나지 않았지요. 마침 그날, 그 나라 왕이 숲 속에서 사냥을 하고 있었습니다. 공주가 잠든 나무로 달려온 사냥개들이 코를 킁킁거리더니 나무 주위를 맴돌면서 컹컹 짖었습니다.

왕이 사냥꾼들에게 말했습니다.

"저기에 무슨 짐승이 있는지 보고 오너라."

사냥꾼들이 나무로 달려갔다가 돌아와서는 말했습니다.

"나무 안은 텅 비었는데, 거기에 난생 처음 보는 괴상한 동물이 있습니다. 온몸이 천 가지 가죽으로 뒤덮인 그 동물은 지금 누워서 쿨쿨 자고 있습니다."

왕이 말했습니다.

"그놈을 사로잡을 수 있는지 어떤지 시험해 보아라. 산 채로 잡으면 마차 위에 묶어서 데려갈 것이다."

사냥꾼들이 소녀를 붙잡자, 소녀는 잔뜩 겁에 질려 소리쳤습니다.

"저는 부모에게 버림받은 불쌍한 아이랍니다. 인정을 베푸셔서 절 데려가 주세요."

사냥꾼들이 말했습니다.

"온갖 털북숭이야, 너는 부엌일에 제격이겠구나. 우리를 따라와라. 부엌에서 재를 모으는 일을 하면 되겠다."

그리하여 사냥꾼들은 소녀를 마차에 태워 왕의 성으로 데리고 돌아갔습니다. 그러고는 볕이 들지 않는 작은 지하 골방을 가리키며 말했습니다.

"온갖 털북숭이야, 여기서 지내도록 해라."

그리고는 부엌으로 보냈습니다. 공주는 장작과 물을 나르고, 불을 피우고, 닭털을 뽑고, 채소를 다듬고, 재를 긁어모으는 등 온갖 허드렛일을 했습니다.

온갖 털북숭이는 오랫동안 그렇게 궂은일을 하면서 지냈습니다. 아, 아름다운 공주여! 그대는 어떤 운명을 맞이하게 될까! 어느 날 성에서 연회가 열렸습니다. 공주가 요리사에게 말했습니다.

"잠깐 위로 올라가서 보고 와도 될까요? 문 밖에서 구경할게요."

요리사가 대답했습니다.

"그래, 갔다 오렴. 하지만 30분 안에 돌아와서 재를 쓸어내야 한다."

공주는 작은 등불을 들고 골방으로 가서 가죽 망토를 벗고 얼굴과 손에 묻은 재를 깨끗이 씻어냈습니다. 그러자 공주의 아름다움이 원래대로 제 모습을 찾았습니다. 공주는 호두껍데기를 열어 태양처럼 빛나는 옷을 꺼냈습니다.

채비를 다 하자 공주는 연회장으로 올라갔습니다. 사람들은 모두 길을 비켜 주었습니다. 그녀를 알아보는 사람은 아무도 없었습니다. 틀림없이 어느 나라 공주이리라 생각한 사람들은 모두들 길을 비켜 주었습니다.

왕이 마중을 나와 손을 내밀었습니다. 그리고 공주와 춤을 추면서 속으로 생각했습니다.

'이렇게 아름다운 여인은 본 적이 없어.'

춤이 끝나자 공주가 인사를 했습니다. 왕이 주위를 둘러보았을 때는 이미 공주는 사라지고 없었습니다. 공주가 어디로 갔는지 아무도 알지 못했습니다. 성문 앞을 지키고 있던 문지기들을 불러 이것저것 물어보았지만, 공주를 본 사람은 아무도 없었습니다.

공주는 골방으로 달려가서 재빨리 옷을 벗었습니다. 그리고 얼굴과 두 손을 시커멓게 칠하고 가죽 망토를 입고서 다시 털북숭이가 되었습니다. 공주가 부엌으로 가서 재를 쓸어 모으며 일을 시작하자 요리사가 말했습니다.

"재는 그대로 두어라. 대신 왕이 드실 수프를 끓이도록 해. 나도 잠깐 위에 가서 구경 좀 하고 오마. 하지만 수프 안에 머리카락 한 올이라도 떨어뜨렸간 앞으로 먹을 것은 구경도 못할 줄 알아!"

요리사가 나가자, 온갖 털북숭이는 최대한 정성을 다해서 빵을 넣은 수프를 끓였습니다. 왕이 먹을 수프가 완성되자 공주는 골방에서 황금반지를 가져와 접시 밑바닥에 깔고 그 위에 수프를 부었습니다.

춤이 끝나자 왕은 수프를 가져오게 해서 먹기 시작했습니다. 수프는 깜짝 놀랄 만큼 맛있었습니다. 이렇게 맛있는 수프는 난생 처음 맛보는 것이었습니다. 그런데 수프가 바닥을 드러내자 황금반지가 보이는 것이었습니다. 왕은 그런 것이 왜 수프에 들어 있는지 영문을 알 수 없어 요리사를 불러오라고 명령했습니다. 명령을 들은 요리사는 깜짝 놀라서 털북숭이에게 말했습니다.

"네가 수프에 머리카락을 빠뜨렸구나. 정말 그랬다면 호되게 얻어맞을 줄 알아라."

요리사가 왕 앞에 가자 왕은 누가 수프를 끓였는지 물었습니다.

"제가 끓였습니다."

요리사는 대답했지만, 왕은 이렇게 말했습니다.

"그건 사실이 아니다. 저 수프는 평소 네가 만들던 방법과 다른 방법으로 만들어졌고 맛도 훨씬 좋아."

요리사가 대답했습니다.

"사실은 제가 아니라 온갖 털북숭이가 끓였습니다."

"너는 물러가고 그 아이를 보내거라."

온갖 털북숭이가 오자 왕이 물었습니다.

"너는 누구냐?"

"부모를 잃은 고아입니다."

왕이 연이어 물었습니다.

"내 성에서 무슨 일을 하고 있느냐?"

소녀가 대답했습니다.

"전 아무짝에도 쓸모가 없어서 구두짝으로 머리나 얻어맞고 있습니다."

왕이 또 물었습니다.

"수프에 들어 있던 반지는 어떻게 된 것이냐?"

소녀가 대답했습니다.

"반지는 모르는 일입니다."

왕은 아무것도 알아낼 수 없었습니다. 오로지 아무것도 모른다는 말만 들을 뿐이었지요. 그는 온갖 털북숭이를 다시 부엌으로 돌려보낼 수밖에 없었습니다.

얼마 뒤, 다시 연회가 열렸습니다. 온갖 털북숭이는 지난번처럼 구경을 가게 해 달라고 요리사를 졸랐습니다. 요리사가 말했습니다.

"가도 좋아. 하지만 30분 안에 돌아와서 임금님이 무척 좋아하시는 빵을 넣은 수프를 끓여야 한다."

온갖 털북숭이는 계단 아래 골방으로 달려가 재빨리 몸을 씻고 호두껍데기 안에서 달처럼 은빛으로 빛나는 옷을 꺼내 입었습니다. 소녀가 연회장으로 들어서니 그 아름다운 모습은 어디로 보나 지체 높으신 공주님 같았습니다. 마중하러 나온 왕은 소녀를 다시 만나게 되어 무척 기뻤습니다. 때마침 춤이 시작되어 그들은 함께 춤을 추었지만, 춤이 끝나자 공주는 다시 바람처럼 사라졌습니다. 왕은 공주가 어디로 가 버렸는지 알 수조차 없었습니다.

공주는 재빨리 골방으로 달려가서 다시 털북숭이가 되었습니다. 그리고 빵이 든 수프를 끓이려고 부엌으로 갔습니다. 요리사가 위로 구경을 하러 가자, 털북숭이는 황금 얼레를 가져와서 접시 밑바닥에 깔고 그 위에 수프를 부었습니다. 수프를 먹은 왕은 지난번처럼 아주 맛이 좋았으므로 요리사를 불렀습니다. 요리사는 이번에도 털북숭이가 수프를 끓였다고 사실을 털어놓았습니다. 털북숭이는 다시 왕 앞에 불려나왔지만, 자기처럼 구두짝으로 머리나 얻어맞는 사람이 황금얼레에 대해서 어떻게 알겠느냐고 대답했습니다.

왕은 세 번째 연회를 열었습니다. 이번에도 지난 두 번과 똑같은 일이 벌어졌습니다.

요리사가 말했습니다.

"온갖 털북숭이야, 너는 마녀가 틀림없어. 네가 뭔가를 수프에 집어넣으면 수프가 아주 맛있어져서 임금님은 내가 만들었을 때보다 맛있게 잡수시니까."

그러면서 요리사가 소녀를 부엌에서 내보내지 않으려 하자, 소녀는 더욱 간절히 부탁했습니다. 그 모습에 마음이 약해진 요리사는 그제야 잠시 나가봐도 좋다고 허락해주었습니다. 소녀는 별처럼 반짝이는 옷을 입고 연회장에 들어갔습니다.

왕은 다시 이 아름다운 처녀와 춤을 추면서 지난번보다 한결 더 아름다워진 것 같다고 말했습니다. 그리고 춤을 추는 동안 소녀가 눈치채지 못하는 사이에 소녀 손가락에 금반지를 살짝 끼워 놓았습니다. 게다가 오랫동안 춤을 출 수 있게 아주 긴 곡을 연주하라고 악사들에게 미리 분부를 해 놓았지요.

춤이 끝나자 그는 소녀의 두 손을 잡으려 했으나, 소녀는 재빨리 뿌리치고는 사람들 사이로 뛰어들어 왕의 눈앞에서 순식간에 사라져버렸습니다.

소녀는 한달음에 계단 아래 골방으로 달려갔지만, 이미 30분은 지나 있었습니다. 너무 오래 머물러 있었기 때문에 아름다운 옷을 벗을 여유가 없었지요. 그래서 그 위에 털 망토만 걸칠 수밖에 없었습니다. 그리고 몹시 서두르느

라 검댕도 모두 칠하지 못하고 그만 손가락 하나가 하얗게 남고 말았습니다. 온갖 털북숭이는 그대로 부엌으로 달려가 왕이 먹을 수프를 끓였고, 요리사가 나가자 이번에는 그릇에 황금 실타래를 넣었습니다.

왕은 그릇 바닥에서 황금 실타래를 발견하고 온갖 털북숭이를 불렀습니다.

그때 왕의 눈에 하얀 손가락이 들어왔습니다. 게다가 자기가 춤을 추면서 아름다운 소녀에게 끼워 두었던 금반지도 보이는 것이었습니다. 왕은 소녀가 달아나지 못하도록 그녀의 두 손을 덥석 잡고는 절대 놓아주지 않았습니다. 공주가 그 손을 뿌리치며 빠져나오려 하는 바람에 털가죽 망토가 조금 벌어지자 그 틈으로 별처럼 반짝이는 옷이 살짝 보였습니다. 그것을 본 왕이 망토를 홱 잡아채자 치렁치렁한 황금빛 머리카락과 함께 찬란하게 빛나는 소녀의 모습이 드러났습니다. 더는 자신의 정체를 숨길 수가 없었지요. 얼굴에서 검댕과 재를 닦아 낸 소녀는 이 세상 그 누구도 본 적 없는 아름다운 여인이었습니다.

"나의 사랑스러운 신부가 되어 주시오. 이제 절대로 헤어지지 맙시다."

곧 성대한 결혼식이 열렸고, 두 사람은 죽는 날까지 오래오래 행복하게 살았답니다.

KHM 066
토끼의 신부
Häsichenbraut

한 부인이 딸과 함께 살고 있었습니다. 집 앞에는 양배추가 심어진 아름다운 텃밭이 있었습니다. 그런데, 겨울이 되자 토끼 한 마리가 들어와 양배추를 우적우적 모두 먹어치우는 것이었습니다. 그 광경을 본 어머니가 딸에게 말했습니다.

"애야, 양배추 밭에 가서 저 못된 토끼를 쫓아 버려라."

그러자 소녀가 토끼에게 말했습니다.

"휘! 휘! 토끼야, 우리 양배추를 먹지 마."

그러자 토끼가 말했습니다.

"이리 와요, 예쁜 아가씨. 내 귀여운 꼬리에 올라타고 내 오두막으로 함께 가요."

소녀는 싫다고 했습니다. 다음 날 토끼가 또 와서 양배추를 우적우적 먹었습니다. 어머니가 딸에게 말했습니다.

"애야, 양배추 밭에 가서 저 못된 토끼를 쫓아 버려라."

소녀가 토끼에게 말했습니다.

"휘! 휘! 토끼야, 우리 양배추를 먹지 마."

토끼가 말했습니다.

"이리 와요, 예쁜 아가씨. 내 귀여운 꼬리에 올라타고 내 오두막으로 함께 가요."

소녀는 이번에도 싫다고 했습니다. 그런데 셋째 날에도 토끼가 와서 우적우적 양배추를 마구 먹어치우는 것이었습니다. 어머니가 딸에게 말했습니다.

"애야, 양배추 밭에 가서 저 못된 토끼를 쫓아 버려라."

소녀가 토끼에게 말했습니다.

"휘! 휘! 토끼야, 우리 양배추를 먹지 마."

토끼가 말했습니다.

"이리 와요, 예쁜 아가씨. 내 귀여운 꼬리에 올라타고 내 오두막으로 함께 가요."

마침내 소녀가 토끼의 조그마한 꼬리에 올라타자 토끼는 재빨리 밭에서 뛰어나가 소녀를 저 멀리 떨어진 제 오두막으로 데려갔습니다. 토끼가 말했습니다.

"파란 양배추와 기장쌀로 음식을 만들도록 해요. 나는 결혼식에 참석할 손님들을 부르러 갈 테니."

곧 손님들이 잔뜩 모여들었습니다. (누가 손님으로 왔을까요? 나도 누가 이야기해주어서 알았는데 손님들은 모조리 토끼들이었다는군요. 주례를 서는 신부는 까마귀이고요. 그리고 성당지기인 여우도 왔어요. 결혼식을 올릴 제단은 무지개 다리 아래에 있었다고 합니다.)

그런데 소녀는 수많은 토끼들 틈에 홀로 있는 것이 서글퍼서 견딜 수가 없었습니다. 이윽고 토끼가 와서 말했습니다.

"자, 시작이에요, 시작! 손님들 모두 신바람이 났어요."

신부는 그 자리에 주저앉아 아무 말도 하지 않고 하염없이 엉엉 울기만 했습니다. 토끼가 나갔다가 다시 돌아와서 말했습니다.

"자, 시작이에요, 시작! 손님들 모두 무척 배가 고프대요."

신부는 이번에도 아무 말도 하지 않고 그저 엉엉 울기만 했습니다. 토끼가 나갔다가 다시 돌아와서 말했습니다.

"자, 시작이에요, 시작! 손님들이 결혼식을 목이 빠지게 기다리고 있어요."

그래도 신부는 여전히 아무 말도 하지 않았고, 토끼는 다시 밖으로 나갔습니다. 그러자 신부는 짚으로 인형을 만들어 자기 옷을 입힌 다음 그 손에 주걱을 들려서 기장쌀이 든 솥단지 옆에 세워 둔 채 어머니에게 가버렸습니다. 토끼가 다시 한 번 말했습니다.

"자, 시작이에요, 시작!"

그러면서 문을 열고 들어가 인형 머리를 냅다 내리치자 인형 머리가 그만 툭 떨어져 버렸습니다.

토끼는 그 인형이 자기의 어여쁜 신부가 아닌 것을 알아차리고는 못내 슬퍼하며 그 자리를 떠났답니다.

KHM 067
열두 사냥꾼
Die zwölf Jäger

먼 옛날 한 왕자에게 약혼녀가 있었습니다. 왕자는 그 약혼녀를 말로 다 할 수 없을 만큼 깊이 사랑했습니다. 어느 날 그녀와 함께 앉아 무척 행복한 시간을 보내고 있는데, 왕자의 아버지가 도저히 나을 길이 없는 심한 병에 걸려, 죽기 전에 아들을 너무도 보고 싶어 한다는 슬픈 소식이 전해왔습니다. 왕자는 약혼녀에게 말했습니다.

"아버님을 뵈러 다녀와야겠소. 이 반지를 정표로 주고 갈테니, 이걸 볼 때마다 나를 떠올려주기 바라오. 내가 왕이 되면 이곳으로 돌아와 꼭 당신을 데려가리라."

그는 서둘러 말을 타고 떠났습니다. 아버지에게 가보니 그는 정말 죽을병에 걸려 가까스로 숨을 내쉬며 누워 있었습니다. 왕이 왕자에게 말했습니다.

"아들아, 잘 들어라. 죽기 전에 너를 꼭 다시 한 번 보고 싶었단다. 부디 내 뜻대로 결혼하겠다고 약속해다오."

그리고 어느 공주의 이름을 말하면서, 그녀를 왕비로 맞이하라고 당부했습니다. 아들은 슬픔이 몹시 커서 앞뒤 생각하지 않고 대답해버리고 말았습니다.

"예, 아버님, 아버님 뜻대로 하겠습니다."

왕은 그 대답을 듣자마자 그대로 눈을 감고 숨을 거두었습니다.

아들은 곧 아버지의 뒤를 이어 왕이 되었습니다. 애도 기간이 지나자 아들은 아버지에게 한 약속을 지키기 위해, 아버지가 말했던 그 공주에게 심부름꾼을 보내어 청혼했고 상대도 청혼을 받아들였습니다.

이 소식을 들은 예전 약혼녀는 왕자의 마음이 변해버렸다는 것에 크게 상처받은 나머지 거의 죽을 것만 같았습니다. 그 가엾은 모습을 보고 그녀의 아버지인 왕이 말했습니다.

"공주야, 왜 그렇게 슬퍼하느냐? 원하는 것이 있으면 무엇이든 들어주마."

잠시 생각하던 공주가 말했습니다.

"아버님, 저와 얼굴도 똑같이 생기고 몸집도 똑같은 소녀 열한 명을 구해 주세요."

"가능하다면 그렇게 해 주마."

왕은 제 나라 구석구석을 뒤져 얼굴과 몸매와 키가 딸과 똑같은 처녀 열한 명을 찾아냈습니다.

열한 명의 처녀들이 공주에게 오자, 공주는 똑같은 사냥복 열두 벌을 짓게 하여 처녀들에게 입히고 자신도 열두 번째 사냥복을 입었습니다. 그러고는 아버지에게 작별 인사를 하고 처녀들과 함께 말을 타고 떠났습니다. 너무나 사랑하는 약혼자의 성으로 간 공주는 성 안으로 들어가 이제는 왕이 된 그에게 사냥꾼이 필요하지 않은지, 자기들을 모두 고용할 생각은 없는지 물어보았습니다. 왕은 자신의 예전 약혼녀를 알아보지 못하고, 모두 매우 잘생긴 청년들이라 생각해 선선히 써주겠다고 대답했습니다. 그리하여 열두 처녀는 왕의 사냥꾼이 되었습니다.

그런데 이 왕에게는 사자 한 마리가 있었습니다. 그 사자는 세상 모든 비밀을 알고 있는 아주 신기한 짐승이었지요. 어느 날 저녁, 사자가 왕에게 가서 말했습니다.

"임금님은 열두 명의 사냥꾼을 얻었다고 생각하고 계시지요?"

왕이 대답했습니다.

"물론 열두 사냥꾼을 얻었지."

사자가 말을 이었습니다.

"천만에요! 그들은 열두 소녀들입니다."

"그럴 리가! 그것을 증명해 보일 수 있느냐?"

사자가 대답했습니다.

"있고말고요. 응접실 바닥에 완두콩을 뿌려 놓으십시오. 그러면 곧 아시게 될 겁니다. 남자들은 콩을 밟고 지나가도 걸음걸이에 힘이 있어서 콩이 움직이지 않지요. 하지만 여자들은 가볍게 춤을 추듯 종종걸음으로 걷기 때문에 콩이 이리저리 굴러가 버립니다."

사자의 말이 꽤 그럴듯하다고 여긴 왕은 응접실 바닥에 완두콩을 잔뜩 뿌려두라고 시켰습니다.

그런데 금방 사냥꾼들과 친해진 시종 하나가 이 말을 우연히 엿들었습니다. 사냥꾼들을 시험해 보자는 말을 들은 시종은 그들에게 가서 이 일을 모두 이야기해 주고 말았습니다.

"글쎄, 사자가 임금님께 자네들이 여자들이라고 거짓말을 하지 뭔가."

공주는 시종에게 고맙다고 한 뒤, 다른 처녀들에게도 이 사실을 알렸습니다.

"모두들 조심해야겠어. 콩을 있는 힘껏 밟고 지나가도록 해라."

다음 날 아침 왕이 열두 사냥꾼을 불렀습니다. 그들은 완두콩이 뿌려진 응접실에 들어서면서 바닥 여기저기에 뿌려져 있는 콩들을 있는 힘껏 밟고 지나갔습니다. 한 걸음 한 걸음 흔들리지 않고 힘찼으므로 콩이 한 알도 움직이지 않았지요. 그들이 돌아가자 왕이 사자에게 말했습니다.

"네가 나를 속였구나. 모두 남자 걸음이 아니냐!"

그러나 사자는 이렇게 말했습니다.

"자기들이 시험 당하고 있다는 사실을 미리 알고 조심한 것입니다. 이번에는 응접실에 물레 열두 대를 들여 놓아 보십시오. 다들 무척 좋아하며 물레에 달려들 것입니다. 남자는 절대 그렇게 하지 않지요."

왕은 이번에도 사자의 생각이 그럴듯하다고 여겨 응접실에 물레를 들여 놓았습니다.

그러나 사냥꾼들의 친구인 시종이 이번에도 그들에게 가서 그 계획을 몰래 알려 주었습니다. 그들만 남게 되자 공주가 열한 명의 소녀들에게 말했습니다.

"모두들 물레 같은 건 쳐다보지도 말고 좋아해서도 안 된다."

날이 밝자 왕은 열두 사냥꾼을 불렀습니다. 그런데 그들은 물레 쪽으로는 눈길 한 번 주지 않고 그냥 응접실을 지나가는 것이었습니다. 왕이 다시 사자에게 말했습니다.

"넌 나를 속였다. 그들은 남자야. 물레는 쳐다보지도 않던걸."

사자가 말했습니다.

"모두 자기들이 시험 당하고 있다는 사실을 미리 알고 조심한 것입니다."

그러나 왕은 더 이상 사자의 말을 믿지 않았지요.

그 뒤로 왕이 사냥을 나갈 때면 늘 열두 사냥꾼이 따라갔고, 왕도 시간이 지날수록 그들을 더 좋아하게 되었습니다. 어느 날 그들이 한창 즐겁게 사냥을 하고 있는데, 왕의 신붓감인 공주가 오고 있다는 소식이 전해왔습니다. 예전 약혼녀는 그 말을 듣자, 마치 날카로운 칼로 심장을 푹 찔린 것만 같았습니다. 마음이 너무도 아팠지요. 그러다 그만 정신을 잃고 쓰러지고 말았습니다.

왕은 아끼는 사냥꾼이 갑자기 쓰러지자 무슨 일인가 걱정되어, 도와주기 위해 사냥꾼의 장갑을 벗겼습니다. 그러자 전 약혼녀에게 주었던 반지가 나오는 것이었습니다. 얼굴을 자세히 들여다본 왕은 마침내 사랑하는 약혼녀를 알아보았습니다. 아직도 그녀를 너무도 사랑한다는 것을 깨달은 왕은 약혼녀에게 입을 맞추었습니다. 그녀가 눈을 뜨자 왕이 말했습니다.

"당신은 나의 것이고, 나는 당신의 것이오. 이 세상 그 누구도 이 분명한 사실을 바꿀 수는 없소."

그는 다른 신붓감에게 사신을 보내 실은 자신에게는 예전부터 사랑하는 아내가 있었으며, 잃어버린 옛 열쇠를 찾으면 새 열쇠는 필요가 없으니 부디 자기 나라로 돌아가 달라고 전했습니다. 곧 성대한 결혼식이 치러졌고 사자 또한 다시 예전처럼 왕의 사랑을 받게 되었습니다. 누가 뭐라 해도 사자는 진실을 말했으니까요.

KHM 068
도둑과 그의 선생
Der Gaudieb und sein Meister

얀은 아들에게 무언가 남다른 기술을 가르쳐 주고 싶었습니다. 그래서 교회로 가서 아들에게 무엇을 배우게 하면 좋을지 알려달라고 하느님께 기도

드렸습니다. 그러자 제단 뒤에 서 있던 교회지기가 속삭이듯 말했습니다.

"도둑질, 도둑질."

그 소리를 하느님의 말씀이라 여긴 얀은 하느님이 알려주신 대로 아들에게 도둑질을 가르치기로 했습니다. 그는 아들을 데리고 사람들 눈에는 보이지도 않을 만큼 잽싸게 물건을 훔치는 사람을 찾아 나섰습니다. 얼마쯤 걸어가니 커다란 숲이 나왔는데, 그곳에는 작은 오두막이 하나 있고 그 안에 한 노파가 앉아 있었습니다. 얀이 물었습니다.

"우리 아들이 도둑질을 배우려고 하는데, 도둑질 달인이 어디 사는지 알고 계십니까?"

노파가 말했습니다.

"그런 일이라면 여기서 배우면 되지. 내 아들이 바로 도둑질 달인이거든."

얀은 노파의 아들을 만나 정말 도둑질을 잘하느냐고 물었습니다. 도둑질 달인이 말했습니다.

"당신 아들을 내가 잘 가르칠 테니, 1년 뒤에 다시 오시오. 그때 당신이 아들을 알아본다면 수행에 대한 보답은 받지 않겠소. 하지만 아들을 알아보지 못한다면 2백 탈러를 받겠소."

아버지는 집으로 돌아가고 아들은 곧바로 신기한 마술 재주와 물건을 재빨리 훔치는 기술을 열심히 배웠습니다. 1년이 지나자 아버지는 어떻게 해야 아들을 알아볼 수 있을지 걱정하며 길을 나섰습니다. 그렇게 걱정스러운 얼굴로 길을 걸어가던 아버지는 매우 키가 작은 난쟁이를 만났습니다. 난쟁이가 말을 걸어왔습니다.

"이보시오, 무슨 일 있소? 왜 그렇게 어두운 얼굴을 하고 있소?"

얀이 말했습니다.

"오, 내 말 좀 들어보시오. 1년 전에 아들을 도둑질 달인 선생에게 맡겼는데, 내가 1년이 지나 다시 왔을 때 내 아들을 알아보지 못하면 2백 탈러를 도둑질 수업료로 내기로 약속을 했소. 아들을 알아보면 한 푼도 줄 필요가 없고요. 그래서 지금 아들을 알아보지 못할까 봐 걱정이라오. 가진 것도 없는데 그런 큰돈을 대체 어디서 구한단 말이오?"

그러자 난쟁이가 말했습니다.

"작은 바구니에 빵 하나를 담아서 굴뚝 아래로 가시오. 구멍이 나 있는 나

무 위에 작은 새장이 놓여 있을 거요. 거기서 새 한 마리가 고개를 빼꼼히 내밀고 쳐다볼 텐데, 그 새가 바로 당신 아들이라오."

굴뚝 아래로 간 얀이 난쟁이가 일러준 대로 흑빵이 든 바구니를 새장 앞에 놓아두자, 정말로 새 한 마리가 고개를 쏙 내밀더니 그를 가만가만 쳐다보았습니다.

"아이고, 아들아, 여기 있었느냐!"

아버지가 외치자 아들은 아버지를 보고 몹시 기뻐했습니다. 그러자 그를 가르친 도둑질 선생이 말했습니다.

"악마야! 악마가 가르쳐준 게 분명해! 그렇지 않다면 어떻게 새로 변한 아들을 알아볼 수 있단 말이오?"

"아버지, 우리 이제 집으로 가요."

아들이 말했습니다.

둘은 함께 집으로 걸어갔습니다. 가는 길에 앞에서 마차 한 대가 달려오는 것을 본 아들이 아버지에게 말했습니다.

"제가 커다란 사냥개로 변신할게요. 그러면 아버지는 큰돈을 벌게 되실 거예요."

아들은 말을 마치자마자 커다란 사냥개로 변했습니다. 그러자 마차에 타고 있던 신사가 얀을 불렀습니다.

"이보시오, 그 개를 내게 팔지 않겠소?"

"그럼요, 팔지요."

"얼마를 원하시오?"

"30탈러로 합시다."

"허 참 비싸군. 하지만 좋소. 그렇게 훌륭한 사냥개라면 하나도 아깝지 않지."

아버지에게 돈을 건네준 신사는 얼른 개를 마차에 태웠습니다. 그러나 얼마 가지 않아 개는 마차 창문으로 뛰어내려 본디 모습으로 아버지에게 돌아갔습니다.

그들은 함께 집으로 돌아왔습니다. 다음 날 이웃 마을에서 장이 서자 아들이 아버지에게 말했습니다.

"멋진 말로 변신할 테니 저를 장에 내다 파세요. 그런데 아버지, 저를 팔 때는 반드시 굴레를 벗기셔야 해요. 그렇게 하지 않으면 다시는 사람으로 되돌아오지 못하니까요."

아버지는 훌륭한 말로 변신한 아들을 데리고 장에 갔습니다. 그러자 본디 모습을 감춘 도둑질 달인이 와서 백 탈러를 주고 그 말을 샀습니다. 그런데 아버지는 굴레 벗기는 것을 그만 깜박 잊어버리고 말았지요. 도둑질 달인은 말을 집으로 끌고 가 마구간에 넣어버렸습니다.

그 앞을 하녀가 지나가는 것을 보고 말이 큰 소리로 외쳤습니다.

"고삐를 벗겨 줘! 고삐를 벗겨 줘!"

하녀가 멈춰 서서 신기해하며 말했습니다.

"아니, 말이 말을 할 줄 아네?"

하녀가 가서 굴레를 벗겨 주자 말은 순식간에 참새로 변해 문을 넘어 포르르 날아갔습니다. 그러자 도둑질 선생 또한 참새로 변해 뒤쫓아 갔습니다. 이리저리 날아다니던 둘은 마침내 하늘에서 맞붙었습니다. 그러다 싸움에서 밀린 선생이 물속으로 떨어지자 물고기가 되었습니다. 그러자 제자도 물고기로 변신해 다시 싸움을 벌였고, 이번에도 선생이 지고 말았습니다. 정신없이 도망치던 선생이 수탉으로 변하자 제자는 여우가 되어 선생의 머리를 물어뜯었습니다. 선생은 마침내 죽어버렸고, 오늘까지도 그 자리에 계속 누워 있다고 합니다.

KHM 069
요린데와 요링겔
Jorinde und Joringel

그 옛날 어느 크고 울창한 숲 한가운데에 아주 오래된 성이 있었습니다. 그곳에는 노파가 홀로 살고 있었는데, 사실 그녀는 마녀들 가운데서도 가장 사악한 마녀였습니다. 낮에는 고양이나 올빼미로 변신해 있다가, 밤이 되면 본디 사람 모습으로 돌아왔습니다. 마녀는 온갖 짐승이나 새들을 꾀어낸 다음 그것들을 죽여서 삶거나 구워 먹었습니다. 누구든 성에서 백 걸음쯤 되는 거리에만 이르면 그는 마녀가 풀어줄 때까지 그 자리에 꼼짝도 못하고 서 있어야만 했지요. 순결한 처녀가 그 거리 안에 들어올 때면 마녀는 처녀를 새로 변하게 하여 새장에 가두어 놓고는 성안으로 들고 왔습니다. 성에는 그런 진귀한 새가 들어 있는 새장이 무려 칠천 개나 있었습니다.

성에서 얼마 떨어지지 않은 마을에는 요린데라는 처녀가 살고 있었습니다. 어느 누구보다도 어여쁜 소녀였지요. 그리고 요링겔이라는 매우 잘생긴 젊은이가 있었는데, 이 둘은 서로 결혼을 약속한 사이였습니다. 서로를 진심으로 사랑하는 그들은 행복한 결혼식날을 기다리며 하루하루 즐겁게 보내고 있었습니다. 그래서 둘만의 이야기를 나누고 싶은 마음에 사악한 마녀가 살고 있는 그 숲으로 산책을 나갔습니다.

"성에 너무 가까이 가지 않도록 조심하세요."

요링겔이 말했습니다. 참으로 아름다운 저녁이었습니다. 밝은 햇살이 나무줄기 사이를 뚫고 검푸른 숲 속에 비쳐들었지요. 멧비둘기는 늙은 너도밤나무 위에 앉아 구슬프게 울고 있었습니다.

요린데는 이따금 눈물을 흘렸습니다. 따스한 햇빛 속에 몸을 내던지듯이 앉아서, 견딜 수 없이 애틋한 마음을 호소했습니다. 요링겔 또한 애달픈 마음을 털어놓았지요. 그러다 문득 그들은 죽음이라도 찾아온 듯이 깜짝 놀라고 말았습니다. 주위를 둘러보니 어느새 갈림길이 나타나, 집으로 돌아가려면 어느 길로 가야 하는지 알 수가 없었기 때문입니다. 해는 절반은 산에 걸려 있고 절반은 이미 산을 넘어가고 있었습니다. 수풀 너머 가까운 곳에 낡은 성벽이 눈에 띄자 요링겔은 잔뜩 겁에 질려 부들부들 떨었습니다. 그때 요린데가 아름답게 노래하는 소리가 들려왔습니다.

> "내 작은 새가, 빨간 반지를 끼고,
> 슬피 우네, 슬피 우네.
> 작은 새가 어린 비둘기에게
> 나는 곧 죽을 거라며 슬피 우네,
> 슬피 우네, 찌르, 찌르, 찌르."

요링겔은 요린데 쪽을 쳐다보았습니다. 요린데는 어느새 나이팅게일로 변해 '찌르, 찌르' 슬피 울고 있었습니다. 불길처럼 이글거리는 두 눈을 번득이던 올빼미 한 마리가 요링겔과 나이팅게일의 머리 위를 빙빙 세 바퀴 돌면서 '후이 후 후' 세 번 울자 요링겔은 갑자기 몸을 움직일 수가 없었습니다. 바위처럼 그 자리에 가만히 서서 울거나 말하지도 못하고 손발 또한 꼼짝할 수가 없었지요. 이윽고 날이 완전히 저물자 나뭇가지 위에 앉아 있던 올빼미가 덤불 속으로 날아들었습니다. 곧 거기서 허리가 꼬부라진 할머니가 나타났지요. 누런 얼굴에 빼빼 말랐는데, 금방이라도 튀어나올 것만 같은 커다란 눈은 새빨갛고 아래로 휘어진 코는 턱까지 늘어져 있었습니다. 할머니는 알 수 없는 말로 중얼중얼거리며 나이팅게일을 잡더니 제 손 위에 올려놓고는 어딘가로 데려가 버리고 말았습니다. 아무 말도 하지 못하고 그 자리에서 움직이지도 못하는 요링겔 앞에서 사랑하는 요린데가 사라져 버리고 만 것입니다.

이윽고 할머니가 다시 와서 잔뜩 가라앉은 목소리로 우물거리듯이 말했습니다.

"안녕, 차히엘. 달님이 바구니 안을 비추면 풀어주어라. 시간을 잘 지켜!"

그리하여 마침내 요링겔은 풀려났습니다. 그는 할머니 앞에 무릎을 꿇고 약혼녀인 요린데를 돌려 달라고 애원했습니다. 그러나 마녀 할머니는 다시는 요린데를 보지 못할 거라는 말만 남긴 채 성으로 들어가 버렸습니다. 요링겔은 마구 울부짖으며 탄식했습니다. 도무지 어찌할 방법이 없었습니다.

"아, 아, 사랑하는 요린데! 이 일을 어떻게 해야 한담!"

깊은 슬픔에 빠져 그 자리를 떠나지 못하고 하염없이 눈물만 흘리던 그는, 오랜 시간 지나서야 겨우 발걸음을 옮겼습니다. 얼마나 걸었을까. 요링겔은 어느 낯선 마을에 이르렀습니다. 그곳에서 오랜 세월 양을 치며 살았지요. 그동안 자주 마녀의 성 주위를 빙빙 돌아보았지만 두려움에 가까이 갈 수는 없었습니다. 어느 날 밤 그는 꿈을 꾸었습니다. 한가운데에 크고 아름다운 진주가 박힌 피처럼 붉은 꽃을 한 송이 발견하는 꿈이었습니다. 그 꽃을 꺾어서 마녀의 성으로 들고 갔는데, 그 꽃으로 건드리는 것마다 모두 마법에서 풀려나는 것이었습니다. 그 꿈에서는 요린데도 다시 찾을 수 있었습니다.

아침에 꿈에서 깨어난 그는, 어쩌면 정말로 그런 꽃을 찾을 수 있을지 모른다는 생각에 산과 골짜기 여기저기를 찾아다니기 시작했습니다. 그렇게 헤맨지 아흐레째 되던 날 아침 요링겔은 마침내 자기가 찾던 피처럼 붉은 꽃을 발견했습니다. 꽃 한가운데에는 마치 세상에서 가장 아름다운 진주 같은 커다랗고 맑은 이슬이 한 방울 맺혀 있었지요.

그 꽃을 꺾어 든 요링겔은 밤낮을 가리지 않고 쉼없이 걸어 마녀의 성으로 갔습니다. 성에서 백 걸음쯤 떨어진 곳에 이르렀는데도 예전처럼 몸이 굳어버리지 않아서 계속 걸어갈 수 있었습니다.

마침내 성문에 이른 요링겔이 기쁜 마음으로 꽃을 성문에 대자 문이 활짝 열렸습니다. 그는 안으로 들어가 정원을 지나면서 어딘가에서 많은 새들이 지저귀는 소리가 들리지 않을까 귀를 기울였습니다. 새 소리가 들려오는 쪽으로 가보니 커다란 방이 있었습니다. 그곳에서는 못된 마녀가 새장 칠천 개에 들어 있는 새들에게 모이를 주고 있었습니다. 요링겔을 본 마녀는 몹시 화를 내며 온갖 욕설과 함께 그에게 독이 든 침을 뱉었습니다. 그러나 마녀는 요링겔로부터 두 걸음 떨어진 곳에서 더는 가까이 다가오지 못했습니다. 그의 손에는 신비한 꽃이 들려 있었거든요. 요링겔은 마녀는 본 척도 하지 않고 새장들 사이사이를 돌아다니며 새장들을 하나하나 자세히 살펴보았습니다. 하지만 나이팅게일은 수백 마리나 되었습니다.

도대체 요링겔은 어떻게 해야 사랑하는 요린데를 찾을 수 있을까요?

요링겔이 어찌할 바를 모른 채 멍하니 새들을 바라보고 있는데, 마녀가 몰래 어떤 작은 새장을 들고 문 쪽으로 가려는 게 보였습니다. 요링겔은 나는 듯이 달려가 꽃으로 그 새장을 건드렸고, 아울러 못된 마녀도 건드렸습니다. 그러자 마녀는 마법을 부릴 수 없게 되었고, 요린데는 본디 모습으로 돌아와 요링겔의 목을 얼싸안았습니다. 요린데는 전과 다름없이 아름다웠지요.

그는 다른 새들도 모두 처녀로 돌아오게 했습니다. 그러고는 요린데와 함께 집으로 돌아가 둘이서 오래오래 행복하게 살았답니다.

KHM 070
세 행운아
Die drei Glückskinder

어느 날 아버지가 세 아들을 불러서 맏아들에게는 수탉 한 마리를, 둘째아들에게는 커다란 낫 하나를, 막내아들에게는 고양이 한 마리를 주며 말했습니다.

"나도 이제 늙어서 앞으로 살날이 얼마 남지 않았다. 죽기 전에 너희들이 오랜 세월 잘 먹고 살 수 있도록 보살펴 주고 싶은데 가진 돈이 없구나. 오늘 너희들에게 준 것들은 참으로 쓸모없는 것처럼 보이지만, 이것들이 요긴한지 아닌지는 너희들이 얼마나 지혜롭게 쓰는가에 달려 있다. 수탉 낫 고양이 이 세 가지들이 무엇인지 아직 모르는 나라를 찾아가라, 그러면 큰 행운을 얻을 수 있으리라."

아버지가 숨을 거두자 맏아들은 자신이 받은 수탉을 데리고 집을 나섰습니다. 그러나 세상 어디를 가나 수탉을 모르는 곳은 아무데도 없었습니다. 도시에 가 보면 금속으로 만든 수탉모양 풍향계가 곳곳 탑 꼭대기에 앉아서, 바람이 부는 대로 빙글빙글 돌고 있는 게 멀리서도 보였고, 시골 마을에 가 보면 여러 마리 닭들이 꼬끼오 우는 소리를 들을 수 있었습니다. 이 동물을 신기하게 여기는 사람은 아무도 없었고, 이 흔한 동물로 큰돈을 벌 가망은 더더욱 없어 보였지요.

그러던 어느 날, 마침내 맏아들은 수탉이 도대체 뭔지 통 모를 뿐만 아니라 시간이라는 것을 아예 모르는 사람들이 사는 외딴 섬에 이르렀습니다. 그들도 언제가 아침이고 언제가 저녁인지는 알았지만, 어쩌다가 밤새도록 잠을 이루지 못할 때면 시간이 얼마나 되었는지 도무지 알 길이 없었습니다. 맏아들이 그곳 사람들을 모아놓고 말했습니다.

"이걸 보십시오. 얼마나 당당해 보이는 동물입니까? 머리에는 루비처럼 붉은 왕관을 쓰고, 발에는 기사처럼 박차를 달고 있습니다. 또한 밤에는 일정한 시간만 되면 세 번 울어 여러분에게 큰 소리로 시간을 알려 줍니다. 맨 마지막으로 우는 때가 바로 해 뜨는 시각이지요. 하지만 가끔 대낮에도 울 때가 있는데, 그러면 여러분은 날씨가 달라질 것에 대비하면 됩니다."

사람들은 그 말에 귀가 솔깃했습니다. 그들은 밤새도록 잠도 자지 않고 수탉이 정말로 밤 두 시, 새벽 네 시, 그리고 아침 여섯 시에 커다란 소리로 시간을 알려 주는 그 울음을 확인했습니다. 섬사람들은 모두 그 신기한 동물을 자기들에게 팔지 않겠느냐, 얼마를 주면 되겠느냐고 물었습니다.

"나귀 한 마리가 지고 갈 만큼 금화를 주십시오."

"이렇게 귀한 동물 값으로는 터무니없이 싸군요."

사람들은 모두 한결같이 말하고는 그의 요구를 기꺼이 들어주었습니다. 맏아들이 금화를 가득 싣고 집으로 돌아오자 동생들은 깜짝 놀랐습니다.

둘째 아들이 말했습니다.

"그렇다면 나도 먼 길을 떠나 낫을 그렇게 잘 팔 수 있을지 한번 시험해 볼까?"

그리고 길을 떠났으나 어디에나 있는 낫을 형처럼 잘 팔 수 있을 것 같진 않았습니다. 가는 곳마다 만나는 농부들은, 그가 가지고 있는 긴 낫쯤은 다들 어깨에 메고 있었으니 말입니다. 그러나 다행히 그 또한 낫에 대해 전혀 모르는 사람들이 사는 머나먼 외딴 섬에 닿을 수 있었습니다. 그곳에서는 곡식이 익으면 밭 주위에 대포 여러 대를 빙 둘러 세워놓고 여기저기 쾅쾅 쏘아서 곡식을 떨어뜨리고 있었습니다. 하지만 그것은 그리 좋은 방법이 아니어서, 어떤 대포알은 밭 너머로 떨어지는가 하면, 어떤 것은 줄기에 맞지 않고 이삭에 맞는 바람에 애써 해낸 수확을 모두 망쳐 놓기도 했습니다. 그러다 보면 잔뜩 화난 농부들은 서로 욕설을 퍼부으며 싸움을 벌이기 일쑤였지요. 그런데 웬 낯선 남자가 떡하니 나타나서 소리도 내지 않고 재빠른 솜씨로 쓱싹 쓱싹 낫질을 하자, 섬사람들은 깜짝 놀라서 입도 콧구멍도 모두 벌린 채 넋을 잃고 그 신기한 모습을 바라보았습니다. 그들은 돈이라면 원하는 대로 모두 줄 테니 그것을 팔라고 했습니다. 그리하여 둘째 아들은 등에 황금을 잔뜩 실은 말 한 필을 받았습니다.

셋째 아들도 자기 고양이를 형들처럼 큰 돈을 받고 팔고 싶었습니다. 그렇지

만 육지에 머무는 동안은 형들과 마찬가지로 아무런 소득이 없었습니다. 어디를 가나 고양이가 너무 많아서 갓 태어난 새끼들을 물에 빠뜨려 죽일 지경이었으니까요. 마침내 그는 배를 타고 어느 섬으로 건너갔습니다. 그 섬사람들은 옛날부터 고양이라는 것을 본 적이 없는 데다, 때마침 쥐들이 온 섬을 휩쓸고 있었습니다. 집주인이 집에 있건 없건 식탁 위에도 의자 위에도 수많은 쥐들이 이리저리 춤을 추며 돌아다녔습니다. 사람들은 쥐 때문에 늘 피해를 입고 있었고, 그 나라 왕도 성안에서 우글대는 쥐를 쫓아낼 방법을 몰라 골머리를 앓고 있었지요. 이 구석에서 찍찍 저 구석에서 찍찍거리며 이빨로 물고 뜯을 수 있는 것이라면 몽땅 갉아 먹어버려도 그저 구경만 할 수밖에 없었습니다.

　이런 곳에 오자 고양이는 곧바로 제 특기인 쥐 사냥에 나서서 눈 깜짝할 사이에 큰 방 몇 개에 있는 쥐들을 모두 깨끗이 쓸어버렸습니다. 사람들은 나라를 위해 이 신기한 동물을 사들이자고 왕에게 요청했습니다. 왕은 그가 요구하는 것은 무엇이든 기꺼이 내어 주겠다고 했지만 그가 바라는 것은 금화를 가득 실은 노새 한 마리뿐이었습니다. 그리하여 막내아들도 많은 재물을 가지고 집으로 돌아갈 수 있었습니다.

　성에 남은 고양이는 쥐잡기에 신이 나서, 셀 수도 없을 만큼 많은 쥐를 몽땅 물어 죽였습니다. 이렇게 정신없이 사냥을 하다 보니 덥고 목이 말라서 고양이는 쥐잡기를 잠시 멈춘 채 고개를 길게 빼고 '야옹 야옹' 울었습니다. 그런 이상한 소리를 태어나서 처음 들은 왕과 신하들은 깜짝 놀라 겁을 집어 먹고는 모두 성 밖으로 달아나버리고 말았습니다. 산 아래에 이른 왕은 어떻게 하는 게 좋겠느냐고 섬사람들과 긴 이야기를 나눈 끝에, 고양이에게 사람을 보내 얌전히 성을 떠나지 않으면 강제로 쫓아내겠다고 알리기로 결정했습니다. 신하들이 말했습니다.

　"저런 무시무시한 괴물에게 우리 목숨을 바치느니 차라리 쥐들에게 시달리는 게 낫겠습니다. 그런 것쯤이야 이미 익숙해져 있으니까요."

　왕의 명령에 하는 수 없이 성으로 올라간 신하는 무서움을 꾹 참고 고양이에게 물었습니다. 이 성을 고이 떠나겠느냐고 말이지요. 그러나 그동안 아무것도 마시지 못해 목이 더욱 탄 고양이는 그저 '야옹 야옹' 대답할 뿐이었습니다. 신하는 그 소리를 '아니 아니'로 알아듣고 왕에게 가서 그 대답을 전했습니다. 대신들이 말했습니다.

　"그렇다면 힘을 써서라도 몰아내는 수밖에."

　이윽고 커다란 대포가 성 앞에 놓이고 포탄이 발사되어 성 여기저기에 불이 붙었습니다.

　순식간에 커다래진 불길이 고양이가 앉아 있는 방에 이르자, 고양이는 다행히 창문으로 뛰쳐나갔습니다. 그러나 성을 에워싼 사람들은 온 성이 모두 불타버리고 폭삭 주저앉을 때까지 포격을 멈추지 않았답니다.

KHM 071

여섯 사나이, 세상을 헤쳐 나가다

Sechse kommen durch die ganze Welt

　옛날에 온갖 재주를 부릴 줄 아는 사나이가 살았습니다. 그는 전쟁에 나가 용감히 싸웠지만, 전쟁이 끝나자 군대는 노잣돈 세 푼만 주고 그를 내쫓아 버렸습니다. 그가 말했습니다.

"흥! 두고 보라지! 이 만큼으로는 어림도 없어. 제대로 된 부하들을 찾아내어 왕에게서 온 나라 보물을 몽땅 받아내고야 말겠어."

그렇게 잔뜩 화가 난 청년은 숲으로 들어갔는데, 나무 여섯 그루를 마치 지푸라기라도 되는 것처럼 아주 가볍게 뽑고 있는 남자가 보였습니다. 그는 남자에게 말을 걸었습니다.

"내 부하가 되어 함께 가지 않겠나?"

"기꺼이 그러지요. 하지만 먼저 어머니께 이 나무 다발을 가져다 드리고 오겠습니다."

남자는 나무 한 그루를 뽑아 나머지 다섯 그루와 함께 질끈 동여매더니 그것을 어깨에 둘러메고 집으로 갔습니다. 그러고는 다시 돌아와서 주인과 함께 길을 떠났습니다.

대장은 입버릇처럼 이렇게 말했습니다.

"우리 두 사람이면 세상에 무서울 게 없겠어."

둘은 한참 걸어가다가 사냥꾼을 만났습니다. 그는 무릎을 꿇고 총을 뺨에 바짝 댄 채 조용히 무언가를 겨누고 있었습니다. 대장이 그에게 물었습니다.

"사냥꾼 양반, 뭘 쏘려는 거요?"

"여기서 2마일 떨어진 떡갈나무 가지 위에 파리가 한 마리 앉아 있는데, 그녀석 왼쪽 눈을 쏘려고 합니다."

"어허, 참으로 놀라운 사람이군, 우리와 함께 갑시다. 우리 셋이면 세상에 거칠 것이 없겠소."

사냥꾼도 잘 됐다 싶어 얼른 따라나섰습니다. 세 사람은 일곱 풍차가 있는 곳에 이르렀습니다. 풍차 날개는 분명 세차게 돌고 있는데 아무리 둘러 봐도 바람 한 점 불지 않고 나뭇잎 하나 움직이지 않는 것이었습니다. 대장 사나이가 말했습니다.

"바람 한 점 불지 않는데 어떻게 풍차가 돌고 있는 거지? 그것 참 신기하군."

그러고는 부하들을 데리고 계속 걸어갔습니다. 2마일쯤 걸어가보니 한 남자가 나무 위에 걸터앉아 한쪽 콧구멍을 막은 채 다른 쪽 콧구멍으로 콧김을 불고 있는 게 보였습니다.

"아니, 대체 그 위에서 뭘 하고 있소?"

대장의 물음에 그가 대답했습니다.

"여기서 2마일 떨어진 곳에 풍차가 일곱 개 있는데, 그것을 콧바람으로 돌리고 있습니다."

"오, 정말 굉장하군. 우리와 함께 갑시다. 우리 넷이면 세상에 거칠 것이 없겠소."

그 말에 콧김 센 사람도 나무에서 내려와 함께 걷기 시작했습니다. 얼마쯤 가다 보니 한 남자가 한쪽 다리 관절을 풀어 늘어뜨려 놓고 다른 쪽 다리로 서 있었습니다. 그 모습을 보고 대장이 말했습니다.

"참 편하게 쉬고 있구려."

"나는 뜀박질 선수랍니다. 너무 빨리 뛰지 않으려고 한쪽 다리 관절을 풀어 놓은 겁니다. 두 다리로 뛰면 날아가는 새보다도 빠르거든요."

"오, 참으로 엄청난 사람이군! 우리와 함께 갑시다. 우리 다섯이면 세상에 거칠 것이 없겠소."

그리하여 뜀박질 선수도 따라나섰습니다. 얼마 안 가 한쪽 귀만 겨우 덮일

만큼 너무도 작은 모자를 쓴 남자를 만났습니다. 대장이 남자에게 말했습니다.

"야, 멋지군, 멋져요! 하지만 모자로 한쪽 귀를 가리는 건 그만두구려, 꼭 어릿광대가 멋 부린 것 같으니."

"안 그럴 수가 없습니다. 내가 모자를 똑바로 쓰면 매서운 서리가 내려 하늘을 날아다니던 새들이 꽁꽁 얼어 땅으로 떨어져버리거든요."

대장이 말했습니다.

"오, 거참 희한한 사람이군, 우리와 함께 갑시다. 우리 여섯이면 세상에 거칠 것이 없겠소."

이윽고 여섯 사나이들은 큰 도시에

도착했습니다. 그곳 왕은 자기 딸과 달리기 경주를 하여 이기는 사람이 있으면, 누구든지 사위로 삼겠다고 널리 알리고 있었습니다. 하지만 지는 사람은 머리를 내놓아야 한다는 조건이었지요. 대장이 나서서 말했습니다.

"그렇다면 제 부하를 대신 뛰게 하고 싶습니다."

왕이 말했습니다.

"그럼 그 부하 목숨도 함께 걸어야 하네. 반드시 이겨야 자네 부하 머리와 자네 머리가 붙어 있게 되는 걸세."

그렇게 하겠다고 약속한 대장은 뜀박질 잘하는 부하의 풀어 두었던 한쪽 다리 관절을 끼워주면서 말했습니다.

"이번 기회에 신나게 달려서 우리가 이기도록 하세."

경주는 멀리 떨어진 샘까지 달려가 먼저 물을 길어 오는 사람이 이기는 것이었습니다. 뜀박질 선수와 공주는 저마다 항아리를 들고 재빨리 뛰기 시작했습니다. 그런데 눈 한 번 깜박하는 사이에 뜀박질 선수는 벌써 구경꾼들 눈에 보이지 않았습니다. 공주는 얼마 가지도 못했는데 말이지요. 마치 한 줄기 바람이 휙 스치고 지나간 듯했습니다. 얼마 지나지 않아 샘에 도착해 항아리 가득 물을 채운 그는 돌아서서 다시 뛰기 시작했습니다. 그런데 중간쯤 왔을 때 갑자기 엄청난 피로가 몰려왔습니다. 마침내 그는 항아리를 옆에 내려놓고 그만 쿨쿨 잠이 들고 말았습니다. 하지만 잠자리가 불편해서 금방 깰 수 있도록 땅에 떨어져 있던 말 머리뼈를 베개로 베고 잤습니다.

그동안 만만치 않게 빠른 공주도 샘에 도착해 얼른 항아리에 물을 채우고 돌아섰습니다. 그러다 달리기 선수가 중간에 누워 자는 것을 보고는 기뻐하며 말했습니다.

"그들은 이제 내 손안에 있다."

그러고는 달리기 선수의 항아리에서 물을 몽땅 쏟아 버리고는 계속 뛰어갔습니다. 다행히 시력이 뛰어난 사냥꾼이 산 위 성에 서서 예리한 눈길로 그 모습을 모두 지켜보고 있었습니다. 하마터면 달리기 선수와 대장의 목숨이 달아날 뻔했지요. 사냥꾼이 말했습니다.

"공주가 이기게 놔둘 수야 없지."

그러고는 총을 겨누어 쏘았습니다. 어찌나 노련한 솜씨인지, 그렇게 멀리 떨어져 있었는데도 뜀박질 선수가 베고 있는 말 머리뼈를 정확히 쏘아 맞혔습니다. 물론 아무 데도 다치지 않은 뜀박질 선수는 잠에서 깨어나 벌떡 일어났지요. 그런데 그의 항아리는 텅 비어 있고 공주는 벌써 저만치 앞서 가고 있는 게 아니겠습니까. 그는 포기하지 않고 항아리를 든 채 샘으로 돌아가 새로 물을 채우고 다시 달렸습니다. 그러고도 공주보다 10분이나 먼저 도착했지요. 그가 말했습니다.

"처음으로 두 다리를 속 시원히 놀려 봤습니다. 이제까지 달린 것은 달린 것도 아니었지요."

그러나 왕은 신분 낮은 퇴역 병사가 제 딸을 데려가게 된 것이 아무리 생각해도 마음에 들지 않았습니다. 공주는 한결 더했지요. 왕과 공주는 어떻게 하면 저 사나이들을 모조리 떼어버릴 수 있을까 의논했습니다. 왕이 공주에게 말했습니다.

"좋은 수가 떠올랐으니 너무 걱정 마라. 저 녀석들이 다시는 이곳에 얼씬도 못하게 할 테니."

왕은 대장과 다섯 사나이를 불러 말했습니다.

"이제 모두 즐겁게 먹고 마시도록 하여라."

그리고 그들을 어느 방으로 이끌었습니다. 그 방은 바닥과 문이 모두 쇠로 되어 있으며, 창문에는 쇠창살이 쳐져 있었습니다. 방 안 식탁 위에는 먹음직스런 요리들이 잔뜩 차려져 있었지요. 왕이 그들에게 말했습니다.

"자, 마음껏 드시게나."

그들이 안으로 들어가자 왕은 문을 잠그고 빗장을 걸었습니다. 그런 다음 요리사를 불러서 방 안의 쇠들이 벌겋게 달아오를 때까지 방 밑에서 불을 때라고 명령했습니다.

요리사가 분부대로 불을 지피자, 방 안에서 음식을 먹던 여섯 사나이들은 금세 더워지기 시작했습니다. 처음에는 갓 만들어진 따끈따끈한 음식을 먹어서 더운가 보다 생각했으나, 방이 점점 더 참을 수 없이 뜨거워져서 밖으로 나가려 하자 문이며 창문들이 모두 잠겨 있었습니다. 그제야 그들은 자신들을 질식시켜 죽이려는 왕의 계략에 빠졌음을 알아차렸습니다.

"하지만 그렇게는 안 될걸."

작은 모자를 쓴 남자가 말했습니다.

"불길도 창피해서 꽁무니를 뺄 만큼 매서운 서리를 내려주마."

그가 모자를 똑바로 쓰자, 곧바로 세찬 서리가 쏟아지더니 더위가 말끔히 가시는 것은 물론 접시 위 음식들까지 꽁꽁 얼어붙었습니다. 두세 시간이 지난 뒤 모두 더위에 숨막혀 죽었으리라 생각한 왕은 자기 눈으로 그 속시원한 모습을 보고 싶어서 문을 열었습니다. 그런데 문을 열고 보니, 여섯 사나이들은 모두 말짱하게 서 있을 뿐만 아니라, 요리들이 꽁꽁 얼어붙을 만큼 방 안이 추우니 밖에 나가서 몸을 좀 녹였으면 좋겠다고 불평을 하는 것이었습니다.

화가 잔뜩 난 왕은 요리사에게 가서 왜 명령대로 하지 않았느냐고 마구 호통을 쳤습니다. 그러자 요리사가 말했습니다.

"충분히 뜨겁게 하고 있습니다. 직접 보십시오."

요리사 말대로 세찬 불길이 쇠로 된 방 아래에서 활활 타오르고 있었습니다. 그래서 왕은 이런 방법으로는 도저히 저 여섯 사나이들을 어떻게 할 수 없다는 것을 깨달았지요.

이 흉측한 손님들을 어떻게든 떼어버릴 방법을 다시 생각해낸 왕은 대장을 불러 이렇게 말했습니다.

"내 딸을 포기해준다면 자네가 바라는 만큼 금화를 주겠네."

그가 대답했습니다.

"좋습니다, 임금님. 제 부하가 짊어질 수 있을 만큼 금화를 주십시오. 그러면 공주님을 달라고 하지 않겠습니다."

왕은 천만다행이라 생각했습니다. 그러자 대장이 말을 이었습니다.

"그럼 14일 뒤에 금화를 가지러 오겠습니다."

대장은 온 나라 재봉사란 재봉사는 모두 불러 모았습니다. 그 많은 재봉사들이 해야 할 일은 2주일 동안 가만히 앉아서 자루 하나를 꿰매는 것이었습니다. 자루가 완성되자 나무를 쑥쑥 뽑아버리는 장사가 그것을 어깨에 둘러메고 대장과 함께 왕에게 갔습니다.

"집채만 한 자루를 짊어지고 있는 저 거구는 누구지?"

왕은 깜짝 놀라 '대체 금화를 얼마나 쓸어 가려고?' 생각했지요. 왕은 금화 1톤이 들어 있는 커다란 통을 가져오라고 일렀습니다. 그것을 지고 오는 데만 도시에서 가장 힘센 남자 열여섯이 달려들어야만 했지요. 그런데 대장과 함께 온 장사는 그것을 한 손으로 덥석 움켜잡더니 자루 속으로 너무나 쉽게 밀어

넣으면서 이렇게 말하는 것이었습니다.

"한꺼번에 가져오지 않고 뭘 하는 거야. 아직 바닥에 깔리지도 않았어."

왕은 하는 수 없이 가지고 있는 금을 몽땅 날라 오게 했습니다. 장사가 그 것을 자루 속에 밀어 넣었지만, 자루는 절반도 채 차지 않았습니다.

"더 가져와."

그가 소리쳤습니다.

"고작 그 정도로는 어림도 없어."

그래서 왕은 하는 수 없이 온 나라 금화를 수레 7천 대에 실어오게 했습니다. 하지만 장사는 수레를 끌고 온 황소들까지 자루 속에 모조리 집어넣으며 말했습니다.

"금이고 뭐고 따지지 않고 오는 대로 뭐든지 다 집어넣겠소. 그래야 자루가 겨우 찰 테니까."

그리하여 닥치는 대로 몽땅 자루 속으로 집어넣었는데, 그래도 더 들어갈 자리가 있었습니다. 그러자 장사가 말했습니다.

"이쯤에서 끝내기로 하지요. 자루가 꽉 차진 않았지만 묶기는 좋겠군요."

그러더니 자루를 등에다 짊어지고 동료들과 함께 그곳을 떠났습니다.

왕은 사나이 하나가 온 나라 재산을 몽땅 휩쓸어가는 것을 보고는 분통이 터져 견딜 수 없었습니다. 그래서 기마대에게 여섯 사나이들을 쫓아가 장사에 게서 자루를 다시 빼앗아 오라고 명령했습니다. 곧바로 뛰어나가 곧 그들을 따라잡은 2개 연대가 큰 소리로 이렇게 외쳤습니다.

"너희들은 이제 포로나 다름없다. 금화가 든 자루를 내려놓아라. 순순히 따르지 않으면 모조리 베어버리겠다."

"저 멍청이들이 지금 무슨 소릴 지껄이는 거야?"

콧김 센 사나이가 말했습니다.

"우리를 포로로 잡아가겠다고? 그 전에 너희들을 모조리 하늘에서 이리저리 춤추게 해주마."

그는 한쪽 콧구멍을 막고 다른 쪽 콧구멍으로 두 연대에게 콧김을 흥! 내뿜 었습니다. 그러자 가만히 서 있던 기마대는 마치 가랑잎처럼 푸른 하늘 저 너머로 날아오르는 것이었습니다. 그 가운데 몇몇은 이 산을 넘어가고 또 몇몇은 저 산을 넘어가더니 마침내 이곳저곳 산을 넘어 모두 어디론가 사라져버렸

습니다.

그 가운데 소대장 하나가 자기는 상처가 아홉 군데나 있는 용감한 병사이
니 한 번만 봐달라고 애원했습니다. 그런 용감한 사람을 욕보일 수는 없다고
생각한 사나이는 세차게 내뿜던 콧김을 조금 줄였습니다. 그러자 그 사람만
다치지 않고 다시 땅에 내려앉을 수 있었지요. 콧김 센 사나이가 그 소대장에
게 말했습니다.

"왕에게 가서 남은 기마대를 모두 보내라고 전해라. 하나도 빠짐없이 하늘로 날려보내줄 테니."

그 말을 전해들은 왕이 말했습니다.

"우리는 도저히 당해낼 수 없으니 그냥 가게 내버려 두어라."

그리하여 부자가 된 여섯 사나이들은 집으로 돌아가 저마다 재산을 나눠 갖고 죽을 때까지 즐겁고 행복하게 살았답니다.

KHM 072
늑대와 사람
Der Wolf und der Mensch

어느 날 여우가 늑대에게 사람이 얼마나 강한지에 대해 이야기했습니다. 어떤 동물도 사람을 당해낼 수는 없으며, 사람 앞에서 온전히 몸을 보호하려면 무엇보다도 꾀가 있어야 한다고 이야기했습니다. 그러자 늑대가 이렇게 말했습니다.

"언젠가 사람을 보게 되면 덤벼들 거야."

여우가 말했습니다.

"그런 일이라면 나도 도와주지. 내일 아침에 나를 찾아와. 사람을 보여줄 테니까."

이튿날 늑대는 일찌감치 모습을 나타냈습니다. 여우는 늑대를 사냥꾼들이 날마다 지나다니는 길로 데려갔습니다. 처음 나타난 사람은 늙은 퇴역병사였습니다.

"저게 사람이야?"

늑대가 물었습니다.

"아니. 옛날에는 그랬지만."

여우가 말했습니다.

그 뒤 학교에 가는 어린 소년이 나타났습니다.

늑대가 물었습니다.

"저게 사람이야?"

여우가 대답했습니다.

"아니, 전에는 사람이었지만."

그 뒤, 학교에 가는 어린 소년이 나타났습니다.

늑대가 물었습니다.

"저게 사람이야?"

"아니, 앞으로 사람이 되겠지."

마침내 총신이 두 개인 산탄총을 어깨에 메고 옆구리에는 커다란 사냥칼을 찬 사냥꾼이 나타났습니다.

여우가 늑대에게 말했습니다.

"저기 봐, 저기 사람이 온다. 한번 덤벼들어 봐. 난 굴 속에 들어가 있을게."

늑대는 사람에게 곧장 달려들었지만, 늑대를 본 사냥꾼은 이렇게 말했습니다.

"큰 총알을 장전해 두지 않았는데, 이거 참 아깝게 됐군."

그리고 총을 겨누고 늑대 얼굴에 산탄을 발사했습니다. 늑대는 조그만 아픔이 느껴지자 얼굴을 잔뜩 찡그렸지만, 겁을 먹지 않고 계속 덤벼들었습니다. 사냥꾼이 재빨리 또 한 방 쏘았지만 늑대는 이를 악물고 아픔을 꾹 참으며 사냥꾼을 덮쳤습니다. 그러자 사냥꾼은 사냥칼을 번쩍 뽑아들더니 힘껏 이리저리 휘둘렀습니다. 그제서야 늑대는 온몸에 피를 철철 흘리고 큰 소리로 울부짖으며 여우가 있는 곳으로 달아났습니다. 그 모습을 보고 여우가 말했습니다.

"어떻게 됐어, 늑대야? 사람을 해치웠니?"

늑대가 말했습니다.

"사람이 그렇게 강할 줄은 상상도 못했어. 처음에는 등에 지고 있던 기다란 지팡이를 들고 훅 숨을 불어넣는 거야. 그러니까 갑자기 내 얼굴로 뭔가 날아오더니 엄청나게 가렵더군. 또 한 번 지팡이를 훅 부는데, 콧잔등에서 번개가 치고 마구 우박이 떨어지는 것만 같았어. 내가 가까이 다가가자 이번에는 몸에서 번쩍거리는 갈빗대를 하나 뽑아들더니 나에게 마구 휘두르는 거야. 어휴, 하마터면 죽을 뻔했지 뭐야."

"거 봐 내가 뭐랬어."

여우가 말했습니다.

"너무 잘난 척하다가는 본전도 못 찾는다구."

KHM 073
여우와 늑대
Der Wolf und der Fuchs

늑대가 여우를 제 집에 데리고 있었습니다. 여우는 힘이 약한 동물이었기 때문에 늑대가 시키는 일은 무엇이든지 해야만 했습니다. 여우는 언제나 대장 노릇을 하는 늑대를 떼어 버리고 싶었습니다.

어느 날 숲을 지나다 늑대가 여우에게 이렇게 말했습니다.

"빨강 여우야, 먹을 것 좀 가져와. 안 그러면 너를 잡아먹어 버릴 테다."

여우가 말했습니다.

"새끼 양이 몇 마리 있는 농가를 알고 있어. 거기서 한 마리 가져오자."

늑대는 좋은 생각 같아서 함께 그곳으로 갔습니다. 여우는 새끼 양을 훔쳐 내어 늑대에게 주고는 재빨리 집으로 달아나버렸습니다. 새끼 양을 잡아 먹은 늑대는 그래도 배가 부르지 않아 한 마리 더 먹고 싶어졌습니다. 그래서 또 양을 가지러 갔는데, 몰래 훔치는 게 서투른 탓에 그만 어미 양에게 들키고 말았습니다. 어미 양이 무섭게 비명을 지르며 마구 울부짖자, 달려온 농부들이 늑대를 발견하고는 그를 사정없이 두들겨 팼습니다. 늑대는 다리를 절뚝거리고 아픔에 울부짖으며 여우가 있는 집으로 갔습니다.

"이 녀석, 날 속였지? 다른 양을 가지러 갔다가 농부들에게 붙잡히는 바람에 이렇게 마구 얻어맞았잖아."

늑대의 말에 여우가 말했습니다.

"그건 형님이 식탐이 너무 많으니까 그렇지."

다음 날 그들은 다시 들로 나갔습니다. 욕심 많은 늑대가 말했습니다.

"빨강 여우야, 얼른 먹을 것을 구해 와. 안 그러면 널 통째로 잡아먹어버릴 테니까."

"내가 알고 있는 농가에서 오늘 저녁 안주인이 맛있는 달걀 과자를 굽는데, 그걸 가지러 가자."

그들은 그 집으로 갔습니다. 여우는 집 주위를 살금살금 돌면서 킁킁 냄새를 맡으며 집안 곳곳을 살폈습니다. 그러다 마침내 그릇이 있는 곳을 알아냈지요. 그러고는 거기서 달걀 과자 여섯 개를 꺼내 늑대에게 가져갔습니다.

"너 혼자 다 먹어."

여우는 그렇게 말하고는 혼자 집으로 가버렸습니다. 늑대는 눈 깜짝할 사이에 달걀 과자를 모두 먹어치워버리고는 이렇게 말했습니다.

"먹을수록 더 먹고 싶어지는군."

그러고는 농가로 가서 곧바로 달걀 과자를 접시째 아래로 잡아채는 바람에 그만 접시가 큰 소리를 내며 깨지고 말았습니다. 그 요란한 소리를 듣고 달려 나온 안주인이 늑대를 보고 소리를 지르자 어느새 많은 사람들이 달려와 마음껏 방망이를 휘둘러 늑대를 두들겨 팼습니다. 늑대는 이번에도 두 다리를 절뚝거리면서 큰 소리로 울부짖으며 숲 속 여우를 찾아갔습니다. 늑대가 잔뜩 화가 나서 부르짖었습니다.

"이 못된 녀석! 이번에도 날 함정에 빠뜨렸겠다! 농부들이 나를 붙잡아서 가죽을 무두질하듯이 두들겨 팼단 말이야."

여우가 말했습니다.

"네가 그렇게 식탐을 부리니까 그렇지."

다음 날에도 그들은 함께 밖으로 나갔습니다. 다리를 절뚝거리며 겨우 걸음을 옮기던 늑대가 또 말했습니다.

"빨강 여우야, 먹을 것을 구해 와. 안 그러면 널 통째로 잡아먹어버릴 테니까."

여우가 말했습니다.

"백정이 굴 안에 소금에 절인 고기가 든 통을 놓아 두었어. 그것을 가지러 가자."

늑대가 말했습니다.

"하지만 이번에는 너와 함께 가야겠어. 내가 도망칠 수 없을 때 네가 나를 도와줘야 하니까."

"그러지 뭐."

여우는 늑대에게 빠르게 갈 수 있는 샛길과 지름길을 가르쳐 주면서 함께 굴 앞에 이르렀습니다.

굴 안에 들어가 보니 고기가 잔뜩 있어서 실컷 먹어도 남아돌 지경이었습니다. 늑대는 곧바로 뛰어들어 우적우적 맛있게 먹어치우면서 생각했습니다.

'이번에는 정말 실컷 먹을 수 있겠는걸.'

여우 또한 맛있게 고기를 먹었지만 연신 주위를 두리번거리면서, 자기가 들어왔던 구멍으로 달려가서는 불룩해진 배가 아직도 그곳을 빠져나갈 수 있는 크기인지 종종 확인해 보았습니다. 늑대가 말했습니다.

"여우야, 왜 그렇게 이리저리 들락날락 야단이야?"

꾀 많은 여우가 대답했습니다.

"사람이 오는가 잘 살펴봐야지. 너무 많이 먹지는 마. 나갈 수 없을지도 몰라."

늑대가 말했습니다.

"난 이 통을 몽땅 비우기 전까지는 여기서 나가지 않을 거야."

그러는 동안 여우가 이리저리 뛰어다니는 소리를 들은 농부가 굴로 내려왔습니다. 농부가 오는 것을 본 여우는 단숨에 굴 안에서 뛰쳐나갔습니다. 늑대도 뒤쫓아 가려 했지만 고기를 너무 많이 먹은 탓에 배가 빵빵하게 불러 빠져나가지 못하고 그만 구멍에 끼고 말았습니다. 몽둥이를 들고 온 농부는 늑대를 때려죽이고 말았습니다.

여우는 신나게 숲으로 달려갔습니다. 끝없이 먹을 것을 탐내던 늑대를 마침내 떼어버린 것을 아주 기뻐하면서.

KHM 074

대부를 여우에게 부탁한 부인
Der Fuchs und die Frau Gevatterin

새끼를 낳은 어미 늑대가 제 아이의 대부가 되어 달라며 여우를 집으로 초대했습니다. 어미 늑대가 말했습니다.

"여우는 누가 뭐래도 우리와 무척 가까운 친척이에요. 그들은 머리도 좋고 재주도 많지요. 그래서 내 아들의 대부가 되어 앞으로 살아가는 데 많은 도움을 주셨으면 해요."

어미 늑대의 말에 여우도 몹시 점잖게 말했습니다.

"아이구, 존경해 마지않는 늑대부인, 저에게 이런 분에 넘치는 영광을 베풀어 주셔서 정말 감사합니다. 저 또한 부인이 만족하실 수 있도록 좋은 대부가 되어 드리겠습니다."

푸짐한 잔칫상을 맛있게 먹고 난 뒤 기분이 좋아진 여우가 말했습니다.

"부인, 이 아이를 잘 보살피는 게 우리 의무가 아니겠습니까? 부인께서 영양분 많은 음식을 드셔야 아이도 쑥쑥 잘 자랄 텐데요. 제가 통통하게 살찐 양을 손쉽게 잡을 수 있는 양 우리를 알고 있습니다."

그게 얼마나 어미 늑대의 마음에 쏙 드는 말이었는지 모릅니다. 어미 늑대는 여우와 함께 농장으로 갔습니다. 여우는 멀리서 양 우리를 가리키며 말했습니다.

"저리로 가면 누구에게도 들키지 않고 들어갈 수 있을 겁니다. 그 동안 저는 조그만 병아리라도 잡을 수 있을지 모르니, 뒷마당을 살펴보겠습니다."

그러나 여우는 뒷마당으로 가지 않고, 숲 어귀에 온몸을 뻗고 편안하게 드러누워 쉬고 있었습니다.

어미 늑대는 양 우리 속으로 몰래 기어들어갔습니다. 그러자 그 안에 있던 개가 갑자기 요란하게 짖어대는 통에, 농부들이 달려와서는 어미 늑대를 붙잡아 등나무 작대기로 흠씬 두들겨 패는 것이었습니다. 겨우 달아난 어미 늑대가 비틀거리며 걸어가다 보니, 여우가 숲 어귀에 드러누워 애처로운 소리로 끙끙 앓고 있었습니다.

"아, 부인, 이렇게 반가울 수가! 조금 전에 얼마나 몹쓸 꼴을 당했는지 몰라요! 갑자기 농부들이 달려들어 저를 덮치더니 제 팔다리를 마구 분질러 놓는 게 아니겠어요. 제가 이런 곳에 쓰러져 죽어가는 걸 불쌍히 여기신다면 저를 좀 집으로 데려가 주세요."

어미 늑대 또한 심한 꼴을 당해 한걸음 내딛기도 힘들었지만, 여우가 몹시 걱정이 되어 여우를 등에 업었습니다. 그렇게 비척비척거리며 말짱한 여우 대부를 가까스로 집까지 업고 왔지요. 집에 도착하자 여우는 늑대에게 큰 소리로 말했습니다.

"안녕히 계십시오, 부인. 고기라도 구워 드시구려. 아하하!"

여우는 큰 소리로 낄낄낄 웃으면서 후다닥 달아나 버렸습니다.

여우와 고양이
Der Fuchs und die Katze

고양이가 숲에서 여우를 만났습니다.

'여우는 똑똑하고 세상 경험도 많으니 사람들에게 존경받고 있지.'

이렇게 생각한 고양이는 여우에게 애교 있게 말을 걸었습니다.

"안녕하세요, 여우님. 어찌 지내고 계십니까? 건강은 어떠신지요. 요즘처럼 힘든 세상에 어떻게 생활하고 계신가요?"

여우는 잔뜩 거드름을 피우며 고양이를 머리끝부터 발끝까지 훑어보았습니다. 대꾸를 해 줄지 말지 한참을 망설이다가 마침내 이렇게 말했습니다.

"빈약한 수염이나 다듬는 얼간이, 배가 고파지면 쥐새끼나 잡아먹는 사냥꾼이 감히 나한테 뭐라고? 버릇없이 나한테 잘 지내냐고 물었겠다? 그래 넌 뭘 배웠느냐? 할 줄 아는 게 몇 가지나 되지?"

"저야 오로지 한 가지 기술밖에 없지요."

고양이가 겸손하게 대답했습니다.

"무슨 기술이지?"

여우가 물었습니다.

"개들이 쫓아오면 나무 위로 피해 달아나는 기술이지요."

"겨우 그것뿐인가? 나는 할 줄 아는 게 백 가지도 넘는다네. 게다가 꾀는 한 보따리나 되지. 자넨 참 안됐어. 나와 함께 가면 여러 재주들을 가르쳐 주겠네."

그때 마침 한 사냥꾼이 개 네 마리를 이끌고 왔습니다. 고양이는 잽싸게 나무 위로 올라가 꼭대기에 앉았지요. 무성한 나뭇가지와 잎사귀에 몸이 완전히 가려져 전혀 보이지 않았습니다.

"꾀 보따리를 좀 풀어 보세요, 네? 여우님, 꾀 보따리를 좀 풀어 보세요."

고양이가 여우에게 크게 소리쳤습니다. 그러나 사냥개들이 벌써 여우를 덮쳐 그를 단단히 물고 있었습니다. 그것을 보고 고양이가 마구 비웃으며 큰 소리로 외쳤습니다.

"아이고, 여우님! 백 가지 재주가 있어도 꼼짝도 못하시네요. 저처럼 나무에 기어오를 줄만 알았어도 목숨을 잃지는 않으셨을 텐데요."

KHM 076
패랭이꽃
Die Nelke

첫 이야기

옛날, 하느님 뜻에 따라 아이를 낳지 못하는 왕비가 있었습니다. 왕비는 아침마다 정원에 나가 하늘나라에 계시는 하느님께 아들이든 딸이든 자식을 하나 내려 주십사 간절히 기도했습니다. 그러던 어느 날, 한 천사가 하늘에서 내려와 말했습니다.

"너무 걱정하지 마라, 그대는 곧 아들을 갖게 될 것이니. 그 아이는 원하는 일은 뭐든지 이루어지는 신비한 힘을 갖고 태어날 것이다."

왕비는 곧바로 왕에게 가서 이 기쁜 소식을 알렸습니다. 그리고 얼마 뒤 왕비가 정말 천사의 말대로 사내아이를 낳자 왕은 이루 말할 수 없이 기뻐했습니다.

왕비는 아침마다 아이와 함께 동물들이 신나게 뛰노는 정원에 나아가 맑은 샘물로 몸을 씻었습니다. 아이가 조금 더 자란 어느 날, 왕비는 잠들어 있는 아이를 품 안에 안고 있다가 깜빡 잠이 들고 말았습니다. 그때 한 늙은 요리사가 나타났습니다. 아이에게 어떤 소원이든 이룰 수 있는 신비한 힘이 있다는 사실을 알고 있던 그는, 아이를 몰래 훔쳐가고 대신 암탉을 죽인 뒤 그 피를 잠든 왕비의 앞치마와 옷에 잔뜩 묻혔습니다. 그러고는 왕자를 아무도 모르는 곳으로 데려가 젖을 먹일 유모를 구해 놓은 다음, 왕에게 달려가 왕비가 아이를 사나운 짐승에게 빼앗겼다고 거짓말을 했습니다. 왕비의 앞치마에 묻은 피를 보고 그 말을 믿은 왕은 불같이 화를 내며, 햇빛도 달빛도 들어오지 않는 높은 탑을 쌓게 하여 아내를 그곳에 가두어 버렸습니다. 그리하여 왕비는 먹을 것도, 마실 것도 없는 어둠 속에서 7년 동안이나 갇혀 지내야만 했습니다. 벌써 오래전에 굶어죽었어야 했지만, 하느님이 천사 둘을 하얀 비둘기 모습으로 내려 보내, 7년 동안 날마다 두 번씩 먹을 것을 가져다주게 하여 겨우 살아남을 수 있었습니다.

한편 아이를 빼앗아간 요리사는 '이 아이에게는 원하는 것은 뭐든지 이룰 수 있는 힘이 있으니, 내가 여기 있으면 나를 가만 두지 않을지도 몰라.' 이렇게 생각하고는 궁전을 떠나 아이가 있는 곳으로 갔습니다. 아이는 벌써 말을 할 수 있을 만큼 무럭무럭 자라 있었지요. 요리사가 말했습니다.

"애야, 아름다운 정원이 딸린 성이 있었으면 좋겠다고 말해 보렴."

아이의 입에서 그 말이 나오자마자 모든 것이 그대로 이루어졌습니다. 얼마 뒤 요리사가 소년에게 말했습니다.

"너 혼자 있으면 심심할 테니, 동무로 삼을 예쁜 소녀가 있었으면 좋겠다고 말해 보아라."

왕자가 소녀를 보내달라고 소원을 빌자 곧바로 눈앞에 아리따운 소녀가 나타났습니다. 어떤 화가도 그릴 수 없을 만큼 아름다운 소녀였지요.

그때부터 둘은 늘 함께 놀며 서로를 진심으로 좋아했습니다. 못된 요리사는 마치 귀족처럼 화려하게 꾸미고 날마다 사냥을 다녔습니다. 문득 요리사는 왕자가 언젠가 아버지에게 돌아가고 싶어 할지도 모른다는 생각이 들었습니다. 그렇게 되면 매우 난처해질 게 뻔했지요. 그래서 그는 조용히 소녀를 불러내어 이렇게 말했습니다.

"오늘밤, 저 아이가 잠이 들면 침대에 가서 이 칼로 심장을 찌르고, 심장과 혀를 나에게 가져오너라. 시키는 대로 하지 않으면 너를 죽여버리겠다."

그러고는 어디론가 가버렸습니다. 다음 날 다시 와보니 소녀는 요리사가 이른 대로 하지 않고는 이렇게 말했습니다.

"어찌 저더러 아무런 잘못도 없는 사람을 죽이라고 하십니까?"

요리사는 다시 한 번 소녀에게 으름장을 놓았습니다.

"시키는 대로 하지 않으면 네 목숨은 없을 줄 알아!"

그가 가버리자 소녀는 어린 암사슴을 데려와 죽이고는 사슴의 심장과 혀를 꺼내 접시 위에 놓았습니다. 늙은 요리사가 집으로 들어오는 것을 본 소녀는 소년에게 말했습니다.

"침대에 누워 이불을 덮어쓰고 있어."

요리사가 들어와 말했습니다.

"소년의 심장과 혀는 어디 있느냐?"

소녀는 사슴의 심장과 혀가 놓인 접시를 건네주었습니다. 그때 왕자가 이불을 박차고 일어나 말했습니다.

"이 늙은 악당 같으니! 어째서 나를 죽이려는 거야? 이제 내가 너에게 벌을 내려야겠다. 너는 까만 푸들로 변해 목에 황금 목줄을 매고, 빨갛게 이

글거리는 숯덩이를 삼켜 목구멍으로 불길을 토하게 될 거야!"

소년이 그 말을 입 밖에 내자마자 순식간에 늙은 요리사는 까만 푸들로 변하고 목에는 황금 목줄이 채워졌습니다. 그러더니 뒤이어 새빨갛게 달군 숯덩이가 날아와 개의 주둥이로 쏙 들어갔습니다. 그것을 먹은 개 목구멍에서 불길이 널름거렸습니다.

잠시 그곳에 머무르던 왕자는 문득 어머니가 떠올랐습니다. 아직 살아 계신지 무척 궁금해졌지요. 왕자가 소녀에게 말했습니다.

"난 아버지 나라로 돌아가야겠어. 너도 함께 가겠다면 내가 널 보살펴 줄게."

소녀가 말했습니다.

"아, 이를 어찌한담, 길은 너무 먼데다 아는 사람 하나 없는 낯선 나라에 가서 어떻게 살아야 할까?"

이렇게 말하기는 했지만 소녀의 그 말은 진심이 아니었지요. 둘은 무슨 일이 있어도 서로 헤어지고 싶지 않았거든요. 왕자는 소녀를 아름다운 패랭이꽃으로 변하게 하여 그 꽃을 언제나 자기 옆에 두기로 했습니다.

까만 푸들도 데리고 길을 떠난 왕자는 이윽고 아버지 나라에 이르렀습니다. 고향에 도착한 그는 곧바로 어머니가 갇혀 있는 탑으로 갔습니다. 탑이 매우 높아서, 왕자는 꼭대기까지 닿는 사다리를 보내달라고 기도했습니다. 그는 사다리를 타고 올라가 안을 들여다보면서 큰 소리로 어머니를 불렀습니다.

"왕비님, 사랑하는 나의 어머니, 아직 살아 계신가요, 아니면 돌아가셨나요?"

왕비는 천사가 음식을 갖고 온 줄로만 알고 이렇게 말했습니다.

"방금 음식을 먹어서 아직 배가 부르답니다."

왕자가 다시 말했습니다.

"전 어머니 아들이에요. 사나운 짐승이 저를 어머니 품에서 빼앗아 갔지만 전 이렇게 살아 있어요, 어머니. 제가 곧 다시 와서 어머니를 구해드리겠어요."

탑 아래로 내려간 왕자는 아버지가 있는 성으로 사람을 보내어, 자신은 멀리서 온 사냥꾼인데 왕을 모시고 일할 수 있게 해달라는 말을 전했습니다. 왕은 그에게 사냥 솜씨를 발휘하여 먹을 수 있는 동물을 잡아온다면 일꾼으로 써주겠다고 했습니다. 그러나 왕의 영지 안에는 사냥할 짐승이 한 마리도 없었습니다. 사냥꾼은 왕의 식탁에 필요한 만큼 많은 고기를 반드시 구해 오겠다 약속하고, 사냥꾼들을 불러 모아 함께 숲으로 갔습니다.

왕자는 숲 밖에서, 사냥꾼들을 한쪽이 트인 커다란 원을 그리고 서 있게 한 뒤, 그 가운데 서서 원하는 것을 모두 말하기 시작했습니다. 그러자 곧 200마리가 넘는 동물들이 원 안으로 마구 달려 들어왔습니다. 사냥꾼들은 그렇게 잡은 짐승들을 농부들이 쓰는 짐마차 60대에 모두 싣고 왕에게 가지고 갔습니다. 벌써 몇 년이나 고기를 구경하지 못했던 왕은 참으로 오랜만에 식탁 가득 고기를 올릴 수가 있었습니다. 왕이 어찌나 기뻐했는지, 도저히 말로는 표현할 수 없었지요. 다음 날 왕은 대신들을 한 사람도 빠짐없이 불러 함께 식사를 하기로 하고 아주 성대한 잔치를 열었습니다. 모두들 모이자 왕이 신비한 능력을 가진 사냥꾼에게 말했습니다.

"자네, 솜씨가 정말 훌륭하군그래. 내 옆에 앉도록 하게."

"폐하, 황송하오나, 저는 보잘것없는 애송이 사냥꾼일 뿐입니다."

왕자가 이렇게 말했지만, 왕은 뜻을 굽히지 않았습니다.

"자네는 꼭 내 옆에 앉도록 하라."

왕이 거듭 말하자 사냥꾼도 마침내 분부대로 하는 수밖에 없었습니다. 왕 옆자리에 앉자 사랑하는 어머니가 생각난 그는 신하들 가운데 누군가가 탑에 갇힌 왕비의 안부를 물어봐 주기를 빌었습니다. 그가 소원을 빌자마자 시종장이 입을 열었습니다.

"폐하, 우리는 여기서 즐겁게 먹고 마시며 잘 살고 있지만, 탑에 계신 왕비님은 어떻게 지내시는지요? 아직 살아계시는지, 아니면 돌아가셨는지요?"

왕이 말했습니다.

"내 사랑하는 아들을 사나운 짐승들에게 물어 뜯겨 죽게 만든 여자요. 그 여자 이야기는 듣고 싶지 않소."

그러자 사냥꾼이 벌떡 일어나 말했습니다.

"오, 아버님. 왕비님은 아직 살아 계십니다. 그리고 저는 그분의 아들입니다. 사나운 짐승에게 물려간 것이 아니라 저 못된 악당인 늙은 요리사가 저를 몰래 빼앗아 간 것이지요. 그 사람이 어머니가 잠이 들었을 때 품 안에 있던 저를 데려가고 앞치마에 암탉 피를 뿌렸답니다."

그러고는 황금 목줄을 두른 까만 개를 끌고 와서 말했습니다.

"이 놈이 바로 그 못된 악당입니다."

그러고는 이글거리는 숯덩이를 가져오게 하여 모든 사람이 보는 앞에서 개에게 먹였습니다. 그러자 까만 개 목구멍에서 새빨간 불꽃이 널름거렸습니다.

그는 왕에게 이 개의 참모습을 보고 싶은지 물었습니다. 곧 다시 요리사로 돌아오게 해달라고 기도를 했지요. 그러자 개는 곧 하얀 앞치마를 두르고 허리에 칼을 찬 늙은 요리사로 변했습니다. 그를 본 왕은 불같이 화를 내며 땅속 가장 아래에 있는 감옥에 처넣으라고 명령했습니다. 왕자가 말을 이었습니다.

"아버님, 저를 참으로 따뜻하게 돌봐 준 아름다운 소녀를 만나보시겠습니까? 못된 요리사로부터 저를 죽이라는 명령을 받았지만, 자기 목숨이 위태로운 것도 무릅쓰고 저를 구해준 마음씨 착한 소녀입니다."

왕이 말했습니다.

"오오, 그럼, 보고 싶고말고."

"아버님, 그 소녀를 아름다운 꽃의 모습으로 보여 드리겠습니다."

이렇게 말한 그는 주머니에서 패랭이꽃을 꺼내 왕의 식탁 위에 세워 놓았습니다. 왕은 이제껏 그렇게 아름다운 꽃은 한 번도 본 적이 없었습니다. 아들이 말했습니다.

"그럼 이제 참 모습을 보여 드리겠습니다."

왕자는 꽃이 소녀로 돌아가게 해 달라고 기도했습니다. 그러자 곧 식탁 위에 세상 어떤 화가도 더 잘 그릴 수 없을 만큼 매우 아름다운 소녀가 서 있었습니다.

왕은 시녀와 시종을 둘씩 탑으로 보내 왕비를 연회장으로 모셔 오라고 했습니다. 그제야 어두운 탑에서 벗어나 연회장에 들어선 왕비는 아무것도 먹으려 하지 않고 이렇게 말했습니다.

"탑 속에서 나를 보살펴 주셨던 자비롭고 인자하신 하느님이 곧 나를 구원해 주실 것입니다."

왕비는 사흘을 더 살다가 행복하게 숨을 거두었습니다. 왕비가 무덤에 묻힐 때 날마다 먹을 것을 탑으로 가져다주었던 비둘기, 사실은 하늘나라 천사였던 그 하얀 비둘기 두 마리가 그 뒤를 따라와 왕비 무덤 위에 내려앉았습니다. 왕은 못된 요리사를 온몸을 마구 찢어 죽였지만, 오랜 세월 왕비를 가둔 일로 마음속 깊이 후회에 가득찬 나머지 그 또한 얼마 안 가서 죽고 말았습니

다. 왕자는 꽃으로 변하게 해서 주머니에 넣어 데려온 아름다운 패랭이꽃 소녀와 결혼했답니다.

둘이 아직도 행복하게 잘 살고 있는지 어떤지는 하느님 뜻에 달려 있겠지요.

둘째 이야기

옛날, 어떤 일이 있어도 절대 결혼하지 않고 혼자 살기로 마음먹은 왕이 있었습니다. 그 왕이 어느 날 창가에 서서 사람들이 교회에 가는 모습을 보게 되었습니다. 그런데, 사람들 가운데 한 처녀가 어찌나 아름다운지, 왕은 눈 깜짝할 사이에 이제까지의 굳은 결심을 모두 잊어버리고 처녀를 궁궐로 불러들여 청혼을 하고 아내로 삼아버렸습니다.

한 해가 지나 왕비는 왕자를 낳았습니다. 왕은 누구에게 왕자의 대부가 되어달라고 부탁해야 좋을지 몰라서 고민을 하다가, 이윽고 이렇게 중얼거렸습니다.

'누구든 상관없다, 가장 먼저 마주치는 사람에게 대부가 되어달라고 부탁하리라.'

그리하여 밖으로 나간 왕은 길에서 어느 가난한 노인과 가장 처음 마주치게 되었습니다. 왕은 자신이 말한 대로, 그 노인에게 대부가 되어달라고 부탁했습니다. 가난뱅이 노인은 그 일을 승낙했지요. 그러나 노인은 이렇게 말했습니다. 자기와 아이만 교회에 갈 것이고, 교회 문은 닫아야 하며, 예식이 진행되는 동안에는 그 누구도 안을 들여다보아서는 안 된다고 말이지요. 이 세 가지를 반드시 지켜야 한다고 주장했습니다. 왕은 그 요구를 받아들였습니다.

그런데 왕의 신하 가운데 뱃속이 새까맣고 호기심이 강한 정원사가 있었습니다. 그는 노인이 아이를 데리고 교회에 들어가자 몰래 뒤따라가서 교회 의자 사이에 숨었습니다. 그리고 그만 모든 걸 보고 말았습니다. 노인이 아이를 제단 앞으로 데려가 축복하자, 하느님이 신비로운 힘을 갖추고 있듯이, 이 아이에게도 원하는 것은 뭐든지 이룰 수 있는 하느님의 선물이 내려졌습니다. 그때, 뱃속이 새까만 정원사는 생각했습니다.

'이 아이를 손에 넣는다면 많은 돈을 벌 수 있을 거야.'

어느 날 나쁜 마음을 먹은 정원사는 왕비가 왕자를 안고 정원을 거니는 것을 보고 갑자기 달려들었습니다. 정원사는 왕자를 빼앗고는, 정신을 잃은 왕비 입에 죽은 닭의 피를 칠해두었습니다. 그러고는, 왕비가 정원에서 왕자를 죽인 뒤 먹어버렸는데 자신이 그 모든 광경을 몰래 숨어서 보았다고 왕에게 거짓으로 일러바쳤습니다. 그 말을 들은 왕은 너무나 놀랍고 화가 나서 왕비를 감옥에 가두어 버렸습니다.

정원사는 아이를 먼 숲 속 산지기 집으로 보내어 키우도록 했습니다.

세월이 흘러 청년이 된 왕자는 사냥을 배웠습니다. 산지기에게는 리제라 불리는 아름다운 딸이 있었는데 그녀는 왕자와 무척 사이가 좋았습니다. 어느 날 리제는 왕자에게 모든 걸 털어놓았습니다. 당신은 사실 왕자이며, 당신이 원하는 일은 무엇이든지 이루어진다는 비밀을 알려주었지요. 그 이야기를 듣고 얼마 안 되어, 못된 정원사가 산지기를 찾아왔습니다. 왕자는 그들을 본 순간, 정원사는 푸들 개가 되고, 리제는 패랭이꽃이 되게 해달라고 기도했습니다. 왕자는 리제가 변한 패랭이꽃을 윗옷에 꽂았습니다. 줄에 매인 푸들은 어쩔 수 없이 왕자를 따라서 걸어야 했습니다.

그리하여, 아버지의 궁전으로 간 왕자는 사냥꾼으로서 왕을 모시게 되었습니다. 왕자는 곧 왕으로부터 다른 사냥꾼들과는 비교도 할 수 없을 만큼 아낌없는 사랑을 받았습니다. 게다가 왕자가 원하기만 하면 짐승이 눈앞으로 달려왔기에, 왕자가 쏘아 맞히지 못하는 짐승은 한 마리도 없었습니다.

그는 왕이 무슨 일을 시키든지 돈을 전혀 바라지 않았습니다. 오직 작은 방을 하나 얻어서 늘 문을 잠가 두고는, 먹을 것도 직접 만들어 먹으며 제 뜻대로 살 뿐이었습니다. 이 사냥꾼이 돈도 원하지 않고 일하자 몹시 이상한 생각이 든 동료 한 사람이 몰래 왕자 뒤를 따라가서 열쇠구멍으로 안을 들여다보았습니다. 방 안을 들여다 본 동료는 그만 깜짝 놀라고 말았습니다. 햇병아리 사냥꾼이 진귀한 요리가 잔뜩 차려진 식탁 앞에 앉아, 아름다운 소녀와 아주 즐겁고 행복한 모습으로 요리를 먹고 있는 게 아니겠습니까. 그 요리는 왕자가 소원을 빌어서 나온 것이었고, 소녀는 바로 사랑하는 리제였습니다. 왕자는 둘만 있을 때는 늘 리제를 본디 모습으로 만들어 즐거운 시간을 보내고, 혼자 밖에 나갈 때는 리제를 한 송이 패랭이꽃으로 만들어 물이 든 컵에 꽂아 두었습니다.

동료 사냥꾼, 햇병아리 사냥꾼이 어마어마한 보물을 가지고 있는 게 틀림없다 여기고는 그가 사냥하러 나간 사이에 자물쇠를 부수고 방 안으로 들이 닥쳤습니다. 그러나 방 안에는 창 앞에 피어난 패랭이꽃 말고는 아무것도 없었습니다. 동료 사냥꾼은 무척 예쁜 그 꽃을 왕에게 바쳤습니다. 왕은 그 꽃이 마음에 쏙 들어서 어디서 가져왔는지 사냥꾼에게 물었습니다. 사냥꾼은 모든 것을 사실대로 털어놓았습니다. 이야기를 다 들은 왕은 햇병아리 사냥꾼에게 패랭이꽃을 자기에게 달라고 부탁했습니다. 그러자 햇병아리 사냥꾼은 패랭이꽃이 자신에게는 몹시 소중한 리제이므로, 그 어떤 보물을 준다 해도 이 꽃만은 드릴 수 없다고 거절했습니다.

아무리 거절해도 왕이 물러나지 않자, 햇병아리 사냥꾼은 그때까지 숨기고 있던 사실을 하나도 남김없이 털어놓았습니다. 자신이 왕의 아들이라는 것도 이야기했지요. 그 말을 듣고 왕은 크게 놀라면서도 매우 기뻐했습니다. 그리하여 왕비는 감옥에서 풀려났고, 끝까지 진심으로 기다려준 리제는 왕자의 아내가 되었습니다. 그리고 신을 두려워하지 않은 못된 정원사는, 푸들이 된 채로 늘 탁자 아래에서 하인들에게 발길질 당하는 고통을 겪으며 살아가야만 했답니다.

KHM 077
꾀 많은 그레텔
Das kluge Gretel

그레텔이라는 멋쟁이 요리사가 있었습니다. 그녀는 늘 굽이 빨간 구두를 신고 다녔는데, 그것을 신고 밖으로 나갈 때면 이쪽 저쪽 몸을 돌려보면서 몹시 흐뭇해하곤 했습니다. '나처럼 예쁜 아가씨도 드물 거야' 이렇게 생각하면서 말이지요.

그레텔은 집에 돌아오면 언제나 기쁜 마음으로 포도주를 한 모금 마셨는데, 이 포도주가 식욕을 돋우는 바람에 자기가 요리한 가장 맛있는 음식을 배가 부를 때까지 야금야금 먹어치웠습니다. 그럴 때면 이렇게 말하곤 했지요.

"모름지기 요리사란 음식 맛을 잘 봐야 한다니까."

어느 날, 주인이 그녀에게 말했습니다.

"그레텔, 오늘 저녁에 손님이 오니 암탉 두 마리를 맛있게 요리해 다오."

"알겠습니다, 나리."

그레텔은 암탉 두 마리를 잡은 다음, 끓는 물에 데쳐 털을 몽땅 뽑고 꼬챙이에 꿰었습니다. 저녁때가 될 무렵 닭들을 불로 가져가 굽기 시작한 그레텔은 닭들이 노릇노릇 구워지는데도 손님이 나타나지 않자 주인에게 말했습니다.

"손님이 안 오시면 닭들을 불에서 내려놓아야 해요. 얼마나 안타까운 일이에요? 딱 알맞게 구워졌을 때 먹어야 맛있는데."

주인이 말했습니다.

"그럼 내가 얼른 가서 손님을 데리고 오마."

주인이 등을 돌려 나가자 그레텔은 닭을 꿴 꼬챙이를 옆에 내려놓고 생각했습니다.

'너무 오래 불 옆에 있었더니 땀이 나고 목이 마르네. 손님은 언제 올지 알수 없고. 그동안 지하실에 가서 포도주나 한 모금 마셔야겠다.'

그레텔은 냉큼 아래로 내려가 손잡이 달린 술잔을 술통 꼭지에 갖다 대며 말했습니다.

"그레텔, 신께서 너를 축복해 주시기를!"

그러고는 한 모금 쭉 들이켰습니다.

"술은 술을 부르는 법! 한 잔으로 끝내면 섭섭하지."

그리하여 또 한 번 잔을 가득 채워 단숨에 쭉 들이켜고는 위로 올라가 닭을 다시 불 위에 올려놓고 버터를 바른 뒤 콧노래를 흥얼거리며 닭꼬챙이를 이리저리 돌렸습니다. 고기 익는 고소한 냄새가 집 안 가득 번졌습니다. 그레텔은 생각했습니다.

'잘 익었는지 맛을 한번 봐야겠다!'

그러고는 한 점 작게 잘라내어 맛보고는 손가락까지 쪽쪽 핥으며 말했습니다.

"아이 참, 이렇게 맛있는데! 이걸 바로 먹지 않는 건 죄를 짓는 거야!"

그레텔은 창문으로 달려가 주인과 손님이 오는지 보았지만 누구도 보이지 않았습니다. 다시 닭 옆으로 돌아온 그녀는 이렇게 생각했습니다.

'한쪽 날개가 타버렸네. 이건 내가 먹어 치우는 게 낫겠어.'

한쪽 날개를 뜯어먹어 보니 어찌나 맛있는지 그레텔은 그만 욕심이 나고 말았습니다. 그리고 마침 괜찮은 핑곗거리까지 떠올랐습니다.

'다른 쪽 날개도 떼어 버려야 해! 안 그러면 주인이 뭔가 없어진 것을 알아 차릴 거야.'

그레텔은 나머지 날개마저 먹어치우고는 밖으로 나가 주인이 오는지 살펴 보았지만 여전히 아무도 보이지 않았습니다.

'다른 곳에 가서 안 올지도 몰라.'

문득 그런 생각이 스치자 그레텔은 이렇게 중얼거렸습니다.

"야, 그레텔, 기분 좀 내자고. 한 쪽을 손댔으니 시원하게 술 한 잔 더 하면서 닭을 통째로 모두 먹어치우는 거야. 아예 몽땅 없어지면 마음 졸일 것도 없을 테니까. 하느님이 주신 이 좋은 선물을 이대로 내버려 두어서야 되겠어?"

그래서 그레텔은 다시 한 번 지하실로 달려내려가 술통 앞에 털썩 주저앉아 한 잔 들이켜고는 닭을 아주 맛있게 뜯어먹었습니다. 닭 한 마리가 목구멍 속으로 남김없이 들어갔지만, 주인은 여전히 오지 않았습니다. 그레텔은 남은 닭 한 마리를 자꾸만 쳐다보면서 말했습니다.

"하나가 없어지면 다른 것도 마저 없어져야지. 이 두 마리는 처음부터 함께 있었으니 말이야. 한 잔 더 해도 나쁠 게 없을 것 같은데?"

그레텔은 당당하게 한 잔 더 들이켜고는 두 번째 닭도 재빨리 먹어치웠습니다. 그런데 마침내 일이 벌어지고 말았습니다.

그레텔이 몹시 달고 맛있게 술과 닭을 먹고 있는데 주인이 돌아와서 크게 소리쳤습니다.

"그레텔, 서둘러라. 곧 손님이 오신다."

그레텔이 대답했습니다.

"네, 주인님. 틀림없이 준비해 놓을게요."

주인은 식탁이 잘 차려졌는지 확인한 다음, 복도에서 닭고기를 잘게 가를 칼을 갈기 시작했습니다.

그러는 사이에 손님이 와서 정중하게 현관문을 두드렸습니다. 그레텔은 달려와서 누군지 확인했습니다. 손님이라는 것을 알자 그레텔이 입술에 손가락을 대고 말했습니다.

"쉿! 조용히! 빨리 이곳을 떠나세요. 주인님께 붙잡혔다가는 큰 봉변을 당하실 거예요. 손님을 저녁 식사에 초대했지만, 사실은 손님 두 귀를 잘라버릴 생각이랍니다. 저 칼 가는 소리 좀 들어 보시라니까요."

쓱쓱쓱 칼 가는 소리를 들은 손님은 재빨리 계단을 내려갔습니다. 그레텔은 이때다 싶어 크게 비명을 지르며 주인에게 달려가 외쳤습니다.

"주인님, 정말 대단한 손님을 초대하셨군요!"

"왜 그러느냐, 그레텔? 무슨 소리야?"

"글쎄, 그 손님이 제가 방금 식탁으로 옮기던 닭을 쟁반에서 홱 낚아채더니 도망가 버리지 뭐예요. 두 마리 다요!"

"정말 약삭빠르군."

주인이 말했습니다. 맛있는 닭고기를 빼앗겼다고 생각하니 속이 몹시 상했습니다.

"주인은 좀 먹게 한 마리는 남겨 놓고 가지."

그는 손님 뒤에다 대고 거기 서라고 소리소리 질렀지만 손님은 못 들은 척했습니다. 화가 난 주인은 손에 칼을 든 채 손님을 쫓아가며 외쳤습니다.

"하나면 돼! 하나면 된다고!"

닭을 둘 모두 가져가지 말고 한 마리는 남겨 놓고 가라는 뜻이었지요. 그러나 손님은 귀를 하나만이라도 내놓으라는 소리로 알아들었습니다. 손님은 두 귀를 모두 온전하게 지켜야겠다 생각하며 쏜살같이 달아나고 말았답니다.

KHM 078
늙은 할아버지와 손자
Der alte Großvater und der Enkel

옛날에 아주 오래된 바위처럼 나이를 많이 먹은 할아버지가 있었습니다. 할아버지는 눈이 멀고 귀도 먹고, 무릎도 후들거려 제대로 서 있기조차 힘들었습니다. 식탁에 앉아 음식을 먹을 때면 숟가락을 들 힘도 없어서 수프를 식탁보에 엎지르기 일쑤였고, 혀도 잘 움직이지 않아서 입에 들어간 것도 도로

흘러나오곤 했습니다.

아들과 며느리는 할아버지가 늙어 가는 모습이 몹시 보기 싫었습니다. 둘의 구박에 할아버지는 난로 뒤 구석진 곳에서 지내야만 했습니다. 아들 부부는 흙으로 만든 투박한 질그릇에다 먹을 것을 담아 주었는데, 그마저도 배부를 만큼 넉넉히 주지 않았습니다. 할아버지는 끼니 때가 되면 처량하게 식탁 쪽을 바라보며 눈시울을 적실 뿐이었지요.

그러던 어느 날 할아버지는 그만 손이 떨려 들고 있던 그릇을 바닥에 떨어뜨리고 말았습니다. 그 바람에 그릇이 산산조각 나버리자, 젊은 며느리는 마구 잔소리를 퍼부어댔습니다. 할아버지는 아무 말도 못하고 그저 깊은 한숨만 내쉬었습니다. 혀를 쯧쯧 차던 며느리는 동전 몇 닢으로 나무접시를 하나 사와서 거기에 음식을 담아 주었습니다.

어느 날 아들과 며느리가 식탁에 앉아서 식사를 하고 있는데, 네 살배기 어린 아들이 바닥에 앉아 작은 널빤지 조각들을 맞추며 놀고 있었습니다.

"뭘 하고 있니?"

아버지가 물었습니다.

"그릇을 만들고 있어요. 제가 어른이 되면 여기에 음식을 담아 엄마 아빠에게 드리려고요."

부부는 잠시 서로를 쳐다보다가 이윽고 눈물을 흘렸습니다. 그리고 얼른 할아버지를 식탁으로 모셔와 함께 식사를 했습니다. 할아버지가 음식을 조금 흘려도 아무 말도 하지 않았답니다.

KHM 079
물의 마녀
Die Wassernixe

어린 오누이가 샘가에서 놀고 있었습니다. 그러다가 둘 다 그만 풍덩 빠졌습니다. 샘 안에 사는 물의 마녀가 말했습니다.

"드디어 잡았군. 이제 너희는 나를 위해 착실하게 일해야 한다."

그러고는 오누이를 데리고 가 버렸습니다. 마녀는 소녀에게 마구 뒤엉킨 더러운 아마 천을 주고 실을 잣게 했습니다. 영차 영차 물을 길어 와서 밑 빠진 독에 붓는 것도 소녀가 해야 할 일이었지요. 소년은 날이 뭉툭한 도끼로 나무를 해 와야만 했습니다. 먹을 것이라고는 돌처럼 딱딱한 빵밖에 주지 않았습니다. 두 아이는 더 이상 견디지 못하고 일요일에 마녀가 교회에 간 틈을 타서 달아나버렸습니다.

교회에서 돌아온 마녀는 제 일꾼들이 새처럼 달아나 버린 것을 알고 나는 듯이 달려 오누이를 뒤쫓았습니다.

멀리서 마녀가 쫓아오는 것을 본 소녀는 먼지 터는 솔을 뒤로 던졌습니다. 그러자 그것은 천 개의 천 배나 되는 가시가 박힌 커다란 산으로 변했습니다. 마녀는 엄청나게 애를 먹긴 했지만 마침내 그 산을 넘어오고 말았습니다. 그것을 보고 소년이 등 뒤로 빗을 던졌습니다. 그러자 그 빗은 천 개의 천 배나 되는 뾰족한 빗살이 돋아난 커다란 산이 되었습니다. 하지만 마녀는 그 빗살을 하나씩 붙들면서 끝내 넘어오고 말았습니다.

이번에는 소녀가 거울을 뒤로 던졌습니다. 그것은 곧 거울산이 되었는데, 어찌나 미끄러운지 마녀는 그것을 넘을 수가 없었습니다. 그래서 마녀는 이렇게 생각했습니다.

'빨리 집에서 도끼를 가져와 거울산을 두 동강 내버려야겠다.'

그러나 마녀가 다시 와서 거울을 깼을 때는 이미 아이들이 멀리 달아난 뒤였습니다. 마녀는 다시 자기가 살던 샘물로 터덜터덜 돌아가는 수밖에 없었답니다.

KHM 080
암탉이 죽은 이야기
Von dem Tode des Hühnchens

어느 날, 암탉과 수탉이 호두나무 산에 갔습니다. 그들은 누가 먼저 호두를 발견하든지 서로 나눠먹기로 약속했습니다.

그런데 암탉은 아주 커다란 호두를 발견하고도 아무 말도 하지 않고 혼자 다 먹으려고 했습니다. 그러나 호두가 너무 커서 그만 삼키지 못하고 목에 걸리고 말았습니다. 숨이 막혀서 죽을까 봐 덜컥 겁이 난 암탉이 외쳤습니다.

"수탉아, 빨리 물 좀 가져다 줘. 숨이 막혀서 죽을 것 같아."

수탉은 죽을힘을 다해 샘으로 가서 말했습니다.

"샘님, 물 좀 주세요. 암탉이 호두나무 산에 쓰러져 있어요. 커다란 호두를 삼켰는데 숨이 막혀 죽을 것 같대요."

샘이 대답했습니다.

"먼저 새색시한테 가서 빨간 비단을 얻어다 줘."

수탉은 새색시에게 달려갔습니다.

"새색시님, 빨간 비단을 주세요. 빨간 비단을 샘에게 가져다줘야 물을 주겠대요. 그 물을 호두나무 산에 쓰러져 있는 암탉에게 가져다줘야 해요. 암탉은 커다란 호두를 삼키다가 목에 걸려서 죽기 직전이에요."

새색시가 대답했습니다.

"먼저 달려가서 버드나무 가지에 걸어둔 화환을 가져다주렴."

수탉은 버드나무로 달려가 가지에서 화환을 가지고 새색시에게 갔습니다. 새색시는 보답으로 수탉에게 빨간 비단을 주었습니다. 수탉은 그것을 샘에게 가지고 갔습니다. 샘은 보답으로 물을 주었습니다. 수탉은 샘물을 암탉에게 가지고 갔습니다. 그러나 도착해 보니 암탉은 이미 숨이 막혀 죽어서 움직이지 않았습니다. 수탉이 몹시 슬퍼서 큰 소리로 울음을 터뜨리자, 모든 동물들이 달려와 암탉의 죽음을 함께 슬퍼했습니다.

생쥐 여섯 마리가 작은 마차를 만들어 거기에 암탉을 싣고 묘지로 끌고 가기로 했지요. 마차가 모두 만들어지자 생쥐들이 마차를 끌었습니다. 마차를 몰고 가던 수탉은 가는 길에 여우를 만났습니다.

"수탉아, 어디 가니?"

"암탉을 묻으러 가."

"함께 타고 가도 되니?"

"물론 타도 좋아. 하지만 뒷자리에 앉도록 하렴.
앞자리에 앉으면 생쥐들이 견디지 못할 테니까."

여우는 뒷자리에 앉았습니다. 다음에는 늑대, 곰, 사슴, 사자 등 숲 속 모든 동물이 차례차례 마차에 올라탔습니다.

그렇게 가노라니 개울이 나왔습니다.

수탉이 말했습니다.

"어떻게 건너지?"

그러자 개울가에 있던 지푸라기 한 올이 말했습니다.

"내가 개울에 가로질러 누울 테니까 나를 밟고 건너가."

그리하여 마차를 끌던 여섯 마리 생쥐가 다리를 건너는데, 지푸라기가 미끄러져 그만 물속에 풍덩 떨어졌습니다. 여섯 마리 생쥐는 모두 물에 빠져 죽고 말았습니다. 이렇게 일이 꼬여서 모두들 난처해하고 있는데, 이번에는 활활 타오르는 숯덩이가 와서 말했습니다.

"내가 훨씬 크니까 내가 드러눕도록 하지. 날 밟고 건너가."

말을 마친 숯덩이가 물 위로 드러누웠습니다. 그런데 운이 나빴는지 한쪽이 살짝 물에 닿는 바람에 새빨갛게 타오르던 불이 피식 꺼지면서 그 또한 죽고 말았습니다.

그것을 보고 불쌍한 생각이 든 돌멩이가 수탉을 도와주겠다며 선뜻 나섰습니다. 돌멩이는 친구들을 불러 모아 함께 개울물에 퐁당퐁당 들어가 다리를 만들어 주었습니다. 수탉은 직접 마차를 끌어 개울을 건넌 다음, 죽은 암탉을 땅에 내려놓았습니다. 그러고 나서 뒷자리에 타고 있던 다른 동물들을 내려주려고 하는데, 뒤쪽이 너무 무거워서 마차가 도로 뒤로 끌려가는 바람에 모두 물속에 빠져 죽고 말았습니다. 이제 수탉은 죽은 암탉과 오로지 둘만 남게 되었습니다. 땅을 파서 암탉을 묻고 봉분을 만든 뒤 그 위에 걸터앉아 하염없이 울다가 마침내 수탉도 죽고 말았습니다. 그리하여 끝내는 모두 죽었다는 이야기랍니다.

KHM 081

천하태평 루스티히
Bruder Lustig

옛날에 큰 전쟁이 있었는데, 전쟁이 끝나자 많은 병사들이 군대를 떠나야만 했습니다. '천하태평 루스티히'라는 병사도 제대 통지서를 받았는데, 그가 받은 것은 고작 작은 군용 빵 한 덩어리와 동전 네 닢뿐이었습니다. 루스티히는 그것을 받아 들고 길을 떠났습니다.

그런데 천국에 들어가는 문 열쇠를 가지고 있는 성 베드로가 초라한 거지로 변장해 길가에 앉아 있다가 루스티히가 오는 것을 보고 구걸을 했습니다. 그러자 루스티히가 말했습니다.

"거지 양반, 뭘 드려야 할지. 나는 군인이었다가 이제 막 제대 통지서를 받았는데, 그것 말고 받은 것이라고는 작은 빵 한 덩어리와 동전 네 닢뿐이라오. 이 것마저 다 없어지면 나도 당신처럼 구걸을 해야 할 처지이지만, 그래도 조금 나눠드리지."

그러면서 갖고 있던 빵을 넷으로 나누어 그 가운데 한 조각을 동전 한 닢과 함께 주었습니다. 고맙다고 인사하며 그곳을 떠난 성 베드로는 또 다른 거지의 모습으로 변장하고 병사가 지나가는 길가에 앉았습니다. 병사가 가까이 오자 성 베드로는 조금 전처럼 또 구걸을 했습니다. 루스티히는 아까와 똑같이 말하면서 빵 한 조각과 동전 한 닢을 주었습니다. 성 베드로는 고맙다고 말한 뒤, 세 번째로 다른 거지 모습으로 변장하고 길가에 앉아 있다가 루스티히에게 도움을 청했습니다. 루스티히는 이번에도 빵 한 조각과 동전 한 닢을 주었습니다. 성 베드로는 고맙다는 인사를 했고 루스티히도 다시 터벅터벅 걷기 시작했습니다. 이제 그에게 남은 것은 빵 한 조각과 동전 한 닢뿐이었습니다.

천하태평 루스티히는 그것을 가지고 선술집에 들어가 빵을 먹으면서 동전 한 닢으로 맥주를 시켰습니다. 식사를 끝낸 루스티히는 다시 길을 떠났습니다. 성 베드로는 이번에는 그와 같은 퇴역 병사 모습으로 변장하고 그에게 말을 걸었습니다.

"안녕, 친구. 나에게 빵 한 조각과 한 잔 걸칠 동전 한 닢을 줄 수 없겠나?"

"있어야 주지."

루스티히가 말했습니다.

"내가 받은 것은 제대증하고 군용 빵 한 덩어리, 동전 네 닢뿐이었는데, 길에서 거지를 셋이나 만나 내 빵 4분의 1 조각과 동전 한 닢씩을 차례차례 주어 버렸거든. 마지막 빵 한 조각은 선술집에 들어가서 먹어 버렸고, 마지막 동전 한 닢으로는 맥주를 한 잔 마셔 버렸다네. 그래서 이제는 빈털터리야. 자네도 가진 것이 없으면 나와 함께 동냥이나 다니세."

성 베드로가 말했습니다.

"아니, 그럴 필요는 없어. 나는 병을 좀 고칠 줄 아니까 내가 필요한 만큼 버는 건 문제도 아니거든."

그러자 루스티히가 말했습니다.

"그래? 난 그런 건 할 줄 몰라, 그렇다면 혼자 구걸을 다녀야겠군."

성 베드로가 얼른 말했습니다.

"나와 함께 가면 되지. 내가 버는 돈을 반씩 나눠 가지세."

"그거 괜찮군."

그리하여 둘은 나란히 길을 떠났습니다.

그들이 어느 농가를 지나가는데 집 안에서 매우 큰 소리로 슬프게 울부짖는 소리가 들려왔습니다. 방 안으로 들어가 보니 남자는 죽을병이 들어 숨이 넘어가고 있고, 부인은 그 옆에서 크게 소리치며 울고 있었습니다.

"울음을 그치세요. 내가 남편을 다시 건강하게 해 드릴 테니."

성 베드로는 주머니에서 연고를 꺼내 병자 몸에 고루고루 발랐습니다. 그러자 눈 깜짝할 사이에 병자의 얼굴에 핏기가 돌더니 매우 건강해져 자리에서 벌떡 일어났습니다. 남편과 아내는 몹시 기뻐하면서 말했습니다.

"어떻게 보답을 하면 좋을지? 뭘 드리면 좋을까요?"

성 베드로는 아무것도 받으려 하지 않았습니다. 농부 부부가 뭔가를 주려고 할수록 더욱 완강하게 거절했습니다. 그러나 루스티히는 성 베드로를 팔꿈치로 쿡 찌르면서 말했습니다.

"뭐라도 받아. 우리에게는 뭐든지 필요하니까."

마침내 아낙네는 양을 한 마리 가져오더니 성 베드로에게 이것만은 꼭 받아달라고 말했습니다. 그래도 성 베드로가 거절하자 루스티히는 그의 옆구리를 쿡쿡 찌르며 말했습니다.

"받으라고, 이 멍청한 친구야. 우리에게 필요한 거잖아."

성 베드로가 마침내 말했습니다.

"좋아, 양을 받겠네. 하지만 자네가 들고 가야 하네."

"그거야 어려운 일도 아니지. 내가 들고 가겠네."

천하태평 루스티히는 양을 어깨에 둘러메고 걸어가기 시작했습니다. 어느 숲에 이르렀을 때, 양이 무거워서 들고 다니기 힘들 뿐만 아니라 배도 몹시 고팠던 루스티히가 성 베드로에게 말했습니다.

"친구, 저기 좋은 자리가 있군. 저기 앉아 양을 요리해 먹을 수 있겠는걸."

"그래, 좋아."

성 베드로가 대답했습니다.

"하지만 난 요리를 할 줄 몰라. 자네가 요리를 하겠다면 여기 솥이 있으니, 난 요리가 다 될 때까지 좀 거닐다 오겠네. 하지만 내가 돌아오기 전에 먼저 먹으면 안 돼. 틀림없이 늦지 않게 올 테니까."

루스티히가 말했습니다.

"다녀오게. 요리는 나한테 맡기라고."

성 베드로가 자리를 뜨자 루스티히는 양을 잡아서 불을 지핀 다음, 고기를 솥에 넣고 푹 삶았습니다. 고기가 모두 익고 나서도 한참을 기다렸지만 성 베드로는 돌아오지 않았습니다. 루스티히가 솥에서 양고기를 꺼내 칼로 썰어보니 심장이 나왔습니다.

"요게 가장 맛있다고 하던데."

처음에는 맛만 살짝 보려 했으나 어느새 한 조각도 남기지 않고 심장을 모조리 먹어 치우고 말았습니다. 이윽고 성 베드로가 돌아와서 말했습니다.

"나머진 자네가 다 먹어도 좋으니 나에게는 심장만 주게. 난 그것만 먹으면 돼."

그 말을 들은 루스티히는 칼과 포크를 잡고 열심히 양고기를 뒤지는 척했습니다. 그렇지만 심장이 나올 리가 없었지요. 그는 되는 대로 말했습니다.

"심장이 없는데?"

"이런, 심장이 대체 어디 갔을까?"

"그걸 내가 어찌 알아. 아이고 참, 우리 둘 다 바보들이로군. 새끼 양에게는 심장이 없다는 걸 알면서도 그 사실을 생각하지 못하고 심장, 심장 하고 찾았으니 말이야!"

성 베드로가 말했습니다.

"뭐라고! 거 참, 처음 듣는 이야기인걸. 동물에게는 모두 심장이 있는 법이야. 그러니 새끼 양이라고 심장이 없겠어?"

"없어! 틀림없다니까, 친구. 새끼 양에게는 심장이 없단 말이야. 잘 생각해 봐, 그러면 생각날 거야. 새끼 양에게 심장이 있다면 눈에 보이지 않는 심장일지도 모르잖아."

그 말에 성 베드로가 말했습니다.

"그렇다면 좋아. 심장이 없으면 난 양을 먹을 필요가 없네. 자네 혼자 다 먹게나."

"그럼 먹고 남는 것은 내 배낭 속에 넣어 가져가도록 함세."

루스티히는 절반만 먹고는 나머진 제 배낭 속에 집어넣었습니다.

그들은 다시 길을 떠났습니다. 성 베드로는 지나가는 길에 커다란 강물이 흐르도록 하여 그 강을 건너지 않을 수 없게 만들었습니다. 그러고 나서 루스티히에게 말했습니다.

"자네가 먼저 건너가지."

"아니야, 자네가 먼저 건너."

루스티히가 말했습니다.

'이 친구가 건너는 걸 보고 물이 너무 깊으면 난 건너지 말아야지' 그렇게 생각을 한 것입니다.

성 베드로가 건너가는 것을 보니 물이 무릎밖에 오지 않았습니다. 그것을 보고는 루스티히도 건너가려 물 속으로 들어갔는데 물이 점점 차오르더니 그만 목까지 잠기는 것이었습니다.

루스티히가 소리쳤습니다.

"친구, 날 좀 도와줘."

성 베드로가 말했습니다.

"그럼 자네, 새끼 양의 심장을 먹었다고 고백을 할 텐가?"

루스티히가 말했습니다.

"아냐, 난 심장을 먹지 않았어."

그러자 물이 더욱 불어나서 그의 입까지 차올라왔습니다.

"날 좀 살려줘, 친구!"

루스티히가 애원을 하며 부르짖었습니다. 성 베드로가 다시 물었습니다.

"자네, 새끼 양의 심장을 먹었다고 고백을 할 텐가?"

"아냐, 난, 난 그런 것 먹지 않았어."

성 베드로는 그래도 그를 물에 빠져 죽게 하지는 않고 물 높이를 낮추어 루스티히가 살아서 건너오도록 도와주었습니다.

여행을 계속하여 어느 왕의 나라에 도착한 두 사람은 왕의 딸이 죽을병에 걸려 누워 있다는 소문을 듣게 되었습니다. 공주를 살려 주는 사람은 세상에 뭐든 원하는 걸 얻을 수 있다는 것이었습니다. 루스티히가 성 베드로에게 말했습니다.

"이봐, 친구. 한몫 단단히 잡을 수 있겠어. 공주를 살려주면 동냥질을 그만두고 우리는 큰 부자가 되어 잘 살 수 있을 거야."

그러나 성 베드로는 도무지 빨리 움직일 생각을 하지 않았습니다.

"이봐. 친구, 다리를 좀 더 빠르게 놀리라고. 공주가 죽기 전에 도착하지 못하면 모두 헛수고가 된단 말이야."

그럴수록 성 베드로의 걸음은 점점 더 느려지기만 할 뿐이었습니다. 루스티히가 애가 타서 앞에서 당기고 뒤에서 밀고 하는 사이에 끝내 공주가 죽고 말았다는 소식이 들려왔습니다.

"거봐, 자네의 굼벵이 같은 걸음 덕분에 이렇게 됐잖아."

루스티히의 말에 성 베드로가 말했습니다.

"가만히 있어. 나는 병자만 고치는 게 아니라 죽은 사람 목숨도 되살릴 수 있으니까."

"그래? 그렇다면 다행이군. 그게 사실이라면 아무리 적어도 왕국의 절반은 받을 수 있겠는걸."

곧 왕의 성에 이르러보니 성 안은 온통 공주를 잃은 큰 슬픔에 잠겨 있었습니다. 왕 앞으로 나아간 성 베드로는 공주를 다시 살려낼 수 있다고 말했습니다. 성 베드로와 루스티히는 곧장 공주가 있는 곳으로 안내되었습니다. 성 베드로가 말했습니다.

"솥에다 물을 담아 가져오시오."

솥을 가져오자 성 베드로는 모두에게 나가 있으라 하고 루스티히만 남아 있게 했습니다. 둘만 남자 그는 펄펄 끓는 물에 공주의 시체를 집어넣었습니다. 그러자 더러운 병균들이 뽀글뽀글 비눗방울처럼 살갗 밖으로 스며 나오는 게 아니겠습니까. 성 베드로는 공주의 몸을 깨끗하게 씻은 다음, 새하얀 이불에 눕히고 그녀의 이마에 오른손을 얹었습니다. 그러고는 똑같은 말을 세 번 되풀이했습니다.

"가장 거룩하신 성부와 성자와 성신, 삼위일체의 이름으로 명하노라, 죽은 자여, 일어날지어다."

세 번째 말이 끝나자 공주가 갑자기 벌떡 일어났습니다. 너무도 건강하고 아름다운 모습으로 되살아난 것입니다. 왕은 매우 기뻐하며 성 베드로에게 말했습니다.

"원하는 것은 뭐든 말해보시오. 내 왕국 절반을 요구하더라도 들어드리겠소."

성 베드로가 대답했습니다.

"사례 같은 건 원하지 않습니다."

'오, 이런 바보 같은 놈!'

루스티히는 속이 타서 친구의 옆구리를 콕콕콕 거듭 찌르며 말했습니다.

"그렇게 바보같이 굴지 마. 넌 바라는 게 없을지 몰라도 난 필요한 게 많아!"

그러나 성 베드로는 사례를 원치 않는다고만 말할 뿐이었습니다. 왕은 다른 친구는 바라는 게 있음을 눈치채고, 분부를 내려 루스티히의 배낭에 금화를 가득 채워 주었습니다.

두 사람은 다시 길을 떠났습니다. 어느 숲에 이르자 성 베드로가 루스티히에게 말했습니다.

"이제 금화를 나누세."

"좋아, 그러지."

루스티히가 대답했습니다. 그런데 성 베드로는 금화를 셋으로 나누는 것이었습니다. 루스티히가 '머리가 돌았나! 셋으로 나눴잖아? 우린 둘뿐인데' 이렇게 생각하는데, 성 베드로가 말했습니다.

"정확히 나눴어. 하나는 내 것, 또 하나는 자네 것, 나머지 하나는 새끼 양의 심장을 먹은 사람의 것."

"오, 그건 내가 먹었네."

루스티히는 이렇게 말하면서 잽싸게 금화를 자기 앞으로 끌어 모았습니다.

"정말이야, 믿어도 돼."

"그럴 리가, 새끼 양에게는 심장이 없다고 하지 않았나?"

"아이 참, 이 친구야, 무슨 소린가! 심장이 없는 동물이 어디 있어. 왜 새끼 양만 심장이 없겠나."

"그렇다면 좋아. 금화는 자네가 모두 갖게. 이제 난 자네와 함께 가지 않겠어. 나 혼자 가겠네."

루스티히가 말했습니다.

"좋을 대로 하게, 친구. 잘 가게나!"

성 베드로가 다른 길로 가버리자 루스티히는 생각했습니다.

'괴상한 녀석, 정말 휭하니 가버리는군. 제가 무슨 성자라도 되는 줄 아나.'

그는 이제 돈을 넉넉히 가지고 있었지만 흥청망청 써 버리는 바람에 얼마

못가 다시 빈털터리가 되고 말았습니다. 그러다 어느 나라에 도착했는데, 그곳
에서 공주가 죽었다는 소문이 들려왔습니다.

'야호! 마침내 다시 없을 기회가 왔구나. 내가 공주를 살려 내어 한몫 단단
히 잡아야겠다.'

그는 왕에게 가서 죽은 공주를 다시 살려 내겠다고 말했습니다. 왕은 전부
터 퇴역 병사가 돌아다니면서 죽은 사람을 되살려낸다는 소문을 듣고 있던 터
라, 어쩌면 루스티히가 바로 그 사람인지도 모른다고 생각했습니다. 그러나 왠
지 믿음이 가지 않아서 먼저 대신들에게 생각을 물어보았지요. 대신들은 공주
님은 이미 죽었으니 밑져야 본전이라며 한번 맡겨보라고 했지요.

루스티히는 솥에 물을 담아 오게 한 다음 사람들을 모두 물러가게 했습니
다. 그리고 성 베드로가 했던 대로 공주의 몸을 뜨거운 물속에 넣고 깨끗이
닦은 뒤, 깨끗한 이불에 눕혔습니다. 그는 공주의 이마에 왼손을 얹고 이렇게
세 번 말했습니다.

"가장 거룩하신 성부와 성자와 성신, 삼위일체의 이름으로 명하노라, 죽은
자여 일어날지어다."

그렇게 세 번을 말했는데도 공주는 꿈쩍도 하지 않았습니다. 다시 세 번을 말했지만 그래도 소용이 없었지요. 마침내 그가 버럭 소리를 질렀습니다.

"이봐, 아가씨, 빨리 일어나. 일어나 보라니까! 안 일어나면 재미 없을 줄 알아!"

그렇게 말한 순간, 성 베드로가 전과 같은 퇴역 병사의 모습으로 창문을 통해 방으로 들어와서는 말했습니다.

"이 못된 사람아. 지금 뭘 하는 겐가? 내가 창밖에서 들여다보니까 자네가 죽은 사람 이마에 왼손을 얹었더군. 그러니 죽은 사람이 어떻게 일어날 수 있겠어. 오른손을 얹었어야지."

"뭐야? 오른손이었다고? 아이코! 난 왼손잡이인데. 친구, 그래도 나는 할 만큼 했다고."

"이번만은 궁지에서 빠져나올 수 있도록 도와주지. 하지만 이 말은 꼭 해야 겠어. 또 한 번 이런 짓을 했다가는 큰일 날 줄 알아. 그리고 또 하나, 왕에게서 아무것도 바라지 말게. 무엇을 준다 해도 절대로 받아서는 안 돼."

성 베드로는 죽은 공주의 이마에 오른손을 얹고 세 번 말했습니다.

"가장 거룩하신 성부와 성자와 성신, 삼위일체의 이름으로 명하노라, 죽은 자여 일어날지어다."

그러자 공주가 전처럼 건강하고 아름다운 모습으로 벌떡 일어났고, 성 베드로는 다시 창문으로 나가 어디론가 사라져버렸습니다. 루스티히는 다행히 일이 잘되어 기쁘기는 했지만, 아무것도 받아서는 안 된다 생각하니 분통이 터졌습니다.

'대체 저 녀석은 왜 저렇게 심술궂은 건지 모르겠어. 한 손으로는 도와주고 다른 손으로는 빼앗아가버리니 정말 알다가도 모를 일이야.'

왕은 루스티히가 원하는 것은 뭐든지 주겠다고 말했습니다. 그러나 그는 어떤 것도 달라고 해서는 안 되었으므로, 은근슬쩍 왕에게 눈짓을 보냈습니다. 배낭 가득 금화를 채운 루스티히는 다시 길을 떠났습니다. 밖으로 나가니 성문 앞에 성 베드로가 서 있다가 그를 보고 말했습니다.

"이봐, 대체 무슨 사람이 그런가. 뭘 받으면 안 된다고 그토록 일렀건만 자네 배낭엔 금이 가득하군?"

루스티히가 대꾸했습니다.

"난들 어쩌란 말인가, 억지로 쑤셔넣어 주는 것을."

"똑똑히 말하겠는데, 두 번 다시 그런 짓을 했다가는 자네에게 좋지 않은 일이 생길 걸세."

"어이, 친구. 걱정 말게. 이토록 금화가 잔뜩 있는데 뭣 하러 죽은 시체를 씻겠다고 나서겠나."

성 베드로가 말했습니다.

"그래, 이번에는 그 금화를 이롭게 잘 쓰기 바라네! 나중에 또다시 잘못된 길을 가지 않도록 내가 도와주겠네. 이제부터 자네 배낭에 자네가 원하는 것이 모두 들어갈 걸세. 잘 있게, 친구. 다시는 만나지 못할 거야."

"잘 가게."

입으로는 그렇게 말했지만 루스티히는 속으로 이렇게 생각했습니다.

'제 발로 떠나준다니 참으로 다행이군. 저런 괴상한 녀석과 함께 다니지 않아도 되니 말이야.'

그러고는 자기 배낭에 주어진 신비로운 힘에 대해서는 금세 잊어버렸습니다.

루스티히는 금화를 지고 여기저기를 돌아다니면서 지난번처럼 돈을 흥청망청 써 버렸습니다. 그리하여 동전 네 닢밖에 남지 않았을 때 어느 선술집 앞을 지나게 되었습니다.

'돈이란 본디 금방 없어지기 마련이야.'

그는 이렇게 생각하면서 동전 세 닢으로는 포도주를, 나머지 한 닢으로는 빵을 시켰습니다. 앉아서 포도주를 마시고 있는데 어디선가 먹음직스런 거위 굽는 냄새가 솔솔 풍겨왔습니다. 냄새가 어디서 나는지 두리번거리며 살펴보니, 여관 주인이 구운 거위 두 마리를 식지 않도록 난로 안에 넣어 둔 게 보였습니다. 그때 문득 그가 원하는 것은 뭐든지 배낭 안에 들어가도록 해 주겠다고 한 친구의 말이 떠올랐습니다.

'옳지! 저 거위들로 한번 시험해 봐야겠다.'

그는 밖으로 나가 문 밖에서 소리쳤습니다.

"저 난로 속 구운 거위 두 마리가 갖고 싶어!"

그 말을 한 뒤 배낭 끈을 끌러 안을 들여다보니 정말 구운 거위 두 마리가 들어 있는 게 아니겠습니까.

"야아, 이거 괜찮은데. 이제 제법 잘 지내게 되었군."

루스티히가 넓은 들로 나가 구운 고기를 꺼내 맛있게 먹고 있는데, 두 젊은 이가 마침 그곳을 지나가게 되었습니다. 몹시 배가 고팠던 두 사람은 아직 손 대지 않은 구운 거위를 보자 먹고 싶은 마음에 침만 뚝뚝 흘렸습니다. 루스티 히는 그 모습을 보고, '나야 한 마리면 넉넉하잖아' 이렇게 생각하고는 둘을 불렀습니다.

"이 거위를 가져가서 나의 건강을 기원하면서 먹게나."

두 젊은이는 몹시 고마워하면서 거위를 받아들고 선술집으로 갔습니다. 그 들이 포도주 반 병과 빵을 시켜 놓고 거위고기를 꺼내어 먹기 시작하자 선술 집 안주인이 그것을 보고 남편에게 말했습니다.

"저기 두 사람이 구운 거위를 먹고 있는데, 혹시 우리 난로 속에 넣어둔 두 마리 가운데 하나 아니우?"

선술집 주인이 서둘러 달려가 보니 난로 안은 텅 비어 있었습니다.

"뭐야, 이 도둑놈들아, 공짜로 거위를 먹겠다는 거냐! 당장 돈을 내놓지 않으 면 몽둥이맛을 보여 주겠다."

두 사람이 말했습니다.

"우리는 도둑이 아닙니다. 저 밖에 있는 초원에서 어떤 퇴역 병사가 우리에 게 준 것입니다."

"거짓말 하지 마. 그 병사는 여기 왔다가 포도주만 먹고 점잖게 나갔다고. 빈 손으로 나가는 걸 내가 똑똑히 보았단 말이야. 너희들이 도둑질한 게 틀림없 어. 당장 돈을 내놔."

그러나 그들은 거위값을 낼 수 있는 처지가 아니었지요. 선술집 주인은 몽 둥이로 두 사람을 두들겨 패서 문밖으로 쫓아 버렸습니다.

한편 천하태평 루스티히는 길을 가다가 너무나 멋진 성이 있는 도시에 이르 렀습니다. 성에서 멀지 않은 곳에 작고 허름한 여관이 하나 보이자, 그는 안으 로 들어가 하룻밤 묵을 방을 부탁했습니다. 그러나 여관 주인은 이렇게 말하 며 거절했습니다.

"방이 없습니다. 귀하신 손님들이 몽땅 다 차지했지요."

루스티히가 말했습니다.

"이상하네요. 어째서 저 멋진 성으로 가지 않고 이런 허름한 여관에서 묵을까요?"

여관 주인이 대답했습니다.

"그야 다 이유가 있지요. 저 성에서 밤을 보낸 사람은 살아서 나오지 못하거든요. 많은 사람들이 도전했지만, 아무도 살아 돌아오지는 못했습니다요."

루스티히가 말했습니다.

"다른 사람도 해 봤다면 나도 한번 시험해 보지 뭐."

여관 주인이 말했습니다.

"그만두시오. 당신 목숨이 달린 일이니까."

"사람 목숨이 그렇게 쉽게 끊어지기야 하겠습니까? 어쨌든 성 열쇠를 줘 보시오. 그리고 어쩌면 마지막일지 모르니 먹을 것과 마실 것도 듬뿍 주시고요."

여관 주인은 그에게 열쇠와 먹을 것, 마실 것을 내주었습니다. 그것을 들고 성으로 들어간 루스티히는 음식을 맛있게 먹었습니다. 배불리 먹고 나서 잠이 솔솔 밀려와, 바닥에 누워 곧 잠이 들었습니다. 밤이 깊어갈 무렵, 갑자기 시끄러운 소리가 들려오는 바람에 루스티히는 퍼뜩 잠이 깨고 말았습니다. 그런데 정신을 차리고 보니 방 안에 흉측한 악마 아홉 마리가 제 주위를 빙빙 돌면서 신나게 춤을 추고 있는 게 아니겠습니까.

루스티히가 말했습니다.

"춤은 얼마든지 추어도 좋지만 너무 가까이 다가오지는 마."

그러나 악마들은 그 말에는 아랑곳하지 않고 제 구역질나는 발들이 루스티히 얼굴에 거의 닿을 만큼 가까이 다가왔습니다.

루스티히가 다시 말했습니다.

"조용히 좀 해, 이 못된 악마들아."

그러나 악마들의 장난은 더욱 심해지기만 했습니다. 마침내 화가 난 루스티히가 소리쳤습니다.

"좋아, 내가 조용하게 만들어 주지!"

루스티히는 의자 다리 하나를 뽑아들고 악마들 한가운데를 세게 내리쳤습니다. 하지만 병사 하나가 아홉 악마와 맞서 싸우는 건 여간 어려운 일이 아니었습니다. 하나를 갈기면 다른 놈이 다가와서 그의 머리를 움켜잡고 사정없이 잡아당기는 것이었습니다. 화가 머리끝까지 난 루스티히는 이렇게 소리를 질렀습니다.

"더는 참을 수가 없군. 이 못된 악마들아! 너희들 아홉 놈 모두 내 배낭 속으로 들어가 버려!"

이렇게 호통을 친 순간, 갑자기 세상이 조용해졌습니다. 악마들은 순식간에 그의 배낭 속에 들어가 있었습니다. 루스티히는 끈을 잘 묶어 구석에 던져버리고는, 다시 드러누워 날이 훤히 밝아올 때까지 쿨쿨 잠을 잤습니다.

아침이 되자 여관 주인과 성 주인이 그가 어찌 되었나 보려고 왔다가, 멀쩡한 루스티히를 보고 깜짝 놀라 물었습니다.

"악마들이 아무 짓도 안 하던가?"

"제까짓 녀석들이 감히 무슨 짓을 하겠습니까?"

루스티히가 말했습니다.

"아홉 놈 모두 제 배낭 속에 잘 넣어두었으니, 이제 나리께서는 전처럼 성에서 안심하고 살 수 있을 겁니다. 이제부터는 악마들이 성 안에서 활개를 치는 일은 없을 테니까요."

귀족은 그에게 고맙다는 말과 함께 값비싼 선물들을 넉넉하게 주면서, 평생 부족함 없이 해줄 테니 자기 아래에서 일하지 않겠느냐고 권했습니다.

"아닙니다, 저는 여기저기 떠돌아다니는 삶이 몸에 배어서 한곳에 진득하게 붙어 있지 못합니다."

루스티히는 그렇게 말하고 다시 길을 떠났습니다. 그러다 어느 대장간에 들어가 아홉 악마가 들어 있는 배낭을 모루 위에 올려놓고 대장장이들에게 사정없이 망치질을 해 달라고 부탁했습니다. 대장장이들이 커다란 망치를 들고 있는 힘을 다해 내리치자 악마들은 찢어지는 듯한 비명을 질러댔지요. 배낭을 열어 보니 여덟 악마는 죽어 있었지만, 운 좋게도 주름 사이에 끼어 아직 살아 있던 악마 하나는 냉큼 빠져나가 지옥으로 달아났습니다.

그 뒤 루스티히는 꽤 오랫동안 세상을 떠돌아다녔지만, 그를 아는 사람은 누구도 없었습니다. 마침내 나이가 많이 든 루스티히는 삶의 마지막을 생각하고, 신앙심이 깊은 사람으로 알려진 어느 은둔자를 찾아가서 말했습니다.

"저는 떠돌아다니는 일에 지쳐서 이제 그만 하늘나라에 가고 싶습니다."

은둔자가 말했습니다.

"두 갈래 길이 있소. 하나는 넓고 재미있게 걸을 수 있지만 지옥으로 가는 길이고, 다른 하나는 좁고 험하지만 하늘나라로 가는 길이오."

'내가 바보인가, 좁고 험한 길로 가게.'

그렇게 생각한 루스티히는 넓고 재미있는 길로 들어섰습니다. 한참을 걷다 보니 마침내 어느 새까맣고 커다란 문 앞에 이르렀습니다. 바로 지옥문이었습니다. 루스티히가 문을 두드리자 누가 왔나 하고 내다본 문지기는 루스티히가 온 것을 보더니 깜짝 놀라 몸을 벌벌 떨었습니다. 그 문지기는 배낭 속에 갇혔다가 눈이 시퍼렇게 멍이 들어 달아났던 아홉 번째 악마였던 것입니다.

그는 얼른 빗장을 다시 지르고 염라대왕에게 달려가 말했습니다.

"밖에 배낭을 멘 사람이 와서 들여보내 달라고 하는데, 절대로 그 녀석을 들여보내선 안 됩니다. 녀석을 들어오게 했다가는 지옥이 통째로 저 배낭 속에 들어앉게 될 겁니다. 저도 한 번 그 안에 들어갔다가 쇠망치로 호되게 두들겨 맞았습니다."

문 밖에 서 있던 루스티히는 들어오지 말고 썩 물러가라는 호통만 들었습니다. 그는 생각했습니다.

'나를 원치 않는다면 하는 수 없지. 하늘나라에 가서 있을 곳을 찾아봐야겠어. 어디든 머물러야 할 처지니까.'

그리하여 발길을 돌려 계속 걸어갔습니다. 이윽고 하늘나라의 문이 나왔지요. 문을 똑똑 두드리고 보니 마침 성 베드로가 문지기로 앉아 있었습니다. 루스티히는 그를 알아보고 생각했습니다.

'오호, 여기서 옛 친구를 만나다니, 참으로 잘 되었는걸.'

성 베드로가 말했습니다.

"참으로 뻔뻔스러운 녀석이군. 자네 하늘나라에 들어오고 싶은 건가?"

"들여보내 주게, 친구. 나도 이제 어디든 한 곳에 자리 잡아야 할 처지거든. 지옥에서 받아 주었더라면 나도 여기까지 오지는 않았을 거야."

"안 돼, 자네를 들어오게 할 수는 없네."

"하는 수 없군. 그렇다면 자네 배낭이라도 받아주게. 나도 이제 자네 신세는 지고 싶지 않으니까."

"그럼 이리 주게."

그가 창살 사이로 배낭을 건네자 성 베드로가 그것을 받아 제 의자 옆에 걸어두었습니다. 그것을 보고 루스티히가 소리쳤습니다.

"이번에는 내 몸이 저 배낭 안에 들어가기를!"

그러자 어느새 그는 배낭 안으로 들어가 있었습니다. 그리하여 천하태평 루스티히는 마침내 하늘나라에 들어가게 되었고, 성 베드로도 어쩔 수 없이 그를 받아들일 수밖에 없었답니다.

KHM 082
노름꾼 한스
Der Spielhansl

어느 마을에 한 사나이가 있었습니다. 그 사나이는 노름을 너무너무 좋아했기 때문에 사람들은 그를 '노름꾼 한스'라 불렀습니다. 노름꾼 한스는 도무지 노름을 그만두려 하지 않았으므로 집은 물론, 가진 재산을 모두 빚쟁이들에게 빼앗기게 되었습니다. 그런데 빚을 갚기로 한 날짜가 다 되어갈 무렵, 하느님과 성 베드로가 먼저 찾아와 오늘 하룻밤 이 집에서 묵게 해 달라고 부탁했습니다. 그러자 노름꾼 한스는 이렇게 말했습니다.

"오늘 밤 여기서 자고 가셔도 괜찮습니다. 하지만 대접할 것이 아무것도 없답니다."

그러자 하느님은 하룻밤 재워만 준다면 필요한 것은 모두 직접 마련하겠다고 말했습니다. 노름꾼 한스에게 이보다 좋은 일은 없었지요. 성 베드로는 그에게 은화 세 닢을 주면서 빵집에 가서 빵을 좀 사오라 일렀습니다.

노름꾼 한스는 빵을 사러 나갔습니다. 그런데 그의 재산을 모두 빼앗아 간 노름꾼들이 사는 집 가까이에 이르자, 그들이 큰 소리로 한스를 불렀습니다.

"한스, 이리로 들어오지 그래."

"나한테서 이 은화 세 닢까지 빼앗아가려고?"

한스는 이렇게 말했지만 노름꾼들은 끈덕지게 붙들고 늘어졌습니다. 마침내 그는 안으로 들어가 은화 세 닢마저 노름에 져서 잃고 말았습니다.

성 베드로와 하느님은 이제나 저제나 한스가 돌아오기만을 기다렸지만 그가 좀처럼 돌아오지 않자 그를 데리러 나갔습니다. 노름꾼 한스는 그들이 오는 것을 보자 시궁창 안을 이리저리 휘저으며 동전을 찾는 시늉을 했습니다. 하지만 하느님은 벌써 그가 돈을 노름으로 모두 날려버렸다는 사실을 알고 계셨지요. 그래서 성 베드로는 한 번 더 한스에게 은화 세 닢을 주었습니다. 다행히 이번에는 노름꾼들 꾐에 빠지지 않고 두 분에게 빵을 가져다 드렸습니다.

하느님이 한스에게 물었습니다.

"포도주는 없느냐."

"네, 술통 모두 텅 비어 있답니다."

한스가 말했습니다. 그러자 하느님은 이렇게 말씀하시면서 한스에게 지하실로 내려가 보라고 했습니다.

"가장 좋은 포도주가 있을 게다."

그러나 한스는 하느님 말씀을 믿으려 하지 않았습니다.

"지하실로 내려가 보긴 하겠습니다만, 포도주는 조금도 남아 있지 않다는 걸 저는 잘 알고 있어요."

그런데 지하실로 내려가 술통 마개를 열어 보니 하느님 말씀처럼 가장 좋은 포도주가 술통 안에 가득 차서 콸콸 흘러나오는 게 아니겠습니까. 한스는 두 분에게 포도주를 가져다 드렸습니다. 그리고 하느님과 성 베드로는 그날 밤 한스의 집에서 하룻밤을 묵었습니다.

다음 날 아침, 하느님은 노름꾼 한스에게 이루고 싶은 소원이 있다면 무엇이든 좋으니 세 가지만 말해 보라 했습니다. 하느님은 그가 하늘나라에 가고 싶다는 소원을 말하리라 생각하셨지요. 그런데 노름꾼 한스는 반드시 노름에서 이기는 카드와, 원하는 숫자가 나오는 주사위, 그리고 온갖 먹음직스러워 보이는 열매가 주렁주렁 열려 있지만 누구라도 한 번 올라가면 그가 허락할 때까지는 내려올 수 없는 나무, 이 세 가지를 가지고 싶다고 말했습니다. 하느님은 한스의 소원을 모두 들어준 뒤 성 베드로를 데리고 떠났습니다.

노름꾼 한스는 이 신기한 카드와 주사위로 마음껏 노름판을 휩쓸었습니다. 마치 세상의 절반이라도 손에 넣을 것만 같은 기세로 자꾸만 이겼지요. 성 베드로가 이런 한스를 보고 하느님께 말했습니다.

"하느님, 이래서는 안 되겠습니다. 저러다 한스가 세상을 몽땅 손에 넣고 말겠어요. 그에게 저승사자를 보내주십시오."

하느님은 마침내 한스에게 저승사자를 보냈습니다.

저승사자가 왔을 때도 노름꾼 한스는 한창 노름판을 벌이고 있었습니다.

"한스, 잠깐 나와 보게."

저승사자가 이렇게 말하자, 노름꾼 한스가 말했습니다.

"이번 판이 끝날 때까지 잠깐만 기다려 주십시오. 그동안 밖에 있는 나무에 올라가 과일이나 좀 따다 주시겠어요? 가는 길에 먹을 수 있게."

저승사자는 한스가 시키는 대로 나무 위로 올라갔습니다. 그런데 아래로 내려오려 아무리 애를 써도 도무지 내려올 수가 없는 것이었습니다. 노름꾼 한스는 이렇게 일곱 해나 그를 나무 위에 붙잡아 두었습니다. 그 사이 인간은 단한 사람도 죽지 않았지요.

보다 못한 성 베드로가 하느님에게 말했습니다.

"하느님, 이래서는 안 되겠어요. 7년이 되도록 세상에서 죽은 사람이 하나도 없습니다. 직접 가보셔야 할 것 같아요."

그래서 하느님은 성 베드로와 함께 한스를 찾아가 그에게 저승사자를 내려오게 하라고 명령했습니다. 한스는 바로 나무로 달려가 저승사자에게 말했습니다.

"내려와!"

몹시 화가 난 저승사자는 나무에서 내려오자마자 한스를 붙잡아 목졸라 죽이고 말았습니다. 하느님은 하늘나라로 올라가셨지요.

이리하여 세상을 떠나 다른 세계에 이르게 된 한스는 하늘나라 문 앞으로 가서 문을 똑똑 두드렸습니다.

"누가 문을 두드렸느냐?"

"노름꾼 한스입니다."

"아, 자네라면 하늘나라로 들어올 수 없으니 썩 돌아가게."

그래서 한스는 연옥으로 가서 문을 똑똑 두들겼습니다. (연옥은 죽은 사람의 죄를 깨끗이 씻어주는 불이 타오르고 있는 곳으로, 이곳을 지나 천국으로 들어갈 수 있답니다.)

"누가 문을 두드렸느냐?"

"노름꾼 한스입니다."

"이곳은 걱정거리와 고난으로 가득 차 노름이나 하고 있을 시간 따위는 없다. 돌아가거라."

그래서 한스는 지옥의 문으로 갔습니다. 지옥에서는 한스를 안으로 들어오

게 해 주었습니다. 그런데 그곳에는 늙은 마왕과 등이 굽은 마귀들뿐이었고, 등이 곧은 악마들은 인간 세상에서 일을 하고 있었지요. 한스는 들어가자마자 바닥에 주저앉더니 곧바로 노름판을 벌였습니다.

마왕이 가진 것이라고는 등이 굽은 악마들밖에 없었습니다. 노름꾼 한스는 반드시 이기는 카드를 가지고 있었기 때문에 계속 마왕에게 이겨서 등이 굽은 악마들을 몽땅 빼앗아버렸습니다.

한스는 등이 굽은 악마들을 이끌고 지옥을 떠나 위로 위로 올라갔습니다. 그러더니 커다란 나무 기둥을 뽑아 하늘나라 바닥을 푹 찌르고 마구 뒤흔들기 시작했습니다. 그러자 온 하늘나라가 삐걱삐걱 울렸습니다.

성 베드로가 하느님께 말했습니다.

"하느님, 이래서는 안 되겠습니다. 저 녀석을 천국으로 들이지 않는다면 우리 모두 저 아래로 떨어져버리고 말 것입니다."

그래서 마침내 한스는 하늘나라로 들어가게 되었습니다. 그런데 들어오자마자 노름꾼 한스는 또다시 노름을 시작했습니다. 하늘나라는 순식간에 시끌벅적한 노름판으로 변해 제 목소리마저 들리지 않았지요.

그러자 성 베드로가 다시 하느님께 말했습니다.

"하느님, 이래서는 안 되겠습니다. 저 녀석을 아래로 던져 버리지 않으면 하늘나라 질서가 몽땅 무너지고 말겠습니다."

하느님은 얼른 한스를 불러내어 하늘 아래로 떨어뜨려버렸습니다. 노름꾼 한스의 영혼은 산산조각이 나서 아직 살아 있는 노름꾼들에게로 훨훨 날아갔답니다.

KHM 083
운 좋은 한스
Hans im Glück

한스는 일곱 해나 주인을 섬기며 남의집살이를 했습니다. 마침내 약속한 기한이 다 되자 한스가 말했습니다.

"주인어른, 이제 기한이 다 되었습니다. 집에 가서 어머니를 뵙고 싶으니 품 삯을 주십시오."

"그동안 몸을 아끼지 않고 열심히 일해주었으니, 그만큼 보답을 해 주겠네."

주인은 한스의 머리통만 한 금 한 덩어리를 주었습니다.

한스는 주머니에서 수건을 꺼내 금덩이를 싸서는 어깨에 둘러메고 집으로 터벅터벅 걸어갔습니다. 그러다 건강해 보이는 말을 탄 사람이 기세등등하게 즐거운 표정으로 달려서 옆을 지나가자 한스는 이렇게 혼잣말을 했습니다.

"말을 타고 다닌다는 건 정말 멋진 일이구나! 마치 의자에 앉은 듯이 편히 앉아 있기만 하면 되지 않는가? 돌멩이에 걸려 넘어질 일도 없고, 신발을 아낄 수도 있고, 그러면서도 어느 샌가 길을 쭉쭉 나아가고 있으니 말이야."

그 말을 들은 말을 탄 사람이 우뚝 멈추어 서더니 한스에게 물었습니다.

"이보시오. 어째서 당신은 그렇게 터벅터벅 걷고 있소?"

"어째서라니. 걸을 수밖에 없지요."

한스가 말했습니다.

"보시다시피 이렇게 큰 금덩이를 짊어지고 집으로 가야 하니까 말입니다. 고개를 똑바로 들 수도 없고 무거워서 어깨도 짓눌리니 너무도 힘이 드는군요."

"그럼 우리 서로 바꾸는 게 어떻소? 내가 당신에게 말을 줄 테니, 그 금덩이는 내게 주시오."

말을 탄 사람이 이렇게 말하는 게 아니겠습니까.

"그거 참 좋은 생각이로군요. 하지만 미리 말해두겠는데, 이걸 짊어지고는 빨리 걸을 수 없을 거예요."

한스가 말했습니다.

말을 타고 가던 사람은 말에서 내려 금덩이를 받아 들었습니다. 그리고 한스를 말에 태우더니 고삐를 두 손으로 꽉 쥐게 하고는 말했습니다.

"말을 빨리 달리게 하려면 혀를 차면서 '이랴, 이랴!' 소리치기만 하면 되오."

말을 타고 편히 앉아 달가닥 달가닥 앞으로 나아가니 한스는 몹시 기분이 좋았습니다. 그러다 조금 더 빨리 달리고 싶은 생각에 혀를 쯧쯧 차면서 "이랴,

이랴!" 외쳤답니다. 그러나 말이 힘차게 내닫는 순간, 한스는 순식간에 땅으로 내동댕이쳐져 밭과 길 사이 도랑에 뒹굴고 말았습니다. 그때 마침 암소를 몰고 길을 걸어가던 어떤 농부가 말을 붙들어 주지 않았더라면, 말은 그대로 달아나 버리고 말았을 겁니다. 몸에 묻은 흙먼지를 툭툭 털며 다시 일어선 한스는 기분이 나빠져서 농부에게 이렇게 말했습니다.

"말을 탄다는 건 바보 같은 짓이야. 더욱이 이놈처럼 제멋대로인 말에 걸리면 굴러떨어지거나 목이 부러지기 십상이지. 나는 이제 다시는 말 따위에 타지 않으렵니다. 그리고 보면 당신 암소가 참 부럽군요. 느긋하게 뒤에서 따라가기만 하면 되고 날마다 우유와 버터, 치즈도 얻을 수 있지 않습니까. 그런 암소를 가질 수 있다면 얼마나 좋을까."

"이 소가 그렇게 마음에 드신다면 기꺼이 당신 말과 바꿔 드리지요."
농부가 말했습니다.

한스는 좋아서 어쩔 줄 몰라 하며 얼른 그러자고 했습니다. 농부는 말에 휙

올라타더니 그대로 달려가 버렸답니다.

한스는 운이 좋았다고 생각하면서 느긋하게 암소를 몰고 갔습니다.

"이제 빵 한 조각만 있으면 되겠어. 빵만 있으면 언제라도 버터와 치즈를 곁들여 먹을 수 있을 텐데. 목이 마르면 암소 젖을 짜서 마시면 되고. 아, 이보다 더 좋은 게 있을까?"

기분이 몹시 좋아진 한스는 여관에 이르자, 두서너 닢 남은 동전으로 맥주를 시켜서 가지고 왔던 빵과 함께 몽땅 먹어치웠습니다. 그러고 나서 어머니가 사는 마을로 암소를 몰고 갔습니다. 해가 높이 떠오를수록 날은 더욱 뜨거워졌습니다. 숨도 제대로 쉬기 힘들었지요. 그런데 한스는 그늘 한 점 없는 들판으로 들어가고 말았습니다. 더위에 목이 타서 혀가 입천장에 늘어붙을 지경이었지만 집까지 가려면 앞으로 한 시간은 더 걸어야만 했습니다.

'이럴 때 좋은 방법이 있지? 젖을 짜서 마시고 기운을 차리는 거야.'

이렇게 생각한 한스는 소를 말라죽은 나무에 묶었습니다. 우유를 담을 통이 없었으므로 가죽 모자를 소 아래에 받쳐 놓았지요. 그런데 아무리 애를 써도 우유는 단 한 방울도 나오지 않았습니다. 게다가 우유 짜는 솜씨도 서툴렀기 때문에 소는 더 이상 참지 못하고 뒷다리 하나를 쓱 들어 올리더니 그의 머리를 쾅! 차버렸지요. 한스는 비틀비틀거리며 바닥에 꽈당 쓰러져 한동안 정신을

차리지 못했습니다.

　다행히도 때마침 한 푸줏간 주인이 손수레에 새끼 돼지를 싣고 지나가다 한스를 보고 다가왔습니다.

　"아니, 이게 대체 어떻게 된 일이오?"

　사나이가 한스를 일으켜 세워주며 물었습니다. 한스가 이제까지 일을 모두 이야기하자 푸줏간 주인은 한스에게 자기가 가지고 있던 술병을 건네주며 말했습니다.

　"자, 한 잔 마시고 어서 기운을 차리시오. 저 암소는 너무 늙어서 젖이 나올 것 같지도 않군요. 기껏해야 짐수레를 끌거나 죽여서 고기를 팔던가 해야겠어요."

　"그런가요?"

　한스는 이렇게 말하면서 머리를 긁적였습니다.

　"그건 몰랐어요. 그렇다면 집으로 끌고 가 때려잡는 게 좋겠군요. 좋은 고기를 얻을 수 있을 테니 말이죠. 하지만 난 암소고기를 그리 좋아하지 않아요. 너무 퍼석거리거든요. 그런데 새끼돼지를 가지고 있다니 당신이 참 부럽군요. 맛으로 말하자면 돼지가 정말 별미죠. 게다가 소시지도 만들 수 있고요."

　"그럼 이렇게 하면 어떨까요?"

푸줏간 주인이 말했습니다.

"이 돼지를 드릴 테니, 그 암소를 제게 주지 않겠어요?"

"당신처럼 친절한 사람은 없을 거예요."

한스는 푸줏간 주인에게 암소를 주고, 수레에서 내린 새끼돼지를 묶은 끈을 건네받았습니다.

한스는 여행을 계속했습니다. 비록 안 좋은 일이 좀 있긴 했지만 곧 자기가 바라는 대로 모두 이루어졌으며, 앞으로도 좋은 일만 있을 거라는 생각이 들어 한스는 몹시 기분이 좋았습니다. 그러다 한 젊은이를 만나 함께 걸었는데, 그는 예쁘고 하얀 거위를 안고 있었습니다. 한스는 자기 행운 이야기를 꺼내면서 자기는 언제나 물건을 바꾸면 이득을 본다고 말했습니다. 젊은 사나이는 어린아이 세례식 잔치에 쓰려 이 거위를 들고 가는 길이라고 말했습니다.

"잠깐 이 거위 좀 들어 봐요."

젊은이는 거위를 한스에게 건네면서 거위 날개를 잡아 보여주었습니다.

"무게가 제법 나가지요? 두 달 동안 아주 잘 먹였거든요. 이 녀석을 구워 먹으려면 겨드랑이 아래에 있는 기름부터 없애야 할 거예요."

"그렇군요."

한스는 이렇게 말하며 한 손으로 거위를 들어 무게를 재어보았습니다.

"정말 묵직하군요. 하지만 내 돼지도 만만치 않답니다."

한스가 이야기를 하는 동안, 젊은 남자는 무언가 불안한 듯 주위를 두리번 거리며 고개를 절레절레 흔들더니 입을 열었습니다.

"이봐요, 당신 돼지는 훔쳐온 것일지도 몰라요. 내가 아까 지나온 마을 이장 님네 돼지우리에서 한 마리를 도둑맞았대요. 당신이 데리고 있는 돼지가 그 도 둑맞은 돼지가 아닐까요? 이장님이 마을 사람들을 풀어 돼지를 찾고 있는데, 그들 눈에 띄기라도 하면 그리 좋은 꼴을 당하진 않을 거예요. 캄캄한 지하 동 굴에 처넣을지도 모르죠."

겁이 많은 한스는 이 말을 듣고 마음속에 걱정이 산처럼 쌓였습니다.

"아아, 어쩌면 좋을까요? 나를 좀 도와주세요. 당신은 이곳 사정을 나보다 더 잘 아니까요. 내 돼지를 가져가고 당신 거위를 내게 주지 않겠습니까?"

"그럼 제가 위험해지는데……. 하지만 당신이 억울한 누명을 쓰게 내버려 둘 수도 없군요."

젊은이는 거위를 한스에게 안겨주고는 돼지를 묶은 새끼줄을 받아들자마자 눈 깜짝할 사이에 사라져 버렸습니다. 순진한 한스는 걱정거리가 완전히 사라 진 가벼운 마음으로 거위를 안고 집으로 계속 걸어갔습니다.

'곰곰이 생각해 보면 나는 이번에도 물건을 바꾸어 이득을 봤어. 이 거위만 있으면 맛있는 고기를 구워 먹을 수 있어. 게다가 줄줄 흘러넘치는 기름도 잔 뜩 얻을 수 있지. 그 기름으로 빵을 만들면 석 달은 먹을 수 있을 거야. 그리고 깨끗하고 하얀 깃털도 얻을 수 있겠지. 깃털로는 베개 속을 채워야지. 그 베개 만 있으면 자장가 없이도 잠이 잘 올 거야. 아아, 어머니가 얼마나 기뻐하실까!'

한스가 집으로 가기 전에 있는 마지막 마을을 지나는데 길가에 칼갈이 아저 씨가 서 있었습니다. 칼갈이 아저씨는 숫돌이 윙윙 돌아가는 소리에 맞추어 즐 겁게 노래를 부르고 있었습니다.

"나는 싹둑싹둑 가위를 뾰족뾰족 갈아주지.
빙글빙글 빠르게 돌려서 날을 갈지.
햇빛이 쨍쨍한 날이나 비가 주룩주룩 내리는 날이나
언제나 바람에 옷깃을 휘날리며
이곳으로 저곳으로 돌아다닌다네."

　한스는 잠시 멈추어 서서 칼갈이 아저씨의 노래를 듣다가 그에게 말을 걸었습니다.

　"칼을 갈아달라는 손님이 많은가 봐요. 기분이 참 좋아 보이셔요."

　"그렇고말고. 뭔가 기술을 하나라도 몸에 익히면 살아가는 데 아무런 걱정이 없지. 진정한 칼갈이는 주머니에 손을 넣을 때마다 돈이 들어오는 법이거든. 그런데 그런 멋진 거위는 어디서 구했나?"

　칼갈이 아저씨가 말했습니다.

　"산 게 아니라 돼지하고 바꾸었습니다."

　"그럼 그 돼지는 어디서 구했나?"

　"암소를 주고 대신 받았죠."

　"그럼 그 암소는 어떻게 손에 넣었지?"

　"말을 주고 얻었어요."

　"그럼 그 말은?"

"내 머리통만 한 금덩이를 주니까 말을 주더라고요."

"그럼 그 황금은?"

"그건 제가 일곱 해나 일해서 받은 품삯이지요."

"자네는 언제나 운이 좋았구먼. 하지만 자네가 일어날 때마다 주머니에서 돈이 짤랑거리는 소리를 들을 수 있다면, 참으로 좋을 것 같지 않나?"

칼갈이 아저씨 말을 듣고 한스가 물었습니다.

"그러려면 어떻게 해야 하나요?"

"나처럼 칼갈이가 되는 거야. 오직 숫돌 하나만 있으면 되지. 다른 거야 언젠가 저절로 생겨날 걸세. 마침 내게 숫돌이 하나 있네. 조금 닳긴 했지만 이걸 줄 테니 자네 거위와 바꾸지 않겠나?"

"바꾸다마다요. 저는 세상에서 가장 운이 좋은 사람이니까요. 주머니에 손을 넣을 때마다 짤랑거리는 돈이 들어 있다면 더 이상 고생하지 않아도 될 테니까요."

한스는 이렇게 말하면서 칼갈이 아저씨에게 거위를 주고 대신 숫돌을 건네받았습니다.

"옛다."

칼갈이는 옆에 뒹굴던 흔해 빠진 돌멩이 하나를 주워 들더니 한스에게 내밀며 말했습니다.

"자, 그 숫돌에다 이 훌륭한 돌도 덤으로 주겠네. 이 돌은 칼을 위에 놓고 두들기기 딱 좋아. 구부러진 못 같은 것도 똑바로 펼 수 있지. 잘 가져가서 소중히 간직하도록 하게."

한스는 숫돌과 돌멩이를 짊어지고 즐거운 마음으로 계속 걸어 나아갔습니다. 그의 두 눈은 기쁨으로 반짝였지요.

"나는 틀림없이 복을 타고 났나봐. 내가 원하는 것은 몽땅 손에 들어왔으니 말이야. 마치 일요일에 태어난 행운의 아이 같아."

그는 큰 소리로 말했습니다.

그런데 한스는 새벽부터 계속 걸어왔기 때문에 슬슬 엄청난 피곤이 몰려왔습니다. 게다가 암소를 손에 넣었을 때, 너무 기쁜 나머지 가지고 있던 음식을 몽땅 먹어 버렸기 때문에 배도 무척 고팠지요. 끝내 발을 옮기는 것조차 힘들어진 한스는 한 걸음 한 걸음 내딛을 때마다 쉬어야만 했습니다. 더욱이 무거

운 돌덩이를 두 개나 짊어지고 있자니 다리가 후들거리고 힘이 빠져서 견딜 수가 없었습니다. 그래서 '이런 무거운 돌을 옮기지 않아도 된다면 얼마나 좋을까.' 생각했습니다.

한스는 달팽이처럼 꾸물꾸물 걸어 들판에 있는 샘 가에 겨우 이르렀습니다. 잠깐 쉬며 찬물이라도 한 모금 마시고 기운을 찾으려 했지요. 그는 땅에 털썩 주저앉다가 돌에 흠집이라도 날까봐 걱정이 되어 조심스럽게 돌들을 샘 가장자리에 살포시 내려놓았습니다. 그리고 편히 앉아 물을 마시려고 몸을 숙이다가 자기도 모르게 돌에 살짝 부딪히고 말았습니다. 그런데 그만 돌 두 개가 몽땅 텀벙! 물속으로 가라앉아 버리는 게 아니겠습니까.

한스는 돌이 샘 바닥 깊숙이 가라앉는 것을 보고 무척 기뻐하며 펄쩍펄쩍 뛰어올랐습니다. 그리고 나서 무릎을 꿇고 눈물을 글썽이며 기도를 올렸습니다.

"하느님 저에게 이런 행운을 주셔서 감사합니다. 이렇게 친절히 제 마음을 헤아려 주시다니요. 무거운 돌을 더 이상 옮길 필요가 없게 해 주셔서 정말 고맙습니다."

그리고 큰 소리로 이렇게 말했습니다.

"나처럼 운 좋은 사람은 이 세상 어디에도 없을 거야."

한스는 날듯이 가뿐한 발걸음으로 기분 좋게 어머니가 계시는 집으로 돌아갔답니다.

KHM 084
한스, 결혼하다
Hans heiratet

한스라는 이름을 가진 젊은 농부가 있었습니다. 한스의 삼촌은 부잣집 딸에게 그를 장가보내려 했지요. 그래서 한스에게 난로 뒤에 앉아 불을 피우라고 시켰습니다. 그리고 우유를 가득 담은 단지 하나와 하얀 빵을 잔뜩 가져온 다음, 만들어진 지 얼마 안 되어 반짝반짝 빛나는 새 동전 하나를 한스의 손에 쥐여 주면서 말했습니다.

"한스야, 이 동전을 손에 꼭 쥐고 있어라. 그리고 이 하얀 빵은 잘게 부숴서 우유 속에 넣어라. 여기서 꼼짝 말고 기다리렴. 알았지? 내가 돌아올 때까지 다른 데로 가면 안 된다."

"알았어요. 그렇게 할게요."

한스가 말했습니다.

삼촌은 오래된 낡은 바지를 입고선 이웃 마을에 사는 부자 농부의 딸을 찾아가 이렇게 말했답니다.

"아가씨, 내 조카 한스의 아내가 되어 주지 않겠소? 우리 한스는 똑똑하고 착하다오. 아마 아가씨 마음에 꼭 들 거요."

그러자 욕심 많은 그녀의 아버지가 물었습니다.

"그 사람은 재산이 얼마나 있소? 먹고사는 데 아무런 불편이 없을 만큼은 가지고 있겠지?"

"물론이죠. 제 조카는 늘 따뜻한 방에서 지내며 반짝이는 동전을 손에 쥐고 있지요. 또 먹을 것도 잔뜩 가지고 있답니다. 게다가 바다처럼 넓은 것도 가지고 있지요. 제 것보다도 훨씬 넓답니다.”

아저씨는 이렇게 말하면서 손바닥으로 제 가슴을 툭툭 쳤습니다. 아가씨의 아버지는 바다처럼 넓은 땅을 가졌다고 생각했지만 삼촌이 말한 건 마음이었습니다.

“어떤가요. 저와 함께 가보시지 않겠습니까? 제가 한 말이 사실이라는 것을 바로 보여드리지요.”

이 말을 듣자 욕심 많은 아버지는 이런 좋은 기회를 놓치면 안 된다는 생각에 이렇게 말했습니다.

“그렇다면 나는 이 결혼을 허락하겠네.”

이렇게 해서 한스와 부자 농부의 딸은 좋은 날을 정해 결혼식을 올렸습니다. 젊은 아내는 논밭이 있는 넓은 들로 나가자며 한스가 가지고 있다는 바다처럼 넓은 걸 보여 달라 했습니다. 그러자 한스는 입고 있던 좋은 옷을 벗어버리더니 낡은 누더기 옷으로 갈아입고 이렇게 말했습니다.

“좋은 옷을 더럽히면 안 되니까 말이야.”

두 사람은 함께 넓은 들판이 펼쳐진 곳으로 갔습니다. 마침내 싱싱한 포도가 주렁주렁 매달린 포도나무들이 가지런하게 심어진 밭과 목초지들로 나누어져 있는 곳까지 오자 한스는 손가락으로 그곳을 가리키고 나더니 제 가슴을 툭툭 치며 말했습니다.

“이 바다처럼 넓은 곳이 모두 내 것이라오. 이걸 좀 보시오. 여보, 이제 모두 당신 것이기도 하니까.”

한스는 신부가 입을 벌린 채 널따란 들판만 멍하니 보고 있으니까 자신을 좀 봐달라는 뜻으로 한 말이었습니다. 넓은 마음만은 제 것이었으니까요.

“당신도 그 결혼식에 갔었소?”

“물론 갔다 왔지요. 머리부터 발끝까지 아주 멋지게 차려입고 말이오. 내 머리 장식은 하얗고 차가운 눈으로 만든 거였어요. 그래서 해가 뜨니까 녹아서 사라져버렸지요. 내가 입은 옷은 거미줄로 만든 거였어요. 그래서 가시덤불을 헤치고 지나갔더니 덤불에 옷이 갈기갈기 찢어지고 말았지 뭡니까. 그리고 내 신발은 유리로 만든 구두였는데 그만 돌멩이에 걸려 넘어지는 바람에 쨍그랑 소리를 내며 산산조각이 나고 말았답니다.”

KHM 085
황금 아이들
Die Goldkinder

가난한 부부가 있었습니다. 그들이 가진 것이라곤 작은 오두막 한 채뿐이었습니다. 그날 그날 잡은 물고기를 팔아서 생활해나갔답니다. 그야말로 하루 벌어서 하루 먹고사는 힘든 나날이었습니다.

그러던 어느 날 남편이 해변에 앉아 그물을 드리우고 있는데, 온몸이 황금빛으로 반짝이는 물고기가 한 마리 잡혔습니다. 그가 너무나 이상해서 그 물고기를 말끄러미 바라보고만 있자 물고기가 입을 열더니 갑자기 말을 하는 게 아니겠습니까.

"여보세요, 어부님, 저를 다시 물속으로 돌려보내 주시면 당신의 작은 오두막을 훌륭한 성으로 만들어 드리겠습니다."

그 말을 듣고 어부가 말했습니다.

"먹을 게 없으면 아무리 훌륭한 집이 있어도 소용이 없어."

"그것도 걱정하지 마세요. 성 안에 찬장이 하나 있을 거예요. 거기를 열면 접시가 잔뜩 있는데 그 접시에는 얼마든지 당신이 원하는 만큼 좋은 요리가 가득 담겨 있을 거예요."

"그게 정말이라면 내, 너를 놓아주마."

어부가 말했습니다.

"정말요?"

물고기는 매우 기뻐하면서 말을 이었습니다.

"하지만 한 가지 조건이 있어요. 누구에게도 이 일을 말해서는 안 돼요. 한 마디라도 입 밖에 내뱉었다가는 모든 것을 잃어버리고 말 거예요."

어부는 황금빛 물고기를 다시 물속으로 던져 주고는 집으로 돌아왔습니다. 그런데 작은 오두막이 있던 자리에 대신 커다란 성 하나가 떡하니 서 있는 게 아니겠습니까. 어부가 깜짝 놀라 눈이 휘둥그레져서 안으로 들어가 보니 아내가 아름다운 옷을 입고 화려한 방에 앉아 있었습니다. 아내는 무척 행복한 얼굴로 말했습니다.

"여보, 어떻게 갑자기 이런 일이 생겼을까요? 참 기분이 좋네요."

"응, 나도 좋구려. 그런데 배가 너무 고프군. 뭔가 먹을 걸 좀 주구려."

남편이 말했습니다.

"먹을 게 아무것도 없어요. 새집이라서 어디에 무엇이 있는지도 모르는걸요."

아내가 말했습니다.

"걱정할 것 없어요. 저기 커다란 찬장이 보이지? 그걸 한번 열어 보구려."

남편의 말대로 아내가 찬장을 열어 보니 과자며 고기며 과일, 포도주가 가득 들어 있었습니다. 모두 너무도 먹음직스러워 보였죠. 아내는 무척 기뻐하며 큰 소리로 물었습니다.

"여보, 뭘 드시고 싶으세요?"

부부는 함께 앉아서 맛있는 음식들을 실컷 먹고 마셨습니다. 배가 부르자 아내가 물었습니다.

"여보, 그런데 어쩌다 우리가 이렇게 부자가 된 거예요?"

"난처한 걸. 그건 묻지 말아요. 말하면 안 되거든. 누구에게든 그 이야기를 털어놓으면 우리는 예전처럼 다시 가난해질 테니 말이오."

"알았어요. 말하지 않겠다면 굳이 묻지는 않을게요."

아내는 이렇게 말하기는 했지만 마음속으로는 그렇지 않았습니다. 너무도 궁금해서 낮이고 밤이고 마음이 편치 못했던 아내는 남편을 계속 괴롭히며 짜증을 부렸습니다. 마침내 남편은 더는 참지 못하고 모든 이야기를 털어놓고 말았습니다. 부자가 된 것은 그물에 잡힌 황금 물고기를 놓아주는 대신 받은 보답이라고 말해 버렸지요.

그런데 이 말이 남편 입에서 나오는 순간, 아름다운 성은 맛있는 요리가 끊임없이 나오는 찬장과 함께 순식간에 사라져 버리고 말았습니다. 두 사람은 다시 낡은 오두막집에서 살아야만 했습니다.

남편은 하루하루 먹고살기 위해 다시 고기를 잡으러 바다로 나가야만 했습니다. 그런데 운 좋게 또다시 그 신비한 황금 물고기가 그물에 잡힌 게 아니겠습니까.

"저를 다시 바닷속으로 돌려보내주시면 또 한 번 성과 함께 온갖 음식이 가득 나오는 찬장을 드리겠습니다. 하지만 이번에는 마음을 단단히 먹고, 이 행운을 누구에게서 얻었는지 절대 말하면 안 돼요. 이야기하면 모든 게 사라지고 말 테니까요."

물고기가 말했습니다.

"이번에는 꼭 조심하겠네."

어부는 이렇게 말하고 다시 황금 물고기를 놓아주었습니다.

집으로 돌아가 보니 정말 모든 게 다시 전처럼 되돌아와 있었습니다. 아내는 몹시 기뻐했지요. 하지만 어찌된 일인지 너무도 궁금해서 견딜 수가 없었습니다. 2, 3일 지나자 또 참지 못하고 무슨 일이 있었는지 꼬치꼬치 캐묻기 시작했습니다. 처음에 남편은 입을 꾹 다물고 있었으나 아내가 너무도 귀찮게 자꾸만 따지자 끝내 화를 내며 모두 이야기해버리고 말았습니다. 비밀을 털어놓자마자 성은 흔적도 없이 사라지고 부부는 또다시 낡은 오두막집에 덩그러니 서 있었지요.

"거봐요. 당신이 자꾸만 캐물으니 이렇게 되지 않았소. 우리는 다시 가난한 생활을 하게 된 거요."

남편이 말했습니다.

"하지만 누가 준 것인지도 모르는 재산이라면 차라리 없는 게 좋아요. 모르는 채로 있으면 마음이 편치 않으니까요."

아내는 이렇게 말했습니다.

남편은 다시 고기를 잡으러 바다로 나갔습니다. 그런데 얼마 지나지 않아 또 그 황금 물고기를 건져 올리게 되었습니다. 이번이 세 번째였습니다.

"나는 몇 번이고 당신 손에 잡힐 운명인가 봅니다. 저를 집으로 가지고 가세요. 그리고 여섯 토막으로 잘라서 그 가운데 두 토막은 부인에게 먹이고, 다른 두 토막은 말에게 먹이세요. 나머지 두 토막은 땅속에 묻으시고요. 그러면 당신에게 큰 행운이 찾아올 거예요."

남편은 황금 물고기를 집으로 가지고 와서 물고기가 말한 대로 했습니다. 그러자 이게 어찌된 일입니까? 땅에 묻었던 토막에서는 황금 백합 두 송이가 자라났습니다. 황금 물고기 두 토막을 먹은 말은 황금 망아지 두 마리를 낳았으며, 어부의 아내는 온몸이 황금으로 된 아이 둘을 낳았습니다.

아이들은 무럭무럭 자라 건강하고 잘생긴 젊은이가 되었고, 백합과 말들도 모두 건강하게 잘 자랐습니다.

그러던 어느 날 아들들이 아버지에게 말했습니다.

"아버지, 저희는 황금 말을 타고 바깥세상으로 나가 보고 싶어요."

하지만 아버지는 그 말을 듣고 슬픈 표정으로 말했습니다.

"너희들이 이곳을 떠나 어찌 지내는지 모른다면 나는 마음 편히 지낼 수 없을 거 같구나."

그러자 아이들이 말했습니다.

"여기 남아 있는 황금 백합 두 송이로 우리가 집을 떠나 어떻게 지내는지 아실 수 있을 거예요. 백합이 싱싱하게 활짝 피어 있다면 우리도 건강히 잘 지내고 있다는 뜻이지요. 백합이 시들었다면 우리가 병에 걸렸다는 것이고, 만일 백합이 쓰러진다면 우리가 죽었다는 뜻이에요."

아이들은 말을 타고 집을 떠나 어느 음식점에 들어갔습니다. 그곳은 사람들로 북적이고 있었는데 온몸이 황금으로 된 아이들을 보자 모두 깔깔 웃으며 놀리기 시작했습니다. 사람들이 우습게 보고 비웃는 소리를 듣자 한 아이는 몹시 부끄러워져 아버지가 계신 집으로 되돌아왔습니다. 하지만 다른 한 아이는 말을 타고 여행을 계속했지요. 그러다 어느 큰 숲에 이른 황금 아이가 숲 속으로 말을 타고 그대로 들어가려 하자, 그곳에 있던 사람들이 이렇게 말했습니다.

"여보게, 그 숲에는 들어가지 않는 게 좋아. 도둑들이 득실거리고 있으니까 말이야. 그 못된 녀석들은 당신을 가만 두지 않을 거요. 게다가 당신은 온몸이 황금으로 되어 있지 않소. 말 또한 황금으로 되어 있구려. 도둑들은 아마도 당신을 때려죽일 거요."

하지만 황금 아이는 그 말을 듣고도 전혀 무서워하지 않았습니다.

"저는 그 어떤 곳이라도 빠져나가 보이겠습니다."

그러고는 곰 가죽을 여러 장 꺼내어 몸에 걸치고 말에게도 씌워 황금이 조금도 보이지 않도록 한 뒤 아무렇지도 않은 얼굴로 숲 속에 들어갔습니다. 그렇게 얼마나 들어갔을까. 어디선가 수풀이 부스럭거리면서 사람들이 나누는 이야기 소리가 뚜렷하게 들려왔습니다.

"사람이 들어왔습니다."

"그냥 지나가게 내버려둬. 곰 가죽을 쓰고 온 녀석이야. 교회 구석에 사는 쥐처럼 가난한 빈털터리일 테니 털어봤자 한 푼도 없을걸."

이렇게 해서 황금 아이는 무사히 숲을 빠져나갈 수 있었습니다.

어느 날, 한 마을에 이른 황금 아이는 그곳에서 매우 아름다운 소녀를 보게 되었습니다. 얼마나 아름다운지 그보다 예쁜 아가씨는 이 세상 어디에도 없으리라 여겨졌답니다. 그 소녀를 사랑하게 된 황금 아이는 소녀에게 다가가 이렇게 말했습니다.

"당신을 진심으로 사랑합니다. 내 아내가 되어 주시지 않겠어요?"

소녀도 그가 마음에 들었기 때문에 청혼을 받아들였습니다.

"좋아요, 당신의 아내가 되겠어요. 영원히 이 마음 변치 않겠습니다."

둘은 곧 결혼식을 올렸습니다. 두 사람이 행복한 기분에 휩싸여 있을 때 신부의 아버지가 돌아왔습니다. 아버지는 자기 딸이 결혼했다는 사실을 알고는 깜짝 놀라며 물었습니다.

"신랑은 어디 있느냐?"

딸은 황금 아이를 가리켰습니다. 그런데 황금 아이는 아직도 곰 가죽을 쓰고 있었습니다. 그런 신랑을 본 아버지는 버럭 화를 냈습니다.

"곰 가죽 따위나 뒤집어쓰고 빈둥거리는 녀석에게는 내 딸을 줄 수 없다!"

몹시 화가 난 아버지는 사위를 죽이려 했습니다. 신부가 아버지에게 애원했습니다.

"누가 뭐라던 이분은 제 남편이에요. 저는 진심으로 이 사람을 사랑하고 있어요."

딸의 말을 듣고 아버지는 하는 수 없이 결혼을 허락해주었습니다. 그렇지만 신랑이 마음에 든 것은 아니었기에 다음 날 아침, 일찍 일어나서 사위가 더러운 곰 가죽을 걸친 가난뱅이가 아닐까 슬쩍 엿보려 했습니다. 그런데 문틈으로 흘끗 들여다보니 잘생긴 황금 청년이 잠자리에 누워 있는 게 아니겠습니까. 그리고 벗어던진 곰 가죽이 바닥에 나뒹굴고 있었습니다.

"휴! 저 녀석을 죽이지 않아서 다행이야. 하마터면 큰일 날 뻔했군."

아버지는 이렇게 생각하면서 돌아섰습니다.

한편, 황금 아이는 사냥을 나가서 털에 윤기가 흐르는 수사슴을 쫓는 꿈을 꾸었습니다. 그래서 아침에 눈을 뜨자마자 아내에게 말했습니다.

"사냥을 다녀오겠소."

그런데 신부는 어쩐지 걱정이 되어 부디 집에 있어 달라고 부탁하였지요.

"왠지 안 좋은 느낌이 들어요. 그냥 집에 계시면 안 될까요?"

하지만 신랑은 무슨 일이 있어도 사냥을 갔다 와야겠다며 뜻을 굽히지 않았습니다.

그는 잠자리를 빠져나와 숲으로 갔습니다.
곧 꿈에서 본 멋진 수사슴이 당당한 자태를
뽐내며 눈앞에 나타났습니다. 황금 아이
가 총을 집어 들고 쏘려 하자, 사슴은 나
는 듯이 재빨리 뛰어서 달아났습니다. 그
는 사슴 뒤를 쫓아 웅덩이를 넘고 덤불을
헤치며 지친 기색 하나 없이 온종일 뛰어
다녔습니다. 그런데 날이 저물자 사슴은
흔적도 없이 사라지고 말았습니다.

황금 아이가 주위를 살펴보니 작은 집
이 한 채 보였습니다. 집 안에는 마녀가
살고 있었지요. 문을 두드리자 마녀 할머
니가 나오더니 물었습니다.

"이렇게 늦은 시간에 숲에는 뭘 하러 왔
느냐?"

"할머니, 사슴 하나가 이리로 뛰어
오는 걸 보지 못하셨나요?"

황금 아이가 말했습니다.

"봤지. 그 사슴이라면 잘 알고 있단다."

노파가 이렇게 말하는 순간 할머니를 따라 집에서 나온 강아지가 마치 그를 물어뜯을 듯이 사납게 짖어대기 시작했습니다.

"조용히 못해? 심술꾸러기 같으니라고. 얌전히 있지 않으면 이 총으로 확 쏴 버릴 거야."

황금 아이가 이렇게 말하자 마녀는 불같이 화를 냈습니다.

"뭐라고? 감히 내 강아지를 죽이겠다고?"

화가 난 마녀는 황금 아이를 순식간에 돌로 바꾸어 버렸습니다. 돌이 된 황금 아이는 그 자리에 털썩 쓰러져 떼굴떼굴 굴러가 버리고 말았습니다.

신부는 아무리 기다려도 신랑이 돌아오지 않자 너무도 걱정이 된 나머지 이런 생각을 했습니다.

'내 불길한 예감이 맞은 게 틀림없어.'

한편 황금 아이의 집에서는 동생이 황금 백합 옆에 서 있었습니다. 그런데 갑자기 백합꽃 한 송이가 힘없이 쓰러져버리는 게 아니겠습니까.

"오, 맙소사! 형에게 큰 불행이 닥친 게 분명해! 얼른 가면 구할 수 있을지도 모르니 서둘러야겠다."

동생이 이렇게 말하며 재빨리 길을 나서려 하자 아버지가 아들을 말렸습니다.

"여기 있어라. 너마저 잃으면 난 이제 어찌 살란 말이냐."

그러나 아이는 이렇게 말했습니다.

"무슨 일이 있어도 다녀와야겠습니다."

동생은 황금 말을 타고 길을 나서 커다란 숲 속으로 들어갔습니다. 숲에는 형이 돌이 되어 이리저리 나뒹굴고 있었습니다.

동생을 본 마녀는 그 또한 함정에 빠뜨려 돌로 만들어 버리려고 말을 걸었습니다. 그러나 그는 마녀 쪽으로 다가가지도 않은 채 말했습니다.

"내 형을 살려 놓지 않으면 너를 이 총으로 쏘아 버리겠다."

그 말을 듣고 마녀는 마지못해 돌이 된 황금아이를 손으로 쓰다듬었습니다. 그러자 곧 형이 되살아났지요.

황금 형제는 서로 다시 만난 것을 무척 기뻐하며 얼싸안고 입을 맞추었습니다. 그리고 말을 타고 함께 숲을 나와 형은 사랑하는 아내가 있는 곳으로, 동생은 아버지가 계신 집으로 돌아갔습니다.

황금 아이가 무사히 집으로 돌아오자 아버지는 이렇게 말했습니다.

"나는 네가 형을 구했다는 사실을 이미 알고 있단다. 쓰러져 있던 황금 백합이 다시 일어나 꽃을 활짝 피웠으니 말이다."

그 뒤로 모두들 즐겁게 지내며 죽을 때까지 행복하게 살았답니다.

KHM 086
여우와 거위들
Der Fuchs und die Gänse

여우가 초원에 나가 보니 먹음직스럽게 살이 오른 통통한 거위들이 옹기종기 모여 앉아 있었습니다. 여우는 거위들을 보자 싱글싱글 웃으며 말했습니다.

"마침 잘 왔군. 모두 옹기종기 모여 있으니, 한 마리씩 차례차례 먹어버리면 딱 좋겠구나."

거위들은 겁을 잔뜩 집어먹고 꽥꽥 울어댔습니다. 어떤 거위는 펄럭펄럭 뛰어오르기도 했지요. 모두들 슬피 울부짖으며 부디 목숨만은 살려 달라 애원했지만 여우는 아랑곳하지 않았습니다.

"인정사정 봐주지 않을 거다. 각오하는 게 좋을 걸."

그러자 한 거위가 겨우 용기를 내어 말했습니다.

"우리 불쌍한 거위들의 젊고 싱그러운 목숨을 내놓아야만 한다면, 부디 딱 한 가지 부탁만 들어주세요. 자비를 베푸셔서 우리가 마지막으로 기도를 올릴 수 있도록 허락해 주십시오. 이제까지 지은 죄를 하느님께 용서받고 싶습니다. 기도가 끝나면 당신께서 가장 살이 통통하게 찐 거위를 고르실 수 있도록 한 줄로 나란히 서서 기다리겠습니다."

"알았다. 그것 참 기특한 소원이로군. 그럼 어서 기도를 하거라. 얼마든지 기다려줄 테니까."

여우가 말했습니다.

그러자 첫 번째 거위가 무척 긴 기도를 올리기 시작했습니다. 언제까지고 꽥꽥! 꽥꽥! 울어댔지요. 좀처럼 기도가 끝나지 않자 제 순서를 기다릴 수 없었던 두 번째 거위도 함께 꽥꽥! 꽥꽥! 소리를 지르기 시작했답니다. 그러자 세 번째 거위와 네 번째 거위도 그 뒤를 따랐습니다. 어느새 거위들은 모두 함께 꽥꽥거리게 되었습니다.

(거위들의 기도가 끝나면 뒷이야기를 들려드리겠습니다. 그런데 거위들은 지금도 기도를 계속 올리고 있답니다.)

KHM 087
가난뱅이와 부자
Der Arme und der Reiche

하느님께서 아직 땅 위 사람들과 가까이 지내시던 시절의 이야기입니다. 어느 날, 몹시 지치신 하느님께서 하룻밤 묵을 곳을 찾기도 전에 해가 지고 말았습니다. 얼마를 더 걷다 보니 어느덧 집 두 채가 마주보고 서 있는 길에 접어들었습니다. 언뜻 보기에 한 채는 크고 훌륭한 저택이었고, 다른 한 채는 작고 초라했습니다. 큰 저택은 부자의 집이었고, 작은 오두막은 가난한 사람의 집이었지요.

하느님은, 부자라면 신세를 져도 큰 부담이 되지 않을 테니 하룻밤만 재워달라 부탁해야겠다고 생각했습니다.

부자는 제 집 문을 두드리는 소리를 듣자 창문을 열고 낯선 이에게 무슨 일로 찾아왔느냐고 물었습니다.

"지나가는 나그네인데, 하룻밤만 재워 주지 않겠소."

부자는 나그네를 머리부터 발끝까지 쓱 훑어보았습니다. 하느님은 소박하고 검소한 옷차림을 하고 있어서 돈이 많은 사람처럼 보이지는 않았습니다. 부자는 고개를 절레절레 흔들며 말했습니다.

"안타깝지만 당신을 집에 머무르게 할 수 없군요. 우리 집 방이란 방은 모두 채소와 씨앗으로 가득 차 있거든요. 내 집 문을 두드리는 사람마다 재워준다

면, 나야말로 동냥그릇을 들고 구걸하러 다녀야 할 테지요. 그러니 다른 곳으로 가보시오.”

부자는 이렇게 말하고는 창문을 탁 닫아버렸습니다. 하느님은 그 자리에 계속 서 계셨지만, 신경도 쓰지 않았습니다.

하느님은 하는 수 없이 부자 집에서 발길을 돌려 건너편 작고 초라한 집으로 가셨습니다. 문을 두드리자마자 가난한 사람이 문을 열더니 나그네에게 어서 들어오라 했습니다.

“오늘밤은 제 집에서 묵으십시오. 벌써 날이 어두워졌습니다. 밝아지면 다시 길을 떠나세요.”

하느님은 가난한 이의 따뜻한 마음에 기뻐하며 집으로 들어갔습니다. 가난한 남자의 아내도 하느님을 기꺼이 맞이했습니다. 반갑게 악수를 나누면서 이렇게 말했지요.

“비록 우리 집은 가진 게 그리 많지 않지만 필요하신 건 무엇이든 드리겠습니다. 편히 쉬었다 가십시오.”

아내는 감자를 넣은 냄비를 불에 올려놓고 감자가 익는 동안 염소 젖을 짰습니다. 얼마 안 되지만 감자에 곁들여 먹기 위해서였지요. 식사 준비가 끝나자 하느님은 자리에 앉아 가난한 부부와 함께 저녁을 먹었습니다. 소박한 음식이었으나 함께 먹으니 무척 맛있었습니다. 부부가 따뜻한 마음씨와 즐거운 얼굴로 손님을 대접했기 때문입니다. 식사가 끝나고 잠자리에 들 시간이 되자 부인은 조용히 남편을 불러 이야기했습니다.

"여보, 우리는 오늘밤 건초더미 위에서 자도록 해요. 가엾은 나그네가 우리 침대에서 편히 쉴 수 있도록 해 드립시다. 저분은 온종일 걸었을 테니 얼마나 피곤하시겠어요."

"그거 참 좋은 생각이로군! 우리 침대를 손님께 빌려드립시다."

남편은 이렇게 말하고는 하느님에게 가서 괜찮으시다면 침대에 누워 푹 쉬시라고 말했습니다. 하느님은 나이 든 부부의 잠자리를 빼앗는 것만 같아 마음이 몹시 불편했지만 그들이 자꾸만 권하는 바람에 하는 수 없이 두 사람의 침대에 누웠습니다. 가난한 부부는 바닥에 짚을 깔아 자기들 잠자리를 마련했습니다.

이튿날 아침, 해가 미처 뜨기도 전에 부부는 일어나서 손님을 위해 정성껏 아침 식사를 마련했습니다. 햇빛이 작은 창문 틈으로 비쳐 들어올 즈음 자리에서 일어난 하느님은 부부와 함께 아침 식사를 한 뒤 길을 떠나려 했습니다. 하느님은 집을 나서려 문 앞에 섰다가 뒤를 돌아보더니 말씀하셨습니다.

"당신들은 참으로 정 많고 배려가 넘치는 분들이군요. 그 보답을 드리고 싶으니 무엇이든 소원을 세 가지만 말해 보십시오. 제가 이루어드리겠습니다."

그러자 가난한 남편이 이렇게 대답했습니다.

"저희가 죽으면 하늘나라로 보내 주십시오. 그리고 우리 두 사람이 살아 있는 동안 건강하게 지내며 가난하더라도 그날그날 먹을 빵만 구할 수 있으면 그걸로 충분합니다. 무엇이 더 필요할까요? 세 번째 소원은 무엇을 말해야 할지 잘 모르겠습니다."

"이 낡은 집 대신 새집이 필요하지는 않으시오?"

하느님께서 물었습니다.

"그야 물론 새집까지 얻을 수 있다면 정말 고마운 일이지요."

남편의 말을 듣자 하느님은 가난한 부부의 소원대로 낡은 집을 새집으로 바꿔준 다음 한 번 더 축복을 내려주고 그곳을 떠났습니다.

부자는 해가 하늘 높이 떠오른 한낮이 되어서야 겨우 잠자리에서 일어났습니다. 그런데 창밖을 바라보니 맞은편의 낡고 작았던 집이 으리으리한 붉은 기와를 얹은 새집으로 바뀌어 있는 게 아니겠습니까. 깜짝 놀라서 두 눈이 휘둥그레진 부자는 아내를 불러 물었습니다.

"아니, 이게 어찌 된 일이오? 어제 저녁까지만 해도 낡고 허름한 오막살이였는데, 오늘 보니 깨끗하고 훌륭한 새집이 서 있지 않소. 빨리 가서 대체 무슨 일이 있었는지 알아보고 오시오."

부자의 아내는 가난한 부부에게 가서 꼬치꼬치 캐물었습니다. 착한 부부는 어젯밤 있었던 일을 모두 이야기해주었습니다.

"어제 저녁 한 나그네가 와서 하룻밤만 재워 달라 부탁을 하더군요. 그리고 오늘 아침 떠나시면서 우리에게 세 가지 소원을 말하라더니 이렇게 이루어 주셨습니다. 죽으면 하늘나라로 갈 수 있고, 살아 있는 동안 건강하게 지내며 가난하더라도 날마다 먹을 빵 정도는 구할 수 있을 것, 그리고 마지막으로 우리의 낡은 오두막을 이렇게 훌륭한 새집으로 바꾸어주셨지요."

부자의 아내는 서둘러 집으로 돌아가 부부에게 들은 이야기를 하나도 빠짐없이 남편에게 전했습니다. 이야기를 다 들은 남편은 투덜댔습니다.

"내 몸을 갈기갈기 찢어 죽이고 싶을 만큼 나 자신이 밉구려. 왜 그때는 몰랐을까! 어디서 온지도 모르는 그 낯선 사람이 먼저 우리 집에 와서 하룻밤 묵게 해 달라 부탁했는데 내가 그만 거절했지 뭐야."

"여보, 어서 말에 오르세요. 얼른 가면 그 사람을 따라잡을 수 있을지도 몰라요. 그분을 만나면 당신도 세 가지 소원을 들어 달라고 말해요."

아내의 말을 듣고 부자는 얼른 말을 타고 나그네를 쫓아갔습니다. 그리고 교묘한 말솜씨로 공손히 말했습니다.

"그때 곧바로 들어오라 하지 않은 걸 언짢게 생각지 말아주십시오. 실은 문을 열려고 열쇠를 찾으러 들어갔었는데 그사이 당신이 사라져 버렸더라고요. 부디 이곳에 다시 돌아오실 때는 꼭 저희 집에 묵어주십시오."

"그래요. 돌아가는 길에 들르도록 하지요."

하느님이 말했습니다.

그러자 부자는 자기도 이웃 사람들처럼 세 가지 소원을 말해도 되겠느냐고 물었습니다.

"글쎄요. 말하는 건 상관없지만, 당신을 위해서는 그리 좋지 않을 거요. 아무 소원도 빌지 마시오."

하느님은 이렇게 말했습니다.

부자는 소원이 이루어지기만 한다면 뭐든 상관없다고 했습니다. 그러자 하느님이 말했습니다.

"그럼 말을 타고 집으로 돌아가시오. 당신 소원을 세 가지 이루어드릴 테니."

부자는 바라던 대로 이루어졌다고 생각하여 뛸 듯이 기뻤습니다. 말을 타고 집으로 돌아오는 길에 어떤 소원을 빌면 좋을까 고민하기 시작했지요. 그러다 너무나 깊이 생각에 빠져 그만 고삐를 놓치는 바람에 말이 펄쩍펄쩍 날뛰었습니다. 조용히 생각에 집중할 수 없어서 도무지 무슨 소원을 빌어야 좋을지 몰랐지요. 부자는 말 목덜미를 톡톡 두드리며 말했습니다.

"리제, 진정해라!"

그러나 말은 또다시 앞발을 치켜들고 벌떡 일어섰습니다. 마침내 부자는 크게 화를 내면서 더는 참지 못하고 소리를 질렀습니다.

"이렇게 말을 안 듣는 못된 말은 목이 부러져 죽어버리면 좋을 텐데!"

이 말이 입에서 나온 순간 말은 털썩 땅바닥에 쓰러져 죽어버리고 말았습니다. 이렇게 그의 첫 번째 소원이 이루어진 것이지요. 하지만 부자는 구두쇠였고 욕심이 많았기 때문에 안장을 그대로 두고 가기 아까웠습니다. 그래서 죽은 말에게서 안장을 벗겨 등에 짊어졌습니다. 어쩔 수 없이 터벅터벅 걸어서 돌아가야만 했습니다.

"아직 소원은 두 개나 남았어."

부자는 이렇게 생각하면서 스스로를 위로했습니다.

모래사장을 터덜터덜 걸어가니 한낮 햇볕이 타는 듯이 뜨겁게 내리쬐었습니다. 부자는 너무 더워서 곧 기분이 무척 나빠졌습니다. 등에 짊어진 말안장이 무겁게 어깨를 짓누르고, 아무리 생각해도 무슨 소원을 빌어야 할지 떠오르지 않았습니다.

"온 세상 보물을 남김없이 몽땅 달라고 해볼까? 하지만 나중에 또 갖고 싶은 게 이것저것 생기면 어쩌지? 틀림없이 그럴 거야. 뒷날 후회가 남지 않을 소원을 빌고 싶은데 말이야."

부자는 혼잣말을 중얼거리며 한숨을 쉬었습니다.

'저 바이에른의 농부처럼 되었으면 좋겠어. 녀석이라면 세 가지 소원을 말하기 쉬울 거야. 먼저 맥주를 많이 달라고 했겠지. 그리고 두 번째 소원으로는 자기가 마음껏 마실 수 있는 만큼 맥주를 달라 하고 세 번째에는 맥주 한 통을 더 달라고 말이야.'

이런 생각이 거듭 떠올랐지만 곰곰이 고민해보니 이것도 왠지 부족한 듯싶었습니다. 그때 문득 아내는 지금쯤 시원한 집 안에서 편히 쉬면서 맛있는 음식이라도 먹고 있지 않을까 하는 생각이 머리에 스쳤습니다. 그러자 부자는 화가 치밀어 견딜 수가 없었답니다. 그래서 자기도 모르게 이렇게 말했습니다.

"집에서 마누라가 이 안장에 앉아 내려오지 못했으면 좋겠어. 그럼 내가 이렇게 무겁게 짊어지고 있지 않아도 되잖아."

이 말이 입에서 나오자마자 안장이 부자의 등에서 갑자기 사라졌습니다. 부자는 두 번째 소원이 이루어졌다는 사실을 깨달았지요.

날씨는 점점 더 무더워졌습니다. 부자는 갑자기 뛰기 시작했습니다. 집으로 돌아가면 방에 틀어박혀 마지막 소원으로 엄청난 것을 생각해 내고야 말리라 결심했거든요.

그런데 집에 이르러 방문을 열어보니, 아내가 안장 위에 앉은 채 내려올 수가 없어 괴로워하며 엉엉 울고 있는 게 아니겠습니까. 그것을 보고 부자는 이렇게 말했습니다.

"그래도 참을 만하지 않소? 내가 온 세상 보물이 손에 들어올 수 있도록 엄청난 소원을 빌어주지. 그러니 거기 그대로 앉아 있구려."

하지만 아내는 남편에게 어리석다고 핀잔을 주며 말했습니다.

"영원히 안장 위에 앉은 채로 살아야 한다면 세상 온갖 보물을 손에 넣은들 무슨 소용이 있겠어요. 당신이 나를 이렇게 만들었으니 이번에는 다시 내가 안장에서 내려올 수 있도록 해줘야 하지 않겠어요?"

남편은 하는 수 없이 세 번째 소원으로, 아내가 안장에서 내려올 수 있도록 해 달라고 빌 수밖에 없었습니다. 그 소원도 곧 이루어졌지요.

이렇게 해서 부자는 화가 났고, 고생을 했으며, 아내에게 핀잔을 듣고, 말까지 잃어버렸을 뿐 그 어떤 것도 얻지 못했습니다. 그와 달리 가난한 부부는 즐겁고 평안하게 하느님을 굳게 믿으며 오래오래 살다가 하늘나라로 갔답니다.

노래하며 나는 종달새

Das singende, springende Löweneckerchen

먼 나라 이곳저곳을 돌아보려고 긴 여행계획을 세운 한 아버지가 있었습니다. 마침내 떠날 날이 왔습니다. 세 딸들에게 작별인사를 하면서, 돌아올 때 어떤 선물을 가져다주면 좋겠느냐 아버지는 물었습니다. 그러자 맏딸은 진주를, 둘째 딸은 다이아몬드를 가지고 싶다고 말했습니다. 그런데 셋째 딸은 이렇게 말했습니다.

"아버지, 저는 노래하며 날아다니는 종달새를 한 마리 갖고 싶어요."

"그래, 알았다. 그런 새를 구할 수만 있다면 꼭 가져다주마."

아버지는 딸들에게 이별의 입맞춤을 한 뒤 여행길을 떠났습니다.

얼마나 시간이 흘렀을까요. 어느새 아버지가 여행을 끝내고 집으로 돌아갈 때가 다 되었습니다. 그런데 아버지는 첫째 딸과 둘째 딸에게 줄 진주와 다이아몬드는 쉽게 살 수 있었지만, 막내딸이 가지고 싶어 하던 노래하며 날아다니는 종달새는 온갖 곳을 찾아봐도 구할 수가 없었습니다. 아버지는 막내딸을 가장 귀여워했기에 더욱 안타깝게 여겼지요.

아버지가 집으로 돌아오는 길에 어느 숲 속을 지나게 되었습니다. 그 숲 속 한가운데에는 아름다운 성이 있었습니다. 성 가까이에 나무가 한 그루 서 있는데 그 나무 꼭대기에서 종달새가 참으로 아름다운 목소리로 지저귀면서 날아다니는 게 아니겠습니까.

"오, 종달새야, 마침 잘됐다!"

아버지는 몹시 기뻐하며 하인에게 나무로 올라가 종달새를 잡아오라고 일렀습니다.

그런데 하인이 나무 가까이 다가가자 나무 아래서 잠자던 사자가 벌떡 일어나 갈기를 부르르 떨더니 으르렁! 나뭇잎이 흔들릴 정도로 사납게 부르짖었습니다.

"내 귀여운 종달새를 잡아가려 하다니 널 잡아먹어버리겠다."

사자가 무섭게 외쳤습니다. 그래서 아버지는 이렇게 말했지요.

"저 새가 당신 것인 줄은 미처 몰랐습니다(독일어의 종달새는 어원이 '사자의 도토리'입니다). 제 잘못을 용서해주십시오. 원하시는 건 무엇이든 드릴 터이니 제발 목숨만은 살려주세요."

"그대가 살 길은 하나밖에 없소. 당신이 집으로 돌아가서 맨 처음 만난 것을 내게 준다고 약속하시오. 그러면 목숨을 살려주지. 그리고 저 종달새도 당신에게 주도록 하겠소."

사자가 살 수 있는 방법을 알려주었지만 아버지는 슬픈 얼굴로 고개를 절레절레 흔들었습니다.

"그 약속은 할 수 없습니다. 제가 집으로 돌아갔을 때 아마도 막내딸이 가장 먼저 마중을 나올 것입니다. 그 아이는 저를 매우 잘 따라서 언제나 제가 집에 돌아갈 때면 누구보다 먼저 저에게 달려왔으니까요."

그러자 덜덜 떨고 있는 하인이 이렇게 말했습니다.

"주인님, 가장 먼저 달려오는 건 막내아씨지만, 고양이나 강아지를 먼저 보실지도 모르잖아요."

아버지는 그 말을 듣고는 잠시 생각한 끝에 사자와 약속하기로 마음을 먹었습니다. 그래서 노래하며 하늘을 나는 종달새를 얻는 대신 집으로 돌아가 가장 처음 만나는 것을 사자에게 주기로 하고 말았답니다.

그런데 아버지가 집으로 돌아왔을 때 맨 처음 만난 것은 안타깝게도 가장 귀여워하는 막내딸이었습니다. 막내는 반가운 마음에 뛰어나와 아버지에게 입을 맞추고 꼭 껴안았지요. 그리고 아버지가 노래하며 날아다니는 종달새를 선물로 가져온 것을 보자 뛸 듯이 기뻐했습니다. 그러나 아버지는 기뻐하기는커녕 눈물을 흘리며 말했습니다.

"애야, 이 새를 구하는 데 아주 비싼 값을 치렀단다. 이 종달새를 얻으려다가 어쩔 수 없이 너를 무서운 사자에게 주겠다는 약속을 해야만 했단다. 아마도 사자는 너를 갈기갈기 찢어서 잡아 먹어버릴 거야."

아버지는 막내딸에게 이제까지 있었던 일을 자세히 털어놓았습니다. 그리고 어떤 일이 있더라도 절대로 사자에게 가지 말라고 딸에게 거듭거듭 부탁했지요. 그러자 딸은 아버지를 위로하며 말했답니다.

"아버지, 한번 하신 약속은 반드시 지켜야지요. 제가 가겠습니다. 사자를 설득해서 무사히 집으로 돌아오겠어요."

이튿날, 막내딸은 숲으로 가는 방법을 알아낸 뒤 조용히 작별인사를 하고는 아무렇지도 않은 얼굴로 숲 속에 들어갔습니다.

사실 이 사자는 마법에 걸린 왕자였답니다. 왕자와 부하들은 낮이면 모두 다 사자로 변해 있어야만 했습니다. 하지만 밤이 되면 다시 사람 모습으로 돌아왔지요. 드디어 막내딸은 사자가 있는 나무 아래에 다다랐습니다. 사자들은 친절하게 그녀를 맞이하더니 어느 성 안으로 데려갔습니다. 밤이 되었습니다. 무서운 사자는 잘생기고 상냥한 왕자님으로 돌아왔지요. 왕자님과 막내딸은 서로 사랑하게 되었습니다. 그래서 두 사람은 성대하고 화려한 결혼식을 올리고 부부가 되었습니다.

두 사람은 날마다 행복하게 지냈답니다. 낮에는 잠을 자고 밤이 되면 일어났지요.

어느 날 왕자가 막내딸에게 다정하게 말했습니다.

"내일은 당신 집에서 잔치가 열릴 거요. 큰언니가 결혼하는 날이라오. 가고 싶으면 내 사자들을 타고 다녀오도록 해요."

그래서 막내딸은 아버지가 몹시도 보고 싶어서 다녀오겠다고 말했습니다. 사자들이 그녀를 집으로 데려다 주었지요.

가족들은 막내딸이 돌아오자 무척 기뻐했습니다. 그녀가 사자에게 갈기갈기 찢겨 오래 전에 죽었으리라 생각하고 있었기 때문이지요. 막내딸은 자기가 아름다운 남편을 얻었으며 매우 행복한 나날을 보내고 있다는 사실을 가족들에게 이야기했습니다. 그리고 큰언니 결혼식이 끝날 때까지 머물다가 다시 숲으로 돌아갔습니다.

얼마 뒤 둘째 언니가 결혼한다는 소식과 함께 초대를 받은 막내딸은 사자에게 말했습니다.

"이제는 저 혼자 가기 싫어요. 당신이 함께 가 주실 수는 없나요?"

하지만 사자는 그건 무척 위험한 일이라고 말했습니다. 성 밖으로 나가 뜨겁게 타오르는 밝은 햇빛을 쬐면 자기는 비둘기로 변해 일곱 해를 다른 비둘기들과 함께 날아다녀야 한다는 게 아니겠습니까.

"그래도 꼭 함께 가고 싶어요. 대신 내가 당신에게 햇빛이 닿지 않도록 잘 지켜드리겠어요."

아내가 말했습니다.

이렇게 해서 그들은 함께 아버지가 계신 집으로 떠났답니다. 둘 사이에 낳은 어린 아들도 함께 데리고 갔지요. 딸은 아버지 집의 방 하나를 빛이 하나도 새어들지 못하도록 틈새 이곳저곳을 막았습니다. 그리고 결혼식을 축하하는 등불을 켤 때 왕자는 그 방에서 머무르기로 하였습니다. 그런데 방에 새로 단 문이 베어낸 지 얼마 되지 않은 나무로 만들어져 있었습니다. 시간이 흐르며 차츰 나무가 말라서 갈라지기 시작했습니다. 그러더니 어느새 문에 작은 틈이 생겼는데 아무도 그것을 몰랐답니다.

결혼식이 성대하게 열렸습니다. 사람들이 교회에서 돌아오면서 많은 횃불과 촛불을 가지고 왕자가 머물고 있는 방 옆을 지나갔습니다. 그런데 그때 그만 머리카락보다도 가는 불빛이 왕자의 몸에 닿고 말았습니다. 그러자 눈 깜짝할 사이에 왕자는 비둘기로 변했습니다. 결혼식이 끝나고 막내딸이 방으로 들어와 왕자를 찾았지만 남편은 보이지 않고, 하얀 비둘기 한 마리가 방바닥에 날개를 아래로 축 늘어뜨리고 앉아 있을 뿐이었습니다. 비둘기가 막내딸에게 이렇게 말했습니다.

"이제 나는 일곱 해 동안 비둘기가 되어 세상을 이곳저곳 헤매며 떠돌아다녀야 합니다. 내가 일곱 걸음 걸을 때마다 빨간 피를 한 방울, 그리고 하얀 깃털을 한 개씩 떨어뜨리겠소. 그 피와 깃털로 당신이 내가 어디로 갔는지 알 수 있을 거요. 그 길을 따라오면 당신이 나를 구할 수 있을 것이오."

말을 마친 비둘기는 문밖으로 푸드덕 날아갔습니다. 아내는 비둘기 뒤를 따라갔지요. 비둘기 말처럼 일곱 걸음마다 빨간 피 한 방울과 하얀 깃털이 떨어져 있어서 길을 잃지 않았습니다. 이렇게 해서 막내딸은 비둘기로 변한 왕자를 따라 드넓은 세상을 걸어 나갔습니다. 한눈을 팔지 않고 잠시도 쉬지 않았지요. 어느덧 일곱 번째 봄이 돌아왔습니다. 그녀는 기뻐하며 이제 곧 왕자가 마법에서 풀려날 수 있으리라 생각했지요. 하지만 그날이 오려면 아직 몇 달 더 기다려야 했답니다.

여느 때처럼 터벅터벅 길을 걸어 나가던 어느 날, 이상하게도 길에는 하얀 깃털도 붉은 피도 더는 떨어져 있지 않았습니다. 하늘을 올려다보니 비둘기는 어디로 사라졌는지 그림자조차 보이지 않았습니다. '아아, 사람의 힘만으로는 스스로를 구할 수 없구나.' 막내딸은 이런 생각이 들어서 해님 가까이 갈 수 있는 높은 곳으로 올라가 밝은 빛으로 세상을 비추는 해에게 물었습니다.

"해님, 당신은 어떤 작은 틈이라도, 아무리 높은 탑 꼭대기라도 모두 밝은 빛으로 비추고 계십니다. 해님께서는 하얀 비둘기 한 마리가 날아가는 것을 보지 못하셨습니까?"

"안타깝지만 그런 비둘기는 한 마리도 보지 못했구나. 내가 작은 상자 하나를 네게 주겠다. 도저히 어찌할 수 없는 곤란한 일을 당할 때 이것을 열어 보아라."

해님이 말했습니다. 막내딸은 해님에게 고맙다는 인사를 하고 앞으로 앞으로 나아갔습니다. 그러다 어느덧 날이 저물어서 달님이 세상을 비추기 시작했지요. 막내딸은 이번에는 달님에게 물었습니다.

"달님, 달님께서는 어두운 밤 드넓은 들판과 숲을 구석구석 밝게 비추고 계십니다. 하얀 비둘기 한 마리가 날아가는 것을 보지 못하셨나요?"

"안타깝지만 그런 비둘기는 보지 못했단다. 대신 너에게 작은 달걀을 하나 주겠다. 참으로 어찌할 수 없는 곤란한 일을 당하면 이 달걀을 깨어 보아라."

막내딸은 달님에게 고맙다는 인사를 하고 다시 길을 걸어갔습니다. 그러자 차가운 북쪽 바람이 불어와 얼굴을 스치며 지나갔습니다. 막내딸은 북쪽 바람을 붙들고 물었지요.

"당신은 수많은 나무들 사이라도, 아무리 촘촘히 매달린 나뭇잎새 아래라도 쌩쌩 스쳐 지나가시는 분입니다. 혹시 하얀 비둘기 한 마리가 날아가는 것을 보지 못하셨나요?"

"아아, 이를 어쩌나. 아무리 곰곰이 생각해봐도 비둘기가 날아가는 건 보지 못했구나. 다른 바람들에게 물어보마. 어쩌면 그 비둘기를 보았을지도 모르니까."

북쪽 바람이 말했습니다. 그때 마침 동쪽 바람과 서쪽 바람이 불어와 그들에게 비둘기를 보았는지 물었지만 모두들 하얀 비둘기를 보지 못했다고 머리를 흔들었지요.

그런데 그들 옆을 지나던 남쪽 바람이 이렇게 말하는 게 아니겠습니까.

"하얀 비둘기라면 나는 보았지. 그 비둘기는 붉은 바다 위를 날아갔단다. 그리고 바다에서 다시 사자로 돌아갔어. 일곱 해가 지났으니까. 사자는 붉은 바다에서 용과 싸우고 있지. 그 용은 마법에 걸려버린 왕녀란다."

그러자 북쪽 바람이 막내딸에게 말했습니다.

"내가 좋은 방법을 가르쳐줄 테니 이렇게 해봐. 붉은 바다로 가서 오른쪽 해

변에 있는 커다란 나무를 찾아. 회초리로 만들 수 있는 나무들이 한 줄로 나란히 서 있는데, 열한 번째 나무를 잘라서 그걸로 용을 매우 세게 내리쳐라. 그러면 사자는 용을 이기고, 두 사람 모두 본디 모습으로 돌아올 거야. 그러고 나서 주위를 살펴보면 독수리 머리와 날개를 가졌으며 몸뚱이는 사자처럼 생긴 그라이프라는 괴물이 보일 거야. 그러면 사랑하는 남편과 함께 그 새를 타도록 해. 그라이프가 당신들을 바다 건너 집으로 데려다 줄 거야. 그리고 여기 호두를 하나 줄 테니 바다 한가운데를 지날 때 아래로 떨어뜨려. 그러면 호두가 곧 싹을 틔워 자라 바닷속에서 커다란 호두나무가 우뚝 솟아오를 거야. 그 나무 위에서 그라이프가 앉아서 쉴 수 있을 거야. 그라이프는 쉬지 못하면 당신들을 태우고 바다 건너편 성까지 날아갈 힘이 없거든. 그러니까 호두를 떨어뜨리는 일을 잊으면 안 돼. 그 괴물은 쉬지 못하면 당신들을 바닷속으로 떨어뜨리고 말 거야."

이야기를 모두 들은 막내딸은 붉은 바다로 갔습니다. 그곳에는 북쪽바람이 말한 대로 회초리로 만들 나무들이 가지런히 서 있었습니다. 막내딸은 그 나무들을 하나하나 세어서 열한 번째 나무를 꺾었습니다. 그것으로 회초리를 만들어 용을 마구 때렸지요. 그러자 사자가 용을 이겼고 그 순간 두 사람 모두 본디 모습으로 되돌아왔지요. 그런데 마법에 걸려 용으로 변해 있었던 왕녀가 마법에서 풀려나자 왕자를 와락 끌어안더니 그라이프를 타고 재빨리 어디론가 날아가 버리는 게 아니겠습니까. 머나먼 길을 온갖 고생을 하면서 찾아온 막내딸은 가엾게도 왕자를 놓치고 털썩 주저앉아 엉엉 울었습니다.

얼마나 그러고 있었을까요? 막내딸은 눈물을 그치고 마음을 굳게 먹은 뒤 말했습니다.

"바람이 계속 불어오는 한, 수탉이 새날이 밝았음을 알리는 울음을 그치지 않는 한, 왕자님을 찾아다니는 내 걸음은 언제까지라도 멈추지 않을 거야!"

막내딸은 끝없이 멀고 먼 길을 걸어 나갔습니다. 그러다 마침내 두 사람이 함께 살았던 성에 이르렀습니다. 얼마 뒤면 그곳에서 왕자와 왕녀의 결혼식이 열린다는 이야기가 들려왔습니다.

"하느님께서 틀림없이 나를 도와주실 거야."

막내딸은 이렇게 말하면서 해님에게 받은 작은 상자를 열어보았습니다. 그 속에는 해님처럼 반짝반짝 빛나는 아름다운 옷이 들어 있었습니다.

그녀는 옷을 꺼내서 입고는 성으로 들어갔습니다. 사람들은 모두 깜짝 놀라 막내딸을 바라보았지요. 왕녀는 그 옷이 아주 마음에 들어서 결혼식 예복으로 입었으면 좋겠다고 생각했습니다. 그래서 그 옷을 팔 생각이 없느냐며 막내딸에게 물었답니다.

"돈이나 보물을 아무리 많이 준다 해도 이 옷은 팔 수 없습니다. 하지만 피와 살을 주신다면……."

막내딸이 대답했습니다.

왕녀는 그 말이 무슨 뜻이냐 물었지요. 그러자 막내딸이 말했습니다.

"신랑이 잠자는 방에서 제가 하룻밤만 쉴 수 있게 해주세요."

왕녀는 꺼림칙해서 선뜻 마음 내키지 않았지만 옷이 매우 마음에 들어서 그만 허락을 하고 말았습니다. 그러나 언제나 곁에서 따르는 시종을 시켜 왕자에게 수면제를 먹이도록 했지요.

밤이 되었습니다. 젊은 왕자는 벌써 잠들어 있었습니다. 막내딸은 왕자가 자고 있는 방으로 들어갔지요. 그러고는 침대에 앉아서 이렇게 말했습니다.

"저는 일곱 해나 당신 뒤를 따라 이곳까지 찾아왔습니다. 해님이 계신 곳, 달님이 계신 곳, 그리고 네 개의 바람이 있는 곳까지도 갔지요. 거기서 당신을 본 적이 있는지 물었지요. 당신을 찾아 용을 이기게 도와드렸답니다. 그런데도 왕자님께서는 저를 그만 잊어버리신 건가요?"

그러나 왕자는 수면제를 먹어 깊은 잠에 빠져 있었기에, 그에게는 막내딸이 하는 말이 마치 성 밖 전나무 숲에서 서걱거리며 불어오는 바람소리처럼 들려올 뿐이었습니다.

날이 밝아오자, 막내딸은 방에서 끌려나와 왕녀에게 황금 옷을 건네주어야만 했습니다. 모처럼 떠오른 방법이 물거품이 되자 막내딸은 슬퍼서 들판으로 나가 주저앉아 엉엉 울었습니다.

그러다 문득 달님이 주었던 달걀 생각이 나서 달걀을 깨뜨려 보았지요. 달걀 속에서 암탉 한 마리가 황금으로 된 열두 마리 병아리를 데리고 나왔습니다. 병아리들은 이리저리 뛰어다니며 삐악삐악 울기도 하고 엄마 닭 날개 품으로 파고들기도 했습니다. 이 세상에 이보다 더 아름다운 구경거리는 없었지요. 막내딸은 자리에서 일어나 병아리들을 요리조리 쫓아다녔습니다. 왕녀가 창문으로 그 광경을 보았지요. 귀여운 병아리들이 몹시 마음에 들었기 때문에 왕녀는 곧바

로 들판으로 달려가 막내딸에게 그 병아리들을 팔지 않겠느냐 물었습니다.

"돈이나 보물을 아무리 많이 준다 해도 팔 수 없습니다. 하지만 피와 살을 주신다면…… 신랑이 잠자는 방에서 하룻밤 지내게 해 주신다면 드리겠어요."

"좋아요."

왕녀는 이렇게 대답하고는 지난번처럼 왕자에게 수면제를 먹이려고 마음먹었습니다. 그런데 왕자가 침대에 눕더니 곁에서 시중을 드는 하녀에게, 어젯밤에 중얼중얼 부시럭부시럭거리는 이상한 소리를 들었는데 무슨 소리였느냐 물었습니다. 하녀는 잠시 망설이다가 입을 열었습니다. 가엾은 여인이 왕자님을 만나러 이 방에 들어왔었는데 왕녀가 왕자님께 수면제를 먹여 깊이 잠들게 했다는 것과, 오늘 밤에도 왕자님께 약을 먹이라는 명령을 받았다는 것을 몽땅 털어놓고 말았습니다.

"그랬었군. 그 약은 침대 옆에 쏟아버리게."

왕자가 말했습니다.

밤이 되자 막내딸은 다시 왕자가 자는 방으로 들어왔습니다. 그리고 막내딸이 자기의 슬픈 사연을 이야기하자 왕자는 그 목소리를 듣고 자신의 소중한 아내라는 사실을 곧바로 알아차렸습니다. 그래서 잠자리에서 벌떡 일어나 아내를 꼭 껴안으며 말했습니다.

"이번에야말로 난 정말 구원을 받았구려. 그동안 꿈을 꾸고 있었나 보오. 저 왕녀가 내게 마법을 걸어 사랑하는 당신을 잊게 만들었소. 하지만 하느님께서 늦지 않게 닫혔던 나의 눈을 뜨게 해 주셨소."

두 사람은 그날 밤 살금살금 성을 빠져나왔습니다. 왕녀의 아버지는 마법사였기에 들키지 않도록 조심해야 했습니다. 그들은 재빨리 괴물 그라이프의 등에 올라탔습니다. 그라이프는 두 사람을 태우고 붉은 바다를 건너기 시작했습니다. 바다 한가운데를 지날 때였습니다. 막내딸은 호두를 바닷물 속으로 힘차게 집어던졌습니다. 그러자 풍덩 소리가 나더니 어느새 큰 호두나무가 자라났지요. 그라이프는 그 나무 위에서 잠시 쉬고 나서 다시 둘을 고향으로 데려다주었습니다. 집으로 가자 두 아이가 엄마와 아빠를 반갑게 맞이했습니다. 아이들은 어느새 훌륭하고 아름답게 자라 있었습니다. 이렇게 해서 가족들 모두 오래오래 행복하게 살았답니다.

KHM 089
거위 돌보는 아가씨
Die Gänsemagd

왕을 먼저 하늘나라로 보낸 왕비가 살았습니다. 그녀에게는 아름다운 딸이 하나 있었지요. 공주가 커서 어른이 되면 넓은 들판을 지나 저 멀리 사는 왕자와 결혼하기로 약속을 했었답니다.

드디어 결혼할 나이가 되었습니다. 공주가 다른 나라로 가야만 하는 날이 오자 왕비는 값비싼 도구와 장신구로 짐을 싸 주었습니다. 금과 은으로 된 그릇들은 물론 온갖 보석들, 왕의 집안으로 시집가는 신부에게 필요한 것은 몽땅 들어 있었지요. 왕비님은 공주를 몹시 사랑하셔서 모든 걸 손수 챙기셨지요.

왕비는 시녀도 한 사람 딸려 보내주었습니다. 그 시녀는 말을 타고 신부를 따라가서 신부를 신랑에게 넘겨주는 임무를 맡았습니다. 저마다 여행을 떠나기 전에 말을 한 필씩 나누어 받았습니다. 공주님 말은 '팔라다'라는 이름으로 사람들처럼 말을 할 줄 알았지요.

자, 이제 헤어질 시간이 다가왔습니다. 늙은 왕비는 침실로 들어가 작은 칼을 집어 들더니 손가락을 베어 피를 냈습니다. 그리고 하얀 손수건에 피를 세

방울 떨어뜨렸습니다. 어머니는 그 손수건을 딸에게 주며 말했지요.

"공주야, 이 손수건을 소중히 간직해라. 가는 길에 꼭 필요할지 모르니."

두 사람은 슬픈 이별의 인사를 나누었습니다. 공주는 어머니가 준 피 묻은 손수건을 소중히 가슴에 품고는 말을 타고 신랑이 있는 먼 나라로 떠났습니다. 한 시간쯤 지났을까요. 공주는 몹시 목이 말라서 시녀에게 말했습니다.

"애야, 말을 멈추고 나를 위해 가져온 황금 잔으로 시냇가에서 물을 좀 떠 오렴. 물이 마시고 싶구나."

"아가씨, 목이 마르시다면 직접 말에서 내려 시냇가로 가서 고개를 숙이고 입으로 물을 마시세요. 저는 당신의 시녀 노릇을 하기 싫습니다."

시녀가 말했습니다.

공주는 목이 무척 말라서 어쩔 수 없이 말에서 내려 시냇가에 앉아 몸을 숙이고 물을 마셨습니다. 공주는 황금 잔이 있었지만 차마 사용할 수가 없었지요.

"내 처지가 참으로 처량하구나!"

공주가 이렇게 말하자, 세 방울의 피가 대답했습니다.

"어머님께서 이 일을 아신다면 가슴이 찢어질 듯 슬퍼하시겠지요."

하지만 마음씨 착한 공주님은 아무 말 없이 다시 말에 올라탔습니다.

그렇게 두 사람은 말을 타고 한참을 갔습니다. 그런데 햇볕이 쨍쨍 타오르는 무척 더운 날이었기에 공주는 금세 다시 목이 말랐지요. 마침 맑은 물이 흐르는 냇가에 이르자 공주는 또 한 번 시녀에게 부탁했습니다.

"말에서 잠깐 내려 내 황금 잔으로 물을 떠다주럼."

공주는 조금 전 시녀가 했던 못된 말을 깜빡 잊어버렸기 때문입니다.

하지만 시녀는 더욱 거만하게 대답했습니다.

"물을 마시고 싶으면 직접 마시세요. 저는 당신의 시녀 노릇을 하기 싫습니다."

목이 너무 마른 공주는 할 수 없이 말에서 내려 냇가에 엎드려서 물을 마셨습니다. 그러다가 그만 너무나 슬퍼서 펑펑 눈물을 흘렸습니다.

"아아, 정말 너무하는구나!"

공주의 말을 듣자 세 방울 피가 또다시 이야기했습니다.

"어머님께서 이 일을 아신다면 가슴이 찢어질 듯 무척 슬퍼하시겠지요."

그런데 안타깝게도 공주가 몸을 푹 수그리고 물을 마시는 동안 세 방울의 피가 묻은 손수건이 그만 냇가로 떨어져 물에 둥둥 떠내려가버리고 말았습니다. 공주는 슬픔으로 가득 차 있어 그 사실을 알아차리지 못했지요. 시녀는 손수건이 떠내려가는 것을 보자 이제 신부를 자기 마음대로 할 수 있게 되었다며 기뻐했습니다. 공주는 이 핏방울이 묻은 손수건을 잃어버려서 의지할 곳이 없어지자 마음마저 약해졌습니다.

공주가 다시 팔라다에 올라타려 하자 시녀가 사납게 말했습니다.

"제가 팔라다를 타겠어요. 당신은 내 조랑말을 타세요."

공주는 그 말을 들을 수밖에 없었습니다. 그리고 시녀는 공주에게 예쁜 옷을 벗고 자기의 허름한 누더기 옷을 입으라 윽박질렀습니다. 끝내 공주는 왕의 성으로 가면 이 일을 누구에게도 절대 말하지 않기로, 하느님이 보고 계시는 하늘 아래에서 억지로 맹세를 해야만 했습니다. 그 맹세를 하지 않았다면 공주

는 그 자리에서 하녀 손에 죽고 말았을 것입니다. 한편 팔라다는 이 모든 일을
보고 있었습니다.

　시녀는 팔라다에 올라타고 공주는 초라한 조랑말을 탄 채 여행을 계속했습
니다. 그러다 마침내 임금님 성에 이르렀지요. 두 사람이 오는 것을 보고 성 사
람들이 모두 달려나와 매우 기뻐하며 맞이했습니다. 왕자는 반가운 얼굴로 뛰
어나와서, 공주의 말을 탄 시녀를 잘 내릴 수 있게 도와주었습니다. 그녀를 자

기 신부라 생각했기 때문이지요. 왕자는 시녀를 계단 위로 데리고 올라갔고 공주는 정원에 덩그러니 남겨졌습니다. 늙은 임금님이 창문으로 이 모습을 지켜보았습니다. 공주가 넓은 정원에 홀로 남아 있는데 그녀는 기품 있고 상냥하며 무척이나 아름다워 보이는 게 아니겠습니까. 임금님은 곧바로 왕자가 있는 방으로 들어가서 신부에게, 당신과 함께 온 저기 넓은 뜰에 홀로 서 있는 여자는 누구냐 물었습니다.

"그녀는 제가 여행길에 말동무 삼으려 데리고 온 사람입니다. 게으름 피우지 않도록 저 하녀에게 무슨 일이든 시켜주세요."

그 말을 들어도 늙은 왕은 그 여자에게 시킬 만한 일이 쉽게 떠오르지 않았습니다. 그래서 어쩔 수 없이 이렇게 말했지요.

"거위를 돌보는 소년이 있으니 그 아이를 도와주면 좋겠군."

그 소년 이름은 콘라드였습니다. 공주님은 이 소년을 도와 거위를 돌봐야만 했습니다.

며칠 뒤 왕자의 신부가 된 시녀가 왕자에게 물었습니다.

"여보, 소원이 하나 있어요. 들어주시겠어요?"

"그럼요. 그게 무엇이든 들어 드릴게요."

왕자가 말했습니다.

"그러면 가죽 만드는 사람을 불러서 제가 타고 온 말의 목을 벨 수 있게 해주세요. 오는 길에 그 말이 잘못을 했거든요."

말은 그렇게 했지만 사실 자기가 공주한테 한 일을 팔라다가 사람들에게 이야기라도 하면 큰일이라 생각했기 때문입니다.

왕자는 시녀의 소원을 들어주기로 했습니다. 그래서 충직한 팔라다는 죽음을 맞이할 운명에 처했지요. 이 이야기는 공주님 귀에도 들어갔습니다. 공주는 가죽 만드는 사람을 몰래 찾아가 돈을 주고 부탁을 했습니다. 자신을 위해 작은 도움을 주는 대가로 돈을 주겠다는 것이었지요.

마을 어귀에는 크고 어두운 문이 있었습니다. 공주는 아침저녁으로 거위들을 이끌고 그 문을 지나가야만 했지요.

"그 어두컴컴한 문 아래쪽에 팔라다의 머리를 못으로 박아 걸어주세요. 제가 지나다닐 때마다 팔라다를 볼 수 있도록 말이에요."

가죽 만드는 사람은 그렇게 해주겠다고 약속했습니다. 그리고 팔라다의 목

을 잘라 그 어두컴컴한 문 아래에 단단히 못으로 박아 놓았습니다.

아침 일찍 공주와 콘라드는 거위를 몰고 어두운 문을 지나갔습니다. 그때 공주가 말했습니다.

"어머? 팔라다. 너, 거기에 있었구나."

그러자 팔라다의 머리가 대답했습니다.

"아아, 공주님 안녕하세요.
어머님께서 이 일을 아신다면
가슴이 찢어질 듯 매우 슬퍼하시겠지요."

공주는 아무 말 없이 문을 나가 거위들을 쫓아 초원으로 달려갔습니다. 푸

른 잔디가 펼쳐진 곳에 이르자 그녀는 풀밭에 앉아서 머리카락을 빗었습니다. 머리카락은 반짝이는 황금빛이었지요. 콘라드는 이 모습을 보자 너무나 아름다워서 그만 냉큼 달려들어 머리카락을 두서너 개 뽑으려 했답니다. 그러자 공주가 이렇게 말했습니다.

 "불어라, 불어라, 바람아,
 콘라드의 모자를 멀리멀리 날려버리렴
 소년이 모자를 잡으러 뛰어다니게 해다오.
 내가 머리카락을 곱게 땋아
 다시 어여쁘게 묶어 올릴 때까지."

　그러자 갑자기 아주 거센 바람이 불어오더니 콘라드의 모자를 휙 날려 버
렸습니다. 콘라드는 떼굴떼굴 굴러가는 모자를 쫓아 들판을 이리저리 뛰어다
녀야만 했답니다. 소년이 돌아올 무렵에는 벌써 공주가 머리를 곱게 빗어 땋아
올린 뒤였습니다. 그래서 콘라드는 황금빛 머리카락을 한 가닥도 뽑을 수 없
었지요. 소년은 화를 내며 공주와 한 마디도 나누지 않았습니다. 둘은 해가 질
때까지 아무 말 없이 거위를 돌보다 집으로 돌아갔습니다.
　다음 날 아침, 두 사람이 거위를 몰고 어두운 문 아래를 지나갈 때 공주가
말했습니다.
　"어머? 팔라다. 너, 거기에 있었구나."
　그러자 팔라다의 머리가 말했습니다.

　　"아아, 공주님 안녕하세요.
　　어머님께서 이 일을 아신다면
　　가슴이 찢어질 듯 매우 슬퍼하시겠지요."

　초원에 이르자 공주는 또다시 잔디 위에 앉아 머리카락을 빗었습니다. 콘라
드가 그 모습을 보고 달려와 어김없이 공주의 황금빛 머리카락을 뽑으려 들었
지요. 공주가 재빨리 말했답니다.

"불어라, 불어라, 바람아,
   콘라드의 모자를 멀리멀리 날려버리렴
   소년이 모자를 잡으러 뛰어다니게 해다오.
   내가 머리카락을 곱게 땋아
   다시 어여쁘게 묶어 올릴 때까지."

그러자 또 거센 바람이 불어 왔습니다. 콘라드 머리 위에 있는 모자를 멀리 멀리 날려버렸지요. 소년은 떼굴떼굴 굴러가는 모자를 잡으러 달려가야만 했답니다. 겨우 모자를 주워서 되돌아왔을 때는 이미 공주가 머리를 가지런하게 손질한 뒤였지요. 콘라드는 이번에도 머리카락을 한 올도 뽑을 수 없었지요. 이렇게 해서 두 사람은 해가 질 무렵까지 서로 화가 잔뜩 난 사람들처럼 아무 말 없이 거위들을 돌보았답니다.

그런데 그날, 언제나처럼 저녁이 되어 두 사람이 돌아왔는데 콘라드가 갑자기 늙은 왕에게 가서 말했습니다.

"저는 더 이상 저 아가씨와 함께 거위를 돌보고 싶지 않습니다."

"왜 그러느냐?"

왕이 물었습니다.

"왜 그러다니요. 저 아가씨는 온 하루 제 마음에 들지 않는 일만 하니까요."

왕은 그녀가 무슨 일을 했는지 이야기해 보라 말했습니다. 콘라드가 대답했지요.

"아가씨는 우리가 아침마다 거위들을 데리고 어두운 문 아래를 지날 때마다 그곳 벽에 걸려 있는 말머리와 이야기를 나눈답니다.

   '어머? 팔라다. 너, 거기에 있었구나.'

아가씨가 이렇게 말을 걸면,

   '아아, 공주님 안녕하세요.
   어머님께서 이 일을 아신다면
   가슴이 찢어질 듯 매우 슬퍼하시겠지요.'

말이 이런 대답을 하지요."

콘라드는 이어서 거위들이 노니는 들판에서 일어난 일을 자세히 늙은 왕에게 이야기했습니다. 거센 바람이 불어와 떼굴떼굴 굴러가는 모자를 쫓아가야만 했던 일을 늙은 왕은 모두 알게 되었지요.

왕은 콘라드에게 다음 날도 언제나처럼 거위를 몰고 들판으로 나가라고 일렀습니다. 그리고 다음 날 아침이 되자 왕은 어두운 문 뒤에 숨어서 아가씨가 팔라다 머리와 이야기하는 소리를 엿들었습니다. 그런 뒤 그녀의 뒤를 따라 들판으로 가서 무성한 덤불 속 깊숙이 몸을 숨겼습니다. 그러자 곧 거위를 돌보는 아가씨와 소년이 거위를 몰고 그곳으로 왔습니다. 얼마 뒤 아가씨가 털썩 주저앉아 헝클어진 머리를 풀었습니다. 머리카락은 반짝반짝 아름다운 황금빛으로 빛났지요. 왕은 그 모습을 두 눈으로 똑똑히 봤답니다. 여느 때처럼 아가씨가 말했습니다.

"불어라, 불어라, 바람아,
콘라드의 모자를 멀리멀리 날려버리렴
소년이 모자를 잡으러 뛰어다니게 해다오.
내가 머리카락을 곱게 땋아
다시 어여쁘게 묶어 올릴 때까지."

그러자 휘익 거센 바람이 불어와 콘라드의 모자를 날려버렸습니다. 소년은 멀리까지 데굴데굴 굴러가는 모자를 바쁘게 쫓아가야만 했지요. 아가씨는 푸석푸석 헝클어진 머리를 빗으로 곱게 빗어 예쁘게 땋았습니다. 왕은 이 모습을 물끄러미 바라보고 있었습니다.

그런 뒤 두 사람이 눈치채지 못하게 슬그머니 그곳을 빠져나와 성으로 돌아왔습니다. 이윽고 해가 저물어 거위 돌보는 아가씨와 콘라드가 성으로 돌아왔습니다. 왕은 그녀를 따로 불러내어, 어떠한 사연으로 문에 걸린 말머리와 이상한 대화를 하는지 물었습니다.

"그 이유는 말씀드릴 수 없습니다. 그 누구에게도 제 마음의 고통을 말하지 않기로 저 푸른 하늘 아래서 맹세를 했기 때문입니다. 그렇게 하지 않았다면 저는 벌써 목숨을 잃었을 테지요."

왕은 아가씨를 몰아세우며 어떻게든 그 이유를 들어보려 했습니다. 하지만 아가씨는 끝내 아무것도 말하지 않았습니다. 그래서 왕은 이렇게 말했습니다.

"내게 아무것도 말할 수 없다면 저기 있는 쇠 난로에다 네 괴로운 마음을 몽땅 털어놓아라."

그러고는 공주를 홀로 남겨둔 채 왕은 그곳을 떠났습니다.

아가씨는 쇠 난로 속으로 들어가 그동안 겪은 슬픈 일들을 눈물을 흘리며 난로에게 말했습니다. 마음속에 담아두었던 말들을 모두 쏟아낸 것이지요.

"난로야, 나는 지금 못된 시녀 때문에 이렇듯 불쌍하게 지내고 있지만 난 한 나라의 공주님이란다! 시녀가 나쁜 마음을 먹고 힘으로 나를 이렇게 만들었단 다. 시녀는 나에게서 억지로 예쁜 옷을 벗으라고 명령하더니 내 신랑마저 빼앗 아버렸어. 나는 거위 돌보는 아가씨가 되어 힘든 일을 해야만 한다. 어머님께

서 이 일을 아신다면 가슴이 찢어질 듯 몹시 슬퍼하시겠지."

늙은 왕은 난로와 이어진 굴뚝 옆에서 그녀가 하는 말을 모두 듣고 있었습니다. 왕은 다시 방으로 들어와서 아가씨에게 이제 난로에서 나오라고 말했습니다. 그리고 그녀에게 공주 옷을 입혔지요. 아리따운 공주의 모습이 된 아가씨는 마치 이 세상 사람이 아닌 것만 같았답니다.

왕은 왕자를 불러서, 네 곁에 있는 여자는 진정한 신부가 아니라고 말했습니다. 그녀는 하찮은 시녀에 지나지 않는다며, 진짜 공주는 이제까지 거위 돌보는 일을 하던 바로 이 아가씨라고 이야기했지요.

젊은 왕자는 깜짝 놀랐습니다. 그러나 공주의 아름다움과 기품 있는 행동을 보고 진심으로 기뻐했습니다. 성대한 잔치가 열렸고 신하들과 가까운 친구들이 모두 초대되었습니다. 가장 높은 자리에는 신랑이 앉아 있고 그 옆에는 공주가, 다른 한쪽에는 시녀가 앉아 있었습니다. 화려한 장식들에 눈이 너무 부셔서 시녀는 신랑 옆자리에 앉은 여자가 공주라는 사실을 미처 알아차리지 못했답니다.

모두 자리에 앉아 먹고 마시느라 즐거운 기분에 빠져 있을 때였습니다. 왕은 시녀에게 수수께끼를 하나 냈습니다. 자기 주인을 이러이러하게 속인 여자가

있다면서 그 여자에게 어떤 벌을 내리면 좋을지 물었지요. 그 이야기는 그동안 공주에게 있었던 일이었습니다.

"그런 여자에게는 무슨 벌을 내려야 좋겠는가?"

그러자 시녀가 말했습니다.

"그런 여자는 실오라기 하나 남기지 않고 발가벗겨서 안쪽에 뾰족한 못이 잔뜩 박힌 통 안에 집어넣어야지요. 그리고 그 통을 새하얀 백마 두 마리 뒤에 매달아 마을 이곳저곳으로 끌고 다니게 해서 죽여 버리는 게 가장 좋을 듯합니다."

시녀가 말을 마치자 왕이 말했습니다.

"그 여자는 바로 너를 말하는 것이니라. 너 자신이 스스로 받을 벌을 정하였으니 그대로 해주겠다."

시녀가 원한 대로 형이 집행되었습니다. 그런 뒤 젊은 왕자는 진짜 신부와 결혼했습니다. 두 사람은 평화롭고 행복하게 나라를 아주 잘 다스렸답니다.

KHM 090
어린 거인
Der junge Riese

엄지손가락만 한 아주 작은 아들을 둔 농부가 있었습니다. 이 아이는 아무리 많은 시간이 지나도 조금도 자라나질 않았지요. 몇 해가 흘렀는데도 머리카락 한 올 굵기만큼도 키가 크지 않았답니다.

그러던 어느 날 농부가 밭을 갈기 위해 일하러 나가려 하자 아들이 말했습니다.

"아버지, 저도 함께 가겠어요."

"아니, 네가 함께 가겠다고?"

아버지가 물었습니다.

"얘야, 너는 그냥 남아서 집이나 지키고 있으렴. 밭에서는 아무런 도움도 안된단다. 너처럼 아주 작은 아이는 오히려 잃어버릴지도 몰라."

그러자 엄지손가락만 한 아들은 엉엉 울기 시작했습니다. 어떻게 달래야 좋을지 몰라 아버지는 어쩔 수 없이 아들을 주머니에 넣고는 밭으로 나아갔습니다.

밭에 이르자 아버지는 주머니에서 아들을 꺼내어 새로 낸 밭고랑에 조심조심 내려놓았습니다. 아들이 그곳에 얌전히 앉아 있는데 저 멀리 산 너머에서 커다란 거인이 어슬렁어슬렁 다가오는 게 아니겠어요.

"저기를 봐라. 커다란 도깨비가 오는 게 보이지? 저 녀석은 널 데리러 오는 거란다."

이렇게 말하며 아버지는 아들에게 겁을 줘서 꼼짝 말고 앉아 있도록 하려 했지요.

거인은 다리가 무척 길어서 성큼성큼 네댓 걸음 만에 밭고랑까지 다가왔습니다. 거인은 작은 엄지 아들을 두 손가락으로 조심스럽게 들어 올리더니 요리조리 살펴보았습니다. 그러고는 말 한 마디 없이 그대로 농부의 아들을 데리고 가버렸지요. 농부는 옆에서 거인이 하는 행동을 지켜보기만 했습니다. 너무나 무서워서 어떤 소리도 지를 수가 없었습니다. 이제 아들은 멀리 떠나 버렸구나, 살아 있는 동안 또다시 만날 기회는 없겠구나 탄식만 했지요.

한편, 거인은 농부의 아들을 집으로 데려가서 자기 젖을 먹여 키웠습니다.

엄지손가락만 한 아이는 무럭무럭 자라 거인처럼 크고 힘이 세어졌습니다. 그렇게 두 해가 흘렀습니다. 거인은 아이의 힘을 시험해 보려 깊은 숲 속으로 데리고 가서 이렇게 말했습니다.

"어린 나무를 하나 뽑아보아라."

엄지 소년은 아주 힘이 세졌기 때문에 어린 나무를 단숨에 땅에서 뿌리째 쑥 뽑아내었지요.

하지만 거인은 더 강해져야 한다고 말하면서 아이를 데리고 집으로 돌아갔지요. 그러고는 봄이 두 번 더 돌아올 때까지 정성껏 거인의 젖을 더 먹였습니다. 그러고 나서 다시 아이의 힘을 시험해 보았습니다. 예전보다 훨씬 힘이 세어진 소년은 늙은 아름드리 큰 나무를 힘도 들이지 않고 땅에서 쑥 뽑을 수 있었습니다. 그렇지만 거인은 아직도 만족하지 못하고 또다시 소년에게 젖을 먹였습니다.

"자, 이번에는 더 큰 나무를 하나 뽑아보아라."

또다시 두 해가 지나자 거인이 소년을 큰 숲으로 데려가 그렇게 말했습니다.

그러자 소년은 가장 굵은 아름드리 전나무를 골라 우지직! 땅에서 쑥 뽑아올렸습니다. 이제 거인의 젖을 먹고 자란 엄지 소년은 이런 나무를 뽑는 일쯤이야 식은 죽 먹기였지요.

"그래, 그만하면 됐다! 이제 완벽하구나."

거인은 이렇게 말하며 소년을 자기가 데려왔던 밭으로 돌려보냈습니다. 그런데 마침 농부는 밭에서 쟁기질을 하고 있었습니다. 어린 거인은 성큼성큼 아버지에게로 가서 말했습니다.

"아버지, 저 좀 보세요. 아버지의 아들이 이렇게 훌륭한 사나이가 되었습니다."

농부는 깜짝 놀랐습니다.

"아니다, 너는 내 아들이 아니야. 너 같은 거인은 아들로 삼고 싶지 않구나. 부탁이니 어서 저리 가거라."

"무슨 말씀이세요. 뭐라 하시든 저는 아버지 아들이에요. 제게 일을 시켜 주세요. 아버지만큼, 아니 아마도 아버지보다 제가 더 쟁기질을 잘할 수 있을 거예요."

"아니다, 아니야. 너는 내 아들이 아니란다. 쟁기질을 할 수 없을 게다. 어서

저리 비켜라."

농부는 이렇게 말을 했지만 사실은 이 커다란 사나이가 너무나 무서웠습니다. 그래서 쟁기를 내팽개치고 뒤로 물러나더니 밭에 털썩 주저앉고 말았습니다. 그러자 소년은 한 손으로 쟁기를 잡고 가볍게 밭고랑을 콕! 눌렀습니다. 그런데 그렇게 살살 눌렀어도 아주 세게 밀렸는지 쟁기가 땅속 깊이 박히고 말았답니다. 이를 그냥 보고만 있을 수 없던 농부가 외쳤습니다.

"이 사람아, 쟁기질을 올바르게 하려거든 그렇게 세게 밀어서는 안 돼. 그러다가는 밭이 엉망이 되고 말 거야."

그러나 소년은 말에서 쟁기를 풀더니 스스로 손수 쟁기를 끌면서 말했습니다.

"아버지, 걱정 마시고 집으로 가세요. 그리고 어머니께 커다란 그릇에 맛난 음식을 가득 만들어 달라고 부탁 좀 해주세요. 저는 그동안 밭을 몽땅 갈아 놓을게요."

농부는 할 수 없이 집으로 돌아가 아내에게 식사 준비를 하라 일렀습니다.

소년은 소나 말로 쟁기를 끌어도 이틀쯤 걸릴 넓이의 밭을 혼자서 다 갈았습니다. 그러고는 써레를 두 개나 몸에 묶더니 갈아엎은 밭을 평평하게 잘 골랐습니다.

일을 모두 끝낸 아들은 숲으로 들어가 전나무를 두 그루 뿌리째 뽑았습니다. 그리고 한 나무에는 앞뒤에 써레를 하나씩 얹고 또 한 나무에는 앞뒤에 말을 한 마리씩 묶은 다음, 마치 짚단이라도 되는 듯 가볍게 번쩍 들어 양 어깨에 메고 부모님이 계시는 집으로 돌아왔습니다.

소년이 마당으로 들어섰으나 어머니는 그가 자기 아들임을 알아보지 못했습니다.

"저 끔찍하게 큰 사나이는 누구인가요?"

그러자 농부가 대답했습니다.

"바로 우리 아들이라네."

"그런 터무니없는 소리 말아요. 저 거인이 우리 아들일 리가 없어요. 나는 저렇게 커다란 아들을 낳은 적이 없는걸요. 우리 아들은 엄지손가락만큼 작은 아이였다고요. 당신 벌써 다 잊으셨어요?"

어머니는 이렇게 말하더니 소년에게 버럭 소리를 질렀습니다.

"어서 썩 나가거라. 너 같은 애는 필요 없다."

소년은 아무 말 없이 전나무에 묶인 말들을 끌어다가 우리에 메었습니다. 그리고 귀리와 건초를 가져다가 말 먹이로 주었습니다. 무슨 일이든 척척 잘해 냈지요.

일을 모두 마치자 그는 방으로 들어가 의자에 앉았습니다.

"어머니 배고파요. 어서 밥 좀 주세요."

"그래, 알았다."

어머니는 마지못해 대답하면서 음식을 산더미처럼 가득 담은 깊고 커다란 그릇 두 개를 가지고 왔습니다. 이 정도 음식이라면 어머니와 아버지가 일주일 동안 배불리 먹을 수 있는 양이었지요. 하지만 소년은 눈 깜짝할 사이에 혼자서 그 많은 음식을 몽땅 먹어 치우고도 더 먹을 게 없느냐 물었습니다.

"애야, 더는 없단다. 집에 있는 음식은 네가 모조리 다 먹었어."

어머니가 말했습니다.

"이걸로는 간에 기별도 안 가네요. 더 먹고 싶어요, 어머니."

어머니는 소년의 말을 뿌리칠 용기가 나지 않았습니다. 그래서 밖으로 나가 큰 냄비에 돼지고기를 가득 담아서 불 위에 올려 푹푹 삶았습니다. 어머니는 먹음직한 고기를 가지고 왔습니다.

"이제야 겨우 먹을 만한 음식이 나왔군요."

소년은 이렇게 말하더니 집어삼키듯 재빠르게 고기를 먹었습니다. 작은 조각 하나 남김없이 모두 뱃속으로 들어갔습니다. 그러나 아이는 아직도 배가 고픈지 쩝쩝 입맛을 다셨지요.

"아버지, 여기서는 제가 배불리 먹을 수 없을 거 같아요. 튼튼한 쇠막대기를 하나 구해다 주세요. 무릎에 대고 꺾어도 부러지지 않을 만큼 튼튼한 쇠막대기를 말이죠. 그럼 저는 넓은 세상으로 여행을 떠나겠습니다."

아들의 말을 들은 농부는 매우 기뻐하며 말 두 마리에 마차를 매달아 대장간으로 달려갔습니다. 농부는 말 두 마리가 겨우 옮길 수 있을 만큼 크고 굵은 쇠막대기를 가지고 와 아들에게 주었지요. 소년이 그 쇠막대기를 무릎에 대고 꺾자 쇠막대기는 마치 콩나물 줄기처럼 '탁!' 두 동강 나고 말았습니다. 아들은 부러진 쇠막대기를 마당으로 휙 내던져버렸지요. 아버지는 이번에는 더 큰 마차에 말 네 마리를 묶고 대장간으로 갔습니다. 말 네 마리가 간신히 옮길 수 있을 만큼 매우 크고 굵은 쇠막대기를 가져왔지요. 아들은 또다시 쇠막대기를 무릎에 대고 가볍게 꺾더니 두 동강을 내서 마당으로 힘차게 내던지는 게 아니겠습니까? 쇠막대기가 마당에 떨어지며 우당탕 천둥 치는 듯한 소리를 냈습니다.

"아버지, 이렇게 약한 쇠막대는 아무런 쓸모가 없어요. 말을 더 많이 끌고 가셔서 좀 더 튼튼한 쇠막대기를 가져오세요."

그래서 아버지는 말 여덟 마리가 이끄는 마차를 몰고 대장간으로 갔습니다. 말 여덟 마리가 가까스로 끌 수 있을 만큼 어마어마하게 크고 굵은 쇠막대기를 가져왔지만 아들은 그것을 집어 들더니 이번에도 손쉽게 뚝 부러뜨리고 말았습니다.

"아버지, 아버지께서는 제가 필요한 쇠막대를 아마도 구할 수 없을 거 같아요. 이제 저는 더 이상 이곳에 머물고 싶지 않습니다."

이렇게 해서 아들은 집을 나갔습니다. 그러고는 자신은 대장장이라고 사람들에게 알렸습니다. 그러던 어느 날 한 마을에 이르렀습니다. 그 마을에는 대장장이가 하나 살고 있었는데, 이 사람은 무척 지독한 구두쇠라 누구에게도 나눠주는 일 없이 무엇이든 혼자 독차지하는 것을 좋아했습니다. 아들은 이 대장장이의 대장간에 들어가, 일할 사람이 필요하지 않느냐 물어보았습니다.

"필요하지."

대장장이는 그렇게 말을 하고는 그를 물끄러미 바라보면서 이렇게 생각했습니다.

'부려먹기 딱 좋은 녀석이군. 무거운 쇠망치를 잘 다룰 수 있겠는걸. 큰 도움이 되겠어.'

"품삯은 얼마나 원하지?"

대장장이가 물었습니다.

"품삯은 한 푼도 필요 없어요. 다만 14일마다 다른 직원이 품삯을 받을 때 저는 당신을 두 대씩만 때리게 해주십시오. 그것만 참으시면 됩니다."

구두쇠 아저씨는 이게 웬 떡이냐며 마음속으로 크게 기뻐했습니다. 다음 날 아침, 이 낯선 일꾼이 가장 먼저 큰 망치로 쇠를 두들기기로 했습니다. 주인이 빨갛게 달구어진 쇠막대를 가지고 오자 떠돌이 일꾼이 가볍게 툭 쇠막대를 내리쳤습니다. 그러자 막대는 산산조각 나 흩어져 버리고 모루는 그만 땅속 깊이 푹 파묻혀 버리고 말았습니다. 매우 깊이깊이 들어갔기에 그 누구도 빼낼 수 없었지요. 구두쇠 주인은 몹시 화가 나서 버럭 소리쳤습니다.

"이게 무슨 짓이야. 자네 같은 사람은 이제 필요 없네. 망치질이 너무 거칠잖아. 얼마를 주면 나가 줄 텐가?"

그러자 소년이 말했습니다.

"아저씨를 한 번 살짝 때리게 해 주세요. 그걸로 충분합니다."

그런 뒤, 그는 한쪽 다리를 들어 아저씨를 살짝 걷어찼습니다. 아저씨는 마차 넉 대에 겨우 실을 수 있을 건초더미를 넘어서 위로 휙 날아가 버렸습니다. 소년은 대장간에 있는 가장 두꺼운 쇠막대기를 골라 그것을 지팡이 삼아 손에 쥐고 그대로 대장간을 나가버렸습니다.

얼마나 걸었을까요? 어느 작은 농장에 이르러 소년은 주인을 찾아갔습니다.

"하인들의 대장이 필요하지 않습니까?"

소년은 농장 관리인에게 물었습니다.

"응, 그런 사람이 하나 있으면 좋지. 자네라면 틀림없이 잘 해낼 거야. 일을 잘하게 생겼군. 그런데 일 년 품삯으로 얼마를 원하는가?"

그는 또다시 품삯은 필요 없지만 해마다 그를 세 번 때리게 해달라고 했습니다. 그것만 견뎌주면 된다고 말했지요. 이 관리인도 구두쇠였기에 그 말을 듣고 기뻐했습니다.

다음 날 아침 하인들은 일을 하러 숲으로 가야만 했습니다. 그래서 다른 하인들은 일찍 일어나 있었는데 이 소년은 아직도 잠자리에 누워 일어나지 않았지요. 그 모습을 보고 하인 하나가 말했습니다.

"일어나요. 일하러 갈 시간이 됐소. 우리는 모두 숲 속으로 가야 하오. 당신도 어서 일어나 함께 가야지."

"아아, 귀찮아. 너희들은 먼저 가 있어. 나는 나중에 가도 자네들보다 일찍 일을 마치고 돌아올 테니."

소년은 무뚝뚝한 말투로 마치 한 번만 더 말을 걸면 곧 싸움이라도 할 듯이 화를 내며 말했습니다.

그래서 몇몇 하인들이 관리인에게 달려가서, 하인 우두머리가 아직도 침대에 누워 일터로 나가려 하지 않는다고 일러바쳤습니다. 관리인은 다시 한 번 우두머리를 깨워서 말을 수레에 붙들어 매게 하라고 시켰습니다.

하지만 우두머리는 끝까지 침대에서 조금도 움직이지 않고 이렇게 말했습니다.

"너희들 먼저 떠나라고 했잖아. 나는 뒤에 가도 자네들보다 훨씬 빨리 일을 끝마치고 올 수 있을 테니까."

그렇게 말한 우두머리는 두 시간이나 더 잠을 자다가 겨우 침대에서 일어났습니다. 소년은 일어나서 가장 먼저 다락으로 올라가 완두콩을 두 가마 꺼내 왔습니다. 그걸로 죽을 쑤더니 천천히 느긋하게 먹었습니다. 식사를 마치자 밖으로 나와 말을 짐마차에 매고 터벅터벅 숲으로 갔습니다.

숲으로 들어가는 입구에서 멀지 않은 곳에 절벽으로 둘러싸인 좁은 길이 있었습니다. 숲으로 가려면 꼭 이 길을 지나야만 했지요. 그래서 소년은 먼저 수레를 앞으로 보내서 말을 세워둔 뒤 수레 뒤로 돌아가 나무와 가지를 주워 울타리를 만들어 길을 가로막았습니다. 말들이 지나가지 못하게 하기 위해서였지요.

소년이 숲으로 들어가자, 다른 일꾼들은 막 일을 마치고 나무가 가득 실린 마차를 끌고 집으로 돌아가려는 참이었습니다. 그는 일꾼들에게 말했습니다.

"내 일은 상관 말고 먼저들 가게. 어차피 나는 자네들보다 더 빨리 집에 가 있을 테니."

소년은 숲 속 깊이 들어가지도 않고 가까이에 있는 큰 나무를 땅에서 쑥 뽑더니 마차에 던져 싣고는 주인이 있는 농장으로 발길을 돌렸습니다. 조금 전 그가 울타리를 만들어 놓은 곳까지 오자 다른 하인들이 아직 그곳을 빠져나가지 못한 채 발을 동동 구르며 어쩔 줄 모르고 있었습니다.

"그거 보게나. 나와 함께 있었더라면 이런 고생은 안 해도 됐을 것 아닌가. 게다가 한 시간은 더 잘 수도 있었을 테고."

소년은 이렇게 말한 뒤 그곳을 지나가려 했지만 말들은 울타리를 빠져나갈 수 없었습니다. 그래서 소년은 말들을 풀어 두 마리 모두 마차 위에 태우고, 직접 마차를 잡더니 힘껏 끌어당겨 울타리를 지나갔습니다. 마치 새의 깃털을 싣고 달리는 듯 가벼워 보였지요. 울타리 너머에 이르자 그는 다른 사람들에게 말했습니다.

"거 보라고. 내가 자네들보다 더 빨리 지나가게 되지 않았나."

소년은 이렇게 말하더니 곧바로 가버리고 말았습니다. 다른 사람들은 사뭇 울타리 너머에서 어쩔 줄 몰라 하고 있었습니다.

농장으로 돌아오자 그는 나무 한 그루를 손에 들고 관리인에게 보이며 말했습니다.

"좋은 나무 아닌가요?"

이를 본 관리인은 아내에게 말했습니다.

"이 녀석은 꽤 쓸모가 있겠는걸. 늦잠을 잤지만 남들보다 일찍 돌아왔잖아."

어느덧 하인 우두머리가 이 농장에서 일을 한 지 1년이 되었습니다. 1년이 지나 다른 하인들이 품삯을 받자 하인 우두머리 또한 자기도 품삯을 받을 때가 되었다고 말을 꺼냈지요. 그런데 관리인은 그 큰 거인에게 얻어맞을 생각을 하니 온몸이 오싹해지고 무서웠지요. 그래서 부디 때리는 것만은 참아달라고 두 손을 모아 싹싹 빌었습니다. 대신 자기가 하인 우두머리가 되고 소년은 관리인이 되라고 했지요.

"싫습니다. 나는 관리인 따위는 되고 싶지 않아요. 나는 하인 우두머리가 마음에 듭니다. 언제까지나 이대로 있고 싶습니다. 그러니 약속한 대로 품삯은 매로 받겠소. 자, 각오하시오."

하인 우두머리가 말했습니다.

관리인은 하인 우두머리에게 원하는 것은 무엇이든지 주겠다고 말했지만 그는 고집을 부리며 듣지 않았습니다. 아무리 달콤한 말을 해도 하인 우두머리는 싫다며 뿌리쳤지요. 어쩔 수 없이 관리인은 2주일만 뒤로 미루어 달라 부탁했습니다. 그동안 어떻게든 좋은 방법을 찾아 낼 생각이었습니다. 하인 우두머리는 그 부탁을 들어주었습니다.

관리인은 서둘러 그가 거느린 서기들을 모두 불러 모아 좋은 꾀를 내어보라고 말했습니다.

서기들은 오랫동안 머리를 맞대어 요리조리 생각을 해보았지만 마땅한 방법이 떠오르지 않았지요. 그래서 끝내는 한 서기가 낸 방법을 쓰기로 했습니다.

"그 하인 우두머리에게 덤비면 그 누구라도 목숨을 건질 수 없을 겁니다. 그는 사람들을 마치 모기를 잡듯 죽일 수 있지요. 그러니 녀석에게 우물 청소를 하도록 시키십시오. 그가 우물 속으로 깊이 내려가면 우리가 커다란 돌을 굴려와 그의 머리 위로 던지겠습니다. 그러면 제아무리 힘센 녀석이라도 두 번 다시 햇빛을 보지 못할 것입니다."

관리인은 참 좋은 생각이라 여겼습니다. 하인 우두머리는 기꺼이 우물 청소를 하겠다고 했습니다. 그가 우물 아래로 단숨에 내려가자 서기들은 재빨리 가장 큰 돌을 굴려와 얼른 우물 속으로 떨어뜨렸습니다. 사람들은 틀림없이 그는 머리가 깨져 죽었을 것이라 생각했지요. 그런데 이게 어찌된 일일까요? 우물 저 아래에서 소년 목소리가 들려오는 게 아니겠어요.

"우물가에 있는 닭들을 쫓아 주세요. 위에서 모래를 파헤치는지 모래 알갱이들이 눈 속으로 들어와 잘 볼 수 없단 말이에요."

그 소리는 하인 우두머리의 목소리였습니다. 그래서 관리인은 '어이, 저리들 가거라. 어이, 어서 저리들 가라니까!' 닭들을 쫓는 시늉을 했습니다.

하인 우두머리는 후다닥 일을 끝마치더니 위로 냉큼 뛰어 올라와서 말했습니다.

"이것 좀 보세요, 훌륭한 목걸이가 아니오?"

그는 다름 아닌 아까 던진 돌을 목에 걸고 있었습니다.

하인 우두머리가 이번에야말로 품삯을 빚아내리고 했으나, 관리인은 또다시 2주일만 생각할 시간을 달라고 부탁했습니다. 다시 서기들이 부랴부랴 허둥지둥 모였고, 이번에는 그를 저주에 걸린 물레방앗간으로 보내 그곳에서 캄캄한 밤에 밀을 가루로 빻아오라 시키기로 했습니다. 그 물레방앗간에서 하룻밤을 보내고 살아 돌아온 사람은 하나도 없었기 때문입니다.

관리인은 그 제안이 너무나 마음에 들었습니다. '옳지, 그 녀석이 이번에는 틀림없이 죽겠구나!' 중얼거리며 손바닥으로 무릎을 탁, 내리쳤습니다. 그래서 그날 밤 하인 우두머리를 불러, 보리 스물여덟 섬을 물레방앗간으로 가져가 오늘 밤 안으로 다 빻아 오라 시켰습니다.

하인 우두머리는 다락 창고로 올라가 오른쪽 주머니에는 일곱 섬, 왼쪽 주머니에도 일곱 섬, 나머지 열네 섬은 가늘고 긴 보퉁이에 넣어서 등에 반, 가슴에 반 이렇게 나누어 메고는 저주에 걸린 방앗간으로 갔습니다. 방앗간 주인은, 낮이라면 곡식을 빻는 데 아무런 문제가 없지만 밤에는 위험해서 안 된다며 말렸습니다. 밤이 되면 이 방앗간에 걸린 저주 때문에 이곳에 들어간 사람은 이튿날 아침, 모두 죽은 채 발견되었다고 말했습니다.

하인 우두머리는 이렇게 대답했지요.

"걱정 마십시오. 나는 살아서 돌아오겠습니다. 아저씨는 집으로 가셔서 편히 주무시지요."

그러고는 방앗간으로 들어가 방아 속에 밀을 주르륵 쏟아 부었습니다.

밤 열한 시쯤 되자 하인 우두머리는 방앗간 주인이 머물던 방에 들어가 의자에 앉았습니다. 잠시 그렇게 쉬고 있는데, 갑자기 방문이 활짝 열리며 매우 큰 테이블이 하나 들어왔습니다. 식탁 위에는 포도주와 구운 고기, 그리고 먹음직스러운 음식들이 하나씩 차려졌습니다. 그 모든 음식들은 저절로 알아서 테이블 위로 올라왔습니다. 음식을 가져온 사람은 아무도 없었지요. 음식이 담긴 그릇들은 마치 날개를 단 듯 차례로 날아와 커다란 식탁 위에 사뿐히 내려 앉았습니다.

맛있는 음식이 다 차려지자 이번에는 의자가 차례차례 테이블로 다가왔습니다. 그러나 사람은 하나도 나타나지 않았지요. 그런데 느닷없이 손가락들이 나타났습니다. 그 손가락들이 나이프와 포크를 사용해서 요리를 조금씩 나누어 저마다 작은 접시에 담았습니다. 하지만 여전히 그 누구도 보이지 않았습니다.

하인 우두머리는 마침 너무나 배가 고파서 자기도 얼른 그 식탁에 손가락들과 함께 앉아 음식을 짜금거리며 아주 맛나게 먹었습니다. 하인 우두머리가 음식을 배불리 먹고, 손가락들도 접시를 깨끗이 비웠을 때였습니다. 밝게 타오르던 초의 심지가 갑자기 똑, 똑, 소리를 내며 하나도 남김없이 몽땅 잘려나갔습니다. 초의 심지가 잘려나가는 소리가 아주 또렷이 들려와 하인 우두머리는 등이 오싹해졌습니다. 불이 모두 꺼져서 주위가 캄캄해지자 불쑥 누군가가 하인 우두머리의 얼굴을 탁! 때렸습니다.

"다시 한 번만 더 때려 봐라, 나도 가만 있지 않겠다."

그가 이렇게 말한 순간, 또다시 누군가 하인 우두머리의 얼굴을 찰싹 내리쳤습니다. 그래서 하인 우두머리도 지지 않고 덤벼들었지요.

이렇게 해서 하인 우두머리는 밤새도록 퍽퍽 소리가 날 만큼 누군가에 맞서 사납게 치고받으며 싸웠습니다. 다행히도 소년은 상대의 주먹을 맞기만 하지 않고 퍽퍽 소리가 날 만큼 잔뜩 맞서 때려주었지요. 하인 우두머리는 커다란 손을 조금도 쉬지 않고 어둠 속에서 마구 휘둘렀답니다. 해가 환하게 떠오르자 이 일은 모두 끝났습니다.

방앗간 주인은 잠자리에서 일어나자마자 하인 우두머리가 어떻게 되었는지 궁금해서 방앗간으로 달려갔습니다. 방앗간 주인은 하인 우두머리가 아직 살아 있는 것을 보자 깜짝 놀랐습니다.

"맛있는 음식을 배불리 먹고, 따귀도 여러 대 얻어맞았지만, 나도 지지 않고 실컷 때려주었지요."

하인 우두머리가 말했습니다.

방앗간 주인은 매우 기뻐했습니다. 이제 방앗간은 저주가 풀렸다면서 싱글벙글 웃더니 감사하는 마음으로 많은 돈을 주겠다고 했지요. 하지만 하인 우두머리는 머리를 살레살레 흔들며 이렇게 대답했습니다.

"돈은 저도 많이 가지고 있답니다. 더는 필요 없어요."

그러고 나서 곱게 빻은 밀가루를 등에 걸머지고 농장으로 돌아갔습니다. 하인 우두머리는 관리인에게 맡은 일을 모두 끝냈으니 이제 약속한 품삯을 받을 수 있게 허락해 달라고 말했습니다. 이 말을 들은 관리인은 이제 정말 걱정이 되었습니다. 어찌해야 좋을지 몰라 방 안을 이리저리 왔다 갔다 했지요. 넓은 이마에서는 땀이 잔뜩 배어나 뚝뚝 흘러 떨어졌습니다.

아무리 머리를 짜내어도 좋은 꾀가 떠오르지 않았지요. 관리인은 시원한 바람을 맞으려고 창문을 열었습니다. 그런데 하인 우두머리가 이때다 하며 관리인을 느닷없이 세게 걷어차자 관리인은 그만 휙 창문 너머로 날아가 하늘 높이 솟구쳤다가 떨어졌습니다. 그런데 관리인이 어디로 떨어졌는지 아무리 찾아도 눈에 보이지 않았지요.

아무리 기다려도 관리인이 돌아오지 않자 하인 우두머리는 관리인 아내에게 말했습니다.

"남편이 끝내 돌아오지 않으면 아주머니가 대신 품삯을 계산해 주셔야겠소."

그러자 관리인 아내는 깜짝 놀라 눈을 동그랗게 뜨고는, 손을 휘휘 내저으며 말했습니다.

"아니에요, 아니에요, 그렇게 커다란 쇠망치 같은 손에 한 대라도 맞으면 전 꼼짝없이 죽을 거예요."

그렇게 말한 관리인 아내는 닫혀 있던 또 다른 창문을 열었습니다. 구슬 같은 땀방울이 비가 오듯 이마에서 줄줄 흘러내렸기 때문이지요. 하인 우두머리는 이번에도 이때다 하고는 관리인의 아내를 뻥! 걷어찼습니다. 아내도 남편과 마찬가지로 창문 밖으로 쌩, 하고 날아갔지요. 그런데 관리인 아내는 남편보다 몸이 훨씬 가벼워서 아주 멀리멀리 날아갔지요.

그런데 이게 어찌된 일일까요? 하늘에는 먼저 날아갔던 남편이 있었습니다. 남편은 날아오는 아내를 보고는 반갑게 소리쳤지요. "여보, 이쪽으로 와요." 하지만 아내는 이렇게 소리 질렀습니다.

"당신이 이쪽으로 오세요. 나는 너무 빨리 날아서 당신 쪽으로 갈 수가 없어요."

두 사람은 하늘에서 허우적거리기만 할 뿐 그 어느 쪽도 상대에게 가까이 다가갈 수가 없었습니다. 아직도 두 사람이 하늘을 떠다니고 있는지 저는 잘 모릅니다. 참, 그 어린 거인은 크고 무거운 쇠막대를 들고 다시 길을 떠났답니다.

땅속 나라 난쟁이

Das Erdmännchen

멀고 먼 어느 나라에 다 셀 수 없을 만큼 돈이 아주 많은 왕이 살았습니다. 그에게는 세 딸이 있었는데, 그녀들은 날마다 아침이면 성 안의 정원으로 산책을 나갔습니다. 나무를 몹시 좋아했던 왕은 정원에 온갖 나무들을 심어 놓았는데, 그 가운데 가장 아끼는 사과나무 한 그루에는 무시무시한 마법을 걸어 놓았습니다. 누구든 이 나무의 열매를 따 먹는 사람은 몇백 길도 넘는 땅속으로 뚝 떨어지게 되는, 등이 오싹해지는 무서운 마법이었지요.

가을이 되자, 이 사과나무의 열매는 핏빛처럼 빨갛게 여물었습니다. 세 딸은 어쩌면 바람결에라도 열매 하나가 떨어지지 않을까 해서 날마다 나무 아래를 잘 살펴보았지만, 떨어진 과실은 하나도 찾을 수 없었습니다. 열매가 너무나 많이 주렁주렁 열렸기 때문에 금방이라도 부러질 듯 휘어진 가지가 땅에 맞닿을 정도였지요. 막내 공주는 이 나무 열매가 몹시 먹고 싶어 더는 참을 수 없었습니다.

"아버지께서는 우리를 너무도 사랑하시니까 우리가 무서운 마법에 걸리도록 놔두지는 않으실 거야. 마법을 걸어놓은 건 낯선 사람들이 따 갈까 봐 걱정하셨기 때문이라고 난 생각해."

막내 공주는 언니들에게 이렇게 말한 뒤 가장 큰 사과 하나를 뚝 따더니 크게 한 입 아삭 베어 물었습니다. 그런데 과실이 어찌나 달고 맛있던지 막내 공주는 그만 너무나 즐거워서 크게 소리를 질렀지요. 막내 공주는 손에 든 과실을 냉큼 언니들에게 내밀며 말했습니다.

"언니들, 조금만 먹어 봐. 이렇게 맛있는 건 정말 처음이야."

달콤한 말을 들은 다른 두 공주도 귀가 솔깃해서 얼른 그 나무 열매를 조금씩 베어 먹었습니다. 그러자 그 순간, 세 공주는 모두 닭 울음소리조차 들을 수 없는 깊고 깊은 땅속으로 떨어져버렸습니다.

점심때가 되자 왕은 함께 밥을 먹으려고 세 딸들을 불렀습니다. 하지만 그 어디에도 공주들의 모습은 보이지 않았습니다. 왕은 하인들을 시켜 성과 정원을 샅샅이 뒤지게 했지만 그 어느 곳에도 공주들의 그림자 하나 찾을 수 없었지요. 몹시 걱정이 된 왕은 공주들을 찾아오는 사람에게는 그가 누구든 따지지 않고 딸들 가운데 하나를 아내로 주겠다고 온 나라에 알렸습니다.

그러자 수많은 젊은이들이 곧장 그 근처를 샅샅이 뒤지며 공주들을 찾기 시작했습니다. 그야말로 커다란 소동이 벌어졌지요. 그 까닭은 말을 안 해도 누구나 다 알고 있었습니다. 공주들은 사람들을 만나면 누구든 가리지 않고 다정하게 친구처럼 대했지요. 게다가 얼굴도 매우 아름다워서 모두가 그녀들을 좋아했기 때문입니다.

그 가운데는 사냥꾼 세 사람도 있었습니다. 그들은 공주를 찾아 함께 떠났는데 일주일이 되던 날에 어느 커다란 성 앞에 이르렀습니다. 성 안에는 훌륭한 방이 여러 개 있었는데, 그 가운데 한 방에는 식탁보가 깔린 식탁이 하나 있었습니다. 거기에는 여러 맛난 음식들이 놓여 있었지요. 따뜻한 음식에서는 김이 모락모락 났지만, 성 안 어디에도 사람 모습은 찾아 볼 수가 없었습니다. 세 사냥꾼은 반나절이 넘도록 기다렸지만 그때까지 아무도 나타나지 않았지요. 그런데 신기하게도 아무리 시간이 지나도 맛깔스런 음식들에서는 줄곧 따뜻한 김이 오르고 있었습니다. 어느새 식당 안은 맛난 음식 냄새로 가득 차올랐지요. 그들은 배가 몹시 고팠기 때문에 마침내 너나없이 식탁에 앉아 사이좋게 음식을 나누어 먹었습니다. 든든하게 배를 가득 채운 세 사람은 이대로 성에 머물기로 결정했습니다. 그래서 번갈아가며 한 사람은 방에 남고, 다른 두 사람이 밖으로 나가 공주들을 찾아보기로 했지요. 제비를 뽑았는데 가장 나이 많은 사냥꾼이 맨 먼저 방에 남게 되었습니다.

다음 날이 되자, 젊은 두 사냥꾼은 공주를 찾아 나서고 가장 나이 많은 사냥꾼 홀로 성에 남아 있게 되었습니다. 점심때가 되었지요. 어디선가 불쑥 나타난 작은 난쟁이 하나가 나이 많은 사냥꾼에게 다가오더니 빵 한 조각을 달라고 조르는 것이었습니다. 사냥꾼이 빵 한 조각을 잘라 난쟁이에게 주자 난쟁이는 그만 그것을 바닥에 떨어뜨렸습니다. 그러고는 미안하지만 빵을 주워 달라고 말했습니다. 사냥꾼이 빵을 주우려고 몸을 숙였지요. 그런데 그 순간, 난쟁이는 사냥꾼의 머리채를 틀어쥐더니 들고 있던 지팡이로 머리를 마구 내리쳐버렸습니다.

이튿날에는 두 번째로 나이 든 사냥꾼이 성에 남았습니다. 점심때가 되자 그도 첫 번째 사냥꾼과 똑같은 꼴을 당했지요. 밖에 나갔던 두 사람이 해가

질 무렵 돌아왔습니다. 가장 나이 많은 사냥꾼이 물었습니다.

"그래, 오늘 어떻게 지냈어?"

"아, 말도 마세요. 정말 기분 안 좋은 날이었어요. 난쟁이에게 혼쭐이 났거든."

둘은 이렇게 말하면서 서로 당한 일을 털어놓았으나 가장 어린 사냥꾼에게는 아무런 말도 해주지 않았습니다. 두 사람은 평소에도 가장 어린 사냥꾼 말이라면 늘 무시하며 도무지 상대해주지 않았지요. 게다가 경험 없고 어리숙하다며 언제나 그를 바보 한스라고 불렀답니다.

셋째 날이 되자 가장 어린 사냥꾼이 방에 남았습니다. 점심때가 되자 또다시 작은 난쟁이가 나타나 빵 한 조각을 달라고 졸랐지요. 어린 사냥꾼이 빵을 한 조각 건네주자 난쟁이는 그것을 바닥에 털썩 떨어뜨리더니 미안하지만 주위달라고 말했습니다. 그러자 사냥꾼이 말했습니다.

"뭐라고! 이 녀석아, 빵 조각 하나조차 스스로 주울 수 없단 말이야? 너 같은 녀석은 빵을 먹을 자격이 없어!"

그러자 난쟁이는 도리어 화를 내며 한사코 빵을 집어달라고 큰소리를 치는 것이었습니다. 사냥꾼은 재빨리 난쟁이를 붙잡아 호되게 때려주었습니다. 난쟁이가 비명을 지르며 애원했습니다.

"이제 그만 날 놓아줘요. 제발 용서해주세요. 용서해주면 공주들이 있는 곳을 가르쳐 드릴게요."

그 말을 들은 사냥꾼은 주먹질을 멈추었습니다. 난쟁이는 자기가 땅속 나라 난쟁이라면서, 자기를 따라오면 공주들이 있는 곳을 알려주겠다고 말했습니다.

난쟁이는 사냥꾼을 물이 마른 깊은 우물이 있는 곳으로 데려갔습니다. 그러고는 다른 두 사냥꾼은 믿을 수 없는 자들이니 공주를 구하려거든 혼자 가야 한다고 충고했습니다. 다른 사냥꾼들도 공주를 구하고 싶어 하겠지만, 그래도 위험한 일을 할 사람들은 아니라는 말이었지요. 난쟁이는 사냥꾼에게 사냥용 칼과 방울 하나를 지니고 커다란 바구니에 탄 채 우물 아래로 내려가고 했습니다. 그 아래에는 방이 세 개 있는데, 공주들은 저마다 방에 앉아 머리가 여럿 달린 용의 머리에서 이 잡는 일을 하고 있다는 것이었습니다. 공주들을 구하기 위해서는 그 용의 머리를 베어야만 한다 했습니다. 말을 마친 난쟁이는 어느새 흔적도 없이 사라져버리고 말았습니다.

날이 저물자 밖에 나갔던 두 사람이 돌아와서 어떻게 지냈느냐고 물었습니다. 그러자 젊은 사냥꾼이 말했습니다.

"일이 잘 되었어."

그는 낮에 겪은 일들을 모두 이야기해 주었습니다.

"사람이라고는 그림자도 보이지 않았지. 그런데 한낮이 되자 작은 난쟁이가 와서 빵을 한 조각 달라는 거야. 빵을 건네줬는데 그게 그만 바닥에 떨어졌지 뭐야. 그런데 그 녀석이 나더러 그것을 주워달라더군. 내가 싫다고 했더니 화를 내면서 달려들지 않겠어? 그래서 흠씬 두들겨 패주었지. 그랬더니 공주들이 있는 곳을 알려 주더라고."

이 말을 들은 두 사람은 화가 나서 얼굴이 붉으락푸르락했습니다. 다음 날

아침, 함께 우물을 찾아간 그들은 누가 먼저 바구니를 타고 내려갈 것인지 제비를 뽑기로 했습니다. 가장 나이 많은 사냥꾼이 맨 먼저 바구니를 타고 우물 아래로 내려가게 되었습니다. 그는 방울을 가지고 바구니 안으로 들어가며 말했습니다.

"내가 방울을 흔들면 곧바로 끌어올려줘야 해."

나이 많은 사냥꾼은 조금 내려가다가 두려운 마음에 어느새 방울을 울렸으므로 우물 밖에 있던 두 사람은 냉큼 바구니를 끌어올렸습니다. 이번에는 두 번째 사냥꾼이 바구니 안에 앉았습니다. 그러나 그 또한 얼마 내려가지 못하고 그만 방울을 울리고 말았지요. 마침내 막내인 젊은 사냥꾼 차례가 되었습니다. 그는 용감하게 우물 밑바닥까지 내려갔습니다.

젊은 사냥꾼은 바구니에서 나와 사냥용 칼을 꺼내 들었습니다. 첫 번째 문 앞에 서서 귀를 기울이자 용이 매우 커다랗게 드르렁거리며 코를 고는 소리가 들렸습니다. 살짝 문을 열어보니, 공주가 무릎 위에 아홉 개나 되는 용의 머리를 올려놓은 채 이를 잡고 있었습니다. 젊은 사냥꾼은 들고 있던 칼로 용의 목을 힘차게 내리쳐 머리 아홉 개를 모두 베어 버렸습니다. 공주는 고마워서 벌떡 일어나 그의 목을 와락 끌어안더니 여러 차례 입을 맞추었습니다. 그러고는 자기 목걸이를 끌러 사냥꾼의 목에 걸어주었지요. 목걸이는 화려한 빛이 없는 황금으로 만들어져 있었습니다.

첫째 공주를 구한 사냥꾼은 곧바로 둘째 공주를 찾으러 갔습니다. 둘째 공주는 머리가 일곱 개 달린 용의 머리에서 이를 잡아 주고 있었지요. 젊은 사냥꾼은 그 공주도 재빠르게 구해내었습니다. 그런 다음 그는 머리가 네 개 달린 용의 머리에서 이를 잡고 있던 막내공주도 씩씩하게 구해내었지요. 다시 만난 세 공주는 서로 얼싸안고 볼에 입을 맞추며 안부를 물었습니다.

젊은 사냥꾼은 공주를 한 사람씩 바구니에 태운 다음 힘껏 방울을 흔들어 차례차례 위로 올려 보냈습니다. 마침내 자기 차례가 되자 그는 문득 동료들을 조심하라는 난쟁이의 말을 떠올렸지요. 그래서 바구니에 타지 않고 대신 주위에 있는 커다란 돌들을 주워 바구니를 가득 채운 다음 방울을 울렸습니다. 그러자 나쁜 두 사냥꾼들이 위에서 밧줄을 끊어버렸습니다. 바구니는 돌과 함께 우당탕 소리를 내며 바닥으로 곤두박질쳐 떨어지고 말았습니다. 젊은 사냥꾼이 바구니 안에 타고 있을 거라 여겼던 것이지요. 젊은 사냥꾼이 죽었으리라 생각한 우물 밖에 있던 두 사냥꾼은, 자신들이 세 공주를 구했다고 큰소리치며 우겼습니다. 그리고 왕에게도 그렇게 말하라며 강제로 공주들을 다짐시켰습니다. 마침내 두 사냥꾼은 왕에게 거짓을 말하고 공주 하나를 아내로 달라고 요구했지요.

그즈음 젊은 사냥꾼은 이제 살아날 방법이 없다는 생각에 몹시 슬퍼하며 세 방을 이곳저곳 둘러보고 있었습니다. 그런데 그때 피리 하나가 벽에 걸려 있는 것이 보였지요. 젊은 사냥꾼이 피리에게 말했습니다.

"너는 어째서 이런 곳에 매달려 있니? 이곳에는 너를 불 만큼 즐거운 사람이 하나도 없단다."

그렇게 말한 젊은 사냥꾼은 방마다 나뒹굴고 있는 용의 머리를 가만히 들여다보며 나직한 목소리로 말했습니다.

"너희들도 이렇게 되었으니 나를 도와줄 수가 없겠구나."

사냥꾼은 내내 이 방 저 방 여기저기를 왔다 갔다 했습니다. 그리 넓지도 않은 곳을 여러 차례 왔다 갔다 했기 때문에 바닥이 반들반들 매끄러웠지요. 그러다가 그는 문득 벽에 걸린 피리를 떼어 내 쓸쓸하게 한 곡 불어 보았습니다. 그러자 곧 땅속 나라 난쟁이들이 나타나기 시작했습니다. 피리 한 음마다 한 사람씩 나왔으므로, 한 곡을 끝까지 연주하고 나자 온 방이 꽉 차게 난쟁이들로 가득했습니다.

왕초 난쟁이가 사냥꾼에게 무엇을 원하는지 물었습니다. 사냥꾼은 다시 땅위로 올라가 햇빛을 보고 싶다고 말했습니다. 그러자 난쟁이들은 그의 머리카락을 한 올씩 잡고는 온 힘을 다해 땅 위로 뛰어 올랐습니다.

어느새 휘리릭 땅 위로 올라온 젊은 사냥꾼은 곧장 궁전으로 달려갔습니다. 그곳에서는 세 공주 가운데 하나가 결혼식을 올리려 하고 있었지요. 그런데 젊은 사냥꾼이 나타나자 그를 본 공주들은 너무나 놀란 나머지 모두 정신을 잃고 말았습니다. 그것을 본 왕은 몹시 화가 나서 젊은 사냥꾼을 감옥에 가두고 말았습니다. 그가 공주들에게 나쁜 짓을 한 적이 있을 것이라고 짐작했기 때문이지요. 그러나 곧 정신을 번쩍 차린 공주들은 왕에게 그를 풀어달라고 애원했습니다. 하지만 왕이 아무리 물어도 공주들은 그 이유는 말할 수 없다고만 대답할 뿐이었습니다. 그러자 왕은 그 까닭을 방에 있던 난로에게 들려주라고 말한 뒤 방을 나갔습니다. 그러고는 벽에 귀를 대고 공주들이 이야기하는 것을 빠짐없이 몽땅 들었지요.

마침내 모든 사정을 낱낱이 알게 된 왕은 거짓말쟁이 나쁜 두 사냥꾼에게 교수형을 내렸습니다. 그러고는 젊은 사냥꾼과 자신의 막내딸이 혼인하도록 허락했습니다.

저도 유리 구두를 신고 그 결혼식에 참석했지요. 그런데 결혼식이 끝나고 집으로 돌아가는 길에 그만 돌에 걸려 넘어지는 바람에 제 예쁜 유리구두가 "쨍그랑!" 깨지고 말았답니다. 그래서 잊지 못하는 이야기입니다.

KHM 092
황금 산의 임금님
Der König vom goldenen Berg

어느 나라 큰 도시에 장사를 잘하는 상인이 살고 있었습니다. 그에게는 아들과 딸이 하나씩 있었는데, 두 아이는 한 살 터울로 모두 아직 어려서 잘 걷지 못했습니다. 이 상인은 배를 두 척 가졌는데 짐을 가득 싣고 바다에 나가 있었습니다. 상인은 돈을 많이 벌 생각으로 이 배 두 척에 자기 재산을 몽땅 실었지요. 그러나 너무나 안타깝게도 상인은 그만 그의 배 두 척이 거센 풍랑을 맞아 모두 바다에 가라앉았다는 소식을 듣고 말았습니다.

그리하여 이제까지 부자였던 상인은 어느 날 갑자기 가난뱅이가 되어 교외에 있는 자그마한 밭 하나밖에는 가진 것이 없게 되었습니다. 상인은 자기 불행을 조금이라도 잊어보려고 그 밭으로 갔습니다. 그는 앞으로 어떻게 살아야 할까 고민하며 밭고랑을 이리저리 거닐고 있었지요. 그런데 느닷없이 어디에선가 작고 검은 난쟁이가 불쑥 나타나 왜 그렇게 슬픈 얼굴을 하고 있느냐고 물었습니다. 그러자 상인이 말했습니다.

"네가 나를 도와줄 수만 있다면 무슨 말이든 다 털어놓고 싶구나……."

"그건 아무도 모르지요. 먼저 말을 해봐야 내가 당신을 도울 수 있는지 없는지 알잖아요?"

검은 난쟁이가 말했습니다. 그래서 상인은 용기를 내어 자기의 모든 재산이 바닷속에 잠겨버린 사연과, 게딱지만 한 밭 말고는 아무것도 가진 게 없다고 솔직하게 털어놓으며 도와달라고 했습니다.

"실망하지 마십시오. 당신이 집에 돌아갔을 때 가장 먼저 다리에 부딪치는 것을 정확히 12년 뒤에 이 자리로 가지고 오겠다고 약속하면 당신이 원하는 만큼 돈을 드리겠어요."

상인은 어린 두 아이는 전혀 생각지 않고 쉽게 그러겠다고 약속했습니다. 다시 많은 돈을 벌 수 있다는 생각에 상인은 매우 기뻤습니다. '그야 강아지 말고 더 있겠어?' 그렇게 생각한 상인은 자기 이름을 적은 종이쪽지에 도장까지 찍어서 그것을 검은 난쟁이에게 주고 집으로 돌아왔습니다.

집으로 돌아오자 작은 사내아이가 아버지를 보고는 기뻐서 쌩긋쌩긋 웃더니 의자를 잡고 일어나서 아장아장 걸어와 다리에 매달렸습니다. 아버지는 소스라치게 놀라 심장이 멈춘 것만 같았습니다. 난쟁이와 한 약속이 번개처럼 머리에 떠올랐습니다. 자기가 써준 증서의 내용이 또렷하게 되살아났지요. 하지만 어떤 상자를 열어보아도 돈이 한 푼도 들어 있지 않아 마음을 놓았습니다. 그래서 상인은 난쟁이가 장난을 쳤던 거라 믿고는 그 일을 잊고 있었습니다.

그로부터 한 달쯤 지난 어느 날입니다. 상인은 고장난 물건이라도 모아서 팔아볼까 하고 다락으로 올라갔지요. 그런데 이게 어찌된 일입니까. 텅 비어 있던 다락에 번쩍거리는 금화가 산더미처럼 쌓여 있는 게 눈에 들어왔습니다. 상인은 돈을 보자 또다시 부자가 되고 싶은 욕심이 가슴속에 꾸역꾸역 차오르는 것을 느꼈습니다. 그래서 모든 걸 잊고 돈 버는 일에만 마음을 쏟았습니다. 상인은 신나고 즐겁게 상품을 사들이고 팔면서 이전보다도 더 큰 부자가 되어 넉넉하게 걱정없이 살았습니다.

그러는 사이에 아들은 무럭무럭 잘 자랐으며 게다가 총명하고 예의바른 아이가 되었습니다. 그런데 약속한 12년이 가까워 올수록 상인은 차츰 걱정이 쌓여 마침내 그의 얼굴은 온갖 근심걱정으로 가득 찼습니다. 그래서 어느 날 아들은 아버지에게 그 이유를 물었습니다. 아버지는 그 모든 것을 감추고 싶었으나 아들이 너무 끈질기게 졸라서 끝내는 모두 이야기하고 말았습니다. 아버지는 아들을 검은 난쟁이에게 주겠다고 약속했던 일과 그 대가로 많은 돈을 받은 사연을 말했지요. 그리고 그때 증서에 이름까지 쓰고 도장을 찍어서 주었으므로 12년이 되는 해에는 아들을 그 난쟁이에게 주어야 한다고 털어놓았습니다. 아버지의 말을 듣고 아들이 말했습니다.

"아버지, 그 일이라면 너무 걱정하지 마세요. 제가 모든 걸 잘 해결하겠습니다. 악마 같은 검은 난쟁이는 저를 어떻게 할 수 없을 거예요."

아들은 신부를 찾아가 기도의 예식을 통해 하느님의 성스러운 축복을 온몸에 받았습니다. 마침내 그날이 왔습니다. 아버지와 아들은 교외의 밭으로 갔습니다. 아들은 땅에 둥근 원을 그리고 아버지와 함께 그 속에 섰습니다. 어느새 그곳에 나타난 검은 난쟁이가 아버지에게 물었습니다.

"자, 약속했던 것을 가지고 왔소?"

아버지가 조용히 있자 아들이 물었습니다.

"이보시오, 당신은 도대체 이곳에 무슨 볼일이 있는 거요?"

그러자 검은 난쟁이가 말했습니다.

"나는 너의 아버지와 할 이야기가 있단다. 상대는 네가 아냐."

"당신은 내 아버지를 감쪽같이 속여서 말도 안 되는 약속을 하게 했더군. 어서 증서를 이리 내놓아요."

"그럴 수는 없지. 나는 나의 권리를 포기할 수 없어."

검은 난쟁이가 말했습니다.

마침내 그들은 오랫동안 서로 이야기를 주고받은 끝에 겨우 뜻을 모았습니다. 이미 악마의 소유물이 되어버린 아들은 아무리 애를 써도 더는 아버지의 소유물이 될 수 없었지요. 아버지는 강 위에 떠 있는 작은 배에 아들을 태워서 몸소 그 배를 발로 차 밀어서 떠나보내기로 했지요. 그 다음은 어떻게 되든 흐르는 강물에 맡기기로 했습니다. 아들이 아버지와 작별 인사를 한 뒤 작은 배에 오르자 아버지는 자기 발로 그 배를 밀어 강물에 떠내려가도록 했습니다. 아, 그러자 어찌된 일인지 작은 배가 바닥을 보이며 뒤집히더니 그만 물속으로 깊이 가라앉아 버렸습니다. 아들을 찾을 수 없던 아버지는 아들이 죽었다고 생각하여, 집으로 돌아가 가족과 함께 소리 높여 슬피 울었습니다.

그러나 다행하게도 배는 완전히 뒤집힌 것이 아니었지요. 배가 뒤집혀서 강물 속으로 잠기려 할 때였습니다. 아들은 물속에서 온 힘을 다해 배를 다시 뒤집었습니다. 가까스로 다시 배를 되돌린 아들은 배 안에 앉아 하늘을 볼 수 있었지만, 그 어디를 보아도 한없이 크고 넓은 바다였습니다. 다정한 아버지도, 못된 난쟁이도 더는 보이지 않았지요. 배는 흐르고 흘러서 마침내 어느 바닷가 모래밭에 닿았습니다. 힘겹게 육지에 오르자 눈앞에 아름다운 성이 보여 소년은 그곳으로 걸어갔습니다.

안으로 들어가 보니 마법이 걸린 성처럼 으스스했습니다. 아이는 여러 개의 방을 하나하나 빼먹지 않고 끝까지 지나가 보았습니다. 방은 매우 조용하게 모두 텅 비어 있었지요. 맨 마지막 방으로 들어가자 그곳에는 뱀 한 마리가 똬리를 틀고 앉아 있었습니다. 그 뱀은 마법에 걸린 공주였는데 아이를 보자 무척 기뻐하며 말했습니다.

"왕자님, 저를 구하러 오셨나요? 당신은 저를 구해주실 분입니다. 저는 당신을 12년 동안이나 기다리고 있었어요. 이 나라는 저주에 걸려 있습니다. 당신이 아니면 마법을 풀어줄 사람이 없습니다. 싫어도 꼭 이 나라를 구해 주셔야 합니다."

"참 어려운 일이군요. 하지만 꼭 제가 해야 한다니 그렇게 하지요. 자, 그럼 어떻게 하면 되지요?" 아이가 물었습니다.

"오늘 밤, 사슬로 묶인 검은 난쟁이들 12명이 이곳으로 올 것입니다. 그 난쟁이들은 당신에게 여기서 뭘 하느냐고 물을 거예요. 하지만 아무 대답도 하지 말고 그냥 잠자코 계셔야 해요. 끝까지 한 마디도 하지 마세요! 그리고 그들이 무엇을 하든 그대로 참으며 내버려 두세요. 당신을 괴롭히고 때리고 찌를지도 몰라요. 하지만 어떻게 하든 그대로 참으며 내버려둔 채 끝까지 입을 열면 안 돼요. 밤 열두 시가 되면 그자들은 떠날 거예요. 그러고 나서 두 번째 날 밤에도 또 다른 난쟁이가 12명 올 것입니다. 세 번째 날에는 24명이 와서 당신 머리를 칼로 내리칠 거예요. 하지만 두려워하지 마세요. 밤 12시가 되면 그들의 힘은 사라집니다. 그때 당신이 아무 말도 하지 않고 조용하게 잘 버티면 그것으로 저는 구원을 받게 됩니다. 저는 생명의 물을 병에 넣어 당신에게로 가겠습니다. 그 물을 당신에게 바르면 당신은 다시 살아나서 전처럼 튼튼한 몸이 될 것입니다."

이 말을 듣고 아이는 말했습니다.

"좋습니다. 제가 당신을 꼭 구해드리겠습니다."

정말로 뱀 아가씨가 말한 일이 그대로 일어났습니다. 검은 난쟁이들이 무슨 짓을 해도 아이는 입을 꼭 다문 채 아무 말도 하지 않고 고통을 잘 견뎌내었습니다. 마침내 세 번째 밤을 힘겹게 이겨내고 12시가 되자 난쟁이들이 바람처럼 사라져버렸습니다. 그러자 뱀은 아름다운 공주로 변하여 생명의 물을 들고 소년에게로 달려와 그를 다시 살려내었습니다. 소년이 다시 살아나자 공주는 그의 목을 얼싸안으며 입을 맞추었지요. 그리고 온 성안에는 만세 소리가 커다랗게 울려 퍼졌습니다. 마침내 소년과 공주의 결혼식이 치러졌지요. 상인의 아들은 이제 '황금 산'의 왕이 되었습니다.

두 사람은 그렇게 늘 아무런 부족함 없이 행복하게 살았습니다. 그리고 왕비는 귀여운 사내아이도 낳았습니다. 그러는 동안 어느덧 8년이라는 세월이 지났지요. 어느 날 왕은 문득 아버지 생각이 났습니다. 그것에 마음이 쓰여 도무지 일이 손에 잡히지 않았지요. 마침내 왕은 아버지께 문안을 드리러 고향에 가기로 마음먹었습니다.

그러나 왕비는 그가 여행을 떠나는 게 불안해서 사실대로 말했습니다.

"왕께서 여행을 떠나면 저에게는 불행이 닥칠지도 모릅니다."

그러나 왕이 거듭 애원하자 마침내 왕비가 허락했습니다. 왕이 여행을 떠나는 날이 되었지요. 마음이 불안했던 왕비는 소원을 이루는 마법의 반지를 왕에게 주며 이렇게 말했습니다.

"이 반지를 당신 손가락에 끼고 계세요. 그러면 당신이 원하는 곳으로 눈 깜짝할 사이에 데려다 줄 거예요. 그러나 저를 당신 아버님께 데리고 가기 위해 이 반지를 사용하시면 안 돼요. 그것만은 꼭 약속해 주셔야 해요."

왕은 그렇게 하기로 왕비에게 약속하고 반지를 손가락에 끼고는, 아버지가 살고 있는 고향으로 데려다 달라고 소원을 말했습니다. 그러자 왕비가 말한 대로 눈 깜짝할 사이에 고향에 도착해 도시로 들어가는 길목에 서 있었습니다.

하지만 도시로 들어가는 성문에 이르자, 이상하게 사치스럽고 번쩍이는 옷을 입고 있는 왕을 본 보초들이 앞을 가로막으며 왕을 성안으로 들여보내주지 않았습니다. 그래서 왕은 할 수 없이 산으로 올라가 보았습니다. 그곳에서는 양치기가 양을 지키고 있었습니다. 그래서 왕은 양치기와 옷을 바꾸어 입고는 허름한 작업복 차림으로 누구에게 어떤 방해도 받지 않으며 성안으로 들어갔습니다.

왕은 마침내 아버지 집에 도착했지요. 왕은 아버지에게 그동안 일어난 일들을 모두 이야기했습니다. 그러나 아버지는 왕이 아무래도 자기 아들 같지 않았습니다. 그래서 아버지는 왕에게, 사실은 자기에게 아들이 하나 있었지만 이미 오래전에 죽었다고 말했습니다. 하지만 그 사나이가 몹시 가난하고 불쌍해 보여서 음식을 접시에 가득 담아 그를 대접하려고 했습니다. 그러자 아들은 부모님께 이렇게 말했습니다.

"저는 참으로 두 분의 아들입니다. 혹시 제 몸에 있는 반점을 기억하시겠습니까? 그것을 보시면 저를 믿으실 것입니다."

"그렇지! 우리 아들은 오른쪽 겨드랑 밑에 딸기 같은 반점이 있었지."

어머니가 말했습니다.

아들은 냉큼 셔츠를 벗고는 팔을 들어 올렸습니다. 아들의 오른쪽 겨드랑 밑에 딸기 모양의 반점이 보이자 아버지와 어머니는 더 이상 아들의 말을 의심하지 않았습니다. 그래서 아들은 이제 자기는 황금 산의 왕이며, 공주를 아내로 맞아 일곱 살 난 귀여운 아들을 둔 것까지 모두 부모님께 이야기했습니다. 그러자 아버지가 이렇게 말했습니다.

"그건 누가 들어도 믿을 수 없는 말이구나. 양치기 넝마 옷을 걸치고 다니면서 어떻게 훌륭한 왕이라 할 수 있느냐."

그러자 아들은 화가 나서 왕비와의 약속도 어느새 잊어버리고, 반지를 휙 돌려 자기 아내와 아이를 이곳으로 냉큼 데려다 달라고 소원을 빌었습니다.

그러자 눈 깜짝할 사이에 두 사람이 번쩍! 왕 앞에 나타났습니다. 하지만 왕비는 어떠했을까요? 그녀는 너무나 슬퍼서 엉엉 소리내어 울었습니다. 왕이 약속을 지키지 않고 자기를 불행한 사람으로 만들었기 때문입니다.

"나도 모르게 그렇게 했어요. 당신을 슬프게 하려고 했던 건 아니오."

왕은 그렇게 말하며 왕비를 달랬습니다. 왕비는 마음이 풀린 것처럼 보였습니다. 하지만 사실은 나쁜 일을 생각하고 있었습니다.

아무것도 모르는 왕은 교외의 밭으로 왕비를 데리고 갔습니다. 그리고 전에 자신을 태운 작은 배가 떠내려가던 강물을 보여 준 뒤 말했습니다.

"자, 피곤할 터이니 당신도 거기 앉아요. 나는 당신 무릎을 베고 잠깐 잠을 자고 싶소."

왕이 왕비의 무릎에 머리를 얹고 잠을 청하자 왕비는 그가 어서 잠들기를 기다렸습니다. 드디어 왕이 잠들었지요. 왕비는 먼저 왕의 손가락에서 재빠르게 반지를 빼서 자기 손가락에 꼈습니다. 그러고는 왕의 신발만을 덩그러니 남겨둔 채 왕자를 덥석 들어 안고는 다시 그녀의 왕국으로 돌아가게 해 달라고 소원을 말했습니다.

얼마 뒤 왕은 잠에서 깨어보니 혼자 누워 있었습니다. 왕비도, 왕자도 없고 반지마저도 손가락에서 사라진 뒤였습니다. 신발만이 이제까지 왕이 있던 흔적으로 남아 있었습니다.

"이대로는 부모님이 계시는 집으로는 돌아갈 수 없어. 만일 이대로 집으로 돌아가면 나를 마법사라고 하실 테니까. 할 수 없군! 지금이라도 어서 나의 왕국으로 돌아가야겠어."

왕은 그렇게 마음을 먹고 그곳을 떠나 먼 여행길에 올랐습니다. 그러다가 어느 산에 이르렀습니다. 산기슭에서는 거인 셋이 서로 싸우고 있었습니다. 아버지가 남긴 재산을 어떻게 나누면 좋을지 몰라 아웅다웅하다가 큰 싸움으로 번진 상태였습니다. 거인들은 왕이 지나가는 것을 보더니 불러 세우고는 작은 인간들은 좋은 지혜를 많이 가지고 있으니, 아버지가 남긴 유산을 자기들에게 공평하게 나누어 달라고 말했습니다. 그런데 첫 번째 유산은 칼 한 자루였습니다. 이 칼은 사람이 손에 들고 "머리야 모두 떨어져라, 내 머리는 빼고" 말하면 거기에 있는 사람들의 목은 하나도 남지 않고 모조리 떨어지고 마는 것이었습니다. 두 번째 것은 망토였는데, 그것을 누구든 몸에 걸치면 보이지 않게 되는 망토였지요. 세 번째 유산은 신발 한 켤레로, 그것을 신고 가고 싶은 곳을 말하면 눈 깜짝할 사이에 그곳에 데려다 주는 신기한 신발이었습니다.

왕이 말했습니다.

"그 세 가지 물건을 하나씩 이리 줘 보시오. 정말 기능을 잘 하는지 시험해 봐야겠소."

거인 하나가 그에게 망토를 건네주었습니다. 그것을 가볍게 몸에 걸치자 왕은 모습이 보이지 않게 되었습니다. 왕은 파리로 둔갑을 한 것입니다. 그러고 나서 왕은 본디 모습으로 돌아가서 말했습니다.

"이 망토는 이상이 없군요. 이번에는 그 칼을 이리 줘 보시오."

"그건 안 된다! 이건 줄 수가 없다. 잘못해서 네가 '머리야, 모두 떨어져라, 내 머리만 빼고' 하는 날에는 우리의 머리는 모두 떨어지고 너 혼자만 살아남게 될 테니 말이다."

또 다른 거인이 말했습니다.

하지만 끝내 나무에 시험해 본다는 조건으로 왕에게 칼을 건네주었습니다. 왕은 약속한 대로 나무를 베라고 명령했지요. 칼은 나무의 줄기를 마치 지푸라기나 되는 듯이 베어 버렸습니다. 그 다음은 신발을 달라고 말하자 거인들이 소리쳤습니다.

"안 돼, 이건 줄 수가 없어. 네가 이 신을 신고 저기 보이는 높은 산꼭대기로 소원을 걸어 올라가버리면, 우리는 이 아래서 멍청하게 빈손으로 네가 내려올 때까지 기다려야 하잖아."

"그런 일은 없소. 그렇게 하지 않겠다고 약속하지."

왕이 그렇게 말하자 거인들은 마침내 신발을 건네주었습니다. 그런데 이 세 물건이 손에 들어오자 왕은 아내와 아들 생각밖에 나지 않아 이렇게 혼잣말을 했습니다.

"아, 내가 황금 산 위에 갈 수 있다면 좋을 텐데."

그러자 왕은 거인들 앞에서 감쪽같이 사라져 버리고 말았습니다. 이로써 거인들의 유산은 다른 사람에게 나뉜 셈이었습니다.

왕이 성 가까이에 이르자 갑자기 기쁨의 함성과 함께 바이올린과 피리 소리가 들려왔습니다. 성문 가까이에 있던 사람들이 왕비가 다른 사람과 결혼식을 올리는 것이라고 왕에게 말했습니다. 그 말을 듣자 왕은 크게 놀라서 화를 내며 소리쳤습니다.

"이런 나쁜 여자! 내가 잠든 사이에 나를 버리고 배신하다니!"

왕은 손에 넣은 외투를 가볍게 걸쳤습니다. 다른 사람들에게 모습이 보이지 않게 되자 왕은 성 안으로 들어갔습니다. 현관으로 들어가 곧장 식당으로 갔습니다. 커다란 식탁에는 먹음직스런 요리들이 가득 차려져 있고, 손님들은 먹고 마시며 농담을 주고받더니 깔깔대고 웃었습니다. 왕비는 번쩍번쩍 빛나는 옷을 입고 식당 한가운데에 놓인 옥좌에 앉아서 머리에 왕관을 쓰고 있었습니다.

왕은 왕비 뒤에 섰지만 그 누구에게도 보이지 않았습니다. 그래서 시중드는 사람들이 왕비의 접시에 고기 조각이며 맛깔스런 음식을 덜어 놓을 때마다 왕은 그것을 냉큼 집어 먹었습니다. 왕비의 잔에 포도주가 채워질 때에도 잔을 낚아채서 마셨습니다. 시중드는 사람들은 끊임없이 왕비에게 먹을 것과 마실 것을 가져다주었지만 그때마다 사라져 없어졌으므로 왕비는 아무것도 먹지 못했습니다. 왕비는 몹시 당황하며 매우 부끄러워하더니 자리에서 벌떡 일어나 자기 방으로 뛰어들어가 엉엉 소리를 내며 울었습니다. 그러자 왕은 왕비의 뒤로 다가갔습니다.

"도대체 이게 어찌된 일일까? 내가 악마에 홀린 것일까? 그렇지 않으면 나를 구해준 이가 온 것일까?"

왕비가 그렇게 말하자 왕은 왕비의 얼굴을 철썩 때리며 소리쳤습니다.

"너를 구해준 사람이 오지 않았냐고? 그 사람이 지금 네 뒤에 붙어 있다. 사람을 속이는 이 염치없는 못된 배신자야! 나를 속이고 무사할 줄 알았나?"

왕은 망토를 벗어 자기 모습을 드러내고는 식당으로 가서 큰 소리로 외쳤습니다.

"결혼식은 끝났다. 진짜 왕이 돌아왔다."

그곳에 모인 다른 나라 여러 왕들과 제후들과 대신들은 왕을 비웃었습니다. 그러자 그는 짧게 소리쳤습니다.

"모두 나가겠는가, 그대로 있겠는가?"

그러자 거기에 있던 사람들이 왕을 붙잡으려고 한꺼번에 우르르 달려들었습니다. 왕은 재빨리 칼을 뽑아 들고 크게 소리쳤습니다.

"머리야 모두 떨어져라. 나만 빼놓고."

그러자 모든 사람들의 머리가 하나도 남김없이 잘려 땅바닥에 굴러 떨어졌습니다. 마침내 왕은 혼자 남아 다시 황금 산의 왕이 되었습니다.

KHM 093

크나큰 까마귀

Die Rabe

옛날, 어느 곳에 왕비가 살았는데 그녀에게는 딸이 하나 있었습니다. 그 딸은 아직 어려서 언제나 팔에 안고 다녀야만 했지요. 어느 날, 딸이 지나치게 떼를 쓰기에 어머니가 온갖 말로 달랬지만 도무지 그치려 하지 않았습니다. 어머니는 더 이상 참을 수 없었습니다. 때마침 까마귀 몇 마리가 성 주위를 빙글빙글 돌며 날고 있었기에 왕비는 창을 열고 말했습니다.

"네가 까마귀가 되어 어딘가로 날아가 버렸으면 좋겠다. 그러면 나는 아주 편해질 텐데."

왕비가 이렇게 말한 순간, 딸은 갑자기 큰 까마귀로 변해 어머니 팔을 떠나 창밖으로 날아가버리고 말았습니다. 까마귀는 어두운 숲 속으로 들어가 오래도록 그곳에 머물렀습니다. 부모도 그 까마귀의 소식을 전혀 듣지 못했습니다.

그러던 어느 날, 한 남자가 이 숲으로 들어왔습니다. 그런데 어디선가 까마귀 울음소리가 들려와 남자는 그 소리가 나는 쪽으로 가 보았습니다. 그가 가까이 다가오자, 큰 까마귀가 말했습니다.

"저는 공주로 태어났지만 마법에 걸려 이런 모습이 되었습니다. 당신 힘으로 저를 구해 줄 수 있습니다."

"어떻게 하면 되죠?"

남자가 물었습니다.

"숲 속으로 더 깊숙이 들어가시면 집이 한 채 있을 겁니다. 그 집 안에는 할머니가 계시는데 당신에게 먹을 것과 마실 것을 건네주실 거예요. 하지만 아무것도 먹으면 안 됩니다. 조금이라도 먹거나 마신다면, 당신은 깊은 잠에 빠져 다시는 저를 구할 수 없답니다. 그 집 뒤에 있는 정원에 가죽을 무두질할 때에 쓰는 나무껍질이 잔뜩 쌓여 있을 것입니다. 나무껍질 위에 서서 제가 오길 기다려주세요. 3일 동안, 저는 날마다 낮 2시에 마차를 타고 가겠어요. 첫째 날에는 하얀 수말 네 마리가, 그리고 그 다음 날에는 갈색 말 네 마리가, 마지막 날에는 검은 말 네 마리가 마차를 끌고 갈 겁니다. 하지만 당신이 깨어 있지 않고 잠들어 있다면 저를 구해주실 수 없답니다."

큰 까마귀는 이렇게 말했습니다. 남자는 큰 까마귀가 부탁한 일을 모두 해주겠다고 약속했습니다. 그런데 큰 까마귀는 슬픈 눈빛으로 이렇게 말하는 것이었습니다.

"저는 이미 알고 있어요. 당신은 저를 구해주시지 못할 거예요. 당신은 할머니가 주신 음식을 드실 테니까요."

그래서 남자는 먹을 것이나 마실 것에는 절대로 손을 대지 않겠다고 굳은 약속을 했습니다.

숲 속 깊은 곳에 있는 집으로 들어가 보니 까마귀가 한 이야기대로 할머니가 나왔습니다.

"어머, 불쌍한 양반! 이렇게나 지쳐 있다니! 자, 이리로 와서 마음껏 먹고 마셔서 기운을 차리시구려."

그러자 남자가 대답했습니다.

"아닙니다. 저는 아무것도 먹지 않겠습니다."

"그럼 포도주라도 한 잔 마셔요. 한 모금이야 어디 마신 것이라 할 수 있겠수?"

할머니가 자꾸만 권하자 남자는 어쩔 수 없이 포도주를 조금 마시고 말았습니다.

한낮이 지나 2시가 되기 전에 남자는 큰 까마귀를 기다릴 생각으로 정원으로 나가 나무껍질 더미 위로 올라갔습니다. 그런데 거기에 서 보니, 갑자기 몸이 나른해져서 도저히 참을 수가 없었습니다. 그래서 잠시 누웠습니다. 물론 잘 생각은 없었지요. 하지만 눕자마자 눈이 스르륵 감겨 잠이 들어버린 게 아니겠습니까. 이 세상 그 누구도 이 남자를 깨울 수 없을 만큼 깊이 잠들어버렸습니다.

2시가 되자 큰 까마귀가 흰 말 네 필이 끄는 마차를 타고 왔는데, 정원으로 들어서기도 전에 까마귀는 몹시 풀이 죽어서 말했습니다.

"그분이 자고 있다는 것을 난 알고 있어."

까마귀가 정원에 들어왔을 때 남자는 큰 까마귀가 예상한 대로 나무껍질 더미에 누워서 잠들어 있었습니다. 까마귀는 마차에서 내려 남자에게로 다가가 흔들기도 하고 큰 소리로 불러도 보았지만 남자는 전혀 눈을 뜨지 않았습니다.

다음 날, 낮이 되자 할머니가 또 음식을 가지고 왔습니다. 남자는 아무리 해도 그것을 먹으려 하지 않았습니다. 하지만 할머니가 자꾸만 귀찮게 몰아붙였기에 남자는 마침내 컵에서 포도주를 한 모금 마시고 말았습니다. 2시가 되기 전에, 남자가 큰 까마귀를 기다릴 셈으로 정원에 나가 나무껍질 더미에 올라가자 갑자기 엄청난 피로가 몰려왔습니다. 남자는 더는 몸을 지탱할 수 없어서 그 자리에 누워버리고 말았습니다. 곧 그대로 잠이 들고 말았지요. 까마귀는 네 마리 갈색 말이 끄는 마차를 타고 정원으로 달려왔으나 들어오기도 전에 슬픔에 잠겨 말했습니다.

"그분이 잠들어 있다는 것을 나는 알고 있어."

까마귀는 그에게로 가 보았습니다. 생각한 대로 남자는 깊은 잠이 들어 아무리 깨워도 일어나지 않았습니다.

다음 날이 되자, 할머니는 먹지도 마시지도 않으려 하다 죽어버릴 작정이냐고 물었습니다. 그러자 남자는 이렇게 말했습니다.

"나는 먹거나 마실 생각이 없습니다. 또 그러면 안 된답니다."

그래도 할머니는 큰 접시에 먹음직스러워 보이는 음식을 담고 컵에 포도주를 따라서 남자 코앞에 갖다 놓았습니다. 맛있는 향기가 코로 들어오자 남자는 또 참지 못하고 그만 포도주 한 모금을 마셨습니다. 그러고 나서 여느 때처럼 같은 시간에 정원으로 나가 나무껍질 더미에 올라가서 공주를 기다리려 했습니다. 그런데 이날의 피로는 전날과 비교가 되지 않을 정도로 심해서 남자는 또다시 곧 드러누워 돌처럼 잠들고 말았습니다.

2시가 되자 큰 까마귀가 왔습니다. 오늘은 네 마리 검은 말이 끄는 마차를 타고 왔는데 마차는 물론 모든 것이 다 검은색이었습니다. 까마귀는 무척 기운이 빠진 목소리로 말했습니다.

"그는 자고 있을 거야. 그래서 날 구할 수 없다는 것을 알고 있지."

까마귀가 남자에게로 갔을 때 남자는 쿨쿨 잠들어 있었습니다. 까마귀는 그를 흔들며 불러 보았지만 잠을 깨울 수는 없었습니다. 그래서 까마귀는 남자 곁에 빵을 하나 놓아두었습니다. 고기 한 덩어리와 포도주도 한 병 놓았지요. 그 음식들은 실컷 먹고 마셔도 조금도 줄어들지 않는답니다. 그러고는 자기 손가락에서 황금반지를 빼서 그것을 남자의 손가락에 끼웠습니다. 반지에는 공주의 이름이 새겨져 있었지요. 편지 한 통도 거기에 놓았답니다.

편지에는 당신에게 이런저런 물건을 드리겠으며, 이것은 아무리 먹고 마셔도 줄어들지 않는 음식이라 적혀 있었습니다.

"당신이 저를 구해주지 못할 거라는 걸 전 잘 알고 있었습니다. 하지만 아직 저를 구해주실 생각이 있으시다면, 슈트롬베르크의 황금 성으로 오십시오. 그곳에서는 저를 구하실 수 있을 겁니다."

큰 까마귀는 그 남자 옆에 놓아둘 것을 모두 놓자 다시 마차를 타고 슈트롬베르크의 황금 성으로 떠났습니다.

잠에서 깨어난 남자는 자기가 잠들었다는 사실을 알고 마음속 깊이 슬퍼했습니다.

"까마귀는 이미 가버렸어. 나는 까마귀를 구해내지 못했어."

그때 곁에 있는 여러 물건들이 눈에 들어왔습니다. 남자는 바로 편지를 읽어보았습니다. 편지에는 어떻게 하면 까마귀가 된 공주를 구할 수 있는지 쓰여 있었습니다.

그래서 남자는 부리나케 길을 떠났지요. 물론 슈트롬베르크의 황금 성으로 갈 생각이었습니다. 그런데 그 성이 어디 있는지 도무지 알 수 없었답니다.

남자는 오랫동안 세상을 돌아다닌 끝에 어딘가 어두운 숲으로 들어가, 14일 동안이나 그 숲 속을 헤매고 다녔습니다. 하지만 아무리 애를 써도 쉽사리 밖으로 나갈 수가 없었습니다. 그러는 동안 다시 해가 졌고 몸은 지칠 대로 지쳤기에 알맞아 보이는 덤불 속으로 들어가 잠이 들었습니다. 다음 날 아침 남자는 다시 길을 떠나 저녁때가 되자 다른 덤불에 누우려 했습니다. 그런데 무엇인가 짖는 것 같기도 하고, 신음하는 것 같기도 한 소리가 귀에 들려와 도무지 잠을 이룰 수가 없었습니다. 그러다 사람들이 불을 켤 시간이 되어 불빛 하나가 저 멀리 가물거리자 남자는 일어나 그쪽으로 걸었습니다. 이윽고 그는 한 집 앞에 이르렀습니다. 그 집은 매우 작아 보였는데, 집 앞에 커다란 거인이 서 있었기 때문입니다.

'안으로 들어가려다 거인에게 들키면 목숨을 잃고 말 거야.'

남자는 너무도 무서웠지만 용기를 내어 집 가까이 다가갔습니다. 거인은 남자를 보자 이렇게 말했습니다.

"마침 잘 왔다. 나는 오랫동안 먹지 못해 배가 고팠는데, 저녁 식사로는 네가 딱이겠구나."

"그렇게 하지 않으시는 게 좋을 텐데요! 난 그런 꼴을 당하긴 싫습니다. 먹을 것이라면 실컷 먹고도 남을 만큼 넉넉히 가지고 있소."

"그 말이 사실이라면 널 잡아먹지는 않을 거야. 달리 먹을 것이 없었기 때문에 너라도 먹을까 생각했을 뿐이지."

그래서 그들은 집 안으로 들어가서 식탁에 앉았습니다. 남자는 아무리 먹어도 없어지지 않는 빵과 포도주 그리고 고기를 내놓았습니다.

"야, 이거 정말 먹음직스럽군."

거인은 입맛을 다시더니 말이 끝나기 무섭게 마음껏 먹었습니다. 식사가 끝나자 남자는 거인에게 물었습니다.

"슈트롬베르크의 황금 성이 어디 있는지 아시나요?"

"지도를 찾아봐야지. 거기에는 도시, 마을, 집이 어디 있는지 모두 다 표시되어 있으니까."

거인은 방에 있는 지도를 가지고 와서 그 성을 찾아보았으나 어디에도 나와 있지 않았습니다.

"여기엔 없는데. 위층에 더 큰 지도가 있으니까 거기서 찾아보자."

거인이 말했습니다.

하지만 아무 소용없었습니다. 어쩔 수 없이 남자가 길을 떠나려 하였으나 거인은 식량을 구하러 나간 형이 돌아올 때까지 며칠만 기다려달라고 말렸습니다.

형이 집에 돌아오자 두 사람은 슈트롬베르크의 황금 성이 어디 있는지 물어보았습니다.

"먼저 밥을 먹고 배가 좀 부르면 지도에서 찾아보기로 하자구."

형이 대답했습니다. 식사가 끝나 형은 두 사람을 데리고 자기 방으로 올라가서, 가지고 있던 지도에서 성을 찾아보았습니다. 그러나 도무지 성은 보이지 않았습니다. 형은 다시 다른 낡은 지도를 여러 개 가지고 왔고 모두가 열심히 찾아보았습니다. 그러다가 마침내 슈트롬베르크의 황금 성을 찾긴 찾았는데, 성은 그곳에서 수천 마일이나 떨어진 곳에 있었습니다.

"그곳에 가려면 어떻게 해야 하죠?"

남자가 물었더니 거인이 대답했습니다.

"2시간쯤 남아 있으니까 우리가 너를 성 가까이에 데려다 주겠다. 그리고 나는 집으로 돌아와 아기에게 젖을 먹여야 해."

거인은 남자를 성에서 100마일쯤 떨어진 곳까지 데려다 주더니 말했습니다.

"이제 혼자서도 갈 수 있을 거야."

거인은 집으로 돌아갔습니다.

남자는 밤낮을 가리지 않고 앞으로 나아가 마침내 슈트롬베르크의 황금 성에 이르렀습니다. 그런데 이 성은 유리 산 위에 있었습니다. 마법에 걸린 소녀가 마차를 타고 성 주위를 빙글빙글 돌다가 성 안으로 들어가는 모습이 보였습니다. 남자는 공주를 보자 기뻐하며 거기로 올라가려고 했으나 아무리 애를 써도 유리로 된 산이라서 자꾸만 미끄러져 내려왔습니다. 남자는 공주가 있는 성으로 올라가지 못한다는 것을 깨닫자 아주 실망한 목소리로 중얼거렸습니다.

"여기 아래에서 공주를 기다리고 있어야겠다."

이렇게 해서 그는 유리 산 아래에 오두막을 짓고 꼬박 일 년 동안 지냈습니다. 그 사이 날마다 공주가 산꼭대기를 마차로 달려가는 게 보였지만 남자는 공주가 있는 곳으로 도무지 올라갈 수 없었습니다.

그러던 어느 날, 도적 세 사람이 서로 싸우는 모습을 보게 되었습니다. 남자는 소리를 질렀지요.

"싸우지 말아요!"

도적들은 이 말을 듣고 싸움을 멈추었으나 주위에 아무도 보이지 않자, 곧 다시 싸우기 시작했습니다. 목숨이 위태로울 정도로 심하게 싸웠기에, 남자는 다시 한 번 소리쳤습니다.

"싸우지 말아요!"

강도들은 이번에도 잠시 싸움을 멈추고 주위를 둘러보았으나 아무도 보이지 않았습니다. 또다시 싸움이 시작되었지요. 이것을 보고 남자가 또 소리쳤습니다.

"싸우지 말아요!"

세 번이나 말려도 그들이 싸움을 멈추지 않자 남자는 왜 싸우는지 이유를 알아보아야겠다고 생각했습니다. 그래서 그들에게 가서 어째서 싸우냐고 물었습니다.

한 사람이, 자기가 지팡이를 하나 발견했는데, 그것으로 문을 두드리면 문이 저절로 열린다고 말했습니다. 또 한 사람은, 망토를 하나 발견했는데, 그것을 걸치면 다른 사람들에게 자신의 모습이 보이지 않게 된다고 말했습니다. 세 번째

도둑은, 말을 한 마리 발견했는데 그 말에 올라타면 어디든지 갈 수 있다며 저 유리 산까지 올라갈 수 있다고 말했습니다. 도둑들은 그 물건들을 한 사람이 가지고 있는 게 좋은가, 그렇지 않으면 따로따로 가지고 있는 게 좋은지 알 수가 없어서 다투고 있다고 말했습니다. 이 말을 듣고 남자가 말했습니다.

"그 세 가지 물건을 내가 가진 다른 물건과 바꾸지 않겠는가. 비록 나는 돈은 없지만 돈보다 더 좋은 걸 가지고 있지. 그런데 바꾸기 전에 당신네들이 한 말이 정말인지 한번 시험해 보아야겠소."

도적들은 남자를 말에 태우고 망토를 걸쳐 주며 손에 지팡이를 쥐여 주었습니다. 이 모든 것을 손에 넣자 남자는 이제 도적의 눈에 보이지 않게 되었습니다. 그래서 남자는 그들을 호되게 때리면서 소리쳤습니다.

"어때, 이 놈팡이들아, 이것이 너희들에게 줄 것이다. 이제 만족했느냐?"

그리고 나서 그대로 말을 타고 유리 산으로 달려, 성 앞에 이르렀습니다. 문은 굳게 잠겨 있었지요. 그가 지팡이로 문을 톡톡 두드리자 문은 바로 활짝 열렸습니다. 남자는 성안으로 들어가 계단을 올라갔습니다. 위에 있는 홀로 들어가 보니, 넓은 방에서 공주가 포도주가 든 황금 잔을 앞에 놓고 앉아 있었습니다. 하지만 공주의 눈에는 그가 보이지 않았습니다. 남자가 망토를 입고 있었기 때문이지요.

그는 공주 앞으로 다가가 그녀가 주었던 반지를 손가락에서 빼내어 잔 속에 떨어뜨렸습니다. 쨍그랑 울리자 그 소리를 들은 공주가 크게 말했습니다.

"이것은 나의 반지야. 나를 구해줄 분이 여기 온 것이 틀림없어."

공주의 하인들은 온 성안을 뒤졌지만 그를 찾아낼 수 없었습니다. 남자는 밖으로 빠져 나가 말에 올라타고는 망토를 벗었습니다. 성문 밖으로 나간 하인들은 남자의 모습이 보이자마자 무척 기뻐하며 소리를 질렀습니다. 남자는 말에서 내려 공주를 껴안았습니다. 공주는 남자에게 입을 맞추며 말했습니다.

"이제야 저를 구해주시는군요. 우리 내일 결혼식을 올리기로 해요."

KHM 094

지혜로운 농부의 딸

Die kluge Bauerntochter

그 옛날 어느 곳에 가난한 농부가 살았습니다. 농부는 농사지을 땅도 없었고, 가진 것이라고는 작은 오막살이 한 채와 딸 하나밖에 없었지요. 그러던 어느 날 딸이 이런 말을 꺼냈습니다.

"작물이 제대로 나지 않아 버려진 쓸모없는 땅이라도 좋으니 달라고 임금님께 간청해보세요."

왕은 이 농부가 너무나 가난하다는 말을 듣고, 들판 한쪽에 버려진 땅을 조금 빌려주었습니다. 딸과 아버지는 그곳을 일구어 옥수수나 좀 심어볼 생각에 열심히 땅을 갈아엎었습니다.

그 황무지를 거의 다 갈아엎었을 무렵, 둘은 땅속에서 황금으로 된 절구 하나를 발견했습니다.

"애야, 임금님께서 자비를 베푸셔서 이 밭을 선물로 주셨으니 절구는 임금님께 갖다 드려야겠구나."

아버지가 딸에게 말했습니다. 그런데 딸은 그 말에 반대하며 이렇게 말했습니다.

"아버지, 절구만 있고 절굿공이가 없으니까, 우리에게 절굿공이도 구해오라고 하실지도 몰라요. 그러니 잠자코 있는 편이 좋을 거예요."

하지만 아버지는 고집이 무척 세서, 딸의 말을 듣지 않고 황금 절구를 들고 왕에게 가져갔습니다. 들판에서 이런 것을 찾아냈는데 받아주시겠느냐고 말씀드렸지요. 왕은 황금 절구를 받아 들더니 찾아낸 것은 이것뿐이냐고 물었습니다.

"네, 아무것도 없습니다."

농부가 대답하자, 왕은 절굿공이도 가져와야 한다고 말했습니다. 농부는 그것은 발견하지 못했다고 이야기했지만 마치 바람에 대고 말을 하듯이 아무 소용이 없었습니다. 농부는 감옥에 갇혔고, 황금 절굿공이를 찾아가지고 올 때까지 그곳에 있어야만 했습니다.

감옥에 갇힌 사람도 물과 빵은 먹을 수 있었기 때문에 신하들이 날마다 빵과 물을 가져다주었습니다.

"이럴 줄 알았으면 딸이 하는 말을 들을 걸 그랬어! 그랬으면 이런 꼴은 당하지 않았을 텐데!"

이렇게 쉴 새 없이 한탄하는 농부의 말이 신하들 귀에 들어왔습니다. 그래서 신하들은 왕에게로 가서 감옥에 있는 농부가 "아, 딸아이의 말을 들었더라면 좋았을걸!" 그렇게 쉴 새 없이 한탄하면서 먹지도 마시지도 않는다고 말씀 드렸습니다.

그러자 왕은 감옥에 있는 그 농부를 데려오라 명령했습니다. 그리고 무슨 까닭으로 "이럴 줄 알았으면 딸의 말을 들을걸!" 하고 외치느냐고 물었지요.

"제 딸아이는 저에게 황금 절구를 가져가지 말라 했사옵니다. 절구를 가지고 가면 절굿공이까지 찾아내야 할 거라고 말했지요."

"뭐라고? 그대에게 그렇게 지혜로운 딸이 있다니! 그 아이를 여기로 데려오 도록 하여라."

이렇게 해서 농부의 딸까지 왕 앞에 불려 나왔습니다. 왕은 딸에게 네가 그 토록 지혜로운 생각을 했느냐고 물은 뒤, 그렇다면 수수께끼를 하나 낼 테니 그것을 잘 풀면 너를 아내로 삼겠다고 말했습니다. 그러자 딸은 그 수수께끼를 풀어 보겠다고 대답했습니다. 왕이 말했습니다.

"옷을 입지 않되 벌거벗지 않고, 말을 타지 않되 걷지 않고, 길을 가지 않되 길을 벗어나지 않고 내게로 오너라. 그렇게 할 수 있다면 너를 아내로 삼겠다."

딸은 밖으로 나가서 입었던 옷을 몽땅 벗었습니다. 이것으로 딸은 옷을 입 지 않은 것이 되었습니다. 그러고 나서 물고기를 잡는 커다란 그물을 가져와서 는 그 속으로 들어가 온몸을 둘둘 감았습니다. 이것으로 그녀는 벌거벗은 것 도 아니게 되었습니다. 그러고는 돈을 주고 당나귀를 빌려 꼬리에 그물을 매달 아 당나귀가 끌고 갈 수 있도록 했습니다. 이것으로 말을 타지 않고 수레에도 타지 않은 것이 되었습니다. 게다가 당나귀는 수레바퀴 자국을 따라 딸을 끌 고 갔기에 딸은 엄지발가락만으로 땅을 밟고 있었습니다. 이로써 길을 지나지 않고 길을 벗어나지도 않은 것이 되었습니다.

이렇게 해서 딸이 왕에게 오자, 왕은 수수께끼를 잘 풀었다면서 자기가 내건 조건을 모두 잘 지켰다고 말했습니다. 그래서 왕은 그녀의 아버지를 감옥에서 풀어 주고 그녀를 아내로 맞았으며, 왕이 가지고 있는 모든 재산을 마음대로 쓰게 했답니다.

그로부터 몇 년이 지난 어느 날, 왕이 군인들 행진을 보러 왔을 때 이런 일 이 있었습니다. 성 앞에는 장작을 팔러 온 농부들이 나란히 서 있는 군인들을 보기 위해 빈 수레를 멈추고 서 있었는데, 그 가운데에는 소를 맨 수레와 말을 맨 수레가 있었습니다. 한 농부는 말을 세 마리 데리고 왔는데 그 가운데 한 마리가 새끼를 낳았습니다. 그런데 갑자기 그 망아지가 뛰어나가 다른 짐마차에 매어 있는 수소 두 마리 사이에 벌러덩 누워 버리는 것이었습니다. 그래서 농부들은 싸움이 붙었고 서로 뒤엉켜 걷어차는 등 큰 소동이 벌어졌습니다.

소 주인은 그 망아지를 제 것으로 만들기 위해 이 말은 수소가 낳았다 하고, 말 주인은 아니다, 자기 말들이 낳은 새끼이니 자기 것이라고 말했습니다.

싸움에 지친 농부들은 망아지를 왕에게 가져가 왕의 판단에 따르기로 했습니다. 그러자 왕은 망아지가 누워 있던 곳은 소들 사이이니, 망아지는 소를 가진 농부의 것이라 말했습니다. 망아지는 누가 보아도 말을 가진 농부의 것 같았지만, 수소를 가지고 있는 농부가 망아지를 가지게 되었습니다. 그러자 말 주인은 제 망아지를 빼앗긴 것이 너무도 억울해서 신세를 한탄하며 울었습니다.

그러다 농부는 왕비도 자기와 마찬가지로 가난한 농민 출신이기 때문에 매우 인정이 많은 분이라는 말을 듣게 되었습니다. 그래서 농부는 왕비를 찾아가 어떻게 해서든 망아지를 되돌려 받을 수 없을까 부탁을 했습니다.

"정말 억울하게 됐군요. 내가 가르쳐 줬다고 누구에게도 말하지 않겠다고 약속한다면, 좋은 방법을 가르쳐 주지요. 내일 아침, 왕이 군인들 행진을 보러 오실 때, 왕이 지나가는 길 한가운데로 나가 고기를 잡는 커다란 그물을 가지고, 물고기를 잡는 시늉을 하세요. 그러다 마치 그물이 물고기로 가득 찬 것처럼 망을 비우는 시늉을 하는 거예요."

왕비는 이렇게 말하고, 왕이 말을 걸면 어떻게 대답해야 하는지까지 가르쳐 주었습니다.

이튿날이 되자 농부는 왕이 지나는 자리에 서서, 물이라고는 한 방울도 없는 네거리 광장에서 물고기를 잡고 있었습니다. 왕이 지나가다 그 모습을 보고는, 저 바보가 무엇을 하고 있는지 보고 오라며 뒤따라오던 부하 한 사람을 보냈습니다. 신하가 농부에게 가서 그 까닭을 물어보자 그는 이렇게 대답했습니다.

"수소 두 마리에서 망아지가 태어날 수 있다면, 물 한 방울 없는 광장에서도 물고기는 잡힐 것입니다."

신하가 돌아와 왕에게 농부의 말을 전하자 왕은 그 농부를 불러오게 했습니다. 그리고 그 말이 너의 생각은 아닐 것이다, 누군가가 일러준 게 틀림없으니 어서 그게 누군지 말해 보라 했습니다. 하지만 농부는 사실을 털어놓지 않고 자기 혼자 생각한 일이라고 우겼습니다. 그래서 신하들은 농부를 짚다발 위에 누인 채 마구 때리면서 추궁하였습니다. 농부는 마침내 왕비가 일러주었다고 자백하고 말았습니다.

왕은 궁전으로 돌아와 아내에게 말했습니다.

"왜 당신은 나를 우습게 만드는 것이오? 이제 더는 당신과 함께 살기 싫소. 이걸로 결혼생활은 끝났으니 당신이 있던 곳으로 돌아가시오. 당신의 허름한 오막살이로 돌아가는 게 좋을 거요."

하지만 왕은 그녀에게 무엇이든지 좋으니 자기의 가장 소중한, 가장 좋다고 생각하는 것을 가지고 가라 허락해 주었습니다.

"알겠습니다. 당신 뜻이 그러하시다면 저 또한 그렇게 하겠습니다."

왕비는 그렇게 말하고 왕을 껴안고 키스를 한 뒤, '그럼 헤어지기로 하죠' 말했습니다. 그러고 나서 이별의 술을 마시자며 아주 강한 수면제를 가지고 오게했습니다. 왕은 그 술을 단숨에 들이켰으나 왕비는 조금도 마시지 않았습니다. 수면제가 든 술을 마신 왕은 정신없이 잠이 들고 말았지요. 왕비는 곧 신하 한 사람을 불러 하얀 리넨 천으로 왕을 감쌌습니다. 그러고 나서 신하들에게 부탁해 왕을 성 밖으로 운반하여 마차에 태우더니 제 작은 오두막집으로 모시고 갔습니다.

왕비는 왕을 자신의 작은 침대에 뉘었는데 왕은 밤낮없이 잠을 잤습니다. 그러다 잠에서 깬 왕은 주위를 둘러보며 물었습니다.

"이상하구나. 나는 어디 있는 것이냐?"

그만 깜짝 놀라 시중을 드는 신하를 불렀으나 아무도 오지 않았습니다. 그가 있는 곳은 숲 속 조그만 오두막집이었으니까요. 이윽고 그의 아내인 왕비가 침대 앞으로 다가와 말했습니다.

"사랑하는 임금님, 임금님께서는 저에게 무엇이든 가장 소중하고 가장 좋은 것을 성에서 가지고 나가라 하셨습니다. 아무리 생각해도 저에게는 임금님보다도 더 좋은 것, 임금님보다도 더 소중한 것이 없기에 임금님을 여기까지 모시고 왔답니다."

왕은 두 눈 가득 눈물을 글썽거렸습니다.

"사랑하는 아내여, 당신은 내 것이고 나는 당신 것이오."

왕은 왕비와 함께 성으로 가서 다시금 그녀와 결혼식을 올렸습니다. 왕과 왕비는 틀림없이 아직도 그 성에서 행복하게 살고 있겠지요.

KHM 095

힐데브란트 영감

Der alte Hildebrand

옛날 옛적, 한 농부와 아내가 살았습니다. 마을 목사님이 농부의 아내와 만나는 것을 좋아했는데, 단 한 번만이라도 좋으니 그녀와 단둘이서 온 하루를 재미있게 보낼 수 있으면 좋을 텐데 생각했지요. 농부의 아내도 그와 마찬가지였답니다.

그러던 어느 날 목사가 농부의 아내에게 말했습니다.

"오, 그대여! 우리가 단둘이서 온 하루를 재미있게 보낼 수 있는 방법을 찾아냈어요. 이렇게 하면 어떨까요? 수요일에 침대에 누워 남편에게 아프다고 말하는 거요. 끙끙 앓는 척을 하고 한숨을 쉬면서 일요일까지 계속 누워 있어요. 그러면 내가 일요일에 설교를 하지 않겠어요? 그때 나는 '아이든, 남편이든, 아내든, 아버지든, 어머니든, 누이든, 형제든, 누구든지 집안에 아픈 사람이 하나라도 있거든 벨리시란트에 있는 괴컬리 산으로 순례를 떠나 시줏돈 한 푼 주고 월계수 이파리를 얻어오면 아이든, 남편이든, 아내든, 아버지든, 어머니든, 누이든, 형제든 병이 걸린 사람은 누구라도 낫는다'고 설교하겠소."

"그것 참 좋은 생각이네요!"

농부의 아내는 약속했습니다.

수요일이 되자 농부의 아내는 침대에 드러누워 정말 아픈 듯이 끙끙 앓는 소리를 내었습니다. 농부는 너무도 걱정이 되어 병을 낫게 하는 온갖 방법을 다 써봤지만 아무 소용이 없었습니다. 그러는 동안 일요일이 되자 아내가 농부에게 말했습니다.

"이러다가 곧 죽을 것만 같아요. 그러나 죽기 전에 한 가지 하고픈 일이 있어요. 목사님에게 가서 설교를 듣고 싶어요. 오늘이 설교날이죠?"

그러자 농부가 말했습니다.

"오, 내 사랑! 그건 그만 두는 게 좋겠소. 지금 일어나면 상태가 더 나빠질지도 몰라요. 이렇게 하는 건 어떨까? 내가 설교를 들으러 가서 목사님 이야기를 잘 들어두었다가 당신에게 다시 들려주겠소."

"그럼 당신이 가서 잘 듣고 오세요. 그리고 목사님이 한 이야기를 몽땅 저에게 들려주셔야 해요.”

아내가 말했습니다.

농부는 목사의 설교를 들으러 교회로 갔습니다. 목사가 설교를 시작했습니다.

“누구나 집안에 아이나, 남편이나, 아내나, 아버지나, 어머니나, 누구든 가까운 사람이 병들어 있다면 벨리시란트 괴컬리 산으로 순례를 떠나시오. 그곳에서 시줏돈을 1크로이첼 주고 월계수 이파리를 얻어오면 아이든 남편이든 아내든 아버지든 어머니든 누이든 형제든 그 밖의 가까운 누구든 아픈 사람은 모두 병이 나을 것이니, 순례를 떠나고 싶은 사람이 있다면 예배가 끝난 뒤 나한테 오시오. 그러면 월계수를 담아올 자루와 시주할 때 쓸 크로이첼 동전을 주겠소.”

그 말을 듣고 가장 기뻐한 사람은 농부였습니다. 농부는 곧바로 목사에게 갔습니다. 목사는 약속한 대로 농부에게 월계수 잎을 넣을 자루를 주었습니다. 물론 크로이첼 동전도 주었지요. 농부는 곧 집으로 돌아와 문에 들어서기 무섭게 아내에게 큰 소리로 말했습니다.

“오, 내 사랑! 이제 당신은 병이 나은 거나 마찬가지요. 목사님이 오늘 이런 설교를 했소. 누구든 집안에 아이든 남편이든 아내든 아버지든 어머니든 누이든 동생이든 가까운 사람이 병들어 있다면, 벨리시란트에 있는 괴컬리 산으로 순례를 가서 크로이첼 동전으로 시줏돈을 내고 월계수 잎을 얻어오면 아이든 남편이든 아내든 아버지든 어머니든 누이든 형제든 가까운 누구든 아픈 사람은 그 자리에서 병이 낫는다는구려. 그래서 목사님에게 벌써 월계수 이파리를 담아올 자루와 크로이첼 동전을 얻어 왔소. 당신이 병이 빨리 낫도록 나는 지금 바로 여행을 떠나야겠소.”

그런데 농부가 순례를 떠나자마자 아내는 침대에서 일어났습니다. 곧 목사님도 농부의 집으로 왔지요. 하지만 집에 있는 두 사람은 내버려두고 농부를 따라가 보기로 합시다.

농부는 조금이라도 빨리 괴컬리 산에 가려 잠시도 쉬지 않고 걸어갔습니다. 그런데 가는 길에 사촌을 만났답니다. 그는 달걀 장수인데, 마침 장에서 달걀을 팔고 돌아오는 길이었습니다.

“안녕하신가. 그렇게 서둘러 어딜 가는 겐가?”

사촌이 물었습니다.

"안녕하십니까? 아내가 아파서요. 오늘 목사님한테 가서 설교를 들었는데 목사님이 말씀하시기를, 누구나 집안에 아이든 남편이든 아내든 아버지든 어머니든 누이든 동생이든 가까운 사람이 병들어 있다면, 벨리시란트에 있는 괴컬리 산으로 순례를 떠나 그곳에서 크로이첼 동전으로 시줏돈을 주고 월계수 이파리를 얻어오면, 아이든 남편이든 아내든 아버지든 어머니든 누이든 형제든 그 밖의 가까운 사람은 누구든 바로 병이 나아 건강해진다는 거예요. 그래서 나는 목사님에게서 월계수 잎을 담아 올 자루와 크로이첼 동전을 받아 괴컬리 산으로 가는 길이랍니다."

농부가 말했습니다.

"이보게, 나 참. 어이가 없어서 말이 안 나오는군. 자네는 언제부터 그렇게 바보가 된 건가? 그런 말도 안 되는 말을 믿다니. 그게 무슨 뜻인지 정말 모르겠나? 목사는 자네 아내와 온 하루 단둘이 즐겁게 보내고 싶어서 자네를 떠나보내려 거짓말을 한 거야."

그러자 농부가 말했습니다.

"설마, 그럴 리가. 그게 정말인지 아닌지 어떻게 알죠?"

"그럼 이렇게 하지. 내 달걀 바구니 속에 들어가 있거나. 그러면 내가 자네를 집까지 짊어지고 데려다줄 테니, 그럼 직접 확인할 수 있겠지."

그래서 농부는 그의 말대로 했습니다. 달걀 장수는 농부를 바구니 속에 앉히고 그 바구니를 농부의 집까지 짊어지고 갔습니다. 집에 가 보니, 멀리서 듣기에도 흥겨운 소리가 새어나오고 있었습니다. 농부의 아내는 집 안에 있는 채소를 몽땅 꺼내 상 위에 차려 놓고 잼과 사탕, 그리고 만두까지 구워 내놓았습니다. 목사는 바이올린까지 가지고 와 있었습니다. 그때 달걀 장수가 문을 똑똑 두드렸습니다. 농부의 아내는 누구냐고 물었습니다.

"나야. 오늘 하룻밤 묵어가게 해 줄 수 있을까? 시장에서 달걀들을 다 팔지 못해 다시 집으로 가지고 가야 하는데, 너무 무거워 더는 짊어지고 갈 수가 없구면. 그리고 밖도 어두워졌고."

"알았어요. 아저씨도 참 이런 때 오시다니. 하지만 어쩔 수 없죠. 들어오셔서 저기 난로 옆 의자에 앉으세요."

농부의 아내가 말했습니다.

아저씨는 등에 짊어진 바구니를 그대로 가지고 들어와 난로 옆 의자에 앉았습니다. 그러나 목사와 농부의 아내는 사촌이 집에 있는 것은 신경도 쓰지 않고 계속 즐겁게 놀았습니다. 목사가 말했습니다.

"아가씨 노래 솜씨가 뛰어나다던데 한 곡만 불러줘요."

"아, 요즈음엔 노래가 잘 안 돼요. 예전에는 잘 불렀었는데."

"아, 그래도 조금만 불러줘요."

목사가 자꾸만 부탁하자 농부의 아내는 하는 수 없이 노래를 시작했습니다.

> "벨리시란트 괴컬리 산으로
> 남편을 보내버렸네."

그에 이어서 목사가 노래하였습니다.

> "일 년 내내 거기 있었으면 좋겠네.
> 빌려 준 자루, 돌려달라 하지 않겠어,
> 할렐루야!"

그러자 이번에는 달걀 장수가 노래를 이어받았습니다. (여기에서 미리 말해두겠는데 농부의 이름은 힐데브란트입니다). 아저씨의 노래는 이러했습니다.

> "이보게, 힐데브란트,
> 의자 옆에서 뭘 하고 있나?
> 할렐루야!"

이번에는 농부가 바구니 속에서 노래를 시작했습니다.

> "더 이상 그 노래는 참을 수가 없구나.
> 나는 이제 더는 바구니 속에서 가만 있을 수가 없네."

농부는 재빨리 바구니에서 뛰쳐 나와, 목사를 집 밖으로 내쫓아 버렸답니다.

KHM 096
세 마리 작은 새
Die drei Vögelchen

오늘로부터 몇 천 년 전에 있었던 이야기입니다. 아니 그보다 훨씬 옛날, 이 나라에 신분이 낮은 왕만 있었던 때의 이야기이죠. 그 왕 가운데 한 사람이 코 이터베르크 산에 살고 있었답니다. 그는 사냥을 아주 좋아해서 날마다 사냥을 하러 나갔습니다.

어느 날 왕은 사냥꾼들과 함께 성을 나갔는데, 산 아래에서 세 아가씨가 암 소 세 마리에게 풀을 먹이고 있었습니다. 그런데 왕이 신하들과 함께 온 것을 보자 가장 나이 많은 아가씨가 다른 아가씨들을 불러 왕을 가리키며 말했습니다.

"애들아, 나는 저런 사람을 남편으로 맞이하지 못한다면 결혼하지 않을 거야."

그러자 산 저편에 있던 둘째 아가씨가 왕의 오른쪽을 걷고 있는 사람을 가 리키며 말했습니다.

"나는 저런 사람을 남편으로 얻을 수 없다면, 평생 혼자 살아갈 거야."

그러자 막내 아가씨가 왕 왼쪽에 있는 사람을 가리키며 큰 소리로 말했습니다.

"나는 저런 사람을 남편으로 얻을 수 없다면, 누구와도 결혼 안 할래."

막내와 둘째가 가리킨 두 사람은 왕의 대신들이었지요.

그녀들이 나눈 이야기는 모두 왕의 귀에 들어갔습니다. 왕은 사냥에서 돌아 오자마자 세 아가씨를 불러서, 어제 산기슭에서 한 말이 무슨 뜻이냐고 물었 습니다. 그녀들은 아무 말도 하지 않았답니다. 그러자 왕은 큰언니에게 너는 나를 남편으로 바라는 것이 아니냐고 물었습니다. 그녀는 그렇다고 대답했지 요. 그리고 나머지 두 동생들도 신하들과 결혼하고 싶다고 말했습니다. 자매들 은 모두 아름답고 매력적이었지만, 특히 그 가운데서도 왕비가 된 첫째 아가씨는 아름다운 황금빛 머리카락을 지녔습니다.

그러던 어느 날, 왕은 여행을 떠나게 되었습니다. 마침 그때 왕비가 아이를 가지고 있었기 때문에 왕은 왕비의 동생 둘을 불러 자기가 없는 동안 왕비를 돌봐달라 부탁했습니다.

왕이 떠나고 얼마 지나지 않아 왕비는 사내아이를 낳았습니다. 이 아이는 신기하게도 빨간 별 모양을 이마에 달고 태어났지요. 그런데 두 동생은 이 세상에서 가장 아름다운 이 사내아이를 강물 속에 던져버리기로 했습니다. 두 동생들에게는 오랫동안 자식이 없었기 때문에 아이가 생긴 언니에게 몹시 샘이 났거든요. 아마도 베제 강이었을 겁니다. 동생들은 사내아이를 강에 던져버렸습니다. 그러자 그 강 속에서 작은 새 한 마리가 하늘 높이 날아오르며 이런 노래를 불렀지요.

"죽음을 각오하고,
말씀이 있으실 때까지
하얀 백합 꽃 피는 무덤 속에 있거라
용감한 소년이여, 준비는 되었겠지?"

두 동생은 그 노래를 듣자 너무도 무서워서 재빨리 그곳으로부터 도망쳤습니다. 얼마 지나 왕이 돌아오자 두 동생들은 왕에게 왕비가 강아지를 낳았다고 말했습니다. 그러자 왕은 이렇게 말했습니다.

"하느님이 하시는 일이니 어쩔 수 없구나."

한편 강가에 한 어부가 살고 있었는데, 그 어부가 떠내려오는 사내아이를 그물로 건져 올렸습니다. 다행히 사내아이는 아직 살아 있었고, 어부에게는 아이가 없었기 때문에 부부는 그 아이를 잘 키우기로 했습니다.

일 년이 지나 왕은 다시 여행을 떠났습니다. 그가 없는 동안 왕비는 또 아들을 낳았지요. 그 아들 또한 나쁜 두 자매가 빼앗아 강으로 던져버리고 말았습니다. 그러자 이전과 마찬가지로 작은 새가 하늘로 날아오르며 노래 불렀습니다.

"죽음을 각오하고

말씀이 있으실 때까지
　　하얀 백합 꽃 피는 무덤 속에 있거라
　　용감한 소년이여, 준비는 되었겠지?"

　그리고 왕이 돌아오자 자매는 왕에게 왕비께서 또 강아지를 낳았다고 말했습니다. 왕은 이렇게 말했습니다.
　"하느님 뜻이라면, 어쩔 수 없지!"
　이 아이도 앞의 그 어부가 강에서 건져 올려 키우게 되었답니다.
　다음 해 왕은 또 여행을 떠났습니다. 이번에 왕비는 여자아이를 낳았습니다. 그런데 이 아이도 나쁜 자매가 강으로 던져버렸지요. 그러자 또 전처럼 작은 새가 하늘 높이 날아오르며 노래를 했습니다.

　　"죽음을 각오하고
　　말씀이 있으실 때까지
　　하얀 백합 꽃 피는 무덤 속에 있거라
　　용감한 소녀여 준비는 되었겠지?"

　왕이 돌아오자 두 동생은 전과 같은 말을 해서 왕을 무척 화나게 했습니다. 그는 신하에게 당장 왕비를 감옥에 가두라 명령했습니다. 왕비는 여러 해 동안 감옥에 갇혀 있을 수밖에 없었습니다.
　그러는 동안 아이들은 무럭무럭 자랐습니다. 어느 날 맏이가 동네 아이들과 물고기를 잡으러 가려 했는데 다른 아이들이 끼워주지 않더니 이렇게 소리치는 것이었습니다.
　"주워온 아이는 저리 가."
　형은 이루 말할 수 없이 슬펐습니다. 그래서 '제가 주워온 아이라고 하는데 정말인가요?' 아버지에게 물어보았지요. 어부는, 어느 날 물고기를 잡으러 갔을 때 너를 강에서 건져 올렸다고 말해주었습니다.
　그러자 사내아이는 아버지를 찾으러 가겠다 말했습니다. 어부는 제발 집에 있어 달라고 부탁했지만 아이가 어떤 일이 있더라도 가겠다고 하기에 어쩔 수 없이 어부도 허락하고 말았습니다.

사내아이는 여행을 떠났습니다. 밤낮으로 며칠이고 걸어가다 보니 어느새 큰 강 앞에 이르렀습니다. 강가에는 할머니가 물고기를 잡고 있었지요.

"안녕하세요, 할머니."

사내아이가 인사를 했습니다.

"안녕, 오랜만이구나."

"할머니, 고기를 잡으려면 굉장히 시간이 많이 걸리겠죠?"

"너도 마찬가지 아니냐. 아버지를 찾기까지는 정말 오랜 시간이 걸릴 게다. 그런데 도대체 이 강을 어떻게 건널 생각이니?"

할머니가 물었습니다.

"하느님만이 아시겠지요."

그러자 할머니는 그를 등에 업더니 건너편으로 건네주었습니다.

그 뒤로도 사내아이는 오랫동안 아버지를 찾아다녔지만 도저히 찾을 수가 없었습니다. 일 년이 지나자 둘째가 형을 찾으러 길을 떠났습니다. 그도 형이 건너간 그 강가에 이르렀습니다. 그리고 할머니를 만나 형이 겪은 일과 똑같은 일을 겪었습니다.

어부 집에는 막내딸만 남게 되었습니다. 소녀는 오빠들이 걱정되어 자기도 오빠들을 찾으러 가고 싶으니 밖으로 나가게 해달라고 어부에게 울면서 애원했습니다.

이렇게 해서 딸도 그 큰 강가로 오게 되었답니다. 소녀도 강가에서 고기를 잡고 있는 할머니에게 인사를 하였지요.

"안녕하세요, 할머니."

"그래, 고맙구나."

"할머니께서 고기를 많이 잡으시기를 기도드릴게요."

이 말을 듣자 할머니는 아주 기분이 좋아져서는 소녀를 업고 강을 건네주었습니다. 그리고 지팡이 하나를 주더니 딸에게 말했습니다.

"너는 착한 아이구나. 이 길을 곧장 따라 가거라. 가다 보면 커다랗고 검은 개 옆을 지나야 하는데 그때는 아무 말도 하면 안 된다. 마음 굳게 먹고 절대로 웃지도, 개를 쳐다보지도 말고 지나가야 한단다. 계속 가다 보면 문이 활짝 열린 성이 나오는데, 이 지팡이를 문지방에 떨어뜨리고 그 문을 지나 반대편으로 들어가거라. 거기에는 오래 된 우물이 있고, 그 속에 커다란 나무 한 그루가 자라고 있을 게다. 그 나무에 걸려 있는 새장 안에는 새가 한 마리 들어 있는데 그것을 떼어낸 다음 우물물을 컵에 가득 담아가지고 길을 되돌아 나오거라. 문지방에 이르면 떨어뜨려둔 지팡이를 주워서 아까 그 개 옆을 지날 때 개의 얼굴을 지팡이로 때리거라. 빗나가지 않도록 해야 한다. 모든 게 끝나면 바로 나에게 돌아오너라."

모든 것이 할머니가 말한 그대로였습니다. 소녀는 돌아오는 길에 오빠들을 만났습니다. 오빠들은 벌써 세상의 반을 돌아다닌 뒤였습니다. 세 사람이 나란히 가는 동안 길바닥에 누워 있는 검은 개를 만났습니다. 소녀가 그 개를 지팡이로 때리자 개는 아름다운 왕자로 변하여, 그들과 함께 강가로 갔습니다.

그들이 강가에 이르자, 낯익은 그 할머니가 서 있었습니다. 할머니는 모두 무사히 돌아오는 것을 보고 매우 기뻐했습니다. 할머니도 이것으로 마법이 풀렸지요. 그들은 모두 어부 아저씨에게 갔습니다. 모두가 만나게 되어 기쁘기가 이를 데 없었습니다. 막내가 가지고 돌아온 새장은 벽에 걸어 두었습니다.

그런데 둘째 아들은 도저히 집에 가만히 있을 수가 없어 석궁을 가지고 사냥을 떠났습니다. 그러다 피곤해지자 피리를 꺼내 한 곡 불어보았습니다. 때마침 왕이 사냥을 나왔다가 피리 소리를 듣고 그쪽으로 가보았습니다. 웬 젊은 사람이 피리를 불고 있기에 이렇게 물었습니다.

"여기서 사냥을 해도 좋다고 누가 허락했는가?"

"아무도 허락하지 않았습니다."

"너는 도대체 누구냐?"

"저는 어부의 아들입니다."

"그 어부라면 아들이 없을 텐데."

"제 말을 믿지 못하시겠다면 같이 가보시면 아실 겁니다."

그래서 왕은 소년과 함께 어부의 집으로 갔습니다. 왕은 어부에게 어찌 된 일인지 물었습니다. 어부는 이제까지의 일들을 모두 이야기했지요. 그때 벽에 걸려 있던 새가 노래를 부르기 시작했습니다.

"어머니는 홀로
감옥에 갇혀 있어요.
오, 임금님. 고귀하신 분,

이들은 당신의 훌륭한 아이들.
못된 두 여동생이
아이들의 목숨을 빼앗으려
강 속으로 던졌지만
다행히 어부가 구해냈답니다."

이 말을 듣고 모두 깜짝 놀랐습니다. 왕은 새와 어부, 그리고 세 아이들을 모두 데리고 성으로 가서 감옥 문을 열어 아내를 나오게 했습니다.

그동안 왕비는 병이 들어서 비참한 모습이 되어 있었지만 딸이 우물에서 떠온 물을 마시자 곧 기운을 되찾고 다시 건강해졌습니다. 왕비의 못된 두 동생은 화형에 처해졌고, 막내딸은 왕자를 신랑으로 삼았답니다.

생명의 물

Das Wasser des Lebens

병에 걸린 왕이 있었습니다. 사람들은 왕의 병이 너무나 깊기에 회복되리라고는 아무도 생각지 않았지요. 왕에게는 아들이 셋 있었는데 왕자들은 왕이 얼마 살지 못한다는 것을 몹시도 슬퍼하여 궁전 정원으로 나가 울고 있었습니다. 그때 어떤 낯선 할아버지가 다가와서 다들 왜 그리 슬피 우느냐고 물었습니다. 왕자들은 아버지가 병이 들었는데 도저히 낫게 할 방법이 없어서 이대로 가다가는 틀림없이 돌아가실 것 같다고 이야기했습니다. 그 말을 듣자 할아버지가 말했습니다.

"나는 그런 병을 낫게 하는 묘약을 알고 있습니다. 그것은 생명의 물이라고 하는데 그것을 마시면 어떤 병이라도 나을 수 있답니다. 그런데 그것을 찾기가 어렵지요."

"아버지를 위해서 꼭 찾아내고야 말겠어."

맏이 왕자가 말하더니 병든 왕에게 가서 이렇게 말했습니다.

"아버지의 병을 고칠 수 있는 약은 생명의 물밖에 없습니다. 저는 그 물을 구하러 가고 싶습니다. 여행을 떠나게 허락하여 주십시오."

"안 된다. 그건 너무 위험한 일이야. 너를 보내느니 차라리 내가 죽는 편이 낫겠구나."

왕이 말했습니다.

그러나 아들이 계속 간절히 부탁하였기 때문에 왕은 마지못해 허락하고 말았습니다.

'내가 그 물을 구해 오면 아버지는 나를 가장 사랑하게 되시겠지? 나에게 왕국을 물려주실 거야'

왕자는 마음속으로 그렇게 생각했습니다.

이렇게 해서 왕자는 머나먼 여행길을 떠났답니다. 말을 타고 얼마를 달렸을까요. 한 난쟁이가 길을 가다가 왕자를 보고 말을 걸었습니다.

"그렇게 급하게 어딜 가십니까?"

"이 멍텅구리야! 내가 어딜 가든 무슨 상관이야!"

왕자는 거만한 태도로 이렇게 말하고 그냥 가버렸습니다.

난쟁이는 몹시 화가 나서 왕자가 큰 벌을 받게 해 달라 기도를 했습니다.

왕자는 얼마 뒤 어느 골짜기 오솔길로 접어들었습니다. 그런데 가면 갈수록 산과 산 사이가 좁아지더니 마침내는 더 이상 앞으로 갈 수 없을 만큼 길이 좁아지는 것이었습니다. 이젠 말도 돌아설 수 없게 되고 왕자가 안장에서 내려올 수도 없게 되었습니다. 옴짝달싹 못하는 감옥에 꼭 갇힌 것처럼 말이지요.

병든 왕은 이제나 저제나 왕자만을 기다리고 있었으나 아무리 시간이 흘러도 왕자는 돌아오지 않았습니다. 그러자 둘째 왕자가 말했습니다.

"아버님, 제가 생명의 물을 찾으러 떠나는 걸 허락해주십시오."

그러면서 둘째 왕자는 속으로 '형이 죽으면 이 나라는 내 것이다' 생각했지요.

왕은 처음에는 둘째 왕자가 여행을 떠나는 것을 반대했지만 끝내 뜻을 굽히고 말았습니다.

둘째 왕자도 형이 지났던 길과 똑같은 길로 나아갔습니다. 이번에도 난쟁이를 만났지요. 난쟁이는 그를 불러 세우더니 첫째 왕자에게 했듯이 어디를 그렇게 급히 가느냐 물었습니다.

"난쟁이 주제에, 내가 어디를 가든 상관하지 마."

왕자는 그렇게 말하면서 뒤도 돌아보지 않고 말을 몰았습니다. 난쟁이는 왕자를 저주했습니다. 그래서 이 왕자도 형과 마찬가지로 어느 골짜기에 갇혀 앞으로도 뒤로도 나아갈 수 없게 되었습니다. 교만한 사람들은 모두 이런 꼴을 당하는 것입니다.

둘째 왕자도 생명의 물을 구하러 나간 뒤 아무런 소식이 없자 이번에는 막내 왕자가 나섰습니다. 생명의 물을 구하러 나갈 수 있도록 허락해 달라 간청하여 왕은 할 수 없이 허락하고 말았습니다. 막내 왕자도 두 형들처럼 그 길에서 난쟁이를 만났습니다. 그리고 난쟁이가 어딜 그렇게 바삐 가느냐 물어서 왕자는 걸음을 멈추고는 사실 그대로 말해 주었답니다.

"나는 생명의 물을 구하러 갑니다. 아버님이 큰 병에 걸리시어 오늘이라도 돌아가실 것만 같거든요."

"어디서 그 물을 찾을 수 있는지 알고 있나요?"

"잘 모릅니다."

왕자가 대답했습니다.

"그대는 참으로 예의바르시군요. 뱃속이 검은 형님들처럼 거만하지도 않으니 생명의 물을 구할 수 있는 길을 가르쳐 드리리다. 생명의 물은 마법이 걸려 있는 성 안뜰의 우물에서 솟아나고 있지요. 그런데 내게서 이 쇠막대기와 빵두 덩어리를 받아 가야만 안으로 들어갈 수 있어요. 이 쇠막대기로 성문을 세번 두드리시오. 그러면 문이 활짝 열릴 거요. 그런데 문 안에는 사자 두 마리가 커다란 입을 벌리고 으르렁거릴 테니 그때 이 빵을 하나씩 던져 주구려. 그러면 곧 잠잠해질 거요. 그런 다음 얼른 성안으로 들어가 생명의 물을 길어 오면 됩니다. 하지만 시계가 12시를 치기 전에 밖으로 나와야 하오. 12시가 되면 문이 다시 닫혀버리고 당신은 그 안에 갇히고 말 거요."

왕자는 난쟁이에게 고맙다고 인사하며 쇠막대기와 빵을 받아 들고 길을 서둘렀습니다. 마법에 걸린 성에 이르러 보니 모든 게 난쟁이가 말한 그대로였습니다. 문은 쇠막대기로 세 번 두드리니 열렸고, 으르렁거리던 사자는 빵을 던져 주니 조용해졌습니다. 막내 왕자는 성 안으로 들어가 크고 호화로운 방 옆을 지나갔습니다.

큰방에는 마법에 걸린 왕자들이 앉아 있었습니다. 막내 왕자는 그들 손가락에서 반지를 뺐습니다. 그런 다음 거기에 있던 칼 한 자루와 빵 하나를 가지고 나왔습니다. 막내 왕자는 또 다른 방으로도 들어가 보았지요. 거기에는 아름다운 소녀 하나가 서 있었습니다. 그를 본 소녀는 무척 기뻐하며 그에게 입을 맞추고는 '당신은 나를 구해 주었습니다. 내 나라를 모두 당신에게 드리겠습니다. 한 해가 지난 뒤 여기로 돌아오신다면 그때 결혼식을 올립시다' 말했습니다.

그러고 나서 공주는 생명의 물이 나오는 우물이 어디 있는지 왕자에게 알려 주면서, 시간을 알리는 종이 12시를 치기 전에 서둘러 물을 길어 와야 한다고 말했습니다. 막내 왕자는 소녀가 가르쳐준 대로 계속 나아갔습니다. 그러다 언제라도 편히 잘 수 있도록 푹신한 이불이 깔린 침대가 놓인 방을 발견했지요. 왕자는 너무 피곤하여 물을 뜨러 가기 전에 잠깐 쉴 생각으로 누웠다가 그대로 잠이 들고 말았습니다. 잠에서 깨어나 시계를 보니 12시가 되기 15분 전이었습니다. 깜짝 놀란 왕자는 서둘러 일어나서 우물로 달려갔습니다. 우물 옆에 있던 잔으로 물을 뜨자마자 있는 힘을 다하여 뛰기 시작했습니다. 왕자가 쇠문을 막 빠져나오는데 12시를 알리는 종소리가 땡땡 울리면서 성문이 '쾅' 무서운 기세로 닫혔습니다. 그 바람에 왕자의 발뒤꿈치 살 한 점이 잘려나가고 말았지요.

왕자는 생명의 물을 구한 기쁨으로 힘차게 걸었습니다. 그러다 다시 난쟁이 곁을 지나게 되었습니다. 난쟁이는 막내 왕자가 가지고 온 칼과 빵을 보더니 말했습니다.

"큰 보물을 얻었군요. 이 칼만 있으면 어떤 적이라도 남김없이 이길 수 있지요. 또 이 빵은 아무리 먹어도 줄어들지 않

습니다."

막내 왕자는 형들을 버려둔 채 혼자 아버지에게 돌아가고 싶지 않았습니다. 그래서 난쟁이에게 물었습니다.

"저기, 난쟁이님. 제 두 형이 어디 있는지 말해 주실 수 있나요? 그들은 저보다 먼저 생명의 물을 찾으러 떠났는데, 아직 돌아오지 않고 있답니다."

그러자 난쟁이가 말했습니다.

"산과 산 사이에 끼어 오도 가도 못하고 있지요. 그 사람들은 오만한 마음을 가지고 있어서 그런 꼴을 당하게 되었답니다."

막내 왕자는 난쟁이에게 간곡히 부탁하여 형들을 마법에서 풀려나도록 했습니다. 그런데 난쟁이가 왕자에게 이런 주의를 주었습니다.

"형들을 믿어서는 안 돼요. 그들은 속이 검은 사람들이니까요."

형들이 풀려 나오는 것을 보자 막내 왕자는 크게 기뻐하며, 형들에게 이제까지의 일을 모두 이야기했습니다. 생명의 물을 발견해 잔에 가득 담아온 일, 아름다운 공주를 구해 낸 일, 그 공주는 1년 동안 자기를 기다렸다가 결혼식을 올리기로 하였고 자기는 큰 나라를 얻게 되었다는 것 등 몽땅 말했습니다.

그러고 나서 세 사람은 함께 말을 타고 가다가 어느 나라에 이르렀습니다. 그 나라에는 흉년으로 백성들은 굶주리고 전쟁이 일어나 그 처참한 모습이란 차마 눈을 뜨고 볼 수 없을 지경이었습니다. 왕도 이대로 가다가는 나라가 망해버릴 것만 같았습니다. 이것을 보고 막내 왕자는 그 나라 왕을 찾아가서 아무리 먹어도 줄지 않는 빵을 건네주었습니다. 왕은 그 빵을 온 나라 사람들에게 나누어 먹여서 모두의 배를 채워주었습니다. 이번에는 왕자가 칼을 빌려주었습니다. 왕은 그 칼을 써서 적의 군대를 모두 물리쳤고 나라는 다시 평화로워졌습니다. 왕자는 칼과 빵을 돌려받고 세 형제는 말을 타고 가던 길을 계속 갔습니다.

세 사람은 그 뒤에도 기근과 전쟁이 심한 두 나라를 지났습니다. 그럴 때마다 왕자는 제 보물인 빵과 칼을 왕에게 빌려주어 그 나라를 도왔습니다. 그러다 세 왕자는 마침내 배를 타고 바다를 건넜습니다. 배가 달리는 동안, 두 형들은 '동생은 생명의 물을 찾아냈지만 우리는 찾지 못했다. 그 상으로 아버지는 우리가 받기로 했던 나라를 동생에게 주겠지. 동생이 우리의 행복을 모두 빼앗아 버렸어' 이렇게 질투심에 불타올랐습니다. 형들은 동생에게 보복을 하기 위해 그를 죽이자고 의논했습니다. 형들은 동생이 깊이 잠든 틈을 타 동생이 떠 온 생명의 물을 자기들이 가지고 온 잔에 모두 부어버리고는 동생의 잔에는 짠 바닷물을 가득 채웠습니다.

세 왕자가 왕궁으로 돌아오자 막내 왕자는 병에 걸린 아버지가 건강을 회복하도록 물이 든 잔을 아버지에게 가져갔습니다. 그런데 아버지는 짠 바닷물을 마시자마자 전보다 더 병세가 나빠졌습니다. 왕이 너무도 괴로워하고 있을 때 두 형들이 와서 막내가 왕에게 독을 주려 했다며 비난하더니, 자기들이 진정한 생명의 물을 가져왔다며 아버지에게 내놓았습니다. 왕은 그것을 마시자마자 이제까지의 병은 어디로 사라졌는지 마치 젊었을 때처럼 아주 튼튼하고 건강해졌습니다.

두 형은 동생에게 가서 그를 비웃으며 말했습니다.

"네가 생명의 물을 찾아내기는 했지만 모두 헛수고를 했을 뿐이야. 고맙다는 인사는 우리가 받았으니까. 그러기에 정신을 바짝 차려야지. 생명의 물은 네가 바다 위에서 잠에 푹 빠져 있을 때 바꿔치기했거든. 일 년이 지나면 우리 가운데 한 사람이 아름다운 공주를 데리러 갈 거야. 그렇지만 이 일을 구태여 아버지께 말씀드릴 필요는 없어. 아버지는 네 말을 믿지도 않을 것이고, 만일 한마디라도 입 밖으로 꺼냈다가는 생명의 물은커녕 네 목숨까지도 잃게 될 거야. 입을 다물고 있으면 네 목숨만은 살려주지."

한편 늙은 왕은 막내 왕자가 자신의 생명을 노렸다고 생각하자 매우 화가 났습니다. 그래서 왕은 대신들을 모아서 막내 왕자를 총으로 쏘아 죽이기로 결정했습니다. 막내 왕자는 자기 목숨이 위험한 것도 모르고 숲으로 사냥을 나갔습니다. 막내 왕자가 사냥을 나가자 왕의 사냥꾼이 제가 모시겠다고 하면서 따라 나왔습니다. 사냥꾼은 성 밖으로 나가 둘만 남게 되자 어느 새 슬픈 얼굴이 되었습니다. 왕자가 물었습니다.

"어디 아픈가?"

"말해선 안 되지만, 그래도 말씀을 드려야 할 것 같습니다."

사냥꾼은 이렇게 말했습니다.

"무슨 일인지 말해 봐요. 무슨 말이든 다 용서해줄 테니."

왕자가 말했습니다.

"왕자님을 총으로 쏘아죽이라는 임금님 명령을 받았습니다. 저는 명령을 따르지 않을 수 없었지요."

사냥꾼이 말했습니다.

왕자는 이 말을 듣고 깜짝 놀라 말했습니다.

"여보게, 나를 제발 살려주게. 내가 입고 있는 왕자 옷을 그대에게 줄 테니 대신 자네 옷을 내게 주게나."

"기꺼이 그렇게 하겠습니다. 저는 차마 왕자님께 총을 겨눌 수는 없으니 까요."

두 사람은 서로 옷을 바꿔 입었습니다. 그리고 사냥꾼은 성으로 가고 왕자는 숲 속으로 더 깊이 들어갔습니다.

얼마 뒤 금과 보석을 잔뜩 실은 마차 세 대가 성에 도착했습니다. 그 마차는 막내 왕자에게 온 것이었지요. 왕자의 칼로 적들을 물리치고 왕자의 빵을 빌려 온 백성들을 먹여 살렸던 세 나라의 왕들이 감사의 뜻으로 보내온 것이었습니다. 이것을 보자 늙은 왕은 '내 아들은 죄가 없는 게 아닐까?' 이런 생각이 들어 신하들에게 말했습니다.

"그 애가 아직 살아 있으면 좋으련만. 그 애를 죽인 걸 두고두고 후회하게 될 거야."

"왕자님은 아직 살아 있습니다."

막내 왕자를 살려준 사냥꾼이 말했습니다.

"황송하오나 임금님 명령대로 할 수가 없었습니다."

사냥꾼은 이렇게 말하고서 그때의 일을 자세하게 왕에게 설명했습니다. 그러자 왕은 가슴을 짓누르고 있던 돌이 떨어져 나가는 듯한 기분이 들었습니다.

"왕자는 성으로 돌아와도 좋다. 왕자에게는 아무런 죄가 없다."

왕은 이 말을 온 나라에 알리도록 했습니다.

한편 막내 왕자가 마법을 풀어 준 공주는 궁전 앞에 한 줄기 길을 만들었습니다. 그것은 황금으로 만든 길이어서 온통 번쩍번쩍 빛이 났지요. 공주는 신하들에게, 누군가 이 길을 지나 곧장 자기에게로 오는 사람이 있으면 그는 진정한 왕자이니 들여보내도 되지만, 길 옆을 지나서 오는 사람은 들여보내서는 안 된다고 일렀습니다.

한 해가 흐를 무렵 첫째 왕자는, 공주에게로 가서 자기가 마법을 풀어 구해 준 은인처럼 행세하여 공주를 아내로 삼고 나라까지 손에 넣으려 생각했습니다. 그래서 첫째 왕자는 말을 타고 공주의 성으로 갔으나 궁전 앞 황금으로 된 길이 눈에 들어오자 '이 위를 말을 타고 간다는 것은 너무 아까운 일이지' 생각하여 황금길 오른쪽 옆으로 말을 타고 지나갔습니다. 그가 성문 앞에 이르자 사람들은 첫째 왕자에게, 당신은 진정한 왕자가 아니라면서 돌아가라 했습니다.

그 뒤 얼마 안 되어 두 번째 왕자가 여행을 떠났습니다. 둘째 왕자는 황금으로 된 길에 이르자 말을 타고 그 길 위에 한 발 들여놓았습니다. 그러나 둘째 왕자는 '이거 참 아까운걸. 황금길 위를 말이 걸으면 귀한 황금이 긁힐지도 모른다' 생각하여 다시 말을 돌려 가장자리로 지나갔습니다. 그런데 문 앞까지 오자 하인들이 당신은 진정한 왕자가 아니라며 돌아가라 했습니다.

그러는 동안 1년이 더 지났습니다. 막내 왕자는 숲에서 나와 사랑하는 사람 곁으로 가서 이 모든 슬픔을 잊고 싶다고 생각했습니다. 그래서 막내 왕자는 여행을 떠났지요. 오로지 공주에게 빨리 가고 싶은 마음에 황금으로 만든 길 따위는 눈에 들어오지도 않았습니다. 그래서 막내 왕자가 탄 말은 황금으로 된 길 한가운데를 빠르게 지나갔습니다. 문 앞에 이르자 문이 활짝 열리고, 공주가 당신이야말로 나를 구해주신 분, 이 왕국의 주인이라면서 왕자를 맞이하여 신하들의 축복 속에 결혼식을 올렸습니다.

결혼식이 끝나자 공주는 막내 왕자에게, 왕자의 아버지가 왕자를 용서하여 다시 곁으로 불러들이고 싶어하신다고 말했습니다. 그 말을 듣자 막내 왕자는 바로 말을 타고 자기 나라로 돌아가 그의 형들이 어떻게 자기를 속였는지, 그리고 자기는 왜 아무 말도 하지 않았는지 등 여러 이야기를 남김없이 아버지에게 들려드렸습니다.

왕은 형들에게 벌을 내리려 하였으나 두 왕자는 벌써 배를 타고 멀리 도망간 뒤였습니다. 그들은 영원히 돌아오지 않았답니다.

척척박사
Doktor Allwissend

크랩스(새우)라는 이름의 가난한 농부가 살았습니다. 이 가난한 농부는 황소 두 마리가 끄는 달구지에 장작을 가득 싣고 도시로 나가서 그것을 어느 박사에게 은화 두 개를 받고 팔았습니다. 농부가 돈을 받으러 들어갔을 때 마침 박사는 식탁에 앉아 맛있는 음식을 먹고 있었습니다. 그 모습을 보자 농부는 자기도 박사가 되었으면 좋았을걸 하고 부러운 생각이 들었습니다. 그래서 돈을 받고 나서도 농부는 한동안 거기에 머물러 있었습니다. 그러다 용기를 내서 자기도 박사가 될 수 있을지 물었습니다.

"될 수 있고말고요. 무척 쉬운 일이랍니다."

박사가 대답했습니다.

"어떻게 하면 될까요?"

농부가 또 물었습니다.

"먼저 알파벳에 대한 책을 사시오. 첫 페이지에 수탉 그림이 있는 책으로 말이오. 그 다음에는 당신의 달구지와 황소 두 마리를 팔아서 그 돈으로 옷을 사고 박사 신분에 어울리는 물건들을 갖추시오. 그 다음에는 '나는 척척박사로다' 이런 문구를 쓴 간판을 만들어서 당신 집 문 위에 걸어두시오."

농부는 박사가 하라는 대로 했습니다. 그렇게 농부가 박사 행세를 한 지 얼마 안 되어 어느 부자가 돈을 도둑맞았습니다. 부자는 이러저러한 마을에 척척박사가 있다는데 그 사람이라면 도둑맞은 돈이 어디로 갔는지 알 것이라는 소문을 들었습니다. 그래서 부자는 마차를 타고 그 마을로 척척박사를 찾아갔습니다. 농부 집으로 들어온 부자는 농부에게 그대가 척척박사냐고 물었습니다.

"그렇습니다. 제가 척척박사입니다."

"그렇다면 저희 집으로 함께 가셔서 도둑맞은 돈을 좀 찾아주시오."

"좋습니다. 그런데 내 아내 그레텔도 함께 가야만 합니다."

부자는 부부를 마차에 태워서 집으로 데려갔습니다. 저택으로 들어가니 식사 준비가 되어 있어서 먼저 식사를 하기로 했습니다.

"좋습니다. 제 아내 그레텔도 함께 식사를 한다면……."

박사는 아내와 함께 식탁에 앉았습니다.

하인이 그릇에 먹음직한 음식을 가득 담아 오자 농부가 아내를 쿡쿡 찌르며 말했습니다.

"그레텔, 이 사람이 첫 번째야."

농부는 이 사람이 첫 번째로 요리를 가지고 온 사람이라는 뜻으로 한 말이었는데 하인은 '이 사람이 바로 첫 번째 도둑'이라는 뜻인 줄 알았습니다. 사실이 하인은 정말로 도둑이었기 때문에 겁에 질려서는 밖으로 나가자마자 동료들에게 이렇게 말했습니다.

"저 박사는 무엇이든 다 알고 있어. 이거 난처하게 되었는걸. 나를 첫 번째 도둑이라 했어."

두 번째 하인은 박사가 있는 식당으로 들어가기 싫다고 버텼지만 어쩔 수 없이 들어가야만 했습니다. 하인이 큰 접시에 담긴 요리를 가지고 들어오자 농부는 아내를 쿡쿡 찌르며 말했습니다.

"그레텔, 이 사람이 두 번째야."

그러자 마찬가지로 그 하인도 겁에 질려 밖으로 뛰쳐 나갔습니다.

세 번째 하인도 같은 꼴을 당했지요.

"그레텔, 이 사람이 세 번째야."

농부가 또 이렇게 말했거든요.

네 번째 하인은 주인의 분부대로 뚜껑을 덮은 큰 접시를 들고 들어왔습니다. 부자는 박사에게 이 뚜껑 아래에 무엇이 있는지 알아맞혀서 선생님의 솜씨를 한번 보여 달라고 말했습니다. 접시에 담긴 건 박사의 이름과 같은 새우요리였습니다. 농부는 접시를 뚫어져라 바라보았지만 어떻게 말해야 좋을지 몰랐습니다. 그래서 이렇게 말했지요.

"이게 무슨 꼴이란 말이냐, 불쌍한 크랩스(새우)!"

사실 이것은 자기 이름을 말한 것이었는데 부자는 이 말을 듣자 깜짝 놀라며 큰 소리로 말했습니다.

"바로 맞히셨습니다. 이쯤이면 누가 돈을 훔쳐갔는지도 아시겠군요."

그러자 하인들은 걱정이 되어 견딜 수가 없었습니다. 그래서 그들은 한쪽 눈을 깜박이면서 박사에게 잠깐 밖으로 나와달라고 신호를 보냈습니다. 박사가 밖으로 나오자 하인 넷이 자기들이 그 돈을 훔쳤다고 자백했습니다. 그리고 박사님이 이 이야기를 주인에게 하지 않는다면 그 돈은 모두 돌려줄 것이고, 선생님에게도 많은 돈을 사례로 드리겠다고 말했지요. 이 사실이 주인에게 알려지면 자기들 목숨은 위태로워진다며 박사를 돈을 감추어둔 곳으로 데려갔습니다.

돈이 어디 있는지 알게 된 박사는 방으로 돌아와 식탁에 앉자 말을 꺼냈습니다.

"나리, 도둑맞은 돈이 어디에 있는지 저의 책으로 찾아보겠습니다."

그런데 이때 다섯 번째 하인이 박사가 다른 일을 더 알고 있는지 어떤지 알고 싶어서 난로 안에 들어가 귀를 기울이고 있었습니다.

박사는 침착하게 앉아서 그 알파벳 책을 이리저리 뒤적이며 수탉 그림을 찾았습니다. 그러나 좀처럼 쉽게 찾아지지 않자 중얼거렸습니다.

"너 이 안에 있는 걸 다 알고 있어. 어서 나오지 못해!"

이 말을 듣자 난로 안에 숨어 있던 남자는 자기에게 한 말인 줄 알고 벌벌 떨면서 밖으로 뛰쳐나와 소리쳤습니다.

"정말 모르는 게 없는 사람이야."

그리고 나서 척척박사는 부자에게 돈이 있는 곳을 알려주었으나 누가 훔쳤는지는 말하지 않았습니다. 그래서 부자와 하인들에게서 많은 사례금을 받았고 이 이야기가 널리 알려져 유명한 사람이 되었답니다.

KHM 099

유리병 속 도깨비

Der Geist im Glas

아주 먼 옛날 어느 곳에 가난한 나무꾼이 살았습니다. 나무꾼은 아침부터 밤늦게까지 쉬지 않고 일을 했지요. 이렇게 열심히 일을 해서 돈이 좀 모이자 나무꾼은 아들을 불러 놓고 말했습니다.

"너는 하나밖에 없는 내 자식이다. 내가 땀 흘려 마련한 돈을 너의 교육을 위해 쓰고 싶구나. 네가 무엇이든 기술을 하나 배워 둔다면, 내가 늙어서 팔다리가 잘 움직이지 않아 집 안에 들어앉아 있어야 할 때 네가 나를 먹여 살릴 수 있지 않겠느냐."

아들은 상급 학교에 가서 열심히 공부했습니다. 선생님들로부터 칭찬을 들으며 학교를 다녔습니다. 그 뒤 다른 학교도 두서너 군데 다녔지만, 완전히 졸업을 하기 전에 아버지가 마련해 준 돈이 다 떨어져서 그만 집으로 돌아와야만 했습니다.

아버지가 근심스러운 얼굴로 말했습니다.

"이거 참 곤란하게 됐구나! 너에게는 한 푼도 줄 수가 없으니 말이다. 흉년이 들어 그날그날 빵 값도 겨우, 땡전 한 푼 더 벌 수가 없단다."

그러자 아들이 말했습니다.

"아버지, 그런 걱정일랑 조금도 하지 마세요. 하느님의 뜻이 그렇다면, 이런 일도 저에게 행복으로 돌아올 것입니다. 저는 아무런 걱정이 없습니다. 어떻게든 이겨낼 거예요."

아버지가 땔감을 팔아 조금이라도 돈을 마련하려고 숲으로 들어가는 것을 보자 아들이 말했습니다.

"저도 아버지와 함께 가서 도와드리겠어요."

"아니다, 너에게는 어려운 일이란다. 너는 아직 힘든 일에 익숙하지 않으니 견딜 수 없을 거야. 게다가 도끼도 하나밖에 없고…… 도끼를 하나 더 살 여유가 없단다."

"걱정 마시고 이웃집에 가보세요. 그 아저씨라면 제가 돈을 모아 도끼를 살 수 있을 때까지 자기 도끼를 빌려 주실 거예요."

아들이 대답했습니다.

그래서 아버지는 이웃집 아저씨로부터 도끼를 하나 빌려와서 이튿날 새벽 아들과 함께 숲으로 들어갔습니다. 아들은 아버지를 도와서 열심히 일을 했지요. 그러다 어느 새 해가 머리 위로 올라왔습니다. 아버지가 말했습니다.

"잠깐 쉬자꾸나. 점심이나 먹자. 그러고 나면 다시 힘을 내서 일을 잘할 수 있을 거야."

아들은 빵을 손에 받아 들더니 대답했습니다.

"아버지, 걱정 마시고 쉬고 계세요. 저는 피곤하지 않으니까 잠시 숲 속을 거닐며 새집이 있나 찾아보겠어요."

"이 바보 같은 녀석아. 뭣 때문에 힘들게 돌아다니겠다는 거냐. 그러면 배도 금세 꺼지고 나중에 피곤해져서 팔을 올릴 수도 없게 될걸. 여기 아버지 옆에 앉으렴."

아버지가 말했습니다.

그러나 아들은 빵을 먹으면서 숲으로 들어갔습니다. 아들은 아주 기분이 좋았지요. 새집이라도 찾을 수 있지 않을까 푸른 가지 사이를 이리저리 올려다보았습니다. 이렇게 여기저기 돌아다니다가 엄청나게 커다란 떡갈나무 앞에 이르렀습니다. 굵은 그 둥치로 보아 틀림없이 수백 년은 살았을 겁니다. 나무는 다섯 사람이 팔을 쭉 뻗어 둘러싸도 모자랄 만큼 굵었습니다. 아들은 가만히 서서 그 나무를 바라보며 생각했습니다.

'이런 나무에는 반드시 많은 새들이 둥지를 틀고 있을 거야.'

그때 갑자기 어디선가 소리가 들려왔습니다. 아들이 귀 기울여 들어보니 어디선가 낮은 목소리로 '꺼내줘, 꺼내줘' 간절하게 외치고 있었습니다. 그런데 주위를 아무리 둘러보아도 누가 말하는지 찾을 수 없었습니다. 아들은 그 소리가 땅속에서 나는 것 같아서 소리를 질렀습니다.

"어디에 있는 겁니까?"

"저는 떡갈나무 뿌리에 끼어 있습니다. 좀 꺼내 주세요."

이런 대답이 땅속에서 들려왔습니다.

아들은 나무 밑을 파헤치더니 뿌리 근처를 더듬어서 간신히 작은 구멍 속에 유리병이 있는 것을 발견했습니다. 아들이 그 병을 높이 쳐들고 빛에 비추어 보니 개구리처럼 생긴, 정체를 알 수 없는 것이 그 속에서 팔딱팔딱 뛰고 있었습니다.

"꺼내줘, 나 좀 꺼내줘."

그것은 다시 소리치기 시작했습니다. 아들은 어떤 안 좋은 일이 생길지도 모른다는 것은 전혀 생각지 않고 병마개를 뽑았습니다. 그 마개가 뽑히는 순간 유리병 안에서 도깨비가 나오더니 점점 커졌습니다. 어찌나 빠르게 변하는지, 눈을 세 번 깜박일 동안에 떡갈나무 반 정도나 되는 엄청난 거인이 그의 눈앞에서 웃으며 서 있었습니다.

"이 녀석!"

놀라 자빠질 만큼 큰 소리로 도깨비가 말했습니다.

"용케도 나를 병 속에서 꺼냈구나. 그 대가로 무엇을 줄지 알겠느냐?"

아들은 무서워하지도 않고 태연하게 대답했습니다.

"모르겠는데요. 그런 걸 내가 어떻게 알아요?"

그러자 괴물이 소리를 질렀습니다.

"모른다고? 그럼 말해 주지. 그 보답이란 네 목을 부러뜨려 주는 일이다!"

"그렇다면 나에게 좀 더 빨리 말해 주었어야지. 그러면 병에서 꺼내주지 않았을 텐데. 그렇지만 내 목은 단단히 붙어 있으니까 네가 어떻게 할 수 없을 거야! 거짓말 같으면 다른 사람에게 물어봐."

그러자 괴물이 또 소리쳤습니다.

"뭐? 다른 사람에게 물어보라고? 그놈들이 뭐라 하건, 너는 대가를 받

아야 한다. 내가 스스로 그렇게 오랫동안 갇혀 있었다고 생각하나? 오해하지 마. 그것은 벌이었다고. 나는 메르크리우스다. 나를 해방해 준 사람은 목을 졸라 죽여야 한다."

"자, 잠깐. 그렇게 서둘지 말아요. 먼저 당신이 정말로 그 작은 병 속에 들어갈 수 있는지, 그리고 정말로 메르크리우스인지 확인해봐야겠어. 당신이 이 병 속으로 다시 들어갈 수 있다면 나는 당신 말을 믿겠소. 그리고 나서 당신은 나를 구워먹든지 삶아먹든지 마음대로 하시오."

"그거야 식은 죽 먹기지."

도깨비는 큰소리치며 순식간에 몸을 움츠리더니 처음과 마찬가지로 자기 몸을 작게 만들어 조그만 병 속으로 들어갔습니다. 그런데 도깨비가 병 속으로 들어가자 아들은 빼놓았던 병마개를 다시 끼우더니 그 병을 떡갈나무 뿌리 밑, 본디 있던 자리에 던져 버렸습니다. 도깨비는 완전히 아들에게 속은 것입니다.

그리고 나서 아들이 아버지에게 돌아가려 하자 도깨비는 둘도 없이 가엾은 소리로 외쳤습니다.

"이건 너무하잖아! 꺼내줘, 나를 좀 꺼내줘."

그러자 그가 대답했습니다.

"안 돼, 두 번은 안 된다. 내 목숨을 노렸던 나쁜 녀석을 겨우 다시 잡았는데, 내가 풀어줄 리가 있겠어?"

"나를 여기서 꺼내 준다면 네가 평생 먹고 살 만큼의 음식을 줄게."

도깨비가 말했습니다.

"안 돼. 아까처럼 또 나를 속일 속셈이지?"

"넌 지금 굴러들어오는 복을 놓치는 거야. 나는 네게 해를 끼치려는 게 아니야. 충분히 보답을 해줄 거야."

도깨비가 말했습니다.

'용기를 내어 한번 믿어볼까? 어쩌면 도깨비 약속대로 내 목숨을 안 빼앗을지도 몰라.'

아들은 도깨비의 말을 믿고서 다시 병마개를 뽑았습니다.

도깨비는 병 밖으로 나오더니 거인처럼 몸집이 커졌습니다.

"자, 이제 약속대로 보답을 해 주겠다."

도깨비는 이렇게 말하면서 반창고 같은 천을 한 장 아들에게 건네주었습니다.

"이 천의 한쪽 끝으로 상처를 문지르면 어떠한 상처도 낫는다. 그리고 반대쪽 끝으로 강철이나 쇠를 문지르면 은으로 변할 거야."

"한번 시험해봐야겠어요."

아들은 그렇게 말하고 나무 옆으로 가서 도끼로 찍어 흠집을 낸 다음 그곳을 헝겊 한쪽 끝으로 문질렀습니다. 그러자 나무의 상처가 순식간에 깨끗이 낫는 게 아니겠습니다.

"정말, 신기한 천이군. 그럼 이만 가볼게."

아들이 도깨비에게 말했습니다.

도깨비는 아들에게 구해 주어서 고맙다는 인사말을 했습니다. 아들은 헝겊을 줘서 고맙다는 인사를 남기고, 아버지가 있는 곳으로 돌아갔습니다.

"어딜 그렇게 돌아다니다 오는 거냐? 해야 할 일을 잊어버렸느냐? 안 그래도 나는 네가 처음부터 아무것도 할 수 없을 거라고 말했잖니?"

아버지가 말했습니다.

"걱정하지 마세요. 남은 일은 제가 모두 끝낼 테니까요."

"뭐? 너 혼자 말이냐? 그렇게 될까?"

아버지는 화가 많이 났습니다.

"잘 보세요, 아버지. 저 나무를 순식간에 베어서 우지끈 쓰러트릴 테니까요."

이렇게 말하면서 아들은 얻어온 헝겊 조각으로 도끼를 문지른 다음 힘껏 나무를 내리쳤습니다. 그런데 단단한 쇠가 은으로 변했기 때문에 날이 휘고 말았습니다.

"어랏, 아버지. 이것 좀 보세요. 얼마나 나쁜 도끼를 주셨는지 그만 도끼날이 휘어져 버렸네요."

아버지가 깜짝 놀라 말했습니다.

"이 무슨 짓이냐. 도끼 값을 물어 주어야 하겠구나. 어디에서 돈을 빌린단 말이냐. 어찌해야 좋을지 모르겠구나."

"걱정하지 마세요. 도끼 값은 제가 낼 테니까요."

아들이 대답했습니다. 그러자 아버지가 야단을 쳤습니다.

"뭐라고! 이 바보 같은 녀석! 어떻게 네가 도끼 값을 물어주겠다는 거냐? 너는 내가 주는 것 말고는 달리 돈이 없지 않느냐. 네 머릿속에는 학교에서 배운 지식밖에 없구나. 너는 나무꾼 일을 전혀 몰라!"

잠시 뒤 아들이 말했습니다.

"아버지, 더는 일을 못하겠습니다. 저는 그만둘래요."

"뭐라고! 내가 너처럼 빈둥빈둥 놀 거 같으냐? 나는 아직 할 일이 있으니까 너 혼자 먼저 돌아가거라."

아버지가 말했습니다.

"아버지, 저는 오늘 이 숲에 처음 왔어요. 그래서 돌아가는 길을 모르겠어요. 저와 함께 가주세요."

아버지는 화가 가라앉자 아들과 함께 집으로 돌아갔습니다. 집에 이르자 아버지가 아들에게 말했습니다.

"가서 망가진 도끼를 팔아 오너라. 얼마 받지도 못할 테지만 말이야. 나머지는 내가 벌어서 이웃집에 갚아야겠다."

아들은 도끼를 들고 시내에 있는 금 세공사를 찾아갔습니다. 세공사는 도끼를 살펴보더니 저울에 올려놓고 말했습니다.

"이건 금화 400개 값어치는 되는데, 지금 내게 그만한 돈이 없네."

"그럼 당신이 가진 돈만 먼저 주시고 나머지는 빌려드린 걸로 할게요."

세공사는 금화 300개만 주고 나머지 100개는 빌린 것으로 해 두었습니다.

거래가 끝나자 아들은 집으로 돌아와서 말했습니다.

"아버지, 돈을 가지고 왔어요. 이웃집에 가셔서 도끼 값을 얼마나 드려야 할지 물어봐 주세요."

"그거라면 내가 잘 알지. 금화 한 개와 은화 여섯 닢이다."

"그럼 이웃 아저씨에게 금화 두 개와 은화 열두 개를 가져다주세요. 두 배의 값을 쳐드리면 넉넉할 거예요. 보세요, 전 돈을 이렇게 많이 가지고 있어요."

그러고 나서 아들은 아버지에게 돈이 가득 든 자루를 드리면서 말했습니다.

"결코 돈 때문에 힘들지 않을 거예요. 앞으로 편하게 사세요."

"놀랍구나. 어떻게 이런 큰 부자가 됐느냐?"

그는 아버지에게 이제까지 있었던 일을 다 이야기했습니다. 그리고 자기는 운이 좋을 것이라 믿었기 때문에 이렇게 큰돈을 손에 넣을 수 있었다고 말했습니다.

아들은 남은 돈으로 다시 학교에 가서 공부를 했습니다. 그리고 도깨비에게 받은 천은 어떠한 상처도 치료할 수가 있었기 때문에 아들은 세상에서 가장 유명한 의사가 되었답니다.

KHM 100
악마의 검정 투성이 형제
Des Teufels rußiger Bruder

군대를 제대한 한 병사가 먹고 살 길이 없어 앞으로 어떻게 살아가야 할지 걱정하고 있었습니다. 그래서 마을을 나와 숲으로 들어갔지요. 그는 얼마를 가다가 작은 난쟁이를 만났습니다. 사실 그 난쟁이는 악마였답니다. 난쟁이가 병사에게 말을 걸었습니다.

"어디 아프신가요? 왜 그렇게 처량한 표정을 짓고 있죠?"

그러자 병사가 대답했습니다.

"배도 고프고 돈도 한 푼 없습니다."

"그럼 내 집에서 하인으로 일하지 않겠습니까? 평생을 편하게 해주겠소. 7년만 일을 해주면 그 다음은 당신 마음대로 할 수 있어요. 그러나 조건이 하나 있지요. 일하는 동안 당신은 몸을 씻어서는 안 돼요. 머리를 빗어서도 안 돼요. 손가락으로 비듬을 긁어서도 안 되고요. 손톱도 머리카락도 잘라서는 안 돼요. 눈물도 닦아서는 안 돼."

"달리 할 수 있는 일도 없으니 그렇게 하겠습니다."

병사는 그렇게 말하고 난쟁이를 따라갔습니다. 난쟁이는 아무 데도 들르지 않고 곧장 병사를 지옥으로 데려갔습니다.

지옥으로 들어가자 난쟁이는 앞으로 할 일을 병사에게 일러주었습니다. 나쁜 짓을 한 사람이 벌을 받는 지옥의 솥 밑에다 불을 때고, 난쟁이 집 안을 깨끗이 청소하고, 비질해서 모은 쓰레기를 문 뒤로 가지고 가서 내버리고, 어디든 깨끗하게 치워야 했습니다. 이것들이 병사가 할 일이었는데, 만일 잘못해서 한 번이라도 솥 안을 들여다보면 좋지 않은 일이 일어날 것이라고 난쟁이는 으름장을 놓았습니다. 병사는 고개를 끄덕였습니다.

"좋습니다. 약속을 꼭 지키겠습니다."

늙은 악마는 다시 여행을 떠났습니다. 병사는 맡은 일을 열심히 했습니다. 솥 아래에 장작불을 지피고 청소를 하기도 하고, 모은 쓰레기를 문 뒤로 나르기도 하였지요. 악마가 하라는 일은 남김없이 했습니다. 악마는 돌아와서 자기가 하라는 대로 모든 일이 잘 되어 있는가를 검사했습니다. 그쯤이면 좋다고 안심한 난쟁이는 또다시 어딘가로 여행을 떠났습니다.

악마가 사라지자 병사는 주위를 꼼꼼하게 둘러보았습니다. 지옥에는 솥들이 죽 둘러 있고, 그 밑에서는 무서운 기세로 불길이 활활 타고 있었습니다. 솥은 부글부글 끓고 있었답니다. 병사는 솥 안을 보고 싶었지만 악마가 아주 엄하게 금지했기 때문에 열지 않으려 했습니다. 하지만 끝내 그는 참지 못하고 첫 번째 솥의 뚜껑을 살짝 들어 올려 안을 들여다보고 말았습니다. 그러자 솥 안에는 옛날에 자기보다 계급이 높았던 하사관이 얌전히 앉아 있었습니다.

"아하! 멍청한 녀석아! 너를 여기서 만나다니. 전에는 네가 나를 마구 부려먹었지만 이제는 너를 구워 먹든지 삶아먹든지 몽땅 내 맘대로구나."

병사는 재빨리 장작을 넣어 불을 북돋우더니 다시 새 장작을 집어넣었습니다. 그러고 나서 두 번째 솥으로 가서 뚜껑을 조금 들어 올려 안을 들여다보았습니다. 그 안에는 옛날 자기보다 계급이 높았던 견습 사관이 앉아 있었습니다.

"음! 여기서 너를 만나다니 미처 생각 못했구나. 옛날에는 네가 나를 마구 부려먹었지. 하지만 오늘은 내 맘대로야."

병사는 뚜껑을 다시 닫고 아직 패지도 않은 커다란 통나무를 하나 불 속으로 집어넣어 솥이 펄펄 끓게 만들었습니다. 이제 그는 세 번째 솥에 누가 있는지 보고 싶었습니다. 뚜껑을 열어 보니, 이게 누굽니까? 장군님이 아니겠습니까?

"아하, 이런 곳에서 당신을 만날 줄은 정말 몰랐어. 옛날에 당신이 나를 마구 부려먹었는데 이제는 다 내 손에 달려 있구나."

병사는 바람을 불어넣는 풀무를 가지고 와서는 장군 엉덩이 바로 아래에서 바람을 일으켰습니다. 그러자 지옥의 불이 더욱 세차게 타올랐습니다.

이렇게 병사는 지옥에서 7년 동안 일을 했습니다. 그러는 동안에는 몸도 씻지 않고, 머리도 빗지 않고, 손가락으로 긁지도 않고, 손톱이나 머리카락도 자르지 않고 눈물조차 닦지 않았답니다. 7년이라는 세월은 병사에게는 매우 짧게 느껴져서 반년이 흐른 것만 같았습니다.

약속한 시간이 끝나자 악마가 찾아와 물었습니다.

"한스, 너는 이제까지 무엇을 했지?"

"솥에 불을 지피고, 청소를 하고, 쓰레기를 문밖에 내다 치웠죠."

"하지만 너는 솥 안을 들여다보았지. 들여다보고 나서 장작을 더 많이 지핀 게 다행이야. 그러지 않았으면 너의 목숨은 이미 없었을

거다. 이것으로 약속한 기간은 지났다. 고향으로 돌아가고 싶나?"

병사가 말했습니다.

"돌아가고 싶지요. 아버지가 집에서 어찌 지내시는지 보고 싶습니다."

"그동안 일한 품삯을 받아 가려면 문 뒤에 쓸어 모아둔 쓰레기를 자네 배낭에다 가득 넣어 가지고 돌아가게. 그리고 몸도 씻지 말고 빗질도 하지 말고, 머리와 수염도 그대로 기른 채 눈곱도 닦지 말고 가야 해. 누군가가 어디서 오느냐고 물으면 '지옥에서'라고 말해야 해. 그리고 자네가 누구냐고 물으면 '나의 왕인 악마의 검정 투성이 형제'라고 말해야 한다."

병사는 말없이 악마가 하라는 대로 했으나 받은 품삯만은 불만이었습니다.

그래서 땅 위로 올라가 숲에 이르자, 등에서 배낭을 내려 속에 있는 쓰레기를 몽땅 버리려 했습니다. 그런데 배낭을 열어 보니 쓰레기들이 모두 순금으로 변해 있는 게 아니겠습니까.

"이거 어떻게 된 거야? 순금이라고는 미처 생각하지 못했는데."

병사는 혼잣말을 하면서 신이 나서 시내로 들어갔습니다. 여관 앞에 주인이 서 있었는데 그는 한스의 모습을 보자 몸을 부들부들 떨었습니다. 한스의 모습이 너무 끔찍했기 때문입니다.

주인은 한스에게 물었습니다.

"당신은 어디서 온 사람이오?"

"지옥에서요."

"당신은 누구요?"

"나의 왕인 악마의 검정 투성이 형제요."

여관 주인은 병사를 여관으로 들어가지 못하게 했는데 그가 금을 보여 주자 얼른 문을 열어주었습니다. 한스는 가장 좋고 비싼 방에 들어 온갖 사치를 부리며 배불리 먹고 마셨습니다. 그리고 악마가 시킨 대로 몸도 씻지 않고 빗질도 하지 않은 채 그대로 잠이 들었지요.

여관집 주인은 황금이 가득 든 배낭이 눈앞에 아롱거려 도무지 가만히 있을 수가 없었습니다. 그래서 밤늦게 살그머니 병사가 머무는 방으로 들어가 배낭을 훔쳐내고 말았습니다.

다음 날 아침이 밝았습니다. 한스가 일어나 여관 주인에게 숙박비를 치르고 떠나려 하는데 배낭이 보이질 않았습니다. 병사는 '나쁜 짓을 하지도 않는데 이런 꼴을 당하다니' 생각하여 다시 발길을 돌려 곧장 지옥으로 돌아갔습니다. 그리고 늙은 악마에게 자기가 당한 일을 털어놓으며 너무 억울하니 도와주었으면 좋겠다고 부탁했습니다.

그러자 악마가 말했습니다.

"잠깐 앉게. 내가 자네 몸을 씻겨주고 빗질을 하고 비듬을 털어내고 머리카락과 손톱을 자르고 눈곱도 닦아주지."

일을 모두 끝마치자 악마는 다시 한 번 쓸어 모은 쓰레기를 가득 채운 배낭을 주면서 말했습니다.

"자, 가서 여관 주인에게 자네에게서 훔친 황금을 돌려달라 하게. 돌려주지 않으면 내가 나가서 그를 끌고 와 자네 대신 불을 때는 일을 시킬 거라고 말해."

한스는 다시 땅으로 올라가 여관 주인에게 말했습니다.

"이봐, 자네가 내 황금을 훔쳤지? 그것을 돌려주지 않으면 당신은 지옥에 가서 내가 하던 일을 해야 할 거다."

이 말을 듣자 여관집 주인은 겁에 질려 황금을 돌려주었을 뿐만 아니라 덤까지 얹어 주면서 제발 그 말은 입 밖에 내지 말아 달라고 거듭 부탁했습니다. 이렇게 해서 한스는 큰 부자가 되었답니다.

한스는 고향 아버지 집으로 돌아가려 조촐한 삼베옷을 사서 입고 노래를 부르며 돌아다녔습니다. 노래는 지옥의 악마로부터 배운 것입니다.

어느 나라에 나이가 많이 든 왕이 있었습니다. 한스는 왕의 명령으로 어쩔 수 없이 왕 앞에서 노래를 불렀는데, 왕은 이 노랫소리가 무척 좋아 기쁜 나머지 맏딸을 아내로 주겠다고 약속했습니다. 하지만 공주는 허름한 하얀 삼베 작업복을 걸친 신분 낮은 사람과 결혼을 하게 되었다는 말을 듣고는 이렇게 말했습니다.

"그런 사람과 결혼을 하느니 차라리 깊은 강물에 빠져 죽는 게 좋겠어."

그래서 왕은 막내딸을 한스와 결혼시켰습니다. 이 공주는 아버지를 위해서라면 한스의 아내가 되어도 좋다고 생각했습니다.

이렇게 해서 왕의 딸을 신부로 얻은 악마의 검정 투성이 형제는 늙은 왕이 죽자 그 왕국도 몽땅 손에 넣었답니다.

옮긴이 금은숲

한국외국어대학교 독어과 졸업. 독일 베를린자유대학교 석사 졸업. 고려
대학교 대학원 독문학 박사과정 수학. 옮긴책에 쇼펜하우어《인생론》, 프
란츠 카프카《아메리카》, 니체《인생론》등이 있다.

World Book 248
Jacob u. Wilhelm Grimm
KINDER–UND HAUSMÄRCHEN
그림동화전집 I
그림 형제/금은숲 옮김
1판 1쇄 발행/2016. 1. 20
발행인 고정일
발행처 동서문화사
창업 1956. 12. 12. 등록 16-3799
서울 중구 다산로 12길 6(신당동 4층)
☎ 546-0331~6 Fax. 545-0331
www.dongsuhbook.com
사업자등록번호 211-87-75330
ISBN 978-89-497-1397-7 04080
ISBN 978-89-497-0382-4 (세트)